Helge Endres

Sturm über der Adria
Der Untergang des alten Österreich

© 2011 Vehling Medienservice und Verlag GmbH

Gesamtherstellung: Vehling Medienservice und Verlag GmbH
A-8010 Graz, Conrad von Hötzendorfstraße 121

ISBN: 978-3-85333-198-9

Sturm über der Adria

I

„Herr Oberst, ich melde, dass der neue Leutnant da ist."
„Danke, Holzner. Wie ist er denn? Was für einen Eindruck macht er auf dich?", fragte der Oberst. Er sprach erstaunlicherweise nicht das nasale Deutsch höherer Beamter und des niederen Adels, sondern klar und präzis. Die Sprache passte zu dem mittelgroßen Mann mit dem schmalen Gesicht, den angegrauten Schläfen und dem gepflegten grauen Schnurrbart. Der Oberst saß aufrecht hinter seinem großen, dunklen Schreibtisch.
„Der ist schon in Ordnung, Herr Oberst."
„Und deutsch kann er auch?"
„Besser als unsereiner, Herr Oberst, der könnte aus Döbling sein."
„Also gut, dann nichts wie herein mit ihm."
Oberleutnant Holzner ging zur Tür, öffnete sie und sagte nach draußen:" Herr Leutnant, der Herr Oberst lässt bitten!"
Ein schlanker, groß gewachsener junger Mann in tadellos sitzender Uniform betrat den Raum, ging zum Schreibtisch vor und verneigte sich knapp.
 Das Bild des Kaisers hinter dem Oberst zerfiel in tiefe Schatten und vereinzelte helle Flecken, in Pinselstriche und das Gewebe bemalter Leinwand. Das Gesicht des alten Kaisers wirkte lebendig, seltsam vertraut und sein Blick schien prüfend auf den drei Offizieren im hellen Raum zu ruhen. Links hinter dem Obersten stand die Fahne des Regiments.
„Herr Oberst, Leutnant Graf Pollini meldet gehorsamst seine Ausmusterung zum k.u.k. Infanterieregiment Nr. 59 Erzherzog Rainer!"
Der Oberst ließ seinen Blick abschätzend über den jungen Offizier gleiten und dachte bei sich: 'Groß, schlank, brünett, wenn er so ist, wie er ausschaut, haben wir einen guten Mann bekommen', und sagte dann: „Danke, Herr Leutnant. Steh' bequem."
Mit einer Handbewegung wies der Oberst auf zwei Stühle hin und meinte zum Oberleutnant gewandt: „Holzner, komm' du bitte auch her."
Der schob die beiden Stühle rasch an den Schreibtisch heran.
„Nehmen Sie Platz, meine Herren", lud der Oberst ein, griff nach seiner Tabatiere und klappte sie auf.
„ Ein Zigarettl, Herr Leutnant?"
„Danke nein, Herr Oberst, ich melde, dass ich nicht rauche."
„Sehr vernünftig, dafür aber du, Holzner."
Der bediente sich, reichte dem Oberst Feuer, zündete auch seine Zigarette an und nahm wieder Platz.
Oberst von Höpfner lächelte: „Herr Leutnant, dein Personalakt war, wie sich das ja auch gehört, vor dir da. Sei nicht bös', wenn ich jetzt einiges sehr direkt frage, ich

bin nicht neugierig, sondern an meinen Offizieren interessiert.
Du bist Istrianer - und gehst nicht nach Fiume auf die Marineakademie, sondern nach Wiener Neustadt. Dann meldest du dich auch noch zu den Rainern und damit zum Salzburger Hausregiment. Was steckt denn da dahinter? Werden dir denn die Sonne und das Meer nicht sehr fehlen?"

„Herr Oberst, ich glaube nicht. Ich habe mich daran gewöhnt, von zu Hause fort zu sein. Da war zuerst die Militäroberrealschule und dann eben die Akademiezeit in Wiener Neustadt. Da gewöhnt man sich daran, dass man nur in den Ferien zu Hause ist. Das genießt man dann aber doppelt."

Auf den fragenden Blick des Obersten hin fuhr Pollini fort: „Herr Oberst, ich bin der einzige Sohn meiner Eltern. Mein Vater steht mitten im Leben und betreibt unser Gut mit ganzem Herzen und voller Hingabe. Natürlich wird der Tag kommen, an dem er sich einmal zurückzieht. Aber bis dahin will ich den Rock des Kaisers tragen, will ich dem Kaiserhaus und meinem Lande dienen."

„Das klingt fast ein bisserl pathetisch", unterbrach ihn der Oberst mild, „aber ich glaub', ich weiß schon wie du es meinst."

„Verzeihen Sie, Herr Oberst, so sollte es sich wirklich nicht anhören. Und ich wollte zur Infanterie. Später werde ich ja in Istrien leben, das Meer vor der Tür. Zum Gut gehören auch zwei kleine Inseln, auf denen bauen wir Wein. Da habe ich dann von der Sonne und vom Meer mehr als genug."

Der Oberst drückte seine Zigarette aus und schmunzelte: „Herr Leutnant, ich freue mich, dich bei uns im Regiment zu haben. In der Mannschaft haben wir hier Salzburger und Oberösterreicher. Das sind tapfere, kreuzbrave und unkomplizierte Burschen, ganz gleich, ob sie aus der Stadt oder vom Lande kommen. Die Unteroffiziere sind eher auch aus der Gegend, die Herren Offiziere aus fast allen Kronländern.

Hast du dich schon eingemietet?"

„Im Augenblick wohne ich noch in der „Traube", aber ich habe mir schon eine Wohnung am Anfang der Bergstraße angeschaut. Die werde ich auch nehmen."

„Sehr gut. Du brauchst aber nichts zu übereilen. Wenn du etwas benötigst, wende dich einfach an den Oberleutnant Holzner. Der kümmert sich auch um einen Burschen für dich. Jetzt zu deiner Einteilung. Du kommst zur dritten Kompanie, zu Hauptmann Reitsamer. Das ist einer meiner besten Offiziere. Da bist du gut aufgehoben und dort wirst du auch wirklich was lernen."

Der Oberst hielt einen Moment inne.

„Heute ist Montag. Hast du für den kommenden Sonntag schon etwas was vor?"
„Nein, Herr Oberst."
„Das ist gut. Dann bist du zu Mittag um eins bei mir zum Essen. Sei beruhigt, ich habe keine Tochter im heiratsfähigen Alter und auch keine nicht mehr ganz junge Nichte. Aber", setzte er genießerisch hinzu, „ unsere Paula macht den besten Kalbs-

nierenbraten in ganz Salzburg. Übrigens, lieber Holzner, die Einladung gilt auch für dich."

„Danke, Herr Oberst, wir werden gerne kommen", antwortete der Oberleutnant für beide.

„So, danke meine Herren. Holzner, schick' mir bitte den Wimmer mit der Dienstpost herein und nimm dich des Herrn Leutnants an."

Nach einer kurzen Verbeugung verließen die beiden Offiziere die Kanzlei des Kommandanten. In der Vorkanzlei, einem länglichen Raum mit nur einem Fenster, stand ein junger Unteroffizier mit Bürstenhaarschnitt und Brille vor einem Stehpult.

„Wimmer", sagte Holzner, „Dienstpost und Unterschriftenmappe bitte zum Kommandanten." Dann öffnete er eine Türe und wandte sich an Pollini: „Nur herein mit dir in die gute Stube."

Er schloss die Tür.

„Den Wimmer musst du dir gleich merken. Blitzgescheit, eine Handschrift wie ein Lehrer, Schreibmaschine und Rechtschreibung perfekt und dazu ein Soldat durch und durch. Leider, oder Gott sei Dank, hat er's mit den Augen und ist daher in die Kanzlei gekommen. Anfangs war er todunglücklich, dann hat er sich damit abgefunden und jetzt ist er für uns unverzichtbar."

Pollini stand in einem mittelgroßen Raum, der von einem Schreibtisch und einem großen Aktenschrank ausgefüllt schien. Trotzdem war noch Platz für einen Tisch mit Blumen, denen man die fürsorgliche Pflege ansah und zwei sehr gemütlich aussehende gepolsterte Sessel. An der Wand hingen nicht, wie sonst üblich, Darstellungen österreichischer Uniformen oder das Porträt eines längst vergessenen rotnasigen Generals, sondern Salzburger Ansichten. Durch das Fenster fiel das warme Licht des Vormittags.

Holzner hatte Pollinis kurzes Innehalten bei den Bildern wohl bemerkt und nachdem er eine zum Setzen auffordernde Geste gemacht hatte, kam es fast etwas verlegen: „Salzburg, mein lieber Pollini, ist unvergleichlich. Und unersetzlich. Hier ist alles zu einer ganz besonderen Einheit geworden. Du kannst die Stadt und die Berge nehmen und das Flachland dazu. Nördlich der Alpen ist der Süden nirgendwo so zu spüren wie hier bei uns.

Du wirst es am eigenen Leib erleben. Man geht in den anderen Städten nicht so wie hier. Hier schlendert man wie in Verona. Oder in Bologna. Auch wenn es regnet, das tut es im Übrigen oft genug, bist du hier auf Urlaub vom kalten, grauslichen Norden. In den mondhellen Nächten aber bietet sich dir die Stadt für ein Leben mit allen Sinnen dar."

Fast abrupt brach der Oberleutnant ab.

„Herr Oberleutnant, deshalb wollte ich ja da her, deshalb wollte ich, obwohl es mancher nicht verstehen kann, nach Salzburg. Was Sie gesagt haben, bestätigt mir, wie richtig meine Entscheidung gewesen ist."

„Herr Leutnant, du kannst ruhig du zu mir sagen. Ich heiße Franz, den Xaver dazu vergiss bitte. Hier meine Hand drauf, ein Glas drauf nehmen wir zum Mittagessen."

Pollini ergriff die ihm dargebotene Hand, drückte sie und lächelte: „Mich hat man auf Paride Ottavio Vinciguerra Maria getauft, hören tu ich auf Paride und wenn du auch nur einmal Vinciguerra zu mir sagst, dann kenn' ich dich nicht mehr."

„So, jetzt aber wirklich zum Dienstlichen. Du kommst, wie du ja schon weißt, zur Dritten. Der Hauptmann Reitsamer wird dir gefallen, denn er versteht neben seinem Handwerk auch Spaß. Ich bringe dich dann gleich hinüber.

Als Bursche erwartet dich der Eisl, ein pfiffiger und braver Bauernsohn vom Abersee. Früher war er beim Hauptmann Podhajsky. Der ist in den Generalstab aufgenommen worden und der Eisl freut sich schon, dass er zu einem ganz 'Neuen' kommt.

Mittagessen ist um halb eins, dein Hauptmann wird dich dann mit den übrigen Herren bekanntmachen."

„Ja, noch was", Holzners Stimme klang wärmer, weniger dienstlich. „Der Sonntag beim Oberst braucht dich nicht zu schrecken. Seine Frau ist wirklich liebenswürdig und ein Schatz. Wenn du nur halbwegs tarockieren kannst, zum Tarock kommt nach dem Essen der Dr. Kick, ein junger Richter, ist der Nachmittag ein Vergnügen. Enden tut alles mit einem Mokka so gegen fünf.

Ich nehm' Blumen für die gnädige Frau mit, du Mozartkugeln. Was das ist, erfährst du schon rechtzeitig."

Damit stand der Oberleutnant auf, nahm seine Kappe vom Kleiderhaken und schnallte den Säbel um.

„Mit dem Kommandanten", er schaute Pollini ernst an, „haben wir ein Riesenglück. Er kann wirklich was, versteht die Leut' und er ist gerecht."

Pollini spürte, wie wichtig das für den Oberleutnant war.

Nach einer kleinen Pause setzte der fort: „So, und jetzt beginnt der Ernst deines Lebens als Offizier. Herr Leutnant, ich begleite dich zur dritten Kompanie."

Vor ihnen lag der weite Kasernenhof, der auf allen vier Seiten vom mächtigen, zweistöckigen Bau der Franz Josephs Kaserne eingeschlossen war. An der Westseite spendeten weit ausladende Kastanienbäume Schatten.

„Schulteeertt!", „Beeeii Fuß!" klangen die Kommandos der Unteroffiziere beim Exerzierdienst über den Hof, den die beiden nun überquerten.

„Hier im Westflügel findest du das Offizierskasino des Regiments und die Unterkünfte der Offiziere, die sich nicht draußen in der Stadt eine Wohnung gesucht haben. Gerade hier vor uns im Parterre ist die dritte Kompanie untergebracht. Halt, da kommt ja dein Chef."

Zielstrebig kam ein großer, elegant wirkender Offizier auf sie zu und rief: „Danke, Holzner, dass du mir meinen Neuzugang gratis und franko fast ins Haus bringst."

Pollini hatte Haltung angenommen und Holzner meldete: „Herr Hauptmann, gestatten Sie, dass ich Ihnen Leutnant Graf Pollini vorstelle."
Der Hauptmann führte die Rechte an den Kappenrand und musterte den jungen Offizier vor ihm, der schmetterte: „Herr Hauptmann, Leutnant Graf Pollini meldet seine Einteilung zur dritten Kompanie!"
Lächelnd reichte ihm sein Hauptmann die Hand: „Grüß dich, Herr Leutnant, und herzlich willkommen. Wie ich meine Dritte kenne, hängen jetzt ohnehin schon fast alle in den Fenstern und schauen, wen wir da bekommen haben.
Herr Leutnant, du kommst mit mir, Herr Oberleutnant, dir vielen Dank, und", nach einer kurzen Pause und wesentlich lauter, „den Zuschauern da, die anscheinend nichts zu tun haben, verschaff' ich gleich eine Arbeit!"
In gewohnter Lautstärke wandte er sich wieder zu Pollini: „Komm, Herr Leutnant, ich zeig' dir dein neues Zuhause!"

+

Karl Wiesmayer stand an einem der großen Fenster seines Büros im ersten Stock des Brauereigebäudes und blickte hinunter auf das geschäftige Treiben im Innenhof der Kronenbrauerei in Brünn. Kräftige Bräuburschen beluden an den Rampen die Wagen der Bierführer mit Fässern und Kisten, in denen das köstliche Bier perlte. Geduldig standen die großen braunen Pferde vor den Wagen, bis sie sich auf ein Peitschenknallen oder ein vertrautes Zungenschnalzen ihrer Herrn in Bewegung setzten. Wiesmayer schaute über das Sudhaus, die Abfüllerei, das Hopfenlager und die Mälzerei hinweg zum Gleisanschluss. Dort herrschte reges Leben. Die Biere der Brünner Brauerei erfreuten sich nicht nur in Mähren besonderer Beliebtheit, sondern sie wurden auch mit der Eisenbahn in die Reichshaupt- und Residenzstadt Wien gebracht. Aber auch in den größeren Städten der Monarchie waren die Bierspezialitäten aus Mähren unter Kennern sehr geschätzt, ja sogar auf den Schiffen des Österreichischen Lloyd konnte man sich an der Wiesmayerschen Braukunst erfreuen.
Wiesmayers Großvater hatte 1835 die Brauerei gegründet, sein Vater und er selbst hatten sie zu dem ansehnlichen Unternehmen gemacht, das sie nun darstellte. Wiesmayer strich sich über das Haar, das grau und etwas dünner zu werden begann und dachte, dass er nun wirklich bald eine Brille würde tragen müssen, da er die Gesichter der Arbeiter, die weiter hinten im Hof arbeiteten, nur mehr sehr unscharf erkennen konnte. Wiesmayer war ein großer, stattlicher, aber keineswegs dicker Mann. Er trug einen grauen Tweedanzug mit Weste, über der locker eine goldene Uhrkette hing. Die gepunktete Seidenkrawatte und das dazu passende Stecktuch waren genau auf den Anzug abgestimmt, die Schuhe lieferte ein bekannter Schuhmachermeister aus Prag.

Ein Ruck schien durch den Mann am Fenster zu gehen, als er einen Klingelknopf auf seinem peinlich genau aufgeräumten Schreibtisch drückte. Nach einem Klopfen und Wiesmayers „Herein" betrat ein Mann mittleren Alters das Büro.
„Herr Smetacek, ich möchte jetzt Herrn Lipinski sprechen."
„Sehr wohl, ich lasse ihn gleich holen. Es kann aber etwas dauern."
„Das ist mir schon klar und das nehme ich notgedrungen auch in Kauf", seufzte Wiesmayer, nahm einen Brief vom Poststapel, öffnete ihn und begann aufmerksam zu lesen.
Etwa zwanzig Minuten später klopfte es an der Tür und ohne die Aufforderung einzutreten abzuwarten, betrat ein großer, magerer, dunkelhaariger Mann den Raum.
„Sie haben mich rufen lassen", stieß er unwirsch heraus.
„Ja, aber nehmen Sie erst einmal Platz. Ich habe mit Ihnen zu reden."
Wiesmayer schob seine Post beiseite und legte auch den Bleistift, mit dem er sich auf einem Papierbogen Notizen gemacht hatte, weg. Er schaute sein Gegenüber ernst an. Da saß ein Mann mit etwas abgewetztem Hemdkragen und Manschetten, die knapp vor dem Ausfransen waren. Sein Jackett war abgetragen und ungebügelt. Die dunklen Augen lagen tief in ihren Höhlen, der Kopf war schmal, über dünnen Lippen saß ein knappes Bärtchen, die blassen Wangen zeigten das Blauschwarz sehr starken Bartwuchses.
„Herr Lipinski, Sie wissen, dass ich Ihnen immer unvoreingenommen gegenübergestanden bin. Wir kennen uns seit der Zeit, als Sie noch als aktiver Rittmeister bei den Dragonern in dem Regiment gedient haben, in dem ich die Ehre habe als Reserveoffizier beordert zu sein. Sie sind von den Ulanen transferiert worden, weil gewisse Umstände, die ich nicht kenne und die ich auch nicht kennen will, das notwendig gemacht haben.
Später haben Sie dann Ihren Abschied genommen und sind, dank sehr verständnisvoller Vorgesetzer, Ihrer Offizierscharge nicht verlustig gegangen. Sie wissen wohl selbst am besten, was da alles zusammengekommen ist und zwangsläufig zu diesem Schritt geführt hat. Nach einer nicht sehr erfolgreichen Laufbahn als Handelsvertreter habe ich ihnen, eben weil wir Regimentskameraden waren, eine Stellung in meinem Unternehmen angeboten. Aber Sie waren auch da wieder unzuverlässig, unpünktlich, aufbrausend und haben leider auch immer wieder gespielt.
Keine Kellnerin im Braugasthof war vor Ihnen sicher, auch den Frauen Ihrer Mitarbeiter haben Sie nachgestellt. Nicht zuletzt aber haben Sie Firmengelder vermutlich anderweitig verwendet."
„Erlauben Sie, was werfen Sie mir da vor? Das ist doch unerhört, ich habe stets auf Heller und Pfennig abgerechnet! Herr Wiesmayer, ich verbiete mir diese Unterstellungen!"

„Ich habe ‚ vermutlich ‚ gesagt. Tatsache ist, dass Sie, wenn Sie am Monatsersten hätten abrechnen sollen, das Geld frühestens am Zwölften des Monats eingezahlt haben."

„Ja, einmal, eine momentane ..."

„Nein, Herr Lipinski, mit Firmengeldern gibt es keine momentanen Verlegenheiten. Die Male, wo Sie pünktlich abgerechnet haben, sind an den Fingern einer Hand abzuzählen. Und Sie scheuen sich nicht, sich sogar an die Bräuburschen zum Spielen heranzumachen. Ich weiß, was in meinem Betrieb vorgeht und ich weiß, was ich in meinem Hause haben will und was nicht."

Wiesmayers schaute Lipinski ruhig und offen an, der aber konnte diesem Blick nicht standhalten und drehte den Kopf verlegen zur Seite.

„Auf diese Distanz sehe ich noch gestochen scharf", dachte Wiesmayer, „und von deinen panslawistischen Auftritten in rauchigen Hinterzimmern rede ich nicht einmal". Nach einer kurzen Pause setze er fort:

„ So geht es einfach nicht weiter und so darf es auch in Ihrem Interesse nicht weitergehen. In Brünn haben Sie sich selbst unmöglich gemacht und sind gesellschaftlich unten durch. Tun Sie doch etwas, das Sie wirklich können, was Sie verstehen. Sie sind ein hervorragender Reiter und ein anerkannter Pferdefachmann."

„Soll ich vielleicht Reitlehrer werden und fette Fabrikantenfratzen an der Longe auf lammfrommen Gäulen im Kreis führen?" sprang Lipinski auf.

„Setzen Sie sich wieder hin", beruhigte ihn Wiesmayer. „Nein, an Reitunterricht habe ich nicht gedacht, obwohl das keineswegs so abwegig oder ehrenrührig wäre. Nur ließe Ihnen das vermutlich zu viel Zeit für Ihre verhängnisvollen Leidenschaften, die Sie immer wieder haben scheitern lassen. Gehen Sie hinaus, nehmen Sie die Herausforderung an. Sie sind Pferdefachmann, also gehen Sie in ein Gestüt. Leute mit Ihrem Wissen findet man nicht wie Sand am Meer. Gehen Sie zurück nach Polen. Oder nach Ungarn. Die Monarchie ist groß. Fangen Sie wirklich ganz neu an.

Unsere Wege trennen sich jedenfalls mit dem heutigen Tage. Ihre Dienstwohnung steht Ihnen noch bis Monatsende zur Verfügung. Bei Herrn Smetacek liegt ein Zeugnis über Ihre Tätigkeit hier, das Sie beruhigt überall vorweisen können. Mit dem Zeugnis bekommen Sie auch noch drei weitere Monatsgehälter, damit Ihnen der Neubeginn", Wiesmayer hielt kurz inne, „damit Ihnen der neuerliche Neubeginn wirklich möglich wird."

In die Stille hinein fragte Lipinski: „Wieso tun Sie das?"

„Weil wir im selben Regiment gedient haben."

Wiesmayer schaute Lipinski nachdenklich an: „Ich lege an einen Offizier keine anderen Maßstäbe der Bewertung an als an alle anderen. Der Beruf, den ein Mann ergreift, ist meist kein Zufall. Der Offizier steht auch nicht außerhalb der Gesell-

schaft und schon gar nicht außerhalb der Verantwortung. Aber innerhalb der Gesellschaft müssen an die Menschen, je nach ihrer Wesensart, verschiedene Maßstäbe angelegt werden. Hüten wir uns vor dem Verallgemeinern. Früher oder später werden wir uns mit dem Verlust überkommener Werte abfinden müssen. Ich bedaure das sehr. Aber die Zeichen der Zeit deuten daraufhin Da werden wir zusammenstehen müssen, wenn wir diesen Verlust überstehen wollen.
Deshalb helfe ich Ihnen noch einmal. Machen Sie es aber, ich bitte Sie wirklich darum, diesmal besser."
Lipinski stand auf, verneigte sich und ging aus dem Büro.
Im Kontor davor stand Smetacek und überreichte ihm zwei festere Briefumschläge.
„Wenn Sie bitte hier quittieren wollen. Da bitte für das Zeugnis und hier bitte für die Geldabfindung."
Noch immer schweigend unterschrieb Lipinski dort, wo es ihm Smetacek gezeigt hatte. Sorgfältig steckte er die beiden Umschläge in die Innentasche seines Jacketts. Ohne ein Wort zu verlieren öffnete er die Tür, ließ sie offen stehen und Smetacek sah ihn die Treppe hinuntereilen.
„Du selbstgefälliges deutsches Schwein", tobte es in Lipinski, „ja, ich gehe nach Polen zurück. Aber ich komme wieder und dann geht es dir und deinesgleichen an den Kragen, du hypertrophe Sau. Wo nimmst du diese selbstgefällige Güte her, umbringen müsste man dich und deine bigotte Alte! Der letzte polnische Pferdeknecht soll deine Töchter vögeln, bis sie hin sind und dein Sohn gehört im Sudhaus ertränkt. Ja, so ist es, todvögeln und ertränken muss man euch!"
Der Portier am Tor der Brauerei zog grüßend seine Kappe als Lipinski hinausstürmte. Er glaubte so etwas wie „umbringen, aufhängen" gehört zu haben und dachte, dass er nun doch einmal zum Arzt gehen müsse, wenn ihm seine Ohren solche Streiche spielten.

+

Dort, wo in der Gegend von Judenburg das Seitental ins Murtal mündet, lag auf einem Hügel, der sanft zur Mur hin abfällt, am Waldrand ein großes Gebäude. Die Leute aus der Gegend nannten es respektvoll „das Schloss", obwohl es eher ein sehr großes Herrenhaus war. Vermutlich stand es schon Jahrhunderte so da, in seinem Kern aus mächtigen Steinquadern erbaut.
Etwas abgesetzt lagen die Nebengebäude mit den landwirtschaftlichen Geräten, die großen Stallungen und Scheunen, die Guts- und Forstverwaltung und das Gesindehaus. Ganz in der Nähe befand sich der Küchengarten und am Waldrand war eine große Bienenhütte zu sehen.

Weiter hinten im Graben gab es nicht nur ein Elektrizitätswerk, sondern auch ein gut ausgelastetes Sägewerk..

Die Auffahrt zum Herrenhaus führte durch eine Allee und endete direkt vor dem großen Tor. Alles strahlte Behaglichkeit und durch Generationen geschaffenen Wohlstand aus. Die nach Süden gerichtete Wand war mit einem Obstspalier bedeckt, an das sich ein üppig blühender Garten anschloss.

Dieses Herrenhaus war der Mittelpunkt der Fleissnerschen Guts- und Forstbetriebe.

Der Landtagsabgeordnete Dr. Ernst Max Leonhard von Fleissner saß unter einem hellen Sonnenschirm an einem großen Tisch vor dem Haus und wartete auf die Rückkehr seiner Frau. Die war unterwegs, um „Maricdl", wie die Tochter des Hauses von allen Leuten im Tal liebevoll genannt wurde, in Graz abzuholen. Dort hatte man Maria Karoline Johanna von Fleissner in den vergangenen Jahren bei den frommen Frauen im Sacré Coeur, nicht immer gerade zu ihrer hellen Freude, das beigebracht, was eine junge Dame von Stand einfach können musste.

In stiller Vorfreude auf den Wirbelwind, der nun bald wieder durch das Haus fegen würde, saß Fleissner da. Ein Blick auf seine Taschenuhr zeigte ihm, dass er sich bis zum Wiedersehen wohl nach etwas würde gedulden müssen. Obwohl Fleissner ein sehr großer, stark gebauter Mann war, hatte er auffallend schlanke Hände, die an einen Pianisten erinnerten. Und tatsächlich war Fleissner ein sehr begabter Klavierspieler. Daraufhin und auch auf seinen weithin bekannten Kunstverstand angesprochen, pflegte er schmunzelnd zu sagen, dass ein Abgeordneter zum Steiermärkischen Landtag zwar ein Trottel sein könne, dies aber nicht zwangsläufig sein müsse.

Während seiner Studienzeit in Graz hatte sich Fleissner, der an der rechtswissenschaftlichen Fakultät inskribiert gewesen war, mit dem aus dem Salzburgerland kommenden Mediziner Johann Sebastian Holzner sehr angefreundet. Dessen Vater war der Pfleger von Abtenau und Werfen gewesen, also der dortige Gerichtsherr, der nebenbei auch eine Art Bezirkshauptmannsfunktion auszufüllen hatte.

Neben der Freundschaft zu dem stets gut aufgelegten Holzner hatte Fleissner aber auch bei einer Reise ins Salzburgische seine tiefe Zuneigung zu dessen Schwester entdeckt und diese geheiratet.

So war Hedwig Lidwina Elisabeth von Fleissner in die Obersteiermark gekommen. Sie hatte ihrem Mann neben dem Sohn Ernst Franz Joseph, der in Wien studierte und später das väterliche Gut übernehmen sollte, auch Maria geboren, die nun wieder nach Hause kommen und für mehr Leben im Hause sorgen würde.

II

Der Tag war für Pollini recht anstrengend gewesen. Hauptmann Reitsamer hatte ihn sehr genau in die 3. Kompanie und in die Art, wie er dort den Dienst handhabte und ihn durchgeführt haben wollte, eingewiesen. Anschließend waren ein Rundgang durch den Kompaniebereich und das Kennenlernen der Offiziere und Unteroffiziere der Dritten erfolgt.
Reitsamers Stellvertreter war ein braungebrannter junger Hauptmann mit fröhlichen blauen Augen und einem herzlichen Lachen. Außerdem war Pollini ein Leutnant Filzmoser besonders aufgefallen. Der sah aus wie der personifizierte Lausbub.
Vor dem Mittagessen hatte ihn der Oberst den anderen Offizieren des Regiments vorgestellt und wiederum hatte der Leutnant das gute Gefühl, die richtige Wahl getroffen zu haben.
Bei Dienstschluss kam ihm Oberleutnant Holzner über den Kasernenhof entgegen und fragte: „Paride, trinkst du eigentlich Bier ?"
„Mein Lieber, an der k.u.k. Riviera von der ich komme, braut zum Beispiel der Herr Dreher in Triest ein ganz hervorragendes Bier und zwar so viel, dass er es auch verkauft!"
„Sehr gut, dann hast du vermutlich nicht viel dagegen, wenn wir auf das aerarische Abendessen, es gibt nur was Kaltes, verzichten und in den Schanzelkeller im inneren Nonntal gehen. Der liegt auf einer vorgeschobenen Bastion der alten Stadtbefestigung und das Höllbräu schenkt dort aus.
Wir haben einen wunderschönen Blick auf den Hohen Göll und das Tennengebirge und auf dem Weg dahin siehst du auch was von der Stadt.
Und wenn wir erst dort sind, dann verbindet sich die Schönheit der Stadt mit den profanen Genüssen wie Bier, Brezen, Käse und Essigwurst!"
„Viel verlockender hättest du mir das ja nicht schildern können", schmunzelte Pollini. „Also gehen wir."
„Auf dem Weg kann ich dir noch ein paar Sachen zeigen und ein paar Feinheiten erklären. Aber so groß ist die Stadt nicht und bald wirst du sie wie deine Westentasche kennen und alles über die Leute hier wissen.
Komm, wir gehen durch die Linzergasse."
Dort herrschte emsiges Treiben. Die Läden wurden gerade geschlossen, Köchinnen machten rasch noch kleine Besorgungen, ins Korsett geschnürte Damen mit großen Hüten tauschten die letzten Neuigkeiten aus. An den Ecken standen Dienstmänner mit ihren roten, steifen Mützen und warteten auf den Auftrag, irgendwohin den Einkauf zuzustellen oder einen Blumenstrauß abzugeben. Equipagen ratterten über das Kopfsteinpflaster der Stadt.
Als sich die Gasse zur Salzach und zur Hauptbrücke hin weitete, bemerkte Holz-

ner: „Jetzt sind wir am Platzl. Da lauert meistens der Major Homolka. Das ist ein kleiner, rundlicher Artillerist vom Garnisonskommando, der alle mit der Adjustierungsordnung quält und alle Verstöße dagegen zur Anzeige bringt. Ein unangenehmer, ewig nach Schweiß riechender Mann, den man aber leider nicht ignorieren kann. Aber heute sehe ich ihn Gott sei Dank nicht."

An den beiden jungen Offizieren war aber auch nichts auszusetzen. Das bestätigten nicht nur die aufmerksamen Blicke der Damen jeglichen Alters. Auch ältere Herren, an ihrer geraden Haltung und an ihren eingetrockneten Gesichtern unschwer als Offiziere im Ruhestand auszumachen, nickten sich anerkennend zu.

Am Ludwig Viktor Platz sagte Holzner: „Schau, da ist die Konditorei Karuth. Der Karuth hat die Mozartkugel erfunden. Das ist eine gut ausgewogene Mischung von köstlicher Schokolade rund um einen Kern aus Marzipan. Das wickelt er dann in Stanniol und zum Schluss wird ein Bild vom Mozart draufgepickt. Sonst hat der Herr Kompositeur mit der Kugel nichts zu tun. Der Karuth hat halt den Riecher für's Geschäft, der dem armen Mozart zeitlebens abgegangen ist. Die Frau von unserem Oberst kann dieser süßen Verlockung nur schwer widerstehen .Du schickst einfach deinen Burschen und lässt ihn für die Sonntagseinladung welche holen."

Über den Residenzplatz und die Kaigasse gelangten die beiden zum Schanzlkeller. Unter den Kastanienbäumen standen runde grüne Tische. Lange würden sie wohl nicht mehr frei bleiben, denn aus allen Richtungen strebten Männer und Frauen dem Gastgarten zu. Die meisten Frauen trugen in Körben das kalte Nachtmahl mit, das sie sich dann zusammen mit einem Glas Bier schmecken lassen wollten. Der Herr Gemahl aber verlangte schon nach einer Halben oder einer Maß Bier. Pollini wählte einen Platz an der Brüstung, von dem man nicht nur das Treiben auf der Straße beobachten konnte, sondern auch bis zum alten erzbischöflichen Schlösschen Freisaal sah. Er meinte zur Kellnerin: „Zuerst bringen Sie uns bitte zwei Halbe im Steinkrug. Zum Essen bestellen wir dann später."

„Bravo, Paride, du kennst dich wirklich aus. Schau, da kommen der Hauptmann Eisner und der Filzmoser!"

Pollini sah den braungebrannten Hauptmann in Begleitung des Leutnants aus seiner Kompanie durch den Garten herankommen.

„Dürfen wir uns dazu setzen?" fragte der Hauptmann.

„Aber gern, vor allem wenn der Filzmoser dem Pollini seine G'schicht erzählt."

„Ja freilich, aber zuerst kriegen wir was zu trinken, die Gurgel gehört schon geschmiert. Das Bier ist, glaub' ich, auf dem Weg, denn der Filzmoser hat seine guten Beziehungen zur Frau Resi schon spielen lassen."

„ Schau einer den Filzmoser an, läuft da was?"

„Aber nein, die Resi ist die Tochter vom Wirt in Liefering. Ich bin dort im Nachbarhaus aufgewachsen, da war die Lehrerwohnung meines Vaters Aber jetzt erzähl' ich die Geschichte, damit ich mir den Sitzplatz verdiene. Für den Leutnant Pollini muss ich noch vorausschicken, dass die Gnigl ein kleines Dorf außerhalb von Salzburg ist.

Also, ich war noch Kadettoffizierstellvertreter und habe Dienst gehabt. Es war ein Sonntagnachmittag und da kommt ganz forsch ein recht aufgemascherlter Dragoneroberleutnant ans Tor und will durchmarschieren. Der Wachtposten wollt' ihn kontrollieren, der Dragoner macht Manderln, der Posten fordert ihn auf sich auszuweisen, der Oberleutnant wird laut, ich werde auf das Ganze aufmerksam und gehe ans Tor.

' Ich bin der Oberleutnant Graf Waldenfels von den 5er Dragonern und meine Tante ist die Erzherzogin Marie Valerie!'

Mir platzt fast der Kragen und ich denk' 'du lackierter Aff', sage aber ganz ruhig: 'Und ich bin der Kadettoffizierstellvertreter Filzmoser und meine Tant' hat eine Gemischtwarenhandlung in der Gnigl und jetzt weisen Sie sich bitte aus, Herr Oberleutnant!' Und ausgewiesen hat er sich."

Unter dem Lachen seiner Kameraden griff Filzmoser zum Bier und nahm einen kräftigen Schluck.

„Herr Hauptmann, wo hast du denn die gute Farbe her?", wollte Holzner wissen.

„Ich war am Wochenende wieder einmal auf der Bischofsmütze."

Zu Pollini gewandt meinte Holzner. „Der Herr Hauptmann ist unser Vorzeigebergsteiger. Der klettert allen Bergführern davon und vor zwei Jahren hat er auch mit dem Schneeschuhlaufen angefangen.

Schau' nicht so überfragt. Da bindet er sich im Winter zwei lange Bretter, die vorne aufgebogen sind an die Füße und fährt dann durch den Schnee ins Tal. Dazu hat er noch einen langen Stecken in den Händen."

Ernst sagte Hauptmann Eisner: „Das wird früher oder später für die ganze Armee, zumindest für die Infanterie, notwendig sein. Vom Leben im Felde unter winterlichen Verhältnissen und in den Bergen wissen wir noch viel zu wenig. Dort lauern Gefahren, die wir kaum kennen. Denken wir nur an Lawinen und Gletscherspalten. Wie überlebt man bei Sturm in Schnee und Eis? Unsere Ausrüstung bietet doch keinen Schutz vor der beißenden Kälte. Wie sollen sich unsere Soldaten dort verhalten? Im Kampf wären unsere Überlebenschancen recht gering. Da braucht man gar keinen besonderen Feind dazu. Wir haben Grenzen auf den Alpenkämmen. Ich möchte mir auch keinen Kriegswinter in den Karpaten vorstellen.

Aber sag' das einmal wem in Wien. Da stößt man auf taube Ohren und man fragt dich, ob du in Militärgeographie gefehlt hast, wo denn die Karpaten sind und wo die Reichsgrenze verläuft. Sie bräuchten aber nur einen, der in Galizien Dienst macht, zu fragen, der kann wirklich genug Schauriges von den Wintern dort erzählen. Aber Wien bleibt Wien.

Ich weiß, dass ich mich hier auf gefährliches Gelände begebe. Ich maße mir aber auch noch insofern Kritik an, als ich feststelle, dass man im Kriegsministerium zwar weiß, dass es hinten und vorne hapert, trotzdem aber fröhlich drauflos regiert und administriert."

Plötzlich hielt der Hauptmann inne: „Oje, was ist denn dort los?"

„Das ist der Buchbinder Demmelmayer", lachte Filzmoser, „ der hat schon wieder einmal zu viel."

Holzner aber bemerkte dazu: „Der ist ein Original in seiner Mischung aus damisch und dynamisch. Der ist skurril, aber herzensgut. Er ist wahrheitsliebend, kotzengrob und gallenbitter zugleich. Er ist einfach unendlich österreichisch."

Ein paar Tische weiter war ein Mann aufgestanden, hatte den Hut ins Genick geschoben und fuchtelte mit den Händen herum. Sichtlich erregt brach es aus ihm heraus: „Wenn erst amol unser guater Kaiser stirbt, der holt ja jetzt no allas zammen, wenn amol unser guater Kaiser stirbt, na, dann geht's um, Leitln! Dann gengan die Krowotn gegen die Ungarn, ja, wann unsere apostolische Majestät", der Mann hielt sich jetzt leicht schwankend am Tisch fest und hob die Hand salutierend an den Hut, „wenn unser guater Kaiser amol nimmer is, dann geht's wirkli nimmer! Dann hamma den Kriag und dann hamma den Scherm auf! Denn dös wird ka normaler Kriag, na, dann gengan alle auf uns los!"

Die Leute am Tisch begannen abzurücken und schauten krampfhaft weg.

Der Betrunkene schob sich seinen Hut wieder in die Stirn : „Da kumman erst die Serbn und die Russn, dann die Rumäner, der Deitsche geht auf 'n Franzosn, dann kumman natirli a die Englända, dann de von da unten, na, wia haß'n denn die, die, no die von Montenegro, und zum Schluss kumman a no die Italiena, die folschn Hund, die Katzlmocher, die elendigen. Und alle halten mit dö Polacken", der Mann beginnt zu schluchzen, „und mit die Behm und unser guater Kaiser is nimmer do !

Mia Österreicha san ganz allanig, alle haun si auf uns und dann is eh aus. Mia ham kan Kaiser mehr, alles is hin und die Sozi werdn regirn.

Wer waß denn ibahaupt, was bei die andern no ollas passiert ..."

„Jetzt geben Sie doch endlich Ruhe, Sie ungehobelter Mensch!" rief empört ein älterer Herr vom Nebentisch.

„Der ist ja völlig betrunken", assistierte ihm sein Nebenmann, der sich vor allem beim Verzehren seiner Kalbsstelze gestört fühlte.

„Ja, den deutschen Kaiser werden's a aussi haun und den von de Russn glei dazua! Was sag'n Sie da, gnä Frau? Reden S' do net so an Bledsinn daher und ehna Mann, dös Siemandl, dös kann mi überhaupt im ....., aber was, lassen S' mi aussi, i muass aufs Häusl, aber schnell !"

Die Volkszählung von 1880 hatte für die Stadt Salzburg 25.000 Einwohner ausgewiesen. Nun, rund dreißig Jahre später, war die Einwohnerzahl wohl gestiegen, doch Landespräsident Graf Schaffgotsch amtierte noch immer in einer sehr beschaulichen Stadt. Ruhe und Zufriedenheit begleiteten ihre Bürger. Denen waren die Probleme des erwachenden Nationalitätengefühls fern. In der alten Stadt an der Salzach, die erst nach dem Wiener Kongress habsburgisch geworden war und die man das von Wien aus auch hatte fühlen lassen, herrschte zufriedene Ruhe. Man lebte und war bescheiden, ja, man war glücklich. Die Mode wechselte nicht oft und so trugen die Damen ihre Kleider oft jahrelang unverändert. Am späteren Nachmittag sah man die Offiziere der Garnison in ihren kleidsamen Uniformen in den Kaffeehausgärten der Stadt sitzen. Dort lagen die „Neue Freie Presse", die „Grazer Tagespost" und das „Prager Tagblatt" auf.
Natürlich gab es auch Gaststätten, die die Angehörigen der Armee zu meiden hatten, aber insgesamt waren die Versuchungen, den Alltag im Spiel und im Alkohol und den damit verbundenen Schulden zu vergessen, eher gering. Gerüchteweise hörte man davon, dass es in den einsamen Garnisonen im fernen Galizien diese Nächte gebe. Nächte nach langen Ritten, Nächte voll Langeweile, in denen Alkohol und das ewige Thema Frauen unverheiratete und verheiratete Männer zusammenkommen ließen. Nächte, in denen man Weiber auf den Kopf stellte und ihnen Champagner unter den Rock schüttete, Nächte, in denen man von Garnisonen im Südwesten des Reiches am Meer träumte und seine Schulden beim Juden zugab, in denen man Mädchen kommen ließ, die respektvoll, neugierig und darüber hinaus sogar noch geehrt waren.
In Salzburg strahlten die Damen vom Theater ihren ganz besonderen und geheimnisvollen Reiz aus. Kurzfristige Liaisonen machten den einen oder den anderen Offizier bei seinen Kameraden zum beneideten Helden. Freilich endeten diese Amouren zumeist mit dem Ende des Engagements der Dame am Stadttheater oder dann, wenn sich der Operettenbuffo als ihr Ehemann entpuppte.
In Wien, der Hauptstadt des Habsburgerreiches, war dies die Zeit der Liebeleien, der Offiziere, der Praterfahrten, der süßen Mädel, des Champagner, der Kavaliere, des Ehebruchs und der Duelle. Eine Zeit voll Wehmut, etwas dekadent, aber nicht ohne eine gewisse Anmut und vor allem voll Sorglosigkeit. Durch das Niederreißen der Wälle und der alten Befestigungsanlagen sowie das Aufblühen der Industrie hatte sich in Wien eine Verschmelzung der Bevölkerung vollzogen. Bis dahin waren die Kleinbürger und das gewöhnliche Volk vom Adel und dem Bürgertum durch eine Mauer getrennt gewesen. Die wurde nur dann und wann durch eine romantische Beziehung oder gar eine Heirat durchbrochen. Jetzt aber zogen die Mädchen aus der Vorstadt in Scharen in die Innenstadt, fanden dort Arbeit

und hatten den verständlichen Wunsch, am schönen Leben der anderen teilzuhaben. So wie sie die innere Stadt entdeckten, so entdeckte diese auch sie. Die Urwüchsigkeit, die Naivität und die Anmut des Mädels aus der Vorstadt reizten die Bürgersöhne. Die Pepis und Mizzis, die bis dahin mit einem Hilfslehrer liiert gewesen waren oder einen Studenten aus der Provinz ins Herz geschlossen hatten, kamen in die Innenstadt. Die eine oder die andere schenkte hier einem Leutnant das Liebesleben, das ihm aufgrund seiner kargen Gage sonst verwehrt gewesen wäre. Die meisten aber taten sich mit jungen Herren von Adel oder mit den Söhnen überaus betuchter Großbürger zusammen.

Pollini, dessen Familie sehr begütert war, schätzte sich glücklich, dass ihm seine Wahl der Garnison, diesen, nun in so geballter Form auftretenden Wechsel zwischen Koketterie und Unbefangenheit, zwischen Sicherheit und Naivität, zwischen echtem Gefühl und tändelndem Spott ersparen würde.

Er stand da, die Wange an die Klinke des Wohnzimmerfensters gepresst und fühlte, dass die wichtigen Dinge im Leben nie zufällig geschahen.

In den vergangenen Wochen war ihm das Eingewöhnen leicht gefallen. Im Regiment verlief alles so, wie es sich ein junger Offizier nur wünschen konnte. Die Kameraden hatten ihn herzlich aufgenommen und kamen ihm offen und unvoreingenommen entgegen. Die Unteroffiziere hatten sehr schnell bemerkt, dass der neue Leutnant auch zuhören konnte und auf andere Meinungen Wert legte. Die einfachen Soldaten aber erkannten, dass der neue Leutnant, der kaum älter war als sie, ein Herz für sie und ihre Anliegen hatte.

Das erste Mittagessen beim Oberst war tatsächlich köstlich gewesen. Die Frau des Hauses, eine gutaussehende, gepflegte und sehr charmante Mittvierzigerin, war eine vollendete Gastgeberin. Als sie sich nach dem Essen und dem Eintreffen des vierten Tarockspielers wortreich zurückzog, meine ihr Mann fast resignierend: „Wenn meine Frau redet, dann schaue ich ihr auf den Mund - aber höre ihr nicht immer zu."

Der anschließende Tarocknachmittag verlief sehr angeregt und Dr. Kick erwies sich nicht nur als geistreicher Unterhalter, sondern auch als brillanter Spieler, was den Oberst schließlich seufzen ließ: „Was könnte aus dem Mann nicht alles werden, wenn er nicht tagelang beim Tarock sitzen würd'!"

Sein Regimentskommandant hatte mit ihm auch beim kommandierenden General seine Aufwartung gemacht und Pollini vorgestellt. Der General war ein freundlicher, leiser, alter Herr. Als Oberst von Höpfner sie beide wieder abmeldete, meinte der General: „Herr Leutnant, wenn man so jung ist wie Sie, bestehen alle unsere Träume noch aus Hoffnungen. Ich wünsche Ihnen viele solche Träume. Denn aus Erinnerungen bestehen sie ohnehin bald genug."

Und eher für sich selbst fügte der alte Herr hinzu: „Alt wird man nämlich viel früher als man denkt."

Auf der Rückfahrt zur Kaserne wandte sich der Oberst an Pollini: „Der Herr General hat da etwas sehr Wahres gesagt. Die Zeit ist einfach der größte aller Diebe. Sie trägt Dinge fort, die nie wieder ersetzt oder wiedergebracht werden können. Dazu kommt noch, dass man beim Älterwerden lernt, sich dem wirklichen Leben anzupassen und dann ist man, gerade in unserem Beruf, eines Tages so weit, dass man sich nur mehr anpasst oder nur mehr auf sein Fach beschränkt. Und nicht mehr darüber nachdenkt, wie es sein könnte und was man für Träume gehabt hätte. Ich versuche alle meine Herren immer wieder auf diese Gefahr hinzuweisen. Ich bin der Älteste im Regiment und tue daher selbst alles, um nicht in diese Fehler zu verfallen.

Das kann man einem jungen Mann wie dir vermutlich nicht früh genug sagen. Aber wir sind nicht irgendwelche Verwaltungsbeamte, sondern Offiziere des Kaisers."

Die Abende verbrachten die Unverheirateten unter den Offizieren des Rainerregiments sehr oft in ihrem eigenen Offizierskasino und nicht im großen Standortkasino, in dem sich die Offiziere aller Truppen trafen. Dort herrschte strenge Hierarchie. Generale und Oberste gaben die Gesprächsthemen vor. Die Meinungen der jungen Herren, die weit abgesetzt saßen, wurden nicht erfragt und wären wahrscheinlich nur als störend empfunden worden. So wie das Lachen, das manchmal an den Tischen der jüngeren Offiziere aufbrauste. Die hohen Herren zelebrierten sich selbst. Freilich saß der eine oder der andere Junge am Rande dabei und hoffte, durch eifriges, zustimmendes Kopfnicken auf sich aufmerksam zu machen. Das gelang bisweilen auch. Während die hohen Herren bei sich den „Sachverstand" des Jüngeren positiv vermerkten, bedachten ihn die Gleichaltrigen mit nicht sonderlich liebenswürdigen Ausdrücken.

Gerade die jungen Subalternoffiziere waren nicht bereit sich nur auf ihr ureigenstes Fach zu beschränken und den Dingen ihren, durch Vorschriften mehr oder weniger geregelten, Lauf zu lassen.

Bei den Rainern nannte man die Dinge beim Namen. Und es gab da und dort, das war den Zeitungen, die jeder eifrig las, zu entnehmen, sowohl politische als auch wirtschaftliche Missstände. Es gab Protektion und auch Fälle von Korruption, Ungerechtigkeiten aller Art, den unerträglichen Vorsprung der Protegierten vor wirklicher Leistung, vor der Persönlichkeit.

Vor allem aber gab es auch unentschuldbare Verstöße gegen die schöpferischen Kräfte des Landes.

Mittwochs aßen die Offiziere des Regiments gemeinsam zu Abend. An den Wänden des Ganges, an dessen Ende die Räumlichkeiten des Regimentskasinos lagen, hingen goldgerahmte Bilder. Bekannte Maler hatten heroische Szenen aus Schlachten, in denen sich das Regiment ruhmvoll für Kaiser und Reich geschlagen hatte, festgehalten. Die Namen derer, die dabei ihr Leben gelassen hatten, waren

in einem dicken Buch aufgezeichnet. In kunstvoller Schrift waren Dienstgrad, Vor- und Zuname, Lebensalter und Heimatort festgehalten. Hier wurden sie alle genannt. Der Oberst und der Waldbauernbub, der junge Adelige und der Handwerker. Im Tode und vor der Geschichte waren sie alle gleich.
Weniger bekannte Maler hatten, zum Teil mit beachtlichem Können, frühere Kommandanten porträtiert. Ernsten Blickes schauten sie in Paradeadjustierung von der Wand herab, ruhige Männergesichter, manche etwas hochmütig. Männer, die ihrer beschworenen Pflicht ergeben gewesen waren, die an Ehre, Männertugenden, gegebenes Wort und an das Haus Habsburg geglaubt hatten.
In den Räumen des Kasinos standen Blumen auf den Tischen. Im Kamin waren stets Buchenscheite für ein Feuer vorbereitet. In Vitrinen glänzte das Tafelsilber der Rainer. Schmiedeeiserne Luster, Kerzenleuchter, schwere Teppiche und ein Hauch von Zigarrenduft schufen eine für Männer anheimelnde Atmosphäre.
Pollini mochte diese Mittwochabende. Man lernte sich besser kennen, erfuhr, was andere bewegte und wie vielseitig die Interessen der Offizierskameraden waren.
„Ich höre gern zu, wenn unser Eisner sein Steckenpferd von der Ausbildung im Gebirgskampf reitet, denn ich teile seine Ansichten voll und ganz", sagte Oberstleutnant Bernhold, der stellvertretende Regimentskommandant. Er blies das Streichholz aus, mit dem er sich gerade seine Virginier angezündet hatte. „Meine Herren", fuhr er nun viel deutlicher fort, „wir leben in einer ungemein interessanten Zeit. Wir leben am Beginn des zwanzigsten Jahrhunderts und dürfen uns nicht von biedermeierlichen Idyllen einlullen lassen. Unsere Zeit ist mit nichts, das bisher da gewesen ist, zu vergleichen. Dennoch besteht in Österreich die Gefahr, dass man diese Entwicklung einfach verschläft."
„Österreich ist aber leider auch das Reservoir der ungenützten Begabungen", warf Oberst von Höpfner ein. „Es ist das Land der Nebenberufe. Hofräte dichten und Dichter sind Hofräte; Universitätsprofessoren spielen in ihren Mußestunden Cello und das oft besser als anderswo die Cellisten. In Österreich will einer Ingenieur werden und hat auch schon technische Erfindungen gemacht. Dann wird er, um das Orchester seines Bruders zu retten, gegen seinen Willen Geiger und Kapellmeister. Weil das so üblich ist, versucht er auch zu komponieren und so schreibt der Strauss mit den „Dorfschwalben aus Österreich" einen der schönsten Walzer überhaupt."
„Gehen wir zurück in unseren ureigensten Bereich", schmunzelte Bernhold. „Da haben wir Eisner und den Skilauf. So heißt das neuestens. Bei Lissa fuhren wir noch mit Holzschiffen gegen den Stahl der Italiener an, heute haben wir Tauchboote, die über und unter Wasser fahren und unter Wasser angreifen können.
Ein gewisser Oberleutnant Bürstner, Burstyn oder so ähnlich hat einen Kampfwagen zum Patent eingereicht. Eine gepanzerte Waffe, die Gräben und Sperren überwinden soll. Ein Jugendfreund, der im Patentamt arbeitet, hat mir unlängst

davon erzählt. Nichts gegen die Herrn Oberleutnante", Bernhold senkte den Kopf in gespielter Demut, „aber weshalb kann das keinem unserer Ingenieure in der Industrie einfallen, bei dem dann gleich sein Werk dahinter steht? Skoda in Pilsen zum Beispiel ?

Oder denken wir an den alten Menschheitstraum vom Fliegen! Monsieur Bleriot hat den Ärmelkanal überflogen. Die Eroberung der Luft sollte gerade die Armee faszinieren, ein Luftfahrtkorps wäre sicher ein sinnvoller Schritt. Mit jungen Leuten und ohne uns alte Scheißer, die das dann überall hemmen. Mit jungen pumperlgesunden Freiwilligen aller Waffengattungen, die das wollen und auch verstehen. Vorwärts muss es gehen. Fehler muss man dabei in Kauf nehmen. Aber die ganze Leidenschaft der Jungen muss da hinein!"

„Aber ohne Beamte, bitte", meldete sich Hauptmann Reitsamer. „Die schleichen herum, lächeln und sind dabei völlig ahnungslos. Und einreden soll mir der Herr Sektionschef ja nichts. Diese Leute sind ein ziviles Militär und glauben wirklich, dass sie was Besseres sind. Dabei sind sie so unverschämt, wie eine Katz', die vom Baum auf einen Hund hinunterschaut. Und diese eingebildeten Leute denken dazu noch in den Kategorien von 1878.

Dabei wird heute geflogen und damit ist England nicht mehr vom Kontinent getrennt!"

„Ja, Reitsamer", sekundierte ihm der Oberst, „deshalb brauchen wir die Besten, ganz gleich, was sie bisher gemacht haben und die Verwaltung darf einfach kein Hemmschuh sein. Und wenn daraus wirklich nichts werden sollte, so hat man es wenigstens versucht. Wenn dann noch etwas Geld in das Unternehmen hineingeflossen ist, getraut es sich ohnehin keiner mehr abzublasen. Wenn wir es wirklich wollen, dann gelingt es auch.

Ich hoffe nur, dass nicht die anderen fliegen und wir schauen wieder einmal zu. Und dann so blöd aus der Wäsche wie bei Königgrätz. Aber vermutlich gibt es bei uns Leute, die noch immer nicht wissen, warum uns die Preußen dort so furchtbar geschlagen haben. Aber die spielen dann dafür die Schlachten bei Poltawa und am Trasimener See nach."

Bitter kam es von Eisner: „So lange man bei uns größten Wert darauf legt, dass angehende Offiziere Landkarten zeichnen, die aussehen wie gedruckt und sich damit vieles darin erschöpft, werden wir wohl zweiter Sieger bleiben."

Vom Kamin her näherte sich Oberleutnant Lantos: „Ich bitte, meine Herren, zu berücksichtigen das Ferd. Der beste Freund des Mannes wird noch lange sehr unverzichtbar sein. Natürlich bei Kavallerie, bei Artillerie und auch in Gebirge. Wer soll denn Lasten tragen, bittä? Ich ersuche zur Kenntnis zu nähmen - das Ferd wird tragen.

Außerdem, meine Herren, belieben sich zu erinnern wie, gern Damen Geruch von die Ferde an Mann haben. Ganz schwach werden sie da!"

„Lantos Bacsi, alter Ungar, du denkst wirklich fast immer nur an Frauen", schmunzelte von Höpfner.
„Gehorsamster Dank, Härr Oberst, fir das ' fast'", lachte Lantos und verbeugte sich mit der ihm eigenen unnachahmlichen Eleganz.
„Der Lantos", meinte Holzner zu Paride, „ist auch ein interessanter Bursch. Stockungar, aber seine Eltern haben eine Handelsagentur in Linz aufgemacht und so kam er nicht zur ungarischen Honved und auf die Honvedakademie, sondern über die Kadettenschul´ zu uns. Und da fühlt er sich pudelwohl."
Beim Aufbrechen zum Nachhauseweg sagte Hauptmann Reitsamer zu Pollini und Holzner, als gerade der Zapfenstreich den Beginn der Nachtruhe ankündigte: „Ich mag dieses Hornsignal, das zu dieser Stunde in allen Kasernen, von Rovereto bis Stanislau und Cattaro, geblasen wird. Ich finde es gut, dass dieses letzte Signal, das ein Soldat am Abend hört, auch an seinem Grab geblasen wird. Es leitet seinen letzten langen Schlaf ein und erinnert alle Anwesenden daran, dass dem letzten Zapfenstreich einmal das große Wecken folgen wird."

+

Mitte Oktober war der erste Schnee gefallen. Von Norden her hatte ein kalter Wind geweht, der der rastenden Truppe den Rauch der Feuer wie einen grauen Schleier zu Boden gedrückt hatte. Die Unteroffiziere meinten, dass der erste Schnee nun nicht mehr lange auf sich warten lassen werde. Und dann waren auch schon die ersten Flocken aus graugelben Wolken herniedergeschwebt.
„Wir werden uns jetzt bald über die Diensteinteilung in der Kompanie zu Weihnachten unterhalten müssen", eröffnete Hauptmann Reitsamer seinen Offizieren. „Ich möchte das nämlich nicht einfach befehlen, sondern größtmögliches Einverständnis erreichen. Irgendwem tun solche Entscheidungen ja immer weh, aber gemeinsam werden wir es so hinbekommen, dass wir alle damit leben können. Gibt es Vorschläge von Ihrer Seite, meine Herren?"
Fragend schaute der Hauptmann seine Offiziere an. Ledig waren sie alle. Hauptmann Eisner war Tiroler, Oberleutnant Kopriva kam aus Butschowitz bei Brünn, Filzmoser war Salzburger und Pollini als jüngster Offizier der Kompanie, musste sich wohl nach den Plänen der anderen richten.
„ Herr Hauptmann", ergriff Eisner das Wort, „es ist wohl selbstverständlich, dass du zu Weihnachten auf Urlaub bist und dich deiner Familie widmest. Heuer wird dein Sohn den Heiligen Abend schon ganz bewusst erleben und den Oberleutnant Kopriva müssen wir auch wieder einmal heimschicken, sonst erkennen ihn seine eigenen Eltern nicht mehr."
„Aber bitte, so arg ist es auch wieder nicht!" protestierte Kopriva lächelnd.
„Dem Leutnant Filzmoser lassen wir die Wahl, ob er zu Weihnachten oder zu

Neujahr daheim sein will. Der Leutnant Pollini und ich machen zu den Weihnachtsfeiertagen Dienst und fahren zu Neujahr nach Hause. Das alles aber nur unter der Voraussetzung, dass du, Herr Hauptmann, nicht anders disponiert hast."
„Ist das eine praktikable Lösung oder hat jemand einen anderen Vorschlag?" erkundigte sich Reitsamer. „Ich glaube, dass das so gut ist. Sollte jemand kurzfristige Änderungswünsche haben oder muss die Einteilung aus zwingenden Gründen geändert werden, werden wir auch dafür eine Lösung finden. Danke, meine Herren."
Beim Hinausgehen meinte Kopriva zu Pollini: „Gut, dann schreiben wir nach Hause, dass wir kommen. Nur schade, dass wir nicht gemeinsam im Speisewagen nach Wien fahren können."
„Entschuldige, Paride", mischte sich Filzmoser ein, „wie musst denn du überhaupt fahren, damit du nach Hause kommst? Darüber habe ich überhaupt noch nicht nachgedacht."
„Ich fahr' zuerst mit der Bahn nach Wien und dort vom Südbahnhof direkt nach Triest. In einem guten halben Tag komme ich so aus dem Schnee und der Kälte in die laue Luft und den Sonnenschein am Meer. Von Triest führt eine Schmalspurbahn nach Parenzo und damit bin ich zu Hause. Im Grunde genommen ein Kinderspiel."

+

Oberleutnant Holzner saß im Erker seines kleinen Wohnzimmers. Er hatte sich einen Lehnstuhl zurechtgerückt und eine bequeme Jacke angezogen. Er mochte diese stillen Stunden, in denen er seinen Gedanken nachhängen konnte. Die galten, wie fast immer, der Armee.
„Der, der eine wichtige Rolle im Staate spielt, der muss doch etwas gelten", sagte sich Holzner. „Nur für unser Österreich trifft das ganz und gar nicht zu. Natürlich behandelt man weder die Armee noch ihre Offiziere geringschätzig. Davon kann keine Rede sein. Denn niemand macht sich über den lustig, von dem man erwartet, dass er nötigenfalls sein Leben zur Verteidigung des Landes einsetzt. Aber vom Spielen der ersten Geige sind wir weit entfernt. Der bunte Rock erfreut sich zweifellos einer gewissen Beliebtheit. Bei Paraden an Kaisers Geburtstag, auf der Rennbahn und wenn die Frau Gemahlin oder das Fräulein Tochter im Kurhaus oder im Grandhotel betanzt werden soll. Da ist ein Leutnant mit seinen guten Umgangsformen ebenso gern gesehen wie ein schneidiger Kavallerist oder ein junger Generalstäbler. Da schlagen die Frauenherzen beim Anblick der Uniform gleich schneller. Wenn sich aber der, der drinnen steckt, und der nur auf seine Uniform verweisen kann, gewisse Chancen bei möglichen Schwiegereltern ausrechnet, dann stößt er meistens keineswegs auf ungeteilte Freude und Zustimmung. Es ist

aber nicht nur der Adel, der dann die kalte Schulter zeigt. Auch großbürgerliche Familien fühlen sich eher gestört als geehrt, wenn ein Offizier um die Hand der einzigen Tochter des Hauses anhält."

Holzner lächelte vor sich hin. „Bei der dritten oder der vierten, die auch schon leicht überständig ist, ist man vielleicht ganz froh, wenn sich überhaupt noch wer für sie interessiert. Aber weder im Adel, wenn man vom niederen absieht, noch im Großbürgertum zählt man den Offizier zur obersten Führungsschicht. Deshalb traut man ihm auch keine Karriere zu. In diesen Kreisen gehören halt, wenn man schon nicht auf noble Abkunft verweisen kann, Besitz und Bildung zu den Kriterien sozialen Aufschwungs.

Was hat ein Offizier? Mit der Gage, der Subsistenzzulage, dem Quartiergeld und dem Dieneräquivalent kann ein Leutnant in Wien oder Prag gerade sein Auskommen finden. Da verzichtet er aber dann auch auf jede nicht unbedingt notwendige Ausgabe. Aber wer tut denn das, wenn man ihn nach der Ausbildung, wo er ohnehin wie im Kloster gehalten wurde, endlich ins Leben entlässt? Da versteht man dann zwar sein Handwerk, aber vom wirklichen Leben weiß man nichts. Auch die größten Sparmeister können sich nichts zurücklegen. Ans Heiraten ist nicht zu denken. Aber das tut ohnehin zuerst einmal kaum einer. Dazu will die Armee auch keine verheirateten Leutnante oder Oberleutnante. Da hab' ich ja wirklich Glück.

Wenn sich aber einer dafür entscheidet, dass er seine Freiheit aufgibt und in den Hafen der Ehe einläuft, dann raten sie ihm, dass er, wenn schon nicht reich, so zumindest wohlhabend heiraten sollte.

Denn Schulden haben ohnehin viele Kameraden. Ob wirklich die Stabsoffiziere mehr Schulden haben? Jedenfalls hat schon mancher Kamerad deswegen den Dienst quittieren müssen. Angeblich war das auch der Grund, warum der neue Hauptmann von den Fünfundsiebzigern schon wieder weg ist.

Wenn man nicht von daheim was mitbekommen hat oder monatlich was bekommt, wenn man nichts erheiratet oder geerbt hat, dann braucht man nicht zu glauben, dass man sich viel schaffen können wird.

Was haben wir Offiziere denn schon gelernt? Diese Frage muss man sich doch auch stellen. Gerade in unserer Zeit, in der der wissenschaftliche Fortschritt über allem zu stehen scheint. Wenn einer in Wien oder Innsbruck irgendwann einmal sein Doktorat zusammengestoppelt hat, sind alle hingerissen. Wenn einer die Kriegsschul' besteht, zu der nur ganz wenige zugelassen werden, dann ist er als junger Hauptmann im Generalstab für die Leut' draußen verglichen mit dem Juristerl aus Innsbruck überhaupt nix.

Und der Herr Kohlenbaron der eigentlich nur ein Kohlenhändler ist, und der Herr Großmetzger, die beide nur die Bürgerschule haben, reden groß über die mangelnde Qualität der Militärerziehungsanstalten. Die sollten sich lieber darüber

Gedanken machen, wie sie ihre unbegabten Kinder einmal durch die Schul' bekommen werden. Wenn einer nach dem Untergymnasium auf die Militäroberrealschule geht, glaubt selbst die Milchfrau sagen zu müssen: ' Ja, zum Offizier wird es schon reichen.' Zugegeben, man kann auf verschiedenen Wegen Offizier werden. Dabei rede ich gar nicht von denen, die sich nach dem Jahr als Einjährigfreiwilliger aktivieren lassen. Die meisten kommen über die Kadettenschulen. Das sind nicht immer die, die über alles und jedes Konversation machen können. Aber die kennen ihre Pflicht und bewähren sich im Truppendienst.

Sie sind treu und anspruchslos. Wer möcht' denn bitte wirklich in Otocac Dienst machen? Die haben den grauen Alltag als Subalternoffizier unter Umständen ihr Leben lang. Natürlich kann man es auch als ehemaliger Kadettenschüler zu höchsten Ehren bringen, aber das schaffen nur ganz wenige. Die sind dann einfach so gut, dass man sie nicht übersehen und übergehen kann.

Wenn man Neustadt, die Technische oder die Franz Josefs Akademie absolviert hat, schauen die Ausgangsbedingungen schon wieder ganz anders aus. Dann kann man, wenn man gescheit und auch fleißig ist, die höchsten Stellungen erreichen. Gescheit und faul soll übrigens auch gehen. Aber da muss man schon sehr begabt sein.

Aber viel Staat machen kann man außerhalb der Armee mit den höchsten Stellungen auch nicht, weil in der Gesellschaft der freie Beruf alles gilt. Und die stillen Grübler, die wissenschaftlichen Typen unter uns Offizieren, schauen wir selbst auch ein bisserl über die Schulter an. Das sollte wahrscheinlich nicht sein. Auch der schneidige Reiter, der begnadete Walzertänzer, der junge Offizier, der bei jedem Spaß mitmacht, hält in seinen flotten Jahren nicht viel von den Theoretikern und ehe er sich's versieht, sind die uneinholbar an ihm vorbeigezogen. Aber man erwartet halt einmal Heiterkeit und Lebensfreude vom jungen Offizier. Viel hat er ohnehin nicht, was er hat, hat er sicher und er lebt nur heute. Wer weiß, wenn sich die Völker weiter so auseinander entwickeln, wie lange wir noch Frieden haben.

Da wartet schon eine neue Aufgabe auf uns. Die Nationalitäten streben auseinander und wir, die wir bisher die Mannschaft ausgebildet und uns auf die Führung im Gefecht vorbereitet haben, werden wohl auf einmal eine Art Kristallisationspunkt sein müssen. Das wird die Gesellschaft, wer das auch immer dann sein mag, lautstark von uns verlangen. Und bei der zunehmenden nationalen Radikalisierung wird das sicherlich keine leichte Aufgabe sein.

Aber das ist auch nicht mit bürgerlichen Denkgrundsätzen zu vereinbaren. Dort denkt man in festverzinslichen Wertpapieren und wenn man denen sagt, dass die in ein paar Jahren nichts mehr wert sein könnten und man selbst vielleicht irgendwo in Galizien oder am Balkan vermodert, dann wenden sie sich entsetzt ab. Als Offizier bist du, mein lieber Franz, für die Masse des Bürgertums und auch

für den Adel der Garant für die Aufrechterhaltung der gewohnten inneren Ordnung. Dazu bist du da. Für den Adel gibt es kaum einen Anreiz Offizier zu werden, sieht man von irgendwelchen nachgeborenen Söhnen ab, die fesch und bei der Kavallerie sein wollen. Welche Gründe sollte der Sohn eines Schuhfabrikanten oder eines Kolonialwarenimporteurs haben, dass er sich die Härten der Ausbildung zum Offizier antut, wenn er nach der Handelsschule in die väterliche Firma eintreten, den Juniorchef spielen und groß daherreden kann?
Daher wird sich das Offizierskorps künftig vor allem aus Söhnen von Offizieren und Beamten, aus Angehörigen des niederen Adels und zunehmend auch des Kleinbürgertums zusammensetzen. Die höheren Schichten werden ihm mit einer gewissen Sympathie, aber ohne wirkliche Anteilnahme gegenüberstehen. Das wird sich auch im Budget zeigen. Das Offizierskorps wird verbürgerlicht, die Verbindung zum Hochadel gelockert.
Es wird immer wieder Offiziere geben, die zum Glück nicht in dieses Schema passen wie beispielsweise unser Pollini oder so idealistische Narren wie mich. Und wir Offiziere haben auch unseren Rückhalt. Bei seiner Majestät, unserem Kaiser."
Im Zimmer war es kühl und dämmrig geworden. Holzner trat ans Fenster und schaute auf die halbverschleierten Bäume, die sich vom bleigrauen Himmel abhoben.

An diesem Novembertag des Jahres 1909 schrieb der Richter Dr. Karl Kick in sein Tagebuch:
Unser Kaiser zeigt sich zwar vorwiegend in Uniform, Soldatenkaiser ist er aber beileibe keiner. Das Säbelrasseln ist ihm fremd und 1859 hat er schmerzvoll erfahren müssen, dass auch Strategie nicht seine Stärke ist. Seine Majestät ist ein alter Formalist und ein Beamtenkaiser, ein Pedant des Reglements, ein militärischer Bürokrat. So einer reißt die ihm anvertrauten Soldaten in der Regel kaum mit.
Ein Ehrenmann und Kavalier ist der Kaiser allemal. In seiner Art knochentrocken, ist er höflich, aber nicht herzlich. Er ist ein Grandseigneur, dem seine Völker folgen, wenn er aufs Pferd steigt, wie Bismarck einmal richtig meinte.
Eine soldatische Vaterfigur wie der alte Radetzky ist Franz Joseph freilich nicht, er ist lediglich der oberste Kriegsherr.
Seine Regierungszeit dauert nun schon mehr als sechzig Jahre. Die Krise des Reiches ist immer mehr zu spüren. Aber „seine" Offiziere, wie sie sich selbst nennen, schwärmen in geradezu kindlicher Weise von ihm. Kein Offizier übt Kritik an seinem Kaiser. Man hält ihm, ungeachtet der Rangklasse oder der Nationalität, unverbrüchlich die Treue und ist bereit ihm bis zum Tode zu dienen.
Und das in einem Reich, dessen Bewohnern jeder Krieg im Voraus als verloren

gilt, wo jede Niederlage als erwartet hingenommen wird. Das im Reich des glanzvollen Elends, in dem Reich, das Halbwahrheiten, Fragwürdigkeiten und Mängel innerhalb seiner Grenzen nicht als Entartungen bekämpft, sie nicht zu überwinden sucht, sondern als gegeben hinnimmt. Manchmal sogar als gegeben voraussetzt. Der gängige Begriff des Reiches versteht die Monarchie als ein Reich mit vielen Völkern, versteht die Vielzahl der Königreiche und Länder der Habsburger Monarchie als ein Ganzes. Dieses Reich ist für den k.u.k. Offizier die Voraussetzung seines Daseins. Für die Verteidigung und Vergrößerung dieses Reiches hat er durch Jahrhunderte immer wieder gekämpft. Der Erhaltung des Reiches gilt sein Dienst in oft trostlosen und fernen Garnisonen. Dafür nimmt er den Wechsel des Standortes auf sich. Monatelanges Fernsein von der Familie und viele andere Opfer sind ihm selbstverständlich. Für den, der gestern noch in Görz auf Streife war, heute in Lemberg Dienst macht, morgen nach Bosnien geht und übermorgen in Böhmen auf Posten steht, hat der Heimatbegriff der Bürger keine Geltung mehr. Heimat ist ihm überall dort, wo die vertrauten Kommandos erschallen, wo die gewohnten Trompetensignale erklingen, wo man sich „du" sagt. Heimat ist dort, wo schwarzgelbe Fahnen flattern, wo man sich in der Sprache unterhält, die so charakteristisch für die Armee und wohl auch so alt wie diese ist. Heimat ist dort, wo es für diese Soldaten, die wie Nomaden durch die Monarchie ziehen, einen kurzen Aufenthalt gibt.

Ihre Kinder nennen sich selbst Tornisterkinder. Ihnen tut ihr Geburtsort nichts zur Sache, ihnen ist die kleine Garnison Kinderstube. Fern von den Eltern absolvieren sie dann die Militärschulen, die Kadettenschule oder die Militärakademie. Anschließend gehen diese jungen Männer, die nie in ihrem Leben länger als drei oder vier Jahre an einem Ort gelebt haben, wirklich hinaus. Da ist nichts von bürgerlicher Schwerfälligkeit zu spüren. Diese Männer sind mobil und offen für die Weite des Raumes und die Größe des Reiches, das an sich schon nicht mehr besteht.

Die Ungarn, die den Reichsbegriff schon immer abgelehnt haben, ließen nach dem Ausgleich von 1867 keine Gelegenheit aus, um dies auch zu zeigen. Sie verlangten, dass man ihnen neben dem stehenden Heer noch eine eigene Armee, eine nationale ungarische Landwehr, eine „Honved", zugestehe. Sonst müsse man sich mit dem Gedanken anfreunden, die bisher gemeinsame Armee zu teilen.

Das wollte man natürlich in Wien unter keinen Umständen tun. Und so trat ab 1868 neben das bisherige gemeinsame Heer und die ebenso gemeinsam bleibende Marine eine nationale ungarische Armee, die königlich - ungarische Honved. Aus Gründen der Parität schuf man in Zisleithanien, dem österreichischen Teil der Monarchie, allein diese Wortschöpfung ist schon ein staatspolitisches Unglück, als ihr Gegenstück die kaiserlich - königliche Landwehr. So verfügte in der durch den „Ausgleich" in zwei Hälften gespaltenen Monarchie jede Reichshälfte über eine eigene Armee. Die alte gemeinsame Armee aber, seit 1899 „kaiserlich und königlich" genannt, war durch diese Entwicklung zu einem Reichsheer ohne Reich geworden. Das hat sich auf seine materielle Lage und Ausstattung sehr rasch nachteilig ausgewirkt. Ungarn aber hatte in den folgenden Jahrzehnten nur noch ein Ziel. Das war der möglichst umfangreiche Ausbau seiner Honved. Um dabei Fortschritte zu erzielen, war den radikalen Kreisen des Landes jede Möglichkeit zu politischer oder wirtschaftlicher Erpressung recht.

Aber auch bei den anderen Nationalitäten hat es immer wieder den Anschein, als zöge man die nationale Enge zunehmend der übernationalen Weite des Reiches vor. Die gemeinsame Armee ist der unteilbare Rest des gemeinsamen Erbes. Sie verkommt zum Prügelknaben. Auf ihrem Rücken werden nur zu oft die innenpolitischen Streitereien der verschiedenen nationalen Gruppen ausgetragen. Das Offizierskorps ist im Staate weder national noch politisch verankert. Somit brauchen die Offiziere einen Rückhalt, der mehr ist als die recht unverbindliche Zuneigung der Bevölkerung zum bunten Rock. Der Beruf des Offiziers benötigt mehr als jeder andere eine ideelle und moralische Grundlage zu seiner Ausübung. Diesen Rückhalt bietet ihm derzeit nur noch die Person des greisen Kaisers und das Wissen, unter dem Schutz der Krone zu stehen.

Unser Kaiser hat in den langen Jahren seiner Regierung immer wieder gezeigt, wie wesentlich für ihn die Verfügungsgewalt über die Armee ist. Er hat die Ereignisse von 1848 und 1849 nicht vergessen und das hat seine Einstellung zur bewaffneten Macht geprägt. Möglicherweise hat er zu Beginn seiner Regierungszeit überlegt, diese gegebenenfalls auch als Druckmittel seiner Außenpolitik einzusetzen. Die Erfahrungen der Jahre 1859 und 1866 werden seinen Glauben daran aber ins Wanken gebracht haben. Als Stütze der Herrschaft des Hauses Habsburg und als starke Klammer für den Zusammenhalt seiner Völker ist ihm die Armee unabdingbar, zumal durch den Ausgleich mit Ungarn ohnehin fast alle gesamtstaatlichen Einrichtungen abgeschafft worden sind.

Daher ist die Armee eines der ganz wenigen Instrumente, deren Gewicht man auch weiterhin in beiden Teilen der Monarchie in die Waagschale werfen kann.

+

„Paride, komm bitte heute im Laufe des Nachmittags bei mir vorbei", meinte Oberleutnant Holzner nach dem Mittagessen beim Weggehen zu Pollini, „so gegen vier Uhr, wenn dir das ausgeht. Ich muss dir was Dienstliches sagen."

„Vier Uhr, das geht schon", antwortete der Leutnant.

Pünktlich zur ausgemachten Zeit betrat er lächelnd Holzners Kanzlei: „Was gibt es denn so Wichtiges, dass ich es nicht auf dem Dienstweg über die Kompanie, sondern direkt vom Kommando erfahren muss?"

„Bitte nimm Platz. Ich muss dir da was sagen, was mir gar nicht angenehm ist. Höchste Diskretion ist geboten. Ich weiß nicht so recht, wie ich anfangen soll, vor allem darf der Inhalt dieses Gesprächs nicht über diesen Raum hinaus dringen.
In den Sechzigerjahren hat sich Erzherzog Ludwig Viktor, der jüngste Bruder des Kaisers, im Schloss Kleßheim außerhalb der Stadt niedergelassen. Der Erzherzog ist Mitglied zahlreicher wohltätiger Vereine und hat auch einige Projekte des Landes und der Stadt aus seiner Privatschatulle finanziert. Er ist charmant, ein glänzender, manchmal scharfzüngiger Redner, interessiert an Theater und Literatur. Auch die Photographie hat es ihm angetan. Er sammelt Aufnahmen aus allen Bereichen.
Ludwig Viktor ist unverheiratet. Er soll jahrelang eine Freundin, eine gewisse Madame Couqui, eine Tänzerin übrigens, gehabt haben. Aber irgendwas stimmt mit dem Erzherzog nicht. In Wien war er einmal in eine Schlägerei unter Homosexuellen verwickelt. Der Kaiser hat ihm das sehr übel genommen und der Erzherzog hat bald darauf seinen Wohnsitz nach Kleßheim verlegt.
 Dort gibt es auch ein Schwimmbad, in das junge Offiziere nach dem Tennis eingeladen worden sind. In den Kabinen waren aber keine Schwimmanzüge vorbereitet und so mussten sich die Herren dem ebenfalls badenden Erzherzog im Adamskostüm zeigen. Kurz gesagt, der Erzherzog ist homosexuell.
Die Gefahr zum Tennis eingeladen zu werden ist jetzt im November nicht sehr groß. Aber bald gibt es weihnachtliche Empfänge und dann steht die Ballsaison vor der Tür. Da herrscht auch in Kleßheim reges gesellschaftliches Treiben.
Der Herr Oberst hat schon in der vergangenen Saison befohlen, dass Einladungen nach Kleßheim unter dem Vorwand einer Übung, dienstlicher Unabkömmlichkeit und dergleichen abzulehnen sind.
Daher begrüßt es der Oberst auch, dass wir uns vor allem im eigenen Kasino und nicht im Standortkasino treffen.
Puh, das war es, was ich dir zu sagen hatte."
„Franz, dass mit dem Erzherzog was nicht stimmt, pfeifen doch die Spatzen von den Dächern. Weshalb würden die Leute in der Stadt denn sonst vom 'Hinterstoisser' reden?
 Der Befehl des Kommandanten verhindert, dass man vor die heikle Frage gestellt wird, wie man entkommen soll, wenn einem der Bruder des Kaisers Avancen macht. Diese Situation möchte ich mir lieber nicht vorstellen."
Holzner stöhnte nur laut auf und lächelte dann: „Paride, wechseln wir das Thema. Ehe du gehst, muss ich dir noch sagen, dass ich ein Attentat auf dich vorhabe. Vor Weihnachten kommen noch meine Tante und meine Cousine aus der Steiermark für ein paar Tage nach Salzburg. Mein Vater kümmert sich um die Frau Tant', seine Schwester, ums Cousinchen muss ich mich ein bisschen annehmen. Ich habe sie jahrelang nicht gesehen und weiß nicht, wie sie heute ausschaut. Seinerzeit hat sie

durchaus zu Hoffnungen berechtigt. Jetzt hat sie die Klosterschule hinter sich und träumt vom Leben. Hilf mir bitte ein bisschen, damit sie nicht nur mit ihrem Cousin unterwegs sein muss."

„Franz, da kannst du natürlich auf mich zählen. Wir werden ihr Salzburg schon so zeigen, dass sie gern an die Tage hier zurückdenkt."

„Ich danke dir, Paride, ich habe gewusst, dass ich auf dich zählen kann."

„ Ich geh' heute nach Dienst noch einen Sprung ins „Tomaselli", denn seit zwei Tagen habe ich keine Zeitung mehr gelesen. Kommst du mit?"

„Ich komme gern auf ein Paar Würstl nach", meinte Holzner, „zuerst muss ich noch zum Chef. Das wird aber nicht sehr lange dauern, weil der heute irgendwo zum Abendessen eingeladen ist."

Am Weg zur Kompanie überlegte Pollini: „Also, ich habe überhaupt keine Idee, was wir mit der jungen Dame anfangen sollen. Da muss sich schon der Franz den Kopf zerbrechen. Ich weiß ja nicht einmal, wie alt sie ist. Aber da frage ich gleich nach, denn wenn sich die Hoffnungen, zu denen sie einmal berechtigt hat, erfüllt haben, kann die Vorweihnachtszeit durchaus recht nett werden."

+

Doktor von Fleissner saß in dem Raum seines Hauses, den er „die Stube" nannte. Eine Stehlampe spendete mildes Licht, ein großer, vom Gang aus beheizter Kachelofen, in dem Buchenscheite knisterten, gab behagliche Wärme ab. Ein barocker Schrank und eine mächtige geschnitzte Truhe, sowie eine bequeme, mit englischem Leinen bezogene Sitzgruppe gaben dem Raum seine ganz besondere Eigenart. Eine Wand war Büchern vorbehalten. Auf dem Gesims der Holzvertäfelung längs der Wände, die im Laufe der Jahre schon recht dunkel geworden war, standen alte Zinnteller und glasierte irdene Krüge. Vor den Fenstern hingen schwere Vorhänge, die an beiden Seiten von großen Quasten offen gehalten wurden. Im Erker stand ein runder Blumentisch mit Grünpflanzen. Mit alten Landschaftsbildern und einem großen weichen Teppich war die „Stube" wirklich gemütlich. Dabei kamen in der Dämmerung die einfachen klaren Ornamente der Stuckdecke, die wohl von einem einst auf der Durchreise befindlichen Meister aus Italien stammte, und der Kristallluster aus einer der Glashütten im steirisch-kärntnerischen Grenzgebiet der Soboth, gar nicht so zur Geltung.

Draußen hatte es wieder zu schneien begonnen. Alle Anzeichen versprachen einen strengen Winter.

Auf ein Klopfen an der Tür brummte von Fleissner: „Herein!". Als seine Tochter den Raum betrat, waren ihm Freude und väterlicher Stolz anzusehen. Mit einer raschen Bewegung legte er ein Schriftstück, in dem er gelesen hatte, vor sich auf den Tisch.

„Ich versteh' es einfach nicht, warum alle Kronländer ihre eigenen Gesetze haben wollen. Die Fische schwimmen doch in Tirol nicht anders als bei uns in der Steiermark. Täte es da nicht auch ein Fischereigesetz für alle? Warum nimmt sich denn jeder so wichtig? Neulich hat mir der Furtner, der es selber faustdick hinter den Ohren hat, erklärt, warum im Ort die Gemeinderatssitzungen immer so lange dauern. Er hat gemeint, weil jedes Würstel seinen Senf zu jedem Käs' gibt, haben die Sitzungen kein End'!

Komm, Mariedl, setz' dich her. Du fährst doch mit der Mama nach Salzburg zum Weihnachtsbesuch beim Onkel Hans. Die Mama ist genauso froh wie ich, dass wir dich wieder daheim haben und jetzt will sie unsere hübsche Tochter auch herzeigen. Ich versteh' das gut und wäre auch zu gern mitgefahren, wenn da nicht die Sitzung im Landtag wäre. Und vor Weihnachten dauert alles länger, also zwei oder drei Tage, weil plötzlich noch möglichst viel oder alles, was das Jahr über nicht gemacht worden ist, erledigt werden soll.

Der Onkel Hans wird Augen machen, wenn er sieht, was aus dir geworden ist."

„Papa, ich freu' mich auch schon auf den Franzl. Den hab' ich zum letzten Mal gesehen, wie er gerade Leutnant geworden ist. Wäre er nicht mein Cousin gewesen, hätte ich mich, trotz meiner erst zwölf Jahre, unsterblich in ihn verliebt. Er schaut ja wirklich gut aus, der Herr Oberleutnant, wenn man die Photographie hernimmt, die er uns unlängst geschickt hat."

„Darüber wollte ich mit dir reden, mein Schatz. Wie du weißt, bin ich Hauptmann in der Reserve bei den Siebenundzwanzigern in Graz. Daher kenne ich mich bei den jungen Kameraden aus. Da, steck' das ein", damit reichte er seiner Tochter ein paar Banknoten, „und lade damit das eine oder das andere Mal den Franzl und die Herrn, die möglicherweise dabei sind, ein. Steck' dem Franzl vor dem Weggehen das Geld zu, denn wenn er auch einen Zuschuss vom Onkel hat, so schwimmt ein Oberleutnant nicht im Geld.

Deshalb musst du dem Franzl sagen, dass das Geld von mir ist, dass ich will, dass er es ausgibt und dass ich als älterer Kamerad darauf bestehe, ihn und seine Kameraden einzuladen."

„Jawohl, Herr Hauptmann! Nein, Spaß beiseite, Papa. Ich mache das schon mit dem Franzl. Schließlich bin ich nicht mehr zwölf."

„Sondern reizende siebzehn und du kannst zwar sticken, leidlich Klavierspielen, recht gut Französisch, du verstehst auch was vom Kochen, aber vom Leben, vom wirklichen Leben, weißt du leider - oder auch Gott sei Dank - noch recht wenig."

„Das wird mit jedem Tag besser, Papa. Übrigens lässt dir die Mama durch mich ausrichten, dass wir in einer halben Stunde zu Abend essen. Sei bitte pünktlich bei Tisch."

Gemütlich warm war es im Kaffeehaus. Alles entsprach der stehenden Redewendung, dass es im Kaffeehaus am schönsten wäre, da man nicht zu Hause und auch nicht an der frischen Luft sei. Pollini legte gerade die Zeitung beiseite und Holzner machte einen großen Schluck aus seiner Tasse, als sich der Lodenvorhang, der beim Öffnen der Tür das Eindringen der Kälte verhindern sollte, teilte und Dr. Kick eintrat. Vom Licht geblendet blinzelte er ins Lokal. Er schüttelte den Schnee von seinem Hut, zog dann seinen Mantel umständlich aus und deponierte beides am Kleiderständer.
Holzner hob grüßend die Hand und meinte: „Herr Doktor, wollen Sie sich nicht zu uns setzen?"
„O ja, liebend gern", lächelte Kick und schüttelte den beiden, die sich erhoben hatten, herzlich die Hand. „Eine Saukälte hat es heute wieder und furchtbar aufpassen muss man, weil die Gehsteige so glatt sind und die Herrn Hausmeister wieder nicht streuen. Herr Fritz, bringen Sie mir bitte einen russischen Tee mit doppeltem Rum!"
Der Ober, gerade auf dem Weg zum Tisch, machte mit einem „Ein russischer Tee mit doppeltem Rum, bitte sehr, bitte gleich, Herr Doktor!" kehrt.
„So, Herr Leutnant, was steht denn in der Zeitung? Etwas Besonderes wird es ja nicht sein, außer eine Erzherzogin hat in einem Anfall von vorweihnachtlicher Güte ein städtisches Versorgungshaus oder die Tripperkranken im Militärspital besucht. Vielleicht gibt es gar einen Sensationsbericht von der Generalprobe des Weihnachtskonzerts der Liedertafel? Als junger Rechtspraktikant war ich einmal bei einer Probe der Chorvereinigung Nonntal. Wie ich da mit dem Bierkrügl in der Hand in den Saal beim „Hahnwirt" gekommen bin, haben die mir gleich recht barsch erklärt, dass der gesellige Teil erst nachher ist. Da hat es mich gleich nicht mehr interessiert, außerdem waren die Damen auch schon ziemlich überwutzelt."
„Herr Doktor", schmunzelte Holzner, „wir haben uns unlängst im Kameradenkreis darüber unterhalten, wie bürgerlich das Offizierskorps zunehmend wird und wie wenig der Adel, ich meine den Hochadel, noch um den Dienst in der Armee bemüht ist."
„Manchmal glaube ich tatsächlich, dass sich die Beschäftigung des Hochadels, dazu zählen schließlich Familien, die älter als die Habsburger sind, darin erschöpft, in möglichst kurzer Zeit viel Geld auszugeben und sich zu amüsieren. Ausnahmen bestätigen natürlich auch diese Regel. Sehr sinnvoll wird das Leben von den meisten jedenfalls nicht genützt. Auf die Pirsch geht man gern und dabei wird exzessiv gejagt. Mir scheint, dass diese Leute anderen Formen des Lebens als dem eigenen recht wenig Bedeutung beimessen" warf Pollini ein.
„Aber, aber, lieber Graf," meinte Kick. „Wenn der Kaiser bei einem Jagdtag in Mürzsteg acht Hirschkühe schießt und Prinz Leopold von Bayern einen Zehnender,

sechs Hirschkühe und zwei Kälber wegputzt, dann frage nicht nur ich mich nach dem Sinn so einer Jagd. Als aufrechter Jäger und Heger will ich von den jagdlichen Exzessen seiner kaiserlichen Hoheit des Thronfolgers, gar nicht reden."

„Ich spüre oft", sinnierte Holzner, „ein Fremdsein hoher Herrschaften dem gegenüber, was in der Bevölkerung vorgeht."

„Wie steht es da mit Ihnen, Herr Leutnant?", fragte Kick voll Interesse zu Pollini gewendet.

„Herr Doktor, der Adel der Pollinis stammt aus dem frühen achtzehnten Jahrhundert. Ein Landadel aus der Provinz. Unser Stadthaus, die Bezeichnung Palais wäre wohl etwas zu hochtrabend, liegt in Parenzo und nicht einmal in Triest. Hie und da hat meine Familie in Istrien ein bisschen mitgeredet. Das war dann, wenn ein Pollini Bischof war. Davon haben wir zwei gehabt. Aber über Istrien hinaus ist unser Einfluss nie gegangen. Ehrlich gesagt glaube ich auch, dass meiner Familie der Ehrgeiz gefehlt hat. Dazu ist auch das Land klein, karg und für die große Welt nicht sehr bedeutend.

Wir wohnen das ganze Jahr am Land. Das Leben bei uns ist einfach, dafür aber mehrsprachig. Das halte ich für sehr gut. Ich habe immer, auch dann als ich nur mehr in den Ferien zu Hause war, mit den Buben der Fischer und den Bauernkindern gespielt. Und wie wir zum Spielen schon zu groß waren, haben wir uns eben so getroffen. Die einen sind Italiener, die anderen Kroaten, dazu kommen noch ein paar Deutsche, aber alle zusammen sind wir istrianische Österreicher."

Kick fragte weiter: „Wie bewirtschaften Sie ihre Güter?"

„Mein Vater kümmert sich selbst darum. Einen Teil des Landes stellen wir Bauern zur Verfügung. Die bringen ihre Arbeit ein und dann wird die Ernte geteilt. Teile bewirtschaften wir selbst mit Knechten und Mägden, dann haben wir auch noch zugepachtet. Mein Vater ist gefürchtet, wenn es um die Preise geht, denn er weiß, was die Arbeit und die Ware wert sind. Das macht er gut, sagen alle. Unser Käse, unser Wein, die Oliven, das Obst, das Öl und auch das Getreide sind sehr gefragt und fehlen zum Beispiel in Triest auf fast keinem Tisch."

„Da scheint bei dir zu Hause vieles anders zu sein, Paride", seufzte Holzner, „aber hierzulande ist das Fremdsein, von dem ich gesprochen habe, oft zu spüren."

„Schauen Sie, Herr Oberleutnant", meldete sich Kick, „Österreich war zu Beginn des neunzehnten Jahrhunderts ein Land, auf das die Bezeichnung Monarchie wirklich gepasst hat. Stärker als anderswo konnte der Adel seine Privilegien verteidigen. Als Reaktion auf die Schrecken der Französischen Revolution und auf den Parvenu Napoleon wurde ein strenges System der Überwachung eingerichtet. Spitzel und Polizei lähmten die Gedankenfreiheit. Daher sind die Bürger in die innere Emigration gegangen. Die findet im biedermeierlichen Idyll ihren Ausdruck. Erst im Jahre 1848 ist alles außer Kontrolle geraten. Da haben dann kaisertreue Truppen die bürgerliche Revolution einfach blutig niedergeschlagen.

Noch einmal hat die alte Macht triumphiert. Aber zu was für einem Preis ! Die politische Entwicklung wurde dadurch verzögert. Verzögert wurde natürlich auch die Anpassung der gesellschaftlichen Verhältnisse an die beginnende Industrialisierung. Der blutjunge Kaiser regierte gut zehn Jahre neoabsolutistisch und erst nach zwei verlorenen Kriegen, die die Monarchie in ihren Grundfesten erschüttert haben, ist eine Verfassung erlassen worden. Die ist aber nur eine Konzession des Kaisers und keineswegs ein Erfolg des Volkes. Die Verfassung wurde 'gewährt'. Damit ist sie ein Geschenk des Kaisers, das er jederzeit wieder zurücknehmen könnte. Was er natürlich nicht tun wird.
Unsere Adeligen waren Großgrundbesitzer und haben zwei traditionelle Funktionen erfüllt. Sie waren Soldaten oder Priester. Oder beides, wie man an Erzbischof Wolf Dietrich hier in Salzburg sehen konnte. Es waren aber nicht immer die hellsten Köpfe, die man der Mutter Kirche zugeführt hat. Das hat der letzte Salzburger Erzbischof als Landesfürst, der unselige Graf Colloredo, nachhaltig unter Beweis gestellt.
Aber gehen wir weiter in der Geschichte zurück. Gleich der dritte Leopold aus dem Hause der Babenberger war ein 'Heiliger'. Er hatte dem Papst im Investiturstreit geholfen und damit seinen Anspruch auf die Heiligsprechung erworben. Nicht heilig gesprochene Herrscher heißen gern 'der Weise', ' der Gütige', die Bescheidenen bloß 'der Große'. Sie erhalten diese Titel für die Geschichtsbücher durch hauseigene Selbstverleihung.
 Der Grundbesitz ist auch in der Industriegesellschaft die Basis des Adels. Mochten das soziale Prestige, die gesellschaftliche Stellung und vor allem auch die Selbsteinschätzung 'nobel' sein, so sind viele Adelige in ihrer wirtschaftlichen Tätigkeit landwirtschaftliche Produzenten und Händler.
Und wie Sie, Herr Oberleutnant, richtig bemerkt haben, hat dieser freiwillige Rückzug zu einem Fremdsein all dem gegenüber geführt, was im Volke vor sich gegangen ist, wie auch zu einer latenten Feindseligkeit gegenüber den neuen geistigen Strömungen wie Liberalismus, Demokratie - da sei uns der liebe Gott davor - und auch Nationalismus.
Je mehr sich das bürgerliche Denken und die Industriegesellschaft in Österreich durchsetzen konnten, desto mehr verstärkte sich auch der Widerstand der alten Elite. Die Geldleute sind überhaupt höchst verdächtig. Der Adel ist durch seinen oft riesigen Grundbesitz an das Land gebunden und somit nicht sehr mobil. Die Kapitalisten aber schieben ihr Vermögen auf für den Laien oft unverständliche Weise über Grenzen hin und her. In den Augen des Adels sind das vaterlandslose Gesellen."
„Geld stinkt nicht", bemerkte Holzner, „aber es hat auch keine Heimat."
„Ich rede wieder einmal viel zu viel und jetzt ist der Tee kalt. Das macht aber nichts, für ein gutes Gespräch lass' ich vieles stehen", feixte Kick.
„Das Streben nach Bildung", setzte er fort, „ist eine bürgerliche Eigenschaft. Uni-

versitäten und Schulen sind ein wichtiges Instrument zur Erlangung einer gewissen Macht. Dafür haben die Bürger auch Opfer gebracht. Lieber Graf, bitte nehmen Sie mir das, was ich jetzt sagen werde, nicht übel, aber ich behaupte, dass ein akademisches Studium in manchen Fällen zum bürgerlichen Adelsbrief geworden sein kann.

Aber das, was der Adel können musste, das traditionelle Kriegshandwerk und sich in höfischer Gesellschaft zu bewegen, lernt man nicht auf Schulen oder Universitäten."

In die Pause hinein lachte Pollini: „Mir ist aufgefallen, dass sich die innerösterreichischen Adeligen alle ähnlich sehen. Sie sprechen auch in der gleichen Weise. Sie haben oft dieselbe Nase und wissen gleich viel oder gleich wenig. Sie machen langsame, große Schritte, gehen nach vorn gebeugt mit leicht gesenkten Schultern und ahmen so unseren Kaiser nach. Seine arme Majestät!"

Neugierig schauten die anderen Gäste im Lokal zu den drei Herrn, die dort am Tisch in der Ecke herzlich lachten.

+

„Glaubst du, dass ich so nach Salzburg fahren kann, Papa?", fragte Mariedl lachend und drehte sich vor ihrem Vater kokett einmal um die eigene Achse. Sie trug einen nach der letzten Mode geschnittenen Reisemantel aus grünem Loden, ihr blondes Haar schaute unter einer Pelzkappe hervor und die Hände steckten in einem Muff aus demselben Pelz.

„Sehr elegant", sagte ihr Vater, „aber die Rechnung für den Mantel habe ich noch gar nicht in der Post vorgefunden."

„Da kommt auch keine. Den Mantel habe ich beim Seisser in der Herrengasse in der Auslage gesehen und dann im Internat nachgeschneidert. Loden war als Material vorgegeben, nur bei der Fasson haben die Klosterschwestern ein bisschen geschluckt. Aber die ist doch todschick, oder?"

„Der Papa hat den Mantel ohnehin schon gelobt", warf ihre Mutter ein, die reisefertig in der Tür stand. „Komm jetzt, wir wollen den Georg mit dem Schlitten nicht zu lange in der Kälte warten lassen. Aufgeladen ist alles." Zu ihrem Mann gewendet fuhr sie fort: „Lieber Ernst, du brauchst mich nicht zu fragen, ja, ich habe die Fahrkarten eingesteckt, ja, das Geld habe ich auch mit, also können wir losfahren."

Zärtlich lächelnd umarmte sie ihren Mann. Der drückte sie fest an sich und küsste zuerst sie und dann seine Tochter auf beide Wangen.

„So, jetzt aber gute Reise", sagte er mit etwas belegter Stimme, „sonst werde ich noch gerührt und dann lasse ich euch zwei gar nicht fahren."

Vor dem Haus half er seiner Frau in den Schlitten und nachdem auch Mariedl ein-

gestiegen war, schnalzte der Kutscher mit der Zunge und die Pferde zogen an. Der Morgen wurde erst langsam hell. Beim Zurückschauen sah Mariedl ihren Vater im warmen Licht des Hausflurs winkend im Tor stehen.
Die Haflingerpferde griffen auf der schneebedeckten Straße kräftig aus und der Dampf aus ihren Nüstern war als kleine Wölkchen zu sehen. Die Glocken an ihrem Geschirr klingelten heiter. Auf den Nebenwegen waren schwere Schlitten mit kräftigen Zugpferden unterwegs. Im Winter wurde das Holz aus den hochgelegenen Wäldern so ins Tal gebracht. Ältere Männer stiegen mit großen Körben am Rücken bergan.
„Was schaffen denn die Leute da in den Wald, Mama?"
„Das sind alte Holzknechte, die schon im Ausgedinge sind. Die bringen Rosskastanien zur Wildfütterung. Wenn so viel Schnee liegt, lässt der Papa das Wild zusätzlich füttern. Die Männer helfen da gern mit, weil sie sich was dazu verdienen können. Davon kaufen sie sich dann Pfeifentabak und das eine oder andere Viertel Wein, von dem ihre Frauen nichts wissen."
Die beiden Damen saßen fest eingepackt unter warmen, dicken Decken im Schlitten. Dennoch waren sie recht froh, als der Kutscher vor dem kleinen Bahnhof hielt und der Stationsvorstand herbeigeeilt kam.
„Frau Baronin, bitte nur in den Wartesaal zu gehen, da ist gut eingeheizt. Der Zug wird pünktlich sein, um das Gepäck kümmere ich mich schon mit dem Herrn Georg."
Als Mariedl ihrer Mutter die Tür zum Warteraum öffnete, schlug ihnen behagliche Wärme entgegen. Die beiden knöpften sich ihre Mäntel auf.
„Mama, willst du eine Tasse Tee?"
„Nein danke, die geht sich kaum noch aus. Der Zug muss in ein paar Minuten kommen. In Leoben müssen wir dann umsteigen, aber auf der Fahrt nach Salzburg gehen wir in den Speisewagen."
Kurz darauf kam der rundliche Stationsvorstand, hob die rechte Hand grüßend an seine rote Kappe und meldete stramm: „Frau Baronin der Zug fährt in Kürze ein. Ich habe Ihr Umsteigen in Leoben schon avisiert. Frau Baronin werden dort von meinem Kollegen erwartet. Um das Gepäck wird man sich selbstverständlich kümmern. Bitte die Damen, wenn Sie mir folgen wollen."
Der Zug war gerade eingefahren und eilfertig öffnete der Stationsvorstand die Tür zum Abteil. Georg hatte das Gepäck mit wenigen Handgriffen hineingehoben und verstaut.
„Vielen Dank, lieber Georg, was täten wir nur ohne Sie?" lächelte Frau von Fleissner und schüttelte dem Riesen die Hand.
„Kemman S' nur wieda g'sund ham, Frau Baronin, und bringen S' uns das Fräuln Mariedl wieda mit", grinste der Kutscher.
Im Zug meinte Mariedl: „Dass wir mit dem Georg eine wirkliche Perle haben,

weiß ich, seit ich ihn kenne und das ist, seit ich mich erinnern kann. Aber warum war der Stationsvorstand gar so hilfsbereit und beflissen?"

„Dem hat der Papa einmal sehr geholfen. Der war ein kleiner Beamter bei Gericht. Da hat er nicht sehr viel zu tun gehabt und das hat ihm überhaupt nicht gepasst. Die Bahn hat gerade Leute gesucht. Das hat der Papa gewusst und den Mann bei der Bewerbung unterstützt. Er hat seinen Weg gemacht und ist dem Papa sehr dankbar. Da fällt eben auch für den Rest der Familie was ab."

Das Umsteigen in Leoben, wo sich der Zug merklich füllte, da die Studenten der Montanistischen Hochschule in die Ferien fuhren, klappte problemlos. Ihr Abteil erster Klasse blieb den beiden Damen vorbehalten und auch im Speisewagen war zu Mittag ein Tisch für sie vorbestellt.

„Die Reservierung war eine gute Idee vom Papa", lachte Mariedl, „denn wie ich die vielen bunten Mützen der Studenten in Leoben am Bahnhof gesehen habe, hab' ich mir gleich gedacht, dass der Speisewagen ziemlich voll sein wird. Ich kenne ja diese Heimreisen aus den Erzählungen meines Herrn Bruder!"

Der Zug dampfte durch einen strahlenden, kalten Wintertag. Als die Festung von Werfen im Salzachtal auftauchte, begann Mariedl schon unruhig zu werden.

„Aber Kind, lass dir doch Zeit. Jetzt geht es zuerst noch durch den langen Tunnel unter dem Pass Lueg durch und dann dauert es auch noch eine Weile."

Aber dann war Mariedl nicht mehr zu halten: „Jetzt ist es bald so weit! Ich seh' ja schon die Festung, jetzt sind wir gleich in Salzburg. Mama, wir sind gleich da!"

Tatsächlich fuhr der Zug kurz darauf prustend und dampfend in den Salzburger Bahnhof ein. Während von den Bremsen noch die Funken stoben, öffnete Mariedl aufgeregt das Fenster und beugte sich weit hinaus.

„Mama, ich seh' den Franzl nicht. Da sind so viele Leute am Bahnsteig. Der weiß doch, dass wir kommen? Na, hoffentlich kommt der noch. Halt, da ist er schon! Schau, Mama, schau doch, da kommt er. Fesch, der Mantel mit dem Pelzkragen. Franzl, da sind wir!"

Raschen Schrittes kamen Holzner und Pollini zum Waggon und in ihrem Schlepptau hatten sie schon einen Gepäckträger mit seinem Karren.

„Küss die Hand, die Damen", rief Holzner. Dann öffnete er die Tür zum Coupé und reichte seiner Tante zum Aussteigen die Hand. Wie ein Ball kam Mariedl gleich hinterher.

„Tante Hedwig, ich freue mich wirklich dich zu sehen. Herzlich willkommen in Salzburg. Wie war die Reise?"

„Danke gut. Eigentlich viel besser als ich es insgeheim erwartet habe. Abgesehen davon, dass meine Tochter schon am liebsten in Bischofshofen ausgestiegen wäre."

„Tante, darf ich dir meinen Kameraden Leutnant Graf Pollini vorstellen? Ich habe ihm schon fast alles von den Fleissners erzählt."

Pollini legte grüßend die Hand an die Kappe, ergriff die Hand, die ihm Frau Fleissner reichte und meinte: „Küss die Hand, Frau Baronin, ich freue mich wirklich, Sie kennenlernen zu dürfen."

Inzwischen war Mariedl ihrem Vetter um den Hals gefallen: „Franzl, gut schaust aus. Ich freu' mich so !" Dann ließ sie ihn lächelnd los: „Ich muss doch ganz wohlerzogen sein, man kann doch einem Oberleutnant nicht in aller Öffentlichkeit so einfach um den Hals fallen! Wer weiß denn schon, dass du mein Cousin bist?"

„Heute geht das ausnahmsweise schon. Komm', lass mich dir meinen Kameraden und wirklich guten Freund Leutnant Pollini vorstellen."

Pollini hörte sich sagen „Küss die Hand, gnädiges Fräulein" und sagte zu sich selbst „das sind die schönsten und blauesten Augen, die ich je gesehen habe. Die sind so blau wie das Meer daheim in Istrien."

„Das Gepäck wär' aufg'laden, wo soll 's denn hingehen, Herr Oberleutnant", meldete sich fragend der Träger.

„Bitte hinaus auf den Bahnhofsplatz zum Fiaker Nummer zwölf. Der wartet auf uns."

Inzwischen hatte Pollini seine Fassung wieder gefunden.

„Tante, wo werdet ihr denn wohnen?", interessierte sich Holzner für das Naheliegende.

„Dein Onkel hat für uns Zimmer im 'Schiff' am Residenzplatz bestellt. Er meint, das sei im Zentrum gelegen und daher ideal für Salzburgbesucher. Und da muss ich ihm als 'Einheimische' durchaus zustimmen."

„Der Onkel kennt sich schon aus, das muss man ihm neidlos zugestehen. Wie geht es ihm denn überhaupt ?"

„Dem geht es gut wie immer. Er ist pumperlg'sund, den ganzen Tag auf den Beinen und viel unterwegs. Er wäre sehr gern mitgekommen, aber der Landtag tagt noch und das geht eben doch vor."

„Das ist jammerschade. Ich sage dir, Paride, mit dem Onkel Ernst wäre es in Salzburg sehr lustig geworden."

„Herr Oberleutnant, ich muss schon bitten. Heißt das vielleicht, dass es mit der Mama und mir fad sein wird?", fragte Mariedl mit gespielter Empörung.

„Um Gottes Willen, so habe ich das natürlich nicht gemeint!", mimte Holzner reuig den Bestürzten.

Inzwischen war man auf dem Bahnhofsvorplatz angelangt und schon kam auch der Kutscher mit dem Zweispänner heran. Kutscher und Gepäckträger verstauten ächzend das Gepäck. Als Pollini ihn entlohnt hatte, zog der Träger seine Kappe und verneigte sich tief: „Vielen Dank, Herr Graf."

„Woher kennt dich denn der?", fragte Holzner erstaunt.

„Der sagt für ein ordentliches Trinkgeld zu jedem Leutnant 'Herr Graf'."

Auf der Fahrt durch die Stadt zum Hotel war Holzner in seinem Element und

machte die Damen auf alle Sehenswürdigkeiten seiner Vaterstadt aufmerksam.
„Franzl, du machst das großartig und da seh' ich erst, wie viel ich schon wieder vergessen habe seit ich in die Steiermark übersiedelt bin. An dir ist ein Fremdenführer verloren gegangen. Ich beneide dich wirklich um das, was du alles weißt."
„Der Leutnant schaut wirklich gut aus", dachte Mariedl und ließ ihren Blick über ihr Gegenüber im Fiaker gleiten. „Reden tut er zwar nicht viel, aber wie soll er denn zu Wort kommen, wenn der Franzl wie aufgezogen redet?"
Vor dem Hotel war Holzner seiner Tante beim Aussteigen behilflich und Pollini reichte Mariedl die Hand.
„Hübsche Beine hat sie auch, so weit man das beim Aussteigen sehen kann", fuhr es ihm durch den Kopf.
In der Hotelhalle entschied Pollini: „Ich kümmere mich um die Zimmer und um die Schlüssel und der Franzl um das Programm für morgen."
Als Pollini nach einer Weile zu den Damen und Holzner, die in einer Sitzgarnitur Platz genommen hatten, trat, meldete er: „Die Damen haben die Zimmer Nummero vier und fünf im ersten Stock mit Blick auf die Festung und den Dom. Das Gepäck ist bereits auf den Zimmern, hier sind die Schlüssel meine Damen."
„Vielen Dank Herr Leutnant, das war wirklich aufmerksam von Ihnen." Während ihn Hedwig von Fleissner noch anlächelte, sagte Holzner: „Die Damen fahren morgen am späteren Vormittag mit der Lokalbahn nach Oberndorf und essen dort mit meinen Eltern zu Mittag. Am späteren Nachmittag kommen sie wieder per Bahn zurück. Wir beide treffen sie hier in der Halle und bummeln dann ein bisschen durch die Stadt."
„Vielleicht sehen wir das eine oder das andere Weihnachtsgeschenk", warf Mariedl ein. „Mama, keine Angst, ich habe Ersparnisse. Keine besonders großen, aber immerhin."
Lächelnd fuhr Holzner fort: „Dann gehen wir Abendessen. Wohin weiß ich jetzt noch nicht, aber bis morgen fällt mir bestimmt etwas Passendes ein."
„Wäre den Damen sechs Uhr Nachmittag für morgen angenehm?", fragte Pollini.
„Das ist ausgezeichnet. Ja meine Herrn, dann treffen wir uns hier morgen um sechs. Und vielen Dank dafür, dass Sie sich heute so liebenswürdig unserer angenommen haben.
Die beiden Offiziere erhoben sich und küssten Frau von Fleissner die Hand. Mariedl fiel ihrem Vetter wieder um den Hals und reichte Pollini lächelnd die Hand: „Bis morgen, Herr Leutnant."
„Bis morgen, Baronesse."
„Herr Leutnant, sagen Sie bitte nicht Baronesse zu mir. Ich höre auf Mariedl, so nennen mich alle. Wenn jemand Baronesse zu mir sagt, komme ich mir nicht angesprochen vor. Sagen Sie bitte einfach Mariedl zu mir:" Zögernd antwortete Pollini: „Wenn es Ihre Frau Mama erlaubt, werde ich das gern tun."

Resignierend seufzte Frau von Fleissner: „Wir hatten sie im Sacré Coeur in Graz. Das hat auch nicht sehr viel genützt. Manchmal glaube ich wirklich, sie ist ein verpatzter Bub. Aber so war sie von kleinauf. Sagen Sie ruhig Mariedl zu ihr, Herr Leutnant, sie hört sonst auf nichts."

+

Zum Abendessen hatte Holzner den „Peterskeller" im alten Benediktinerkloster zu Füßen der Festung vorgeschlagen. In sehr behaglicher Umgebung nahmen dort Salzburger Bürger ihr Abendessen oder auch nur das eine oder das andere Glas Wein ein.
Als ein mittelgroßer Herr von solider Wohlbeleibtheit dröhnend „Pater Kellermeister, bitte beichten!" rief und mit seiner Geldbörse winkte, prustete Mariedl laut heraus.
„Das ist der Kammersänger Richard Mayr von der Hofoper in Wien. Der hält sich, wenn er nicht singen muss, fast immer in seiner Vaterstadt Salzburg auf. Er ist der Sohn vom 'Gablerbräu' in der Linzergasse," klärte sie ihr Vetter auf.
Die beiden Offiziere hatten die Damen, wie verabredet, pünktlich im Hotel abgeholt und beim Schaufensterbummel war man über die Judengasse und den Kranzlmarkt durch die Getreidegasse gekommen. Mit vor Aufregung und Kauflust geröteten Wangen ging Mariedl am Arm ihrer Mutter, die zumeist nur nachsichtig lächelte. Die Auslagen der Geschäfte und der Handwerkerläden waren weihnachtlich geschmückt. Immer wieder sah man aus Geschäftsportalen Leute mit schon für das Fest eingepackten Schachteln treten.
Als der großgewachsene, elegante Leutnant und die lebhafte junge Frau vor der Auslage eines Schreibwarengeschäftes standen, sagte Holzner mehr zu sich selbst: „Die beiden geben ein wirklich gutausssehendes Paar ab."
„Franzl, du wirst mir geradezu unheimlich", erwiderte seine Tante, „seit wann kannst du denn Gedanken lesen? Genau das habe ich mir jetzt auch gedacht."
Am Ende der Getreidegasse gingen sie nach links über den Sigmundsplatz und die Hofstallgasse zum Kloster St. Peter.
Leise fielen Schneeflocken auf die in kühles Mondlicht getauchten Türme und Kuppeln der Stadt. Von der Festung grüßten beleuchtete Fenster.
Holzner hatte im „Peterskeller" einen gemütlichen Tisch am Fenster bestellt, der den Blick in den Klosterhof freigab. Nachdem die Bestellungen aufgegeben waren, erzählte Mariedl vom Besuch bei Onkel und Tante in Oberndorf.
„Franzl, die Resi, eure Haushälterin, ist großartig. Kochen kann sie himmlisch, und die leidende Miene, mit der sie dauernd herumgeht, ist herrlich. Wie eine italienische Tragödin."

„Ja, unsere Resi fühlt sich nur wohl, wenn sie sich nicht wohl fühlt," schmunzelte Holzner. „Dafür ist sie aber eine Perle und da sieht ihr meine Mutter schon die eine oder andere Eigentümlichkeit nach. Diese Perlen werden leider immer seltener.
Bei Tag müssen wir uns übrigens hier in St. Peter noch den wirklich malerischen Friedhof anschauen. Irgendwer hat einmal geschrieben, dass hier die Schönheit die Hüterin der Toten ist."
„ Franzl, geh' hör' jetzt auf mit den Toten, ich möcht' von heute reden. Ich habe mich wirklich gefreut, meinen Bruder und seine Frau, die in ihrer stillen Heiterkeit wirklich ein Schatz ist, wiederzusehen", sagte Frau von Fleissner. „Herr Leutnant, Sie müssen nämlich wissen, dass mein Bruder alles andere als ein Morgenmensch ist. In der Früh ist er ziemlich ungenießbar, am Vormittag gibt sich das aber. Wenn er dann in die Ordination kommt, ist er charmant und liebenswürdig. So kennen ihn dann seine Patienten und die ganze Stadt, aber meine Schwägerin und die Resi haben in der Früh einen richtigen Morgenmuffel im Haus."
„So arg ist es auch wieder nicht," meinte Holzner, „meine Mutter führt den Vater recht geschickt am langen Zügel. Aber sie führt ihn."
„Mich beeindruckt immer wieder das Alpenvorland im Flachgau", fuhr Frau von Fleissner fort. „Diese sanften Hügel, die kleinen Waldstücke, die Dörfer in den Senken und die Kirchen auf den Erhebungen. Jetzt ist auch noch alles verschneit. Nur da konnte „Stille Nacht, heilige Nacht" erdacht und geschrieben werden. Mir ist das heute auf der Rückfahrt mit der Bahn einfach nicht aus dem Kopf gegangen."
„Herr Leutnant", wandte sich Mariedl an Pollini, den sie mehr ins Gespräch einbinden wollte, „wer ist eigentlich der Erzherzog Rainer, der Inhaber Ihres Regiments?"
„Da ist der Franz eher zuständig, denn der hat den Erzherzog einmal getroffen."
„Vor zwei Jahren hat eine Abordnung des Regiments dem Erzherzog zum Achtziger gratuliert und da habe ich mitfahren dürfen. Lass mich einmal schauen, ob ich noch alles zusammenbringe. Der Erzherzog Rainer Ferdinand Maria Johann Evangelist Franz Hyginus, Ritter vom Orden vom Goldenen Vliese, ist 1827 in Mailand geboren und seit 1852 Inhaber des Regiments. Er trägt das Großkreuz des St. Stephan-Ordens, das Militärverdienstkreuz in Brillanten, die Militärverdienstmedaille am roten Band, die Kriegsmedaille, das Militärdienstzeichen 1. Klasse für Offiziere, die goldene Jubiläumserinnerungsmedaille für die bewaffnete Macht, die Jubiläumserinnerungsmedaille für Zivilstaatsbedienstete und das Militär-Jubiläumskreuz. Der Erzherzog ist Ehrenmitglied und Kurator der kaiserlichen Akademie der Wissenschaften, Ehrendoktor der Philosophie der Universität in Wien, Ehrendoktor der technischen Wissenschaften der technischen Hochschule in Wien, Ehrenmitglied der Akademie der bildenden Künste in Wien. Fer-

ner ist er General der Infanterie, Oberstinhaber des Infanterieregiments Nr. 59 und Chef des königlich preussischen niederrheinischen Füsilierregiments Nr. 39."
Unterdessen hatte Pollini zwar den interessierten Zuhörer gespielt, dabei aber Mariedl verstohlen gemustert und gedacht: „Mein Gott, was wird das für eine Frau sein, wenn sie erst richtig erwachsen ist." Dann hörte er sich sagen: „Da wundert es mich nicht, dass der Erzherzog nie Zeit gefunden hat in Salzburg zu leben."
Mariedl aber hörte ihrem Cousin kaum zu und irgendwo ging die ganze Lebensgeschichte des Regimentsinhabers auch an ihr vorbei.
Sie dachte nur: „Wenn ich ihm gegenübersitze, beginnt mein Herz zu klopfen. Das hab' ich noch nie gehabt. Das hab' ich überhaupt noch nie gespürt. Hoffentlich sieht mir das niemand an. Und schon gar nicht der Paride."
Zum Abendessen hatte man sich für Tafelspitz mit gerösteten Erdäpfeln und Schnittlauchsoße entschieden. Die Küche des Peterskellers wurde ihrem ausgezeichneten Ruf wieder einmal vollauf gerecht. Dazu hatte Holzner Grünen Veltliner gewählt, den das Salzburger Kloster von den Mönchen des Stiftes Göttweig in der Wachau bezog.
„Köstlich war es, ein Kompliment dem Küchenchef", lobte Frau von Fleissner. „Ich habe das Essen wirklich genossen und ein so zartes Rindfleisch habe ich schon lange nicht mehr auf dem Teller gehabt."
„Immer wenn ich gut esse, denke ich an meine Zeit an der Akademie zurück", schmunzelte Pollini. „Dort steht doch die Inschrift ' AEIOU' an einer Mauer im Burghof. Die wird gern so gedeutet: Alles Erdreich ist Österreich untertan. Wir Militärakademiker haben sie aber immer so ausgelegt: Akademikeressen ist oft ungenießbar."
Kaum hatte er ausgesprochen, brachte ein Kellner schon den Nachtisch; duftige Salzburger Nockerln, ein goldgelbes Soufflé reichlich mit Staubzucker bestreut.
„Um Gottes Willen, wer soll denn das noch essen?", fragte Frau von Fleissner mit leichtem Zweifel in der Stimme.
„Mama, das ist doch fast nur Luft, aber es schmeckt einfach himmlisch", versuchte Mariedl die Bedenken ihrer Mutter zu zerstreuen." Auf jeden Fall müssen wir sie essen, solange die Nockerln noch warm sind."
„Paride und ich verbürgen uns dafür, dass wir es schaffen," lachte Holzner, „wir können Süßem einfach nicht widerstehen" und schaute dabei auch seine Cousine an.

+

Am Vormittag darauf trafen sich Oberst von Höpfner und sein Stellvertreter Bernhold wie jeden Tag um halb zehn zu einem Mokka im Offizierskasino.
Bernhold war gerade dabei sich seine unvermeidliche Virginier anzurauchen, als

der Regimentskommandant mit einem „Zwei kleine Mokka wie immer" den Raum betrat und lächelnd zum Tisch kam.

„Grüß dich, Herr Oberst", begrüßte ihn Bernhold.

„Guten Morgen, mein Lieber, geh' behalte doch bitte Platz", erwiderte der Oberst Bernholds Gruß und setzte sich.

Nachdem die Mokkas serviert worden waren, sagte Höpfner: „Stell dir vor, wen ich gestern im Kaffeehaus getroffen habe. Nein, ich lass dich schon nicht raten, denn du kommst bestimmt nicht drauf.

Ich wollte nur einen raschen Blick in die 'Presse' werfen und wer sitzt da in der Ecke - der alte General Treffner. Du, der ist schon neunzig. Der ist dort gesessen und hat mit einem Vergrößerungsglas Zeitung gelesen.

Ich habe mich wirklich gefreut ihn zu sehen, gehe zu seinem Tisch, begrüße ihn und der alte Herr lädt mich ein, ihm Gesellschaft zu leisten. Er war genauso liebenswürdig wie seinerzeit. Das Lesen fällt ihm halt schon schwer und hören tut er auch schon schlecht. Ich habe ihn gefragt, was ihn denn nach Salzburg geführt habe, da er doch in Gmunden lebt. Da sagt er in seiner bekannt geraden Art: 'Weißt du, der Herr General, er ist schon der Fünfte in der Reihe meiner Nachfolger, hat anlässlich meines Neunzigers ein Essen gegeben. Ich habe mich über diese Aufmerksamkeit wirklich gefreut. Meine Tochter hat mir den Koffer gepackt, dann haben sie mich in den Zug gesetzt und ich bin nach Salzburg gedampft. Abgestiegen bin ich im Hotel 'Europe', da sollte das Essen sein und außerdem liegt es gleich am Bahnhof. Ich war voll Vorfreude und wie ich in die Hotelhalle gekommen bin, hat dort ein sehr liebenswürdiger Generalstabsmajor schon auf mich gewartet. Der hat mich in Empfang genommen und in den Speisesaal geführt. Ich habe mich so darauf gefreut, Kameraden von früher zu sehen. Dann komme ich in den Saal und kenne keinen einzigen Menschen. Der General war beim Korps in Innsbruck, den Stabschef habe ich nur an der Uniform erkannt. Die Herrn des Stabes könnten meine Enkel sein. Ich hatte gehofft, den einen oder den anderen von den Kameraden, die als Leutnant oder Oberleutnant zu mir gekommen sind und sich damals die ersten Sporen verdient haben, zu treffen.

Sag mir, mein lieber Höpfner, hätte was dagegen gesprochen, die Truppenkommandanten, die ihre Laufbahn seinerzeit unter mir begonnen haben und die paar anderen Offiziere, die noch im Dienst sind, einzuladen? So bin ich unter lauter Leuten gesessen, die mich vermutlich nicht einmal mehr dem Namen nach gekannt haben. Mir war stinklangweilig und den anderen wird es genauso ergangen sein.

Hätte man beim Zusammenstellen der Gästeliste nicht ein bisschen Fingerspitzengefühl zeigen können? Das war es doch, was unsere Armee durch Jahre hindurch ausgezeichnet hat. Na ja, die Zeiten ändern sich. Trotzdem bin ich gern noch einmal in Salzburg gewesen. Sehr oft werde ich ja vermutlich nicht mehr

herkommen. Aber wenn man dann erst einmal gestorben ist, dann setzt man uns einen Stein. Und Leute, die nie zuvor einen Gedanken an uns verschwendet haben, entdecken auf einmal unsere angeblichen guten Seiten.
Höpfner, ich kann mich noch erinnern, wie du Oberleutnant warst. Zusammen mit dem Doppler hast du damals für manches Aufsehen gesorgt. Herrgott, war das doch eine schöne Zeit!'
Der General ist dann mit dem Fiaker ins 'Europe' und an die Bahn gefahren und hat mich vor dem Einsteigen in den Fiaker noch einmal umarmt. Da habe ich gespürt, wie sehr er an uns, seinen Subaltenoffizieren von damals heute noch hängt."

+

Der Dezembertag war sonnig, aber sehr kalt. Mariedl stapfte, warm angezogen, vom Herrenhaus auf einem schmalen Weg durch den Schnee dem Walde zu. Sie hatte sich angeboten, sowohl den Christbaum für die Stube, als auch den, der vor der Forstverwaltung aufgestellt werden sollte, auszuwählen. Auf der weitläufigen Wiese zwischen dem Herrenhaus und dem Waldrand glitzerte der Schnee in der Sonne.
Mariedl dachte mit einem glücklichen Lächeln an die Tage in Salzburg zurück. An einem Abend, den ihre Mutter mit ihrem Bruder und der Schwägerin zu einem Besuch im Stadttheater genützt hatte, war sie dem Auftrag ihres Vaters nachgekommen und hatte ihren Cousin mit mehreren Kameraden eingeladen. Im „Elefant" saß man bei Glühwein, Punsch , Christstollen und verschiedenen Bäckereien beisammen. Oberleutnant Lantos ließ seinen ganzen, durchaus beachtlichen, ungarischen Charme spielen, um Mariedl zu beeindrucken. Kopriva und Filzmoser lachten hinter ihren Gläsern hervor, Hauptmann Eisner musterte Pollini von Zeit zu Zeit schmunzelnd.
Mariedl wusste nicht, dass Lantos am Heimweg von dem wirklich gelungenen Abend zu Eisner meinte: „Dos ist einä gonz bezaubärnde jungä Damä, die Baronesse. Leidär hat sie einän gonz grossän Fehlär, denn, bittä, sie beachtät feschesten Oberleitnant von gonz Ungarn iberhaupt nicht, sondern hat nur Augän fir beneidänswärten Pollini."
„Wenn du aber ein bisschen aufgepasst hättest, lieber Bacsi, so hättest du auch bemerkt, dass das ganz auf Gegenseitigkeit beruht. Also, gute Nacht, mein Alter, komm gut nach Hause und fall mir nicht unter die schlechten Mädeln", verabschiedete sich Eisner.
Beim Abschied am Bahnhof hatte Mariedl, ganz junge Dame, gemeint: „Herr Leutnant, Sie dürfen mir getrost einmal schreiben" und sich dabei gedacht 'Gnade

dir Gott, wenn du das nicht tust', wobei sie sich allerdings über die Folgen einer solchen Unterlassung noch nicht ganz im Klaren war. Dass sie entsetzlich sein würden, wusste sie aber.

Während sich Mariedl beim Anfahren des Zuges winkend aus dem Fenster gelehnt hatte, dachte Pollini, die Hand grüßend erhoben: „Manche Frauen sind wie Edelsteine. Sie sind kostbar, aber ohne Leben. Dieses himmlische Mädchen aber erinnert mich an Feldblumen, mit Tautropfen und diesen wunderbar einfachen, warmen Farben auf ihren Blüternblättern."

Beim Heimkommen aus dem Wald ging Mariedl gleich in die Gutsverwaltung und betrat, nachdem sie sich sorgfältig den Schnee von den Schuhen gekehrt hatte, die Kanzlei des Verwalters.

„Herr Seethaler, störe ich Sie sehr?"

„Aber nein, Mariedl. Haben Sie die Christbäume schon ausgesucht? Wenn es Ihnen recht ist, schicke ich am Nachmittag den Rupert mit Ihnen im Schlitten hinaus, damit er die Bäume umschneidet und gleich heimbringt."

„Herr Seethaler, ich muss Ihnen was gestehen", flüsterte Mariedl fast schuldbewusst.

„Aber, aber, so arg wird es schon nicht sein", lächelte der Mann mit den lustigen grauen Augen unter buschigen Brauen, die ihn ein bisschen wie den Weihnachtsmann aussehen ließen. Nach einer kurzen Pause fragte er: „Wem haben Sie denn noch einen Christbaum versprochen?"

„Herr Seethaler, wie gut Sie mich doch kennen. Ich habe unserer Lehrerin, der Pöllauer Resl, für die Schule einen Baum fest zugesagt. Sind Sie sehr böse, dass Sie jetzt mein Versprechen halten sollen?"

„Nein, wirklich nicht. Ich denke an die Freude, die wir den Kindern machen. Die meisten von ihnen haben zu Weihnachten daheim keinen Baum. Und die Resl, die gute Seele, macht bestimmt eine sehr schöne, besinnliche Feier mit den Kindern."

Bei Fleissners war es üblich, dass alle Bediensteten zu Weihnachten ein Geschenkpaket bekamen. Frau von Fleissner machte sich ab dem Spätsommer schon Gedanken und Notizen, was der eine oder die andere brauchen könnte, womit sie wem eine besondere Freude machen würde.

Auch durchaus nützliche Geschenke wurden gewissenhaft vorgemerkt.

Beim Mittagessen räusperte sich der Hausherr: „Hedwig, ich habe am vergangenen Sonntag den alten Zeitlinger gesehen, wie er zum Eisschießen gegangen ist. Der braucht unbedingt einen neuen Überzieher. Der alte ist schon so fadenscheinig, dass ihn der Zeitlinger wahrscheinlich nur mehr aus Gewohnheit, aber nicht gegen die Kälte anzieht."

„Da merkt man eben, dass seine Frau vor ein paar Jahren gestorben ist. Aber der Zeitlinger bekommt heuer nicht nur zwei Flanellhemden zusätzlich, sondern auch einen neuen Überzieher. Der hängt schon oben in der Kammer."

„Du bist einfach ein Schatz. Was gibt es denn heuer sonst?"
„Du hast mir gesagt, dass das Jahr gut und einträglich war und der Herr Seethaler hat mir das bestätigt. Ich war nicht hinter deinem Rücken nachfragen, sondern er hat es mir strahlend von selbst erzählt. Die ledigen Männer bekommen Pfeifentabak, feste Stutzen und Handschuhe, ein Stück Speck und ein Stück Geselchtes, Weihnachtsbäckerei und Bares, wobei die Höhe davon abhängt, wie lange sie schon bei uns sind. Geld ist für alle Leute dabei. Das Packerl für die Frauen ist auf diese abgestimmt, auf jeden Fall ist auch Stoff für ein Kleid dabei. Für die verheirateten Frauen ist das Packerl so zusammengestellt, dass sie auch ihren Kindern Freude machen können. Und jeder bekommt einen Topf mit Marmelade. Die hat die Mariedl im Sommer gemacht. Sie hat die Beeren im Wald selbst gepflückt und auch selbst eingekocht. Dazu hat sie auch die Marillen vom Spalier geplündert, während ich geglaubt habe, dass die heuer nicht besonders gut tragen. Jedenfalls gibt es heuer erstmals das Töpfchen, auf dem ' Mariedls Marmelade' steht."

+

In diesen Jahren war die Adventzeit vor allem für die Kinder in den kleinen Dörfern auf dem Lande keineswegs sehr fröhlich und voller Erwartungen, sondern eher anstrengend. Jeden Tag gingen sie am frühen Morgen mit ihren Müttern zur Rorate, einer Messe im Advent. Ausgenommen davon waren nur die Sonntage, da an diesen ohnehin der Besuch der Messe obligatorisch war. Die Rorate begann schon um sechs Uhr früh und dauerte eine Stunde. Beim Aufstehen war es stockdunkel und bitterkalt. Kalt waren nicht nur die Schlafkammern, sondern das ganze Haus. Auch in den Kirchen war es eiskalt.
Am Heiligen Abend gab es keine Geschenke oder höchstens das, was man ohnehin unbedingt gebraucht hat. In den Stuben der Bauern und der kleinen Leute standen auch keine Christbäume. Am späteren Nachmittag ging die Bauernfamilie mit einem Weihrauchfass durch Haus und Stall, dazu wurde alles auch noch vorsorglich mit Weihwasser besprengt. Dann fand sich die Familie zu einer Gebetsstunde zusammen.
Zum Essen brachte die Bäuerin oft Rosinenstrudel mit Rahm auf den Tisch. Nach dem Essen las der Bauer aus der Bibel vor. Wenn die Kinder dann im Laufe des Abends müde geworden und die kleineren schon auf der Bank hinter dem warmen Ofen eingeschlafen waren, brach die Familie auf und ging durch die Winternacht zur Christmette in die Kirche.
Am Christtag kam ein ganz besonderes Essen auf den Tisch. Zuerst gab es Rindsuppe, dann folgten Bratknödel aus Faschiertem und Schweinsbraten. Den Abschluss bildeten goldgelbe, heiße Krapfen, von denen noch das Fett tropfte.

Für die Kinder war die Krippe in der Kirche das ganz Besondere an Weihnachten. Am 21.Dezember stellte sie der Mesner an einem Seitenaltar auf. Da standen dann die kleinen, den Bauernhöfen nachempfundenen Häuser und mittendrinnen die Stadt Bethlehem. Der Stall war bis auf Ochs und Esel noch leer. Am 24. Dezember wurde nachmittags ein Rosenkranz gebetet und dann das Lied „Wer klopfet an?" gesungen. Daraufhin wurde das Jesuskind in die Krippe gelegt. Maria wurde sitzend, Josef stehend daneben gestellt. Vor dem Stall standen die Hirten mit ihren Schafen und Lämmern. Dazu kamen Kühe und Kälber, Tauben und Hühner. Auch ein Brunnentrog durfte nicht fehlen. Zumeist waren die Figuren aus Holz geschnitzt und bemalt. Es gab aber auch, vor allem in Wallfahrtskirchen, Krippen, deren Figuren aus Wachs geformt, bemalt und in kunstvoll geschneiderte Gewänder gekleidet waren. In manchen Kirchen war Bethlehem auch schon durch die Silhouette der eigenen Ortschaft ersetzt worden.
Am 6. Jänner kamen die Heiligen Drei Könige mit ihrem Gefolge dazu. Da mussten die Hirten, Schafe, Kühe und Lämmer zur Seite weichen, um für Elefanten, Kamele, Rösser und deren Reiter Platz zu machen.
Auch nach den Weihnachtsferien gingen die Kinder nach der Schule gern in die Kirche zur Krippe um zu schauen, ob sich was verändert hatte oder ob gar neue Figuren dazugekommen waren.

Mancher Dorfschullehrer und mancher Kaplan entdeckte in diesen Jahren seine schriftstellerische Ader und schilderte in Wochenzeitungen und Heimatkalendern, wie schön es doch sei, wenn das fröhliche Landvolk abends singend von der Feldarbeit in sein behagliches Heim zurückkehrt. Keiner aber hatte wirklich eine Ahnung davon, dass der Bauer, der mit seiner Frau und den älteren Kindern todmüde vom Feld oder aus dem Wald heimkam, zuerst noch die Stallarbeit machen und das Vieh versorgen musste, ehe er sich todmüde und dreckig zu seinem karg gedeckten Tisch setzen konnte.

+

„Guten Morgen, Eisner", dankte Oberst von Höpfner, der mit dem Hauptmann am Kasernentor zusammentraf, für dessen Gruß.
„Lass mich einfach neugierig sein, aber wer war denn der Herr in Zivil, mit dem ich dich gestern am späten Nachmittag am Mozartplatz so eifrig reden gesehen habe? Das muss, so drahtig wie er ausgesehen hat, einer von deinen Bergkameraden gewesen sein. Deshalb hat euch vermutlich auch das heftige Schneien überhaupt nichts ausgemacht. Ich habe nur geschaut, dass ich nach Hause und ins Warme komme."
„Herr Oberst, das ist der Bergrat Endres von der Saline in Ischl gewesen. Der war als Erster mit den Ski am Ankogel und das ist immerhin ein Dreitausender, wie

so viele Berge an der Grenze zu Italien zum Beispiel. Den höchsten Berg der Monarchie, den Ortler, hat der schon gemacht, als er noch Student in Leoben war."
„Sehr gut, Eisner. Hol' dir die Informationen, wo du sie nur bekommen kannst. Steter Tropfen höhlt auch in der Armee den Stein. Wir Infanteristen werden auch im Gebirge kämpfen müssen und sollten uns darauf möglichst gut vorbereiten. Vielleicht wird in Wien doch noch wer hellhörig, wenn von der Truppe immer mehr in diese Richtung geschieht. Du, noch was. Gehst du jetzt ins Kasino frühstücken?"
„Jawohl, Herr Oberst."
„Dann schau auf dem Weg dahin beim Proviantoffizier vorbei und sag' ihm bitte, dass ich ihn mit dem Speiseplan für die Weihnachtstage gern um zehn bei mir hätte. Dank' dir schön, Servus!"
Pünktlich um zehn Uhr klopfte es an der Tür zur Kommandantenkanzlei. Auf die Aufforderung zum Eintreten betrat ein älterer, betulich wirkender Hauptmann den Raum. In der Hand hielt er eine Mappe.
„Grüß dich, Hauptmann Schneeberger, danke, ohne Meldung", begrüßte ihn der Oberst und wies auf einen Stuhl vor seinem Schreibtisch. „Komm, setz dich. Ich möchte mit dir über den Speiseplan für die Soldaten reden, die zu Weihnachten hier in der Kaserne bleiben müssen. Zu Neujahr handhaben wir das dann analog dazu. Bist du einverstanden?"
Der Hauptmann, der etwas umständlich Platz genommen hatte, antwortete ohne zu zögern: „Jawohl, Herr Oberst. Das erleichtert sowohl den Einkauf als auch die Zubereitung der Menage sehr. Herr Oberst, ich melde, dass wir gut gewirtschaftet haben. Wir haben immer ein paar Ersparnisse, die wir dann auf Feldübungen oder eben zu Feiertagen verkochen. An sich gibt es zu solchen Anlässen verbesserte Kost, wir können aber mehr tun."
„Schneeberger, nicht wir haben gut gewirtschaftet, sondern du hast das getan. Du und die Leute, die dir zuarbeiten. Sei nicht immer so bescheiden, wir alle wissen sehr wohl, was wir an dir haben."
Ein verlegenes, aber auch glückliches Lächeln glitt über das Gesicht des Hauptmanns.
„Schneeberger, die Soldaten sind von Haus aus nicht verwöhnt und verwöhnt werden sie bei uns auch nicht. Da kannst auch du keine Wunder wirken, wenn es auch bei uns für die Mannschaft nicht zwanzigmal im Monat Knödel gibt wie anderswo. Machen wir den Leuten wenigstens am Heiligen Abend eine Freude. Ich denke da an Rindsuppe mit Einlage, aber ja keine Knödel, Schweinsbraten oder Geselchtes mit gebratenen Erdäpfel, dann noch einen Nachtisch."
„Herr Oberst, ich schlage Linzertorte vor. Als Getränk geben wir ein Krügel Bier aus. Das gibt mit Getränkemarken keine Probleme, da kann sich keiner besaufen. Nach der Christmette gibt es Würstel oder Würstelsuppe."

„Ausgezeichnet, dafür gebührt dir ein Orden. In der Andräkirche ist es immer saukalt, da tut den Leuten beim Heimkommen was Warmes wirklich gut. Hoffentlich predigt der Herr Feldkurat nicht wieder so lang.
Schau bitte auch, dass du es einrichten kannst, dass die, die zu Weihnachten nach Hause fahren, die Verpflegung mitbekommen. Für viele ist der Heimweg lang und mühsam. Wenn die nicht nur eine Jause mithaben, sondern ein Stück Geselchtes oder eine Wurst mitbringen…na, wir verstehen uns. Ich weiß, ich rede mich leicht und du wirst wieder einmal zaubern müssen. Lass auch genug Brot ausgeben, du kennst ja den alten Spruch: Wie die Verpflegung so die Bewegung."
„Herr Oberst, ich kläre das alles noch ab und melde mich morgen mit dem endgültigen Menüvorschlag und der Zusammenstellung der Kaltverpflegung für die Urlauber."
„Danke, Herr Hauptmann, sei dann morgen bitte wieder um zehn Uhr bei mir."

+

In Mährisch - Trübau stand einer der Höhepunkte im Jahresablauf des gesellschaftlichen Lebens vor der Tür. Im „Deutschen Haus" sollte das Weihnachtskonzert der Liedertafel stattfinden und die Mitglieder des örtlichen Turnvereins „Friesen" sollten im Rahmen dieser sehnlichst erwarteten Veranstaltung lebende Bilder darstellen. Unter der umsichtigen Leitung des Chormeisters war schon seit Monaten geprobt worden. Die Tenöre hatten eine willkommene Verstärkung durch einen aus dem Kärntner Lavanttal zuversetzten Postbeamten erfahren. Seine Stimme war dem Vernehmen nach außergewöhnlich und da der junge Mann auch sonst durchaus ansehnlich war, fieberte die Mährisch- Trübauer Damenwelt seinem ersten öffentlichen Auftritt entgegen. Die Herren waren keineswegs in solche Hochspannung versetzt, da die Sopranistin, die Gattin des Notars, schon etwas in die Jahre gekommen und wieder etwas fülliger geworden war. Dennoch war das Weihnachtskonzert der Liedertafel ein Fixpunkt im Jahresablauf der Stadt und diesmal wollten die Turner durch das Darstellen der Geschichte vom Knecht Ruprecht einen weiteren Höhepunkt beisteuern.
Das Weihnachtsturnen des tschechischen Turnvereins „Sokol", in dem sich die nationalen Tschechen zusammengeschlossen hatten, war für diesen Teil der Bevölkerung verständlicherweise ein ähnlicher Höhepunkt im Jahreslauf. Daher hatte sich der Vereinsvorstand schon seit Wochen Gedanken gemacht, wer im Rahmen des Weihnachtsturnens die Festansprache halten sollte. Im Extrazimmer des Hotels „Zur böhmischen Krone" war der Vorstand auf Antrag des Vorstandsmitglieds Jozef Schebesta, eines Papierhändlers, zusammengekommen, um diese Frage noch einmal zu besprechen.
„Schebesta, mein Guter", eröffnete Rechtsanwalt Dr. Hrosa die Sitzung, „an sich

ist der Ablauf unseres Weihnachtsturnens klar und vom Vorstand abgesegnet. Was soll denn deiner Meinung nach noch besprochen oder möglicherweise überhaupt noch abgeändert werden? Ich nehme an, dass es sich doch nur um ganz kleine Änderungen handeln wird."

Schebesta stand auf, schaute in die Runde, räusperte sich und fing an zu sprechen: „Liebe Freunde und Turner, ich habe lange überlegt, ob ich dieses Thema anschneiden soll, aber nachdem ich mich, ohne jemandem in den Rücken fallen zu wollen, vor allem mit den jüngeren Turnern besprochen habe, beantrage ich, die Festrede anlässlich des Weihnachtsturnens heuer nicht von Schulrat Prikryl halten zu lassen."

„Ja, was soll denn das nun?", stieß eines der Vorstandsmitglieder heraus.

„Unser Turnbruder Schulrat Prikryl ist ein rechtschaffener Mann, zweifellos und ein blendender Redner. Nur hält er diese Weihnachtsrede schon seit Jahren und im Grunde genommen sagt er nie etwas Neues. Wir von Sokol sehen uns aber als die Speerspitze des nationalen Tschechentums, wir brauchen keine weihnachtliche Betulichkeit, wir wollen panslawistische Begeisterung entfachen und sie lodern lassen!"

„Der Papierhändler als Speerspitze, na bravo!", knurrte einer der Herren.

„Nicht mit mir, Schebesta", warf Dr. Hrosa grollend ein. „Nicht mit mir. Wir sind Turner, keine Revolutionäre!"

„Die Turner, das haben uns die Deutschen in den Freiheitskriegen vorgezeigt, sind die Bannerträger revolutionärer Ideen und die Jungen wollen die panslawistische Brandfackel hochhalten und eine Revolution im habsburgischen Völkerkerker entfachen! Wir wollen einen anderen Redner!"

Dr. Hrosa erhob sich umständlich, um damit Zeit zu gewinnen: „Ich habe in Mährisch -Trübau -und ich lebe hier schon seit meiner Geburt vor mehr als sechzig Jahren - noch nie etwas von einem habsburgischen Völkerkerker bemerkt. Ich bin ein national fühlender und denkender Tscheche und ich pflege dieses Fühlen und Denken. Ich bin aber auch ein treuer Untertan tschechischer Nationalität seiner Majestät des Kaisers und ich halte überhaupt nichts von Landsleuten, die glauben es hieße Gesinnung zu haben, wenn man nicht Deutsch kann. Auch der große Wallenstein sprach Deutsch mit böhmischem Akzent."

Der darauf folgende Tumult beruhigte sich erst wieder etwas, als Schulrat Prikryl mit schneidender Stimme erklärte, dass er unter derartigen Umständen nicht mehr bereit sei jemals noch eine Ansprache, ganz gleich bei welcher Gelegenheit, zu halten.

Da erhob sich Herr Nowak, der am Hauptplatz ein wohl sortiertes Schuhgeschäft führte, zu seiner ganzen imposanten Größe und sagte: „An sich reicht mir das jetzt. Schebesta, sag nun endlich, wen du als Redner haben möchtest und dann stimmt der Vorstand ab. Hier und jetzt, und das ist bindend. Dann gibt es kein weiteres Herumgerede mehr, verdammt noch einmal!"

Unsicher meinte Schebesta: „Als feuriger nationaler Redner wurde uns von Freunden aus Brünn Herr Lipinski empfohlen, dem der Ruf eines glühenden Patrioten vorausgeht und der jede Woche in nationaltschechischen Runden spricht. Er ist einfach ein Wanderprediger panslawistischer Ideen und soll dies schon in naher Zukunft überhaupt hauptberuflich machen."

Fragend sah Nowak in die Runde: „Kennt wer den Herrn und wollen wir uns zum turnerischen Höhepunkt des Jahres so jemanden antun?"

Ein jüngerer Mann, der am unteren Tischende saß, stand auf: „Ich habe den Herrn Lipinski in Butschowitz gehört und war begeistert. Da er Pole ist, sieht er so vieles einfach im größeren Zusammenhang."

„Dann weiß ich, wer das ist", warf Dr. Hrosa ein, „ und kann vor dem Manne nur warnen. Mag sein, dass er ein glühender Patriot ist, er ist aber auf jeden Fall ein gerichtsbekannter Spieler und Schuldenmacher und möglicherweise auch ein Heiratsschwindler. Hauptberuflicher Redner wird er wohl deshalb werden wollen, weil ihn bald niemand mehr anstellen wird."

In die Stille hinein sagte Nowak: „ Schulrat Prikryl können wir nicht mehr bitten zu reden. Der von Schebesta vorgeschlagene Herr kommt nicht in Frage. Ich stelle daher den Antrag, dass beim diesjährigen Weihnachtsturnen der Herr Obmann eine etwas umfangreichere Begrüßung durchführt und die Weihnachtsrede notgedrungen entfällt."

Nachdem dieser Antrag mit Stimmenmehrheit angenommen worden war, begab sich Schebesta mit einigen jüngeren Herrn in die Hotelhalle. Dort kam ihnen Lipinski entgegen. Er trug einen fadenscheinigen Anzug und man sah ihm auf den ersten Blick an, dass er getrunken hatte. Sein Gesicht war gerötet. Schweißperlen standen ihm auf der Stirn und seine Augen glänzten. Er war gut zu Fuß, als er durch die Halle schritt, schien aber auf Streit aus zu sein.

„Nun, wann soll ich reden?"

„Herr Lipinski", stotterte Schebesta, „es ist anders gekommen. Es tut mir leid, denn wir haben uns sehr bemüht, aber diese Erzkonservativen haben einfach die Mehrheit, aber ...."

„Aber mit solchen Leuten", unterbrach ihn Lipinski, „mit solchen Patrioten", er schien das Wort voll Verachtung auszuspucken, „ist eben nichts zu machen. Um das alles zu hören, bin ich nicht auf eigene Kosten in dieses Provinznest gekommen, nein, dann werde ich mit einigen jungen Revolutionären, die keinen Einsatz scheuen, weitermachen.

Ich pfeife auf die Kniebeugen der Turner, schwingen sie nur ihre Keulen, meinetwegen klettern sie auch auf Leitern auf und ab, versauern sie einfach. Ich suche neue, junge, bewusste Tschechen,nicht solche, die den Habsburgern die Schuhe ablecken.

Wir werden ihre Offiziere zum Duell provozieren, quer durch die ganze Monarchie. Wir werden sie in Trient, in Jungbunzlau, in Galizien und in Ungarn einfach niederschießen. Niederschießen wie Hunde, die man nicht mehr will. Wir werden ihnen den Garaus machen", Speichel troff ihm aus dem Mund, „wir werden sie abknallen!"

„Beruhigen Sie sich, Herr Lipinski, so beruhigen Sie sich doch, ich werde Ihnen natürlich ihre Auslagen ersetzen", stammelte Schebesta.

Der junge Mann aber, der erzählt hatte, dass er Lipinski in Butschowitz reden gehört habe, sagte fassungslos zu dem neben ihm Stehenden: „Der ist ja verrückt! Komm', gehen wir, damit uns niemand zusammen mit dem Wahnsinnigen sieht!"

+

„Der Heilige Abend und die Feiertage können kommen", lächelte die Köchin Mariedl an und wischte sich die Hände in einem Küchentuch ab. Blitzblank und peinlich sauber war die große Küche im Herrenhaus, in der seit vielen Jahren Martina als Köchin schaltete und waltete und stets ein wachsames Auge auf ihre Gehilfinnen hatte. Die waren meist Wirts- oder Bauerntöchter aus der Gegend, die im „Schloss" das Kochen und Wirtschaften erlernten und dann zurück ins elterliche Gasthaus oder auf den Hof gingen. Wer im Schloss und bei Martina gelernt hatte, galt im ganzen Tal als erstrebenswerte Partie.

„Deine Weihnachtsbäckerei ist heuer wieder ganz besonders gut geworden", grinste Mariedl und steckte ein Vanillekipferl in den Mund. „Schimpf nicht mit mir Martina, ich hör' ohnehin schon auf. Sag' mir lieber, aber nur wenn du es mir erzählen willst, warum du eigentlich nie geheiratet hast. Um dich müssen sich die Männer doch gerissen haben?"

Martina, eine groß gewachsene, schlanke und sehr adrett aussehende Mittfünfzigerin, setzte sich an den großen, blank gescheuerten Tisch, machte eine einladende Handbewegung und meinte: „Da musst du dich schon zu mir hersetzen, denn das ist eine längere Geschichte. Die habe ich auch noch nicht oft erzählt."

Nachdem sich Mariedl zu ihr gesetzt hatte, begann Martina zu erzählen: „Unsereins heiratet meistens einen Burschen aus dem Ort. Die sorgen schon dafür, dass keiner aus dem Nachbarort oder von sonstwo zum Zug kommt. Kennenlernen tut man sich oft beim Kirchgang oder auf Unterhaltungen. Da sind die jungen Leut' immer in Gruppen unterwegs und man kann mit jedem tanzen, ohne dass die Leut' gleich blöd reden oder die alten Weiber zum Tuscheln anfangen. Wenn ein Bursch ein bestimmtes Mädel zu einer Tanzerei einladen will, muss er zuerst den Vater fragen. Auch bei der Arbeit oder bei Wallfahrten kann man wen kennenlernen, aber im Grund genommen kennt im Tal ohnehin jeder jeden.

Oft suchen die Eltern den Ehepartner aus. Das ist aber gar nicht so arg. Denn auch

die Brautleut' wählen danach aus, was wer hat. Unsereins sieht die anderen nie losgelöst von ihrer Umgebung, ihrer Habe, ihrer Vergangenheit und ihrer Zukunft. So weiß man schon von Kindesbeinen an, was in der Ehe wohl sein wird."
„Aber wie war denn das bei dir?", stieß Mariedl neugierig nach.
„Wie ich ein junges Mädel und später dann eine junge Frau war, hab' ich schon hier im Schloss gearbeitet. Gut gefallen hat mir der Andreas, das war ein Bauernsohn aus Weißkirchen und er hat mich auch gern gehabt. Er war der dritte Sohn und hat keine Aussicht auf den Hof gehabt. Knecht wollt' er nicht bleiben und so ist er zum Militär gegangen. Er war ein fescher Mann. Ganz gleich, ob er die Uniform oder seine Lederhose angehabt hat. Groß war er, blond und seine braunen Augen haben nur so gelacht und geblitzt. Und tanzen hat er können, da hat er mich nur so herumgewirbelt. Er hat sich beim Militär verpflichtet und ist Zugsführer geworden. Wir haben vom Heiraten geredet und nach dem Militär wollte er Gendarm werden. Im Achtundsiebzigerjahr hat er mit seinem Bataillon nach Bosnien müssen. Nicht dass er dort, wie andere, gefallen wär', nein, den Typhus hat er gekriegt und ist dann in Slawonisch Brod im Lazarett gestorben. Dort ist er auch begraben. Das hat mich damals sehr schwer getroffen und ich hab' lang keinen anderen Mann mehr angeschaut.
Später waren die, die mich wollen hätten, eh lauter Hallodri. Und dass ich mir so einen alten Lotter wie den Zeitlinger nehm', das tu' ich mir auch nicht mehr an. Den kann ich zuerst aus dem Wirtshaus heimholen. Später kann ich ihn pflegen und die Füß' bandagieren. Natürlich hätten mich die Männer ganz gern. Die Witwer hätten wieder ein warmes Haus, eine ordentliches G'wand und ein gutes Essen. Aber ich mach so einem doch nicht den Putztrampel. Die aber, die im Alter zu mir passen würden und noch ledig sind, die müssen irgendeinen Fehler haben, denn sonst wären sie nicht übrig geblieben.
Ich hab' da im Haus mein gutes Auskommen und ich bin wirklich gern bei meiner Herrschaft. Was anderes könnte ich mir überhaupt nicht vorstellen. Und ich möcht' es mir auch nicht vorstellen. Meine Firmgödin war die Frau vom Bäcker in Weißkirchen. Die sind kinderlos geblieben und haben mir das Haus vermacht. Die Bäckerei hat einer gepachtet und im Bäckerhaus werd' ich einmal im Alter leben. Soll ich mir dann vielleicht irgendeinen alten Lotter ins Haus holen? Nein, nein, Mariedl, ich komm' allein recht gut zurecht."
Prüfend schaute sie dann aus dem Fenster: „Wer kommt denn da am 23. Dezember noch am Nachmittag den Weg herauf? Ach so, das ist der Briefträger. Der hat zu Weihnachten natürlich eine Menge auszutragen. Dem werden wir einen Tee mit einem tüchtigen Schuss Rum aufwarten. Wer weiß, wo der heute noch hin muss!"
Martina öffnete das Fenster und rief hinaus: „Hallo, Obermoser, bring' die Post gleich da herein und trink einen Schluck Tee, damit du uns nicht erfrierst!"
Kurz darauf stand der Briefträger in der Küche. Er grüßte freundlich. Unter seiner

Kappe trug er gestrickte Ohrenschützer gegen die Kälte und über seiner Lodenpelerine hing die prall gefüllte Tasche. Er streifte die dicken Handschuhe ab und legte seine Finger, die trotzdem klamm waren, um die große, warme Tasse.
„Das tut gut", schmunzelte der Mann, „ jetzt geht das Postausteilen gleich viel leichter." Er griff in seine lederne Umhängtasche und nahm ein Bündel Briefe heraus, die mit einer Schnur zusammengebunden waren. „Das hier geht alles ans Schloss", sagte er und reichte Mariedl die Post.
„Ich werde sie gleich auseinanderteilen und dem Herrn Seethaler die für die Verwaltung dann hinüberbringen", meinte sie, öffnete den Knoten der Schnur, überflog die Adressen und machte zwei Stapel.
„Schau, Martina, da ist ein Brief für dich. Sicherlich hast du einen heimlichen Verehrer", lachte Mariedl, um gleich darauf auch noch eine Postkarte für Martina herauszuziehen.
Ganz unten im Bündel lagen zwei Briefe aus elfenbeinfarbenem Büttenpapier. Einer war an ihre Eltern gerichtet, der andere war an Mariedl adressiert. Sie kannte die runde, schön ausgeschriebene Handschrift nicht. Beim Umdrehen des in Salzburg abgestempelten Kuverts las sie den Absender: Leutnant Paride Graf Pollini. Er hatte also geschrieben.

+

Am Vormittag des 23. Dezember gaben die Soldaten, die über die Weihnachtstage einen Urlaubsschein bekommen hatten, ihre Gewehre in der Waffenkammer ab. Zu Mittag gingen sie scherzend und lachend aus den Kasernen. Vielerorts im verschneiten Salzburg konnte man Soldaten mit ihren kleinen Koffern aus Holz auf dem Weg zum Bahnhof sehen. Sie hatten auch nach der Bahnfahrt oft noch lange Heimwege vor sich und mancher erreichte sein Heimathaus erst nach einem anstrengenden Fußmarsch durch Wald und Schnee in den späten Nachtstunden.
Am Morgen des 24. Dezember stand für die, die erst zu Neujahr nach Hause fahren würden, eine Stunde Exerzierdienst auf dem Dienstplan. Die Rainer marschierten und führten die Gewehrgriffe aus, als gelte es die kaiserliche Leibgarde im fernen Wien auszustechen.
Hauptmann Reitsamer trat zu Pollini und sagte: „Auf der einen Seite gehen die Leute auf ihren Höfen sehr ab. In den Werkstätten und Kanzleien fallen sie während ihrer Dienstzeit bei uns genauso aus. Auf der anderen Seite aber würden sie es als Schande empfinden, wenn sie für's Militär nicht tauglich wären. Das ist unter den Arbeitern nicht anders als bei den Burschen vom Land.
Wenn man ihnen heute zusieht, wie jeder sein Bestes gibt, dann kann man wirklich stolz auf sie sein."

„Ich glaube, das ist ihr Weihnachtsgeschenk an Sie - ihren Hauptmann", antwortete Pollini ernst. „Die Soldaten zeigen Ihnen, wie sehr sie Sie anerkennen und schätzen.Die tun das heute für ihren Hauptmann, da bin ich mir ganz sicher."
Am Ende des Exerzierens trat das Regiment im Karree an. Oberstleutnant Bernhold meldete dem Regimentskommandanten die angetretene Truppe. Dieser befahl, die Soldaten bequem stehen zu lassen.
„Rainer!", hob der Oberst an. „Ich weiß, dass viele von euch schon mit den Gedanken daheim sind und ich verstehe das sehr gut. Es fällt euch wirklich schwer, am heutigen Tag nicht zu Hause bei euren Familien zu sein. Wir Soldaten haben aber immer die Pflicht, und mag das für den Einzelnen auch noch so schwer sein, die Sicherheit des Reiches zu gewährleisten. Das schließt auch Tage wie den heutigen ein. Daran ist nicht zu rütteln, die Sicherheit des Reiches liegt gerade heute ganz besonders in euren Händen.
Soldaten des Rainerregiments, ich wünsche euch allen von ganzem Herzen ein frohes und gesegnetes Fest. Weihnachten findet in unseren Herzen statt und ist nicht an eine Kaserne, ein Haus oder eine Stube gebunden. Ich wünsche euch das schon jetzt, weil ich im Laufe des Tages nicht jeden von euch persönlich treffen werde. Und ich bitte euch, meine Kameraden, diese Wünsche, wenn ihr dann auf Urlaub gehen werdet, auch an eure Familien weiterzugeben. Das ist dann zwar verspätet, aber nicht weniger herzlich.
Als Soldaten spüren wir heute ganz besonders das starke Band der Kameradschaft, das uns alle, von seiner Majestät dem Kaiser, unserem obersten Kriegsherrn, bis hin zum jüngsten Soldaten, verbindet. Ich wäre darauf wohl nicht zu sprechen gekommen, hätte ich euch Rainer nicht so exerzieren gesehen."
Nach einer kurzen Pause setzte Oberst von Höpfner hinzu: „Als euer Kommandant danke ich euch. Ich danke euch für alles, was ihr bisher geleistet habt und das ist bei Gott nicht wenig. Ich gebe es gern zu, dass ich wirklich stolz auf euch bin.
In diesem Sinne: Frohe Weihnachten!
Herr Oberstleutnant, lassen Sie bitte in die Unterkunft abtreten!"
Auf das Exerzieren folgte der Reinigungsdienst. Da wurden die Strohsäcke aufgeschüttelt, die Betten gebaut, Fenster geputzt, Fensterbänke und Türstöcke abgestaubt, Tischplatten poliert, Schlafsäle ausgekehrt, auch Waschräume und Toiletten wurden, so weit wie möglich, auf Hochglanz gebracht.
Die langen Gänge wurden mit viel Wasser geschrubbt, wieder einmal schien sich zu bewahrheiten, dass die Verwendung von reichlich Wasser die sonst so strengen Unteroffiziere etwas milder zu stimmen schien. Nachdem das alles getan war, mussten noch die Spinde streng nach Spindordnung aufgeräumt werden. Auf eine Waffenvisite wurde an diesem Tage verzichtet, da diese ohnehin nach den Feiertagen angesetzt war.

Der 24. Dezember hatte auch auf manches Sorgenkind der Unteroffiziere einen wohltuenden Einfluss. Denn als die Offiziere mit dem Zimmerdurchgang begonnen hatten und die Zimmer- und die Spindordnung überprüften, war alles in Ordnung, wenn man von ein paar zu vernachlässigenden Kleinigkeiten absah. Auch die Gänge waren wieder aufgetrocknet.

Nach dem Mittagessen zogen sich die Soldaten in ihre Unterkünfte zurück. Keinem war nach Ausgang zumute, was seinen Grund zum Teil auch darin hatte, dass die Gasthäuser schlossen und jedermann auf dem Weg nach Hause war. Dazu war auch der Schneefall stärker geworden und kaum einer hatte Lust ziellos durch den Schnee zu stapfen.

So holte mancher eben alte, speckige Spielkarten, deren Wert er schon durch Falten und Kratzer auf der Rückseite erkannte, aus der Tasche. Schnell fanden sich Kartenrunden zusammen. Zwar murrte der eine oder andere, weil in der Kaserne das Spielen um Geld verboten war, aber schon bald gewann die Freude am Spiel die Oberhand. Da wurde geschnapst und gewattet, oft auch ein bisschen geschwindelt, aber das wusste ohnehin jeder Spieler und das wussten auch die zahlreichen Kiebitze. Und die, die zuerst genörgelt hatten, weil nicht um Geld gespielt werden durfte, waren jetzt heilfroh, dass ihnen nicht die letzten Heller aus der Tasche gezogen wurden.

Andere wiederum hatten sich in eine Ecke zurückgezogen und lasen. Manch einer lag auch auf seinem Strohsack, hatte die Arme unter den Kopf gelegt und dachte an daheim.

Am frühen Nachmittag gingen Oberst von Höpfner und sein Adjutant, Oberleutnant Holzner, den Unterkunftsbereich durch. Mit dem untrüglichen Instinkt des erfahrenen Truppenoffiziers wusste der Kommandant genau, wie lange er wo bleiben musste, was er wem zu sagen hatte, wer auf Zuspruch hoffte, wer im Augenblick in seinen Gedanken eher gestört gewesen wäre.

Als sich Höpfner dann am Kasernenhof vom Adjutanten verabschiedete, sagte er: „Tu mir noch einen Gefallen für heute. Da oben in der Hauptkanzlei brennt noch Licht. Geh' bitte hinauf und schick' den Wachtmeister nach Hause. Das werden das Reich und auch das Regiment schon aushalten, wenn der einmal heimgeht."

Hauptmann Reitsamer war am Nachmittag ebenfalls noch im Bereich seiner Kompanie. Er sorgte für Aufsehen, als er zuerst bei einer Kartenrunde kiebitzte und dann den Meisterschnapser, einen Gastwirts- und Viehhändlersohn, herausforderte.

„Da hat der Alte keine Chance", flüsterten sich die Soldaten zu.

Der Hauptmann aber griff in seine Brusttasche und holte ein nagelneues Kartenpäckchen heraus. Er ließ seinen Partner mischen, einen Kiebitz abheben und hängte dann dem bislang unbesiegten Schnapserkönig ein Bummerl an.

Lächelnd stand Reitsamer vom Tisch auf und meinte zu den staunenden Soldaten:

„Mit dem seinen Karten dürft 's doch nicht spielen. Die kennt er doch von vorn und hinten. Ich lass euch aber die neuen Karten da!"
Beim Hinausgehen hörte er noch, wie sich ein Soldat ereiferte: „Was sag' ich immer, gegen den Alten kommt keiner auf!"
Am Gang traf Reitsamer mit Pollini zusammen, der gerade die breite Stiege heraufkam. „Pollini, vielleicht wunderst du dich, dass ich zu den Weihnachtstagen gerade die Bauernburschen auf Urlaub geschickt habe. Die meisten von ihnen sind ja Knechte. Oft sind sie bei ihren Brüdern den Hoferben im Dienst. Zu Weihnachten werden sie traditionell von ihren Dienstgebern beschenkt. Es ist meistens nicht sehr viel, was sie da kriegen, aber ich möchte ihnen die Gelegenheit etwas zu bekommen nicht nehmen. Die Bauern sind oft recht neidig und zu Neujahr denkt der dann nicht mehr daran dem armen Teufel was zu geben.
Ich gehe jetzt dann nach Hause, ich weiß bei dir und Filzmoser alles in guten Händen. Lass mich dir frohe Weihnachten wünschen, wenn es auch in deinem Falle leider Weihnachten im Dienst sind."
„Herr Hauptmann, heute sind meine Familie eben die Soldaten und da habe ich erfreulicherweise eine recht große Familie. Ich wünsche dir, Herr Hauptmann, und deiner Familie alles Gute und ein frohes Fest. Ich bitte dich, deiner Frau einen Handkuss zu bestellen und jetzt schau aber, dass du nach Hause kommst, damit für deinen Buben des Fest anfangen kann."
Um sechs Uhr abends wurde zum Abendessen gerufen. Die Soldaten drängten neugierig und auch ein bisschen aufgeregt in den Speisesaal. Manch einer wollte nicht merken lassen, dass ihm doch festlich zumute war und versuchte es daher mit Scherzen zu überspielen.
Die langen Tische waren weiß gedeckt. In der Tischmitte lagen Tannenzweige. In regelmäßigen Abständen waren brennende Kerzen aufgestellt.
Am Ausgabeschalter wurden Lungenstrudelsuppe, Schweinsbraten mit Petersilkartoffeln und ein Stück Linzertorte ausgegeben. Magnetisch zogen drei frisch angeschlagene Bierfässer, die am rückwärtigen Ende des Speisesaales standen, die Blicke an.
Hauptmann Schneeberger war ganz in seinem Element und wies die Soldaten immer wieder mit lauter Stimme ein: „Zuerst Abendessen fassen. Dort gibt 's auch die Biermarke. Dann das Essen am Tisch abstellen und das Bier holen!" Der Proviantoffizier hatte seine guten Verbindungen zu den Veteranen des Regiments spielen lassen und die hatten, wie jedes Jahr, gern drei Fass Bier für den Weihnachtsabend gestiftet. Die Soldaten ließen sich das nicht zweimal sagen und die, die zum Bierausschenken eingeteilt waren, hatten bald alle Hände voll zu tun. Durch die Großzügigkeit der Spender war es möglich, dass die, die es wollten, ein zweites Krügel bekamen und bei manchem ging sich, wie Pollini schmunzelnd bemerkte, sogar ein drittes aus. Inzwischen waren auch Teller mit Weihnachts-

bäckereien aufgetragen worden und zu Pollinis Erstaunen schienen sich Bier und Lebkuchen recht gut miteinander zu vertragen.
Nach und nach zogen sich die Soldaten in ihre Unterkünfte zurück. Glücklich entließ auch der Proviantoffizier nach dem Abräumen seine Helfer und machte sich auf den Heimweg durch die winterliche Stadt. Pollini ging in sein Dienstzimmer und las den Brief seiner Eltern noch einmal. Seine Schwester hatte ihm einen eigenen geschrieben und von ihrer kleinen Welt im Internat erzählt. Sie hatte ihm aber auch von ihrer Vorfreude auf das Wiedersehen mit ihm, dem großen Bruder berichtet.
Etwa eine halbe Stunde vor Mitternacht traten die Soldaten im Kasernenhof an und marschierten in Viererreihen unter dem Kommando der dazu eingeteilten ledigen Offiziere zur Stadtpfarrkirche St. Andrä, deren neugotische Türme hoch in den nächtlichen Himmel ragten. Beim Antreten hatten sich die Soldaten zugeraunt: „Daheim gehen 's jetzt auch in die Mette" und einer fragte seinen Zugsführer keck „Ob's da in der Stadt auch so kalt ist wie in unserer Kirchen daham?". In der Kirche war es wirklich sehr kalt, was den Herrn Kuraten ein Einsehen haben und nur ganz kurz predigen ließ. Nach dem Rückmarsch in die Kaserne wurde plötzlich „In den Speisesaal abtreten" befohlen. Dort hatte Hauptmann Schneeberger, der nach der Bescherung in der Familie wieder in die Kaserne zurückgekommen war, Würstel mit Senf und frischem Kren oder wahlweise Würstel in der Suppe vorbereitet. Dazu stand heißer Tee bereit.
„Da haben sie sich aber was angetan", konnte man raunen hören. „Die Mettenwürstel machen den Heiligen Abend erst zum Fest", meinte ein Soldat zu seinem Nachbarn. Andere aber zogen sich einfach glücklich und zufrieden in eine Ecke zurück.
Als alle abgegessen hatten und in die Unterkünfte verschwunden waren, machte sich Pollini auf den Heimweg. Der Schneefall hatte schon vor der Mette aufgehört und die Nacht war sternenklar geworden. Paride hatte das Gefühl, die Sterne würden ihm zuzwinkern und er nahm das als Grüße von Mariedl, die nun irgendwo hinter den Bergen in der Steiermark wohl auch am Heimweg von der Kirche war.

+

Im Laufe des 29. Dezember kamen die Urlauber aufgekratzt und zum Teil auch bepackt in die Kaserne zurück. Begrüßungsrufe und Scherzworte hallten durch Gänge und Unterkünfte. Der Alltag zog wieder ein.
Auch die Offiziere, die über die Weihnachtsfeiertage Urlaub gehabt hatten, rückten ein. Oberleutnant Kopriva seufzte: „Schön ist es daheim gewesen. Wirklich schön. Meine Eltern sind schon alt, ich war ein unverhoffter, aber sehr willkommener Nachzügler. Mein Gott, hat meine Mutter aufgekocht. Anscheinend glaubt

sie, ich muss hier bitteren Hunger leiden. Dazu hat sie mir jede Menge mitgegeben. Da müssen mir meine Kameraden wirklich helfen, um das alles aufzuessen. Und dazu noch die Stadt. Gott sei Dank sind Brünn und Salzburg nicht sonderlich verschieden. Wo anders würde ich mich ziemlich verloren fühlen, aber so geht das schon."

An diesem Tag meldete sich Pollini bei seinem Hauptmann in den Urlaub ab und verabschiedete sich dann von seinem Freund Holzner. Der sagte lächelnd: „Paride, ich wünsche dir für das Jahr 1910 alles Gute. Bleib so wie du bist, bleib gesund und sei mir auch im kommenden Jahr ein so guter Freund.

Ich habe übrigens, weil ich ja nichts anderes zu tun habe, den Fahrplan studiert und habe bemerkt, dass du in Wien recht wenig Zeit hast um von einem Bahnhof zum anderen zu kommen. So habe ich einen Jahrgangskameraden gebeten, dir behilflich zu sein. Sein Vater ist ziemlich betucht und daher schickt man dir den Chauffeur mit dem Automobil. Sei also nicht überrascht, wenn du am Bahnhof erwartet und angesprochen wirst. Das hat schon seine Richtigkeit."

„Franz, dir entgeht einfach nichts. Ich habe mir schon Sorgen gemacht, wie das mit dem Umsteigen in Wien wohl gehen wird. Was würde ich nur ohne dich tun?"

„Red' bitte nicht so lang, sonst schaffst du es schon in Salzburg nicht pünktlich zur Abfahrt deines Zugs. Pack' dich jetzt einfach zusammen und dann gute Fahrt!"

Pollini war rechtzeitig am Bahnhof gewesen und war sehr bequem und in ein Buch vertieft nach Wien gefahren. Am Bahnhof sprach ihn ein Mann in Chauffeursuniform an, griff sofort nach dem Koffer und ging Pollini zum Auto voran.

„Wissen S' Herr Leutnant, i bin a Weana und kenn in der Stadt alle Gassen. San S' ganz unbesorgt, mir kumman scho zu Eahnan Zug z'recht. Außerdem war i bei die Achterulanen und die Kavallerie is flott unterwegs."

Obwohl Pollini aus seinen Neustädter Tagen Wien gut zu kennen glaubte, fuhr er nun durch Gegenden, in denen er noch nie gewesen war und kam zu seiner Überraschung in recht kurzer Zeit zu seinem Abfahrtsbahnhof.

„Aber das wär' doch net nötig g'wesn, Herr Leutnant, vielen Dank!", strahlte der Fahrer, als ihm Pollini beim Aussteigen ein gutes Trinkgeld in die Hand drückte.

„Nein, nein, das gehört sich schon, denn jeden Tag wird man als Leutnant nicht so nobel transportiert", lachte Pollini.

Den Großteil der Weiterreise verbrachte er im Schlafwagen. Pollini stellte zu seiner Verwunderung eine zunehmende Aufregung bei sich fest, je näher man der Hafenstadt an der Adria kam. Schließlich fuhr der Zug schnaubend und dampfend, aber auf die Minute pünktlich in Triest ein.

Vom Meer her kroch feuchter Nebel in die Stadt. Pollini trat aus der Bahnhofshalle. Große Frachtspeicher lagen vor ihm, Molen sprangen weit ins Meer hinaus, Dampfer und Segler kreuzten vor der Stadt. Er sog den Geruch ein: Teer, Taue, Gewürze und er ahnte den Rauch aus den Fabriksschloten von San Savola. Pollini

nützte die Fahrtunterbrechung von etwa zwei Stunden dazu, sich bei einem Spaziergang die Beine etwas zu vertreten und in einer kleinen Trattoria ein Gabelfrühstück einzunehmen. So gestärkt bestieg er die Schmalspurbahn nach Parenzo.
Das Wetter besserte sich nicht. Die Brandung tobte gegen die Felsen und Steine und schleuderte die Gischt oft senkrecht empor.
„Besonders einladend sieht das ja nicht aus", dachte Pollini beim Aussteigen.
„Hallo Tenente!", hörte er rufen und da er der einzige Offizier war, der aus dem Zug gestiegen war, musste das wohl ihm gelten. Am Bahnhofplatz stand ein Zweispänner, dessen Kutscher die Arme ausbreitete und auf ihn zulief.
„Gaetano!", rief Pollini erstaunt, „schön dich zu sehen. Was machst denn du da?"
„Ich hole dich ab", antwortete der junge Mann und blieb mit ausgebreiteten Armen lachend vor ihm stehen. „Gib mir bitte deinen Koffer und steig' schon ein!"
Gaetano war der Sohn eines Pächters. Pollini hatte sich mit ihm immer ganz besonders gut verstanden und während der Ferien hatten sie sich meist getroffen. Er kletterte zu Gaetano auf den Kutschbock.
Sie fuhren am Küstenstädtchen Parenzo, dem Sitz der Bezirkshauptmannschaft mit den schmalen venezianischen, kühlen Gassen und mit der halbmondförmigen Insel vor der Stadt, vorbei. Gaetano ließ die Pferde tüchtig ausgreifen.
„Was machst du denn jetzt eigentlich?", fragte Paride.
„Ich arbeite für deinen Vater. Nach sehr langen eineinhalb Jahren auf der Landwirtschaftsschule, ich bin ja noch nie von zu Hause fort gewesen, arbeite ich jetzt für deinen Vater. Da lerne ich alles, was mir noch fehlt. Du kennst deinen Vater ja. Beim Grafen gehe ich durch die beste Schule. Dann werde ich mich als Gutsverwalter verdingen. Aus Istrien hinaus möchte ich aber nicht."
Gaetano lenkte den Wagen durch die Einfahrt. Das große schmiedeeiserne Tor stand weit offen. Vor ihnen lag eine lange Allee. Die Bäume waren alt und knorrig. Der Weg führte direkt auf das Schloss zu. Es war nicht wie die Schlösser anderswo. Dafür war das Land nie reich genug gewesen. Es war eher eine sehr große Villa. Neben dem Haus standen auf einer Terrasse uralte Zypressen. Von der Terrasse und vom Garten aus konnte man das Meer sehen.
„Wie ich das letzte Mal hier war, hat alles geblüht", dachte Pollini fast wehmütig. Der große Garten um das Schloss war das Reich von Pollinis Mutter, der Contessa. Für sie zeigte sich das Wesen der Natur gerade darin, dass es sich der Kontrolle entzog. So sagte der Contessa die Idee eines wilden Gartens sehr zu. Im Laufe der Jahre hatte sie zusammen mit Bortolo, dem Gärtner, dem sie goldene Hände nachsagte, ihre Vorstellungen verwirklicht. Zwanglos angelegt, fast romantisch verwildert, war der Garten die Schöpfung einer sachkundigen Pflanzenliebhaberin. Die Gestaltung ließ das starke Gefühl für die Individualität der einzelnen Pflanzen, für deren Farbe und Form erkennen. Die Contessa und Bortolo hatten einen Garten geschaffen, der sich gerade an der Grenze bewegte und

er wäre, so schien es, hätte er diese Grenze überschritten, außer Kontrolle geraten. Der Garten durfte sich frei entwickeln. Das führte zu beeindruckenden Ergebnissen durch Kombinationen von Pflanzen, die sich ganz zufällig gefunden hatten. Pollini dachte an den Rosengarten, der drei Viertel des Jahres in der vollen Sonne lag und in dem die Rosen prächtig gediehen. Albarosen, Zartfolien, Moosrosen und Damaszenerrosen dufteten um die Wette und das graugrüne Laub der Albarosen unterstrich noch die Schönheit der Blüten. Da diese alten Rosensorten nur einmal im Frühjahr blühen, hielt die Contessa die Palette groß. Sie hatte auch Portland- und Bourbonrosen gepflanzt, die zwei Hauptblüten haben. Dazu kamen die fast ununterbrochen blühenden dunkelroten Blüten der Tuscany. Diese alten Rosensorten blühten in Weiß-, Rosa- oder Rottönen. Die Knospen der Moosrosen sind samtig behaart und verleiten zum Berühren. Diese hatte die Contessa auch in der Nähe ihres Lieblingsplatzes gepflanzt, um so dieser Versuchung nachgeben zu können.

Sogar der Kräutergarten hatte seinen ganz besonderen Reiz, denn viele Kräuter sind in der Blüte so dekorativ, dass sie gut in die gemischten Rabatten passten. So hatte Bortolo die Blätter und Blüten von Liebstöckl, Angelika, Eberraute, Beinwell, goldenem Majoran, Zitronenmelisse und Schnittlauch zu einer hinreißenden Farbengemeinschaft mit Lupinen vereint.

Die anderen Kräuter wie Anis, Basilikum, Bohnenkraut, Dill, Estragon, Fenchel, Kerbel, Kapuzinerkresse, Koriander, Lorbeer, Kümmel, Majoran, Minze, Petersilie, Salbei oder Thymian waren in einzelne kleine Felder gegliedert und nach Verwendungszweck getrennt gepflanzt. Den Mittelpunkt des Kräutergartens bildete der vor urdenklichen Zeiten auf einem Feld gefundene Stumpf einer römischen Säule.

Während Pollini diese Gedanken durch den Kopf gegangen waren, war Gaetano mit dem Zweispänner vor das Schlosstor eingebogen. Bellend stürzte ein dunkelhaariger Vorstehhund aus dem Tor, dahinter stürmte schon Pollinis Schwester Mariola nach. Pollini war vom Kutschbock gestiegen und konnte sich des Hundes, der an ihm hochsprang, kaum erwehren. Der robuste, muskulöse Hund schien vor Freude außer sich.

„Bossi, jetzt lass mich doch auch zu meinem Bruder", lachte Mariola und umarmte Paride. „Schön, dass du endlich wieder einmal da bist", rief sie unter Freudentränen.

„Aber, aber, ich war doch erst Ende August im Ausmusterungsurlaub da", berichtigte sie Pollini.

„Aber nur kurz, einfach viel zu kurz !"gickste seine Schwester.

Inzwischen waren Pollinis Eltern in die Tür getreten. Der Graf war groß, schlank und trotz der Jahreszeit war seine Haut gebräunt. Sein volles Haar war ergraut. Seine Frau war schlank, dunkelhaarig und mittelgroß, wirkte aber durch ihre ge-

rade Haltung größer als sie tatsächlich war. Mit einem strahlenden Lächeln breitete sie die Arme aus: „Komm her zu mir und lass dich ans Herz drücken, mein Großer! Und lass dich anschauen. Ich will wissen, ob es dir gut geht, da oben in den Bergen und so weit fort von daheim !"
„Meine Güte, lass mich meinem Sohn wenigstens die Hand drücken, wenn du ihn schon so in Beschlag nimmst. Paride, kannst du dir eigentlich vorstellen, was ich mit deiner Mutter und mit deiner Schwester mitmache ?", lachte der Graf und umarmte seinen Sohn.
„Danke Gaetano, dass du ihn uns heimgeholt hast. Bring' bitte noch den Koffer ins Haus und komm, wann immer du Zeit hast, einfach vorbei. Du weißt, dass du nie störst", wandte sich der Graf an Gaetano und meinte dann: „So jetzt gehen wir aber ins warme Haus, da ist es weitaus gemütlicher als hier draußen."
Der Graf legte den Arm um seine Frau, Mariola nahm den Hund, der sich inzwischen wieder beruhigt hatte am Halsband und Paride ging hinter ihnen allen nach ins Haus. Seine Eltern waren seit fünfundzwanzig Jahren glücklich verheiratet. Er dachte, dass man eine gute Ehe, wie diese, auch daran erkennt, dass sich die Frage nach dieser Ehe erst gar nicht stellt.

+

Nach dem Abendessen saßen die Pollinis am Kamin, in dem das Feuer herabgebrannt war und der behagliche Wärme abgab.
„Komm Mariola", mahnte die Contessa, „für uns beide ist es Zeit zu Bett zu gehen. Dein Vater und Paride werden sich noch einiges zu erzählen haben." Zu ihrem Mann gewendet fuhr sie fort: „Mariola bringt euch noch eine Flasche Wein, aber verplaudert euch nicht zu sehr. Paride hat eine lange Reise hinter sich und morgen ist schließlich Silvester. Da haben wir ohnehin einen sehr langen Abend vor uns."
Sie neigte sich über ihren Mann und küsste ihn auf die Wange, dann strich sie ihrem Sohn zärtlich übers Haar und lächelte: „Gute Nacht, meine Lieben."
Mariola stellte eine Flasche Wein auf den Tisch, küsste ihren Vater auf die Wange und legte dann zwei Finger grüßend an die Schläfe: „Gute Nacht, Herr Leutnant!" lachte sie und folgte ihrer Mutter.
Mit gespielter Verzweiflung sagte der Graf: „ Jetzt weißt du, wie es mir wirklich geht. Die Frauen im Haus rationieren mir schon meinen eigenen Wein." Dann öffnete er die Flasche und goss etwas vom rubinroten Merlot in sein Glas. Er nahm es, roch kurz daran, nippte vom Wein und sagte: „Der ist uns wirklich gelungen !"
Dann füllte er die Gläser und trank seinem Sohn zu.
Nachdem Paride getrunken hatte, bemerkte er: „Wenn ich jetzt in Innerösterreich

irgendwo in einem Raum wie diesem säße, dann wären da an den Wänden Geweihe ohne Zahl. Dort scheinen Schlossherren ohne die Jagd einfach nicht leben zu können."

„Wir Istrianer sind eben keine Jäger und Sammler, sondern Fischer. Kannst du dir vorstellen, da würden statt der Bilder lauter ausgestopfte Fische an den Wänden hängen?", erwiderte lächelnd sein Vater, der dann fortfuhr: „Paride, ich mache mir Sorgen. Wirkliche Sorgen."

Bestürzt fragte Paride: „Was ist los, Vater, was ist um Gottes Willen los? Ist jemand in der Familie krank ? Gehen deine Geschäfte nicht gut ? Sag' mir doch bitte, was dich bedrückt."

„Nein, Paride, ich sorge mich nicht um unseren Besitz oder um unsere Einkünfte und auch alle alten Tanten sind gesund. Unser Geschäft ist einträglich wie selten zuvor.

Ich sorge mich um Triest. Und auch der Stadt geht es an sich prächtig. Der Fischfang floriert, vor Santa Croce gehen sogar Thunfische ins Netz. Durch den Bau neuer Eisenbahnen steigert sich der Umsatz. Vor zwei Jahren haben wir sogar Amsterdam zeitweilig an Bedeutung überholt. Triest ist eine blühende Handels- und Industriestadt mit ausgedehnten Industrieanlagen, mit Werften, einer Mineralölraffinerie, mit einem Stahlwerk und Hochöfen, mit Fabriken für dies und jenes, mit Lagern und Depots. Aber da erzähle ich gerade dir wirklich nichts Neues.

Außerdem ist die Stadt Sitz großer Versicherungen und Banken. Dazu kommen die Schifffahrtsagenturen. Der Schiffbau hat Hochkonjunktur. Die Leute haben alle Arbeit und gehen, was auch ein gutes Zeichen ist, nach ihrer Schicht in die Schenken und Tavernen.

Überall sieht man neben den Seeleuten und Arbeitern auch die, die als Kellner, Küchengehilfen oder als sonstige Helfer monatelang mit den großen Dampfern nach Amerika oder Indien unterwegs sind. Warum macht sich da also ein Gutsbesitzer in Parenzo überhaupt Sorgen? Hat der denn nichts anderes zu tun?

Paride, die Stadt strebt nur mehr nach Gewinn. Sie stellt ihre kommerzielle Seite einfach zu sehr in den Vordergrund. Es kommt aber auch noch erschwerend dazu, und das macht mir eben Sorgen, dass in Triest das komplizierte überstaatliche Wesen der Monarchie ausufert. Die Stadt hat rund 230.000 Einwohner und da sind viele Leute darunter, die von der wirtschaftlichen Kraft dieser Stadt angezogen worden sind wie die Motten vom Licht. Da kamen Kaufleute und vor allem Arbeitskräfte aus allen Teilen der Monarchie, aus Italien und aus dem übrigen Ausland. Man hat rund 120.000 Italiener, 60.000 Slowenen, Kroaten und Serben, 12.000 Deutschösterreicher, fast 40.000 Reichsitaliener und an die tausend Griechen und Levantiner gezählt. Triest ist aber nicht zum Schmelztiegel des Reiches geworden. Die kommmerzielle Natur der Stadt, die an Österreich gebunden ist und die italienische Natur seiner Bewohner zu vereinen, ist leider fast ausgeschlossen. Dazu schauen Italiener und Deutsche die Slawen nur über die Schulter an.

Die Slowenen kommen aus dem Hinterland. Sie sind ehrgeizig und steigen auf, indem sie sich sehr gut anpassen. Sie formieren sich und fordern volle Anerkennung ihrer politischen und nationalen Kräfte. Sie fordern sogar ein Stück eigener Küste, um ihre Boote dort schaukeln lassen zu können.

Dadurch kommt es zwangsläufig zu Spannungen. So entstehen soziale und nationale Konflikte. Die Beamtenschaft, die sinnigerweise aus Böhmen und teilweise aus Ungarn kommt, erkennt das aber nicht. Möglicherweise will sie es aber auch gar nicht sehen.

Denken wir doch nur an 1902. Das liegt noch nicht lang zurück. Da haben sich die italienischen Heizer auf den Schiffen des Lloyd darüber beschwert, dass sie zusätzlich zu ihrer ohnehin schon wirklich schweren Arbeit weitere unbezahlte Aufgaben übernehmen sollten. Wie beispielsweise die Schiffswache in Triest. Dabei sind doch so viele von ihnen hier zu Hause, haben hier ihre Familien. Der Lloyd hat die Forderungen zurückgewiesen und die Heizer haben die Arbeit niedergelegt. Der Großteil der Triestiner, die ohnehin stark von der Irredenta beeinflusst sind, von der Idee, die abgetrennten italienischsprachigen Gebiete an das italienische Mutterland anzugliedern, haben sich mit den Heizern solidarisch erklärt. Dann ist es zum Generalstreik gekommen. Vor der Börse und auf der Piazza Grande ist das Militär aufmarschiert. Schließlich wurde der Feuerbefehl erteilt und vierzehn Demonstranten sind tot liegen geblieben.

Bis heute hat sich die Lage nicht wirklich geändert. Die verehrungswürdige Person des Kaisers deckt sehr vieles zu, die Leute haben ihn lieben gelernt. Aber was wird wohl sein, wenn der Kaiser einmal nicht mehr ist? Ich weiß vom Thronfolger zu wenig und kann ihn daher auch nicht einschätzen.

Hier bei uns in Parenzo, in den anderen kleinen Küstenstädten und auch im Landesinneren ist es ruhig. Auch die, die in Triest arbeiten und nur am Wochenende heimkommen, haben dann genug zu tun. Die treffen sich nicht in verschwörerischen Zirkeln. Meiner Einschätzung nach werden sich die nationalen Spannungen in und um Triest erhöhen. Ich wage es nicht abzuschätzen, wohin das noch führen kann. Und wohin es wahrscheinlich auch führen wird."

„Wo stehst du, Vater?"

„Paride, wir Istrianer waren lange Zeit venezianisch und sind dann Österreicher geworden. Ich bin mit Leib und Seele Österreicher, denn Österreich ist ein ordentliches Land. Das weiß man erst dann wirklich zu schätzen, wenn man zu den Nachbarn schaut."

Der Graf ergriff sein Glas, sagte „Herr Leutnant!" und trank seinem Sohn zu.

„Es ist wunderschön wieder einmal nach Hause zu kommen", gestand Paride seinem Vater, der mit ihm durch die Weinberge ritt." Gestern bin ich beim Schlafengehen in dieses wunschlose Wohlbehagen verfallen, das durch Wärme, gutes Essen, ein Glas Wein und vor allem durch das Gefühl des Zusammengehörens in der Familie entsteht."
Der Graf lächelte seinem Sohn zu und zeigte aufs Meer hinaus: „Schau, wie sie dort noch unterwegs sind. Man könnte wirklich glauben, die Leute hätten sich die ganze Arbeit für den letzten Tag des Jahres aufgespart."
Vor der Küste fuhren die Brazzeras, diese für Istrien so typischen kleinen Transportschiffe unter ihren dreieckigen Segeln den Anlegestellen zu. Zu dieser Jahreszeit schien die Sonne glanzlos und der Schimmer des Meeres blendete die Augen nicht mehr.
Die beiden Pollinis ritten über eine lange, stille, von Bäumen gesäumte Landstraße. In den Senken lagen Häuser so zufrieden und ruhig inmitten von Gärten als schliefen sie. „Hier scheint die Zeit stehen geblieben zu sein", dachte Paride, „hier leben ja auch noch neun von zehn Menschen von der Landwirtschaft und ihr Haupttransportmittel ist trotz der Nähe zu Triest immer noch der Esel."
„Paride, mir ist da heute am Morgen noch was eingefallen, das gehört einfach noch zu unserem gestrigen Gespräch. Unsere Zeit kennt, wohin man auch schaut, nur Greise oder Nachwuchs - aber wenige wirkliche Männer und die müssen ganz einfach jetzt den Platz halten. Sie dürfen gar nicht nach sich selbst und nach dem, was da kommen wird, fragen. Sie müssen den Gang der Dinge aufrecht und den gefährdeten Betrieb so lange am Leben erhalten, bis aus dem Nachwuchs von heute Männer geworden sind. Und das ist, auch wenn man nur Triest betrachtet, wirklich keine leichte Aufgabe. In der Armee wird es bestimmt nicht anders sein. Ich habe mich darüber unlängst auch mit meinem Vetter Massimo unterhalten. Wenn man den nicht kennt, würde man hinter seiner sanften und manchmal auch etwas weitschweifenden Art keineswegs diese Willenskraft vermuten. Die zeichnet ihn aber als Rechtsanwalt aus. Massimo geht mit echter und unverfälschter Leidenschaft in jede Auseinandersetzung. Dafür entzieht er sich aber dem, was man öffentliches Leben nennt.
Im Theater trifft man ihn allerdings oft. Dabei gilt das Interesse des alten Schwerenöters aber mehr den Damen, die dort auftreten als den Stücken in denen sie spielen. Er meint, dass junge Schauspielerinnen und die Mädchen vom Ballett so jämmerlich wenig verdienen, dass es wirklich eine Schande ist. Dabei müssen sie wohnen, essen, sich anziehen und nett aussehen. Das geht von diesen Gagen nicht. Wenn sie sich aber einen Mäzen suchen, der ihnen nicht ganz selbstlos unter die Arme greift, dann rümpft die sogenannte gute Gesellschaft die Nase und rückt

sie in die Nähe des ältesten Gewerbes. Angesichts ihrer Ehefrauen tun diese Mäzene dann dabei auch noch fleißig mit. Nach Vetter Massimo ist gerade die Prostitution eine Angelegenheit, bei der es einen großen Unterschied macht, ob man sie von oben sieht oder von unten betrachtet."

Lächelnd fiel ihm Paride, der ihm interessiert zugehört hatte, ins Wort: „Papa, ich merke, dass du mir mit sehr viel Taktgefühl was sagen willst. Aber du gehst ein Problem an, das es in Wirklichkeit so nicht gibt. Ich kann dich beruhigen, ich bin weder mit einem Mädel vom Ballett liiert noch habe ich eine Affäre mit einer verheirateten Dame der guten Gesellschaft. Ich sage das so offen, weil du darauf im Laufe des Vormittags sicherlich auch noch zu sprechen gekommen wärst. Aus solchen Liaisonen geht niemand ganz unbeschädigt heraus und der gehörnte Ehemann erfährt meist erst dann davon, wenn schon die ganze Stadt davon spricht. Dein Sohn ist keineswegs das, was man in Romanen einen tollen Hecht nennt, sondern ein ganz normaler junger Offizier, der seinen Dienst macht. Er schaut jetzt vor allem einmal, dass er was lernt, er rührt keine Karten an und sitzt auch nicht über Gebühr im Offizierskasino herum. Aber in der nicht unbedingt verruchten Atmosphäre von Salzburg fühlt er sich recht wohl.

Papa, bitte denk' auch nicht unbedingt gleich an Enkelkinder, denn dazu ist Mama noch viel zu jung."

Am frühen Abend stand Paride auf der Terrasse und sah unweit der Küste ein hell beleuchtetes Dampfschiff Kurs auf die Levante nehmen.

„Ein Jahreswechsel auf See oder eine Reise in die Länder der Levante, das wäre schon ein Erlebnis", hörte er seine Schwester neben sich sagen. Er hatte nicht gemerkt, dass sie zu ihm getreten war. Lachend fügte sie hinzu: „ Aber das kann man ja als Hochzeitsreise noch immer machen. Übrigens soll ich dir von Mama sagen, dass du hineinkommen sollst, weil du dich sonst verkühlen wirst. Umziehen sollst du dich auch, weil die ersten Gäste bald kommen werden und Mama und vor allem ich dich doch herzeigen wollen."

1910

Zu einer Dienstbesprechung zur 3. Infanterietruppendivision nach Linz befohlen, war Oberst von Höpfner mit dem Frühzug dorthin gereist. Am Bahnhof hatte ihn ein Fahrer mit Dienstauto erwartet. Nun saß der Oberst zusammen mit vielen anderen Offizieren im nüchtern eingerichteten Besprechungsraum des Kommandos. Ein großer Ofen strahlte schläfrig machende Wärme aus.
Höpfner hörte mit der Geübtheit zu, die er wie viele andere, auf zahllosen Befehlsausgaben und Dienstbesprechungen erworben hatte. Da erträgt man die ausstelligen Bemerkungen und das Besserwissen seiner Vorgesetzten, um sie gegebenenfalls auch wiederholen zu können. Man nimmt sie aber nicht in sich auf und schwört sich, den Trottel bei nächster Gelegenheit aufs Glatteis zu führen.
Der Stabschef gab einen Rückblick auf das vergangene Jahr und skizzierte die Aufgaben, die im Jahr 1910 zu bewältigen sein würden. Höpfner machte sich seine Besprechungsnotizen in einem dicken, fest gebundenen Heft, das er zu Beginn der Besprechung seiner Aktentasche entnommen hatte.
Sein Nebenmann schien die Zeit mit dem Zeichnen von Strichmännchen totzuschlagen, in der Reihe vor Höpfner hatte sich einer auf Blumen verlegt. Durch die Wärme im Raum und den monotonen Vortrag des Redners schien die allgemeine Müdigkeit überhand zu nehmen. Mancher der Anwesenden kämpfte schon heftig mit dem Schlaf. Höpfner schaute sich den Vortragenden bewusst ganz genau an und fand, dass er wie eine Kreuzung aus dem Polizeipräsidenten von Karlovac und einem, nach dem er gerade wegen eines Sittlichkeitsdelikts fahnden lässt, aussah.
Der Kommandant des Rainerregiments war sichtlich erleichtert, als der Stabschef mit einem „Danke, meine Herrn!" geendet hatte. Die Einladung zu einem gemeinsamen Mittagessen schlug der Oberst zugunsten einer früheren Heimreise aus und nahm sich dafür vor, im Speisewagen eine Kleinigkeit zu essen.
Am Tag darauf gab der Oberst die wesentlichen Punkte der Linzer Besprechung an seine Stabsoffiziere weiter und wies ganz besonders darauf hin, dass im vergangenen Jahr die Verkehrstruppenbrigade formiert worden sei. Er nannte dies einen großen und wesentlichen Schritt in die richtige Richtung. Diese neu formierte Brigade bestehe aus dem Eisenbahn- und Telegraphenregiment in Korneuburg, ferner dem Automobilkader, der an Offizieren vorerst allerdings nur einen Rittmeister, einen Oberleutnant und fünf Leutnante, alle übrigens von der Kavallerie, umfasse.
Zur Brigade gehöre aber auch die Militäraeronautische Anstalt, deren Kommandant Hauptmann Franz Hinterstoisser vom Infanterieregiment 90 sei. Bei der machten vorerst drei weitere Hauptleute und sieben Oberleutnante Dienst.
„Meine Herren", schloss der Oberst, „ich erinnere mich noch sehr gut eines abend-

lichen Gesprächs, in dem wir auch vom Fliegen und von der Schaffung eines eigenen militärischen Luftfahrerkorps gesprochen haben. Nun haben wir die Bestätigung dafür, dass unsere Überlegungen völlig richtig gewesen sind und dass man neben den Transportmitteln Eisenbahn und Automobil auf die militärische Luftfahrt nicht vergessen hat. Die Anfänge sind natürlich noch sehr bescheiden und die Möglichkeiten heute noch gering, aber es könnte, wenn man höheren Orts will und nicht wieder das große Fracksausen bekommt, durchaus der erste und damit so wichtige Schritt in die richtige Richtung sein."

Nach dem Mittagessen zog Oberstleutnant Bernhold an seiner unvermeidlichen Virginier und meinte zu seinem Kommandanten: „Der Reitsamer hat gerade vorhin beim Essen etwas sehr Richtiges gesagt. Er hat gesagt, dass die österreichische Schlamperei die Unwilligkeit ist, mit den Dingen vorschriftsmäßig fertig zu werden. Wir können, wenn wir wollen - nur wollen wir nicht immer. Ich kann da nur hinzufügen: Geb 's Gott, dass im heurigen Jahr alle wirklich wollen."

Nachdenklich setzte Höpfner hinzu: „Zurzeit ist das Reich, so wie es ist, noch ganz in Ordnung". Auch dort, wo es nicht in Ordnung ist. Ich hoffe nur, es bleibt so."

Als der Oberst nach Dienstschluss nach Hause ging, sah er in der Nähe des Rathauses Dr. Kick, der sogleich freundlich winkend auf ihn zueilte.

„Nachträglich noch alles Gute zum Neuen Jahr, Herr Oberst, viel Soldatenglück und Gesundheit! Was erwarten Sie sich denn von diesem Jahr?"

„Auch Ihnen alles Gute, lieber Herr Doktor, dazu beruflichen Erfolg, Gesundheit und Zufriedenheit", erwiderte Höpfner lächelnd, um dann ernster fortzufahren: „Ich erwarte mir in diesem Jahr noch Ruhe in der Monarchie und hoffe daher sehr, dass es den Herrn Politikern gelingt, einen gewissen Ausgleich unter den Völkern herbeizuführen. Unter der ruhig erscheinenden Oberfläche brodelt es nämlich schon sehr, wenn das auch kaum jemand sehen oder wahrhaben will."

„Herr Oberst, die Menschen, die in diesem Reich leben, verstehen vielfach die Sprache der anderen Bürger nicht und damit haben sie auch sehr wenig Verständnis für deren Gewohnheiten oder gar deren Denken. Die Klammern, die das Reich zusammenhalten, sind die Person des Kaisers, eine weitgehend loyale Beamtenschaft und natürlich die Armee."

Höpfner nickte zustimmend und Kick fuhr fort: „Wir leben einfach im Zeitalter des Nationalismus. Anderswo ist der nationale Gedanke ein Mittel der Einigung und zugleich auch Ansporn, Ansporn für Politik, Wirtschaft und Kultur im weitesten Sinne. Für Österreich aber, dieses bunte, zusammengeraffte und zusammengeheiratete Staatsgebilde stellt er eine echte Bedrohung dar. Er ist einfach die Gefährdung der staatlichen Existenz überhaupt. Wenn wir ehrlich sind, liebäugelt doch jede Volksgruppe mit dem Gedanken, die Monarchie zugunsten einer nationalen Vereinigung zu verlassen.

Gestern habe ich Post von einem Studienfreund bekommen, der in Triest Mathematik und geometrisches Zeichnen unterrichtet. Er schreibt nicht nur, dass dort die Kaffeehäuser nach dem salzigen Meer, nach Algen und nach den von der Bora aufgewühlten Wellen riechen, er beobachtet auch Stadt, Hinterland und Leute sehr genau."
„Und was schreibt ihr Freund dazu ?"
„Darauf komme ich gleich, Herr Oberst. Halten wir vorher noch fest, dass jede Volksgruppe die Monarchie als Plattform für nationale Auseinandersetzungen betrachtet und versucht ihren Einfluss auf Kosten anderer auszudehnen. Dieser Konflikt wird auf den verschiedensten Ebenen ausgetragen. Ich nenne da nur Wirtschaft, Schulwesen, Religion und Amtssprache."
„Vergessen Sie bitte die Armee nicht, Herr Doktor."
„Nein, nein, Herr Oberst. Bedenken wir auch, wie regional verschieden die Verhältnisse sind. Wir haben ein System von gegenseitiger Abhängigkeit, Ausbeutung und Unterdrückung. Dabei können sogar die Mitglieder einer dominierenden Sprachgruppe in einem anderen Landesteil unterdrückte Minderheit sein. Das reizt Bevölkerungsgruppen zu immer militanterer Haltung. Herr Oberst, ich halte Sie bestimmt nicht mehr lange auf, die Frau Gemahlin wartet vermutlich schon mit dem Abendessen.
Also, die Slowenen und Kroaten, so schreibt mein Freund Meindl, fordern zumindest den Trialismus, die Ergänzung der Zweistaatlichkeit Österreich - Ungarns durch ein illyrisches Königreich. Aber das Trentino, Friaul, Triest, Istrien, Fiume und Dalmatien sind heutzutage die einzigen vorwiegend oder teilweise von Italienern bewohnten Gebiete, die außerhalb des italienischen Nationalstaates liegen. Da liegt es leider nur zu nahe, dass Italien nicht eher Ruhe geben wird, bis es auch die letzten der rund 900.000 Italiener der Monarchie mit dem italienischen Mutterland vereinigt hat."
Betroffen schweigend standen sich die beiden Herren gegenüber. Höpfner reichte Kick die Hand und meinte: „Sie hätten mir schon was Leichteres mit auf den Heimweg geben können. Trotzdem habe ich mich sehr gefreut, Sie zu treffen. Tarock am Sonntag zu gewohnten Zeit ?"
„ Sehr gern, Herr Oberst. Ich bitte Sie, Ihrer Frau Gemahlin einen Handkuss zu bestellen."
Nachdem sich die beiden getrennt hatten, ging der Oberst die letzten paar Schritte nach Hause und dachte, dass in diesem Jahr noch mehr Schwierigkeiten für das Reich erwachsen könnten, als er ohnehin schon angenommen hatte.

+

„Komm Mariedl, jetzt sag' mir doch endlich wo dich der Schuh drückt. Ich merk'

es doch, dass du was auf dem Herzen hast", meinte Frau von Fleissner mit einem leisen Lächeln zu ihrer Tochter. „Mach dir doch nicht selbst das Leben schwer."
„Mama, es ist nichts. Wirklich, das kannst du mir glauben", antwortete Mariedl, wobei ihre Mutter ihre Unsicherheit und ihre Hilflosigkeit fast greifen konnte.
„Mariedl, ich war auch einmal jung. Kinder können sich das von ihren Eltern meistens kaum vorstellen. Aber ob du es glaubst oder nicht, so lang ist das noch gar nicht her. Der Papa würde sagen, die schleicht herum wie eine tragende Katz'. Dir geht was durch den Kopf und du kommst damit nicht zurecht. Schau, sag' es mir doch, vielleicht kann ich dir helfen. Lass es mich doch wenigstens versuchen."
„Mama, es ist - es ist wegen dem Leutnant Pollini. Ich hab' ihm in Salzburg gesagt, dass er mir schreiben kann und dann hat er mir zu Weihnachten auch geschrieben. Er hat geschrieben, dass er sich gefreut hat mich kennen zu lernen, wie sein Weihnachten in der Kaserne sein wird und dass er über Neujahr nach Hause fährt. Und frohe Weihnachten und ein gutes neues Jahr hat er mir gewünscht. Der Brief war höflich und korrekt. Aber es war einfach auch was von ihm drinnen. Ich habe mich gefreut."
Und nach eine Pause fügte sie leise hinzu: „Der Brief hat mich so glücklich gemacht."
„Das ist doch wunderbar. Warum schleichst du dann so herum, wenn du doch glücklich bist? Da solltest du doch strahlen, da sollte dir doch das Herz übergehen. Gerade dann, wenn man so jung ist wie du und zu schwärmen anfängt."
„Mama, ich bin ja glücklich. Aber ratlos zugleich. Ich will ihm zurück schreiben, ich muss ihm einfach antworten. Nicht weil sich das so gehört, sondern weil ich ihm schreiben will. Aber ich möchte ihm auch was schreiben, worüber er sich freut. Ich will ihn aber nicht anschwärmen und ihn anhimmeln, denn sonst glaubt er, dass ich ein blöder Fratz bin. Eine Freude soll er haben, wenn er den Brief liest und beeindruckt soll er auch sein. So beeindruckt, dass er immer wieder an mich denken muss. Verstehst du, was ich meine ?"
„Freilich versteh' ich das. Schreib' ihm einfach ein bisschen von unserem Leben hier, von dem, was du machst, von dem, was du machen möchtest. Frag' ihn, wie es zu Hause war, ob er wieder schwer weggefahren ist, zeig ihm, dass du an seinem Leben Anteil nimmst. Du bist ein so lieber, geradliniger junger Mensch. Deshalb schreib' einfach so, wie du mit ihm reden würdest. Schreib ihm das, was du ihm gerade jetzt in diesem Augenblick sagen möchtest und nimm an, dass er vor dir steht. Er wird dich ganz bestimmt verstehen."
„Mama, sag' bitte dem Papa nichts von diesem Gespräch. Ich rede mit ihm selbst, wenn es an der Zeit sein sollte."
„Mariedl, an sich haben dein Vater und ich keine Geheimnisse vor einander. Aber ein Geheimnis ist es ja auch noch nicht. Wichtig ist, dass du dich jetzt einmal hin-

setzt und einen Brief schreibst und von jedem Brief braucht der Papa schließlich auch nicht zu wissen."

Am Nachmittag saß Mariedl an ihrem kleinen Schreibtisch und schrieb an Paride. Sie war verzaubert von einem plötzlichen Sonnenschein. Er veränderte nicht nur das kleine Zimmer, sondern auch ihr Herz und ließ ihr Haar golden schimmern. Warum sie am Vormittag verzagt gewesen war? Sie hatte es vergessen.

+

„Brauchst du eine neue Uniform, Filzmoser?", feixte Oberleutnant Kopriva hinter der Zeitung heraus. „Da steht, dass man die schneidigsten Uniformen im Offiziersabonnement für zwei Jahre beim k.u.k. Hoflieferanten Wolf in der Mariahilferstraße in Wien bekommt. Zahlen kann man 's in Vierteljahresbeiträgen. Da ist es kein Wunder, dass die Wiener Feschaks oft verschuldet sind, wenn man ihnen das Schuldenmachen auch so leicht macht."

Einige Herren des Rainerregiments saßen im Offizierskasino und hatten sich in die Zeitungen der letzten Tage vertieft.

„Gibt es was Neues auf den Gerichtsseiten?", fragte Hauptmann Eisner.

„Mein lieber Eisner, wenn du was Blutrünstiges haben willst, dann gehst du am besten in eine Oper von Wagner", mischte sich Hauptmannauditor Polaczek ins Gespräch. „In diesen Opern rinnt das Blut nur so von der Bühne. Und strafrechtlich kommt da auch was zusammen. Wenn ihr mir das nicht glaubt, dann fragt einmal einen Richter. Da müsste zum Beispiel der Gunther für die Beihilfe an der Ermordung Siegfrieds Zuchthaus nicht unter drei Jahren ausfassen. Der Hagen muss für die Beibringung von Gift, die Ermordung Siegfrieds und Gunthers, natürlich lebenslänglich Zuchthaus kriegen. Dafür kann er sich, damit es doch ein bisschen unterhaltsamer wird, die Zelle mit der Brünhilde teilen. Die sitzt wegen der Anstiftung zur Ermordung Siegfrieds und besonders schwerer Brandstiftung ebenfalls lebenslänglich ein.

Dazu sind Wagneropern noch sehr geräuschvoll und dauern vier Stunden. An dem allein sieht man schon, dass der Herr Wagner ein ganz widerlicher, ekelhafter Preuß' war."

„So erregt hab' ich den Polaczek schon lang nicht mehr erlebt", lachte Hauptmann Reitsamer. „Dem muss der letzte Opernbesuch, den ihm seine Frau Gemahlin verordnet hat, aber schön in die Knochen gefahren sein."

„Da habe ich auch was gefunden", meldete sich Oberstleutnant Bernhold, der hinter einer großformatigen Zeitung seine Virginier qualmte. „Wenn einer der jungen Herren unbedingt in den heiligen Stand der Ehe treten und sein Lotterleben zugunsten einer festen sittlichen Bindung aufgeben möchte, dann empfiehlt sich die

Wechselstube Schellhammer und Schattera besonders für die Militär - Heiratskaution. Na, Lantos, Filzmoser, wär' denn das was?"

„Wollän Herr Oberstlaitnant wirklich feschesten Oberlaitnant von gonz Ungarn der holden Weiblichkeit entziehän?", hob Lantos abwehrend die Hände. Leutnant Filzmoser aber zog es vor so zu tun, als habe er die Bemerkung Bernholds gar nicht gehört.

„Also, bevor wir beim Thema Nummero eins landen, möchte ich noch etwas sagen", meldete sich der Hauptmannauditor wieder zu Wort. „Unter dem Eindruck meines letzten Opernbesuchs muss ich sagen, dass Kunst und Kultur, Zivilisation und Politik, Stadt und Land, Wissenschaft und Gesellschaft, dass Sprache und Denken, also dass alles, was unser Leben gestaltet, überall aus einem Gemisch von grandios und grässlich besteht."

+

Als Lipinski in Prag über den Wenzelsplatz ging, fiel der erste feine Frühlingsregen. Den Kragen seines Mantels aufgestellt und hoch geschlossen, eilte er dahin. Die Straßenbeleuchtung war gerade eingeschaltet worden. Lipinksi hatte wieder einen seiner schlechten Tage. Den ganzen Weg zum Café Kratochwil dachte er an leidenschaftliche Ausschweifungen. Dazu brauchte man aber Geld. Er war sich seiner zerschlissenen Krawatte und seiner fadenscheinigen Rockärmel durchaus bewusst. So würde ihm wohl nur die Mehlspeisenmamsell im Kratochwil bleiben.

Dort spielten Männer in zerknitterten Konfektionsanzügen Karten um Hellerbeträge. Im Nebenraum, dessen Wandbespannung nicht nur abgewohnt ausschaute, sondern auch modrig roch, saßen pensionierte Buchhalter und Studenten am Schachbrett. Im Kratochwil begegneten sich keine großen Ideen, sondern kleine Spinner, hier saßen Krakeeler, keine Revolutionäre. Das, was sie in endlosen Debatten mit unterschiedlicher Lautstärke von sich gaben, kam nicht von Feuerköpfen in den Hinterzimmern von Bierstuben der Vorstadt, sondern aus den weitläufigen Wohnungen der tschechischen Großbürger und der Zeitungsherausgeber. Zu diesen schuf ein gelegentliches Zuprosten in der Bierstube keineswegs eine wirkliche Verbindung.

Als Lipinski sich an einen Ecktisch setzte, von dem aus er die Tür gut sehen konnte, dachte der Ober Pavel, mit dem untrüglichen Spürsinn seines Berufes: „Ach, da ist er ja wieder, der Herr Revolutionär. Mag sein, dass er jetzt nüchtern ist, aber er trägt jede Menge unausgeschlafener Räusche mit sich herum."

„Was darf ich dem Herrn bringen?", fragte der Oberkellner.

„Bringen Sie mir einen kleinen Schwarzen und einen Weinbrand."

„Weinbrand einfach oder doppelt?", fragte Herr Pavel nach.

„Einfach", antwortete Lipinski, dem seine Finanzlage einen Doppelten nicht gestattete, „ und schicken Sie mir bitte das Fräulein mit den Mehlspeisen."

Der Ober dachte, dass dieser Gast wohl mehr an Ivanas Reizen, die allerdings schon zu verblühen anfingen, als an den altbacken aussehenden Mehlspeisen interessiert war, und schickte das Mehlspeisenfräulein, eine üppige Brünette, an Lipinskis Tisch.

„Wann machst du heute Schluss?", raunte er fast unhörbar.

„Um zehn, früher geht es nicht."

„Gut, dann treffen wir uns um die Ecke vor dem Papiergeschäft und gehen dann zu dir."

„Ja, wunderbar", sagte Ivana, „die Cremeschnitte kann ich Ihnen wirklich empfehlen". Dabei legte sie diese auf einen Teller, stellte diesen vor Lipinski, kassierte aber nicht.

Lipinski widmete sich seinem Kaffee und der ihm so unverhofft zugekommenen Mehlspeise. Er schaute erst wieder auf, als zwei junge Männer an seinen Tisch traten.

„Nehmen Sie Platz meine Herrn", lud er sie ein. „Wir kennen uns ja schon und Sie wissen daher auch worum es geht. Sie sind mir mehrfach als ausgezeichnete Schützen und Säbelfechter genannt worden. Und, was natürlich noch viel wichtiger ist, als glühende tschechische Patrioten, die das Joch der Habsburger abschütteln und das alte böhmische Königreich wieder errichten wollen. Es geht nun vor allem darum, die Habsburgermacht auszuhöhlen und zu unterminieren. Wir tun das ja schon auf vielen Gebieten. Wir müssen die Deutschen ganz einfach zurückdrängen. Sie stellen zwei Drittel der Offiziere in der Armee und drei Viertel der zentralen Beamtenschaft.

Wir Slawen haben unser Durchsetzungsvermögen hinreichend bewiesen. Prag, Budweis und Trebnitz haben wir tschechisch gemacht, Reichenberg ist es bald. Wir dringen ein, kaufen Geschäfte, übernehmen Gasthäuser, Priester und Rechtsanwälte ziehen zu, organisieren die neue tschechische Gemeinde, errichten eine tschechische Sparkasse, damit tschechische Ersparnisse in der eigenen Volksgruppe bleiben. Dann wird der bisherige Gemeinderat bei Wahlen ganz regulär abgewählt, die Straßennamen werden geändert und die Gemeindeverordnungen nur mehr tschechisch veröffentlicht. Das ist gut, das ist hervorragend.

Aber auch Paukenschläge müssen neben dieser stillen Arbeit gesetzt werden. Dazu sind Sie, meine Herren, und viele andere ausersehen." Lipinski zündete sich mit fahrigen Bewegungen eine Zigarette an und fuhr fort: „Wir müssen die Deutschen dort treffen, wo es ihnen wirklich weh tut, weil sie es nicht erwarten: beim Offizierskorps, der Klammer, die diesen Staat vor dem Zerfall bewahrt. Jeder, den wir erschießen, fehlt in dieser Klammer und so beschleunigen wir das Auseinanderbrechen. Das Duell ist die Waffe, die wir uns dazu gewählt haben. Meine Herrn, wo haben Sie gedient?"

„Ich bin Leutnant in der Reserve beim Prager Schützenregiment Nr. 8", erwiderte der eine und der andere meinte, dass er zwar nicht gedient, aber als Säbelfechter mehrfach Turniere gewonnen habe und in der Ausbildung zum Fechtmeister stehe.

„Großartig, meine Herrn. Verzeihen Sie, dass ich darauf mit Ihnen nicht anstoßen kann, eine kleine, momentane Verlegenheit, wenn Sie verstehen, was ich meine."

„Gestatten Sie mir die heutige Zeche zu übernehmen", bat der Reserveoffizier. „Mein Vater, ein glühender Patriot, besitzt eine Großselcherei und stattet mich auch im Hinblick auf unsere politische Arbeit sehr großzügig aus."

„Herr Ober, drei doppelte Weinbrand!", rief Lipinski, der schon nach Schnaps lechzte.

„Herr Leutnant, du forderst einen Offizier der „Egerländer" zum Pistolenduell. Such' ihn dir genau aus. Nimm einen von den älteren Subalternen, den Magazins- oder den Proviantoffizier. Die haben wohl seit Jahren keine Pistole mehr in der Hand gehabt. Den erschießt du. Von den „Egerländern" muss er aber sein, denn die sind eines der wenigen rein deutschen Infanterieregimenter. Du, lieber Freund, forderst irgendeinen Offizier, natürlich muss er Deutscher sein, zum Säbelduell. Du suchst dir die Garnison aus. Nimm einen von den alten überständigen Majoren in der Provinz oder einen Leutnant in Wien, einen Deutschmeister vielleicht. Triff ihn, tu ihm weh, mach ihn zum Krüppel."

„Herr Ober, noch drei Doppelte!", bestellte der Reserveleutnant mit glänzenden Augen.

„So wie ihr beide, so werden viele junge Männer das Duell suchen und die Armee treffen. Sie treffen eine Armee, die das nicht erwartet und die nicht wissen wird, wie ihr geschieht. Gehen wir sorgsam vor, bis Ende Mai sollte der erste Durchgang abgeschlossen sein. Dann werden wir eine stolze Bilanz ziehen können."

Nach weiteren Weinbrandrunden und Bezahlung durch den Leutnant verabschiedeten sich die beiden Männer schon ziemlich angetrunken von Lipinski, der auch etwas gezeichnet wirkte. Um zehn Uhr griff er nach seinem Mantel, den er über den Sessel neben sich gelegt hatte, und verließ das Kaffeehaus.

Als er um die Ecke zum Papierwarengeschäft bog, war Ivana schon da und schlang ihre Arme um ihn. Schnaps war auf seine Krawatte getropft und der Geruch nach Alkohol war um ihn. Das mochte sie, das war sein Geruch.

+

Lieber Herr Leutnant !
Ich weiß nicht, ob Sie Graz kennen. In der Armee ist es vor allem als die Stadt bekannt, in der sehr viele Offiziere ihren Ruhestand verbringen. Graz ist auch der Sitz des III., des Eisernen Korps. Das weiß ich von meinem Vater.
Die Stadt ist aber auch Zentrum des Handels, der Industrie und der Verwaltung und hat, nicht zuletzt durch die Universität und die technische Hochschule, ein pulsierendes kulturelles Leben. Die Atmosphäre ist eine aufregende Mischung aus Nord und Süd, von deutschen und mediterranen Elementen.
Die Altstadt ist einzigartig. Sie kennt nicht die weiten Plätze Salzburgs, sie ist eher verschachtelt. Dennoch haben hier berühmte Architekten gearbeitet. Auch Italiener. Das Zeughaus, eine der größten Sammlungen historischer Waffen, erinnert daran, dass die Steiermark und Graz Bollwerke gegen Angriffe aus dem Osten waren. Ganz besonders gegen die Türken, die zuletzt doch gesiegt haben - wir haben mit dem Kaffeetrinken begonnen.
Ich könnte Ihnen noch so vieles über die Stadt schreiben. Das Wichtigste und damit der Grund meines Schreibens ist, dass ich im April eine Woche bei Tante Johanna, der Schwester meines Vaters, in Graz sein werde. Aus meiner Schulzeit kenne ich den Frühling in Graz. Er würde Sie bestimmt an ihre Heimat erinnern, denn alles blüht. Die Luft ist mild und warm und manche behaupten sogar, es würden silberne Schleier in dieser Luft schweben.
Zartes junges Grün sprießt am Schlossberg und im Stadtpark, die Kastanienalleen leuchten in Weiß und Rot und von der Koralm und der Gleinalm blinkt noch der Schnee.
Ich möchte Ihnen diese Stadt zeigen. Ich hoffe, dass Sie Urlaub nehmen und über ein verlängertes Wochenende nach Graz kommen können. Die Nonnen im Sacré Coeur würden aus allen Wolken fallen, wenn sie das lesen könnten. Aber bitte machen Sie mir diese wirkliche Freude!
Grüßen Sie bitte meinen Vetter Franz herzlich von mir und schreiben Sie mir bitte bald, dass Sie tatsächlich nach Graz kommen werden. Denn das wünscht sich so sehr
Ihre Mariedl

Dieser freundlichen und doch sehr unerwarteten Einladung nach Graz zu kommen, hatte Pollini nicht widerstehen können. Daher war er um Urlaub eingekommen und am frühen Freitagmorgen in den Zug nach Graz gestiegen. Er war als Militärakademiker auf der taktischen Reise, die zum Studienabschluss durch weite Teile der Monarchie geführt hatte, für einen Tag in Graz gewesen. Auf dieser dreiwöchigen Reise wurden die wichtigsten Teile des Reiches vor allem von militärischen Gesichtspunkten aus betrachtet. Von Graz selbst hatte er nicht sehr viel gesehen.

Nun war er mit dem Fiaker vom Bahnhof durch das geschäftige Treiben der Annenstraße über die Murbrücke ins Stadtzentrum gefahren. Die Mur führte durch die Schneeschmelze viel Wasser und erinnerte mit ihrem Rauschen an den Gebirgsfluss, als der sie im Salzburgischen entspringt. Sein Kamerad Holzner hatte Pollini das Hotel „Elefant" empfohlen und dort hatte Pollini auch ein Zimmer reservieren lassen. Dabei hatte sein Bursche erstmals telefonieren dürfen, was für diesen ein großes Erlebnis gewesen war.

Der Tag war warm und sonnig und die Grazerinnen hatten ihre Frühlingsgarderobe angelegt. „Die Mädeln in Graz werden dir gefallen", hatte Holzner gegrinst, „die sind ein ganz besonderer Schlag. Die haben alle irgendwo eine kroatische oder slowenische Großmutter oder Urgroßmutter und das macht ihren ganz besonderen Reiz aus."

Nachdem er Mariedl seinen Besuch angekündigt hatte, hatte sie ihm zurückgeschrieben, dass ihn ihre Tante am Nachmittag seines Ankunftstages zum Tee erwarte.

Johanna Kahr war die Schwester ihres Vaters und Witwe nach einem früh verstorbenen Arzt, der ihr ein ansehnliches Vermögen vor allem in Immobilien hinterlassen hatte. Sie wohnte am Glacis, in bester Wohngegend, direkt am Stadtpark, der grünen Lunge der Stadt. Die Ehe war zu ihrem Leidwesen kinderlos geblieben und so hatte sie ihre Nichte ganz besonders ins Herz geschlossen.

Nun war Pollini auf dem Weg zu dieser Einladung und zum Wiedersehen mit Mariedl, das er schon ungeduldig erwartete. Am Weg zum Glacis hatte er in einer Blumenhandlung am Burgtor einen prachtvollen Frühlingsstrauß erstanden. Auf die Minute pünktlich läutete er an der Türglocke im ersten Stock des Hauses. Ein adrettes, stupsnäsiges Mädchen in schwarzem Kleid und weißer Servierschürze öffnete ihm, nahm seine Karte entgegen und bat ihn einen Augenblick im Vorzimmer zu warten.

Gleich darauf kam sie wieder und lachte Pollini an: „Die gnädige Frau lässt bitten."

Pollini trat in den Salon, den die Nachmittagssonne in ein ganz besonderes Licht tauchte. Frau Kahr, eine sehr attraktive Dame Anfang vierzig, saß in einem Lehnstuhl, der ganz von diesem Licht umflossen war. Neben ihr aber stand die hinreißendste junge Frau, die Pollini je gesehen hatte. Mariedl hatte ihr blondes Haar hochgesteckt. Sie schien nicht nur etwas gewachsen, sondern wirklich zur jungen Frau geworden zu sein. Sie strahlte Pollini an.

„Herr Leutnant, ich freue mich wirklich Sie kennen zu lernen", lächelte Frau Kahr und reichte Paride die Hand." Meine Nichte hat mir schon viel von Ihnen erzählt.

Der Ausflug nach Salzburg im vergangenen Dezember scheint sie ziemlich beeindruckt zu haben."

Pollini küsste die schlanke wohlriechende Hand, dankte für die liebenswürdige Einladung und überreichte der Frau des Hauses den Blumenstrauß. Dann meinte er etwas zögernd: „Dass Baronesse Mariedl so beeindruckt war, wird wohl den außerordentlichen Stadtführungen durch Oberleutnant Holzner zuzuschreiben sein, der so liebenswürdig war und mich auch mitgenommen hat."

Inzwischen hatte Mariedl Paride die Hand gereicht. Sie genoss die Überraschung sichtlich, die sich auf seinem Gesicht spiegelte.

„Herr Leutnant, was hat Ihnen denn heute die Red' verschlagen?"

Frau Kahr kam Paride zu Hilfe. Sie hatte nach dem Mädchen geklingelt und meinte zur Eintretenden: „Burgl, bitte geben Sie diese wunderschönen Blumen in die große Meissner Vase und stellen Sie die dann hier auf den Tisch. Ich muss sie einfach anschauen können."

Das gab Pollini Zeit sich wieder etwas zu fassen und so sagte er zu Mariedl:" Ich kenne Sie bisher ja nur eingepackt in Wintersachen. Heute haben mir wirklich fast die Worte gefehlt, denn Sie sehen aus wie der Frühling."

„Herr Leutnant, so was Schönes hat mir noch nie jemand gesagt", antwortete Mariedl leise.

Nachdem dieses Geständnis verklungen war, bat Frau Kahr nach nebenan zum Tee. Auf dem Tisch stand auch eine Platte mit köstlich aussehenden Petit Fours und auf Pollinis fragenden Blick lachte Mariedl: „Die sind vom Konditor Strehly, der macht die besten Mehlspeisen in der Stadt. Ich habe sie heute nur geholt. So weit sind meine Kochkünste zur Zeit noch nicht. Ich schau unserer Martina zu Hause aber nicht nur über die Schulter, sondern geh' ihr auch an die Hand und so lerne ich sehr viel zu dem aus der Klosterschul' dazu."

In der Ecke am Fenster stand ein sehr gemütlich aussehender Lehnstuhl. An der Wand dahinter hingen zwei goldgerahmte Photographien aus den späten siebziger Jahren, eine blaue Mütze und ein ausgebleichtes dreifarbiges Band.

Frau Kahr bemerkte Pollinis Blick. „Auf der einen Photographie sind mein Mann und mein Bruder als Studenten abgebildet. Ich habe meinen Mann durch meinen Bruder kennengelernt. Die waren bei derselben Verbindung, den Teutonen.

Mein Mann ist gern in diesem Lehnstuhl gesessen und hat dort unter seiner alten Mütze und seinem Burschenband gelesen. Wenn Sie sich das andere Bild ansehen, werden Sie bemerken, wie ernst und würdevoll die jungen Männer, die da um einen Tisch sitzen oder stehen dreinzuschauen bemüht sind. Herr Leutnant, wenn Sie aber den großen Hund im Vordergrund ansehen, der wie ein Löwe geschoren ist, dann merken Sie gleich, dass es mit Ernst und Würde nicht sehr weit her war. Die waren immer außerordentlich gut aufgelegt und haben sich an Einfällen gegenseitig übertroffen.

Ich glaube, dass mein Mann und mein Bruder einander ziemlich ebenbürtig waren." Und fast wehmütig setzte sie hinzu: „Das ist leider schon Jahre her."

„Tante Johanna und ich haben uns überlegt, was wir morgen machen. Natürlich nur unter der Voraussetzung, Herr Leutnant, dass wir ein bisschen über Ihre Zeit verfügen dürfen."

„Ich bitte Sie nicht nur über meine Zeit, sondern auch über mich zu verfügen." Pollini nahm einen Schluck Tee aus der dünnwandigen Porzellantasse mit der blaugoldenen Bandverzierung.

Eifrig sprudelte Mariedl heraus: „Wir wollen morgen am frühen Nachmittag mit der Bahn auf den Schlossberg fahren. Der Ausblick über die Stadt und im Süden weit hinunter bis ins steirische Hügelland ist unvergleichlich. Allein schon die Fahrt ist ein Erlebnis, wenn man per Bahn aus der Tiefe über die alte Dachlandschaft steigt."

„Mariedl, Sie haben wie Ihr Vetter das Zeug zur Fremdenführerin", lachte Pollini. Ungebremst fuhr Mariedl fort: „Am Abend gehen wir dann ins Schauspielhaus. Man gibt 'Einen Jux will er sich machen'."

„Herr Leutnant, wussten Sie, dass Nestroy gleich hier um die Ecke in der Elisabethstraße gewohnt hat und auch dort gestorben ist?", fragte Frau Kahr.

„Nein, gnädige Frau, das ist mir neu. Ich schließe mich den Damen aber gern an. Der uneinnehmbare Schlossberg hat mich schon auf der taktischen Reise am Ende der Akademiezeit beeindruckt.

Nestroy hat sinngemäß einmal geschrieben, dass er sich nicht bis zum Lorbeerbaum versteige. Seine Stücke sollten nur gefallen und unterhalten. Die Leute sollten lachen und ihm sollte die Geschichte Geld eintragen, damit er auch lachen könne. G'spaßige Sachen schreiben und nach dem Leben trachten wollen, sei eine Mischung aus Dummheit und Arroganz; das sei gerade so, ich zitiere wörtlich als wenn einer einen Zwetschgenkrampus' macht und gibt sich für einen Rivalen vom Canova aus.' Nestroy hat dem Volk nicht nur auf den Mund, sondern tief ins Herz geschaut. Und viel von dessen Weisheit niedergeschrieben. Ich freue mich sehr auf den Abend."

„Jetzt müssen wir aber noch festlegen wann und wo wir uns treffen. Tante Johanna, ich schlage vor um zwei bei der Schlossbergbahn. Dann trinken wir Kaffee auf der Terrasse des Restaurants oben am Berg. Anschließend gehen wir zum Hackherlöwen und zur Kanonenbastei. Und wenn wir Zeit und Lust haben auch zum Starckehäuschen."

„Mariedl, langsam, langsam", unterbrach sie Frau Kahr. „Gut, wir essen ein bisschen früher und dann schaffen wir den Treffpunkt um zwei. Herr Leutnant, was haben Sie denn für morgen alles vor?"

„Gnädige Frau, ich will mir die Innenstadt anschauen. Und ins Zeughaus muss ich unbedingt. Dann ess' ich eine Kleinigkeit, man hat mir den „Krebsenkeller" sehr empfohlen. Ich hoffe, dass es warm genug ist, um im Freien zu sitzen, weil der Hof so schön sein soll."

Nach einer Weile verabschiedete sich Pollini und ging gutgelaunt durch den Stadtpark der Innenstadt zu. „Ja", dachte er, als er sich dort umsah, „der Franz hat schon recht. Die Grazerinnen sind wirklich fesch und ich würde sie den Wiener Mädeln, dieser Mischung aus Midinette und Landkind, vorziehen. Aber an meine Mariedl kommt ohnehin keine heran."

Den Morgen des nächsten Tages verbrachte Pollini im Grazer Zeughaus, einem hinreißenden Renaissancebau im Zentrum der Stadt. Er konnte sich an den dort ausgestellten Hieb- und Stichwaffen, den Harnischen und Helmen, an den Radschlosspistolen und Musketen kaum satt sehen. Ganz besonders beeindruckten ihn die prächtigen Rüstungen für Reiter und Ross, allesamt Meisterwerke der Plattnerkunst. Die Stille im Haus schien vollkommen. Kein Laut aus den anderen Stockwerken, kein Glucksen von Wasser in Leitungen. Nur der Klang seiner Schritte auf dem hölzernen Boden.

Aus dem Zeughaus trat Pollini hinaus in die blendende Helligkeit des Vormittags. Die vom Steinpflaster des Hofs aufsteigende Wärme hüllte ihn wie eine freundliche Umarmung ein. Schwalben flogen ihren Nestern unter den Dächern zu.

Nach einem kurzen Rundgang durch die Innenstadt nahm Pollini ein reichlich belegtes Brot zu sich und schlug das Glas Bier, das man ihm dazu servieren wollte, zugunsten einer Limonade aus. Knapp vor zwei Uhr stand er in der kühlen Schalterhalle der Schlossbergbahn und löste die Fahrkarten.

Pünktlich traten Frau Kahr und Mariedl durch die Schwingtür in die Halle; wieder war Pollini hingerissen von Mariedls natürlicher Eleganz und ihrer ungezwungenen jugendlichen Anmut.

„Ich habe mir erlaubt Berg- und Talfahrt zu nehmen", bemerkte Pollini, nachdem er die Damen begrüßt hatte. „Man hat mir nämlich gesagt, dass die Fußwege steil und leicht geschottert sind, also nichts für Damenschuhe."

Während sich die Bahn ächzend bergauf plagte, raunte Mariedl Paride zu: „Ich habe geglaubt, der Vormittag und das Mittagessen nehmen überhaupt kein Ende mehr."

„Schau Mariedl, jetzt liegt dir ganz Graz zu Füßen", meinte Frau Kahr und wies dann Paride auf verschiedene Sehenswürdigkeiten der Stadt hin.

Im Garten des Schlossbergrestaurants zeigte Frau Kahr den Tisch, an dem sie unter den Kastanienbäumen sitzen wollte und nachdem Pollini den Damen die Sessel zurecht gerückt hatte, kam auch schon ein Kellner und nahm die Bestellungen auf. Die Damen wählten eine Melange, Pollini entschied sich für einen Einspänner.

„Was ist denn das?", wollte Mariedl wissen. Ihre Tante riet ihr zu warten, da sie es ja ohnehin gleich sehen würde.

Vom Garten des Restaurants aus vermittelte die Aussicht über die Stadt den Eindruck zeitloser Ruhe.

Der Ober brachte zweimal Kaffee mit Milch und vor Pollini stellte er ein Glas mit Kaffee, den eine mit Staubzucker bestreute Schlagobershaube krönte.

„Das schaut aber appetitlich und verlockend aus", entfuhr es Mariedl. Gern nahm sie Pollinis Angebot an, ihre Melange dagegen zu tauschen.

„Tante Johanna, den Kuchen nehmen wir später. Komm', zeigen wir dem Herrn Leutnant jetzt den Hackherlöwen und den Blick nach Norden und Osten."

„Mariedl, musst du denn immer so umtriebig sein? Ich bitte dich. Herr Leutnant, ich vertraue Ihnen meine Nichte an und bleibe einstweilen hier sitzen. Wir gehen dann ja ohnehin noch zur Kanonenbastei, das nehme ich zumindest an, und das ist für mich Spaziergang genug. Schließlich sind wir auch zu Fuß durch den Stadtpark zur Bahn gegangen. Ich nehme einstweilen ein Stück Kuchen und warte auf euch beide."

„Gnädige Frau, wir bleiben nicht lange weg", versicherte ihr Pollini und ging dann mit Mariedl dem Ausgang zu. „Die werden ein bezauberndes Paar abgeben", dachte Frau Kahr, die den beiden nachschaute. „Dazu wird es schon kommen, so wie er sie anschaut und wie Mariedl ihn anhimmelt." Sie lächelte zufrieden vor sich hin.

Ein leicht aufkommender Wind flüsterte in den hohen Bäumen und die Vögel zwitscherten, sangen und riefen. Schon nach wenigen Schritten bergan erreichten Mariedl und Pollini das Schlossbergplateau. Vor ihnen lag eine weitläufige, makellos grüne Rasenfläche, gesäumt von bunten, blühenden Blumenbeeten.

„Dort", Pollinis Blick folgte Mariedls ausgestrecktem Arm, „dort ist der Hackherlöwe. Er erinnert an den Major, der den Schlossberg erfolgreich gegen die napoleonischen Soldaten verteidigt hat. Gehen wir hin."

Beim Denkmal angekommen, zog Pollini Mariedl ganz behutsam an sich. Sie lehnte sich an seine Brust und er hatte seine Arme um sie gelegt. Auf einmal spürte er ihre Tränen. Sie hob ihr Gesicht, lächelte und sagte: „Ich dumme Urschel weine vor Glück." Sie küsste ihn und sagte, dass sie ihn liebe und dass sie ihn wahrscheinlich schon immer geliebt hätte. Paride nahm ihr Gesicht in beide Hände und küsste sie zärtlich.

Wie lange sie so dastanden wussten sie nicht. Paride konnte nur denken, dass diese wenigen Augenblicke alles für ihn waren, dass sie sein Leben waren. Er wollte sie mit jeder Faser seines Herzens erleben, um sie für immer zu bewahren.

An Pollinis Arm kam Mariedl in den Garten des Schlossbergrestaurants zurück. Mit für sie ganz ungewohntem Ernst sagte sie Ihrer Tante, dass sie und Leutnant Pollini nun per du seien und dass man in der Familie sich wohl daran gewöhnen müsse, sie nun Marie zu nennen.

Frau Kahr lächelte sie an. Und Marie war glücklich über dieses zärtliche Lächeln, das in den Augen ihrer Tante begonnen und sich über ihr ganzes Gesicht ausgebreitet hatte.

+

„An sich bin ich mit dem, was ich Ihnen im Auftrag des Kommandanten zu sagen hatte, fertig", schien Oberstleutnant Bernhold die Dienstbesprechung zu beenden. „Allerdings ist da noch etwas, was ich Ihnen in seinem Namen mitzuteilen habe. Ich habe Sie von Vorkommnissen in Kenntnis zu setzen, die einerseits größte Aufmerksamkeit und Obacht verlangen, auf der anderen Seite aber nicht nach draußen dringen dürfen. Sie alle wissen, dass es unter den 102 Infanterieregimentern der Armee nur sieben mit deutschem Mannschaftsstand gibt. Das sind die '84 er' und die 'Deutschmeister' in Wien, die 'Hessen' in Linz, die 'Hesser' in St. Pölten, die 'Belgier' in Graz, die 'Egerländer' und wir hier in Salzburg."
„Herr Oberstleutnant vergessen die Tiroler Kaiserjäger!", war aus dem Auditorium zu vernehmen.
„Nein, das tue ich nicht, aber dort besteht die Mannschaft zu vierzig Prozent aus Italienern", erwiderte Bernhold. „In den vergangenen Wochen und Monaten hat es sich ergeben, dass Offizierskameraden der vorher erwähnten Regimenter vermehrt in Ehrenangelegenheiten verwickelt worden sind. Man hat sie, wie man so schön sagt, 'angestrudelt' und gröblich beleidigt, dass Zweikämpfe die unumgängliche Folge waren. Tschechische Reserveoffiziere und Studenten haben ausschließlich Offiziere dieser Regimenter beleidigt, während die Kameraden tschechischer, ungarischer und anderer anderssprachiger Verbände unbehelligt geblieben sind. Zudem hat man gezielt ältere Herrn aufs Korn genommen, leider ist ein Kamerad im Duell gefallen.
In Salzburg hatten wir kaum Ehrenhändel und wenn es sie gegeben hat, so sind sie in ritterlicher Weise beigelegt oder ausgetragen worden. Ich habe den Eindruck, dass es nunmehr Reisende in Duellangelegenheiten, wenn man das so nennen kann, gibt. Das Korpskommando hat seine nachgeordneten Verbände und Truppen davon in Kenntnis gesetzt und gewarnt.
Meine Herrn, der Herr Oberst erwartet, dass Sie sich aus derartigen Händeln nach Möglichkeit heraushalten. Er erwartet aber auch, dass Sie Ihre Ehre, wenn Sie beleidigt werden sollten, mit allen zur Verfügung stehenden Mitteln verteidigen. Denn mit Ihnen werden auch die Armee und seine Majestät angegriffen und beleidigt. Wir werden das nicht dulden und es auch niemandem durchgehen lassen!
Meine Herrn, ich danke Ihnen!"
Beim Verlassen des Besprechungsraums bemerkte Hauptmann Reitsamer zu seinem Nebenmann: „Ich hab' gehört, dass ein Proviantoffizier in Wien in so eine

Geschichte verwickelt war. Der war ein waschechter Böhm' und hat sich wacker gehalten. Die werden schön blöd geschaut haben, wie sie den Falschen erwischt haben."

Nach dem Abendessen fragte Hauptmann Schneeberger: „Meine Herrn, wer hat Lust mich ins Kaffeehaus zu begleiten? Ich lade natürlich ein."

„Ja Schneeberger, was ist denn los?", fragte Hauptmann Eisner verblüfft. „Du gehst doch sonst nach Dienst immer brav nach Hause."

„Meine Frau ist für ein paar Tage bei ihrer Schwester in Hallein, weil die ihr erstes Kind bekommt. Meine Kinder sind für diese Zeit bei der Schwiegermutter und ich bin frei wie ein Leutnant."

„Ich leiste dir gern Gesellschaft, Herr Hauptmann", meldete sich Oberleutnant Kopriva. „Und ich geh' auch mit, wenn 's gestattet ist", schloss sich Leutnant Filzmoser an.

„Pollini, kommst du auch mit?", fragte Hauptmann Eisner. „Vielen Dank für die Einladung", meinte dieser, „aber ich muss noch ein paar dienstliche Sachen erledigen und dann muss ich endlich nach Hause schreiben, sonst gibt meine Mutter eine Vermisstenmeldung ab."

Da die Tische im Garten an der Salzach besetzt waren, betraten die vier Offiziere kurze Zeit später das Innere des Kaffeehauses. Man hätte darauf schwören können, nichts als zeitunglesende und kartenspielende Müßiggänger vor sich zu haben. Der Kaffee roch wunderbar und in der Ecke hingen an einem großen Ständer die Zeitungshalter. In sie waren die wichtigsten Zeitungen der Monarchie eingespannt.

„Irgendwer hat einmal gesagt oder geschrieben, dass es im Kaffeehaus am schönsten ist. Da ist man nämlich nicht zu Hause und auch nicht an der frischen Luft", sagte Filzmoser lachend.

„Ihr seid, wie gesagt, meine Gäste", meinte Hauptmann Schneeberger gönnerhaft und wie sich Filzmoser ein Paar Würstel bestellte, fragte er bestürzt: „Hat dir denn mein Abendessen nicht geschmeckt?"

„Doch, doch, Herr Hauptmann. Versteh' mich bitte nicht falsch, aber da haben sie einfach die besten Würstel von ganz Salzburg", hob Filzmoser beschwörend die Hände.

„Na, dann ist es ja gut. Herr Ober, für den Herrn Hauptmann, den Herrn Oberleutnant und für mich einen Mazagran, dem Herrn Leutnant bringen Sie bitte zu seinen Würstel ein Abendsemmerl und ein kleines Bier:"

„Herr Hauptmann, unser Gebäck ist immer frisch", log der Ober und Schneeberger knurrte begütigend: „Ja, ja, ist schon gut, Herr Fritz. Lassen wir das."

„Was nehmt denn ihr da Feines?", erkundigte sich Filzmoser interessiert.

„Mein Lieber", dozierte Schneeberger, „das ist eben Kaffeehauskultur, die über kleine Schwarze, Bier, Würstel und Cremetörtchen hinausgeht. Pass auf, Filzmo-

ser, jetzt geb' ich dir was für das Leben mit. Ein Mazagran ist ein Kaffee mit Maraschino und Gewürzen und wird mit zerstoßenem Eis im Glas serviert. - Schau nicht so, kriegst auch einen, wenn du mit den Würsteln und dem Bier fertig bist."
„Herr Hauptmann, kann ich das überhaupt annehmen, ist denn bei dir der Wohlstand ausgebrochen?", fragte Filmoser.
„Tu nicht so blöd, wenn du mit einem Hauptmann ins Kaffeehaus gehen darfst, dann kann sich der das auch leisten!", konterte Schneeberger lächelnd.
„Zu dumm, ich hab' meine Brille am Schreibtisch in der Kanzlei liegen lassen", brummte Schneeberger nach einer Weile, „ und jetzt seh' ich tatsächlich nicht einmal mehr bis zum Zeitungsständer, ob dort das 'Prager Tagblatt' hängt. Eine wirklich gute Zeitung übrigens."
Mit zusammengekniffenen Augen schaute Schneeberger angestrengt zum Zeitungsständer. Am Tisch daneben erhob sich ein großer, magerer, dunkelhaariger Mann. Er wirkte etwas vernachlässigt und ungepflegt.
„Ein unangenehmer Mensch", dachte Eisner, der gerade in diese Richtung sah und den letzten Schluck seines Mazagran nahm.
„Ach Gott", durchfuhr es Kopriva, „was macht denn dieser Mistkerl da?"
Der Mann kam auf den Tisch der Offiziere zu, wandte sich an Schneeberger und schnarrte: „Herr Hauptmann, Sie haben mich fixiert!"
„Aber woher denn, keineswegs, mein Herr", versuchte ihn Schneeberger zu beschwichtigen, „ich hab' nur meine Brille nicht mit und seh' auf Distanz nicht mehr sehr gut. Ich wollte nur schauen, ob das 'Prager Tagblatt' da ist."
„Sie reden sich da nicht hinaus, Herr Hauptmann", herrschte ihn der Mann an.
In diesem Moment erhob sich Oberleutnant Kopriva zu seiner ganzen beeindruckenden Größe. „Ich bitte Herrn Hauptmann diesen Herrn mir zu überlassen", sagte er zu dem etwas verstörten Schneeberger und wandte sich dann mit gedämpfter Stimme an den Mann: „Mein Herr, ich kenne Sie. Leider. Ich kenne Sie aus der Zeit, wo Sie in Brünn als Biervertreter bei Herrn Wiesmayr beschäftigt gewesen sind. Ihr Ruf ist mir also hinlänglich bekannt. Ihr Abgang aus Brünn war wohl etwas überstürzt, wenn ich das einmal so nennen darf. Und daher würde ich, ehe Sie sich an einem Offizier reiben, zu gerne wissen, wie es um Ihre Satisfaktionsfähigkeit bestellt ist. Denn Ihre Abgänge waren nirgendwo sehr rühmlich. Weder bei der Kavallerie noch in Ihren zivilen Beschäftigungen.
Und deshalb rate ich Ihnen eindringlich, ohne weiteres Aufsehen zu gehen. Um es Ihnen in aller Deutlichkeit zu sagen: Herr Lipinski, ich bezweifle Ihre Ehrenhaftigkeit!"
„Was erlauben Sie sich, Herr Oberleutnant?", schnaubte Lipinski. „Ich bin Rittmeister in der Reserve."
„Umso besser, Herr Rittmeister Lipinski", sagte Kopriva trocken, wobei er den 'Rittmeister' besonders betonte. „Hier ist meine Karte. Meine Vertreter erwarten

die Ihren morgen um elf Uhr vormittags hier in diesem Hause im Klubzimmer im ersten Stock."

Lipinski nahm die Karte entgegen und verneigte sich knapp. Er ging zu seinem Tisch zurück, nahm seinen Hut und verließ das Lokal.

Ungerührt nahm Kopriva wieder Platz. In die Stille hinein sagte er zu Hauptmann Eisner: „Herr Hauptmann, ich bitte dich morgen in dieser Sache mein Vertreter zu sein. Als zweiten Vertreter werde ich gleich morgen zu Dienstbeginn Hauptmann Reitsamer bitten."

Inzwischen hatte Schneeberger seine Fassung wiedergefunden: „Um Gottes Willen, da geht man einmal ins Kaffeehaus, wird angestrudelt und der Kopriva hat nichts anderes im Sinn als sich eine Vertreterbesprechung einzufangen. Kopriva, weißt du überhaupt, was du da getan hast? Du hast seine Ehrenhaftigkeit angezweifelt. Damit hast du seine moralische Existenz in Frage gestellt und gefährdet. Das ist einem Schlag, der ärgsten Form der Beleidigung überhaupt, gleichgestellt. Das wird zur Austragung mit der Waffe führen!"

„Ein Gentleman hat das Recht und die Pflicht sich bei Ehrenstreitigkeiten der Waffe zu bedienen. So steht es bei Barbasetti", ergänzte Hauptmann Eisner.

„Aber bitte", sagte Kopriva völlig ungerührt, „ich habe den Mann ganz bewusst vorgeführt. Dieser Mann verdankt seinen Dienstgrad nur unbedachter Milde und nicht vertretbarer Nachsicht. Ich weiß von daheim, dass er zur Abspaltung von Böhmen und Mähren von der Monarchie aufruft. Und nur ich, der ich aus Mähren komme und dessen Kaiser auch König von Mähren ist, kann diesen Schuft in die Schranken weisen."

Begütigend fuhr er fort: „Der Mann ist doch nichts anderes als ein panslawistischer Trottel. Er glaubt ein Offizier zu sein, wenn er mit einer Schnurrbartbinde schläft. Wenn er sich mir stellt, erschieße ich ihn. Wenn er kneift, was ich auch für möglich halte, dann wird sich das in Böhmen und Mähren wie ein Lauffeuer verbreiten. Dann ist er seine Offizierscharge endlich los. Dafür werden mir viele danken. Ich kann mir aber auch sehr gut vorstellen, dass er an diesen Duellgeschichten, von denen wir heute gehört haben, beteiligt ist. Bei den Panslawisten ist er dann ist erst recht überall unten durch und kein Hund nimmt mehr ein Stück Brot von ihm. Das und nichts anderes will ich. So oder so."

In das Schweigen am Tisch hinein bestellt Kopriva: „Herr Ober, bitte einen Mazagran für den Herrn Leutnant. Der geht aber auf meine Rechnung."

✝

„Herein", rief Hauptmann Reitsamer als gleich zu Dienstbeginn jemand an seine Kanzleitür klopfte. Oberleutnant Kopriva betrat den Raum. Er leistete die Ehrenbezeugung und sagte dann: „Herr Hauptmann, ich melde einen besonderen Vorfall."

„Also, Kopriva, jetzt setz' dich erst einmal nieder und dann sagst du mir was es gibt."

Kopriva nahm seinem Hauptmann gegenüber Platz. Leidenschaftslos und ohne etwas hinzuzufügen oder etwas wegzulassen schilderte er den Kaffeehausbesuch und wie es zum Zusammenstoß mit dem Rittmeister in der Reserve Lipinski gekommen war. Dazu berichtete er, was man von dessen Affären in Brünn ganz offen erzählte und dass er aufgrund dieses Wissens ganz bewusst Lipinskis Fähigkeit Genugtuung zu geben und zu verlangen angezweifelt habe. Für ihn sei noch erschwerend dazu gekommen, dass sich Lipinski als wüster Agitator gegen das Haus Habsburg betätige und er ihm durchaus zutraue, mitverantwortlich für das Zustandekommen der verschiedenen Duellforderungen der letzten Zeit zu sein. Dafür habe er allerdings keine Beweise.

„Dann vergiss das bitte gleich wieder, denn das ist reine Spekulation", gab Reitsamer zu bedenken. „Lass mich einmal zusammenfassen. Tatsache ist, dass du die Satisfaktionsfähigkeit des Herrn Lipinski angezweifelt hast und dass auch eine gewisse Öffentlichkeit gegeben gewesen ist. An sich hätte er von dir Genugtuung verlangen müssen."

Der Hauptmann lächelte. „Vielleicht warst du aber so in Fahrt, dass er gar nicht dazu gekommen ist und nur mehr reagieren konnte. Du hast Eisner gebeten dich zu vertreten. Das war gescheit von dir. Ich setze mich jetzt gleich mit ihm zusammen. Er war dabei und wird mir deine Sichtweise des Vorfalls ganz bestimmt auch bestätigen. Den Ehrenkodex von Barbasetti und den Bolgar müssen wir uns auch noch anschauen. Schließlich kommt so was in Salzburg nicht jeden Tag vor. Ich bin schon neugierig, wer die Vertreter der Gegenseite sein werden. Wo wird der Lipinski in Salzburg so schnell wen hernehmen? Kopriva, ist dir klar, dass es vermutlich zur Austragung mit der Waffe kommen wird?"

„Herr Hauptmann, damit rechne ich und das war mir von allem Anfang an bewusst."

„Gut, dann gehst du jetzt einmal zum Dienst und versuchst dich wenigstens ein bisschen darauf zu konzentrieren. Ich geh' zum Kommandanten und melde ihm den Vorfall."

Oberst von Höpfner saß an seinem Schreibtisch vor dem Bild des Kaisers, das die Morgensonne in ein mildes, honigfarbenes Licht tauchte. Aufmerksam hörte er sich Reitsamers Schilderung des Vorfalls vom Vortag an.

Nachdem der Hauptmann geendet hatte, sagte Höpfner nach kurzem Überlegen: „Der Rittmeister scheint es darauf angelegt zu haben Stunk zu machen. Da hat Kopriva ganz richtig reagiert, indem er sich vor Schneeberger gestellt hat. Der ist ein sehr lieber Mensch. Aber ganz bestimmt nicht der, den man sich aussucht, wenn man ein Duell provozieren will. Nun, ein Offizier hat sich der Herausforderung zu stellen. Das ist auch die Ansicht des Kaisers. Damit verstößt der Duellant zwar gegen das Gesetz, wird aber nach dem Zweikampf von seiner Majestät wohl begnadigt. Wir leben bei Gott nicht mehr in der Zeit, in der ein unbedachtes Wort, ein misszuverstehender Blick, also wenn einer auch nur nach der Zeitung schaut, eine geringfügige Unhöflichkeit oder eine nur vermeintliche Kränkung die bittersten Folgen haben können. Wir haben gerade in der heutigen recht bewegten Zeit wirklich andere Sorgen als uns zu duellieren. Ich bin auch gegen diese verdammte realitätsfremde romantische Verbrämung des Zweikampfes auf einsamen Waldlichtungen. Das ist was für die verlogenen Bücher, die irgendwelche Spintisierer für höhere Töchter schreiben. Vor allem bin ich entschieden dagegen, dass man nur um den Erwartungen seines Standes zu genügen, im Morgengrauen tötet oder getötet wird."

Ruhiger setzte der Oberst dann fort: „Reitsamer, du gehst mit Eisner zur Vertreterbesprechung. Damit weiß ich die Angelegenheit in guten Händen. Ich bitte mir aus, dass ich gleich nachher vom Ergebnis unterrichtet werde. Vergesst bitte nicht auf die Sachverhaltsdarstellung für den Ehrenrat des Regiments. Reitsamer, es geht um viel."

Dann kam ganz leise: „Vor allem aber geht es ums Leben unseres Kopriva."

+

Knapp vor elf Uhr betraten dessen Vertreter das Klubzimmer des Kaffeehauses. Beim Hinaufgehen in den ersten Stock hatte Reitsamer zu Eisner gesagt, dass er wirklich neugierig sei, wer ihnen wohl gegenübersitzen würde. Im Klubzimmer saßen zwei Herren, die sich beim Eintreten der beiden erhoben. „Schau, der Doktor Freudlsberger", raunte Reitsamer.

Die beiden Offiziere verneigten sich förmlich und der ältere der beiden Herren in Zivil sagte zu Reitsamer: „Herr Hauptmann, ich freue mich Sie zu sehen, wenn ich auch gestehen muss, dass mir ein anderer Anlass lieber gewesen wäre. Darf ich Sie mit Herrn Leutnant in der Reserve Apotheker Walter bekanntmachen?"

Der nahm Reitsamers Hand, drückte sie kräftig und stellte sich vor: „Magister Walter, Leutnant in der Reserve im Ersten Tiroler Kaiserjäger Regiment."

Reitsamer stellte seinerseits seinen Kameraden Eisner vor und dann setzte man sich.

„Kaffee?", fragte Dr. Freudlsberger. Er war ein hochgewachsener Mann, der sich seine schlanke Figur bewahrt hatte. Er strich seinen sauber gestutzten, grauen Schnurrbart und wandte sich an den Ober: „Herr Ober, vier große Braune und bitte schauen Sie dann, dass wir nicht gestört werden."

„Herr Apotheker, Tiroler sind Sie der Aussprache nach aber keiner", sagte der Zillertaler Eisner zu seinem Gegenüber. „Nein, nein, Herr Hauptmann. Ich komme aus der Untersteiermark. Dort hat es zu viele Maturanten gegeben, in Tirol aber zu wenig und so habe ich mein Jahr als Einjährigfreiwilliger nicht bei den 47ern, sondern bei den Kaiserjägern gemacht. Und dort bin ich geblieben. Jetzt bin ich in der Apotheke am St. Johann Spital, gehe aber bestimmt wieder nach Pettau zurück."

„Herr Doktor, wie kommt denn der Herr Lipinski ausgerechnet an Sie?", fragte Reitsamer.

„Ich bin Major in der Reserve bei den Dragonern und der Rittmeister Lipinski war einmal in meinem Regiment. Ich hab' längst vergessen gehabt, dass es den gibt und dann steht er gestern auf einmal bei mir im Vorzimmer. Und so sitz' ich jetzt da." Zum Ober, der gerade die Tassen nieder stellte, sagte er: „Und jetzt bitte keine Störung mehr."

„Herr Doktor", lächelte dieser verschmitzt, „es hängt schon das Taferl 'Geschlossene Gesellschaft' an der Türe."

„Danke vielmals. So, meine Herrn", meinte Freudlsberger, „viel Freude haben wir vermutlich alle nicht mit der ganzen Angelegenheit, aber was soll 's. Meine Seite schlägt vor nach dem Ehrenkodex von Barbasetti zu verhandeln. Einverstanden?"

Am frühen Nachmittag meldete sich Hauptmann Reitsamer bei seinem Kommandanten: „Herr Oberst, ich melde mich von der Vertreterbesprechung zurück und bitte, Ihnen das Ergebnis vortragen zu dürfen. Die Vertreter der Gegenseite waren der Notar Dr. Freudlsberger und ein Magister Walter, ein Apotheker und Reserveoffizier der Kaiserjäger. Freudlsberger ist Dragoner."

„Den Freudlsberger kenn' ich ganz gut, der ist ein entfernter Verwandter von meiner Frau. Aber das gehört jetzt nicht hierher."

„Herr Oberst, Rittmeister Lipinski wurde zum Beleidigten erklärt und die Beleidigung durch Schimpf wurde festgestellt. Die Bemühungen zu einer friedlichen Beilegung des Vorfalles sind vergeblich gewesen. Rittmeister Lipinski hat wie Oberleutnant Kopriva auf Austragung mit der Waffe bestanden. Es wurden daher folgende Bedingungen vereinbart:

Der Zweikampf findet morgen um halb sieben in der Früh im Schlosspark von Aigen statt. Die Einweisung in den Kampfplatz wird durch uns sichergestellt. Zum Leiter wurde Dr. Freudlsberger bestimmt. Als Waffen wurden Pistolen vereinbart. Sie werden von Dr. Freudlsberger beigebracht und sind beiden Herren

fremd. Die Meldung an den Ehrenrat erfolgt durch Hauptmann Eisner. Er meldet den Vorfall, die sich daraus ergebende Forderung, das Ergebnis der Verhandlung und die schriftliche Vereinbarung der Vertreter.
Vereinbart wurde ein Pistolenduell mit festem Standort und einem Abstand von zwanzig Schritten. Lipinski hat als Beleidigter den ersten Schuss, der spätestens eine Minute nach Erteilung des Kommandos durch den Kampfleiter abgegeben werden muss. Kopriva hat für seinen Schuss ebenfalls eine Minute Zeit."
„Ist der Regimentsarzt schon verständigt?", erkundigte sich Höpfner nach einer kleinen Nachdenkpause.
„Jawohl, Herr Oberst, mit dem habe ich bereits gesprochen."
„Gut, Reitsamer. Dann müssen wir den Dingen wohl oder übel ihren Lauf lassen. Ich danke dir und Eisner für eure Bemühungen. Richte ihm das bitte aus. Herrgott, geht mir das alles gegen den Strich. Schick mir bitte jetzt den Kopriva."
Kurz darauf trat der Oberleutnant ein.
„Danke, ohne Meldung. Setz dich her, Kopriva", sagte der Kommandant.
„Rauchst du ein Zigarettl?" fragte Höpfner und hielt Kopriva seine Tabatiere hin.
„Nein danke, Herr Oberst."
„Hast Recht. Mir schmeckt es heute auch nicht. Horch mir jetzt bitte genau zu. Glücklich bin ich mit der ganzen Sache nicht. Das hängt aber nicht mit dir zusammen, denn du hast dich absolut korrekt verhalten. Vor allem hast du den Schneeberger, der ein lieber Mensch, ein guter Kamerad und ein wirklich ordentlicher Offizier ist, aus der Schusslinie genommen. Familienvater ist er auch. Mir schaut die ganze Sache nach einer von diesen Provokationen aus, die kürzlich bekannt geworden sind. Warum regt sich der Herr Lipinski sonst so auf, wenn ihm der Schneeberger durchaus glaubwürdig erklärt, dass er nur nach der Zeitung geschaut hat. Das muss man dem Mann einfach glauben.
 Sei 's wie 's sei. Du gehst jetzt jedenfalls nach Hause und schreibst deinen Eltern. Das musst du tun. Hoffen wir, dass wir den Brief nicht abschicken müssen. Was du sonst an Verfügungen treffen willst, ist deine Sache.
Ich bitte mir aus, dass du dich nach dem Nachtmahl hinlegst. Das ist ein Befehl. Schlafen wirst du ohnehin nicht viel können, aber ich will nicht, dass du fortgehst und womöglich irgendwo „Abschied" feierst. Ich will, dass du alle deine Angelegenheiten regelst und morgen in guter Verfassung bist. Das bist du dem Regiment und dir schuldig. Vor allem aber deinen Eltern. Die werden nicht sehr viel Verständnis haben für diesen gesellschaftlichen Zwang, der es als selbstverständlich ansieht, sich wegen einer tatsächlichen oder vermeintlichen Verletzung der Ehre im Morgengrauen zu treffen. Ich selbst halte weder was von Selbstjustiz noch von Gottesurteilen. Mir genügt eine geordnete Rechtspflege, die es erfordert, jede schuldhafte Handlung zu bestrafen, wenn sie vorsätzlich begangen worden ist."

„Herr Oberst, ich danke Ihnen für Ihre Fürsorge. Ich hatte nicht vor auszugehen oder mich von irgendwem zu verabschieden. Ich habe vor, diesen Teil meines morgigen Tagewerks zu vollenden und dann zum Dienst zu kommen. Dieser Zweikampf ist für mich als Mährer von grundsätzlicher Bedeutung. Das kann jemand aus Innerösterreich vielleicht gar nicht verstehen. Ich habe meinem Kaiser und König die Treue geschworen und trete für ihn gegen jeden Feind an. Ganz besonders aber gegen den, der aus den eigenen Reihen kommt. Unser Mähren ist ein Teil des Reiches und wird es bleiben." Kopriva stand auf.
„Herr Oberst, ich bitte mich abmelden zu dürfen."
Höpfner stand auf und trat zu Kopriva hin. Er legte ihm die Hände auf die Schultern und schaute ihn lange an. Schließlich sagte er: „Dann also bis morgen. Um halb zehn zum Mokka. Bitte sei pünktlich und verspäte dich nicht."

+

Oberleutnant Kopriva war einer der wenigen Offiziere, die in der Kaserne wohnten. Pollini ging den nur mäßig beleuchteten Gang zu Koprivas Zimmer hinunter und klopfte an die einfache braun gebeizte Tür. Kopriva öffnete und sagte freundlich: „Grüß dich Paride. Bitte komm doch herein."
Das Zimmer war mit militärischem Mobiliar sehr einfach eingerichtet. Durch einen kleinen Schreibtisch und einen Lehnstuhl hinter dem eine Stehlampe stand, wirkte es aber recht behaglich. An der Wand hing neben einem gerahmten Druck, einer Stadtansicht von Brünn, das Bild des Kaisers. Es zeigte den Kaiser aber nicht in Uniform, sondern im Jagdgewand. Pollini fragte sich, warum der Kaiser auf allen Portraits so porzellanblaue Augen hatte.
„Nimm bitte Platz", sagte Kopriva und deutete auf den Lehnstuhl. „Was führt dich zu mir, was kann ich für dich tun?"
Alles was Pollini hatte sagen wollen, war ihm entfallen. Alles, was ihn im Zusammenhang mit dem Duell verwirrt hatte, war vergessen. Er räusperte sich und sagte mit einer Stimme, die ihm selbst fremd vorkam: „Ich wollte dich nicht stören. Aber ich wollte dich fragen, ob ich irgendwas für dich tun kann. Kann ich dir etwas abnehmen, kann ich etwas für dich erledigen?"
Die Uhr an der Wand tickte metallisch ihre Sekunden.
„Ich mache morgen die Einweisung", setzte Pollini zusammenhanglos hinzu und spürte seine Augen feucht werden.
„Ja, das hat mir Hauptmann Reitsamer gesagt. Vielen Dank für dein Angebot, Paride. Ich habe aber schon alles erledigt. Ich habe meinen Eltern geschrieben. Als Eltern werden sie meinen Schritt nicht billigen, als Patrioten aber werden sie mich zu verstehen suchen. Mein Testament ist hier in dem grauen Kuvert, das auch auf dem Schreibtisch liegt. Viel hätte ich ja nicht zu vererben", lächelte Ko-

priva, „aber das erwartet von einem Oberleutnant auch niemand. Meine Taschenuhr soll mein Offiziersdiener bekommen. Darauf könntest du bitte schauen."
Die beiden saßen sich schweigend gegenüber. Von St. Sebastian schlug dumpf die Turmuhr.
„Neun Uhr", bemerkte Pollini.
„Lieber Kamerad, ich will dich nicht hinausschmeißen, aber geh' jetzt bitte nach Hause. Wir brauchen beide unseren Schlaf für morgen und ich lege mich jetzt ins Bett."
Auf Pollinis fragenden Blick hin meinte Kopriva: „Ich komme schon zurecht. Gute Nacht, Paride."
Pollini stand auf, umarmte seinen Kameraden und sagte dann mit belegter Stimme fast zärtlich: „Schlaf gut, du mährischer Sturschädel."
Er ging den gewohnten Weg nach Hause und sah zum Himmel hinauf. Da oben standen die Sterne und wachten über die schlafende Stadt, deren Häuser zum Teil schon in der Finsternis versanken. Er ging durch eine enge Gasse. Die Häuser standen Dach an Dach wie alte Damen mit ihren altmodischen Hüten, belanglos, unaufgeregt und ermüdet.
Als er durch das kräftige, scheppernde Läuten seines Weckers aufwachte, begann der Morgen über den Dächern zu grauen. Sein Bursche brachte ihm heißes Wasser. Pollini trat an den Waschtisch und wusch sich. Dann prüfte er sorgfältig die Schärfe seines Rasiermessers, seifte sich ein und rasierte sich.
Nachdem er sich angezogen und den Säbel umgeschnallt hatte, dachte er, dass gerade jetzt Reitsamer und Eisner zu Kopriva kommen würden. Er hörte geradezu das Hallen ihrer Schritte am Gang. Nun würden sie die Tür erreicht haben und anklopfen.

+

Zu Dienstbeginn ließ Oberst von Höpfner Oberstleutnant Bernhold zu sich bitten.
„Komm, nimm Platz und leist' mir bitte Gesellschaft. Ich halte das Warten allein nicht aus", sagte der Oberst, als Bernhold die Kanzlei betrat. „Rauch bitte eine Virginier, das beruhigt mich. Magst einen Cognac, Bernhold?"
„Herr Oberst, du weißt, dass ich an sich so früh am Morgen nichts nehme, aber jetzt könnte ich zur Beruhigung schon einen vertragen", antwortete Bernhold und zündete sich seine Virginier an. Der Oberst stellte zwei Cognacschwenker auf den Tisch. Beim Einschenken zitterte seine Hand und er verschüttete einige Tropfen.
„Das sind die Vorteile eines gewissen Alters und der heutigen Anspannung. Ich verschütte schon was von dem Alkohol, den ich eigentlich trinken möchte." Nach

einer Weile fügte er hinzu: „Prost, Bernhold, hoffen wir, dass alles gut ausgeht."
Die große Standuhr in der Ecke schlug gerade halb neun, als es an der Tür klopfte.
„Herein", rief der Oberst, dessen Stimme ihre gewohnte Festigkeit vermissen ließ.
Hauptmann Reitsamer trat ein und meldete: „Herr Oberst, ich melde mich aus dem Aigner Schlosspark zurück. Es hat kein Zweikampf stattgefunden."
„Dem Himmel sei Dank", seufzte Höpfner erleichtert und sagte dann: „Setz dich, Reitsamer, und erzähl' uns ganz genau, was denn geschehen ist."
Der Hauptmann zog sich einen Stuhl heran, setzte sich und fing an: „Eine halbe Stunde vor dem vereinbarten Termin waren von unserer Seite alle dort. Wir sind mit mehreren Kutschen in den Aigner Park gefahren. Als erster der Leutnant Pollini, der die Einweisung in den Austragungsplatz sicherzustellen hatte und bei dem auch die Wagen abgestellt waren. Dann traf unser Arzt ein, zum Schluss kamen Eisner und ich mit Kopriva. Der war unglaublich gefasst, er hat auf uns wirklich gelassen gewirkt.
Wir haben damit gerechnet, dass die Gegenseite so ungefähr eine Viertelstunde vor der Austragung kommen würde. Die Zeit ist aber vergangen und erst knapp vor halb sieben sind der Dr. Freudlsberger und der Apotheker in voller Fahrt dahergekommen. Der Dr. Freudlsberger ist aus der Kutsche gesprungen und war offensichtlich sehr erregt und zornig.
'Meine Herrn', hat er gerufen, ' so etwas ist mir in meinem ganzen Leben noch nicht vorgekommen. Unser Duellant ist verschwunden. Der Feigling ist einfach abgehauen'. Dann hat er verschnauft und gemeint: 'Wie wir heute mit der Kutsche bei der „Blauen Gans" vorfahren und den Rittmeister Lipinski abholen wollen, sagt uns der völlig verschlafene Hausknecht, dass der Herr am Vorabend abgereist ist. Wir haben das natürlich nicht geglaubt und haben gedacht, dass der Hausknecht verkatert ist und einen Dreck weiß, und ich habe mir das Zimmer zeigen lassen. Das war tatsächlich leer und schon für den nächsten Gast zusammengeräumt. Der Apotheker Walter hat inzwischen den Wirt aufgetrieben. Der ist beim Frühstück gesessen und hat gesagt, dass der feine Herr Lipinski sich am späteren Nachmittag nach dem Abendzug nach Wien erkundigt hat. Kurz darauf hat er seine Rechnung bezahlt und den Gasthof in aller Eile mit unbekanntem Ziel verlassen. '
Der Notar Freudlsberger hat gesagt, er würde noch heute dem Regiment des Rittmeisters in der Reserve Lipinski eine detaillierte Sachverhaltsdarstellung der ganzen Angelegenheit übermitteln. Damit ist dann die Reserveoffizierslaufbahn des Herrn Lipinski beendet. Es werde auch dafür gesorgt werden, dass bekannt würde, wie sich Lipinski in dieser Ehrenangelegenheit verhalten habe. Damit habe er sich auch bei den Tschechen in der guten Gesellschaft unmöglich gemacht. Dann hat sich der Dr. Freundlsberger beim Oberleutnant Kopriva in aller Form für das Ungemach entschuldigt, das ihm von seinem Mandanten widerfahren sei.

Herr Oberst, Hauptmann Eisner verfasst gerade die entsprechende Mitteilung an den Ehrenrat. Der Oberleutnant Kopriva hat sich zum Dienst abgemeldet und wird sich um zehn Uhr dreißig bei Herrn Oberst im Kasino zum Mokka melden. Zumindest hat er mich gebeten, Herrn Oberst das so auszurichten."
„Meine Herrn, hie und da hat der Himmel auch mit einem alten Oberst Mitleid und erhört seine Stoßgebete. In unserer Zeit ist kein Platz mehr für die, die nur ein Ziel und einen Genuss kennen, nämlich mit der Pistole zu fuchteln und mit dem Säbel herumzuraufen auf dem unbegrenzten Spielfeld der Mannesehre. Gott sei Dank ist alles so gut abgelaufen für unseren Kopriva. Bernhold, du bist ohnehin beim Mokka. Reitsamer, ich lasse alle Herren, die an der heutigen Sache beteiligt waren zum Mokka bitten. Also Eisner, den Arzt, Pollini und natürlich auch den Hauptmann Schneeberger, denn der Gute ist seit dem unglücklichen Kaffeehausbesuch tausend Tode gestorben. Und warum? Weil da einer stänkert und glaubt den wilden Mann spielen zu müssen, aber dann, wenn es darauf ankommt, bei Nacht und Nebel das Weite sucht."

+

Admiral Rudolf Graf Montecuccoli, der Marinekommandant, saß in seiner Kanzlei in der Marinesektion, dem mit den Wappen der Adriastädte geschmückten Gebäude am Donaukanal. Er griff nach der Tischglocke, die vor ihm am Schreibtisch stand und schüttelte sie heftig. Sofort trat der diensthabende Adjutant, ein Linienschiffskapitän, ein: „Herr Admiral befehlen?"
„Komm, setz dich zu mir und hilf mir meinen Ärger loszuwerden. Horch' mir einfach zu, ich kann das nicht so schlucken.
 Vor fünf Jahren hat man der Marine gut 96 Millionen Kronen zugestanden. Da hatte die Monarchie rund 47 Millionen Einwohner und man hat pro Kopf für die Verteidigung fast elf Kronen im Jahr ausgegeben. Die Italiener haben wesentlich weniger Einwohner und haben damals schon mehr als zehn Kronen pro Kopf und Nase aufgewendet. Heute, fünf Jahre später, hat die Monarchie über 51 Millionen Einwohner, die Wehrausgaben betragen pro Kopf 10,6 Kronen und der Marine gesteht man nur gut 83 Millionen zu. Die Italiener bringen bei 34 Millionen Einwohnern pro Kopf fast siebzehn Kronen für die Verteidigung auf. Natürlich kenne ich unseren Budgetanteil seit den Budgetverhandlungen, aber ich habe mehrfach versucht eine Nachbesserung zu erreichen.
Da trifft man dann im Kriegsministerium wieder auf Beamte. Das sind noble, humanistisch gebildete Herrn, die ganz genau wissen, was sich nach unten schickt und die sich alert oder auch sehr bieder geben, ganz wie man es von ihnen verlangt. So ist die ganze Bürokratie mit ihrem gleichzeitig untertänigen, charmanten und herablassenden Lächeln.

Mich machen die fast wahnsinnig, denn diesen Herrn ersetzt das Vorurteil das Urteil. Gerade über die Marine und die kann man nicht derart mittelmäßigen Leuten zur Beurteilung überlassen. Unentbehrlich sind aber die Unzufriedenen.

Es gibt leider so wenige Qualifizierte und so wird man die Fähigen und Begabten nicht übersehen können. Man wird sie leben lassen müssen. Was ich dafür tun kann, werde ich tun und ich werde vor allem weiterhin darauf achten, guten Leuten gute Ausgangspositionen zu verschaffen.

Sprich einmal mit diesen Sparmeistern über Fliegerkräfte für die Marine. Du stößt nur auf Unverständnis und blankes Entsetzen. Erfahrungen und Beobachtungen, die wir im Ausland gemacht haben, sind da überhaupt nicht bemerkenswert oder wichtig."

„Herr Admiral," bemerkte der Adjutant in die Pause hinein, „immerhin hat die k.u.k. Marineleitung schon recht früh ihr Augenmerk dem Seeflugwesen zugewendet. Vor zwei Jahren haben wir die ersten Seeoffiziere zur Pilotenausbildung nach England und Frankreich geschickt."

„Aber das ist auch uns eingefallen und die Grundschulung ist nach den bisher bewährten Methoden mit Landflugzeugen gemacht worden. Ich bin aber überzeugt, dass bei den Seefliegern die Zukunft den Hydroplanen, also den Seeflugzeugen, gehört. Das müssen wir angehen. Ich stelle mir vor, dass wir nächstes Jahr in der Gegend von Pola, ich denke da an Santa Catarina, eine Seeflugstation errichten und dort auch das erste Seeflugzeug selbst bauen."

„Herr Admiral, darf ich das als Auftrag auffassen mir Gedanken zu machen, wo wir heuer Geld umschichten können und wie viel für das Budget des kommenden Jahres dafür veranschlagt werden muss?"

„Ja," schmunzelte Montecuccoli, „so war das gemeint. Setz dich mit den entsprechenden Leuten hier im Hause zusammen. Macht euch bitte auch Gedanken, wo wir Piloten herbekommen werden. Aus der Marine allein wird das nicht gehen. Ich möchte, dass man sich umschaut, wo Offiziere aus Istrien und Dalmatien sonst noch Dienst machen, denn die möchte ich haben. Seeflieger müssen mit dem Meer vertraut sein. Das Meer darf ihnen keinen Schrecken einjagen, sie müssen das Zeug zum Seemann haben."

+

Ernst von Fleissner saß an seinem Lieblingsplatz unter dem Sonnenschirm am großen Tisch vor dem Haus. Er hatte seinen Rock abgelegt, die Weste aufgeknöpft und genoss den Sonnenschein und den Ausblick auf den Garten. Dort blühten rote Nelken, blauer Salbei, gelber Sonnenhut, dahinter standen Dahlien und Sonnenblumen, dazu kamen verschiedene Sorten der Studentenblume, Verbenen, Fuchsschwanz, Levkojen, Lobelien und Zinnien.

Zärtlich dachte Fleissner an seine Frau, unter deren Händen diese blühende Pracht gedieh, die Einheimische und Feriengäste aus der Stadt immer wieder zum Stehenbleiben und Staunen verleitete.

Mit einem „Jetzt ist es aber Zeit für die Jause, Herr Baron !", stellte Martina einen Teller vor Fleissner hin. Darauf lagen zwei mit goldgelber Butter bestrichene und mit viel frischem, fein geschnittenem Schnittlauch bestreute Scheiben Schwarzbrot und dazu reichte ihm die Köchin noch ein großes Glas kalte Milch.

„Danke Martina, wo wäre ich wohl, wenn du nicht so darauf schauen würdest, dass ich gesund leb'? Ich müsst' ja glatt Bier trinken und dazu ein Stück fettes Geselchtes essen, was mir wahrscheinlich auch noch sehr schmecken würde. Spaß beiseite, vielen Dank, Martina", lachte Fleissner und biss herzhaft in das erste Brot.

„Darf ich dir Gesellschaft leisten?" Unbemerkt war Mariedl an den Tisch getreten.

„Ja komm doch her, ich weiß nicht, was ich lieber hätte. Komm, setz' dich. Willst du da bei mir auf der Bank sitzen oder dir mir gegenüber die Sonne auf den Rücken scheinen lassen ? Such es dir aus. Magst du ein Butterbrot?"

„Nein danke, iss du nur deine Jause schön selbst, Papa."

Mariedl setzte sich ihrem Vater gegenüber. Der sah sie an und dachte wieder einmal, dass ihn ihre Gegenwart einfach verzaubere und damit jeden Augenblick so kostbar mache. Ihre Augen erinnerten ihn an Bergseen mit ihrer klaren blauen Oberfläche und ihrer unergründlichen Tiefe.

„Ich habe, wie ich das letzte Mal zur Landtagssitzung in Graz war, Tante Johanna besucht," sagte Fleissner zögernd.

„Wie geht 's ihr denn, was hat sie erzählt?", fragte seine Tochter neugierig und spürte, wie sie errötete. „Nur nicht rot werden, werd' jetzt nur ja nicht rot", sagte sie sich.

„Nun", ließ sich ihr Vater Zeit, „sie hat mir gesagt, dass dich die Familie jetzt Marie nennen solle. Das tu ich sehr gern, denn für Mariedl bist du in meinen Augen schon zu erwachsen. Deine Tante, du weißt, dass ich ihren gesunden Menschenverstand und ihr Urteil sehr schätze, hat mir nur bestätigt, was ich nach den Erzählungen deiner Mutter schon befürchtet habe."

Überrascht sah ihn Marie an: „Was hast du befürchtet, Papa ?"

„Marie", sagte Fleissner, „jeder Vater fürchtet den Tag, an dem er erfahren muss, dass das kleine Mädchen, das er gestern noch auf den Knien sitzen hatte, erwachsen geworden ist und sich aufmacht seinen Platz in der Welt zu suchen. Das macht mir schon Sorgen. Das Leben schlägt manchmal diese und manchmal jene Richtung ein. Dabei spielt das Glück eine wichtige Rolle und man hat die Folgen sein ganzes weiteres Leben zu tragen.

Die Mama hat mir nach eurem Besuch vor Weihnachten in Salzburg schon ein paar beiläufige Andeutungen gemacht. Wenn eine Frau aber beiläufige Andeutungen macht, dann sollte ein Mann sofort hellhörig werden. Also reden wir nicht um den heißen Brei herum. Du hast dich verliebt und das in einen sehr liebenswürdigen, gewinnenden jungen Mann aus guter Familie. Für mich ist es halt ein bisschen zu bald gekommen, aber Väter sind nun einmal so. Für die kommt es immer zu früh, wenn ihre Töchter flügge werden."

„Papa, das ändert doch nichts zwischen uns", sagte Marie sanft.

„Hättest du dir nicht wenigstens einen Steirer aussuchen können? Ich habe überhaupt keine Vorbehalte gegen einen Istrianer. Das Land ist wunderbar und voll Kultur, die Menschen sind liebenswert. Aber es ist halt ein bisserl weit weg von hier."

„Papa, wenn du den Paride erst einmal kennengelernt hast, wird er dir gefallen. Du wirst ihn bestimmt sehr bald wirklich mögen. Nur darauf kommt es mir an. Schau, wenn ich mich in einen Notar aus Judenburg oder in einen Ingenieur aus Leoben verliebt hätte und du könntest ihn nicht ausstehen, dann würde der Haussegen bei uns zum ersten Mal schief hängen. Papa, mach dir keine Sorgen, der Leutnant Pollini wird vor dir sehr gut bestehen können."

„Dann wird es aber Zeit, dass ich ihn kennenlerne. Wie machen wir das? Ist er Jäger?"

„Nein, Papa, jagen geht er, so viel ich weiß, nicht."

„Dann lade ich eben deinen Vetter Franz auf einen Gamsbock ein. So um Kaisers Geburtstag im August herum. Da feiern wir im Ort jedes Jahr ein Fest und vielleicht ist es deinem Leutnant ganz recht, wenn er nicht so einzeln besichtigt wird, sondern zu diesem Fest kommt. So lerne ich ihn auch kennen, denn bis jetzt kennen ja nur die weiblichen Mitglieder der Familie diesen Wunderknaben", schmunzelte Fleissner.

„Papa, ich bin so froh, dass wir darüber geredet haben und dass du das so aufgenommen hast, denn ich habe nicht gewusst, wie ich dir das beibringen soll."

„Zu dritt habt ihr Frauenzimmer mich ja ganz schnell herumgekriegt", stellte Maries Vater fest. Er stand auf und es sah aus als sonne er sich. Sein gebräuntes Gesicht war freundlich. Aber die durchdringenden blauen Augen konnten einen schon einschüchtern. Diese Augen machten Marie im Augenblick auch etwas nervös.

Ganz ruhig und ernst sagte ihr Vater: „Aber du weißt schon, dass ich ihm alle Knochen breche, wenn er nicht gut zu dir ist."

„Papa, das wirst du nicht zu tun brauchen. Mach' mir bitte keine Angst und sorge dich nicht. Wenn du Paride erst einmal kennengelernt hast, dann wird er dir gefallen und du wirst meine Wahl verstehen. Verlass dich auch ruhig auf Mama und auf Tante Johanna. Übrigens hat die Mama bei dir ja auch einen sehr guten Griff gemacht und durchaus Geschmack bewiesen."

„Marie, du bist wie deine Mutter. Dir fällt auch immer auf alles eine Antwort ein. Auch wenn die nicht immer besonders gescheit ist."
Fleissner trat auf seine Tochter zu, zog sie zu sich empor und drückte sie fest ans Herz. Dann nahm er ihr Gesicht in beide Hände und sagte leise:" Du machst das schon gut und richtig, mein Kind."

+

„Mariedl, es ist eingespannt", meldete sich der Verwalter und fragend setzte er hinzu: „Wollen Sie wirklich selbst kutschieren?"
„Herr Seethaler, ich weiß schon, dass Sie mir den Georg mitgeben möchten, aber mir macht das solchen Spaß und dazu möchte ich die Gesichter unserer Gäste sehen, wenn sie so abgeholt werden." Flink raffte Marie ihr Kleid zusammen und stieg auf den Kutschbock. Sie griff nach dem Zügel und meinte begütigend: „Den Rösseln und mir geschieht schon nichts. Machen Sie sich keine Sorgen, Herr Seethaler !".Dann schnalzte sie mit der Zunge und die beiden Haflinger zogen an.
Lächelnd sah ihr der Verwalter nach und dachte sich: „Wer die einmal kriegt, bekommt eine wunderbare Frau. Aber leicht wird er es auch nicht haben."
Marie ließ die beiden Pferde munter dahintraben und auch die schienen den sonnigen Augustnachmittag zu genießen, denn immer wieder wieherten sie übermütig. Am kaisergelb gefärbelten Bahnhof angekommen, lenkte Marie den Wagen geschickt zum Eingang. Sie hielt das Gespann an, stieg flink vom Bock, befestigte die Zügel und bremste den Wagen ein. Dann griff sie in die Tasche ihres Dirndlkleids, tätschelte den beiden Pferden den Hals und gab jedem etwas Würfelzucker.
„Baronesse, erwarten Sie Besuch?", kam der Stationsvorstand eilfertig daher.
„Ja, mein Vetter und einer seiner Kameraden werden Kaisers Geburtstag bei uns verbringen."
„Der Bauernkalender sagt, dass das schöne Wetter anhalten wird, da haben es die Herren wirklich gut getroffen. Baronesse, wenn ich was für Sie tun kann, dann lassen Sie es mich bitte wissen."
„Vielen Dank, aber aufladen können die beiden schon selbst. Die sind ja noch ganz rüstig;" lachte Marie den Stationsvorstand an.
Mit einem lauten Signalpfiff der kräftig dampfenden und pustenden Lokomotive fuhr der Zug ein. Aufgeregt schaute Marie den Zug entlang und fragte sich, wo zwei Offiziere in Uniform aussteigen würden. Hatten die etwa den Zug versäumt? Nirgendwo war eine Uniform zu sehen.
„Mariedl, wartest du auf noch jemanden?", hörte sie eine Stimme hinter sich fragen. Sie drehte sich um und sah ihren Vetter lachend vor sich stehen. Neben ihm stand Paride mit seinem unwiderstehlichen Lächeln.

„Ja, wie seht denn ihr beide aus ? Ich warte da auf zwei Offiziere aus Salzburg und dann stehen zwei waschechte Steirer am Bahnsteig!", lachte Marie. Franz und Paride trugen lederne Kniebundhosen, Lodenjanker und dunkle Filzhüte mit einem breiten grünen Band.

„Paride, gut schaust du aus, das steht dir wirklich gut!", dann fiel Marie ihrem Vetter um den Hals und küsste ihn auf beide Wangen. „Paride, du bist mir nicht bös', wenn ich den Franzl zuerst umarme, denn dann habe ich nachher nur mehr Zeit für dich."

Und schon lag sie in seinen Armen und drückte sich ganz fest an ihn. „Marie, schau, die Leute", versuchte Paride zu sagen, aber Marie fiel ihm ins Wort: „Alle, alle können es wissen, dass ich dich lieb hab'!" und drückte ihm einen Kuss auf den Mund.

„Die Uniform haben wir übrigens auch mit, damit diese Bergsteirer da auch einmal zwei Raineroffiziere und nicht nur immer die Leut' von den Siebenundzwanzigern sehen", feixte Franz, der inzwischen die Koffer aus dem Abteil gehoben hatte. „Wohin soll ich damit?"

„Da drüben, der Zweispänner, das sind wir", antwortete Marie und setzte dazu: „Marsch, marsch meine Herren und gleich aufladen!"

„Hast du denn keinen Kutscher mit?", fragte Franz erstaunt.

„Nein, heute fahre ich selbst, denn eine so wertvolle Fracht wird höchstens der Tochter des Hauses anvertraut. Ihr hättet das sorgenvolle Gesicht unseres Verwalters sehen sollen. Dabei hat er mir ohnehin zwei lammfromme Rösser einspannen lassen." Dabei löste Marie die Bremse und stieg auf den Kutschbock. Franz und Paride saßen gleich darauf im Wagen und bald lenkte Marie die Kutsche taleinwärts weg von der Hauptstraße. Grüne Wiesen, dunkle Waldstücke und darüber schroffe Felsen lagen sonnenüberflutet vor ihnen.

„Der liebe Gott hat einen ganz besonders guten Tag gehabt, wie er unser Land gemacht hat", wandte sich Paride an Franz. „ Schau dir diese Schönheit hier an, denk an Salzburg, nimm meine engere Heimat dazu, vergiss nicht auf die fruchtbaren Ebenen Ungarns, die Weite Galiziens, Herrgott, haben wir ein Glück, dass wir hier leben dürfen."

„Paride, sei nicht überschwänglich, denn wie der liebe Gott das geschaffen hat, haben ihn die Engel ohnehin gleich gefragt, wie er denn alle Schönheit in ein Land tun könne. Das sei doch nicht gerecht, fanden die Engel. Da meinte der liebe Gott, sie sollten nur warten, was er dort für Leute hintun werde. Dann schuf der liebe Gott die Österreicher.

Das holt uns gleich wieder auf den Boden der Tatsachen zurück", meinte Franz fast sorgenvoll. „Aber wunderschön ist es bei uns, das steht fest."

Die Pferde griffen tüchtig aus und mit der Peitsche die Richtung weisend, machte Marie ihre Gäste immer wieder auf besondere Ausblicke und Sehenswürdigkeiten

aufmerksam. Durch das Dorf verlangsamte sie die Fahrt, dankte freundlich für Grüße, die ihr zugerufen wurden und dann kam bald das „Schloss" in Sicht.
„Paride, der Vater ist sehr nett, mit dem wirst du bestimmt gut zusammenschauen", raunte Franz seinem Freund zu und legte ihm beruhigend die Hand auf den Arm.
„Aufgeregt bin ich schon, aber das muss doch so sein, oder ?", lächelte Paride zurück.
Genau vor dem Haustor hielt Marie die Kutsche an. Sie stieg vom Bock und gab Georg, der wie immer zur Stelle war, wenn man ihn brauchte, die Zügel in die Hand.
„Dann wollen wir uns die Kameraden einmal ansehen. Herzlich willkommen, meine Herren !" Im Tor stand freundlich lächelnd der Hausherr.
„Grüß dich Gott, Onkel Ernst. Vielen Dank für die Einladung", sagte Franz und drückte herzlich die Rechte seines Onkels. Dann wies er auf Paride: „Darf ich dir meinen Kameraden und guten Freund Leutnant Graf Pollini vorstellen ?"
„Willkommen, herzlich willkommen, Herr Leutnant. Ich habe schon viel von Ihnen gehört." Mit einem prüfenden Lächeln reichte Fleissner Pollini die Hand.
Pollini verneigte sich leicht: „ Vielen Dank, Baron, für die liebenswürdige Einladung. Ich freue mich, Sie kennen zu lernen. Ich hoffe, Sie haben auch Gutes von mir gehört. Sonst bitte ich Sie, nicht alles zu glauben, was der Franz erzählt haben mag."
Fleissners Musterung schien zu seiner Zufriedenheit ausgefallen zu sein, denn schmunzelnd meinte er: „Man kann den Damen ja sehr viel überlassen, aber ein Bild muss man sich dann und wann schon selbst machen dürfen. Kommt doch bitte weiter. Der Georg wird das Gepäck dann gleich auf die Zimmer bringen."
An seine Tochter gewandt setzte er fort: „ Marie, zeig du bitte den Herrn wo sie untergebracht sind und komm dann in den Garten. Unsere Gäste werden sich nach der Reise ein bisschen frisch machen wollen. Der Franzl kennt ja dann den Weg."
Wenig später saß Fleissner in seinem Stuhl im Garten und seine Frau trat zu ihm: „Was sagst du, wie gefällt er dir?"
Fleissner verharrte kurz und antwortete: „Ich finde, dass sich der Franzl überhaupt nicht verändert hat. Wenn man dazu bedenkt, dass er sich für die Aufnahmeprüfung auf die Kriegsschule vorbereitet, schaut er wirklich gut aus. Anderen merkt man es an, wenn sie nächtelang arbeiten und nicht ins Bett kommen Meinst du nicht auch?"
„Ernst, ich bitte dich, hänseln kannst du wen anderen. Wie gefällt dir der Leutnant Pollini ?"
„Ach so, der. Auf den ersten Blick recht gut. Hedwig, sei unbesorgt. Ich vertraue auf deine gute Menschenkenntnis. Davon hat auch meine Schwester Johanna viel mitbekommen und ich selbst werde mir mein Bild schon machen. Mein erster

Eindruck hat mich noch sehr selten getäuscht."

Marie kam in den Garten. Sie hatte sich umgezogen und trug ein sommerliches hellblaues Leinenkleid. In den Händen hielt sie einen großen Teller mit einem mit feinem Staubzucker bestreuten goldgelben Guglhupf. Sie stellte ihn in die Mitte des Kaffeetisches und fragte ihren Vater: „Papa, wie findest du ihn?"

„Marie, der Guglhupf unserer Martina ist immer ein Gedicht. Oder ist er diesmal gar von dir?"

„Papa, mach mich bitte nicht rasend, ich will wissen, wie du Paride findest?"

„Ich habe gerade deiner Mutter, die mich das natürlich auch gleich gefragt hat, gesagt, dass er mir auf den ersten Blick recht gut gefällt und dass mich mein erster Eindruck nur sehr selten getäuscht hat. Nimm das aber bitte nicht gleich als mein Einverständnis für alle nur möglichen künftigen Entwicklungen."

Ehe Marie noch antworten konnte, kamen Franz und Paride in den Garten. Beide trugen kleine Pakete mit sich.

„Küss die Hand, Baronin", lächelte Paride, „ich habe mir erlaubt Ihnen eine Kleinigkeit aus der Konditorei Schatz mitzubringen."

„Vielen Dank, Herr Leutnant. Zuerst einmal herzlich willkommen." Sie nahm das Päckchen entgegen und schmunzelte: „Es ist Ihnen also nicht verborgen geblieben, wie schwer ich am hausgemachten Konfekt dieser Konditorei vorbeigehen konnte?"

„Baronin, das war einfach nicht zu übersehen. Und Ihnen, Baron, darf ich einen kleinen Gruß aus meiner Heimat mitbringen. Es ist selbst gebrannte Grappa. Wir verwenden sie manchmal sogar als Heilmittel, da droht der Arzt brotlos zu werden."

Franz stellte sich mit Mozartkugeln und einer Flasche Birnenschnaps aus dem Salzburger Flachgau ein.

„Den verkosten wir dann gleich", lachte Fleissner genießerisch, „die Grappa aber werde ich für Notfälle unter Verschluss halten."

In diesem Moment trat Martina, die auf einem Tablett die Kaffeekanne, Milch und eine Schüssel mit steif geschlagenem Rahm brachte, an den Tisch. „Martina, Ihr Kaffee duftet einfach himmlisch!" rief Franz, was Martina ein glückliches Lächeln entlockte.

Nachdem Marie allen Kaffee eingeschenkt und ein Stück vom Kuchen vorgelegt hatte, meinte Fleissner, dass es wohl an der Zeit sei, das Programm für den kommenden Tag zu machen.

„Der Franz und ich müssen sehr früh aus den Federn, denn der Franz soll morgen den Gamsbock, den ich ihm schon lange versprochen habe, schießen. Zum Mittagessen werden wir aber wieder zurück sein. Am Nachmittag kommt unser Sohn, der in Sexten mit zwei Studienkollegen auf dem Berg war, mit der Bahn an. Den wird der Georg abholen.

Den Leutnant Pollini wird vermutlich die Marie in Beschlag nehmen und ihm das Dorf und die nähere Umgebung zeigen. Am Nachmittag müssen sich meine Frau und ich ein bisschen um die Vorbereitungen für das Fest hier bei uns und im großen Hof kümmern und ins Dorf muss ich dann auch noch. Das wäre an sich nicht nötig, denn der Bürgermeister und seine Leut' bereiten ohnehin alles bis ins kleinste Detail vor. Aber sie zeigen mir halt alles so gern und voll Stolz. Leider erklären sie es zum Teil auch sehr wortreich und das ist manchmal schon anstrengend. Da können mir der Franz und der Herr Leutnant Gesellschaft leisten und aufpassen, damit ich pünktlich zum Abendessen heimkomme."

„Das ist unter Umständen gar keine leichte Aufgabe", lächelte seine Frau und setzt dann fort: „Herr Leutnant, ich habe Ihnen noch gar nicht gesagt, wie gut Ihnen die Lederhose passt."

„Wie ich die Einladung bekommen habe, habe ich mir die Hose gleich anpassen lassen. Ich kann hier doch nicht wie ein Gigerl aus Triest aufkreuzen."

Nach der Jause machte Marie den Vorschlag noch ein bisschen spazieren zu gehen. „Allerdings nur für den Fall, dass die beiden jungen Herren nicht zu müde sind. Ich meine das wirklich so, denn schließlich seid ihr beide heute sehr früh aufgestanden und habt auch die Bahnfahrt hinter euch. Wenn wir aber noch ein paar Schritte gehen, dann können wir auch den Hund mitnehmen."

„Bleibt aber bitte nicht zu lange weg. Der Franz muss sich noch sein Gewehr für morgen aussuchen und wahrscheinlich werden wir auch ein bisschen früher abendessen", rief ihnen der Vater nach.

Als Marie mit den beiden jungen Männern aus dem Garten trat, pfiff sie laut, aber melodisch. Kurz darauf kam ein drahthaariger Vorstehhund in vollem Lauf um die Ecke, blieb stehen und schmiegte sich, freudig mit seinem Schwanzstummel wedelnd, an Maries Knie.

„Das ist unser Haltan, der gehört zur Familie und das weiß er auch", lachte Marie und zum Hund gewendet fuhr sie fort: „Komm, Haltan, wir gehen spazieren." Der Hund führte einen Freudentanz auf.

„So verspielt, wie er sich jetzt zeigt, so tüchtig ist er bei der Jagd", sagte Marie zu ihrem Vetter. Der sah dem vorauslaufenden Hund nach: „Es ist gut, dass viele Tiere die guten Eigenschaften der Menschen ohne deren Fehler haben."

Paride aber schüttelte den Kopf: „Es ist wirklich unglaublich, wie sehr Haltan unserem Bossi ähnelt. Nicht nur im Aussehen, sondern auch im Wesen. Unser Bossi ist derselbe Racker."

Während des Spazierganges kümmerte sich Franz um den lebhaften Hund, der in weiten Sätzen über die Wiesen jagte und gab so Paride die Gelegenheit, sich Marie's anzunehmen. Kurz nachdem die drei, neben denen der Hund zufrieden trottete, heimgekommen waren, bat Frau Fleissner zum Abendessen.

Auf großen Tellern lag, was der Gutsbetrieb zu bieten hatte: kaltes Huhn, Selchfleisch, Schinken, harte Würstl, goldgelbe Butterstriezel, Käse, Radieschen, eingelegte Gurken und frisches, dunkles Bauernbrot. Dazu wurde kaltes, schäumendes Bier gereicht, die Damen nahmen ein Glas Wein.

„Ich brauch' jetzt einen Birnenschnaps vom Franz", ließ Fleissner nach dem Essen zufrieden vernehmen. „Wer hält mit?" Während die Damen dankend ablehnten, nahmen Franz und Paride auch ein Gläschen des milden, fruchtigen Gebrannten. Nachdem sie allen eine gute Nacht gewünscht hatte, ging Marie auf ihr Zimmer. Sie öffnete das Fenster und schaute hinaus, die Griffe der beiden Fensterflügel in den Händen. Über den Felsen, die schon fast in der Dunkelheit versunken waren, standen die Sterne.

„Es war ein guter Tag", sagte Marie zu sich selbst. „Dem Papa gefällt er - und er ist wirklich da. Der liebe Gott meint es gut mit mir."

Paride saß in Gedanken versunken in seinem Zimmer. Er sehnte sich nach ihr, nach der Sanftheit ihrer Berührung, dem Zauber ihres Lächelns und nach der Wärme ihres Herzens. Er wusste, dass er ohne sie nicht mehr leben wollte.

+

Pollini stand vor dem Spiegel und band sich die Krawatte. Sein ganzer Körper dampfte noch vom Bad und er empfand das frische Hemd wohltuend auf seiner Haut. Pünktlich um acht betrat er das Frühstückszimmer. Marie ordnete gerade frische Wiesenblumen in einer Vase und umarmte ihn liebevoll: „Guten Morgen, mein Liebling, wie hast du geschlafen?"

„Herrlich und fest wie ein Murmeltier. Hätte der Wecker nicht geläutet, würde ich wohl noch schlafen. Ich habe das Fenster weit offen gehabt. Die Bergluft hier bei euch ist einfach himmlisch."

Mit einem „Guten Morgen, gut geruht?" betrat Frau Fleissner den Raum. Ihr folgte ein pausbäckiges junges Mädchen, das die Kaffeekanne und auch die Milch in einem Krug brachte. Auf dem liebevoll gedeckten Frühstückstisch standen verschiedene Marmeladen, ein Topf mit Honig, Butter, eine Platte mit Käse und Schinken sowie ein Korb mit Brot.

„Herr Leutnant bitte greifen Sie zu. Frühstücken Sie eher kräftig oder lieber Marmelade und Honig?"

„Ich frühstücke eher kräftig, weil man als Soldat nie so recht weiß, wann das Essen ins Feld nachgebracht wird."

„Mama, Paride - mag wer ein weiches Ei?", fragte Marie. „Ja, bitte", antwortete ihre Mutter und auch Paride entschied sich dafür. „Dann sag' ich das in der Küche." Marie ging hinaus und kam mit einem Körbchen mit Milchbrotscheiben zurück. „Bitte greift zu, das ist ganz frisch."

Nach dem Frühstück verabschiedeten sich Marie und Pollini. „Mama, wir gehen ins Dorf und sind gegen elf Uhr zurück. Ich decke dann den Tisch. Ich glaube nicht, dass der Papa und Franz vor zwölf Uhr zurücksein werden.
Als Marie und Pollini aus dem Haus traten, stand das pausbäckige Mädchen am Küchenfenster und seufzte: „Mir tät' der junge Herr auch gefallen, Frau Martina." Die aber antwortete resolut: „Roserl, jetzt räumst du erst einmal den Frühstückstisch ab. Deine Zeit kommt schon noch."
Hand in Hand gingen Marie und Paride den Weg ins Dorf hinunter. Als die ersten Häuser, die zum Teil hinter Obstbäumen verborgen schienen, in Sicht kamen, ließ Paride Maries Hand los. „Was hast du denn?", fragte Marie verblüfft.
„In jedem Dorf gibt es Leute, die alles sehen und glauben, alles kommentieren zu müssen. Das tun sie auf jeden Fall, aber man muss ihnen nicht noch den Stoff dazu frei Haus liefern", gab Paride zu bedenken.
„Es werden sich ja ohnehin alle fragen, wer du denn bist. Das große Rätselraten wird ausbrechen. Weißt du, dass ich das fast schon ein bisschen genieße?", lachte Marie und fuhr dann fort: „So ist das eben in einem Dorf. Ich mag die Leute hier und kenne sie alle, seit ich mich erinnern kann. Und alle kennen mich. Hier gibt es noch Redlichkeit, Gediegenheit und Herzensbildung. Und dazu kommt noch eine gewisse Kindlichkeit. Sie arbeiten fleißig, sind liebenswürdig und meistern so ihr oft recht hartes Leben. Wenn ich da nun mit einem jungen Mann daherkomme, dann ist das natürlich was Neues und sorgt für Gesprächsstoff."
Im Dorf wurde überall für das große Fest gearbeitet. Frauen banden Girlanden aus Tannenreisig und vor dem Gasthaus „Post" wurde der Tanzboden gezimmert. Die Wirtstochter umwickelte gerade das Geländer mit bunten Papierstreifen und grüßte Marie freundlich. „Dich zerreißt es jetzt vor Neugier", dachte Marie bei sich.
Schräg gegenüber vor dem Gemeindeamt hämmerten zwei Männer an einer kleinen Tribüne. Entlang des Dorfplatzes wurden Verkaufsstände aufgestellt und irgendwer rief immer wieder, dass man den Platz für das Ringelspiel und die Schiffsschaukel freihalten müsse. Die kämen nämlich am Nachmittag. Aus den Dachluken der Häuser ragten Fahnenstangen mit der kaiserlichen schwarzgelben oder der steirischen weißgrünen Fahne.
„Baronesse, wie geht es Ihnen denn?", rief ein Mann aus einem Gastgarten und schwenkte seinen Hut.
„Da müssen wir jetzt hin, Liebling, das kann ich dir nicht ersparen", meinte Marie.
„Grüß Sie Gott, Herr Amtsrat, wie geht es Ihnen denn?", fragte Marie den Mann. Sein Gesicht war runzelig wie ein Lederapfel, der zu lange auf dem Kasten gelegen war und beim Näherkommen roch Pollini Pfeifenrauch. Der Mann schüttelte Maries Hand und die wandte sich an Paride: „Darf ich die Herren miteinander bekannt machen? Herr Amtsrat Nakladal aus Wien ist der treueste Sommergast

unseres Ortes. Er kommt schon seit mehr als zwanzig Jahren im August hierher."
Sie wies auf Paride: „Leutnant Graf Pollini ist ein Freund meiner Familie."
„Angenehm, sehr angenehm", sagte der Amtsrat eifrig. „Um genau zu sein, verbringe ich heuer zum dreiundzwanzigsten Male meinen Urlaub hier. Es wird Herrn Leutnant hier ganz bestimmt gefallen, noch dazu in so lieber Begleitung."
„Auf jeden Fall, Herr Amtsrat", stimmte ihm Pollini zu. „Ich habe mich gefreut, Sie kennenzulernen. Wir sehen uns ja bestimmt morgen. Marie, jetzt müssen wir aber schauen, dass wir nach Hause kommen, sonst ist Dein Papa noch vor uns da."
Auf dem Heimweg war der kühle Schatten der Bäume eine Wohltat. Marie und Paride waren noch gar nicht lange zurück, als Rupert das Gespann in den Hof lenkte. Zufrieden stiegen Fleissner und Franz aus dem Wagen, auf dessen Ladefläche ein kapitaler Gamsbock lag. Haltan saß wie ein Denkmal daneben.
„Waidmannsheil, Franzl!" rief Marie.
„Waidmannsdank", antwortete Franz strahlend und schwenkte den Hut mit dem Bruch.
„Ein guter Schuss, wie von einem Kaiserlichen eben nicht anders zu erwarten", berichtete Fleissner.
Paride betrachtete voll Mitgefühl den Gamsbock und konnte sich des Verdachtes nicht erwehren, dieser würde ihm mit seinen gebrochenen Augen tief in die Seele schauen. „Von Zeit zu Zeit muss man welche abschießen," sagte Marie neben ihm. „Der natürliche Abgang reicht oft nicht aus und dann würde der Wildbestand zu groß. Der Franz bekommt die Trophäe. Sonst aber wird der Bock verarbeitet. Aus der Decke wird Leder, das Fleisch wird verwertet. Gamswurst und Gamsschinken sind sehr schmackhaft und werden bei uns in der Gegend gern gegessen." Leise setzte sie hinzu: „Mich ergreift es auch immer, wenn ich ein Stück Wild mit diesen erloschenen Augen sehe."
Am Nachmittag kam Ernst, der Sohn des Hauses, vom Bergsteigen in Südtirol zurück. Georg hatte ihn vom Bahnhof abgeholt. Ein großer, von der Sonne in den Bergen braun gebrannter, schlanker junger Mann sprang aus dem Wagen.
„Grüß Gott miteinander!", rief er und ging auf das Haus zu. Dort stand seine Mutter und umarmte ihn: „Gott sei Dank bist du gesund zurück. Gut schaust du aus. Du weißt aber schon, welche Angst ich immer um dich hab', wenn du in den Bergen unterwegs bist."
Fleissner nahm seinen Sohn in die Arme: „Ich bin froh, dass du gesund zurück bist."
„Hallo Franzl," sagte Ernst, „ich freue mich, dass du gekommen bist. Wir haben uns schon so lang nicht mehr gesehen."
Franz drückte seinem Vetter die Hand und meinte dann: „Ernst, das ist mein Regimentskamerad und guter Freund Leutnant Graf Pollini."

Freundlich reichte Ernst Fleissner Pollini die Hand: „Grüß dich, Herr Leutnant. Ich hab' schon viel von dir gehört und war schon recht neugierig auf dich."
„Aber Ernst!", rief seine Mutter.
„Das ist doch wahr, Mama."
Pollini lächelte belustigt: „Ich freue mich dich kennenzulernen. Hoffentlich hast du deine Erwartungen nicht zu hoch angesetzt."
„So, jetzt kriegst du von mir noch ein Busserl zur Begrüßung", mischte sich Marie ins Gespräch, „und dann komm herein. Du wirst zumindest durstig sein. Deinen Koffer gib bitte der Rosi zum Auspacken. Hoffentlich überlebt die den Geruch deiner verschwitzten Sachen. Die Martina hat dir sicher schon was zum Essen hergerichtet." Zu Pollini meinte sie: „Die Martina glaubt nämlich immer, dass ihr Herzkratzerl zu wenig isst und dafür in Wien zu viel Bier trinkt. Herzkratzerl sag' ich deswegen, weil der Ernstl die Martina von Kindesbeinen an in sein Herz geschlossen und ihr im Blütenalter von vier oder fünf Jahren sogar die Ehe versprochen hat. Daran will er sich heute zwar nicht mehr erinnern können, aber die Martina weiß das noch ganz genau."
Während alle ins Haus drängten, nahm Frau Fleissner ihren Neffen beiseite: „Franzl, wieso duzt der Ernst den Grafen Pollini?"
„Tante, der Ernst ist Leutnant in der Reserve und da verwendet er das kameradschaftliche 'Du'. Der Onkel könnte es als Reserveoffizier auch gebrauchen, nur tut er es als Maries Vater aus verständlichen Gründen nicht."
„Papa, du fährst vermutlich bald ins Dorf", sagte Ernst zu seinem Vater, nachdem er sich mit zwei belegten Broten gestärkt hatte. „Wenn du nichts dagegen hast, komme ich mit. Schließlich habe ich fast die ganze Bahnfahrt verschlafen und bin zu allem bereit."
„Bravo, da kommt endlich wieder einmal eine echte Herrenpartie zusammen", freute sich sein Vater. „Der Franz und Leutnant Pollini kommen nämlich auch mit", strahlte er über das ganze Gesicht.
Kurz darauf fuhr Georg vor und fröhlich die Hüte schwenkend stiegen die unternehmungslustigen Herrn in die Kutsche. Gleich darauf ging es im flotten Trab dem Dorf zu.
„Ob die wohl pünktlich zum Abendessen daheim sein werden?", fragte Maries Mutter mit leichtem Zweifel in der Stimme.
„Freilich Mama, schließlich wollen sie doch alle bei dir einen guten Eindruck machen," versuchte Marie die Bedenken ihrer Mutter zu zerstreuen.
„Für den Leutnant Pollini und den Franz trifft das schon zu, aber bei deinem Vater und deinem Bruder habe ich so meine Bedenken. Wenn die beiden sich längere Zeit nicht gesehen haben, finden sie nur sehr schwer nach Hause."
Tatsächlich kamen die Vier rechtzeitig zum Abendessen heim. Maries Vater hatte den Hut keck ins Genick geschoben und war, wie seine Begleiter, in bester Laune.

„Das hättet ihr erleben müssen, wie wir in die „Post" gekommen sind. Ziemlich zur gleichen Zeit sind auch die Leut' der Liedertafel von der Probe eingetroffen und das Männerquartett hat halt gleich zu singen angefangen. Da steht plötzlich der alte Nakladal, unser Sommerfrischler, auf und verkündet mit dem unnachahmlichen Wiener Herzschmerzgesang, dass er ein alter Drahrer ist und aus Grinzing heimwackelt. Derweilen bestellt sich der Franz ein neues Bier, steht auf, gebietet Ruhe und sagt den Leutnant Pollini an, obwohl er keine Ahnung hat, ob der überhaupt singen kann.

Ich denk mir nur noch, hoffentlich blamiert sich der arme Kerl nicht unsterblich, aber der Pollini steht auf und sagt, er wird ein Volkslied aus der Gegend von Triest singen. Und dann hat er losgelegt. Den Text hat ja keiner verstanden, trotzdem hat jeder das Meer gespürt, die Fische gerochen, hat die Sonne untergehen gesehen und mit den Mädeln, die auf ihre Matrosen und Fischer warten, mitgefühlt. Wie der Leutnant fertig war, war es einen Moment ganz ruhig im Gastgarten. Es herrschte wirkliche Ergriffenheit. Die Damen der Liedertafel haben alle feuchte Augen gehabt und dann ist der Jubel losgegangen. Man kann ruhig sagen, dass das Infanterieregiment 59 den Ort mit Gesang genommen hat!"

Marie fragte verblüfft: „Paride, du kannst singen? Das weiß ich ja gar nicht."

„Du hast mich auch nie danach gefragt. Ich spiele auch ein bisschen Gitarre und Klavier", antwortete Pollini verschmitzt lächelnd. „Bei uns können fast alle singen. Ich hab es von Mama geerbt. Und heute war mir einfach nach Singen zumute."

„Es war auch wirklich ein Nachmittag, wie es nur wenige im Jahr gibt", meinte Ernst und Franz nickte zustimmend. „Alle Vorbereitungen waren abgeschlossen und bei allen war die Vorfreude auf den morgigen Tag zu spüren."

„Wir freuen uns auch auf morgen", sagten Marie und ihre Mutter wie aus einem Mund.

+

Am Abend dieses 17. August 1910 schrieb in Salzburg Dr. Karl Kick in sein Tagebuch:

Franz I. (1768 - 1835) war durchaus beliebt. Seine persönliche Lebenshaltung und die seiner Familie hielt sich in beinahe bürgerlich zu nennenden Grenzen. Gewiss, der Kaiser hatte nicht die Ausstrahlung seiner Brüder, wie jene des Feldherrn und Siegers von Aspern, Erzherzog Karl, oder des volkstümlichen Erzherzog Johann. Was ihn kennzeichnete war das Ungekünstelte seines Auftretens. Das machte den „guten Kaiser Franz" beim Volke populär.

In seiner Person verkörperte sich das deutsche Schicksal während eines Vierteljahrhunderts. Die französische Revolution und ihre Erschütterungen, die Koalitionskriege, das Ringen mit Napoleon, Österreichs Opfergang für Deutschland 1809 und der entscheidende Entschluss von 1813 mit Russland und Preußen gegen Napoleon anzutreten, hatten ihn geprägt.

Kaiser Franz I. hatte in vierter Ehe Charlotte, die Tochter des Königs Max Josef von Bayern geheiratet. Nachwuchs besaß er bisher nur aus seiner zweiten Ehe mit einer Tochter des neapolitanischen Königspaares. Sein ältester Sohn, Ferdinand, litt an Epilepsie und war geistig labil. Nach den habsburgischen Hausgesetzen stand ihm trotzdem das Recht zu, seinem Vater auf dem Throne nachzufolgen. Und dies, obwohl die anderen Kinder aus dieser Ehe des Kaisers ganz gesund waren.

Erzherzog Franz Karl, der jüngere Bruder Ferdinands, war ein nicht sehr begabter, aber gutmütiger, von Standesdünkeln und jeglichem Ehrgeiz unbelasteter Prinz. Sein Hauptinteresse galt der Jagd, er liebte ein unbeschwertes Familienleben und interessierte sich nicht für Politik. Für ihn war es, aufgrund der habsburgischen Hausgesetze, ausgeschlossen, dass er einmal die Nachfolge seines kranken Bruders antreten würde.

Seit dem 4. November 1824 war er mit Sophie, einer anderen Tochter des Königs Max Josef von Bayern verheiratet. Sie galt zwar nicht als ausgesprochen hübsch, besaß aber Charme und wenn man ihren Zeitgenossen glauben darf, eine wohlgerundete Gestalt. Ganz im Sinne der damals populären katholischen Romantik erzogen, fromm, willensstark und sittenrein, sah sie in den Vorrechten des monarchischen Systems die von Gott gewollte Ordnung.

Nachdem niemand, auch keiner der Brüder, an der Nachfolgeschaft Ferdinands auf den Thron rüttelte, hatte Sophie die Vorstellung selbst einmal Kaiserin zu werden in den Bereich des Unmöglichen verbannt. Umsichtig fasste sie aber die Thronfolge eines eigenen Sohnes ins Auge. Das hieß freilich auch, dies den Zielen des Fürsten Metternich, der das Staatsschiff lenkte, unterzuordnen. Denn wo gab es in diesem Staat einen Beschluss von politischer Bedeutung, dem nicht die Genehmigung durch den Staatskanzler vorausgegangen war?

1830 ging Metternich von dem Grundgedanken aus, jede Auslegung des Freiheitsgedanken nach dem Beispiel der französischen Revolution und ihrer Folgen entschieden zu bekämpfen, um Europa neue Erschütterungen zu ersparen. Der Kanzler sah im Bündnis der Siegermächte den Garanten dafür. Metternich lenkte die Beschlüsse des Deutschen Bundes in Frankfurt, wo er versuchte, die Vormachtstellung des Hauses Habsburg gegen das wieder erstarkende Preußen zu festigen. Innenpolitisch hielt er es nach wie vor mit der Beibehaltung der von ihm vertretenen Grundsätze einer dem Willen des Monarchen angepassten Ordnung. Trotz Aufhebung der Leibeigenschaft unter Joseph II. lebte ein großer Teil der Landbevölkerung, vor allem in Böhmen und in Galizien, in Abhängigkeit und Zinsverpflichtung vom Großgrundbesitz. In den Städten aber mehrten sich seit

einigen Jahren die Anzeichen eines regsam werdenden Widerstandes des Bürgertums, das vor allem in den auswärtigen Provinzen und in den Volksmassen Anhänger fand. Allen voran in Italien, denn dort hatten Patrioten den Gedanken einer Vereinigung aller Italiener unter einer Fahne, nach Auflösung des von Napoleon I. gegründeten Vizekönigreiches Italien, zum Glaubensbekenntnis erhoben.
Auch die Ungarn zeigten sich zunehmend widerspenstig. Weder in Ungarn, noch im Böhmen oder in Polen zeigte sich die herrschende Herrenschicht zu Zugeständnissen an das Landvolk bereit. In Böhmen und bei den Südslawen ließen sich Kräfte feststellen, die in der Belebung der alten slawischen Sprache ein Grundelement für die Verkündung eines nationalen Gedankens sahen. Um an den Universitäten jeden Ruf nach Freiheit oder Fortschritt zu ersticken, wurden akademische Lehrer und Studentenschaft überwacht. Die Beamtenschaft verwaltete den Staat und erblickte in der Erhaltung seiner absoluten Autorität ihre Selbstbestätigung. Gerade das führte in den fremdsprachigen Provinzen des Reiches, in der Lombardei, in Venetien und in Galizien zu offener Anfeindung.
Sophie zeigte sich Metternich gegenüber respektvoll und höflich und war von dessen Liebenswürdigkeit ihrem Gemahl gegenüber sehr angetan. Sie wusste aber genau, dass Metternich es war, der einer möglichen Thronfolge ihres Mannes anstelle Ferdinands beizeiten einen Riegel vorgeschoben hatte, denn ein labiler Ferdinand ließ sich vom Ballhausplatz aus sicher leichter lenken.
So lange die Aussicht auf Nachkommenschaft beim Kronprinzen ausgeschlossen schien, hatte der erste Sohn Sophies alle Chancen eines Tages Kaiser zu werden. Ein Sohn also! Dieser Gedanke formte sich bei Sophie zur alles beherrschenden Vorstellung, denn auch der Kaiser erwartete unter dem Eindruck der Tragik, welche den Thronfolger umgab, sehnsüchtig auf Kindersegen, mit dem seine Schwiegertochter Sophie die Nachkommenschaft des Erzhauses sichern sollte.
 Nach zwei Fehlgeburten, die seine Mutter in tiefe Depressionen gestürzt hatten, erblickte nun um neun Uhr fünfundvierzig des 18. August 1830 Franz Joseph, der Sohn des Erzherzog Franz Karl und seiner Gemahlin Sophie aus dem Hause Wittelsbach, das Licht der Welt.
Das Geläut aller Glocken von Wien, hunderteins Kanonenschüsse, Trommelwirbel und der Jubel einer Volksmenge, die seit Stunden vor dem Schloss Schönbrunn gewartet hatte, umrahmten seinen ersten Auftritt vor der Geschichte.
Und morgen wird Kaiser Franz Joseph I. achtzig Jahre alt.

✝

Pater Ignaz, der Pfarrer des Dorfes, war unverkennbar bäuerlicher Herkunft. Mittelgroß, kräftig und mit seinem dichten, weißen Haarschopf war er nicht zu übersehen. Schon in der Volksschule war der aufgeweckte Bauernbub seinem Lehrer und dem Katecheten aufgefallen. Sie legten ihn dem Abt von Admont ans Herz. Der stellte auf diese Empfehlung hin einen Freiplatz im Stiftgymnasium zur Verfügung. Daran schloss sich dann das Priesterseminar in Salzburg.

Die Leute mochten ihren Pfarrer und wussten, dass man sich auf ihn in jeder Lage verlassen konnte. Schien einer Witwe die Arbeit auf ihrem kleinen Hof über den Kopf zu wachsen oder war anderswo der Sohn oder der Knecht gerade eingerückt, so legte Pater Ignaz Hand an. Er führte die Sense wie kaum ein anderer und er verstand sich besonders auf das Mähen steiler Bergwiesen.

Am Morgen dieses 18. August traf er seine Vorbereitungen für die Messe mit ungewöhnlicher Sorgfalt. Seine von einem feinen Netz von Adern durchzogenen Wangen glühten. Der Tag würde festlich werden. Er verneigte sich vor dem Gekreuzigten und ging aus seiner kleinen Wohnung im Pfarrhof. Über ein Rasenstück gelangte er zur Kirche. Er musste dazu an den Gräbern seiner Vorgänger an der Kirchenmauer vorbei und dachte, dass man auch ihn hier einmal bestatten würde. Dann öffnete er die Tür zur Sakristei und schaute, mit sich und der Welt zufrieden, auf das Messgewand, das im schräg durch das Fenster fallenden Morgenlicht glänzte.

Pater Ignaz trat in seine Kirche und kniete an der Kommunionbank nieder. „Zu Dir, mein Vater, bin ich heute erwacht. Zu Dir erhebe ich meine Gedanken und mein Herz. Mein Gott, der Du uns das Licht des Heils und das Leben gegeben hast, wache auch heute über uns. Voll Vertrauen kommen wir zu Dir und werden auch heute Deiner Güte und Deines Segens teilhaftig werden. Amen."

Für eine Weile sah er hinauf zu dem runden Fenster über dem Hochaltar. Dort war der Heilige Geist in Gestalt einer Taube dargestellt. Die Morgensonne schien sie mit einem Kranz aus Licht zu umfangen. Dem Pfarrer schien dies immer ein Zeichen Gottes zu sein, der ihn bestärkte, seine Arbeit für die ihm anvertraute Gemeinde zu tun. Er verneigte sich tief vor dem Altar, kehrte ihm dann den Rücken und schritt zwischen den Kirchenbänken dem Portal zu. Seine genagelten Schuhe ließen seine Schritte durch das Kirchenschiff hallen. Er öffnete das Tor weit und trat hinaus in den strahlenden Augusttag.

Der Klang von Marschmusik lag in der Luft. Der Pfarrer wusste, dass nun die Ortsmusik mit klingendem Spiel, in das sich zuweilen der eine oder der andere nicht ganz reine Ton einschlich, zum Dorfplatz marschierte. Dort warteten schon die Veteranen mit ihrer Fahne. Die würde der Musik voran getragen werden. Hinter der Musikkapelle aber marschierten die alten Soldaten zur Kirche. Die war das Ziel all derer, die festlich gestimmt und feiertäglich gekleidet, von ihren Höfen ins Dorf kamen. Sie gingen zu Fuß oder fuhren auf Leiterwagen, die mit Reisiggirlanden umwunden waren und von besonders geschmückten Pferden gezogen wurden.

Als der Mesner die kleine Glocke neben der Sakristei erklingen ließ und sich die Gläubigen zum Einzug des Pfarrers erhoben, konnte die Kirche die Zahl der Leute kaum fassen. Würdevoll schritt Pater Ignaz mit seinen Ministranten zum Altar. Die Liedertafel sang eine Schubertmesse. Nach seiner kurzen, aber wohldurchdachten Predigt bat Pater Ignaz um Gottes Segen für seine Majestät und das Haus Habsburg. Nach der Predigt intonierte der Organist die Kaiserhymne, die von den Besuchern des Gottesdienstes kräftig und mit Hingabe gesungen, machtvoll durch das Kirchenschiff hallte. Während der Wandlung ließen Böllerschüsse, die der Schussmeister der Veteranen vor der Kirche abfeuerte, die Gläubigen zusammenzucken.

Paride saß mit seinen Gastgebern in dem für sie reservierten Gestühl, das im rechten Winkel zu den Bänken der anderen Kirchenbesucher stand. Seine Gedanken wanderten zu Kaisers Geburtstag vor genau einem Jahr zurück. Er dachte an seine Ausmusterung auf dem Theresienplatz der alten Burg zu Wiener Neustadt. Dort hatten er und seine Jahrgangskameraden dem Kaiser Treue bis in den Tod geschworen.

Nach dem Hochamt, bei dem die Ministranten Altar und Pfarrer hinter Wolken von Weihrauch fast nur mehr schemenhaft erkennen ließen, strebte alles dem Dorfplatz zu. Auch die, die sonst den Platz vor der Kirche für eifrige Gespräche nützten und dabei Gott und die Welt ausrichteten, sputeten sich. Der Bürgermeister bat Baron von Fleissner, dessen Sohn und die beiden Raineroffiziere auf die Ehrentribüne vor dem Gemeindeamt. Dieser gegenüber hatte die Musikkapelle Aufstellung genommen.

Unter den Klängen der 47er- Regimentsmarsches nahte der Marschblock des Veteranenvereins. An der Spitze marschierte stramm der Kommandant, ein pensionierter Lehrer, der sich als junger Reserveoffizier eines Feldjägerbataillons 1878 in Bosnien bewährt hatte. Dann folgten die Fahnengruppe und in tadelloser Haltung und Seitenrichtung die Veteranen. In den vorderen Reihen defilierten die ganz Alten. Sie trugen die Auszeichnungen, die sie bei Custozza und Königgrätz erworben hatten, auf der Brust. Zum Schluss kamen die Jungen. Kräftige Bauernburschen, die gerade erst ihren Militärdienst absolviert hatten. Nach den Veteranen marschierte die freiwillige Feuerwehr, die in den letzten Wochen auch vermehrt exerziert hatte, um gegen die ehemaligen Soldaten nicht abzufallen. Dahinter schwenkte die Musik ein und rückte mit klingendem Spiel ab.

Nun wurden auch Baronin von Fleissner, Marie und die Honoratioren mit ihren Damen auf die Tribüne gebeten. Ein weißgekleidetes, sichtlich unbefangenes

Mädchen trat vor und trug ein von Frau Lehrerin Pöllauer verfasstes Gedicht vor, das dem Kaiser huldigte. Dann enthüllte der Bürgermeister schwungvoll eine am Gemeindeamt angebrachte Marmortafel, die, wie er vorher ausgeführt hatte, für alle Zeiten an den achtzigsten Geburtstag seiner Majestät erinnern sollte.

Nach diesem Festakt teilte sich die Menge, die zuvor den Vorbeimarschierenden kräftigen Applaus gespendet und die Enthüllung der Tafel mit Hochrufen auf Kaiser Franz Joseph begleitet hatte, auf die verschiedenen Gastgärten auf. Flink brachten die Kellnerinnen Bier herbei, das sich die Männer genüsslich schmecken ließen. Die Frauen nippten an kleinen Gläsern mit Wein und für die Kinder gab es ausnahmsweise und zur Feier des Tages Soda mit Himbeer.

Die jungen Burschen aber drängten sich an den Schießbuden und schossen Rosen aus Papier und Lebkuchenherzen, um sie dann den Mädchen, denen ihr besonderes Interesse galt, zu schenken. Vom Karussell her hörte man das Orchestrion und auf der Schiffsschaukel schienen die Mutigen schier in den Himmel fliegen zu wollen. Bewundernd schauten ihnen die jungen Frauen zu. Die Buben aber warfen mit Stoffbällen auf Konservenbüchsen und heimsten so kleine Preise ein. Zwischen den Wirtshaustischen schob sich ein Mann mit einem Bauchladen durch. In einem Leinensack hatte er Kugeln mit geraden und ungeraden Zahlen. Immer wieder fragte er: „Tan ma amol?" Wer seiner Aufmunterung folgte, musste gegen ein geringes Entgelt eine gerade oder eine ungerade Zahl nennen und dann die entsprechende Kugel aus dem Sack holen. Gelang das, durfte man sich aus dem Bauchladen einen Preis aussuchen.

„Gottscheberer," rief Ernst, „ komm her, tan ma amol!"

„Woher kennst du denn den Hausierer schon wieder beim Namen ?", wollte seine Schwester wissen.

„O du heilige Einfalt", stöhnte Ernst, „der Mann ist ein Hausierer aus Gottschee, tief unten in Krain. Nur die betreiben dieses Spiel und werden Gottscheberer genannt."

Ernst griff tief in den Sack und forderte seine Schwester auf eine Zahl zu nennen. Marie zögerte nicht lange und sagte: „Achtzehn." Tatsächlich holte Ernst eine Kugel mit einer geraden Zahl aus dem Sack und wählte ein kleines Taschenmesser als Preis aus. „Da, nimm es, Marie, das kannst du zum Blumenschneiden oder beim Schwammerlsuchen verwenden."

Mit wehender Soutane kam nun auch der Pfarrer in den Gastgarten und nahm am langen Tisch der Ehrengäste Platz. Aus der Küche kam der verführerische Duft von Schweinsbraten. „Das riecht ja wirklich gut", meinte Pater Ignaz. „Im Priesterseminar hatte ich einen Freund aus dem Innviertel. Der meinte immer wenn es Schweinsbraten gab, was nicht sehr oft der Fall war, mit gespielter Würde: 'Wenn Ripperl und Schinken mit Sauerkraut winken, in Liebe und Treu gedenket der Säu.' Ich kann das Essen kaum erwarten." Zur blitzsauberen Wirtstochter gewendet setzte er hinzu:" Geh', Mali, bring mir bitte ein großes Bier mit, wenn du wieder vorbeikommst."

„Wenn wir auch am Nachmittag zu Hause reichlich aufgetischt bekommen, so müssen wir hier trotzdem was essen. Die Wirtsleute wären sonst sehr beleidigt und zum Bier brauchen wir ohnehin eine gute Unterlage", meinte Fleissner mit gedämpfter Stimme.

Als die Tochter des Hauses dem Pfarrer das Bier brachte, bestellte Fleissner : „Mali, bitte bringen Sie uns sechsmal den Jausenteller. Und für uns Männer bitte noch vier Bier. Hedwig", wandte er sich an seine Frau," willst du noch ein Glas Wein oder lieber einen Spritzer ? Marie, was willst denn du noch haben? Also, Mali, bringen Sie auch noch zwei weiße Spritzer, die finden schon ihre Abnehmer."

Als Teller mit heißem Schweinsbraten, Würstl und Geselchtem, frischem Kren und Schwarzbrot auf dem Tisch standen, meinte Ernst: „Da hat der Vater schon recht, das kann man vertragen."

Um zwei Uhr nachmittags begann die Musik zum Tanz aufzuspielen und einem gern geübten Brauch folgend, eröffneten die Honoratioren mit einem Walzer den allgemeinen Tanz. Dr. Fleissner tanzte mit seiner Frau, Franz mit der blitzsauberen Tochter des Bürgermeisters, Ernst drehte die Tochter des Notars aus der Bezirksstadt im Kreis und Paride hielt Marie im Arm. Die war selig und hatte nur Augen für ihn.

„In einer halben Stunde wird uns der Georg wieder abholen", sagte Fleissner nach dem Eröffnungswalzer zu Paride, mit dem er sich gern unterhielt. Er hatte nämlich festgestellt, dass dieser nicht nur ein guter Erzähler, sondern auch ein sehr guter Zuhörer war. „Zu Hause feiern wir Kaisers Geburtstag dann mit den Leuten, die Jahr und Tag für uns arbeiten. Wir machen das seit Jahren. Ich möchte den Leuten mit dem Fest nicht nur eine wirkliche Freude machen, sondern ihnen vor allem das Gefühl geben, dass sie bei uns gut aufgehoben sind und in sicheren Umständen leben. Ein Mensch, der um seine Arbeit und damit auch um seinen Lebensunterhalt bangen muss, ist kein freier Mensch. Außer unseren Leuten und ihren Familien kommen Nachbarn und Freunde. Da geht es auch am Nachmittag und abends noch hoch her."

In der Zwischenzeit hatte sich ein älterer, schon etwas angeheiterter Mann an den Pfarrer herangepirscht und redete heftig gestikulierend auf ihn ein. Der hörte ihm mild lächelnd und geduldig zu. Dann aber sagte er: „So, Jakob, das ist genug. Wenn du heute ein Ebenbild unseres Herrn sein willst, dann wird der liebe Gott nicht sehr geschmeichelt sein. Sei gescheit und geh' jetzt heim. Leg' dich hin, dann ist wenigstens der morgige Tag nicht vertan. Heute hast du wirklich schon genug."

„Herr Pfarrer, wenn du das meinst, dann mach ich mich auf den Heimweg", brummte der Alte und trottete gehorsam davon.

Auf dem Tanzboden ging es schon lustig zu, als Fleissner mit seiner Familie und seinen beiden Gästen nach Hause fuhr. Die Burschen wirbelten die Mädchen im Tanz herum und ließen die Gelegenheit nicht aus endlich einmal nähere Bekanntschaft zu schließen. Die Gelegenheit unter den Augen der Älteren und der Eltern auf Tuchfühlung zu gehen, ergab sich ja nur ganz selten. Aber auch die Älteren hatten ihr Vergnügen. In der ganzen Gegend bekannte und beliebte Musikanten hatten ihre Harmonika oder die Zither mitgebracht, in den Gastgärten aufgespielt, gesungen und mitunter auch übermütig gejauchzt.

Im Hof des Fleissnerschen Herrenhauses waren lange Tische und Bänke aufgestellt. Vor dem Verwaltungsgebäude war die Schank aufgebaut und in der Kühle des Kellers waren Bier in Fässern und kistenweise das bei den Kindern so beliebte Kracherl, mit Sodawasser versetzte Limonade, gelagert. Wohl temperiert waren auch Rot- und Weißweine. Mit dem Eintreffen des Hausherrn wusste das Personal, dass die ersten Gäste in einer halben Stunde ankommen würden. Knapp nach dem Hausherrn traf auch die Musik ein. Das waren drei hochbegabte Burschen aus dem benachbarten Lavanttal. Jeder beherrschte mehrere Instrumente und das Trio zu bekommen war gar nicht leicht.

Etwas verlegen und scheu kamen die ersten Gäste, es waren Arbeiter aus dem Sägewerk mit ihren Familien.

„Grüß dich Thaler", rief Fleissner und winkte einen Mann herbei. „Wo sind denn deine Frau und die Buben?" Eine gutaussehende jüngere Frau im Festtagskleid schob stolz lächelnd zwei Buben vor und meinte: „Da sind die Buben. Der Thomas ist jetzt ausgeschult worden und der Hans ist im nächsten Jahr dran."

„Mein Gott, wie die Zeit vergeht", staunte Fleissner und wandte sich an den größeren der beiden: „Und was wirst du jetzt machen, Thomerl?"

„Schmied möcht' ich werden, Herr Baron."

„Und hast du schon einen Meister, bei dem du lernen kannst?"

„Der Hahnbammer zieht noch ein bisserl herum", antwortete der Vater.

„Thaler, das trifft sich gut. Der kommt heute ohnehin auch her und dann reden wir noch einmal mit ihm. Das wird schon glatt gehen. Dann hat der Thomerl nach der Schule noch einmal schöne Ferien gehabt und im September fängt er seine Lehre an. Wär' dir das so recht?", fragte Fleissner den Buben.

Der strahlte über das ganze Gesicht und nickte eifrig.

Inzwischen waren weitere Angestellte, Nachbarn und Freunde eingetroffen, der Bürgermeister und der Pfarrer wurden noch erwartet. Der Hausherr, seine Frau und seine beiden Kinder hießen alle Ankommenden willkommen und hatten auch für jeden ein persönliches Wort. Franz und Paride hatten wieder Zivilkleidung angezogen und neugierige Blicke traf die beiden. Vor allem die Frauen versuchten die beiden aus der Nähe zu sehen und zu beurteilen.

„Rosi, schmacht' den Herrn Grafen nicht so an", sagte Martina mit mildem Tadel in der Stimme, „jetzt geht es gleich los und dann müssen wir parat sein. Wo sind denn die Burgl und die anderen Dirndln?"

„Die machen sich gerade fertig und sind jeden Moment da."

Der Hausherr ließ es sich nicht nehmen und schlug, wie jedes Jahr, das erste Bierfass an. Dann aber standen kräftige Bräuburschen am Zapfhahn und ließen das Bier gekonnt in die Krüge fließen. Zwei junge Frauen schenkten Wein ein und gaben Kracherl aus.

„Paride, wenn du was trinken willst, musst du es dir selbst holen", belehrte ihn Marie. „Hier bei uns herrscht Selbstbedienung, auch beim Essen. Sonst wäre das einfach nicht zu machen."

Nach einem Tusch der Musikanten begrüßte Fleissner in launigen Worten die Gäste und brachte ein „Hoch" auf seine Majestät aus, in das alle Anwesenden begeistert einstimmten. Dann fügte der Hausherr noch hinzu, dass Essen und Trinken Leib und Seele zusammenhalte und sich jeder nach Herzenslust am Buffet bedienen solle.

Unter Martinas Aufsicht hatten die Mädchen aus der Küche große Töpfe gebracht, in denen Gulasch dampfte. Auf Platten lagen kleine kalte Wiener Schnitzel, Brathuhn, Schweinsbraten, Schinken, Wurstscheiben, Käse und geräucherte Forellen aus der eigenen Fischzucht, in Schüsseln gab es saure Gurken, eingelegte Zwiebel und Paprika. Schwarz- und Weißbrot wartete in großen Körben auf die Esser.

Gerade die Kinder standen staunend vor den Köstlichkeiten, viele von ihnen kannten Weißbrot nur aus Erzählungen. Auf einem Tisch waren Teller aus Steingut und Holz aufgetürmt, daneben lag Besteck in großer Zahl.

„Komm, lang nur zu und nimm dir, was du möchtest", ermunterte Ernst einen Buben mit großen, ernsten Augen. „Nachher gibt es dann noch was Süßes", fügte Marie hinzu, „heb' dir also noch ein bisschen Appetit auf." Marie nahm sich besonders der Kinder an, beriet sie, was sie nehmen sollten und was ihnen wohl schmecken würde und ging ihnen überhaupt zur Hand. Die Verlegenheit und die Scheu, die nicht nur manche Kinder, sondern auch Erwachsene an den Tag legten, vergingen rasch. Scherzworte flogen hin und her, es wurde gelacht und gesungen. Die Kinder aßen später andächtig Bisquitrouladen und verschiedene Strudel, die wie von Zauberhand gebracht, auf einmal am Buffet lagen. Die Frauen aber lobten Martinas Kochkünste und die Art, wie sie diese ganz ruhig und unaufgeregt an ihre Gehilfinnen weitergab.

Als Frau Fleissner die schlanke Gestalt der Lehrerin, die sich gerade mit einigen Kindern beschäftigte, entdeckte, sagte sie: „Fräulein Pöllauer, haben Sie einen Augenblick Zeit für mich?"

„Selbstverständlich Frau Baronin, was kann ich für Sie tun?"

„Es handelt sich um das Mädchen, das heute das Gedicht aufgesagt hat. Das hat

auf mich so unbefangen gewirkt. Und begabt dazu. Wenn da einmal eine Förderung oder eine Fürsprache gebraucht werden sollte, dann kommen Sie bitte zu mir."
„Sehr gern, Frau Baronin. Die Kleine kommt aus einer rechtschaffenen Familie. Der Vater ist Wegmacher, die Mutter hilft bei Bedarf beim „Sternwirt" als Stubenmädchen oder in der Küche aus. Noch hat alles ein bisschen Zeit, aber dann melde ich mich gern bei Ihnen."
Im Abenddämmern wurden Lampions, die in den Girlanden hingen, und Fackeln angezündet. Diese Beleuchtung verlieh dem Fest einen eigenen Zauber. Die Eltern mit Kindern verabschiedeten sich um diese Zeit und machten sich auf den Heimweg.
„Thomerl", wendete sich Fleissner beim Abschied an Thalers Sohn, „mit dem Meister Hahnbammer ist alles in Ordnung. Im September kannst du bei ihm anfangen."
Der Schmied stand lächelnd dabei und meinte zu dem strahlenden Buben: „Also, Thomas, dann bist du am Ersten in der Früh um sieben da und dann gehen wir 's an. Ich mach schon einen tüchtigen Schmied aus dir."
Die Fackeln waren heruntergebrannt; ein milder Geruch nach Wachs hing in der Luft. Das Buffet war fast leer gegessen. Martina legte mit Rosi die Reste auf zwei oder drei Platten zusammen. Die Gäste hatten sich verabschiedet, die Musikanten ihre Instrumente eingepackt. Ruhe war wieder eingekehrt.
„Martina", sagte Frau Fleissner, „ machen Sie bitte den Mädchen, die Ihnen so brav geholfen haben, noch ein Jausenpackerl zum Mitnehmen zurecht. Den Rest geben Sie bitte den Leuten morgen zur Arbeit als Jause mit. So haben sie auch am Tag nach Kaisers Geburtstag noch was davon." Dann setzte sie hinzu: „Martina, ich danke Ihnen wirklich für den heutigen Tag. Nur mit Ihrer Hilfe und mit Ihren Künsten ist er ein solcher Erfolg geworden. Sie haben bei mir einen Wunsch gut. Sagen Sie mir den aber bitte bald und wünschen Sie sich etwas, das Sie schon lange tun oder haben wollten. Einverstanden?"
„Aber Frau Baronin, das ist doch nicht nötig. Ich bin gerne bei Ihnen und arbeite gern für Sie."
„Martina, wir wissen beide, was ich an Ihnen habe und dazu will ich Ihnen einfach eine Freude machen."
„Danke, vielen Dank Frau Baronin, ich werde mir was überlegen. Aber nötig wäre es wirklich nicht."
Fleissner ging zu seinem Verwalter ins Büro. „Herr Seethaler, nur der guten Ordnung wegen noch eine Frage an Sie, bevor Sie dann endlich Feierabend machen. Haben wir alle Leute, die heute für uns gearbeitet haben, ausbezahlt?"
„Ja freilich Herr Baron. Die Musikanten waren die letzten. Ich habe schon darauf geschaut, dass jeder sein Kuvert mit Inhalt bekommen hat. Die Leute haben sich sehr gefreut."

„Schauen Sie, mein lieber Seethaler, Sie haben gemeint, es wäre zu großzügig bemessen, aber gute Arbeit soll schon ihren Lohn bekommen. Dann helfen uns die Leute gern. Vielen Dank auch Ihnen, Herr Seethaler. Wir beide reden auch noch über die Abgeltung für Sie. Sagen sie jetzt nur nicht, dass das nicht notwendig ist. Sie haben schließlich einen Sohn, der in Leoben studiert. Also dann bis morgen."
„Gute Nacht, Herr Baron. Bis morgen."
Marie stand an Paride gelehnt im Garten. „Wie hat dir der Tag gefallen?", fragte sie ihn. Er legte seinen Arm um sie: „Das war einer der schönsten Tage in meinem bisherigen Leben. Er war voll Harmonie und ich habe gespürt, wie glücklich und beschwingt alle waren.
Und es war wieder einer der kostbaren Tage, die ich mit dir verbringen konnte. Jeden Augenblick war ich so stolz auf dich. Ich mag einfach alles an dir. Die Art, wie du gehst, wie du lachst, wie du mit den Leuten und ganz besonders mit den Kindern sprichst. Und wie dein Blick mich immer wieder sucht."
Seine Finger strichen über ihre Wange: „Ich liebe dich mit jeder Faser meines Herzens."
Marie schaute ihn an und flüsterte: „Dann küss mich endlich du mein lieber, wunderbarer Mann."

+

Das prachtvolle, heiße Augustwetter hielt auch am nächsten Tag weiter an. Nach dem Frühstück brachte Georg das Gepäck von Franz und Paride zur Kutsche. Beide trugen wieder Uniform, als sie sich von ihren Gastgebern verabschiedeten.
„Liebling, sei mir bitte nicht böse, wenn ich dich nicht zum Zug bringe", hatte Marie mit Tränen in den Augen gesagt. „Ich hole dich gern ab. Aber dich wegfahren zu sehen, zu sehen, wie du dich aus dem Abteilfenster beugst und winkst und der Zug dann um die Biegung verschwindet, das bricht mir das Herz!"
Nun stand sie aber wieder gefasst neben ihren Eltern und ihrem Bruder, als sich Franz und Paride verabschiedeten.
„Ich habe mich über Ihren Besuch wirklich gefreut und hoffe, dass es Ihnen gefallen hat und Sie sich bei uns am Land wohlgefühlt haben, Herr Leutnant. Sie sind meiner Familie und mir jederzeit herzlich willkommen", sagte Fleissner und drückte Pollini zum Abschied herzlich die Hand. „Franzl, du weißt, dass für dich das Gleiche gilt. Grüße bitte deine Eltern schön von uns. Die sollen sich doch wieder einmal auf die Reise in die Steiermark machen. Das Gamskrickl schicken wir dir nach, wenn es präpariert ist."
Nachdem sich die Damen und Ernst verabschiedet hatten, stieg Franz in die Kutsche.

„Paride, warte, ich hab' noch was für dich", rief Marie, lief auf ihn zu und küsste ihn. Pollini umfasste ihre Oberarme, schaute sie an und sagte nur: „Jede Abreise führt mich zu dir zurück."

Dann drehte er sich nochmals zurückwinkend zu seinen Gastgebern um und setzte sich neben Franz. Georg ließ die Pferde antraben. Die Fleissners standen vor dem Haustor, Ernst schwenkte ein großes kariertes Tischtuch.

„Das ist ja recht gut gegangen", meinte er dann mit einem kleinen Lächeln zu seiner Schwester. Die aber bat: „Papa, Mama, wartet noch einen Augenblick, ich muss euch noch was fragen."

„Dann setzen wir uns wohl am besten vor das Haus", antwortete ihr Vater und ging zu seiner Bank. Nachdem sich alle gesetzt hatten und niemand etwas sagte, räusperte sich Fleissner in die Stille hinein und fragte: „Was ist, Marie? Wir warten."

Eine leichte Röte überzog Maries Gesicht und leise fragte sie: „Wie findet ihr ihn?"

„Fang' halt ich an", grinste ihr Bruder. „Die Rosi ist ganz in ihn verschossen und war mit dem Geld, das er ihr und der Martina in die Hand gedrückt hat, mehr als zufrieden."

„Langsam verzweifle ich wirklich an dir! Kannst du nicht einmal ernst sein? Die Frage ist für mich doch so wichtig", bat Marie.

„Schwesterherz sei unbesorgt. Mir gefällt er. Ich halte ihn nicht nur für liebenswürdig und charmant, sondern für gescheit, wohlerzogen und zuverlässig. Als angehender Landwirt sage ich, der kommt schon aus dem richtigen Stall."

Erleichtert lächelte ihm Marie zu.

„Ich kenne ihn ja schon aus Salzburg und den guten Eindruck, den er dort auf mich gemacht hat, hat er hier bei uns bestätigt", meinte ihre Mutter. „Und vertieft. Mir ist es wichtig, dass sich meine Tochter nicht in irgendeinen Hallodri verschaut. Und Hallodri ist er ganz bestimmt keiner." Sie legte ihre Hand über die ihrer Tochter und sagte: „Du musst glücklich sein."

Erwartungsvoll schauten alle den Vater an. Der schwieg noch eine kurze Weile und dann kam es ganz trocken: „Von all den jungen Männern, die für meine Tochter nicht gut genug sein werden, ist er mir heute schon entschieden der liebste."

Marie umarmte ihren Vater.

II

Hauptmann Reitsamer stand am Fenster und schaute hinunter auf den Kasernenhof, wo ausgesuchte Soldaten seiner Kompanie Ladegriffe und Laufwechsel am Maschinengewehr übten. Der Himmel war grau und es nieselte leicht. „Das ist der Herbst in Salzburg", dachte der Hauptmann.
Pollini trat ein. „Herr Hauptmann, ich melde mich wie befohlen!"
„Danke. Komm und nimm bitte Platz. Ich habe mit dir zu reden."
Während Pollini einen Stuhl heranzog und sich setzte, hatte der Hauptmann ebenfalls Platz genommen und blätterte in dem Buch, in dem er sich seine Besprechungsnotizen machte.
„Es scheint Seltsames vorzugehen ,", sagte Reitsamer, „was hast du denn mit der christlichen Seefahrt zu tun?"
„Herr Hauptmann, ich kann segeln und mach das auch gern. Auch bei starkem Wind und schlechtem Wetter, aber das kann bei uns zu Hause jeder und das ist daher nichts Ungewöhnliches", antwortete Pollini. „Als Bub habe ich den Dampfern des Lloyd Triestino voll Sehnsucht nachgeschaut und von den Ländern, die irgendwo hinter dem Horizont liegen, geträumt. Von den Pyramiden, den Basaren von Damaskus und Aleppo, von kühnen Reitern und glutäugigen, rätselhaften Frauen."
Reitsamer lächelte belustigt. „Buben träumen doch überall dieselben Träume. Jetzt ist jedenfalls die Marinesektion auf dich aufmerksam geworden. Warum weiß ich nicht. Ob man mit dir, dem Leutnant bei der Infanterie, was vorhat, entzieht sich auch meiner Kenntnis. Jedenfalls meldest du dich heute um zwei Uhr nachmittags bei Oberstleutnant Bernhold, der dir alles Nähere oder das, was dem Regiment bekannt ist, mitteilen wird.
Ich geb' dir nur den gut gemeinten Rat, lass dich in Wien nicht einwickeln. Dort versteht man sich nämlich prächtig darauf. Wird nur die Hälfte von dem, was einem dort versprochen wird, auch gehalten, dann ist man gut bedient. Aber vielleicht unterscheidet sich die Marine in dem Punkt von der Armee."
Am Nachmittag meinte Oberstleutnant Bernhold zu Pollini: „Ich weiß auch nicht viel mehr als dir Hauptmann Reitsamer schon gesagt hat und bin auf Vermutungen angewiesen. Die Marine erhebt zur Zeit, wo Offiziere aus Istrien und Dalmatien Dienst machen und lädt die dann zu einem Gespräch in die Marinesektion nach Wien ein. Da scheint was im Busch zu sein, weil man so gewählt herumredet, denn in Absprache mit dem Ministerium hätte man die Leute auch nach Wien befehlen können.
Mein lieber Pollini, du hast dich jedenfalls am Montag übernächster Woche in Wien zu melden. Wo und wann steht da drinnen." Bernhold reichte Pollini einen gefalteten Papierbogen.

„Ich habe natürlich überlegt, was man da im Schilde führen könnte", fuhr Bernhold fort. „Will man junge Offiziere haben, um der Marine auch eigene Infanterie zu geben? Das wäre schon eine Möglichkeit. Die andere erscheint mir aber wahrscheinlicher. Die Marine wird von allem Anfang an bei der Fliegerei dabei sein wollen. Das traue ich Admiral Montecuccoli, dem alten Fuchs, schon zu. Denn wenn der was in der Luft hätte, wäre die Flotte in der Lage, weit in die Adria hinauszuschauen. Von der Fliegerei versteht noch niemand sehr viel, die meisten Flugschüler sind vermutlich Kavalleristen, die eine neue Herausforderung suchen und dazu verrückt genug sind. Hast du dich jemals mit dem Fliegen beschäftigt?"
„Nein, Herr Oberstleutnant. Zumindest nicht mehr, als dass ich den Möwen am Meer zugeschaut und sie immer bewundert habe, wie sie die Winde nützen und scheinbar mühelos steigen und kreisen."
„Könntest du dir vorstellen Flieger zu werden?"
„Darüber habe ich noch nie nachgedacht. Ich bin auf der Erde eigentlich ganz zufrieden. Ich habe gern festen Boden unter den Füßen. Bevor ich nicht in Wien gewesen bin, denke ich auch nicht darüber nach.
Vielleicht suchen die auch nur wen für das Militärgefangenenhaus in Capo d' Istria. Das wäre doch auch möglich, obwohl das meines Wissens von einer Infanterieeinheit bewacht wird."
„Also dafür geben wir dich ganz bestimmt nicht her, dafür bist du dem Regiment zu wertvoll. Wir wollen dich überhaupt nicht hergeben. Uns genügt der Aderlass, wenn Holzner auf die Kriegsschule kommt und das halte ich für ziemlich wahrscheinlich.
Ich rate dir, schon am Samstag nach Wien zu fahren. Dann hast du auch was von der Reichshaupt- und Residenzstadt und am Montag gehst du dann halt in Gottes Namen in die Marinesektion."
Pollini erhob sich lächelnd und meldete sich ab. Auf dem Weg zu seiner Kompanie dachte er über seine militärische Zukunft nach. Was mochte sie ihm wohl bringen? Würde er in Salzburg bleiben, was ihm am liebsten wäre oder würde er Marineinfanterist werden? Oder Flieger, obwohl er daran noch nie gedacht hatte. Gegen eine Kommandierung nach Capo d' Istria würde er sich jedenfalls mit Händen und Füßen wehren. Die Unterstützung seines Obersten wäre ihm dabei sicher.

+

Um die Mitte des 19. Jahrhunderts zeigte die Armee verstärktes Interesse am Ballonfahren. Erstmals versuchte man bei der Belagerung von Venedig Heißluftballons als Bombenträger einzusetzen. Zehn Jahre später gelangen einem französischen Ballonfahrer in der Schlacht von Solferino die ersten photographischen Aufnahmen österreichischer Stellungen aus der Luft. In den folgenden Jahren verlangten die gesteigerten Schussweiten der Artillerie eine neue Art der Feuerleitung. Diese sollte aus Fesselballonen erfolgen. Als 1866 die Preußen vor Wien standen, wurde eilig die erste österreichische Luftschiffertruppe aufgestellt. Sie bestand aus einem Offizier, zwei Unteroffizieren und sechzig Mann des Infanterieregiment Nr. 27, sowie einem 1800 Kubikmeter fassenden Ballon. Aus Versehen entflog der Ballon der Truppe noch vor dem Einsatz. Die Einheit wurde wieder aufgelöst.

Der Ballonfahrer Viktor Silberer veranstaltete 1877 in der Wiener Rotunde eine Luftfahrtschau, die auch der Kaiser mit seinem Besuch beehrte. 1890 wurde im Wiener Prater der erste militärische Ballonfahrerkurs abgehalten. Als Voraussetzung für die acht teilnehmenden Offiziere galten „eine besondere Rüstigkeit, turnerische Gewandtheit, geringes Körpergewicht, sehr gutes Sehvermögen, naturwissenschaftliche und maschinentechnische Kenntnisse". Noch vor Beginn der praktischen Übungen mieteten die Teilnehmer im Prater eine Schaukel, auf der sie täglich in den Morgenstunden stundenlang trainierten, um sich an die Schwankungen zu gewöhnen und um gegen die Luftkrankheit gefeit zu sein. Da bei der neuen Ausbildung die bisherige Uniform eher hinderlich war, legten sich die Kursteilnehmer eine eigene Uniform zu. Sie trugen eine weiße Schirmmütze, eine offene Drillichbluse mit roter Krawatte und eine lichte Hose. Damit wurden sie natürlich zum roten Tuch für ihre Vorgesetzten und mancher, der an sich Interesse an der neuen Ausbildung gehabt hatte, wurde angeschnauzt: „ Wollen Sie Offizier oder Luftakrobat sein?" Da die Karriere natürlich wichtiger war, war für manchen der Traum vom Fliegen sehr rasch ausgeträumt.

Im Jahre 1898 wurden drei Züge der mobilen Feldballon-Abteilung Nr. 1 aufgestellt. Die Ballons wurden auf Pferdewagen transportiert und am Einsatzort von einem Gaswagen, der Wasserstoff produzierte, befüllt. In Deutschland baute zu dieser Zeit Graf Zeppelin mit Wasserstoffgas gefüllte und von Motoren angetriebene Luftschiffe von großen Ausmaßen. Am 2. Juli 1900 stieg erstmals sein „LZ 1" auf. Die deutsche Führung sah in den Zeppelinen eine neue Waffe, die tief ins Feindesland eindringen und dort militärische Anlagen bombardieren konnte. In Österreich war man derselben Auffassung und so kaufte man im Laufe der Jahre vier Luftschiffe verschiedener Konstruktion. Bis 1911 kam man über diese vier nicht hinaus. Die österreichische Führung gab aber dem Einsatz von Luftschiffen nur dann eine Chance, wenn es gelänge, die gesamte Monarchie mit einem Netz entsprechender Stützpunkte zu überziehen. Dies war aus budgetären Gründen unmöglich.

So begann man sich für die kostengünstigeren Aeroplane zu interessieren. 1907 wies General Conrad von Hötzendorf auf die Bedeutung des Motorflugs für militärische Zwecke hin. Er verlangte in einer Denkschrift, dass alle Techniker, die sich mit motorgetriebenem Fluggerät beschäftigten, großzügig zu unterstützen seien. Ein Jahr später wies er erneut auf diese Notwendigkeit hin und verlangte, dass nicht nur ein Modell unterstützt würde. Die Armee sollte dann den besten Flugapparat ankaufen und in großer Serie produzieren.

Die Stadt Wiener Neustadt stellte den künftigen Aviatikern und Konstrukteuren ein Areal in der Größe von 600 Hektar zur Verfügung. Im Juli 1909 siedelte sich hier der Konstrukteur Igo Etrich an, der einen Eindecker mit 40 PS-Motor, die „Etrich-Taube", schuf. Louis Bleriot, der bereits den Ärmelkanal überflogen hatte, kam am 23. Oktober 1909 nach Wien und zeigte seine fliegerischen Künste vor dem Kaiser und weiteren 300.000 begeisterten Zuschauern auf der Simmeringer Heide.

Gar mancher Offizier opferte viel Zeit und noch mehr Geld für den Bau eines eigenen Flugapparates, was bei den Vorgesetzten oft auf nur sehr geringes Verständnis stieß. Die meisten höheren Offiziere zeigten kein Verständnis für die Fliegerei und hielten die Piloten für spleenige Selbstmordkandidaten. Die Revolution, die der Motor in den mannigfaltigen Formen seiner Verwendung auslöste, wurde nur von wenigen begabten und interessierten Offizieren erfasst. Der Rest legte eine richtiggehende Scheu vor dem technischen Fortschritt und den neuen Errungenschaften an den Tag. Daran vermochten auch großartige fliegerische Leistungen und Weltrekorde österreichischer Piloten nichts zu ändern.

Im Jahre 1909 begannen auch die Karosseriewerke des Jakob Lohner mit dem Bau von Flugzeugen. Am 3. Oktober 1910 startete der „Pfeilflieger" zum ersten Mal. Er kostete 30.000 Kronen*. Im Mai 1910 wurden die ersten sechzehn Offiziere verschiedener Waffengattungen zum „1. k.u.k. Fliegerkurs" nach Wiener Neustadt einberufen. Bis zum April 1914 erlangten 86 Offiziere und Unteroffiziere den Militär- Pilotenschein.

+

Pollini hatte seinen neu gewonnenen Freund Ernst von Fleissner davon verständigt, dass er das Wochenende über in Wien sein würde. Nun war der Zug dampfend und prustend in die rußgeschwärzte Bahnhofshalle eingefahren. Ernst erwartete Pollini am Bahnsteig. Er schüttelte ihm freudig die Hand: „Du, das war aber eine wirkliche Überraschung, wie dein Brief deinen Wienaufenthalt angekündigt hat. Ich freue mich, dass du mich davon verständigt hast. Schön, dass du da bist!"

„Ernst, ich freue mich auch, dass wir uns so bald wiedersehen. Hoffentlich bringe ich nicht alle deine Pläne für das Wochenende durcheinander."

„Nein, das tust du nicht. Ich habe am vergangenen Mittwoch meine letzte große Prüfung gemacht und wollte jetzt ohnehin ein paar Tage ausspannen. Ich stehe jetzt voll und ganz zu deiner Verfügung." Er wandte sich an den Gepäckträger:

„Bringen Sie bitte den Koffer des Herrn Leutnant zum Taxistandplatz. Wir kommen gleich nach."

Zu Paride meinte er: „Ich habe dich ganz in meiner Nähe in einem Gasthof untergebracht. Die Zimmer sind unlängst renoviert worden, haben heißes und kaltes Fließwasser und deines hat sogar ein Bad. In der Küche aber steht die Frau vom Chef und die kocht grandios. So ein Rindfleisch bekommst du sonst nirgends in Wien, da können auch die großen, viel gerühmten Restaurants nicht mit. Hast du Zivilklamotten mitgebracht?"

„Ja natürlich. Ich habe mir schon vorgestellt, dass ich die brauchen werde."

Über eine große Stiege und durch eine Schwingtür kamen die beiden zum Taxistandplatz, wo der Träger den Koffer bereits in einem Taxi verstaut hatte. „Das ist der neue Gräf und Stift", sagte der Fahrer und deutet stolz auf seinen Wagen. Auf der Fahrt zum Gasthof, der nicht direkt im Stadtzentrum gelegen war, machte Ernst seinen Freund auf verschiedene örtliche Sehenswürdigkeiten aufmerksam. Dann erklärte er: „Hier wohnt das Volk. Hier leben und arbeiten, lachen und streiten, seufzen und schreien die, die man so gern und etwas von oben herab 'die Leute' nennt. Sie sind es aber, die in Wirklichkeit durch ihre Sympathien und ihre Antipathien das Schicksal dieses Landes bestimmen. Für sie werden Zeitungen gedruckt, für sie wird Musik geschrieben. Im Hinblick auf sie wählen Lektoren Bücher aus. Und zu ihnen bringt man leider auch das, was man ' Volkstümliches' nennt. Damit bezeichnet man zu oft das Billige, also das, was geistige und künstlerische Unkosten scheut. Man scheut sich aber nicht, den Leuten damit das Geld aus den Taschen zu ziehen."

Nach einer Weile setzte Ernst fort: „Ich schlage vor, dass wir heute in Deinem Quartier abendessen und dann auf ein Glas Wein gehen. Für Morgen habe ich dir eine Karte für die Hofoper besorgt. Ich hoffe, dass du mit einem Sitzplatz im Parkett einverstanden bist, auch wenn du damit nicht dem romantischen Klischee des Leutnants, der vom Stehplatz aus die Primadonna anhimmelt, entsprichst. So steht es zumindest in den Geschichten, die man in Romanheften den Leuten zumutet. Übrigens gibt man 'Cosí fan tutte'. Damit ist auch ein Bezug zu Salzburg hergestellt."

Inzwischen waren die beiden auch an ihrem Ziel, dem Gasthof „Zur goldenen Krone", angelangt. Während Pollini seine Sachen aufs Zimmer brachte, sich frisch machte und Zivilkleider anzog, wartete Ernst in der Gaststube auf ihn.

Das Abendessen war so gut wie es Ernst versprochen hatte. Dieser hatte in Rindfleischgenüssen geschwelgt, während Pollini dem Rat des Wirts folgte und ein Szegediner Gulasch nahm. Dann schlug Ernst vor in ein Weinlokal zu gehen.

„Weißt du, zum Draußensitzen ist es schon ein bisserl zu kühl. Ganz in der Nähe gibt es aber einen Keller, da ist der Wein hervorragend und die Musik auch erträglich. Nur unser Gewand wird in der Früh noch entsetzlich nach Rauch stinken."

„Ich habe einen kleinen Balkon. Da hänge ich beim Heimkommen meine Sachen einfach hinaus. Am Geruch soll unser Ausflug in die Kellerwelt von Wien nicht scheitern", schmunzelte Paride.

Bald darauf machten sich die beiden auf den Weg und nach einem kurzen Marsch durch still daliegende, verträumte Gassen gelangten sie zu einem schmalbrüstigen dreistöckigen Haus. Die Haustür stand offen und vom gut beleuchteten Hausflur führte eine Stiege nach unten.

„Gib nur acht, die Stufen sind uralt und ausgetreten", warnte Ernst.

Sie stiegen eine enge, steile Steinstiege hinunter in eine große Halle, ähnlich dem Refektorium eines Klosters. Das Lokal war zum Bersten voll. Tabakqualm hing schwer in der Luft. Aus einer Ecke klang schluchzend ein von einer Ziehharmonika begleitetes Wienerlied. Kellnerinnen bahnten sich den Weg durch die Menge.

„Ob wir da einen Platz finden werden?", fragte Pollini zweifelnd.

„Aber ja, da drüben bezahlt ja gerade einer. Bis wir bei dem Gedränge dort sind, ist der Platz auch frei."

„Hoffentlich stimmt das und es kommt uns niemand zuvor!"

Ernst schaffte es tatsächlich den Platz, den ein älteres Ehepaar gerade umständlich freigemacht hatte, zu ergattern.

Die Stimmung im Keller war gut. Es wurde gesungen und Paride fiel auf, dass ausnehmend hübsche junge Mädchen mit jungen Männern zum Teil eng umschlungen auf den Holzbänken saßen. Ernst bemerkte Parides erstaunten Blick.

„So sind sie, diese einfachen Wiener Mädel", sagte Ernst. „Kokett, spöttisch, unbefangen und auch voll zärtlichem Gefühl. Zuerst sind sie meistens zu einem schlampigen Verhältnis bereit, dann wollen sie aber geheiratet werden. Für diese kleinen Ladnerinnen, Schneiderinnen und Dienstmädel ist der junge Mann aus bürgerlichem Hause, der Hausherrn- oder Fabrikantensohn, der große Traum. Vielen bleibt meist aber nur der Strizzi aus der Vorstadt."

„Herr Ernst", meinte ein fesche blonde Kellnerin," ich hätt' gerade zwei Vierterl Riesling da. Wäre Ihnen das recht?"

„Aber freilich, geben Sie die nur gleich her, wer weiß, wann Sie wiederkommen, wenn das Geschäft so gut geht", scherzte Ernst. Die Blonde beugte sich über den Tisch, gewährte Ernst einen tiefen Einblick in ihren üppigen Ausschnitt und stellte die beiden Gläser vor ihn hin. Er schob das eine zu Paride hin und sagte: „Auf dein Wohl und viel Erfolg in Wien!"

Der erwiderte den Zutrunk und meinte dann: „Deine Schwester hat schon recht, wenn sie meint, dass du bekannt bist wie das falsche Geld."

In dem Gewühl stieß ein Gast eine der Kellnerinnen an, die dadurch einem Mann am Nebentisch einen Krug Wein über den Anzug schüttete. Der blieb ganz ruhig sitzen, verzog keine Miene und sagte nur gelangweilt zu seinem Nebenmann: „Was meinst du Ferdl, mit der haben ihre Eltern auch nur einmal eine Freud' ge-

habt und das war neun Monat' vor ihrer Geburt."
Paride schaute einigermaßen verblüfft, aber Ernst schüttelte sich vor Lachen: „Siehst du, da hast du das viel besungene goldene Wienerherz!"

Den Sonntagmorgen nützte Pollini dazu sich wieder einmal gründlich auszuschlafen. Er genoss ein heißes Bad und zog sich dann an. Es war ihm bewusst, dass ein Hotelzimmer nur ein Durchgangsraum für Reisende und deren Schicksale ist und dass es an sich Wohlbehagen nur vorspiegelt. Daher fühlte er sich, als er ans Fenster trat und in den begrünten Hinterhof schaute, von der Hausmauer gegenüber bewacht und von der Häuserzeile eingeengt.
Er genoss den sonnigen Herbsttag und seinen Spaziergang zum Kaffeehaus, in dem er sich mit Ernst treffen wollte, ganz besonders. Er hatte vor, dort auch eine Kleinigkeit zu frühstücken, um für den Tag gewappnet zu sein. Am Vortag hatte er eine Ansichtskarte an Marie geschrieben, die er nun in den Postkasten steckte. Als er das Kaffeehaus etwas vor der verabredeten Zeit betrat, war Ernst schon da. Er saß in einer Nische am Fenster, hatte ein Glas Wasser und eine fast leere Kaffeetasse vor sich stehen und auf einem Sessel mehrere Zeitungen gestapelt.
„Den Sonntagvormittag nütze ich immer zum Zeitunglesen", sagte er nach der Begrüßung. „Da nehme ich mir die Zeit dazu und arbeite die Zeitungen geradezu von vorn bis hinten wirklich durch. Unter der Woche lese ich nur so quer drüber, da fehlt mir einfach die Zeit."
Nachdem Pollini seine Bestellung aufgegeben hatte, fragte ihn Ernst: „Willst du auch einen Blick in die Zeitung werfen ?" und hielt ihm das „Prager Tagblatt" hin. Pollini griff danach und begann zu lesen. Geistesabwesend griff er zwischendurch zu seiner Tasse und nahm einen Schluck oder steckte eine Schnitte des Butterbrotes, das er mitbestellt hatte, in den Mund.
Im Lokalteil fiel ihm eine Überschrift auf. „Rätselhafter Selbstmord" stand da geschrieben. Die nur wenige Zeilen umfassende Meldung besagte, dass in einer heruntergekommenen Wohnung auf der Prager Kleinseite die Leiche eines gewissen Zsigmund Lipinski aufgefunden worden sei und die Polizei von einem Selbstmord mit Leuchtgas ausgehe. Der Tote sei ein früherer Kavallerieoffizier, der dann aus dem aktiven Dienst ausgeschieden und zuletzt als Handelsagent tätig gewesen sei. Ernst lugte hinter einem großformatigen Blatt hervor: „Ich habe gerade überlegt, was wir tun könnten. Wir haben wohl einen der letzten milden Tage. Ich bin dafür, dass wir uns einen Fiaker nehmen und in den Prater fahren. Dort gibt es sehr nette Ausflugslokale. Wir bekommen auch was zu essen und genießen einfach den Tag."
Paride stimmte dem Vorschlag gern zu und bald darauf saßen die beiden in einer Kutsche und rollten dem Prater, dem Erholungs- und Ausflugsgebiet der Wiener, zu.

Vor einem Gartenrestaurant ließen sie halten, entlohnten den Kutscher und fanden auch einen Tisch in der Sonne. An den Nachbartischen saßen die Wiener. Zufrieden, betucht und zum überwiegenden Teil ganz wohlbeleibt. Man stellte etwas dar und stellte sich selbst auch zur Schau. Üppige Matronen schaufelten Torten und süße Strudel in sich hinein, während die dazu gehörenden Männer gemütlich hinter ihren Weingläsern dösten. Die halbwüchsigen Töchter schauten verstohlen nach jungen Männern aus, die Söhne warfen vermeintlich glühende Blicke zurück. Hunde lagen im Schatten unter den Tischen und Wespen saßen zwischen den Zuckerresten auf den Mehlspeistellern oder umschwirrten die Limonadegläser der Kinder.

„Ernst, du bist mein Gast. Was nimmst du?", fragte Paride, als der Ober an ihren Tisch kam. „Ich nehme ein Melange und schicken Sie mir bitte das Fräulein mit einem warmen Apfelstrudel vorbei", sagte Ernst zum Ober.

„Ich hätte gern einen warmen Topfenstrudel mit Vanillesauce und, wenn das möglich ist, ein Glas kalte Milch dazu", schloss sich Paride an.

„Wir erfüllen fast alle Wünsche", lächelte der Ober und wiederholte „eine Melange, ein Glas kalte Milch, ein Apfelstrudel, ein warmer Topfenstrudel mit Vanillesauce. Danke, die Herrn."

„Wenn du heute in die Oper gehst," sagte Ernst eher zögernd, „dann lass alles einfach auf dich einwirken. Wien ist anders. Der Hamburger Johannes Brahms ist eher verschlossen und schwermütig gewesen wie er nach Wien gekommen ist. Er ist geblieben und zum Walzerkomponisten geworden. Viele, die man hier in den höchsten Tönen und als Wiener preist, sind - wie er - zugereist. Während deiner Zeit in Wiener Neustadt wirst du wohl nicht sehr oft in die Hofoper gekommen sein. Ich kenn' die heutige Aufführung nicht. Aus eigener Erfahrung kann ich dir aber sagen, dass hier in Wien nicht so sehr das Werk, sondern der Interpret im Vordergrund steht. Was der kann oder auch nicht kann, ist für den Abend ausschlaggebend. Das war aber schon immer so. Wenn es eine Sängerin mit besonderer Koloratur gibt, dann müssen sich die, die die Königin der Nacht singen, durch Jahrhunderte mit Koloraturen ganz besonderer Art herumschlagen."

„Ernst, ich freu' mich auf den Abend. Meiner Meinung nach hat sich leider eine gewisse Kulturmüdigkeit über das Land gelegt. Ich bin gespannt, wie viele Offiziere aus der Garnison Wien heute in der Oper sein werden. Viele Leute scheuen heutzutage den Weg und besorgen sich daher keine Eintrittskarte. Das gilt für die Oper ebenso wie für das Theater oder Ausstellungen. Man will höchstens die Strapazen auf sich nehmen, die der Besuch des Beisels an der Ecke erfordert. Ich möchte unter den Leuten hier in diesem Gastgarten lieber keine Umfrage machen. Wir wären, glaube ich, ziemlich betroffen."

Am Abend gab sich Pollini der ganz besonderen Wirkung der k.u.k. Hofoper hin. Obwohl es von Orden und Auszeichnungen nur so glitzerte, steife Hemdbrüste

allenthalben blitzten und Damen jeglichen Alters in kostbaren Roben bunten Vögeln und Schmetterlingen glichen, ließ sich Pollini nur von Mozarts unsterblicher Musik gefangen nehmen. Er war so beeindruckt, dass er in den Pausen die bewundernden und zum Teil auch durchaus begehrlichen Blicke der Damen überhaupt nicht bemerkte. Ihm war, als stände der Himmel offen. Er fühlte sich beschenkt und sehr dankbar. Dankbar dafür, dass Mozart die Gabe geschenkt worden, war andere so zu beschenken.
Die Rinde der Bäume war noch vom Morgen feucht, als Pollini am Montag aus dem Gasthof trat. Auf den Straßen lag der Benzindunst der vorbeifahrenden Automobile. Die Morgensonne schien hinein. Es war ein Herbsttag, wie es ihn nur in Großstädten gibt.
Pollini hatte im Gasthof gefrühstückt und nahm sich am nächsten Standplatz ein Taxi, das ihn zur Marinesektion am Donaukanal brachte. Beim Aussteigen warf er einen interessierten Blick auf das Gebäude und trat dann ein.
Er war zu Fregattenkapitän Filipic befohlen und klopfte pünktlich um neun Uhr an dessen Tür. Eine kräftige Stimme rief „Herein!" Pollini trat ein und machte Meldung. Hinter einem Schreibtisch saß ein weißhaariger Marineoffizier in der kleidsamen blauen Uniform. Sein gepflegter Vollbart war vom Tabak leicht angegilbt, Pollini fielen sogleich die sanften blauen Augen im wettergegerbten Gesicht auf.
„Nehmen Sie Platz, Herr Leutnant", sagte der Fregattenkapitän.
Nachdem sich Pollini gesetzt hatte, blätterte sein Gegenüber in einer Akte, die vor ihm auf dem Schreibtisch gelegen war. Pollini betrachtete die Bilder an der Wand im Hintergrund. Um das Bild des Kaisers waren Bilder von Schiffen der k.u.k. Marine angeordnet. Die meisten von ihnen hatte Pollini in Pola schon gesehen. Auf einem Aktenschrank stand eine Photographie des Thronfolgers. Sie zeigte ihn in Marineuniform an Bord eines Schiffes.
„Herr Leutnant", sagte der Fregattenkapitän im unverkennbaren Tonfall der Dalmatiner, „du bist Istrianer. Ich bin übrigens in der Gegend von Ragusa zur Welt gekommen. Ich habe deinen Personalakt aufmerksam studiert. Schließlich ist es ungewöhnlich, wenn ein Istrianer zur Infanterie geht, wenn er die Marineakademie sozusagen vor der Haustür hat."
Filipic sah, dass Pollini etwas sagen wollte und meinte begütigend: „Herr Leutnant, du bist ein erwachsener Mann und vor allem Offizier und brauchst mir deine Beweggründe nicht darzulegen. Ich freue mich, dass du da bist und ich mich mit dir unterhalten kann. Junge Kameraden sind hier im Hause selten. Hier sieht man immer dieselben Gesichter, dieselben Wände, dieselben Bilder und Seekarten. Man isst immer an demselben Tisch mit denselben älteren Männern in Uniform. Die Atmosphäre ist ruhig, nur manchmal ein wenig gereizt, wenn einem Wien besonders auf die Nerven geht und einem wieder einmal das Meer fehlt. Da freue

ich mich doch über einen Leutnant der Infanterie. Du bist hier fast ein Exote. Du wirst dich fragen, warum wir dich hierher geholt haben."
„Jawohl, Herr Fregattenkapitän, das hab' ich wirklich mehrfach getan und habe an sich keinen Grund dafür gefunden."
„Das ist ganz einfach zu beantworten. Du bist hier, weil du Istrianer bist. Du bist am Meer aufgewachsen und hast später dann zumindest immer deine Ferien dort verbracht. Du hast dort deine Wurzeln, deine Familie lebt in Parenzo."
Dann fragte Filipic unvermittelt: „Sagt dir der Name Montecuccoli was ?"
„Admiral Graf Montecuccoli ist der Marinekommandant", antwortete Pollini unverzüglich.
Filipic schwieg und schaute ihn prüfend an.
„Der Admiral ist ein gefährlicher Mann", sagte er dann unvermittelt. Seine Augen lächelten dabei. „Der Admiral ist alt und alte Leute sind gefährlich, weil sie keine Angst vor der Zukunft mehr haben. Der Admiral geht mit offenen Augen durchs Leben und in die Zukunft. Er redet nicht lange herum, er erkennt die Zeichen der Zeit. Weil er alt ist, nimmt er auch keine Rücksicht auf die Politiker mehr. Man muss nämlich hier in Wien, das wirst du nicht wissen, froh sein, wenn gewisse Politiker, die an sich nichts zu tun haben, den Tagesablauf nicht stören, wenn sie ihre abenteuerlichen Ideen nicht an die Öffentlichkeit tragen. Sie reden oft und gern über die Zukunft und über die Herausforderungen vor denen die Monarchie steht. Und besonders gern ergehen sie sich darüber, wie die Welt sein sollte. Sie vergessen dabei geflissentlich die Tatsache, dass sie Jahre Zeit gehabt hätten, die Dinge zu tun, die sie hätten tun müssen.
Deshalb hat sich der Admiral entschlossen, die Sache selbst in die Hand zu nehmen. Herr Leutnant, die Marine wird ihre eigene Seefliegertruppe bekommen. Der Thronfolger, der sich überhaupt für die Marine sehr einsetzt, unterstützt dieses Vorhaben. Ich habe bemerkt, wie du auf sein Bild dort drüben geschaut hast. Das wurde auf der „Kaiserin Elisabeth" während der Weltreise des Thronfolgers aufgenommen. Ich habe damals auf dem Schiff Dienst gemacht. Das war eine schöne und sehr interessante Reise, die mich über Indien bis nach Ostasien geführt hat. Die „Kaiserin Elisabeth" war dann dort als Stationsschiff stationiert.
Aber zur Sache. Junge Marineoffiziere sollen Marineflieger werden. So ist es geplant. Wir erheben aber auch, wo junge Offiziere Dienst machen, die mit dem Meer wirklich vertraut sind und die nicht nur einmal im Urlaub ein Techtelmechtel in Abbazia gehabt haben. Wir suchen also Istrianer und Dalmatiner. So sind wir auch auf dich gekommen.
Ich sage dir heute nur, dass diese Fliegerei kommen wird und dass du dich selbst einmal fragen und in dich gehen sollst, ob dich das überhaupt interessiert. Wenn das Vorhaben so verwirklicht wird, wie es der Admiral plant, glaube ich für meine Person nicht, dass wir mit den Interessenten aus der Marine das Auslangen finden

werden. Daher sollst du nachdenken, ob dich das Fliegen interessiert. Da tut sich eine neue Welt auf. Die Herausforderung ist enorm und die Aussicht von allem Anfang an dabei zu sein, muss für einen jungen Mann an sich faszinierend sein."
Filipic sah Pollini an.
„Mein Verhältnis zum Fliegen und vor allem zum militärischen Fliegen war bisher von eher höflichem Interesse, aber auf jeden Fall platonisch. Mein bisheriges Leben ist sehr bodenständig und naturverbunden verlaufen. Der Jahreslauf in der Natur hat mich sowohl fasziniert als auch inspiriert. Ich schaue zum Beispiel den Möwen gern zu. Am Meer und auch dann, wenn sie in Salzburg ihr Winterquartier nehmen und kreischend über den Salzachbrücken kreisen, wo ihnen kleine Kinder mit roten Backen aufgeregt Brotstücke zuwerfen. Ich habe den Beuteflügen der Raubvögel zugesehen und das Orientierungsvermögen der Nachtvögel und der Fledermäuse bewundert. Aber ich habe nie damit gerechnet selbst Flieger werden zu können. Ich habe nie geglaubt, dass man mir einmal mehr oder weniger offen ein solches Angebot machen würde."
„Herr Leutnant, du weißt aber auch, dass die Eroberung der Luft Gefahren in sich birgt. Ich muss dich auf diese Tatsache hinweisen."
„Herr Fregattenkapitän, das Leben an sich ist schon lebensgefährlich. Der eine kommt um, weil ein Pferd scheut, der andere, weil der Lenker eines Automobils die Herrschaft über sein Fahrzeug verliert, den nächsten erschlägt der Blitz oder ein herabfallender Ast und wieder ein anderer fällt auf der Stelle um und ist mausetot. Erlauben Herr Fregattenkapitän eine Frage?"
„Gern, nur zu."
„Wie akut ist die Sache? Stehen die Flugzeuge schon am Flugfeld und wo wird die Ausbildung stattfinden?"
„Herr Leutnant, lass dir Zeit. Wir sind doch in Österreich. Die ganze Sache ist in Planung, derzeit wird der Rahmen abgesteckt. Ich rechne damit, dass im kommenden Jahr die Versuchsstation im Raum Pola eingerichtet wird. Dann muss ein geeignetes Flugzeug her, das derzeit vermutlich noch nicht einmal auf dem Reißbrett vorhanden ist. Das heurige Jahr ist so gut wie vorbei, 1911 dann Aufbau der Station, im Frühjahr 1912 sollte das erste österreichische Seeflugzeug verfügbar sein. Als alter Mann, der schon viel in dieser Marine gesehen hat, hoffe ich nur, dass es dann auch fliegt."
Pollini konnte ein Schmunzeln nicht verbergen. „Erlauben Herr Fregattenkapitän noch eine zweite Frage?"
„Aber ja, frag' schon." „Würden Herr Fregattenkapitän, wären Sie an meiner Stelle, Marineflieger werden?"
„Ich habe auf diese Frage gewartet und mir daher die Antwort gut überlegt. Ich habe versucht, mich in die Lage eines jungen Offiziers von heute zu versetzen. Das ist gar nicht so einfach gewesen, denn ich war in einer ganz anderen Zeit

jung. Ich war Seeaspirant, da hat Tegetthoff bei Lissa gesiegt. Ich habe auch mit meiner Frau darüber gesprochen, wie das heute wohl wäre." Filipic machte eine kurze Pause und sagte dann bestimmt:

„Ja, ich würde es tun. Das wundert dich vielleicht, denn wenn du unter Umständen mit der Ausbildung beginnst, sitze ich auf Veglia bei einem Glas Wein in der Sonne, spiele mit anderen alten Männern Karten und rede vom Fischen und davon, ob die Olivenbäume wohl tragen werden. Und den Schiffen am Horizont schaue ich ein bisschen wehmütig nach.

Aber wenn du mich schon fragst, Herr Leutnant, ich würde es tun. Ich würde von Anfang an dabei sein wollen. Ja, bei Gott, ich würde es tun."

„Dann bitte ich Herrn Fregattenkapitän mich in Evidenz zu halten."

„Herr Leutnant Pollini, ich habe dich vorgemerkt. Besprich das mit deiner Familie, mit deinem Regimentskommandanten und, wenn du schon eines haben solltest, auch mit deinem Fräulein Braut. Fasse keinen einsamen Entschluss. Deine Kraft kommt aus der Familie, zu der für einen kaiserlichen Offizier auch das Regiment gehört."

Als Pollini Anstalten machte sich abzumelden, fragte ihn Filipic: „Herr Leutnant, darf ich dich noch was fragen?"

„Bitte, Herr Fregattenkapitän", antwortete Pollini überrascht.

„Unser Gespräch hat mir Freude gemacht. Darf ich dich zum Mittagessen einladen?"

+

„Hast du dir schon überlegt, wie du zu dem Angebot stehst und ob du Flieger werden willst?", fragte Oberst Höpfner, nachdem sich Pollini im Beisein von Hauptmann Reitsamer aus Wien zurückgemeldet und von der Unterredung in der Marinesektion berichtet hatte. „Ich glaube nämlich, dass die dort über jeden Kandidaten froh sein werden. In der Marine sind junge Offiziere auch nur im notwendigen Maß, aber keineswegs im Überfluss vorhanden."

„Herr Oberst, mich hat das Angebot sehr überrascht. Ich war darauf nicht wirklich eingestellt. Ich verstehe vom Fliegen so viel wie von der Byzantinistik oder der Numismatik. Also nichts", antwortete Pollini mit dem Anflug eines Lächelns

„Unterlagen sind gar nicht leicht zu bekommen. Wenn man in einer Buchhandlung nach Büchern über das Fliegen oder nach Fachpublikationen über Flugtechnik fragt, erntet man zuerst einmal fassungsloses Staunen. Ich vermute, dass die sich heimlich mit dem Finger an die Stirn tippen. Dann beginnt das große Raten und Überlegen, wo man denn so etwas herbekommen könnte." „Wie stellst denn du dir selbst deine Zukunft vor?"

„Herr Oberst, ich habe mich in Evidenz nehmen lassen. Ich werde meinen Dienst

hier im Regiment wie bisher machen. Alles andere lasse ich an mich herankommen. Ich werde mich mit dem Fliegen in der Theorie befassen, damit ich weiß, ob mich das überhaupt interessiert, ob ich das schaffen kann und was gegebenenfalls dadurch in der Armee auf mich zukommen könnte."
Zögernd fuhr er fort: „Die Zukunft wird dem Fliegen gehören. Daran zweifle ich nicht. Die Aussicht von Anfang an dabei zu sein, hat viel für sich. Nur muss ich, um wirklich eine Entscheidung treffen zu können, vorher viele Fragen stellen. Ich muss Antworten darauf bekommen. Aber die wichtigsten werde ich mir selbst geben müssen."
„Pollini, lass dir vor allem den Kopf nicht verdrehen. Mach deinen Dienst hier bei uns so gut wie bisher. Dein Hauptmann ist mit dir recht zufrieden. Und bei Hauptmann Reitsamer will das was heißen."
Reitsamer schmunzelte im Hintergrund.
„Wenn tatsächlich das Angebot Flieger zu werden an dich ergeht", fuhr der Oberst fort, „und du es annehmen willst, wird dir das Regiment kein Hindernis in den Weg legen. Darauf hast du mein Wort."
„Gehorsamsten Dank, Herr Oberst."
„Besprich das Angebot mit deinen Eltern, auch wenn du schließlich die Entscheidung ganz allein treffen musst. Das Fliegen ist eine unsichere und gefährliche Profession. Die Luft hat keine Balken. Ich weiß nicht, wie mir zumute wäre, wenn mir mein Sohn eröffnen würd', dass er Flieger werden will. Die Reaktion meiner Frau möchte ich mir lieber erst gar nicht vorstellen", sagte der Oberst ernst.
Pollini räusperte sich in die Stille hinein.
„Hast du noch was am Herzen ?", fragte Höpfner.
„Jawohl, Herr Oberst. Herr Oberst, ich melde, dass ich am Sonntag im 'Prager Tagblatt' eine Meldung gefunden habe, dass Rittmeister Lipinski tot in seiner Wohnung aufgefunden worden ist. Die Polizei nimmt Selbstmord durch Leuchtgas an."
Der Oberst stand auf und trat ans Fenster. Die Lampen am Kasernenhof brachen sich in den Regentropfen an den Fensterscheiben.
„Der Tod ist das unvermeidliche Risiko unseres Berufes und sollte uns daher vertraut sein. Der eine wird von einem scheuenden Pferd zu Tode getrampelt, der andere fällt einem Unfall am Schießplatz zum Opfer. Wieder ein anderer bewegt sich im feindlichen Feuer mit solcher Gelassenheit als sei er unverwundbar. Dann aber gleitet einer in den Bergen an einer an sich ganz ungefährlichen Stelle aus und stürzt ab. So ist unser Leben.
Aber wie verzweifelt muss einer sein, dass er keinen Ausweg mehr sieht und den Kopf in den Gasherd steckt. In welche Ausweglosigkeit muss sich so einer mit offenen Augen verrannt haben. Der Mann war ein ganz armer Mensch mit einem verpfuschten Leben. Jetzt hat er nicht mehr weiter gewusst."
Leise setzte Höpfner hinzu: „Mir tut er von Herzen leid."

Nach dem Abendessen ging Pollini auf dem kürzesten Wege nach Hause. Er legte den Uniformrock ab, den sein Bursche abbürstete und über einen Kleiderbügel hängte. Pollini drückte ihm ein paar Münzen in die Hand und meinte lächelnd: „Komm, geh auf eine Maß Bier. Ich brauche dich heute nicht mehr. Ich muss ein paar Briefe schreiben und da kannst du mir auch nicht helfen. Mach dir einen schönen Abend."
Nachdem sich der Soldat glücklich lächelnd verabschiedet hatte, setzte sich Pollini an den Schreibtisch. Er legte sich einige Briefbogen zurecht, griff nach der Feder und klappte das Tintenfass der Schreibtischgarnitur auf. Nach kurzem Nachdenken begann er zügig zu schreiben und hielt nur dann und wann für einen Augenblick inne.

Die Sonne verschwand während er schrieb. Sie tauchte sein Gesicht noch einmal in ein kräftiges Licht, das Zimmer hinter ihm lag schon in violettem Schatten. Er knipste die Schreibtischlampe an.

Nachdem er seinen Eltern von dem überraschenden Angebot berichtet hatte, legte er dazu auch sämtliche Für und Wider dar, wie er sie auch seinen Vorgesetzten gegenüber geäußert hatte. Das Gespräch mit dem Fregattenkapitän in Wien schilderte er ausführlich. Er bat seine Eltern, den Brief keineswegs als versteckten, unumstößlichen Entschluss Flieger zu werden zu betrachten, sondern er bat sie um ihre Beurteilung dieser Möglichkeit und um ihren Rat. Er halte, so schrieb Pollini, diesen Schritt für überlegenswert und unter Umständen, das Einverständnis seiner Eltern vorausgesetzt, auch für möglich.

Sein Brief an Marie war liebevoll und zärtlich. Das Angebot der Marinesektion erwähnte er eher am Rande.

Er versiegelte beide Briefe, klebte Marken darauf und legte sie bereit, um sie am nächsten Morgen am Weg in die Kaserne gleich in den Briefkasten an der Ecke zu werfen.

Mit einer gewissen Ungeduld und mit doch recht gemischten Gefühlen sah Paride den Antwortbriefen entgegen. Schon vier Tage später erwartete ihn beim Heimkommen Maries Brief, den ihm sein Bursche auf den Schreibtisch gelegt hatte. Mit einer gewissen Bangigkeit griff Pollini nach dem Brieföffner und schnitt den Umschlag auf. Er zog sich einen Stuhl zum Fenster und begann zu lesen.

Mein Liebling !

Vielen Dank für Deinen lieben, langen Brief und die wunderbaren Dinge, die Du mir darin geschrieben hast. Ich habe den Brief immer und immer wieder gelesen - bis zum Hereinbrechen der Dämmerung. Dann bin ich am Fenster gestanden und habe auf die halbverschleierten Bäume geschaut, die sich vom bleigrauen Himmel abgehoben haben. Ich mag diese Bäume vor meinem Fenster. Es sind ganz gewöhnliche heimische Bäume, alt, ächzend und knorrig. Der Herbst kommt bei uns in den Bergen heuer sehr früh. Ich möchte nur leben, um Dich lieben zu können. Dazu brauche ich aber Dich!!! Ich habe Deinen Brief so verstanden, dass Du zumindest mit dem Gedanken spielst, Flieger zu werden. Das ist ein Schritt, den Du ganz allein tun musst. Beraten kann ich Dich dabei nicht. Ich kann Dir, weil ich davon nichts verstehe, weder zu- noch abreden. Ich will aber auch nicht an Deinem Hals hängen und Dich unter Tränen beschwören, den Schritt nicht zu tun.

Sicherlich kann es für einen Mann und später vielleicht auch für die eine oder die andere Frau faszinierend, unerhört und noch nie da gewesen sein, über den Semmering zu fliegen oder Alpengipfel zu umkreisen. Und es ist bestimmt sehr wagemutig, aber auch sehr gefährlich.

Wenn Du es willst, dann tu es. Ich liebe Dich auch deshalb, weil Du immer beherrscht bist, weil Du überlegt handelst. Papa, mit dem ich über Deinen Plan natürlich nicht gesprochen habe, sagte unlängst einmal, dass die meisten Piloten von der Kavallerie kommen und verrückt sind. Das merke man ja schon beim Hindernisrennen in Pardubitz. Wenn man vom Pferd fällt, könne man sich den Hals brechen, wenn man vom Himmel fällt, bricht man ihn sich sicher.

Paride, ich liebe Dich. Eigentlich träume ich davon, und jetzt scheue ich mich nicht mehr, Dir meine geheimsten Träume anzuvertrauen, dass Du nach Hause kommst und unsere Kinder und ich erwarten Dich schon voll Ungeduld und Freude. Dabei zerbreche ich mir nicht den Kopf, wo denn das sein wird. Mit Dir wäre mir auch die kleinste, unbedeutendste Garnisonsstadt recht.

Ich will nicht, dass das für mich ein unerfüllter Mädchentraum ist und bleibt. Ja, werde Flieger, wenn Du das willst. Denk nach, überleg' es Dir gut, wäge Vor- und Nachteile ab. Und wenn Du es dann immer noch willst, dann musst Du fliegen. Übertreibe dabei aber nichts, geh' Schritt um Schritt vor. Du wirst jeden Tag Neuland betreten und Deine Grenzen werden sich immer wieder verschieben. Was Du tust, muss Hand und Fuß haben, sonst ist die Gefahr zu groß.

Ich hoffe und glaube, dass ich mich zur Ehefrau und Mutter eigne, zur Witwe aber ganz bestimmt nicht.

Und wenn Du es auch so sehen willst, dann habe ich Dir gerade einen Heiratsantrag gemacht. Ich sehe es so !!!

Ich drücke mich voll Liebe an Dein Herz -
Marie

Nachdenklich legte Paride den Brief zur Seite. Dann stand er kurz entschlossen auf, trat zum Schreibtisch, setzte sich und adressierte einen Briefumschlag an Marie.
Nur kurz schaute er auf den Briefbogen vor sich und schrieb dann:

Antrag angenommen.
Pollini, Leutnant

Er wartete bis die Tinte getrocknet war, faltete den Bogen und steckte ihn in den Umschlag, den er gleich versiegelte.
Er rief nach seinem Burschen: „Eisl, bring den Brief jetzt gleich auf die Post. Ich hab' keine Marken mehr. Da hast du das Geld, trödle nicht herum, der Brief ist wirklich wichtig."
Der Bursche dachte bei sich, dass die Briefe an das „ gnä Fräuln" in der Steiermark immer wichtig wären und machte sich gleich auf den Weg.
Einige Tage darauf erreichte Pollini ein Brief seiner Mutter.

Mein geliebter Sohn!
Papa und ich haben Deinen Brief sehr aufmerksam gelesen und ich bin mit Papa übereingekommen, dass ich Dir für uns beide antworte. Wir haben Dich sehr früh hergeben müssen. Die Ferien, die Du an der Militäroberrealschule und während der Zeit an der Akademie hattest, waren für uns immer zu kurz. Du weißt, wie sehr wir Dich lieben, wie sehr wir Dich vermissen und wie stolz wir auf Dich sind.
Papa meinte, nachdem er den Brief gelesen hatte, dass keine Armee der Welt Ideen aufhalten könne, deren Zeit gekommen sei. Er hat auch gleich zugegeben, dass dieser gescheite Satz nicht von ihm sei, sondern dass er ihn wo gelesen habe. Zugleich sagte er aber auch, dass Flugzeuge aus ein paar Stahlseilen, Leinwand, Laubsägeholz und einem stotternden Motor bestehen und eine höchst unsichere Angelegenheit wären. Die Pollinis seien aber nie besonders vernünftig gewesen, sondern bei allem Neuen, wenn es mit Abenteuer verbunden war, sofort dabei. „Wie sollte unser Sohn da anders sein?" fragte mich Papa lächelnd und versuchte mir Mut zu machen, indem er mich in den Arm nahm.
Ich habe Angst um Dich. Die hatte ich schon immer; wenn Du als kleiner Bub auf die höchsten Bäume gestiegen bist, wie Du zu schwimmen angefangen hast, wenn Dir beim Segeln der Wind nicht stark genug sein konnte, wenn Du mit der Eisenbahn wieder fortgefahren bist. Papa erging es ebenso, auch wenn er es nie zugegeben hätte. Ich kenne ihn aber besser als er sich selbst.
Wenn Du fliegen willst, dann wirst Du es tun. Sei aber besonnen und dränge Dich

nicht vor. Du bist unser einziger Sohn. Ich würde Dir aber nicht anders schreiben, wenn Du noch mehrere Brüder hättest. Du sollst und wirst diese Familie fortsetzen, Du wirst diesen Besitz einmal übernehmen. Wir wünschen uns Enkelkinder von Dir und wollen es erleben, wie sie an Deiner Hand ihre ersten Schritte in diesem Garten machen, wir wollen sie sehen, wie sie mit ihren kleinen Füßen zum ersten Mal ins Meer steigen. Du wirst einen klaren Kopf brauchen und einen gesunden, strapazierbaren Körper. Denn Du wirst einmal hier der Herr sein, so wie es Dein Vater heute ist, wie es Dein Großvater war und wie die Pollinis vor ihm. Wenn Du Dir dessen bewusst bist und es immer vor Augen hast, dann steig in dieses Ungetüm aus Sperrholz und Leinwand. Aber nur dann. Das sagt auch Papa. Er hat, wie Du weißt, auch im ernsthaftesten Zusammenhang ein Herz, das lächelt.
Deine Schwester grüßt Dich von Herzen. In ihrer Unbekümmertheit sieht sie Dich schon über Parenzo fliegen.
Während ich an Dich geschrieben habe, sind die Wolken und der Wind zurückgekommen. Nichts ist veränderlicher als das Wetter, nicht aber das eigene Herz. Das meine schlägt fest in Liebe zu Dir und hofft, dass Du gesund, zufrieden und glücklich bist. Wir hier zu Hause wissen, dass Du die richtige Entscheidung treffen wirst, wir stehen zu Dir.
In Liebe umarmt Dich, mein Paride,
Deine Mutter

+

Gegen Dienstschluss betrat Pollini die Kanzlei Holzners. Der hatte eine große Landkarte auf seinem Schreibtisch liegen.
„Paride, entschuldige bitte, ich habe gleich Zeit für dich, ich find' nur so ein galizisches Nest nicht." Er murmelte immer wieder einen für Paride gänzlich unaussprechlichen Namen vor sich hin und rief dann erfreut: „Na, endlich! Gefunden! So, Paride, was kann ich für dich tun?"
„Entschuldige, dass ich dich störe. Ich nehme an, du bereitest dich auf die schriftliche Vorprüfung für die Kriegsschule vor."
„Ich versuche es zumindest einmal. Das ist ja nicht so einfach. Zuerst muss der Oberst seine Genehmigung zum Antreten zur Vorprüfung geben. Die habe ich, du kennst den Kommandanten ja in der Zwischenzeit auch schon gut, anstandslos bekommen. Nun kommt es eben darauf an, wie ernst es einem ist, ob man sich eine seriöse Vorbereitung antun möchte. Wenn ja, muss man schon viel Zeit dafür aufwenden. Denn es treten bis zu tausend Leutnante und Oberleutnante im jeweiligen Divisionskommando zu dieser schriftlichen Vorprüfung an. Die ist anonym, damit nicht unter Umständen ein glänzender Name die Bewerter beeindrucken

könnte. Rund vierhundert Bewerber schaffen diese erste Hürde und können sich nun auf die schriftlichen und mündlichen Hauptprüfungen, die jedes Jahr in Wien stattfinden, vorbereiten. Da kann man sich schon auf einiges gefasst machen. Diese zweite Prüfung dauert mehrere Tage. Dafür ist sie wirklich objektiv und korrekt. Seit 1907 werden schließlich vierzig Kriegsschüler pro Jahr aufgenommen.

Da geht es um Bruchteile von Punkten in der Bewertung. Hast du Glück, bist zu unter den Auserwählten und hast bestanden, hast du aber Pech, fehlen dir ein paar Zehntelpunkte. Dass außerdem jedes Jahr acht Offiziere der ungarischen Honved ohne Zulassungsprüfung in die Kriegsschule aufgenommen werden, macht die Sache noch schwerer.

Die Kriegsschule dauert jetzt, dank Conrad von Hötzendorf, drei Jahre. Der Lehrplan ist umfangreich. Sprachen und Militärwissenschaften stehen natürlich ganz oben auf dem Dienstplan. Bis zu Conrad von Hötzendorf hat man sehr viel Wert auf die Theorie gelegt und die Marine eher vernachlässigt. Politikwissenschaften und wirtschaftliche Belange waren lang ausgespart. Die körperliche Ertüchtigung soll übrigens durch morgendliche Ausritte erzielt werden, was ich für eher problematisch halte. Im dicht gedrängten Stundenplan gibt es wenig Platz für selbstständiges Denken, das die preußischen Generalstäbler angeblich so auszeichnet. Bei uns gibt es anscheinend immer einen, der die Weisheit mit dem Löffel gefressen hat und glaubt, dass er alles weiß und alles versteht. Der schafft dann an und lässt keine Meinung neben seiner allein selig machenden zu.

„Ja, das ist ein österreichisches Phänomen. Die Leute nennen sich fachübergreifend ausgebildet. Manche verstehen auch wirklich sehr viel. Manche dafür aber von sehr wenig auch noch einen Dreck", warf Pollini nachdenklich ein. „Und das ist in Österreich wirklich nicht nur in der Armee so."

„Wenn man die Kriegsschule geschafft hat, wird man für zwei oder drei Jahre dem Generalstab zugeteilt. Bewährt man sich dort, wird man als Hauptmann in den Generalstab übernommen. Dann geht es mit der Karriere rasch voran.

Was aber die Prozedur so qualvoll macht, ist die Tatsache, dass seit 1907 pro Jahr nicht mehr als dreißig Offiziere in den Generalstab übernommen werden. Das war einer von Conrads einsamen Entschlüssen. Die aber, die vergebens auf diese Bestellung, die Krönung ihrer Laufbahn, gewartet haben, müssen zu ihren Regimentern zurückkehren. Und sind dann in den Beförderungslisten meist auch noch niedriger gereiht als die, die sich keineswegs so geplagt und das Regiment nie verlassen haben.

Unser Generalstab bildet heutzutage mit seinen 434 Mitgliedern einen sehr exklusiven Kreis. Die Kluft zwischen dieser Elite und den übrigen Offizieren ist in meinen Augen gerade hinsichtlich der Verantwortung, der Aufstiegsmöglichkeiten und vor allem des Lebensstandards entschieden zu groß. Man braucht dieser Zahl

an Generalstäblern nur die Mannschaftsstärke der Armee von rund 1,462.000 Mann, wenn man aktive Soldaten und Reservisten zusammenzählt, und vor allem die 18.506 anderen Berufsoffiziere gegenüberzustellen.
Entschuldige Paride, ich habe das, auch wenn ich durchaus gern Generalstäbler werden möchte, einmal loswerden müssen. Wieder einmal bist gerade du mein Opfer geworden. Gehst du dafür dann mit mir auf einen Mokka? Ich lad' dich ein."
„Danke, die Einladung nehme ich gern an. Franz, ich will nicht lange herumreden. Ich werde zu Allerheiligen nach Hause fahren und meinen Eltern von Marie erzählen und ihnen auch gestehen, dass ich sie heiraten werde. Dann steht mir der Besuch bei Maries Vater bevor, den ich um die Hand seiner Tochter bitten muss. Das werde ich nach Weihnachten am Dreikönigstag tun. Und jetzt kommt meine Bitte an dich.
Kannst du für mich in Erfahrung bringen, was ich bei meiner Verheiratung an Kaution zu erlegen habe?"
„Herr Leutnant, ein guter Adjutant spürt einfach, was auf ihn zukommen wird. Spaß beiseite, ich habe mich schon kundig gemacht, weil ich geahnt habe, dass du mir früher oder später diese Frage stellen wirst. Die Vorschrift aus dem Jahr 1907 erlaubt es, dass die Hälfte der Offiziere eines Regiments verheiratet ist. Da gibt es bei uns Rainern keine Schwierigkeiten. Als Leutnant musst du 60.000 Kronen hinterlegen, also mehr als dreißigmal deine durchschnittliche Jahresgage. Warum die Tiroler Kaiserjäger keine Kaution zu stellen brauchen, ist mir nicht klar. Vermutlich nimmt man an, dass es die vorher von den Bergen haut und sie nicht zum Heiraten kommen. Auch ab Oberstleutnant ist das Hinterlegen einer Kaution nicht mehr nötig."
„So lang wird die Marie nicht auf mich warten", schmunzelte Pollini. „Nein, ich verstehe es schon, dass die Kaution verlangt wird, um den Offiziersfamilien einen gewissen Lebensstandard zu garantieren und auch Witwen und Waisen besser zu versorgen. Maries Vater ist vermögend, aber meine Kaution erlege ich schon selbst. Schließlich kann man es, wenn man es sich leisten kann, künftigen Schwiegereltern doch nicht gut zumuten, dass sie ihre Tochter einem Nomaden anvertrauen, der, so wie ich, auch noch einer anderen Nationalität angehört und der neben einem recht bescheidenen Einkommen seitens der Armee im schlimmsten Fall nur die Aussicht auf einen frühen Tod vorzuweisen hat."
„Also Paride, jetzt lass es aber gut sein. Du kannst dir das Heiraten leisten und auch die Fleissners wären sicherlich nicht abgeneigt, sich für das Glück ihrer Tochter von einer beträchtlichen Summe zu trennen. Wie ich meine Cousine Marie kenne, bearbeitet die ihre Familie mit sehr subtilen Methoden. Wenn du dann mit dem großen Herzklopfen zum Anhalten kommst, wird man dich aufnehmen wie den verlorenen Sohn und wird dir noch dankbar sein, dass du sie nimmst."

„Dein Wort in Gottes Ohr! Komm, geh'n wir jetzt auf den versprochenen Mokka ins Kasino. Dann kannst du weiter deine galizischen Dörfer suchen und ich gehe nach Hause und überlege mir, wie ich die Kaution flüssig mache. Denn daran wird die Hochzeit nicht scheitern, das walte Gott."

+

Noch an dem Abend, an dem Pollini Marie so kurz und militärisch knapp hatte wissen lassen, dass er ihren Antrag annehme, begann er einen liebevollen Brief an sie zu schreiben. Ganz im Gegensatz zu den Briefen, die er sonst sehr flüssig und ohne lange über Formulierungen nachzudenken schrieb, kam er mit diesem Brief nicht ganz zurecht. Schließlich sagte er sich, dass man nicht jeden Tag einer jungen Dame mitteile, dass man sich für sein ganzes Leben an sie binden und sie heiraten werde. Er beschloss, den Brief am nächsten Tag zu Ende zu schreiben. Das tat er auch und bat Marie, ihren Vater sachte darauf vorzubereiten, dass er nach Neujahr kommen und um ihre Hand anhalten würde.
Marie antwortete ihm, wie sehr sie sich über beide Briefe gefreut hätte. Künftig wolle sie aber derart knappe Antworten nur ausnahmsweise akzeptieren, in diesem Falle aber habe ihr Herz einen Luftsprung gemacht. Mit dem zeitlichen Ablauf sei sie einverstanden. Ihren Vater würde sie schon auf Parides Besuch vorbereiten. Über den Besuch würden sich ohnehin alle freuen und Parides besonderes Vorhaben würde sie ihrem Vater schon schonend beibringen. Dabei sei sie sich der Unterstützung ihrer Mutter und auch der ihrer Tante, die in der Familie keineswegs ohne Einfluss sei, ganz gewiss. Der Brief endete: ' Während ich an Dich geschrieben habe, ist der Tag zur Neige gegangen. Alles wird still, wird grau. Das Licht reicht gerade noch, um Dir einen Kuss zu geben.'

Die Herbstmanöver der 6. Infanteriebrigade, zu der das Rainerregiment gehörte, waren gut verlaufen. Diese militärischen Übungen größerer Verbände unter feldmäßigen Bedingungen waren die Funktionskontrollen eines großen Betriebsmechanismus. Sie verliefen fast nie ohne den einen oder den anderen Betriebsunfall, was bei den Vorgesetzten, je nach Temperament, Wutausbrüche hervorrief oder phlegmatisch hingenommen wurde. In diesem Jahr war der Brigadekommandant mit den Leistungen der Rainer außerordentlich zufrieden.
Die Armee war mit der Gewährung von Urlaub recht großzügig und so wurde Pollinis Ansuchen, Ende Oktober ein paar Tage nach Hause fahren zu können, anstandslos genehmigt. Die Bahnfahrt nach Wien verlief sehr amüsant, da Paride mit Oberleutnant Lantos, der Wien unsicher zu machen gedachte, die Fahrt im Speisewagen verbrachte. Lantos war wieder der Übermut in Person. Er machte nicht nur allen Damen Komplimente, sondern wusste auch über jede etwas zu tu-

scheln und konnte auch nicht genug vom vorzüglichen Rotwein bekommen. So war Pollini fast froh, als der Zug in Wien einfuhr. Lange hätte es vermutlich nicht mehr gedauert und Lantos hätte mit dem Mulatsag, auf den er sich schon so freute und den er in Wien mit einigen Landsleuten zelebrieren wollte, schon im Zug begonnen.

„Also, mein Liebär", verabschiedete sich der Ungar lachend, „du nehmest dir einen Taxameter fahrest zur Südbahn. Ich nähme mir einen Fiaker und fahre los. Wänn wir uns wiedärsähen ist es leicht möglich, dass du mich nicht mehr erkännst. Nach einäm ächtän Mulatsag altärt man nämlich enorm." Lantos klopfte Pollini auf die Schulter, sagte noch „Gutä Reisä!" und folgte dem Kofferträger zum Ausgang. Pollini hielt mit ihm Schritt und mahnte schmunzelnd: „Lantos, treib es nicht zu bunt. Weich' vor allem den Schergen des Platzkommandanten aus, damit man dich nicht arretiert und hüt' dich auch vor den schlechten Madeln!" Dann folgte er dem Dienstmann, der seinen Koffer trug, zum Taxistandplatz.

Als Pollini das Abteil betrat, in dem ein Sitz für ihn reserviert war, saß schon ein Herr in der Ecke am Fenster. Er war mittelgroß und stämmig. Seine Beine steckten in Lodenhosen. Unter einem struppigen Schnurrbart lächelte er vergnügt, als er dem eintretenden Offizier zunickte. Er stellte sich als Gutsbesitzer aus der Oststeiermark vor, der früher aktiver Offizier gewesen war. Durch den Tod eines entfernten Verwandten war er unvermutet zu Grund und Boden gekommen. Im Laufe eines angeregten Gesprächs meinte er im Mürztal, als der Zug ganz pünktlich in eine Station einfuhr, mit gespieltem Ernst: „Hoffentlich stoßen die Züge nicht in Bruck an der Mur zusammen, wenn sie ihre fahrplanmäßigen Verspätungen wieder einmal nicht einhalten."

Kurz vor Graz, wo er aussteigen wollte, bemerkte der Herr, nun wirklich ernst geworden: „Arthur Schnitzler lässt im 'Ruf des Lebens' einen Oberst sagen: 'Keinem anderen kann ja so was passieren wie unsereinem. Es gibt keinen Doktor, dem sie dreißig Jahre lang Puppen für Kranke in die Betten legen - keine Advokaten, die an gemalten Verbrechern ihre Kunst probieren -... Ich aber war gezwungen, meinen Beruf zur Spielerei zu machen."

Nachdenklich setzte er hinzu: „Die Armee ist seit Jahrzehnten nicht auf die Probe gestellt worden. Ich bin ein alter Mann, Kamerad, und war immer ein Raubein, das keine Auseinandersetzung gescheut hat. Gerade deshalb wünsche ich dir und allen meinen jungen Kameraden, dass ihr Beruf eine Schnitzlersche Spielerei bleibt und nicht zum blutigen Ernst wird. Wenn ich mir die Welt um uns herum anschaue, weiß ich nämlich wirklich nicht, wie das ausgehen würde."

Pollini suchte zwischen Marburg und Cilli sein Schlafwagenabteil auf. Er hatte den Schaffner gebeten, ihn in der Gegend von Sessano zu wecken. Frisch rasiert und ausgeruht kam Pollini fast auf die Minute genau in Triest an. Er gab seinen Koffer einem Träger, um ihn zur Schmalspurbahn Richtung Parenzo zu bringen.

Das Wasser in der Bucht war von einem tiefen Blau, es blendete und kräuselte sich, Reflexe der Sonne tanzten auf den Wellen. Pollini ahnte schon das silberne Grau der Olivenbäume und der Eichen entlang der Küste und vermeinte auch einen Hauch von vergilbendem Gras am Rande der Strände zu atmen.
Er nützte die Fahrtunterbrechung zum Frühstück in einem kleinen Kaffeehaus. Zu dieser frühen Stunde waren nur wenige Gäste im Lokal. An einem Tisch am Fenster saß ein junger Mann mit langem, aber gepflegtem Haar und einem Halstuch statt einer Krawatte. Er schrieb eifrig in ein Heft, das vor ihm auf dem Tisch lag. „Ein Kaffeehausliterat", sagte sich Pollini, „denkt im Kaffeehaus über das nach, was andere draußen erleben oder versäumen."
Dann widmete er sich seinem Frühstück, genoss zwei Eier im Glas und spazierte anschließend zum Bahnhof. Dort erwarteten ihn der Träger und sein Koffer. Die Lokomotive des Zuges nach Parenzo stand schon unter Dampf und war zur Abfahrt bereit.
Prustend und schnaubend dampfte die Schmalspurbahn dahin. In Parenzo angekommen, sah Paride zu seiner großen Überraschung seinen Vater am Bahnsteig stehen. Kaum hatte der Zug angehalten, stieg Paride schon mit seinem Koffer in der Hand aus dem Abteil. Graf Pollini kam mit großen Schritten heran und breitete die Arme aus.
Nachdem sich Paride aus der festen, väterlichen Umarmung gelöst hatte, fragte er sofort: „Papa, wieso holst du mich von der Bahn ab? Ist was geschehen ? Es ist doch zu Hause und mit Mama alles in Ordnung ?"
„Sei ganz unbesorgt, alles ist in bester Ordnung. Deiner Mutter geht es gut. Dein Onkel Massimo hat heute in der Stadt zu tun und ich habe mich mit ihm zum Essen verabredet. Da kommst du mit. Mama ist zu Hause geblieben und schützt ein bisschen Kopfschmerzen vor. Ich glaube nicht so ganz daran, Massimo ist ihr einfach zu anstrengend.
Dabei tarnt er sich nur als zerstreut und so gibt er sich auch dann und wann so betont ungeschickt. In Wirklichkeit ist er aber zuverlässiger und pünktlicher als jeder andere. Aber er durchschaut alle, die sich so gern in die erste Reihe drängen.
Deinen Koffer lassen wir hier, den bringt Gaetano mit, wenn er uns abholt. Wir gehen die paar Schritte zu Fuß. Gaetano isst auch in der Stadt und macht Erledigungen für den Betrieb. Er entwickelt sich gut und ist vor allem zuverlässig. Ich habe immer gewusst, dass aus dem Lausbuben was wird."
„Lausbuben waren wir doch alle", gab Paride zu.
Vater und Sohn gingen durch die von kleinen Palazzi gesäumte Decumanus, die Straße, die vermutlich schon das alte römische Kastell durchquert hatte. Immer wieder erwiderten die beiden die freundlichen Grüße von Entgegenkommenden und den Ladenbesitzern, die in den Türen lehnten oder es sich auf Stühlen vor

ihren Geschäften bequem gemacht hatten. Vom Turm der Euphrasius Basilika verkündete die große Glocke die Mittagsstunde.

„Da haben die Pollinis seit Generationen geheiratet", bemerkte der Graf. „Ich nehme an, dass es bei dir einmal nicht anders sein wird."

„Nein, natürlich nicht", bemühte sich Paride recht beiläufig zu antworten. „Dabei haben wir zur Zeit nicht einmal einen Domherren in der Familie." Er bemerkte den prüfenden Blick seines Vaters nicht.

In einem Restaurant an der palmenbestandenen Riva erwartete sie schon Onkel Massimo. Er war eine beeindruckende Erscheinung. Zu seinem schmalen Patriziergesicht mit dem fein gemeißelten Mund, kam die untersetzte, gut proportionierte Figur. Der dunkelgraue Anzug mit der grauen Seidenkrawatte und dem weißen Tuch in der Brusttasche kleidete ihn hervorragend. Das Auffallendste an ihm aber war seine lange weiße Mähne, die in ihm viel eher den Kapellmeister eines kleineren italienischen Opernhauses als einen sehr erfolgreichen Triestiner Anwalt hätte vermuten lassen.

Er erhob sich von seinem Stuhl als er seinen Vetter und dessen Sohn kommen sah. Nachdem er den Vater begrüßt hatte, wandte er sich an Paride:

„Herzlich willkommen daheim. Lass dich einmal anschauen. Ich habe dich ja seit deiner Ausmusterung nicht mehr gesehen."

Sein Blick glitt prüfend über Paride und dann meinte er anerkennend: „Gut schaust du aus. Wirklich gut. Der Dienst und die Gebirgsluft in Salzburg scheinen dir zu bekommen. Oder steckt da etwa eine junge Salzburgerin dahinter?"

Während er sich wieder setzte, bemerkte der Graf: „Massimo, mein Guter, glaubst du denn wirklich, dass überall die Frauen dahinter stecken?"

„Dass du in deinem Alter so gut ausschaust, verdankst du doch deiner Frau. Und ich alter Junggeselle habe auch meine Erfahrungen gemacht. Was glaubst du, wie beflügelnd auf mich der Anblick einer hübschen jungen Dame wirkt! Paride ist in dem Alter, in dem ihm Bekanntschaften mit diesen jungen Engeln zustehen. Ein Offizier, der so aussieht, ist doch der Schwarm aller Mädchenherzen. Ich gehe da noch weiter und schließe manche Mutter gleich mit ein, die ihrer Tochter da noch ganz gern ins Gehege kommen möchte."

„Onkel Massimo, bitte, lass es jetzt genug sein und mach mich nicht auch noch verlegen.. Ich bin hungrig wie ein Wolf, lass uns bestellen. Ich habe in Triest nur ein kleines Frühstück genommen."

„Ich habe mir erlaubt schon vorzubestellen", bemerkte sein Vater und wandte sich an den Kellner: „Emilio, fangen wir an. Wir verzichten auf den Aperitif, mein Sohn hat genug Appetit mitgebracht."

Man brachte hauchdünn geschnittenen istrianischen Schinken, würzigen Schafskäse, Oliven und Weißbrotscheiben als Vorspeise.

Als der Ober die feine Weißfischsuppe serviert hatte, nickte Massimo anerken-

nend und meinte, dass er weit öfter in Parenzo als Advokat zu tun haben sollte.
Dann kam ein Gericht aus Miesmuscheln, Steinbohrermuscheln und kleinen Scampi, im eigenen Sud mit Olivenöl, Tomaten und Semmelbröseln gedünstet, mit Wein abgelöscht und mit Knoblauch und Petersilie bestreut. Dazu aß man wieder das flaumige Weißbrot und in den Gläsern perlte gut gekühlter Malvasier.
Während Massimo nach einer weiteren Karaffe verlangte, die der Kellner sofort brachte, stöhnte Paride: „Herrlich, himmlisch, aber viel zu viel. Eigentlich wäre ich nach der Suppe schon satt gewesen. Ich bin beim Essen anspruchslos und ich mag auch das eher schwere Essen in Innerösterreich gern, aber das da", er zeigte auf das, was noch am Tisch war, „ist schon unvergleichlich und geht mir manchmal sehr ab."
Er erwiderte den Zutrunk seines Vaters, der ihm zulächelte, und dachte: „Jetzt ist die Gelegenheit da, jetzt sage ich's den beiden."
Massimo brummte überlegend: „Sollte ich doch noch einen Nachtisch nehmen ? Was nimmst denn du ?", wandte er sich an seinen Vetter.
„Ich gehe vom Heimischen ab", meinte der," und nehme dann später einen Apfelstrudel. Ich kann dir hier aber auch die Nusspalatschinken als Spezialität des Hauses sehr empfehlen."
„Strudel machen die in den Triestiner Kaffeehäusern auch, ich nehm' dann die Palatschinken. Aber was hat denn dein Sohn, der schaut auf einmal so ernst und entschlossen. Paride, was gibt es denn, ist dir schlecht ?"
Paride holte tief Luft und glaubte ein nervöses Zucken unter seinem linken Auge zu spüren und dachte nur 'hoffentlich sehen die das nicht'. Dann sagte er mit fester Stimme, die ihn selbst überraschte: „Papa, Onkel Massimo, ich habe vor, mich nach Weihnachten zu verloben." Massimo, der gerade sein Weinglas zum Mund führen wollte, schien mitten in der Bewegung zu erstarren. Parides Vater legte seine Serviette ruhig auf den Tisch und sah seinen Sohn nachdenklich an. In die Stille hinein sagte er: „Ich habe mir schon so was gedacht. Wenn ein Sohn klein ist, dann hat er den ganz natürlichen Wunsch die Anerkennung seines Vaters zu erringen. Der sieht darin keine Bedrohung seiner Stellung und stellt zufrieden fest, dass der Sohn ja 'ganz der Vater ist', was ihm auch immer wieder von allen Seiten bestätigt wird. Wächst der Bub zu einem jungen Mann heran, dann muss man damit rechnen, dass er eines Tages seinen eigenen Kurs einschlägt. Das war bei uns nicht anders. Das muss man akzeptieren."
Er machte eine kurze Pause.
„Wenn man einem jungen Mann zubilligt, dass er sich seinen Beruf wählt, dass er seinen Wohnsitz nimmt, wo es ihm gefällt, dass er Steuern zahlt, dann muss man ihm auch zugestehen, dass er sich seine Frau für das Leben selbst sucht und nicht den Rat und die Hilfe seiner Eltern dazu braucht. Also, erzähl' uns ein bisschen von ihr."

Paride, der mit heftig klopfendem Herzen die Reaktion seines Vaters auf seine Ankündigung abgewartet hatte, erzählte, wie er zuerst Marie und dann auch ihre Familie kennengelernt hatte. Obwohl er sich sehr bemühte, dabei nicht zu sehr ins Schwärmen zu geraten, lächelten sein Vater und sein Onkel amüsiert und ein bisschen nachsichtig.

Unvermutet sagte Massimo: „ Wenn sie so ist, wie du sie beschreibst, und ich zweifle nicht daran, dann ist sie wie eine Frauengestalt aus den großen russischen Romanen: arglos, schön, behutsam und liebevoll. Sie ist ein Mensch, der gar nicht so recht in unsere Zeit passt. Sind wir glücklich, dass du sie gefunden hast. Frauen wie sie machen unsere Zeit und unser Leben reicher. Also", wandte er sich lachend an Parides Vater, „jetzt ist es dann so weit, dass die alten entfernten Verwandten eingeladen werden müssen. Da werden die silbernen Leuchter geputzt und das gute Porzellan aufgelegt. Und die alten ehrwürdigen Onkel und Tanten mit ihren gelben Gesichtern und den Spinnenfingern scheinen alten Bildern entstiegen zu sein."

„Ich werde es gleich, wenn wir nach Hause kommen, der Mama sagen", sagte Paride ernst.

„Ich glaube, dass die Gute auch schon etwas ahnt," bemerkte sein Vater. „Wie du deinen Besuch so ganz außer der Reihe angekündigt hast, war sie sofort hellhörig und hat eine dahingehende Vermutung geäußert."

Massimo winkte den Ober herbei und bestellte drei Grappa. Er nahm ein Glas gleich vom Tablett des Kellners und trank es in einem Zug leer. „ Wie wird sich das Wohl auf die Migräne deiner Mutter auswirken? Aber jetzt ganz was anderes. Kehren wir zum Alltag zurück. Für den Herrn Landtagsabgeordneten wird die Kaution wohl kein Problem darstellen", ließ er sich vernehmen.

„Wenn ihr nicht trinkt, dann nehm' ich noch eine Grappa", meinte er gleich darauf.

„Darüber habe ich auch nachgedacht, aber," Paride wandte sich seinem Vater zu, „ich möchte die Kaution von den Wertpapieren, die du für mich angelegt hast und von dem, was ich von Großvater geerbt habe, selbst erlegen."

„Nichts da," polterte Massimo, noch ehe Parides Vater etwas sagen konnte und griff nach der dritten Grappa. „Ich habe eine Menge Geld in Wien liegen und mein Bankier soll nur spüren, dass ich mit den Zinsen recht unzufrieden bin. Davon wird die Kaution bezahlt. Wenn man einen alten, unverheirateten und kinderlosen Onkel hat, der sich das leisten kann, dann greift man auf ihn zurück. Ich gebe dir das Geld lieber zu meinen Lebzeiten, dann hab' ich auch was davon. Ich küsse doch die Braut !"

„Papa, das geht doch nicht, dass Onkel Massimo hier einfach einspringt. Sag' du doch bitte auch was", wandte sich Paride an seinen Vater.

„Wenn Massimo sich so festlegt, dann bringt ihn nichts und niemand von seinem Vorhaben ab. Ich kenne ihn zu gut. Er trifft seine Entscheidungen meist nach reiflichem Überlegen, wenn er es aber einmal spontan tut, hält das genauso fest. So ist er immer gewesen."

Der Kellner trat an den Tisch: „Wünschen die Herren noch ein Dessert oder Kaffee?"

Der Graf schaute auf die Uhr, Massimo und Paride hoben abwehrend die Hände, „Gaetano muss an sich jeden Moment vorfahren. Ich glaube, wir streichen den Nachtisch."

Massimo nickte beifällig: „Drei Grappa genügen mir als Dessert vollauf. Mein Fahrer wird auch bald kommen und dann geht es mit dem Automobil zurück nach Triest. Der österreichische Lloyd ist ein nobler Klient, der seinen Anwälten dann und wann schon ein Automobil zur Verfügung stellt. Dafür erwartet er aber auch, dass man seine Fälle bei Gericht gewinnt."

Nachdem Graf Pollini die Rechnung beglichen hatte, traten die Drei hinaus in den sonnigen Nachmittag. Das Meer schlug sanft gegen die Kaimauern. Gaetano rollte mit seinem Gespann gerade heran, der Chauffeur des Lloyd war dabei unsichtbare Staubkörner von den glänzenden Kotflügeln seines Wagens zu wischen.

Massimo schüttelte seinem Vetter die Hand: „Ich habe mich gefreut dich zu sehen und in dieser denkwürdigen Stunde mit euch beiden zusammen gewesen zu sein. Bringt es deiner Frau schonend bei, dass sie Paride in Hinkunft teilen muss. Und vielen Dank für das hervorragende Essen."

Er wandte sich zu Paride und umarmte ihn: „Dir wünsche ich, dass du das große Los gezogen hast. Lass mich zeitgerecht wissen, wohin das Geld überwiesen werden muss. Nein, sag jetzt nichts, ich tue es gern und mache mir im Grunde genommen ja nur selbst eine Freude. Kommt beide gut nach Hause, ciao."

Er ging die paar Schritte zu seinem Automobil und bestieg es ächzend. Die beiden Pollinis begrüßten Gaetano und stiegen in die Kutsche.

„Ist mein Koffer schon da ?", fragte Paride. Gaetano bestätigte das mit einem eifrigen Nicken und meinte noch: „Herr Leutnant, du weißt doch, dass du dich auf mich verlassen kannst."

Zu Hause angekommen, umarmte Parides Mutter mit der ihr eigenen warmen Herzlichkeit ihren Sohn und schaute ihn dann prüfend an.

„Endlich habe ich dich einmal einen Augenblick für mich, denn Mariola ist mit dem Hund draußen in den Weinbergen unterwegs. Gut siehst du aus."

 Nach einer kurzen Pause fuhr sie fort: „Sehr erwachsen bist du geworden. Man sagt, dass der Dienst in der Armee aus jungen Leuten sehr rasch Männer werden lässt." „Mama, mir geht es gut und ich bin auch viel an der frischen Luft. Das bringen mein Leben und mein Hauptmann so mit sich", lächelte Paride.

„Dein Zimmer ist für dich hergerichtet. Ich nehme an, dass du dich frisch machen und umziehen willst. Du weißt ja, dass du nur deinen Kasten aufzumachen brauchst und dort alles wie eh und je vorfindest."

„Mama, das gehört auch dazu, weshalb es zu Hause so schön ist."
„Komm dann zum Kaffee. Essen wirst du vermutlich nichts wollen, wenn du vom Mittagessen mit Papa und Onkel Massimo kommst."
Sein Vater ergänzte: „Gaetano hat deinen Koffer schon nach oben gebracht. Lass dir Zeit und komm dann zu uns."
Er zwinkerte seinem Sohn zu und als der sich anschickte auf sein Zimmer zu gehen, legte er ihm beruhigend die Hand auf die Schulter.
„Paride", sagte die Gräfin, „ich bin schon sehr neugierig, welchem freudigen Umstand wir deinen Besuch so ganz außerhalb der Zeit verdanken. Auf jeden Fall ist es schön, dich so unvermutet hierzuhaben."
Ungefähr eine halbe Stunde später betrat Paride den Raum. Er trug legere Hosen und eine bequeme Strickjacke.
„Ich wollte die Jacke schon weggeben, schließlich hast du sie schon seit der Oberrealschule", schmunzelte seine Mutter, „aber das hat deine Schwester nicht zugelassen. Sie hat sie zu unserer Schneiderin gegeben und die Lederflecken auf die Ellbogen nähen lassen. Sie findet das sehr englisch und damit elegant."
„Wer spricht da von mir?", fragte Mariola von der Türe her. „Habt ihr schon was Warmes getrunken? In den Weinbergen ist es ziemlich frisch. Der Hund ist wieder einmal wie ein Verrückter auf und ab gesaust und liegt jetzt ganz erschöpft in der Küche."
„Wir wollen Kaffee trinken, du kommst gerade recht", sagte ihr Vater, „setz' dich gleich her zu uns."
Auf dem Tisch standen Tassen aus feinem Porzellan, auf einem Teller lagen liebevoll angerichtet leckere Petit fours und in der Mitte stand eine silberne Zuckerdose. Ein hübsches junges Mädchen brachte die Kanne mit heißem Kaffee und eine kleinere mit warmer Milch.
„Danke, Giovanna", sagte die Gräfin und die junge Frau zog sich mit einem Knicks zurück.
„Kennst du die kleine Giovanna noch?" fragte Parides Vater. Auf dessen zweifelnden Blick meinte er: „Ja, das ist die Tochter von Rosetto, dem Fischer. Gaetano bemüht sich sehr um sie."
Nachdem Mariola eingeschenkt hatte, nahm sich Paride ein Herz.
„Mama, ich habe dir was zu sagen. Papa weiß es seit dem Mittagessen. Ich bin froh, dass Mariola da ist, denn sie betrifft es doch auch."
„Was ist los, was ist denn geschehen?", fragte Mariola mit großen runden Augen.
„Paride, rede doch endlich!"
„Ich glaube, dass ich keinen Vertrauensbruch begehe, wenn ich euch einen Brief vorlese. Ihr wisst, dass das Angebot unter Umständen Flieger zu werden, für mich im Raum steht. So wie ich euch davon geschrieben habe, habe ich das auch eine junge Dame wissen lassen. Und so wie mir Mama die Meinung der Familie mit-

geteilt und mir damit sehr geholfen hat, so hat mich auch diese junge Dame ihre Ansicht dazu wissen lassen."

„Paride", unterbrach ihn sein Vater, „ehe du uns den Brief, von dem ich zum ersten Mal höre, vorliest, erzähle uns doch ein bisschen von ihr. Deine Mutter sitzt wie auf Nadeln und Mariola platzt fast vor Neugier."

Es war rasch dunkel geworden. Die Gräfin knipste eine Stehlampe neben dem Kaffeetisch an und setzte sich zurecht.

Paride räusperte sich und begann von Marie zu erzählen; von der ersten Begegnung, von seinem Besuch in Graz und von Kaisers Geburtstag im Hause Fleissner. Auch das Wochenende in Wien mit Maries Bruder ließ er nicht unerwähnt. Er bemerkte nicht, wie die Blicke seiner Mutter zärtlich auf ihm ruhten und seine sonst so lebhafte Schwester wie gebannt auf ihrem Stuhl saß. Sein Vater aber registrierte es belustigt.

„Heißt das", fragte Mariola atemlos, „dass du dich verloben wirst?"

„Ja, mein Kind", sagte die Gräfin leise, „das heißt es."

Paride griff in die Innentasche seiner Jacke und holte Maries Brief heraus.

„Lassen wir Marie einfach zu Wort kommen", sagte er, „dann lernt ihr sie gleich wirklich kennen. Ich kann sie nur sehr unzulänglich beschreiben, denn Worte reichen dazu wirklich nicht aus."

Nachdem Paride den Brief vorgelesen hatte, hätte man eine Stecknadel fallen hören können.

„Was hast du geantwortet?", fragte seine Mutter nach einer Weile.

„Antrag angenommen."

„*Was* hast du geantwortet?", fragte sein Vater. „Habe ich richtig gehört?"

„Ja, Papa, du hast mich richtig verstanden. Antrag angenommen. Aber am nächsten Tag habe ich sie in einem langen Brief wissen lassen, dass sie mich zum glücklichsten Mann auf der Welt gemacht hat."

„Gib gut auf Marie acht und sei lieb zu ihr", sagte seine Mutter, „sie scheint es zu verdienen."

„Wie geht denn jetzt alles weiter?", fragte Mariola, die sich langsam wieder fasste. „Wann gehst du zu ihrem Vater, wann ist die Verlobung, wo wird das sein und wann lerne ich meine Schwägerin kennen?"

„Das sind Fragen, die ich dir auch stellen wollte," schaltete sich der Graf ein.

Paride war anzusehen, dass ihm gerade ein großer Stein vom Herzen gefallen war.

„Zu Weihnachten komme ich nach Hause und auf dem Rückweg halte ich um Maries Hand an. Im Frühjahr möchte ich mich dann ganz offiziell verloben und alles Weitere hängt auch von meiner weiteren Dienstverwendung ab. Heiraten werde ich auf jeden Fall hier in Parenzo."

Sein Vater nickte beifällig: „Zur Verlobung fahren wir in die Berge und zur Hochzeit kommen die Steirer ans Meer. Das belebt die k.u.k. Riviera." Zu seiner Toch-

ter gewendet fuhr er fort: „Ich nehme an, dass es dir keine sonderlichen Gewissensbisse verursacht, wenn du ein paar Tage nicht im Internat bist."
Das Holz im Kamin des Schlafzimmers von Parides Eltern war heruntergebrannt. Zusammen mit dem silbern schimmernden Mond tauchte die Glut das Zimmer in ein ganz besonderes Licht. Der Graf saß im Bett und sah seine Frau aus dem Bad kommen.
Die ließ das Negligé von den Schultern gleiten und stand nackt vor ihm. Ihr Körper war glatt, straff und verführerisch. Sie stieg zu ihrem Mann ins Bett und flüsterte zärtlich: „Schläfst du noch mit einer angehenden Schwiegermutter? Bis zur Großmutter werden sich die jungen Leute hoffentlich doch noch ein bisschen Zeit lassen."

+

Paride war sehr erleichtert, dass die Eltern seine Absicht sich zu verloben, gefasst und mit Zustimmung aufgenommen hatten. Er hatte darauf gehofft und es irgendwie auch erwartet. Zugleich wunderte er sich aber, dass alles so glatt gegangen war. Er vermutete, dass ihn seine Eltern recht gern in festen Händen wussten. Anscheinend stellten sie sich das Leben eines jungen Offiziers wohl verwegener vor, als es tatsächlich war. Paride kam zu dem Schluss, dass seine Moral, wäre er beispielsweise ein junger Anwalt in Triest oder Agram, wohl wesentlich mehr gefährdet wäre, als als Leutnant in Salzburg oder Lemberg.
Auf der Rückreise überlegte er, dass er einen Verlobungsring für Marie besorgen müsse. Der sollte außergewöhnlich sein. Er erinnerte sich daran, dass Hauptmann Schneeberger schon mehrfach vom Antiquitätenhändler Pollak gesprochen hatte. Pollak war nicht nur Gründungs-, sondern auch Vorstands- und Ehrenmitglied des „Veteranenvereins" und hatte im Vorjahr zum Beispiel dafür gesorgt, dass anlässlich des Weihnachtsabends in der Kaserne genügend Fassbier vorhanden war. Inzwischen kannte Paride den typischen Salzburger mit Schnurrbart, Lodenjanker, Trachtenhut und Gamsbart schon vom Sehen. Albert Pollak handelte mit Gold- und Silberwaren, Uhren und Antiquitäten und gehörte als k.u.k. Hoflieferant zur privilegierten Schicht der Salzburger Gesellschaft. Mit 18 Jahren war er zum Rainerregiment einberufen worden. Zehn Jahre hatte er im Regiment gedient, den italienischen Krieg mitgemacht und er war auch mehrfach ausgezeichnet worden. Albert Pollak war aus dem westungarischen Mattersdorf nach Salzburg zugezogen. Sein ganzer Lebenslauf wäre, so hatte Schneeberger gemeint, an sich nicht außergewöhnlich, wäre Pollak nicht Jude.
Mit den Juden waren die jeweiligen Herrn in den deutschen Landen nie zimperlich umgegangen.1498 waren sie brutal aus Salzburg vertrieben und im ganzen Erzstift Salzburg fortan mit einem Aufenthaltsverbot belegt worden. Mehr als 350 Jahre

später, als mit dem Staatsgrundgesetz von 1867 alle konfessionell begründeten Aufenthaltsverbote beseitigt worden waren, konnte sich Albert Pollak als erster Jude wieder offiziell in Salzburg niederlassen. 1872 wurde ihm vom Gemeinderat mehrheitlich das Heimatrecht verliehen, 1873 wurde er als Bürger der Stadt Salzburg akzeptiert.

„Pollaks Geschäft muss man einfach gesehen haben," hatte Schneeberger gesagt. „Seine Geschäfts- und seine Wohnräume sind exquisit eingerichtet und bei ihm findet man wirklich schönen alten Schmuck. Wenn du einmal bei ihm was kaufen solltest, macht er dir bestimmt einen anständigen Preis. Das befiehlt ihm schon sein altes Soldatenherz. Einer seiner beiden Söhne ist übrigens auch Offizier geworden."

Wieder in Salzburg, nahm sich Pollini vor, bei Pollak vorbeizuschauen und gegebenenfalls dort den Ring, den er Marie zur Verlobung schenken wollte, zu kaufen. Das hielt ihn aber keineswegs davon ab, vor den Auslagen anderer Juweliere stehen zu bleiben und sich mit deren Angebot vertraut zu machen.

Er hatte viele sehr hübsche Ringe gesehen, aber der, der diesem für ihn so wichtigen Anlass angemessen sein sollte, war nicht dabei. So entschloss er sich, Herrn Pollak in seinem Geschäft aufzusuchen. Schon beim Eintreten umfing ihn eine ganz besondere, gediegene Atmosphäre. In Vitrinen war kostbares Porzellan der besten Manufakturen ausgestellt, Möbel aus verschiedenen Stilepochen verbreiteten Wärme, der Boden war mit Orientteppichen bedeckt und kostbar aussehende Luster und Leuchter spendeten ihr Licht. Beim Öffnen der Tür erklang leise eine Glocke.

Pollak, im unvermeidlichen Trachtenjanker, kam aus der Tiefe seines Geschäfts, das mehrere große Räume zu umfassen schien, musterte Pollini aufmerksam und fragte dann mit freundlichem Lächeln: „Graf, Sie wünschen ? Womit kann ich dienen?"

„Sie kennen mich?", fragte Pollini überrascht.

„Aber Herr Leutnant, als Mitglied des Veteranenvereins und auch als Geschäftsmann kennt man doch die Herren Offiziere der Garnison", schmunzelte Pollak.

„Mein Kamerad Hauptmann Schneeberger hat mir Ihr Haus für den Fall empfohlen, dass ich einmal ein Geschenk der besonderen Art suche. Jetzt ist es so weit."

„Was suchen Herr Leutnant? Soll es eine Brosche, etwa für die Frau Mama, oder ein Ring sein? Eine Taschenuhr für den Herrn Papa? Darf ich Ihnen Ohrringe zeigen oder ein ganz zartes Collier ? Ich bitte Herrn Leutnant über mich zu verfügen."

„Ich habe an einen Ring für eine junge Dame zu einem ganz besonderen Anlass gedacht."

Pollak schien einen Augenblick zu überlegen und sagte dann: „Da darf ich Herrn Leutnant ein ganz besonderes Stück zeigen."

Er trat an eine Vitrine, schloss sie auf und entnahm ihr ein Etui. Als er es öffnete, sah Pollini einen eleganten Ring aus Weißgold in weiße Seide eingebettet. Den Ring zierte ein tiefgrüner Smaragd, der mit kleinen Brillanten eingefasst war. Pollak legte das Etui auf einen kleinen Tisch und meinte: „Ein ausnehmend schönes Stück, das dem Anlass für den es Herr Leutnant benötigen, bestimmt angemessen ist. Der Stein stammt aus dem Habachtal im Pinzgau, wo man heute noch dann und wann Steine dieser Qualität findet. Geschliffen wurde er in Amsterdam."
„Ja, Herr Pollak, das ist es, was ich suche", sagte Pollini, der den Ring mit leuchtenden Augen betrachtet hatte, „den nehme ich."
„Darf ich Herrn Leutnant ein Glas Portwein anbieten?", fragte der Juwelier und deutete auf einen bequem aussehenden Fauteuil.
„Sehr gern, Herr Pollak", antwortete Pollini und setzte sich.
Pollak griff nach einer silbernen Glocke und auf sein Läuten erschien lautlos eine junge Frau.
„Bettina, sei bitte so gut und bring uns zwei Glas Port", wandte er sich an diese und nahm dann Pollini gegenüber Platz.
„Herr Pollak, ich habe Sie noch gar nicht nach dem Preis gefragt, was schulde ich Ihnen ?"
Noch ehe der Juwelier antworten konnte, hatte die junge Frau zwei Gläser vor die beiden Herrn hingestellt. Pollak hob sein Glas und trank Pollini zu.
Dann nannte er einen durchaus angemessenen Preis und fügte hinzu: „Davon bitte ich Herrn Leutnant noch zwanzig Prozent abziehen zu wollen. Das ist einerseits der Rabatt eines alten Rainers, der sich seinem Regiment verbunden fühlt. Ich freue mich aber auch, wenn ein Schmuckstück in die richtigen Hände kommt. Nein, ich bitte Herrn Leutnant nichts dazu zu sagen und mir ganz einfach diese kleine Freude, die ich mir schon leisten kann, zu gönnen."

1911

Die Weihnachtstage und der Jahreswechsel verliefen bei Pollinis wie immer sehr harmonisch. Man hatte sich mit kleinen Aufmerksamkeiten beschenkt, über die man zum Teil monatelang nachgedacht hatte. Die Freude beim Beschenkten war jedem das Nachdenken wert.
In der Christnacht besuchte die Familie die Christmette in der Basilika in Parenzo, wo in der vorwiegend in Gold-, Weiß- und Grüntönen gehaltenen Apsis das der Familie vorbehaltene Gestühl stand.
Unter dem Vorwand eines Verdauungsspazierganges hatten sich am Nachmittag des Christtages Paride und sein Vater in die Weinberge verabschiedet. Irgendwann hatte der Vater gemeint: „Paride, wir wollen dir in dein Leben nicht dreinreden. Mama und ich sind uns ganz sicher, dass du das Richtige tust. Lass mich dir trotzdem noch etwas mitgeben. Es kommt aus der Erfahrung deines Großvaters und auch aus meiner eigenen. Früher oder später vergeht das Überschäumende und es geht die Zeit, in der jede Stunde ohne den geliebten Menschen verloren zu sein scheint, auch vorbei. Was bleiben muss ist die Liebe. Sie sollte auch noch da sein, wenn das Haar schon schlohweiß ist, stark und innig, wie in den Tagen des größten Glücks. Dann ist alles gut."
Marie hatte Paride vor Weihnachten noch eine Photographie nach Salzburg geschickt. Sie trug darauf ein lichtes Kleid mit einem breiten Gürtel. Man konnte ihre Schönheit, ihre Grazie und ihre bezaubernde Heiterkeit erkennen. Ihr Haar schien golden zu sein und ihre Augen leuchteten. Paride hatte das Bild voll Freude und Stolz seinen Eltern gezeigt.
„So habt ihr wenigstens annähernd eine Vorstellung wie Marie aussieht. Leider kann so ein Photo nicht zeigen, wie sie ist und wie sie auf ihre Umgebung wirkt."
„Geschmack hat unser Sohn, das muss man ihm lassen", sagte der Graf abends zu seiner Frau.
„Den hat er von seinem Vater. Von dem behauptet man heute noch, dass er seinerzeit das hübscheste Mädchen von ganz Pola geheiratet hat", lächelte diese.
„Spaß beiseite, sie gefällt sogar Mariola und dabei sind Schwestern ganz besonders kritisch, wenn sie ihre Brüder an fremde junge Damen abtreten müssen."
Als sich Paride nach Neujahr verabschiedete, um zu Fleissners zu fahren, drückte ihm seine Mutter ein kleines Etui in die Hand. Es sah alt und abgegriffen aus. Auf seinen fragenden Blick hin sagte sie nur: „Mach' es doch einfach auf."
Auf vergilbter Seide lag eine Brosche. Sie war alt, sehr schlicht, dabei aber elegant und zeitlos schön.
„Die habe ich von deiner Großmutter bekommen, als mich Papa ihr als seine Braut vorstellte. Gekannt haben wir uns schon aus der Gesellschaft. Nachdem sie befunden hatte, dass ich als ihre Schwiegertochter in Frage käme, gab sie mir die

Brosche. Sie hatte sie von ihrer Schwiegermutter bekommen und konnte nicht mehr genau sagen, wann die Brosche in die Familie gekommen ist.
Bring sie Marie mit einem herzlichen Gruß von mir. Ich habe mir das gut überlegt. Gib sie Marie als Zeichen des Willkommens im Hause Pollini."
Paride schloss das Etui wieder und behielt es in der Hand. Er umarmte seine Mutter und drückte sie fest an sich. „Gut, dass Mama nicht besonders groß ist", dachte er, „so kann sie nicht sehen, dass mir das Wasser in die Augen schießt."
„Ein Glück, dass der Bub so groß ist", durchfuhr es seine Mutter, „so sieht er nicht, wie ich mit den Tränen kämpfen muss."

+

Paride hatte im Zug zu lesen versucht. Nach zwei Stunden legte er das Buch beiseite. Die letzten Seiten waren eine Qual gewesen, er war zu aufgeregt. Er fragte sich, wer ihn wohl am Bahnhof erwarten würde. Der Zug fuhr in der beginnenden Dämmerung in die kleine Station ein. In den umliegenden Häusern verhießen die erleuchteten Fenster warme Stuben.
Als Pollini aus dem Abteil stieg, stand, wie aus dem Boden gewachsen, Georg neben ihm. Leuchtende Augen in einem faltigen, schmalen Gesicht, das vor Freude gerötet war: „Herr Leutnant, herzlich willkommen ! Das Gepäck nehme ich schon. Der Schlitten steht vor dem Bahnhof. Bitte kommen Sie, alle warten schon."
Während die Pferde kräftig ausgriffen und die kleinen Glocken an ihrem Geschirr heiter klingelten, dachte Paride in dicke Decken gehüllt: „Das habe ich befürchtet, dass alle schon auf mich warten. Wie gehe ich es eigentlich an ?"
Er bemerkte zu seinem eigenen Erstaunen, dass er sich noch überhaupt keine Gedanken gemacht hatte, wie er Maries Vater um deren Hand bitten würde. Er entschloss sich, alles einfach an sich herankommen zu lassen. Was würde ihm denn ein fein ausgeklügelter Plan helfen, wenn dann ohnehin alles ganz anders käme, weil Fleissners eben so disponiert hatten ? Während er so in Gedanken versunken war, hielt Georg den Schlitten vor dem Herrenhaus an. Paride schälte sich umständlich aus den Decken. Das Haustor wurde geöffnet und Haltan stürmte mit freudigem Bellen heraus. Dicht hinter ihm Marie, die mit ausgebreiteten Armen auf Paride zukam.
„Endlich, endlich bist du wieder da", stieß sie außer Atem hervor und umarmte ihn.
„Liebe Base, lass noch was von meinem Kameraden übrig", sagte Oberleutnant Holzer vom Tor her in gespielt strengem Ton.
„Was, Franz, du bist da ?", meinte Pollini überrascht.
„Ich kann dich doch in der bisher schwersten Stunde deines Lebens nicht allein lassen", lächelte Holzner.

Georg hatte inzwischen das Gepäck ins Haus getragen und sich erfreut über das Geldstück, das ihm Pollini in die Hand gedrückt hatte, bedankt. Marie wies Rosa an: „Bring' bitte die Sachen gleich auf's Zimmer und leg' im Ofen noch ein bisschen nach."

Zu Paride gewandt meinte sie: „Der Ofen wird vom Gang aus befeuert, du wirst es schön warm haben. Du hast bestimmt im Schlitten gespürt, wie kalt die Winter bei uns sind. Jetzt leg' aber ab und komm herein. Alle freuen sich schon auf dich."

Auf Parides zweifelnden Blick hin, lächelte sie verschwörerisch: „Ja, auch der Papa. Den habe ich schon bearbeitet. Nur Mut, Herr Leutnant!" Sie stand stramm und deutete einen militärischen Gruß an.

Als Pollini die „Stube" betrat, sagte Frau von Fleissner: „Wir haben mit dem Tee auf Sie gewartet, Herr Leutnant. Sie müssen ja ganz durchfroren sein."

„Küss die Hand, Baronin, dank Georgs Fürsorge bin ich in ganz passablem Zustand angekommen", bemerkte Paride. Dann begrüßte er Maries Tante Johanna, die zu seiner Überraschung auch anwesend war.

„Ich freue mich, Sie wiederzusehen, Herr Leutnant. Um Neujahr besuche ich meine Familie. Ich glaube, dass vor allem mein Bruder recht froh ist, wenn ich nach drei oder vier Tagen wieder abreise."

„So ist das natürlich nicht, aber mit drei Frauen im Haus tue ich mir nicht ganz leicht. Ich habe sie im Verdacht, dass sie immer insgeheim den Aufstand proben. Jetzt aber Schluss mit dem Unsinn! Herzlich willkommen Herr Leutnant, schön Sie wiederzusehen." Fleissner ergriff Pollinis Hand und drückte sie kräftig.

Fest und herzlich war auch der Händedruck, den Pollini mit Ernst tauschte.

Martina servierte den Tee und schenkte dem Gast ein freundliches Lächeln, während Marie Kristallplatten mit verschiedenen köstlich aussehenden und ebenso duftenden Weihnachtsbäckereien auf den Tisch stellte.

„Unsere Martina hat sich wieder selbst übertroffen", sagte sie dabei, „aber ich habe mir auch was abschauen dürfen. Ganz besonders darf ich den Christstollen empfehlen, der ist nämlich von mir."

Ernst brachte eine Karaffe herbei und meinte, dass ein kräftiger Schuss Rum dem Tee sicherlich sehr bekommen würde.

Nach dem Tee nahm Paride ein imaginäres Kuchenkrümel von seinem Uniformärmel und wandte sich an Fleissner: „Herr Baron", sagte er klar und ruhig, wobei er sich über seine Gelassenheit selbst wunderte, „wissen vermutlich, dass mein Kommen nicht nur den Reizen der winterlichen Steiermark gilt. Ich komme mit einem sehr großen, persönlichen Anliegen zu Ihnen und bitte Sie, mir zu einem Gespräch zur Verfügung zu stehen." Fleissners Blick ruhte prüfend auf Pollini. Dann antwortete er. „Wenn das so groß und so persönlich ist, dann gehen wir am besten in mein Arbeitszimmer. Da sind wir ungestört." Er stand auf und wandte sich an seine Familie: „Ihr entschuldigt uns bitte."

Zu Pollini, der ebenfalls aufgestanden war, sagte er. „Herr Leutnant, ich darf vorausgehen."

Nachdem die beiden den Raum verlassen hatten, meinte Ernst, dessen Grinsen Marie nicht sehen konnte, halblaut zu Holzner: „Du, Franz, was steckt denn da dahinter ? Hat der Paride Schulden, die sein Vater nicht zahlen will ? Oder ein Mädel vom Ballett ?"

„Du kannst so unheimlich blöd sein", stieß Marie wütend heraus.

„Ernst, jetzt bist du wirklich zu weit gegangen", sagte seine Mutter mit ungewohnter Strenge in der Stimme. „Es geht um Maries weiteres Leben und da ist wirklich kein Platz für deine dummen Respektlosigkeiten."

Zerknirscht sagte Ernst: „Pardon Mama, entschuldige bitte Marie. Aber ich glaube, dass ich nicht weniger aufgeregt bin als du. Nur versuche ich meine Nervosität sehr unpassend und sehr schlecht zu überspielen."

Begütigend legte er seine Hand auf Maries Arm. Die lächelte ihn an, drückte seine Hand und meinte: „Ist schon gut, du treues, liebes Raubein."

In seinem Arbeitszimmer, einem mit viel Holz eingerichteten Raum, der Behaglichkeit ausstrahlte, wies Fleissner auf einen bequemen Stuhl und nahm selbst auch Platz.

„Ich könnte mich jetzt ganz unwissend stellen", begann er das Gespräch, „ und Sie fragen, wo Sie denn der Schuh drückt. Aber das ist nicht meine Art, ich will Sie auch nicht auf die Folter spannen. Gleich nach Ihrer Abreise im August hat mich meine Tochter gefragt, wie Sie mir gefallen und was ich von Ihnen denn halte. Sie haben sicherlich schon festgestellt, nicht zuletzt durch Ihr Treffen mit meinem Sohn in Wien, dass wir sehr offen miteinander reden. Meine Frau und ich wollten nicht auf einem Podest stehen und auf unsere Kinder herunter schauen. Das soll in vielen Familien noch üblich sein. Wir haben in unseren Kindern eben Kinder und heranwachsende junge Menschen gesehen, die wir ins Leben zu begleiten haben.

Kindern geschieht sehr viel Unrecht. Oft scheinen uns ihre Nöte klein zu sein, ohne dass wir darüber nachdenken, wie kleinlich wir doch oft in unserem Leben sind. Wir finden es kindisch und manchmal auch störend, wenn ein Kind wegen eines in den Schmutz gefallenen Apfels weint. Viele Erwachsene aber grämen sich wegen eines zu Boden gefallenen Stücks Papier. Auch wirft man Kindern vor, dass sie nicht einsehen, was ihre Eltern für sie alles tun, dabei können die das doch erst ermessen, wenn sie selbst einmal Eltern sind."

Fleissner machte eine Pause und schaute Pollini prüfend an.

„Da interessiert Sie sicher die Tatsache, dass auch meine Eltern bei meiner Schwester und mir diesen Weg, den manche unkonventionell nennen mögen, gegangen sind. Trotz der frühen Trennung durch Oberrealschule und Akademie war daher, wo ich auch gewesen bin, die liebevolle Atmosphäre meines Elternhauses irgendwie immer um mich," antwortete Pollini. „Ernst hat knapp vor Weihnachten sein Studium beendet. Ziemlich pünktlich sogar. Das war ein ganz besonderes Weihnachtsgeschenk für meine Frau und für mich. Er wird in einem großen Forstbetrieb im Salzburgerland Erfahrung sammeln und früher oder später unser Gut übernehmen. Marie hat ihre eigenen Pläne, in die sie mich eingeweiht hat. Zum Teil zumindest, wie ich annehme."

Pollini stand auf und verneigte sich: „Baron, ich habe die Ehre, Sie um die Hand Ihrer Tochter zu bitten."

„Was sagen eigentlich Ihre Eltern zu diesen Plänen, Herr Leutnant ?", fragte Fleissner ruhig.

„Ich habe mit ihnen sehr eingehend darüber gesprochen. Vor allem habe ich ihnen zu vermitteln versucht, was für ein ganz besonderer Mensch Marie ist. Ich glaube, dass mir das gelungen ist. Meine Familie nimmt Marie, vorausgesetzt Sie geben mir Ihre Hand, mit offenen Armen auf."

Fleissner stützte sich beim Aufstehen auf die Armlehnen seines Sessels, schaute sein Gegenüber ernst an und sagte: „Ich habe immer Angst davor gehabt, dass einmal einer kommt und sie mir wegnehmen wird. Das ist natürlich sehr egoistisch, aber Väter sind eben so. Ich weiß aber auch, dass du sie mir nicht nimmst, sondern dass du sie glücklich machen wirst. Das muss doch auch mich froh machen. Tu ihr aber nie weh, denn sie ist das Kostbarste, das ich habe."

Er reichte Paride die Hand, zog ihn dann an sich und sagte mit belegter Stimme: „Wir werden uns jetzt 'du' sagen. Die Damen sitzen vermutlich auf Nadeln. Dabei wissen sie doch ganz genau, wie unsere Unterredung ausgegangen ist. Lassen wir sie noch einen Augenblick zappeln."

„Schwiegerpapa, das 'Du' ist mir eine große Ehre und Auszeichnung", meinte Paride sichtlich erleichtert.

Fleissner drückte auf eine Klingel an seinem Schreibtisch und kurz darauf betrat Martina den Raum.

„Martina, bitte die besten Gläser und den Champagner aus dem Keller bitte in die Stube."

Ein seliges Lächeln glitt über Martinas Gesicht.

„Sie wissen es also schon, dass wir heute Verlobung feiern."

Martina nickte nur. und dachte: 'Gnädiger Herr, wenn Sie wüssten, wie lange ich das schon weiß, dann würden Sie sich sehr wundern.'

Als Fleissner und Pollini die Stube wieder betraten, schauten ihnen alle erwartungsvoll entgegen. Mit unbewegtem Gesicht wies Fleissner auf Pollini und sagte: „Darf ich euch Leutnant Graf Pollini, meinen Schwiegersohn, vorstellen ?"

Marie stand ganz ruhig auf, trat zu ihrem Vater und umarmte ihn unter Freudentränen: „ O Papa, ich dank' dir, ich dank' dir so sehr."

Dann ging sie zu Paride, reichte ihm beide Hände und lächelte ihn an:

„Du darfst die Braut jetzt ruhig küssen!". Das tat Paride auch unter dem Beifall der Familie.

Dann holte er ein Etui aus der Tasche, öffnete es und bat um Maries Hand. Er streifte Marie den Ring mit dem Smaragd über den Ringfinger. Er saß wie angegossen. Fasziniert schaute Marie auf ihre Hand, dann auf Paride und schmiegte sich an ihn: „Wie schön, wie wunderschön, danke, Liebling, danke."

Voll Freude zeigte sie den Ring ihrer Mutter und ihrer Tante.

„Alle Achtung", ließ sich Vater Fleissner vernehmen.

In diesem Augenblick öffnete sich die Tür, Martina trat ein. Auf einem silbernen Tablett brachte sie sieben hauchdünne Kristallkelche und hinter ihr folgte Rosa mit zwei Sektkübeln, in denen Champagnerflaschen im Eis lagen.

„Vielen Dank, Martina. Ich mache sie schon auf", lächelte Franz.

„So, mein lieber Paride", strahlte Frau von Fleissner, „jetzt kommst du mir nicht aus". Sie küsste ihn auf beide Wangen. „An's Schwiegermama werde ich mich schon gewöhnen."

Paride küsste ihr die Hand und sagte fragend: „Zum Schwiegerpapa darf ich 'Du' sagen?"

„Untersteh' dich nur und sag' es nicht auch zu mir," drohte seine künftige Schwiegermutter lächelnd.

„Du weißt ja, dass ich die Tante Johanna bin", sagte Frau Kahr. „Gewusst habe ich es damals in Graz ja noch nicht, dass wir heute einen solchen Anlass begehen. Aber vielversprechend waren die Vorzeichen schon damals. Ich habe sehr gehofft, dass der heutige Tag kommt." Sie küsste Paride auf die Wange.

„Busserl kriegst du von mir keines", feixte Ernst, „aber freuen tue ich mich von ganzem Herzen, für die Marie und auch für dich."

Franz hatte inzwischen den Champagner eingeschenkt und reichte jedem ein Glas. „Ich freue mich für euch beide", sagte er zu Paride.

„Auf das junge Paar", rief Vater Fleissner mit ungewohnt rauer Stimme und hob sein Glas. Paride und Marie stießen mit allen an und das feine Klingen der Gläser stand im Raum.

„Was werden deine Eltern jetzt gerade tun?", fragte Marie.

„Sie denken an uns und freuen sich mit uns und über uns. Mama grüßt dich ganz besonders und schickt dir das."

Paride hatte das Etui mit der Brosche in Seidenpapier verpackt und reichte es Marie: „Mach es auf, es gehört dir."

Vorsichtige entfernte Marie das Papier und klappte das Etui auf: „O, wie wunderschön", entfuhr es ihr, „ist die wirklich für mich?"

„Ja. Meine Mutter hat mir gesagt, dass die Brosche in der Familie immer an die künftige Frau des Stammhalters weitergegeben wird. Mama hat sie mir für dich mitgegeben. Jetzt gehört sie dir."

Dann setzte er noch hinzu: „Ich habe meine Eltern den Brief, in dem du mir deine Meinung zur Fliegerei mitteilst, lesen lassen. Ich hoffe, dass dir das recht ist. Auf jeden Fall hast du sie damit sofort für dich gewonnen."
Nach kurzem Klopfen an der Tür trat Rosa ein und meldete aufgeregt: „Herr Baron, der Herr Leutnant Pollini wird am Telefon verlangt!"
Pollini entschuldigte sich mit einer kurzen Verbeugung und fragte Rosa: „Wo ist denn der Apparat? Bitte zeigen Sie ihn mir."
„Hoffentlich ist nichts im Regiment passiert", argwöhnte Holzner. „Wer sollte denn sonst anrufen, wer weiß denn sonst, wo wir sind?"
„Ich mach' auf jeden Fall noch Schampus auf", meinte Ernst stoisch.
Kurz darauf betrat Paride wieder den Raum. „Herzliche Grüße und die besten Empfehlungen von allen Pollinis aus Parenzo. Meine Schwester konnte ihre Neugier nicht mehr bezähmen und hat Gott und die Welt in Bewegung gesetzt, um die Telefonnummer von hier herauszubekommen. Dann hat sie das Fernamt angerufen. Sie musste lange auf die Verbindung warten, aber dann hat es doch geklappt und ich konnte mit meinen Eltern und ihr sprechen. Die Verbindung war überraschend gut und jetzt knallen auch in Parenzo die Korken.
Papa und Mama grüßen herzlich und freuen sich sehr auf das Kennenlernen im Frühling. Sie haben mir eingeschärft, dass ich das unbedingt ausrichten muss."

In sehr aufgeräumter Stimmung setzte sich die vom frohen Anlass und auch vom Champagner animierte Gesellschaft zum Abendessen. Nach einer bodenständigen Vorspeise servierten Martina und Rosa köstlich duftende, goldgelbe steirische Backhendel. Dazu reichte man grünen Salat, der wegen des Gastes nicht mit dem sonst üblichen Kürbiskernöl, sondern mit Olivenöl abgemacht worden war.
„Dazu trinken wir an sich einen reschen Weißwein, einen Welschriesling aus der Südsteiermark", bemerkte Fleissner zu Paride gewendet. „Man soll aber nicht mischen und so bleiben wir lieber beim Schampus. Das ist den Damen bestimmt auch lieber. Das merke ich am Lachen meiner Schwester."
Als Nachtisch gab es eine von Marie gebackene Linzertorte.
„Dein Fräulein Braut ist ganz schön raffiniert", bemerkte Ernst zu Paride, während Frau Fleissner die Torte anschnitt. „Das ist die Lieblingsmehlspeise unseres Vaters. Für die schmilzt er einfach hin. Wenn er sich heute furchtbar aufgeregt hätte, was nach der guten Vorbereitung durch Marie und meine Mutter eher unwahrscheinlich war, hätte ihn Marie mit diesem Wunderwerk mit Ribiselmarmelade und Mandelstiften schon wieder beruhigt. Paride, mein Guter, lass dich noch einmal warnen. Die Marie hat 's faustdick hinter den Ohren. Sag 'mir später nie, ich hätte dir das nicht gesagt."
Als Paride, von Marie mit einem Kuss an der Zimmertür verabschiedet, sehr glücklich und auch leicht beschwipst, weit nach Mitternacht zu Bett gegangen

war, registrierte er noch, dass die Stille draußen keineswegs vollkommen war. Während im Haus da und dort altes Holz knarrte oder ein Scheit im Ofen brennend knackte, war die Nacht auch draußen voll mit gedämpften, dunklen und geheimnisvollen Lauten. Man konnte das Singen des Windes und das Murmeln des Baches hören, der nicht ganz zugefroren war. Da ächzte ein verspäteter Wagen und auch das gleichmäßige Brummen eines Autos war zu hören, dessen Scheinwerfer mit fahlen Fingern über den Schnee tasteten. Irgendwo schlug ein Hund wachsam an.

+

Nach seiner Rückkehr aus dem Urlaub meldete Pollini seinem Kompaniekommandanten seine Verlobung.
„Es handelt sich vermutlich um die junge Dame, die im Dezember des Vorjahres mit ihrer Frau Mutter in Salzburg gewesen ist", bemerkte Hauptmann Reitsamer wissend mit dem leisen Anflug eines Lächelns.
Überrascht fragte Pollini: „Herr Hauptmann, du weißt davon?"
„Pollini, mein Guter, sag' wo lebst du denn? In dieser Armee bleibt nichts lange verborgen, denn da hört jeder was, da erfährt jeder was, da weiß jeder was. Das geht so ganz nach dem Motto: 'Bitte, ich weiß was, war aber selbst nicht dabei, aber alle reden schon davon.' Spaß beiseite, die junge Dame hat bei unseren jüngeren Herrn für einiges Aufsehen gesorgt. Es war aber auch stets zu hören, dass sie nur Augen für den Leutnant Pollini hatte", erwiderte der Hauptmann.
„Ich glaube, dass du eine ganz ausgezeichnete Wahl getroffen hast. Ich weiß nämlich auch, dass es sich um die Cousine von Oberleutnant Holzner handelt. Ich gratuliere dir wirklich von Herzen." Reitsamer trat auf Pollini zu und drückte ihm die Hand. „Vergiss bitte nicht, dem Kommandanten diese persönliche Veränderung beim Rapport zu melden."

„Das habe ich doch schon einmal erlebt", dachte Pollini, als er am folgenden Tag vor dem Schreibtisch seines Regimentskommandanten stand. „Auch damals, wie ich meine Versetzung zum Regiment gemeldet habe, ist das Gesicht des Kaisers auf dem Bild dort in tiefe Schatten und vereinzelte helle Flecken zerfallen. Auch die Struktur der Malleinwand ist so hervorgetreten. Wieder wirkt das Gesicht des Kaisers so lebendig und mir ist, als würde er mich aus seinen blauen Augen, die das Alter schon recht getrübt haben muss, anschauen."
Oberst von Höpfner stand, die Hände am Rücken, am Fenster und schaute in den Kasernenhof hinunter. Der Schnee war zur Seite geschaufelt und der Hof mit Asche gestreut. Der Oberst drehte sich um und nahm Pollinis Meldung entgegen.
„Herr Leutnant, du meldest mir eine persönliche Veränderung, was darf ich darunter verstehen?", fragte der Oberst.

„Herr Oberst, ich melde meine Verlobung mit Marie Karoline Johanna von Fleissner, Tochter des Gutsbesitzers und Abgeordneten zum Steiermärkischen Landtag Dr. Ernst Freiherr von Fleissner, Hauptmann in der Reserve des k.u.k. Infanterieregiment Nr. 27, König der Belgier."

Der Oberst nickte und meinte dann: „Herr Leutnant, da gratuliere ich dir. Die Fleissners sind eine sehr gute, alte, honorige Familie und weit über die Grenzen der Steiermark hinaus angesehen. Fleissners Wortmeldungen im Landtag sind berühmt für ihren hintergründigen Humor. Außerdem bringt er in wenigen Sätzen die Sache auf den Punkt und nimmt sich auch kein Blatt vor den Mund. Das Schwätzen überlässt er anderen. Ich lese manchmal in der 'Grazer Tagespost' darüber und amüsiere mich königlich."

Nach einer kurzen Pause, in der er den Leutnant vor sich gemustert hatte, fuhr er fort: „Mein lieber Pollini, wenn du als Bräutigam nur annähernd so viel taugst wie als Offizier, kann sich die junge Dame glücklich schätzen. Ich darf dir, auch im Namen meiner Frau, sehr herzlich gratulieren und dir viel Glück wünschen."

Am folgenden Tag lud Pollini die Offiziere des Regiments zu einem Umtrunk anlässlich seiner Verlobung ins Offizierskasino ein. Da der Tag darauf ein Sonntag und somit dienstfrei war, dauerte der Abend für die jüngeren Herrn bis in die Morgenstunden. Die Stabsoffiziere und die älteren Hauptleute hatten sich am späteren Abend verabschiedet.

„Genieß' die Zeit noch", meinte Oberstleutnant Bernhold mit einem kleinen Lächeln und fast ein bisschen wehmütig beim Abschied, während ihm Pollini in den Mantel half. „Bald geht's dir so wie uns. Da wird dir dann gesagt, was dir bekommt und was nicht. Wenn man verheiratet ist, ist es aus mit Wein, Weib und Gesang."

„Na ja, Bernhold," verbesserte ihn Oberst von Höpfner mit feinem Lächeln, „singen wirst du doch dann und wann noch dürfen."

+

Fast über Nacht war der Frühling gekommen. Das war die Zeit, die viele in Salzburg nicht zuletzt deshalb herbeigewünscht hatten, weil man endlich wieder mit der Dampftramway fahren konnte. Die führte vom Staatsbahnhof durch die Stadt hinaus über Hellbrunn bis zum Fuß des Untersbergs, wo Pferdeomnibusse bereit standen, um die Leute zwar nicht sehr bequem, aber immerhin, auf der alten Straße nach Berchtesgaden und an den Königssee zu bringen. Schon die Lokomotive unterschied diese Dampftramway von ähnlichen Bahnen. Der Dampfkessel war nämlich dick und unter einem Dach zusammengedrückt. Dieser Lokomotive war ihre geballte Kraft anzusehen. In die breiten Waggons konnte

man vorne und hinten einsteigen. Ihre großen Plattformen reichten an Sonntagen für den Andrang kaum aus. War das Wetter halbwegs günstig, wurden auch offene Garnituren bereitgestellt. Da saß man auf bequemen Bänken und ließ sich, war die Bahn erst einmal in Schwung gekommen, die frische Luft ins Gesicht blasen. So lange es durch die Stadt ging, kam von vorn das Läuten einer Glocke, die auf der Lokomotive hing und die gern vom Lokomotivführer betätigt wurde. So machte er unachtsame Passanten auf die Gefahr, die ihnen von seinem Gefährt drohte, aufmerksam. Führte die Strecke dann aber über freies Gelände, so ließ er die Dampfpfeife oft und mit stolzer Freude ertönen.
Die Offiziere der Garnison nützten, auch mit ihren Familien, diese Fahrgelegenheit an Sonntagen gern und fuhren von der Haltestelle „ Cafe Bazar „ nach Hellbrunn zu den Wasserspielen oder nach Morzg, einem kleinen Dorf. Dort war der Gasthof des Ignaz Brandauer der erklärte Anziehungspunkt. Der Gasthof stand unmittelbar an der Bahn. Ein großer Gastgarten mit alten Kastanienbäumen bot vielen Gästen Platz und die letzten Tische standen schon in der Wiese. Berühmt war der Gugelhupf des Hauses, für den Pollini und seine Freunde die Fahrt gern auf sich nahmen. Führte sie doch unter anderem auch in Kleingmain am Imhofschen Besitz vorbei, der offen und sonnig da lag. Über eine niedrige Hecke schaute man auf junge Obstbäume und das blendend weiße, breitgestreckte Schloss. Es war für die unverheirateten Baroninnen, die es bewohnten, sicherlich zu groß. Wenn aber die über die ganze Monarchie verteilte Familie zusammenkam, tummelten sich auf den jüngst angelegten Tennisplätzen junge Herren und vor allem junge Damen. Nicht nur Oberleutnant Lantos versuchte dann einen Blick auf einen Knöchel oder gar eine weißbestrumpfte Wade zu erhaschen.

Nach einem weiteren Besuch Parides bei Fleissners und nach ausführlicher Korrespondenz mit seinen Eltern hatte man sich einvernehmlich geeinigt, dass die große Verlobungsfeier am Pfingstsonntag im Hause Fleissner stattfinden würde. Da wie dort war das mit nicht zu übersehender Aufregung und entsprechenden Vorbereitungen verbunden.
Es regnete leicht, als Graf Pollini mit Frau und Tochter nach Triest fuhr, um für seine Frau ein neues Kleid in Auftrag zu geben, das dem duftigen Trend der Frühjahrsmode entsprechen sollte. Mariola war völlig hingerissen, als ihr Vater meinte, dass sie nun zur jungen Dame herangewachsen und nicht sehr viel jünger als ihre künftige Schwägerin sei. Daher müsse sie zumindest zwei neue Kleider und wohl auch ein Kostüm für die Reise bekommen. Ihren Schulmädchenkleidern sei sie endgültig entwachsen.
Onkel Massimo holte seinen Vetter, der Frau und Tochter in den Modesalon begleitet hatte, dort ab. Sein Blick ruhte sichtlich erfreut auf den jungen, adretten Schneiderinnen und Putzmacherinnen.

„Herrgott, sind diese Mädchen hübsch", raunte er und sagte, in richtiger Beurteilung der Lage: „Das wird vermutlich etwas dauern. Die Damen sind sicherlich länger beschäftigt. Wir beide gehen einstweilen ins Kaffeehaus. Ich lade dich ein, das hier wird ohnehin teuer genug."
Zur Gräfin gewendet meinte er : „Wir sind im ' degli Specchi' und warten dort auf dich und Mariola."
Der feine Regen hörte langsam auf und der Himmel über Triest wurde tiefblau.

Im Hause Fleissner wurden die Gästezimmer auf Hochglanz gebracht und die Frau des Hauses dankte insgeheim dem Schöpfer, dass sie vor zwei Jahren bei ihrem Mann durchgesetzt hatte, dass die Gästezimmer mit einem Badezimmer ausgestattet worden waren.
Ihr Mann meinte damals zwar, dass ein kleines Schloss in der Obersteiermark nicht die Annehmlichkeiten eines Wiener Ringstraßenhotels bieten müsse, hatte dann aber doch gleich zugestimmt. Als ihm seine Frau nun erklären wollte, wie gut und wie richtig die damalige Entscheidung doch gewesen sei, winkte Fleissner begütigend ab und meinte milde: „Liebling, ich weiß, dass das gut war und dass der Vorschlag dazu von *dir* gekommen ist. Heute bin ich sogar froh, dass du damals keine Ruhe gegeben hast. Notfalls können wir jetzt auch ein Hotel aufmachen."
Dann entschied der Hausherr, dass der große Saal des Schlösschens, der nur selten benützt wurde, wohl den geeigneten Rahmen für das Fest abgeben würde. Durch die Fenster sah man hinaus ins Tal und zum Ort, dahinter standen silbrigblau die Berge. Die Wände des Saales waren in Pastelltönen gehalten. Sie waren mit hellblauen, lindgrünen, blassroten, goldgestreiften Tapeten, die in Frankreich hergestellt worden waren, tapeziert.
„Mit wie vielen Gästen werden wir denn rechnen müssen ?", fragte Maries Mutter ratlos.
„Aus Parenzo kommen, das weiß ich von Paride, nicht nur seine Eltern mit seiner Schwester, sondern auch sein Onkel Massimo. Der kommt zwar aus Triest, aber das spielt in dem Fall keine Rolle", antwortete Marie. „Aber wen müssen wir denn aller einladen?"
„Die nächste Verwandtschaft ist nicht sehr groß, das ist beruhigend und überschaubar", schmunzelte ihre Mutter. „Aber die Honoratioren aus der Gegend müssen wir einladen und um Vaters Gästeliste werden wir auch nicht herumkommen. Wen wird Paride denn einladen wollen?"
„So viel ich weiß, ein paar Herrn aus dem Regiment und den einen oder den anderen Jahrgangskameraden. Wo werden wir denn die alle unterbringen?"
„Die Pollinis hier im Hause, ebenso Tante Johanna und die Holzners. Für die jungen Herrn aus dem Regiment haben wir Quartier im Verwalterhaus. Dazu müssen

wir alle verfügbaren und zumutbaren Gästezimmer in der „Post" und den anderen Gasthöfen reservieren und anmieten. Wie wir die ersten ungefähren Zahlen haben, muss das geschehen."

„Mama, das hab' ich jetzt fast vergessen. Von Papa soll ich dir ausrichten, dass er die Einladungskarten in Graz schon in Auftrag gegeben hat. Genug, wie er meint. Wie wir ihn kennen, bleibt dann wahrscheinlich ein ganzer Stapel übrig."

„Ganz bestimmt hat er wieder zu viel bestellt", stimmte ihre Mutter schmunzelnd zu, „und verarbeitet die überzähligen Kuverts und Anzeigen später zu Notizzetteln. Wirklich wichtig ist aber, dass wir uns über das Menu zeitgerecht Gedanken machen: Du musst über Paride unbedingt herausbringen, was seine Eltern gern essen und was nicht. Wir müssen ein ausgewogenes Angebot finden, damit wir nicht zu viel Steirisches, das den Pollinis womöglich zu schwer ist, auf den Tisch bringen. Den anderen Gästen, die Mediterranes nicht so gewohnt sind, soll es aber auch schmecken."

Als sie Maries verzweifeltes Gesicht sah, lächelte sie: „Aber mein Schatz, dieser Tag soll doch ein Höhepunkt in deinem jungen Leben sein. Daher müssen wir uns alles genau überlegen .Lass mich das nur machen. Notfalls spannen wir auch deinen Vater ein. Wann immer dir was einfällt, sag' es mir gleich. Es soll ein unvergesslicher Tag für dich und Paride sein; nur das zählt."

Paride versicherte Marie am Telefon, das die beiden nun vermehrt benützten, dass seine Eltern im Grund genommen anspruchslos seien, bescheiden lebten und sich keinesfalls auf irgendwelche Besonderheiten und Spezialitäten kaprizieren würden. Sein Onkel führe auch keinen besonderen Aufwand; er sei ein Feinschmecker, dem gutes Essen über alles gehe. Ihn begeistere die österreichische Küche in ihren vielen Variationen und Martinas Kochkünste würden ihn sicherlich schwärmen lassen.

II

Nach dem Kalender lag Pfingsten in diesem Jahr früh und so leuchtete noch Schnee von den umliegenden Bergen, über denen sich an diesem Samstag ein strahlend blauer Himmel wölbte. Überall drängte das frische, junge Grün hervor, als am frühen Nachmittag zwei Kutschen, vor die prächtig gestriegelte Haflingerpferde gespannt waren, vor dem kleinen Bahnhof anhielten. Die eine lenkte, wie hätte es anders sein können, Georg, die andere ein junger Bursche mit vor Stolz und Aufregung geröteten Wangen. Bei Georg saß Ernst von Fleissner im Wagen, bei dem jungen Mann Paride, der wieder seinen Lodenjanker und seine Kniebundhose trug.

Der Platz vor dem Bahnhof lag in der warmen Nachmittagssonne. Lächelnd wandte sich Ernst an Paride: „Noch kannst du`s dir überlegen, der Zug kommt erst in drei Minuten. Wenn ich das eifrige Hin- und Herlaufen des Bahnhofsvorstandes richtig deute, dann kommt er auch ganz pünktlich an."

„Du kannst schon blöd sein, Ernst", grinste Paride säuerlich. Da kündigte auch schon ein mehrmaliges Pfeifen das Einfahren des Zuges an.

„Hier bitte, meine Herrn, hier wird der Wagen der I. Klasse anhalten", wies sie der Stationsvorstand ein, während er sich mit einem großen Taschentuch über die Stirn wischte.

Zischend und prustend kam der Zug zum Stehen.

„Hier, Paride, hier sind wir!", rief Mariola strahlend und stieg, gefolgt von ihrem Vater, aus dem Abteil. Graf Pollini reichte seiner Frau die Hand und war ihr beim Aussteigen behilflich. Georg und sein Gehilfe waren rasch durch das Nebenabteil in den Zug gelangt und bemächtigten sich des Reisegepäcks, was Massimo Pollini zu einem wohlgefälligen Brummen veranlasste.

Paride umarmte seine Eltern.

„Gut siehst du aus", sagte seine Mutter stolz.

Dann stellte Paride Ernst seinen Eltern vor.

„Ich habe schon viel Gutes von Ihnen gehört", meinte Parides Mutter mit ihrem bezaubernden kleinen Lächeln und reichte ihm die Hand.

„Herzlich willkommen in der Obersteiermark", sagte Ernst herzlich und begrüßte nach Parides Mutter den Grafen mit einem festen Händedruck. Ächzend war auch Onkel Massimo aus dem Zug gestiegen und nachdem sich alle bekannt gemacht hatten, bat Ernst zu den Wagen. Das Gepäck war schon aufgeladen und die Haflingerpferde mit ihren langen blonden Mähnen schienen zu spüren, dass es ein ganz besonderer Tag war.

„Paride, du fährst wie besprochen mit deinen Eltern", wandte sich Ernst an seinen Freund, „und Sie, Graf, und die junge Dame machen mir bitte das Vergnügen, mit mir zu fahren."

Nachdem die Passagiere die Kutschen bestiegen hatten, ließen die Kutscher die Peitschen lustig knallen und schon ging es in flottem Trab dem Schlösschen zu. Mit großen Augen bewunderte Mariola die Gegend. „So hohe Berge und so viel Schnee habe ich noch nie gesehen", meinte sie fast ehrfürchtig.

„Die Leute sind so nett und freundlich wie bei uns zu Hause", stellte ihr Onkel anerkennend fest, als Kinder und Frauen die Vorbeifahrenden freundlich grüßten und Männer ihre Hüte schwenkten.

„Das Leben in den Bergen ist hart und das schweißt uns hier alle zusammen", sagte Georg erklärend. „Wir helfen uns gegenseitig und mit dem jungen Bauern dort habe ich vier Jahre lang die Schulbank gedrückt." Er winkte mit dem Hut. Schon lenkte Georg das Gespann die Einfahrt zum Herrenhaus hinauf.

„Ihr werdet sehen, die Fleissners sind eine wirklich liebenswerte Familie", sagte Paride nochmals geradezu beschwörend zu seinen Eltern, was diesen ein amüsiertes Lächeln entlockte.

Dr. Max Fleissner stand mit seiner Frau vor dem Haus. Seine Frau trug ein Trachtenkleid aus Seide und alten, sehr dezenten, Schmuck. Zwischen den beiden stand, schlank, hinreißend, das blonde Haar so aufgesteckt, dass es den feinen Nacken freigab, Marie. Sie trug ein schlichtes Kleid im Farbton des Grüns des Frühlings. Am Revers steckte die Brosche, die ihr Parides Mutter geschickt hatte.

Georg hielt den Wagen an. Der Hausherr trat vor und reichte Gräfin Pollini die Hand zum Aussteigen. Nachdem die Gräfin wieder auf festem Boden stand, küsste Fleissner ihre Hand und sagte: „Herzlich willkommen in meinem Hause."

„Willkommen, Graf!", wendete er sich dann an Parides Vater.

Während sich die Damen begrüßten und einander auf Anhieb sympathisch fanden, reichte Graf Pollini Marie die Hände und sagte ganz ruhig: „Du bist also Marie. Paride hat uns so viel von dir erzählt, aber seine Worte haben nicht ausgereicht, um dich wirklich zu beschreiben."

Er zog sie an sich.

Seine Frau umarmte Marie und lächelte: „Natürlich hat mein Mann wieder alles das gesagt, was ich so gern gesagt hätte." Mit ihrem feinen Lächeln setzte sie hinzu: „Marie, ich warne dich, so sind sie, die Pollinis. Aber gemeinsam werden wir uns schon durchsetzen."

Onkel Massimo drückte Marie einen Kuss auf die Wange und meinte nur: „Mia cara, was ist unser Paride doch für ein Glückspilz!", während Mariola Marie mit einem glücklichen Lachen in die Arme schloss.

Nach der Begrüßung und dem ersten Kennenlernen, bat der Hausherr zu einer kleinen Erfrischung in den Garten. Dort war von eisgekühlter Limonade bis zu Champagner und kleinen Kanapees alles vorbereitet. Martina und Roserl sorgten für das Wohl der Gäste, wobei es sich Onkel Massimo gerade noch verkneifen konnte, dem niedlichen Roserl die Wange zu tätscheln.

Die Reise sei recht angenehm verlaufen, da man in Wien zwei Tage Aufenthalt genommen habe, erzählte Parides Mutter. Schließlich komme man, so meinte der Graf, nicht so oft in die Reichshaupt- und Residenzstadt. Mariola sei überhaupt noch nie dort gewesen und sein Vetter Massimo habe, wie immer, auch gleich Geschäfte erledigt. Ernst hatte sich bei Mariola eingehängt und hörte sich mit sichtlichem Interesse ihre begeisterten Eindrücke von Wien an. Nur seine Majestät habe sie nicht gesehen, aber das wäre ohnehin zu viel des Glücks gewesen und das werde im Übrigen schon noch kommen. Sie sprach, wie ihre Eltern und ihr Onkel, das liebenswürdige, völlig akzentfreie Deutsch, das zwischen Rovereto, Prag und Czernowitz üblich war.

Paride stand mit einem glücklichen und zugleich auch stolzen Lächeln bei Marie, den Arm um sie gelegt. Sie sprach ganz unbefangen mit Parides Mutter und auch die hatte das Gefühl, als würde sie Marie schon lange und gut kennen. Während die beiden Väter wohlgefällig auf das junge Paar schauten, unterhielt sich Frau von Fleissner mit Onkel Massimo, der seinen ganzen, wirklich nicht unbeträchtlichen, Charme spielen ließ.

Nach einer Weile zogen sich die Gäste auf ihre Zimmer zurück, um sich frisch zu machen, etwas zu ruhen und sich umzuziehen. Beim Hinaufgehen raunte Mariola ihrem Vater zu: „Papa, hast du das gesehen, wenn Marie lächelt, schimmern ihre Zähne wie Schnee."

„Ja, sie ist wirklich wunderschön", antwortete der Graf. „Und dazu noch ein sehr liebenswerter Mensch", ergänzte seine Frau.

Als man sich am späteren Nachmittag wieder zusammenfand, beschlossen die jungen Leute einen Spaziergang in die Umgebung zu machen, während sich die Eltern und Onkel Massimo zum Kaffee setzten. Auf Ernsts Pfiff kam Haltan schweifwedelnd herbei und Mariola freute sich sichtlich. Die Jugend ging zuerst ein Stück auf den Ort zu, der ihnen mit seinen weißgekalkten Mauern das Sonnenlicht entgegen warf. Die Schindeldächer der Häuser glänzten seidengrau. Dann folgten sie auf Maries Vorschlag einer Allee alter Bäume, die zu einer Kapelle führte. Die war nicht sehr alt. Sie war klein, hoch, und enthielt nur ein paar Betstühle aus rohem Holz. Hinter einem Eisengitter stand ein kleiner Altar. Auf ihm standen zwei Leuchter und ein Glaskrug mit frischen Blumen.

Nach dem Kaffee zeigte Frau Fleissner der Contessa das Haus und seine nächste Umgebung. Die Herren aber hatten sich zu einem kurzen Gespräch zurückgezogen. Dabei schnitt Onkel Massimo die Frage der Kaution an und bekräftigte seine Bereitschaft, diese zu erlegen. Aus diesem Grunde habe er in Wien auch bereits die entsprechenden Maßnahmen veranlasst. Maries Vater erklärte dazu, dass er seiner Tochter ein Haus in Graz, aus dem regelmäßig gute Mieteinnahmen zu erwarten seien, überschrieben habe und dass ihr auch Einkünfte aus dem Forstbetrieb zustehen würden.

„Unser junges Paar wird durchaus auskömmlich und standesgemäß leben können", bemerkte der Graf, nachdem er auch Parides Vermögenslage dargestellt hatte. Die Drei waren sich einig, dass man getrost der Zukunft und allen möglichen Fährnissen, die unter Umständen zu erwarten waren, entgegensehen könnte. Nachdem die jungen Leute von ihrem Spaziergang, der länger als beabsichtigt gedauert hatte, heimgekommen waren, dauerte es gar nicht mehr so lange, bis die Frau des Hauses zum Abendessen bat. Bei dessen Zubereitung hatte sich Martina selbst übertroffen und besonders die gefüllten Saiblinge riefen helles Entzücken hervor. Auf die Frage des Grafen, was das denn für köstlicher Fisch sei, antwortete Fleissner, der sei eigentlich ein urzeitliches Relikt in gewissen Alpenseen. Sein Fleisch sei noch zarter als das der Lachsforelle, der er in der Größe gleiche. Zur Zubereitung müsse aber seine Frau Auskunft geben.

Die tat das gern: „Man würzt die frischen, ausgenommenen Saiblinge innen mit Salz und Zitronensaft, wendet sie in Mehl und brät sie in der Pfanne in Butter auf beiden Seiten goldbraun an. Als Fülle werden gehackte Zwiebeln in Fett angeröstet, dazu kommen gehackte Petersilie und blättrig geschnittene Champignons. Das schwitzt man an, schwenkt es dann in Suppe, die nur ein bisschen braun sein soll, und schmeckt es mit Salz, Pfeffer und Zitronensaft ab. Dann wird mit etwas Rindsuppe aufgegossen und mit Bröseln gefestigt. Die feste Füllung gibt man dann in die vorgebratenen Saiblinge und brät die im Rohr so acht bis zehn Minuten fertig. Dazu gibt es, wie hier, Zitronenscheiben, Petersilienkartoffel und grünen Salat."

„Großartig", stieß Onkel Massimo hervor, „Sie wissen ja über alles Bescheid, was in Ihrer Küche vorgeht."

„Na, das muss wohl so sein. Auch wenn ich mich auf Martina blind verlassen könnte, gehört es doch zu meinen Aufgaben zu wissen, was in unserem Hause vor sich geht", lächelte die Hausfrau.

Und die Gräfin warf ein: „O Massimo, du alter Junggeselle, du hast doch überhaupt keine Ahnung, was zum Führen eines Hauses nötig ist. Aber woher solltest du es denn auch wissen!"

Massimo hob als Zeichen der Kapitulation die Arme.

Nach dem Abendessen, das mit verschiedenen kleinen Mehlspeisen wie Grazer Mandeltörtchen, Weinbeerstrudel und Sulmtaler Spagatkrapfen ausgeklungen war, bat der Hausherr Martina zu kommen. Untadelig frisiert und mit blütenweißer Schürze nahm sie lächelnd den Dank des Hausherrn für das mehrgängige köstliche Essen entgegen. Kein Außenstehender hätte vermutet, dass diese Frau gerade noch vor kurzem am Herd gestanden war.

Kurz bevor man sich von Tisch erheben wollte, klopfte Fleissner an sein Glas, das ihm Rosa auf sein Zeichen hin, wie auch allen anderen, frisch gefüllt hatte: „Sehr geehrte, liebe Gäste, ich folge jetzt ganz bestimmt nicht den strengen Regeln

des Spanischen Hofzeremoniells. Das bekümmert mich aber nicht sonderlich. Ich bin ein obersteirischer Landedelmann und man gesteht uns Obersteirern zu, dass wir unsere Eigenheiten haben.
In meiner Familie war das freie Wort immer eine Selbstverständlichkeit und auch unsere Kinder sind so aufgewachsen. Darauf haben meine Frau und ich großen Wert gelegt.
Hochverehrte Gräfin, lieber Graf, verehrter Avvocato, morgen werden sich unsere Familien durch die Verlobung unserer Kinder ein gutes Stück näher kommen. Das ist mir eine große Ehre und eine wirkliche Freude, weil ich Ihren Sohn, den Herrn Leutnant, kennen und schätzen gelernt habe. Ich habe ihn auch genau unter die Lupe genommen, was man mir als Maries Vater schon zugestehen wird." Onkel Massimo nickte zustimmend. „Lassen Sie uns das offene Wort auch weiterhin pflegen, lassen wir das `Sie` beiseite und verwenden wir in der neuen, größeren Familie das familiäre `Du`, das uns künftig verbinden soll."
„Das ist eine großartige Idee", sagte Graf Pollini im Aufstehen. Er trat zu Fleissner und ließ sein Glas an dessen Glas klingen. „Ich freue mich sehr, ich bin Ettore."
Alle erhoben sich, stießen miteinander an und tranken sich zu. Die Herren ließen es sich natürlich nicht nehmen, die Damen auf die Wange zu küssen und Fleissner ließ sich den Namen der Gräfin „Silvana" auf der Zunge zergehen.
Marie aber meinte lächelnd, dass sie sich an „Schwiegermama" und „Schwiegerpapa" durchaus gewöhnen könne.
Onkel Massimo aber schwärmte schon von dem Tag, an dem unter den beifälligen Blicken der versammelten Familien und Freunde Held und Heldin durch den Mittelgang der Basilika ihrem Glück entgegenstreben.

Am folgenden Tag verliefen die Vorbereitungen für das abendliche Verlobungsfest unter Hedwig Fleissners ordnender Hand straff, aber doch auch heiter. Ihr Sohn hatte mit Georg zusammen den Abholdienst vom Bahnhof organisiert. Die Zimmer waren sowohl im Haus als auch in den Gasthäusern des Ortes vorbereitet und kein Gast blieb nach seiner Ankunft unbetreut.
Am Abend betraten die Gäste den festlich erleuchteten großen Saal des Herrenhauses. Die dort aufgestellten Tische waren mit seidenen Tischtüchern, erlesenem Porzellan und feinstem Kristall gedeckt. Das kalte Buffet brauchte keinen Vergleich zu scheuen.
Die abendliche Feier, zu der neben dem Herrn Landesstatthalter und den Besitzern der benachbarten Güter, auch der Bezirkshauptmann gekommen war, verlief ungemein gelöst und harmonisch. Mit großer Freude lernten die Pollinis auch Oberst von Höpfner, dessen Frau zu ihrem Bedauern in Meran zur Kur war, und Hauptmann Reitsamer kennen. Drei von Parides Jahrgangskameraden aus Wiener Neustadt, von denen einer bei den Dragonern in Marburg stationiert war, und zwei

Freundinnen aus Maries Internatszeit sorgten zusammen mit Mariola für viel Schwung. Der Vorsteher des Kreisgerichts und der Notar wurden sehr bald von Massimo in Beschlag genommen. Nach kurzer Zeit gesellte sich der Landesstatthalter zu ihnen und meinte zögernd zu Massimo: „Ich überlege schon die ganze Zeit, Graf, wir beide kennen uns von früher. Nur will es mir nicht einfallen woher."

Massimo dachte scharf nach und sagte dann: „Waren Sie vielleicht einmal in Görz? Ich habe dort einen Teil meiner Gerichtspraxis absolviert."

„Ja, es war in Görz", strahlte der Landesstatthalter und wandte sich an die Umstehenden, „von dort kenne ich den Grafen. Allein seine Anwesenheit sorgte für Ordnung unter uns Rechtspraktikanten. Es reichte schon, wenn er mit einem Buch in der Hand in der Tür stand. Er wusste alles, was wissenswert war und wusste er etwas nicht, dann hatte er eine Ahnung davon, wo er nachzuschlagen hätte."

Der Bürgermeister meinte zum Hausherrn, dass er sich nicht erinnern könne, jemals von so einer illustren Runde in seiner Gemeinde auch nur gehört zu haben. Oberleutnant Holzner schien, so wie Ernst und der Dragonerleutnant, die jungen Damen zu beeindrucken.

Tante Johanna ging der Hausfrau zur Hand. Im Großen und Ganzen aber hatten Martina und ihre Gehilfinnen alles im Griff. Das veranlasste den Bruder der Hausfrau, der seine Ordination wegen der Familienfeierlichkeit geschlossen hatte, seiner Frau gegenüber zur Bemerkung, dass man eine Stütze wie Martina und nicht so ein zugegeben tüchtiges, aber ebenso böses Frauenzimmer wie Resi haben müsste.

Als Ernst von Fleissner die Verlobung seiner Tochter Marie mit Leutnant Paride Graf Pollini bekannt gab, konnten die Gäste die Blicke nicht von dem jungen Paar wenden. Von der wunderschönen jungen Frau und dem großen, schlanken, gut aussehenden jungen Mann in Uniform.

„Lieber Gott, lass sie glücklich werden und gesund bleiben", dachte Parides Mutter bei sich. Auch Hedwig von Fleissner schickte ein ähnliches Stoßgebet zum Himmel.

III

Ein wundervoller Frühsommertag wölbte sich über den Türmen und Kuppeln Salzburgs. Dumpfe Trommelschläge klangen durch die Altstadt. Das sonst so geschäftige Treiben schien zum Erliegen gekommen. Männer standen barhäuptig am Straßenrand, Handwerker und Kaufleute standen stumm in den Türen ihrer Werkstätten und Geschäfte. Hausfrauen hielten beim Einkaufen inne und schauten nach dem Trommler aus. Selbst die Gassenbuben hielten still und vermieden es, unbemerkt Obst aus den Körben der Marktfrauen zu nehmen.
Die Stadt nahm Abschied von einem ihrer Söhne.
Die große Trommel war verstummt und langsame, getragene Marschmusik war zu vernehmen. Die Uhr am Turm von St. Erhard schlug zehnmal, als die Spitze der Musik des Rainerregiments von der Karolinenbrücke kommend in die Nonntaler Hauptstraße einbog. Vorne weg der Kapellmeister, dem der Tambourmajor mit der Regimentsmusik folgte. Die Trommeln waren schwarz umflort, der Schritt der Musiker langsam. In angemessenem Abstand zur Musik marschierte Hauptmann Reitsamer, dem seine Kompanie in Paradeadjustierung mit geschultertem Gewehr folgte. Am rechten Flügel ihrer Züge marschierten Oberleutnant Lantos, Oberleutnant Kopriva und Leutnant Pollini. Ausgesucht große Soldaten folgten als Kranzträger.
Dann kam, auf einer von Rappen gezogenen Lafette, der Sarg. Auf ihm lag der Säbel des Toten. Hinter dem Sarg schritt ein großer, hagerer Mann, der eine schwarz verschleierte Frau stützte. An deren linken Seite ging Hauptmann Eisner, der seinen Arm unter den ihren gelegt hatte.
Dahinter folgte Oberst von Höpfner mit den Offizieren des Rainerregiments, das Leutnant Filzmoser zu Grabe trug. Hinter den Offizieren eine Abordnung der Unteroffiziere, dann die zivilen Trauergäste.
Durch die Fürstenallee bewegte sich der Kondukt zu den Klängen von Trauermärschen zum Haupteingang des Kommunalfriedhofs, wo der Feldkurat mit seinen Ministranten schon wartete.
Was war geschehen?
Am Montagmorgen hatte sich im Regiment wie ein Lauffeuer die Schreckensbotschaft verbreitet, dass Leutnant Filzmoser am Vortag tödlich verunglückt sei. Gleich zu Dienstbeginn versammelte der Adjutant die Offiziere im Besprechungsraum, wo ihnen Oberstleutnant Bernhold mitteilen musste, dass Filzmoser beim Klettern am Untersberg verunglückt sei.
„Unser Kamerad Filzmoser ist", so wusste Bernhold zu berichten, „am Sonntagvormittag über den Ostgrat in Richtung Geiereck aufgestiegen. Dabei haben ihn zwei Bergsteiger, die auch auf dieser Route aufsteigen wollten, beobachtet. Als er ungefähr drei Viertel der Kletterei hinter sich hatte, ist er aus der Wand gestürzt

und an deren Fuß liegen geblieben. Wenn wir auch wissen, dass er sofort tot gewesen sein muss, so kann uns das kein Trost sein", schloss der Oberstleutnant.
Oberst von Höpfner, den man von dem Unglück sogleich in Kenntnis gesetzt hatte, hatte noch am Sonntagabend zusammen mit dem Militärgeistlichen den Eltern Filzmosers die schreckliche Nachricht überbracht. Der Vater wusste sofort beim Kommen der beiden Herren, dass dieser unvermutete Besuch nichts Gutes bedeuten konnte. Er nahm die Nachricht versteinert auf, der Mutter rannen nur die Tränen über das Gesicht.
Nach dem Begräbnis standen die Offiziere des Regiments betroffen und sehr still im Offizierskasino beisammen.
„Ich war es den Eltern einfach schuldig, dass ich mit ihnen gegangen bin", sagte Hauptmann Eisner in die Stille hinein. „ Ich habe nämlich den armen Filzmoser für die Berge begeistert und ihn zum Bergsteigen gebracht. Ich bin vorgestern lange bei den Eltern gewesen und habe mit ihnen über alles geredet. Auch davon, wie glücklich ihr Sohn war, wenn er auf einem Gipfel gestanden ist und ins Tal hinuntergeschaut hat. Oder zu den anderen Gipfeln in der Ferne, die er alle noch besteigen wollte. Er war stolz auf seine Leistungen und hat gemeint, dass man von dort oben erst sieht, wie schön die Heimat doch ist. Der Vater ist Lehrer und selbst ein großer Freund der Natur. Er hat mir zum Abschied die Hand auf die Schulter gelegt und gemeint, dass sie beide dem Herrgott dankbar sein müssten, weil sie mit ihrem Sohn so viel Freude erlebt hätten. Die Mutter hat mich nur still umarmt. Ich glaube, ich hätte sonst den heutigen Tag noch schwerer durchgestanden.
Wir sind gemeinsam den Laterndl-Weg, der ihm zum Verhängnis geworden ist, schon geklettert. Ein Alleingänger kann sich nicht sichern, er klettert frei. Warum er an diesem Tag allein aufgestiegen ist, werden wir vermutlich nie mehr erfahren."

+

Oberst von Höpfner saß an seinem Schreibtisch und reichte dem Adjutanten seufzend die Unterschriftenmappe: „Holzner, wenn du in dieser Armee jemals was zu reden haben solltest, dann dämm` doch einmal den Papierkrieg ein. Ich habe den Eindruck, dass sich dieser Staat noch zu Tode verwaltet und das auch noch mit zumindest zwölf Durchschriften bestätigt haben will."
Oberleutnant Holzner lächelte und reichte seinem Kommandanten einen Brief: „Herr Oberst, hier ist ein an Sie persönlich adressiertes Schreiben der Marinesektion."
„Was kann denn die Marine von mir wollen?", fragte der Oberst verwundert. „Na ja, wahrscheinlich geht es um eine Spende für den Flottenverein. Danke, mein Lieber."

Während der Oberst nach dem Brieföffner griff, verließ der Adjutant den Raum. Höpfner schnitt den Umschlag auf und entnahm ihm einen handgeschriebenen Brief. In diesem schrieb ihm Fregattenkapitän Filipic, dass er den Kommandanten des Infanterieregiments 59 vorerst nur einmal inoffiziell von den Planungen in Kenntnis setzen wolle, damit dieser seine Dispositionen bezüglich des Leutnant Graf Pollini zu treffen in der Lage sei. Der grundsätzliche Befehl der Marinesektion sei noch nicht ausgelaufen und er wisse auch nicht, wann damit zu rechnen sei. Jedenfalls werde die fliegerische Ausbildung der künftigen k.u.k. Seeflieger 1912 bei der Motorluftfahrtgesellschaft in Wiener Neustadt beginnen. Leutnant Graf Pollini sei, obwohl hier auch noch keine endgültige Entscheidung gefallen wäre, für diese Ausbildung und damit zur Versetzung zur k.u.k. Marine vorgesehen. Er, Filipic, sei der Auffassung, und dabei handle es sich nur um seine eigene unmaßgebliche Meinung, dass die Truppe rechtzeitiger Vorwarnung bedürfe, damit sie nicht gerade im ungeeignetsten Zeitpunkt von Erlässen, Befehlen und Weisungen aus Wien heimgesucht und überrascht würde. Erfahrungsgemäß träfen Entscheidungen aus Wien im letzten Abdruck oder überhaupt verspätet ein.

„Wie gut der Mann doch die Verhältnisse kennt", dachte Höpfner und nahm sich vor, dem ihm gänzlich unbekannten Kameraden in Wien mit einem sehr persönlichen Brief für die Information zu danken.

„Die nationale Zersetzung der Habsburgermonarchie schreitet fort", sinnierte der Oberst. „Die Wünsche der Völker nach einer Föderalisierung des Reiches finden in Wien kein Gehör. Seit Jahren wird von grundlegenden Reformen gesprochen, seit Jahren redet man auch von einem Umbau der Monarchie. Der Kaiser und seine engsten Mitarbeiter halten unerschütterlich an alten, wahrscheinlich schon überholten, Grundsätzen fest. Vielleicht sollte man statt unerschütterlich unerbittlich sagen.

Sie sehen nicht, dass sich die politische Landschaft stark verändert hat. Der Ruf der Völker nach mehr Freiheit wird immer eindringlicher, ein gemeinsames dynastisches Interesse gibt es nicht mehr. Weshalb ist das bei uns in Österreich so?", fragte sich der Oberst und gab sich gleich selbst die Antwort. „Das ist bei uns so, weil es zwei Kategorien für das Handeln und für das Unterlassen gibt. Einer tut was, weil es ihn gerade freut und dann tut er wieder nichts, weil es ihn halt gerade nicht mehr freut.

Nur die Kameradschaft in der bewaffneten Macht besteht unerschütterlich. Wie käme ich sonst zu diesem Brief, der mir beweist, wie gut dieser Filipic um die tägliche Arbeit eines Kommandanten Bescheid weiß. Deshalb macht er sich auch seine Gedanken."

Der Oberst legte einen Briefbogen vor sich auf die Schreibunterlage und griff nach der Feder. Nach kurzem Nachdenken tauchte er sie ins Tintenfass und begann zügig zu schreiben.

Da die heimischen Firmen keine erprobten Wasserflugzeuge anbieten konnten, wurde, wie das in Österreich so üblich war, aus Gründen der „Wohlfeilheit" beschlossen, solche nicht im Ausland anzukaufen, sondern sie im Seearsenal selbst zu bauen. Dort wurde ein Torpedobootschuppen in eine Montagehalle umgewidmet und dem Konstrukteur Ing. Josef Mickl zur Verfügung gestellt. Mickl wurden ferner acht Hilfskräfte zugeteilt. Mickl entwarf ein Landflugzeug, das er später auf Schwimmer stellen wollte. Im Frühjahr 1911 war das Flugzeug fertig. Es dauerte aber noch mehr als ein Jahr, bis die Versuche erfolgreich abgeschlossen waren.

Auch das Problem der Pilotenausbildung musste gelöst werden. Der Antrag der Marinesektion an das Kriegsministerium, Seeoffiziere zu Fliegern auszubilden, wurde vorerst einmal abgelehnt, da die Anzahl der vorhandenen Flugzeuge zu gering war. 1911 wurden der Kriegsmarine drei Flugzeuge zur Verfügung gestellt. Zwei waren überaltert und brüchig, nur der Etrich-Eindecker konnte zur Ausbildung verwendet werden.

Einige Marineoffiziere gingen auf eigene Kosten nach Frankreich, um dort das Fliegen zu erlernen. Der erste Pilot der k.u.k. Kriegsmarine, Linienschiffsleutnant Viktor Klobucar Rukavina de Bunic, wurde 1911 bei den Autoplanwerken in Wiener Neustadt zum Piloten ausgebildet. Er legte am 12. August 1911 die Pilotenprüfung für Heeresflieger ab und erwarb am 19. August 1913 das erste Seefliegerdiplom. Mit ihm erwarben auch Linienschiffsleutnant Bozidar Mazuranic und Fregattenleutnant Heinrich Huss den Pilotenschein für Heeresflieger. Nach seiner Rückkehr wurde Klobucar der erste Kommandant der „Versuchsflugstation", die dem marinetechnischen Komitee unterstand und auf dem Altura-Feld bei Pola errichtet wurde.

Inzwischen hatten die erfolglosen Versuche mit der Marinekonstruktion von Mickl die Marineverwaltung bewogen, doch Flugzeuge privater Hersteller zu bestellen. In zwei Kommissionssitzungen wurde im Juni 1911 unter dem Vorsitz des Hafenadmirals von Ripper beschlossen, 100.000 Kronen für den Aufbau des Seeflugwesens zur Verfügung zu stellen. Damit sollten drei Wasserflugzeuge beschafft werden und zwar ein Lohner-Pfeilflieger, ein Warchalowski-Doppeldecker und ein Etrich-Eindecker. Tatsächlich beschafft wurde das Flugzeug von Lohner und der „Autobiplan" von Warchalowski.

Ende des Jahres wurde beschlossen, vom Altura-Feld auf die Insel St. Catarina im Zentralhafen von Pola zu übersiedeln. Die war für rund 26.000 Kronen gekauft worden. Bald setzte rege Bautätigkeit ein. Die Oberfläche wurde eingeebnet und mit dem dabei gewonnenen Material wurde die Insel vergrößert. Im Februar 1912 schließlich sollte die Flugstation St. Catarina mit der Fertigstellung des Hangars

und dem Wasserflugzeug „I" in Betrieb genommen werden. Zusätzlich wurden Unterkünfte für Offiziere und Mannschaften errichtet, auch eine Startbahn wurde gebaut. Sie sollte für Versuche zum Start von Schiffen aus dienen. Es war geplant, für das Warchalowski-Flugzeug auf der „Erzherzog Karl" und der „Gäa" Startschienen zu montieren. Die Schwimmer des Flugzeugs sollten an der Innenseite kleine Rollen montiert erhalten und auf diesen über die abwärts geneigten Schienen starten. Auf St. Catarina wurden verschiedene Versuche zu diesen Vorschlägen unternommen, aber schließlich als zu aufwändig wieder verworfen.
Auch der Gedanke von großen Landedecks auf Schiffen tauchte schon im April 1912 auf, wurde aber ad acta gelegt, da dies den Bau eigener Schiffe erfordert hätte.

+

Dr. von Fleissner saß im Garten in der Sonne. Haltan lag neben ihm und ließ sich von seinem Herrn kraulen. Er blinzelte in die Sonne und schmiegte seinen Kopf ganz eng an Fleissners Knie.
„Was hat doch so ein Hund an Gesinnung. Er ist anhänglich und ergeben und er ist keiner von den Freunden, die uns ihre Liebe wegen eines Vorteils schenken", wandte sich Fleissner an Marie, die zu ihm in den Garten kam. „Der Hund hält aus bei seinem Herrn, ganz gleich ob es ihm dabei gut geht oder nicht. Er hängt mit jeder Faser an ihm und geht erst, wenn er stirbt."
„Papa, werd' bitte nicht elegisch, der Haltan ist erst vier Jahre und hat noch viele gute Hundejahre bei uns vor sich", meinte Marie beschwichtigend. „Wenn du mit dem Hund spazieren gehen willst, dann begleite ich euch ein Stück."
Marie ging mit ihrem Vater einen Wiesenweg entlang, während der Hund übermütig in weiten Sprüngen über die Wiesen setzte. Bei einem benachbarten Gehöft drehte Marie wieder um. Als sie am Zaun des Anwesens entlang ging, begleitete sie auf der anderen Seite des Zaunes ein Fohlen. Marie griff in die Tasche ihres Kleides und gab dem Tier ein Stück Zucker.
Als sie nach Hause zurückkam, saß ihre Mutter unter dem Sonnenschirm im Garten und blätterte in einem Buch.
„Mama, entschuldige, aber kann ich mit dir reden?", fragte Marie vorsichtig.
„Aber natürlich. Komm, setz dich her zu mir. Was hast du denn am Herzen?"
„Meine Verlobungszeit, die wird ziemlich hektisch werden und ich werde alle Hände voll zu tun haben", meinte Marie vorsichtig.
„Aber nein, Marie - du bist doch nicht allein. Schau, dein Vater und ich sind doch auch noch da. Also, heraus mit der Sprache, was macht dir den Sorgen?"
„Schau, die Aussteuer muss beschaffen werden. Natürlich werden wir zuerst eine möblierte Wohnung nehmen. Ganz gleich, wo wir sein werden. Paride sagt, dass

wir zuerst noch in Salzburg sind und dann wahrscheinlich nach Wiener Neustadt übersiedeln. Dahin muss er ja zur Pilotenausbildung. Aber mein eigenes Bett will ich haben. Ich will ein Bett haben, in dem vor uns noch niemand geschlafen hat. Und ich brauche die Bettwäsche, die Tischwäsche, das geht hin bis zum Löffel und zum Küchentuch. Ich werde doch dann unseren eigenen, kleinen Haushalt führen. Ich werde auch ein Mädel brauchen. Ich würde ja unser Roserl gern mitnehmen, aber ich kann sie doch nicht so verpflanzen. Und wenn sie dann weiß, wo sie in Salzburg was einkaufen kann, dann geht es womöglich schon wieder weiter. Paride hat einmal gesagt, dass Offiziere wie Nomaden sind. Damals hab ich darüber gelacht, heute bekomme ich fast ein bisschen Angst."

„Marie", sagte begütigend ihre Mutter, „was du an Aussteuer brauchst und noch ein bisschen mehr, das habe ich mit Papa schon zusammengestellt. Die Sachen sind alle bestellt, sie werden schon genäht, bestickt und graviert. Wozu hast du denn Eltern, verlass dich doch auf uns.

Dein Mann wird einen Burschen haben, den kann man vermutlich dann einsetzen, wenn Stiefel zu wichsen sind, wenn Post aufgegeben werden muss oder wenn Brennholz zu tragen ist. Ein Mädel solltest du dann an Ort und Stelle einstellen. Du brauchst eine, die sich am Ort schon auskennt. Da gibt es Agenturen und die Frauen von Parides Kameraden werden dich auch gut beraten können."

„Weißt du Mama, auf der anderen Seite bin ich wieder so glücklich. Ich habe mir nie vorstellen können, dass es das wirklich gibt. Irgendwie glaube ich, dass ich nur träume. Und ich bin auch so stolz auf meinen künftigen Mann. Ich freue mich schon so auf den Tag, an dem ich in der Kirche ja sagen darf. Paride ist das Schicksal, das ich mir selbst ausgewählt habe. Auf so einen Mann habe ich immer gehofft und er ist, zu meinem Glück, sehr früh in mein Leben getreten. Ich hab zu ihm gefunden und ich habe von allem Anfang an gewusst, dass nur er es sein kann."

„Sei froh und dem lieben Gott dankbar, dass es so gekommen ist," sagte ihre Mutter ernst. „Ich habe auch das Gefühl, dass die verschiedene Nationalität keine Rolle spielen wird. Insgeheim hat mich das schon etwas beunruhigt. Aber jetzt kenne ich die Familie und mache mir da keine Sorgen mehr."

„Mama, die Pollinis sind Istrianer. Zuerst fühlen sie sich als solche. So wie wir uns als Steirer fühlen. Und dann kommt das große Vaterland Österreich. Nicht anders als bei uns. Istrien hat so lange zu Venedig gehört. Die Pollinis sind keine Italiener und schon gar nicht solche, als die sich heute viele in Triest verstehen. Mama, ich muss dich aber noch was ganz anderes fragen. Ich weiß von meinen Schulfreundinnen, dass es Damen gibt, die hüten jeden Monat zwei Tage lang das Bett wie alle Damen ihrer Kreise. Du hast das nie getan und ich auch nicht. Wird das den Paride wundern?"

„Marie, du weißt, dass diese Tage keine Honiglecken für eine Frau sind und du klagst ja selbst manchmal über Kreuzschmerzen. Auf einem Gut hat man, auch als Frau des Gutsherrn, nicht die Zeit, die die Damen in Graz oder in Wien haben. Schau, Telefonistinnen, Verkäuferinnen oder Lehrerinnen genießen diese Vergünstigung auch nicht und immer mehr Frauen werden wohl einsehen müssen, dass man damit auch anders umgehen kann als wie ein sterbender Schwan im abgedunkelten Zimmer zu liegen."

„Danke, Mama, ich habe dich das fragen müssen, es ist mir am Herzen gelegen."

„Was einem nicht am Herzen liegt, meint der Papa, liegt einem später ganz bestimmt im Magen", sagte lächelnd die Mutter.

Etwa zur selben Zeit fragte Mariola, die mit ihrem Vater durch Parenzo schlenderte: „Papa, ich kenne mich da ja nicht so gut aus, aber bei uns im Internat reden die Mädchen ganz offen davon, dass man Triest in ihren Familien eine italienische Stadt nennt."

„Da haben sie gar nicht so Unrecht, wenn man die Zahl der italienisch sprechenden Einwohner betrachtet. Triest verdankt aber Österreich sehr viel. Aus einer verschlafenen Hafenstadt an der Adria ist im Laufe der Jahre das Tor eines Reiches zur Welt geworden. Triest ist eine österreichische Stadt mit italienischem Charakter, so würde ich es nennen."

Der Graf holte mit seiner Rechten weit aus: „Schau unser beschauliches Städtchen an der Küste an. Schau auf seine schmalen, alten, venezianischen Gassen und die dunkelgrüne Insel, so war Triest, wie es österreichisch geworden ist. Und schau dir das heutige Triest an."

„Ich weiß, was du mir sagen willst, Papa. Die Mädchen erzählen aber auch, dass ihre Väter und Brüder eine Heimkehr nach Italien wollen."

„Heimkehr ist gut", warf der Graf ein, „Triest hat noch nie zu Italien gehört."

„Papa, die reden davon, dass alle Italiener in einem vereinigten Königreich Italien leben sollen und dass uns der Kaiser in Wien überhaupt nichts angeht. Das geht doch nicht, wir gehören doch zu Österreich!"

Seufzend meinte Pollini: „Wir sind hier gar nicht so weit weg von Triest und scheinen doch auf einem anderen Stern zu leben. Die Triestiner schauen leider nicht über ihren Tellerrand hinaus. In Italien wäre Triest nur ein Hafen unter vielen und damit würden die Probleme auch schon beginnen. Ich bezweifle es auch, ob Triest Rom wirklich am Herzen liegt oder ob man nur den hiesigen Nationalisten nach dem Mund redet und mit ihnen den großitalienischen Traum träumt. Glaub mir Mariola, Österreich mag seine Fehler haben und auch grobe Fehler machen. Zum Beispiel mit den tschechischen Beamten, die man uns hierher schickt. Aber Österreich ist ein ordentliches Land."

Mariola hängte sich bei ihrem Vater ein, lächelte ihn an und sagte: „Papa, jetzt aber was ganz anderes, kaufst du mir ein Eis?"

„Den Eisner muss man auf andere Gedanken bringen", dachte Oberstleutnant Bernhold, der den Hauptmann und Pollini im Offizierskasino stehen sah. Er trat zu den beiden und wandte sich an Pollini: „Ich hoffe, ich störe nicht bei einem wichtigen Gespräch." „Aber nein, Herr Oberstleutnant", antwortete Paride, „wir reden gerade von meiner Hochzeitsreise."

„Das nenne ich aber interessant, wohin soll es denn gehen?", fragte Bernhold nun wirklich interessiert. Er hielt seine unvermeidliche Virginier in der Hand und vergaß ganz sie anzurauchen.

„Meine Braut weiß noch nichts davon. Ich habe eine Schiffsreise von Triest aus gebucht. Wir fahren mit der „Africa", das ist ein Dampfer des Österreichischen Lloyd, von Triest nach Alexandria. Dort bleiben wir drei Tage. Das Schiff fährt dann weiter durch den Suezkanal nach Südafrika. Wir nehmen ein anderes Schiff und fahren nach Korfu, wo wir eine Woche bleiben werden. Dann geht es wieder per Schiff zurück nach Triest."

„Da kann man deinem Fräulein Braut nur gratulieren", schmunzelte Bernhold. „Und das heilige Land lässt du einfach aus?"

„Herr Oberstleutnant, ich habe überlegt zu den Pyramiden von Gizeh und auch nach Jerusalem zu fahren. Die Verbindungen sind nicht sehr günstig und ich weiß auch nicht, wie unsereins die Temperaturen dort im August verträgt."

„Das ist schon wahr", warf Eisner ein, „ noch dazu, wenn man die hygienischen Verhältnisse bedenkt. Wenn dann noch Amöben dazukommen, hat man Fieber und alle Zustände. Da ist ohnehin Alexandria schon mutig."

„In Alexandria werden wir auf dem Schiff wohnen und von dort an Land gehen und Ausflüge in die Stadt machen", beruhigte ihn Paride, „gegessen wird beim Lloyd Austriaco und das Wasser wird auch von Bord mitgenommen."

„Und kein Obst, das nicht geschält werden muss", warnte Bernhold. „Du hast zumindest die besten Vorsätze. Hoffentlich hältst du sie auch ein, denn der Weg zur Hölle ist ja mit guten Vorsätzen gepflastert. Ich war vor zwei Jahren mit meiner Frau auf Brioni, dort hat man zu allem mediterranen Flair die Bequemlichkeiten von daheim. Wir haben dort in einem sehr guten Hotel gewohnt. Es gibt sogar eine Inselzeitung und das Wasser kommt mittels einer eigenen Leitung vom Festland. Dreimal in der Woche kommt die Kapelle von den 87ern aus Pola und spielt auf. Dort gibt es einfach alles. Der Riesling ist hervorragend und wird nur vom Sonnenuntergang an der Westküste vom Val Madonna aus übertroffen."

Er wandte sich an Eisner: „Die Berge hier laufen dir nicht davon. Schau dich einmal an der k.u.k. Riviera um, dort wird es dir gefallen. Und die ist auch fast zu jeder Jahreszeit ein Paradies für Junggesellen. Dir tät das Heiraten nämlich auch nicht schaden.

Meine Zündhölzer liegen wieder einmal am Schreibtisch. Hat einer von euch beiden Feuer für mich?"
Eisner reichte dem Oberstleutnant Feuer. Der verbeugte sich dankend und verabschiedete sich mit einem „Jetzt aber auf zum Mokka mit dem Kommandanten".
Paride schaute in Eisners zweifelndes Gesicht: „Ich kann nicht beurteilen, ob dir das Heiraten gut bekäme, Herr Hauptmann. Wenn du die Richtige gefunden hast, dann solltest du es tun. Auf jeden Fall aber solltest du einmal ans Meer kommen. Auch dort ist Heimat, ist unsere Heimat und die hilft dir auf andere Gedanken zu kommen. Du bist nicht schuld am Tod des armen Filzmoser. Er ist allein gegangen. Uns allen fehlt er, wenn er auch dir wohl am nächsten gestanden ist. Keiner von uns wird ihn je vergessen."
„Du hast Recht", sagte Eisner zögernd und wechselte dann das Thema: „Sag, wie bist du denn eigentlich auf diese Hochzeitsreise gekommen?"
„Meine kleine Schwester hat mich auf die Idee gebracht. Wir sind bei uns zu Hause gewesen und haben einem Dampfer, der in die Levante fuhr, nachgeschaut. Da hat sie gemeint, mit dem sollte man auf Hochzeitsreise gehen. Das hat sich mir eingeprägt. Und sehr lange her ist es auch noch nicht."
„Komm, Pollini, ich lade dich zum Kaffee ein."
„Herr Hauptmann, darf ich eine persönliche Bitte vorbringen?"
„Ja, natürlich, was kann ich für dich tun?"
„Ich möchte zwei Fliegen mit einem Schlag erlegen. Ich möchte, dass du ans Meer fährst und bitte dich daher, mein Trauzeuge in Parenzo zu sein. Frag mich jetzt bitte nicht, Herr Hauptmann, ob ich mir das wohl überlegt habe. Ich habe es mir überlegt."
„Dann", sagte Eisner mit einem kleinen, feinen Lächeln, "ist mir das eine Ehre, die ich gerne annehmen werde."
„Wir werden an Kaisers Geburtstag heiraten. Das hat Marie so gewollt und dabei gemeint, sie tue das nur, damit ich später einmal den Hochzeitstag nicht vergesse."

+

„Nehmen Sie Platz, meine Herren!", sagte Oberst von Höpfner, dem sein Stellvertreter die Offiziere des Regiments zur Besprechung gemeldet hatte. Er lehnte sich gegen den Tisch, der auf einem kleinen Podium an der Stirnseite des großen Besprechungsraumes stand. Hinter ihm hing, neben dem Bild des Kaisers, eine Karte des Habsburgerreiches an der Wand des sonst ziemlich schmucklosen Raumes.
„Ich hoffe, dass Sie nicht allzu ungehalten sind, wenn wir uns einmal nicht mit dem Einsatz der Kompanie oder des Bataillons befassen. Diese Themen werden

an sich ja zur Genüge besprochen und ich merke sehr wohl, dass manche Herrn dabei schon nach kurzer Zeit mit dem Schlaf zu kämpfen beginnen.
Ich werde unser heutiges Beisammensein dazu nützen, mich mit der jüngsten Vergangenheit zu beschäftigen und dabei versuchen, unser Umfeld und die Welt, in der wir leben, darzustellen. Ich bin der Meinung, dass die Armee, in der zu dienen wir die Ehre haben, sich nicht ausschließlich auf ihre ureigensten Aufgaben beschränken sollte, sondern dass sie auch die Welt ringsum kennen und gewisse Zusammenhänge verstehen muss. Wir als ihre Offiziere sind da nicht ausgenommen, weil wir nicht auf der sprichwörtlichen Insel der Seligen leben."
Er wies auf die Karte hinter sich: „Ich brauche Ihnen die geographische Lage des Reiches nicht darzulegen."
Diese ungewöhnliche Einleitung hatte sichtlich erhöhte Aufmerksamkeit zur Folge. Selbst die notorischen Lehrsaalschläfer setzten sich zurecht und nahmen sich vor, diesmal aufmerksam zuzuhören.
„Ich verrate Ihnen kein Geheimnis, wenn ich behaupte, dass in Österreich sehr konservativ gedacht wird. Lassen Sie mich Ihnen für die Richtigkeit dieser Behauptung ein Beispiel nennen. Als man 1903 an Feldzeugmeister Beck den Vorschlag herangetragen hat, doch ein paramilitärisches Automobilkorps aufzustellen, kommentierte dies der Feldzeugmeister mit der Aussage, dass das Automobil für die Armee nicht zu gebrauchen sei. Er sagte damals wörtlich, es sei ein hübscher Zeitvertreib für aristokratische Nichtstuer und für jüdische Sportsleute."
Ungläubig schauten die Zuhörer den Oberst an. Der lächelte und fuhr weiter fort: „Zwei Jahre später erklärte sich der Kriegsminister Baron Schönaich mit der Schaffung des Automobilkorps einverstanden. Damit hat man zwei Jahre ungenützt verstreichen lassen.
1906 führte Baron Schönfeld einen Panzerwagen vor, den die Daimlerwerke in mehrjähriger Arbeit entwickelt hatten. Als Schönfeld den Wagen anwarf und der sich knatternd und lautstark in Bewegung setzte, sind die Pferde scheu und eine alte Exzellenz aus dem Sattel geworfen worden. Daraufhin hat seine Majestät weitere Versuche mit dem Panzerwagen verboten."
Von dort, wo die Leutnante und Oberleutnante saßen, ließ sich ein Stöhnen vernehmen. „Meine Herrn, ich bitte Sie", sagte der Oberst mit einem mahnenden Unterton. „ Das Jahr 1901 war für die Armee insofern von besonderer Bedeutung, weil damals die ersten Weichen für die spätere militärische Führung der Monarchie gestellt worden sind. Bei der Inspizierung des III. Korps fiel seiner kaiserlichen Hoheit dem Thronfolger der Kommandant der 55. Infanteriebrigade auf. Dieser Generalmajor Conrad von Hötzendorf hat sich als äußerst begabt und auch als sehr geschickt erwiesen. Daher hat ihn seine kaiserliche Hoheit weiterhin im Auge behalten.
Wie wir alle wissen, wurde nach dem Abschied von Feldzeugmeister Beck im

November 1906 Conrad zum Chef des Generalstabs ernannt. Wir alle kennen und schätzen ihn als fürsorglich, gerecht und liebenswürdig zu seinen Soldaten und als sehr bestimmt und geradlinig gegen Höherstehende." Nach einer kurzen Pause fügte der Oberst hinzu: „Vielleicht nennt man ihn manchmal an höherer Stelle sogar stur. Ich hielte das für möglich.

Der neue Chef des Generalstabs änderte das Konzept der Armee. Er formte ihren eindeutig offensiven Charakter. Seit 1882 ist das Königreich Italien mit Deutschland und Österreich-Ungarn im „Dreibund" verbündet. Dennoch betrachtet Conrad Italien als den Hauptgegner der Monarchie."

Nach einer kurzen Pause, in der der Oberst das Gesagte auf seine Zuhörer einwirken ließ, fuhr er fort: „1908 und das ist ja noch nicht sehr lange her und uns allen daher in bester Erinnerung, sprach seine Majestät die Annexion der beiden Provinzen Bosnien und Herzegowina aus. Die Reaktionen darauf waren sehr verschieden. Seine kaiserliche Hoheit, der Thronfolger, wandte sich schriftlich an den Außenminister, den er sinngemäß wissen ließ, dass er der Annexion, sollte sie für unbedingt notwendig erachtet werden, nur dann zustimmen werde, wenn die Provinzen als Reichsland erklärt werden und damit beiden Teilen der Monarchie angehören. Sollte aber Ungarn für die Stephanskrone Anspruch auf die Länder erheben, so sei dem auf keinen Fall nachzugeben oder die Annexion sei nicht durchzuführen und der gegenwärtige Zustand zu belassen.

Als im Oktober 1908 dann tatsächlich die Annexion der beiden Provinzen ausgesprochen worden ist, ist es zu den Differenzen mit den europäischen Großmächten gekommen, von denen wir ja alle wissen.

Lassen Sie mich dennoch kurz rekapitulieren. Als am 5.Oktober 1908 die Annexion offiziell bekanntgegeben wurde, hatte eine unerhörte Fahrlässigkeit unseres Botschafters in Paris schon drei Tage zuvor eine internationale Krise ausgelöst. Die Reaktionen der Türkei und Serbiens waren besonders heftig. Den Sultan konnte man mit der Zahlung von 50 Millionen Kronen beruhigen. Die Serben gefielen sich in wilder nationalistischer Empörung und fanden damit Sympathien in Russland, England und in Italien. Die Italiener sahen ihre Protektoratspläne in Albanien gefährdet. Sogar Berlin war über den Wiener Alleingang verstimmt.

Dass Belgrad empört war, ist an sich verständlich. Man sah dort die Hoffnungen auf ein großserbisches Reich schwinden, da man befürchtete, in der Monarchie würde sich wohl ein südslawischer Teilstaat entwickeln. Seine kaiserliche Hoheit der Thronfolger gilt doch als Verfechter eines slawenfreundlichen Trialismus.

Wien forderte von Belgrad eine Erklärung, dass die Annexion anerkannt würde. Dazu musste Serbien die ‚Freiwilligen und seine Banden entwaffnen und entlassen und die Bildung neuer irregulärer Einheiten auf seinem Gebiet verhindern'. Großbritannien bewog Serbien zur Abgabe dieser Erklärung und Russland, zu dieser Zeit für einen Krieg nicht hinreichend gerüstet, gab den Serben zu verstehen, dass man die bosnische Frage zu einem späteren, günstigeren Zeitpunkt wieder aufrollen könne.

Conrad von Hötzendorf war der Meinung, dass der Annexion sofort ein Präventivschlag gegen Italien folgen müsse. Seine Majestät war kategorisch dagegen. Dann müsse aber, so meinte Conrad, wenigstens ein Präventivkrieg gegen Serbien und Montenegro geführt werden, da beide Länder wegen der Annexion eine ablehnende und drohende Haltung eingenommen hätten.

Seine kaiserliche Hoheit der Thronfolger war zwar der Meinung, dass man gegen Serbien und Montenegro Lorbeeren sammeln könnte, befürchtete in der Folge aber allgemeine europäische Verwicklungen, bei denen man dann an zwei oder drei Fronten zu kämpfen hätte. In weiterer Folge befürchtete seine kaiserliche Hoheit einen italienischen Angriff und ernste Schwierigkeiten mit England.

Der Generalstabschef hingegen war fest davon überzeugt, dass der März 1909 für das Reich die letzte Möglichkeit, gegen Serbien und Montenegro siegreich ins Feld zu ziehen, geboten habe. Der Minister des Äußeren war dagegen der Meinung, Serbien und Montenegro wären unverdauliche Brocken, da die Monarchie an Bosnien und Herzegowina genug zu würgen hätte."

Da eine gewisse Unruhe und Betroffenheit im Raum nicht zu übersehen war, mahnte der Oberst zur Ruhe: „Meine Herrn, ich kann Ihre Unruhe verstehen, bitte Sie aber dennoch um Ihre Aufmerksamkeit."

Er trat ans Fenster, warf einen kurzen Blick hinaus und fuhr dann fort: „Der Thronfolger setzte sich vehement für eine friedliche Lösung ein. Daraufhin gab Serbien unter russischem Druck ebenfalls nach und war wieder an normalen Beziehungen zu Wien interessiert. Am Höhepunkt dieser prekären Situation verlangten die Ungarn die Einführung der ungarischen Sprache als Kommandosprache in der Armee. Der Thronfolger äußerte sich Conrad gegenüber, dass er im Falle eines Nachgebens in dieser Frage sofort alle seine Ämter zurücklegen und mit dem Zylinder auf dem Kopf auf der Wiener Ringstraße demonstrieren würde.

Die Ungarn hatten, meine Herrn, schon sieben Jahre zuvor einen solchen Vorstoß gewagt, waren damit aber nicht durchgedrungen. Sie gaben aber nicht auf. Bei den Herbstmanövern der Kavallerie in Galizien erklärte seine Majestät dezidiert, dass das Heer gemeinsam und einheitlich wie es sei, auch fürderhin zu bleiben hätte. Darüber lasse seine Majestät nicht mit sich reden.

Meine Herrn, ich komme zum Schluss. Wir leben in einer bewegten Zeit und können nicht sagen, was uns erwartet, was uns das Morgen bringt. Im vergangenen Jahr wurde die russisch-bulgarische Militärkonvention geschlossen. Sie zielt wohl in erster Linie auf das Osmanische Reich. Ich sehe sie aber auch gegen Österreich-Ungarn gerichtet. Dazu rüstet auch Italien auf und wird im kommenden Jahr den höchsten Stand seiner Rüstung erreicht haben. Ich glaube keine Fehleinschätzung der Lage zu äußern, wenn ich vermute dass der Generalstabschef einen Präventivschlag gegen Italien als notwendig erachtet." Im Besprechungsraum herrschte atemlose Stille. Die Spannung und die Erregung, die jeden einzelnen Zuhörer ergriffen hatte, waren geradezu greifbar.

„Wir leben nicht auf der Insel der Seligen, auch wenn uns das manche Politiker einreden wollen. Leider tun wir das nicht", schloss der Oberst. „Meine Herrn, ich danke Ihnen."

Eine gut gekleidete Dame mittleren Alters hatte Paride auf sein Läuten an der Haustorglocke geöffnet. Sie lächelte freundlich.

„Herr Leutnant", fragte sie, "was kann ich für Sie tun?"

Pollini stellte sich vor und fuhr dann fort: „Gnädige Frau, ich habe erfahren, dass hier im Hause eine möblierte Wohnung zu mieten ist. Darf ich mir die einmal anschauen?"

„Ja, das stimmt schon", kam die Antwort. „Ich fürchte aber, dass Ihnen die Wohnung etwas zu groß sein wird. Ich zeige Sie Ihnen natürlich gerne. Wenn Sie mir bitte folgen wollen?"

Die Dame ging vor Pollini die Stiege in den ersten Stock hinauf und öffnete dann dort im Flur eine Tür.

„Bitte, treten Sie ein, Herr Leutnant", sagte sie mit einer einladenden Handbewegung. Sie trat etwas zur Seite und Pollini betrat ein geräumiges Vorzimmer.

„Ich zeige Ihnen zuerst die Wohnräume und erst zum Schluss das, was Sie vermutlich nicht sonderlich interessieren wird, nämlich die Küche."

Sie führte Pollini durch eine große, sehr gemütlich eingerichtete Wohnung, deren Zimmer alle vom Vorzimmer aus einzeln zu begehen waren.

„Wundern Sie sich nicht, wenn ich Ihnen auch das so genannte Atelier zeige. Auch dieser sonnige Raum gehört zur Wohnung. Hier hat nämlich mein Onkel Fritz Schider gewohnt. Er ist ein sehr bekannter Maler. Er lebt jetzt in der Schweiz, in Basel. Die Bilder im Wohnzimmer und im Salon sind übrigens von ihm."

Nachdem sie ihn durch die ganze Wohnung geführt hatte, bat sie Paride im Salon Platz zu nehmen.

„Nun, Herr Leutnant, wie gefällt Ihnen die Wohnung? Ehe ich es vergesse muss ich Ihnen noch sagen, dass noch ein Kellerabteil zur Wohnung gehört und natürlich auch die Waschküche und der Dachboden benützt werden können."

„Die Wohnung gefällt mit ganz ausgezeichnet, gnädige Frau. Ich glaube, dass man sich hier wirklich wohl fühlen kann. Sie ist das, was ich behaglich nenne. Dazu liegt sie sehr zentral. Was stellen Sie sich denn an Miete vor?"

Paride fand den Preis, der genannt wurde, durchaus angemessen.

„Sie werden sich fragen, warum ich eine so große Wohnung mieten will. Ich werde mich im August verheiraten und dann ist meine bisherige Wohnung viel zu klein."

„Da gratuliere ich schon heute, Herr Leutnant. Wann wollen Sie denn einziehen?"
„Zum kommenden Monatsersten. Da lasse ich dann meine Sachen herbringen, mein Bursche wird das überwachen und bewerkstelligen. Und dann werde ich mich hier langsam auf den heiligen Stand der Ehe vorbereiten", lächelte Pollini.
„Darf ich fragen, ob das Fräulein Braut eine Salzburgerin ist?"
„Nein, sie kommt aus der Steiermark, hat aber Verwandte hier in der näheren Umgebung."
„Das ist gut, wenn man Familie in der Nähe hat, " meinte die Vermieterin. Zögernd setzte sie hinzu: „Noch etwas, Herr Leutnant. Die Armee versetzt ihre Offiziere sehr oft. Ein angeheirateter Vetter von mir kam über Linz für zwei Jahre nach Salzburg, hat hier geheiratet und macht jetzt in Pola Dienst. Ich meine, wir sollten einen Monat Kündigungsfrist vereinbaren, obwohl ich Ihnen natürlich eine lange Zeit in unserer schönen Stadt wünsche."

+

Die Vorbereitungen für die Hochzeit schritten zügig voran. In Parenzo hatte Parides Mutter das Heft in die Hand genommen. Zu ihrer Freude bemerkte sie, dass ihr in der stillen Giovanna trotz deren Jugend eine echte Stütze heranwuchs. Mariola. die zum großen Tag ihres Bruders beitragen wollte, machte sich ebenfalls nützlich und bewies erstaunlich viel Übersicht.
Auch Maries Mutter strahlte Ruhe aus, koordinierte alle Termine mit den Lieferanten der Aussteuer und fuhr mit Marie mehrfach wegen des Brautkleids nach Graz. In dem renommierten Modesalon sorgte Marie für beträchtliches Aufsehen, da sie das, was ihr die Inhaberin gern eingeredet hätte, strikt ablehnte und dafür ihre eigenen Ideen verwirklicht sehen wollte.
Ihr Vater versuchte tapfer zu verbergen, wie nahe ihm der baldige Abschied von seiner Tochter gehen würde. Er erkundigte sich zwar forsch nach den Fortschritten der Vorbereitungen, schien aber insgeheim auf das Auftreten unüberwindlicher Hindernisse zu hoffen. Andererseits war er aber erleichtert, dass sich keine Hindernisse auftürmten.
„Horch mir zu, Hedwig", sagte Fleissner hinter der Zeitung heraus zu seiner Frau. „Da hat der Präsident des Abgeordnetenhauses, der Doktor Sylvester, eine Rede gehalten und verlangt, dass das Mittelmeer seinen Anrainern vorbehalten bleibt. Das hat man in London, wegen der Engländer in Gibraltar, als antibritische Demonstration ausgelegt und war darüber gar nicht erfreut. Aber irgendwo war es doch ein Erfolg, denn wann setzt sich das englische Parlament schon mit den Aussprüchen eines österreichischen Parlamentariers auseinander?"
Weil ihm seine Frau nicht gleich antwortete, setzte Fleissner nach: „Sag, hörst du

mir überhaupt noch zu, wenn ich mit dir rede oder dreht sich alles nur noch um die Hochzeit?"
Seine Frau seufzte leicht und setzte sich zu ihm: „Ernst, der Felsen von Gibraltar gehört halt einmal den Engländern und wird in hundert Jahren auch noch stehen. Aber unsere Marie heiratet in einer guten Woche. Und nicht hier bei uns heroben oder in Graz, sondern in Parenzo."
Sie legte ihren Arm um seine Schulter.
„Ich weiß, wie nahe dir das geht und wie es dich jeden Tag noch mehr beschäftigt. Und ich weiß auch sehr gut, wie sehr du, bei allem Glück unserer Tochter, darunter leidest. Glaub mir aber, auch der Marie werden das Weggehen und die Trennung von uns sehr schwer fallen. Väter hängen an ihren Töchtern und geben sie nicht gern her. Da bist du keine Ausnahme. Bei deinem Schwiegervater war es nicht anders. Sei froh, dass du immer ein so gutes Verhältnis zu Marie gehabt hast. Daran ändert sich doch nichts. Ich bin mir sicher, dass du sehr bald die heilende Kraft der Seeluft entdecken wirst. Dann werden wir sehr oft ans Meer fahren müssen."
Sie küsste ihn liebevoll auf die Wange und meinte: „Ernst, tu mir den Gefallen und mach die anderen nicht kopfscheu. Es geht schon alles glatt."
„Was lädt denn der Georg da ab?", fragte Fleissner, der sich ablenken wollte.
„Das ist der Schrankkoffer für Maries Brautkleid. Das transportieren wir so und den Koffer braucht das Mädel dann ohnehin für die Hochzeitsreise. Das Brautkleid ist überdies auch schon da, aber sehen darfst du es noch nicht. Du wirst aber sehr stolz sein, wenn du unsere Tochter zum Altar führst.
Jetzt aber trink zur Beruhigung mit einer angehenden Schwiegermutter ein Glas Wein, das lenkt ab und beruhigt."
„Natürlich werde ich stolz sein und wahnsinnig gerührt. Aber das mit dem Glas Wein ist eine gute Idee", brummte Fleissner.

Marie wollte den Abschied von daheim bewusst kurz halten. Am Abend vor ihrer Abreise war sie noch einmal die Wege ums Haus gegangen, die ihr seit so vielen Jahren vertraut waren. Im Dorf hatte sie sich schon verabschiedet und den Leuten versichert, dass Salzburg - und dorthin werde sie vorerst einmal ziehen - gar nicht so weit entfernt sei. Daher werde sie oft und gern auf Besuch nach Hause kommen. Am Morgen des Reisetages verabschiedete sie sich vom Verwalter. Georg stand danebeben, hielt seinen Hut in seinen großen, festen Händen und brachte kein Wort heraus. Marie küsste ihn auf beide Wangen und dabei flossen Tränen über ihr Gesicht. Dann umarmte sie Rosa und sagte nur „Bleib so brav!" und dann Martina. Der sonst so Souveränen standen auch Tränen in den Augen. Wortlos schloss Marie sie in die Arme und stieg dann in die Kutsche, in der ihre Eltern schon Platz genommen hatten. Als Georg die Pferde antraben ließ, stand Marie im Wagen auf und rief lachend unter Tränen: „Ich komm schon wieder! Ich komm ja wieder!"

Aus verschiedenen Richtungen reisten die Hochzeitsgäste nach Parenzo an. Guten Mutes und des Beistandes seiner Kameraden sicher, bestieg Paride mit Hauptmann Eisner und Oberleutnant Holzner den Zug in Salzburg. Maries Bruder wollte aus Laibach anreisen, wohin ihn Geschäfte geführt hatten. Tante Johanna reiste mit zwei Freundinnen Maries aus Graz an.

Den Weg über Graz nahmen auch Marie und ihre Eltern. Daher hatte Vater Fleissner vorsorglich zwei Abteile ab Graz reservieren lassen, damit man nicht nur gemeinsam reisen könne, sondern auch genügend Platz für das umfangreiche Gepäck haben würde. Amüsiert ruhte daher auch sein Blick auf den zahlreichen Hutkoffern, die in Graz eingeladen wurden.

Dr. Holzner und seine Frau reisten von Salzburg aus über den Tauerntunnel und Kärnten an, da Holzner auf der Reise auch einen Studienkollegen nach langer Zeit wiedersehen wollte.

Oberst von Höpfner, der mit seiner Frau in Lovrano Urlaub machte, nahm den Dampfer nach Parenzo.

Zwei von Parides Jahrgangskameraden wollten mit dem Auto aus Rovigno kommen, was Paride an ihrem pünktlichen Eintreffen zweifeln ließ. Der lustige Dragoner, der Mariola bei der Verlobung so beeindruckt hatte, dass sie sich unbedingt bei ihrem Bruder nach ihm hatte erkundigen müssen, wollte mit der Bahn aus Marburg anreisen.

Paride und seine beiden Reisegefährten kamen am Vormittag des 15. August an. Sein Vater erwartete ihn am Bahnhof und freute sich sichtlich, Franz Holzner wiederzusehen und den überaus sympathischen Hauptmann Eisner kennenzulernen. Die beiden Offiziere wurden in einem Hotel an der Riva untergebracht, wo sie zu ihrer Überraschung schon mit lautem Hallo von den Autofahrern aus Rovigno empfangen wurden. Am Nachmittag traf auch der Dragoner aus Marburg ein. Der hatte in Triest seinen Anschlusszug verpasst und war kurzerhand mit dem Taxi weitergefahren.

Am folgenden Tag kam Marie mit Familie und Freundinnen an. Parides Eltern und der ebenso aufgeregte wie glückliche Bräutigam erwarteten sie am Bahnhof. Während die Damen frisch und sichtlich animiert ausstiegen, wirkte Maries Vater etwas erschöpft.

Nach der Begrüßung meinte er resignierend zu Ettore Pollini: „Ich habe schon viel in meinem Leben mitgemacht, auch Verlegungen mit meinem Regiment zu Manövern ins tiefste Galizien, nicht zu vergessen manche Sitzung des Steiermärkischen Landtags, aber mit fünf Frauenzimmern zu verreisen, stellt alles in den Schatten. Ich glaube jetzt nicht mehr, dass die Muselmanen mit ihren vielen Frauen zu beneiden sind. Wer das wirklich glaubt, sollte einmal mit diesen fünf verreisen."

Ettore Pollini lächelte ihm aufmunternd zu und meinte, dass seine Reise mit Frau und Tochter über Wien in die Obersteiermark auch nicht ganz ohne gewesen sei. Dann fuhr man mit mehreren Kutschen vom Bahnhof in die Stadt. Tante Johanna, die die Funktion der „Garde" für die beiden jungen Damen übernommen und sich verpflichtet hatte, sie wohlbehalten wieder nach Hause zu bringen, wohnte mit diesen in einem Hotel nahe dem Stadthaus der Pollinis.

Im sogenannten Stadthaus, so bezeichneten es die Pollinis in liebevoller Untertreibung das kleine Palazzo mit dem Markuslöwen über dem Tor, war die Familie Fleissner untergebracht. Gegen Abend traf auch Ernst ein, den ein guter Geschäftsabschluss in Laibach in beste Laune versetzt hatte.

Am Tag vor der Trauung trafen schließlich noch Oberst von Höpfer und seine Frau ein. Beide hatten die Fahrt mit dem Dampfer entlang der Küste um die Halbinsel Istrien sehr genossen. Die Ehepaare von Höpfner und Dr. Holzner wurden ebenfalls im wirklich beeindruckenden Stadthaus der Pollinis untergebracht.

Noch vor dem Abendessen, das in einem nahen Hotel eingenommen wurde, trat Marie vom Gang auf den kleinen, steinernen Balkon hinaus. Die Aussicht, die sich ihr bot, war überwältigend. Der Himmel verschmolz mit dem Meer und der Insel, die die heraufkommende Nacht einzuhüllen begann. Das kräftige Rosa des Himmels wechselte rasch zu einem dunklen Blaugrau. Die Lichter der Stadt und die Sterne schimmerten.

Paride stand hinter ihr und legte die Arme um sie. Sie schmiegte sich an ihn.

+

Die Hochzeitsgäste, zu denen natürlich auch Freunde und Verwandte der Pollinis aus ganz Istrien gehörten, sowie die Honoratioren der Stadt hatten in der Euphrasius Basilika Platz genommen. Golden leuchteten die byzantinischen Mosaike in der zentralen Apsis. Glänzende Heilige und Engel, in ihrer Mitte die Muttergottes mit dem Jesuskind am Arm, schauten auf die Hochzeitsgäste herab.

Vor dem Altar stand Paride, zu seiner Rechten sein Trauzeuge Hauptmann Eisner. Links, etwas abgesetzt von Paride, wartete Ernst von Fleissner, Maries Trauzeuge. Auch er trug die Uniform seines Regiments.

Zu festlicher Musik führte der Brautvater seine Tochter durch das blumengeschmückte Kirchenschiff zum Altar. Marie trug das Haar hochgesteckt, was ihren schlanken Nacken betonte. Sie lächelte unter einem Hauch von Schleier und schlug ihn, als sie neben Paride stand, zurück.

Sie war unbeschreiblich schön. Ihre Lippen waren leicht geöffnet, auf ihren Wangen waren zwei Grübchen und ihre Augen strahlten.

Ausnahmsweise stand hier die Braut links neben dem Bräutigam. Der kirchliche Brauch überwog den soldatischen. Dieser räumte, schon mit Rücksicht auf den links getragenen Säbel, der Dame den Platz zur Rechten ein.

Der Bischof, eine beeindruckende Persönlichkeit in seinem prunkvollen Ornat und mit der hohen, goldenen Mitra, richtete das Wort an Paride, verlangte ihm eine ganze Reihe von Versprechen ab, die er als Gemahl fortan seiner Frau schuldig sein würde. Gefragt, ob er willens sei, die hier anwesende Maria Karoline Johanna Edle von Fleissner zu seiner Frau zu nehmen, sagte er freudig „ja". Ebenso freudig versicherte er auch, sie nie zu verlassen, sie zu ehren und zu beschützen, ihr beizustehen in jedem Leid und in Trübsal, bis der Tod sie scheide.

Dann hörte er, wie seiner Frau ähnliche Versprechen abverlangt wurden. Sie lächelte ein wenig und antwortete in der Muttersprache ihres nunmehrigen Gemahls klar und deutlich: „Si!"

Die Ringe wurden getauscht. Paride sah seiner Frau in die Augen und küsste sie sanft.

Aus der Basilika hinaustretend, überfiel sie die Helligkeit des Tageslichts.

Das junge Paar, das am Spätnachmittag des nächsten Tages von Triest aus seine Hochzeitsreise antreten sollte, verließ die Hochzeitsgesellschaft nicht sehr spät am Abend.

Im Palazzo angekommen, nahm Paride seine Frau in die Arme und küsste sie. Marie war, als ob ihr ganzer Körper in Flammen stände. Wortlos führte Paride sie ins Schlafzimmer. Die Spannung in ihr wuchs, als sie sich schweigend, aber immer wieder küssend auszogen. Ihr Mann war ihr beim Aufhaken des Kleides behilflich. Marie saß in natürlicher Anmut nackt auf dem Bett. Paride legte sich neben sie. Beim Anblick ihrer prachtvollen, mit erdbeerfarbenen Warzen gekrönten Brüste durchfuhr ihn ungeahnte Erregung.

Er zog sie zu sich herab und seine Lippen drückten sich auf die ihren, seine Hände strichen über ihren Körper, erforschten ihn liebevoll, entdeckten ihn. Marie vergaß alles über diese neue Wonne und ihre Hände griffen nach ihrem Mann. Sie fühlte ihn neben sich, spürte seine Härte. Sie empfand eine Lust, von der sie nicht zu träumen gewagt hatte.

Dann wurden sie eins, verschmolzen, bewegten sich in einem Rhythmus, der einfach in ihnen war, sich langsam steigerte, um endlich in einem nie da gewesenen Glücksgefühl zu enden.

Marie lag wie betäubt, aber unendlich glücklich und ermattet da. Sie schmiegte sich eng an ihren Mann, sie wollte ihn nie wieder los lassen und wünschte sich, dieses Gefühl wurde nie enden. Glücklich schlief sie in Parides Armen ein. Noch im Schlaf fühlte sie sich von dieser Woge getragen. Die kleinen Geräusche der Nacht vergrößerten ihr Gefühl geborgen zu sein. Sie spürte ihren Mann neben sich.

Am nächsten Tag wurden Marie, die wieder hinreißend aussah, und Paride von den Familien und Freunden nach Triest zum Dampfer gebracht. Marie und Paride

standen winkend an der Reling, da ertönte die Schiffssirene. Die Maschinen liefen an. Das Schiff, die Menschen an Bord und die Luft begannen leise zu zittern. Nur der Himmel über der Stadt, die nach Meer, Zimt und Zwiebel roch, blieb still und blau. Marie winkte, Paride schwenkte sein Taschentuch. Vom Pier winkten, immer kleiner werdend, Eltern und Freunde.
Onkel Massimo wischte sich verstohlen eine Träne aus dem Auge.

IV

„Kommen S' nur, Eisl, wir brauchen noch Butter und ein Dutzend Eier, dann haben wir alles", ermunterte Marie den Offiziersdiener ihres Mannes, der in einem Korb die Einkäufe trug. Marie hatte von der Vermieterin den Rat bekommen, einmal in der Woche auf der Schranne einzukaufen. Auf diesem preiswerten Wochenmarkt bei der Andräkirche, zu dem die Bauern aus der Umgebung ihre Erzeugnisse brachten, machten die Hausfrauen der Salzachstadt gern ihre Besorgungen. Seinen Namen hatte der Markt von der „Schranne", einem wuchtigen ehemaligen Getreidemagazin mit großen Steinportalen.

Behänd schlängelte sich Marie durch das bunte Treiben, wobei ihr ihr Begleiter kaum folgen konnte.

Vor rund acht Wochen waren die Pollinis von der Hochzeitsreise nach Salzburg zurückgekommen. Während Marie und Paride die Tage auf Korfu genossen hatten, brachte Maries Mutter zusammen mit Ihrer Schwägerin und der diesmal recht umgänglichen Resi, Teile von Maries Aussteuer in der neuen Wohnung in der Bergstraße unter. Auch das neue Bett war geliefert worden.

Als das junge Ehepaar die Tür zu seinem künftigen Heim aufschloss und Marie erwartungsvoll über die Schwelle trat, war dort alles an seinem Platz. Marie war von der Wohnung begeistert. Ruhig und dennoch sehr zentral gelegen, war sie nur wenige Gehminuten von Parides Kaserne entfernt.

Durch Vermittlung von Hauptmann Schneeberger hatte sie auch gleich ein Hausmädchen gefunden. Burgl war die Tochter eines Gastwirts aus Bergheim, einem kleinen Dorf nördlich der Stadt. Kochen konnte sie schon, nun sollte sie sich das aneignen, was zur Führung eines Haushalts notwendig war. Dann sollte sie in den elterlichen Gasthof zurückkehren und ihre Kenntnisse dort einsetzen. Das Mädchen, nur etwas jünger als Marie, war anstellig, fleißig und intelligent. Zusammen mit Eisl, dem Burschen ihres Mannes, wurde sie rasch zu einer zuverlässigen Stütze des neuen, jungen Haushalts. Der Bursche hatte bei Maries Ankunft gemeint, dass er die Frau Gräfin ohnehin schon länger kenne, schließlich sei er es gewesen, der sehr oft die Briefe des Herrn Grafen zur Post gebracht hätte.

Das junge Paar war in Gesellschaft gern gesehen und lud auch Gäste zu sich ein. Es genoss aber auch sein gemütliches Heim und sein junges Glück zu zweit. Marie besuchte gern das nahe gelegene Stadttheater, während sie dem Kino nicht viel abgewinnen konnte. Darauf angesprochen, meinte sie: „Im Film wimmelt doch alles planlos herum. Die längste Zeit lächeln alle dümmlich und geben sich bieder. Dann zündet sich der Held eine Zigarette an und schaut verwegen im Kreis herum. Er schaut halt so, wie er sich einen verwegenen Blick vorstellt. Zu all dem spielt der Mann am Klavier, der meist leicht angetrunken scheint, viel zu laut und ziemlich falsch. Da gehe ich lieber ins Theater."

Gleich das erste Wochenende in Salzburg nützte Paride, um mit Marie mit der Dampftramway nach Hellbrunn zu fahren und ihr das erzbischöfliche Lustschloss von einst zu zeigen. Nun war es kaiserlicher Besitz. Der größte Teil der Fahrgäste, die nicht aus Salzburg waren, verließ hier die Waggons. Eine im Reisehandbuch als unbedingt sehenswert bezeichnete Attraktion durfte man doch auf keinen Fall versäumen.

Die Wasserspiele, die Erzbischof Markus Sittikus seinerzeit um das Schloss herum angelegt hatte, bildeten den besonderen Anziehungspunkt, der die Schaulust der Besucher auch tatsächlich befriedigte. Ganz besonders hatte es Marie das mechanische Theater angetan. Die Wasserspiele wurden aus Quellen gespeist, die durch bachgleiche Kanäle, in denen Forellen schwammen, kreuz und quer in den unteren Gartenteil geleitet wurden. Der Erzbischof, von dem die Geschichte keine sonderlich frommen Dinge zu überliefern weiß, hatte den Wasserspielen viel Zeit und Erfindungsgabe gewidmet.

An einem warmen Spätsommerabend überraschte Paride Marie mit einer Fiakerfahrt durch eine lange schattige Allee hinaus aus der Stadt nach Hellbrunn. Die Forellen des Schlossrestaurants waren nämlich berühmt. Vor dem Abendessen gingen die beiden noch im Park spazieren. Der war überraschend gegliedert. Die Mitte bildete ein Kern in französischer Art mit gestutzten Bäumen und abgezirkelten Wegen, nach den Rändern hin ging er aber in die Freiheit eines englischen Parks mit verschiedenen Baum- und Buschgruppen über, während eine Doppelreihe riesiger, hundertjähriger Fichten in die Tiefe des Parks führte.

Auf Burgls Anraten fuhren Marie und Paride an einem Sonntagmorgen mit der Lokalbahn salzachabwärts bis zur Haltestelle Plainbrücke. Von dort wanderten sie zu Fuß den Kalvarienberg hinauf zur Wallfahrtskirche Maria Plain. Marie war überwältigt vom Ausblick, der sich vom Kirchenvorplatz aus bot. Salzburg lag in nicht allzu großer Entfernung vor ihr. Die schroffen Berge dahinter waren schon vom ersten Schnee bedeckt und schienen geradezu in den Himmel zu wachsen. Burgl hatte zu dem Ausflug geraten, weil an diesem Sonntag Mozarts Krönungsmesse in der Basilika aufgeführt werden sollte. Marie hatte Paride erklärt, dass diese Messe vermutlich zu Ostern 1779 im Salzburger Dom uraufgeführt worden sei, wenn man sich in Salzburg auch erzähle, sie sei für Maria Plain geschrieben worden. Für die Uraufführung im Dom spräche nicht nur die große Orchesterbesetzung, die sinfonischen Elemente und das Trennen von Solostimmen und Chor, sondern auch das für Salzburg typische Fehlen der Bratschen.

Als Paride sie bewundernd ansah, meinte Marie mit einem kleinen Lächeln: „Siehst du, mein Lieber, ganz umsonst war das Schulgeld doch nicht, das mein Vater für mich im Sacré Coeur bezahlt hat."

Nach der Messe traten die beiden den Rückweg über die Westseite des Plainbergs nach Bergheim an. Sie sahen weit nach Bayern hinein. Der Zusammenfluss von Salzach und Saalach glänzt in der Sonne des Novembertages. Marie und Paride nahmen das Mittagessen im blitzsauberen Gasthof von Burgls Eltern ein und lernten diese dabei kennen. „Kein Wunder, dass das Mädel so gut kocht", meinte Marie nach dem Essen, „das hat sie von ihrer Mutter gelernt."

Marie hatte es so eingerichtet, dass Burgl das Frühstück machte. Paride aß zu Mittag in der Kaserne und Marie nahm mittags nur eine Kleinigkeit. Das Abendessen war die Hauptmahlzeit in dem jungen Haushalt und Marie stand dafür auch selbst in der Küche. Sie empfand das nicht als lästige Pflicht. Sie leitete Burgl an und gab weiter, was sie zu Hause gelernt hatte. Dabei notierte sie sich auch manches Rezept der Salzburger bürgerlichen Küche, das ihr Burgl verriet.

+

In diesen Tagen machte sich Dr. Kick, der beruflich in Zell am See zu tun gehabt hatte, während der Rückfahrt mit der Bahn folgende Notizen in sein Tagebuch:
Der Griff der Italiener nach Tripolis bereitet mir durch seine Auswirkung auf Österreich-Ungarn Sorgen. Da die Franzosen Tunis, Algier und Marokko besetzt haben, bleibt für Italien in Nordafrika nur mehr die türkische Provinz Tripolis übrig. Durch Abmachungen mit England und Frankreich hat sich Italien seinen Anspruch auf Tripolis abgesichert. So richtete Italien am 26. September dieses Jahres ein Ultimatum an die Hohe Pforte, in dem es die Zustimmung zur militärischen Besetzung von Tripolis verlangte.
Der Krieg brach aus, weil die Türken dieses Ansinnen ablehnten. Italien landete mit 34.000 Mann und tausend Offizieren in der Cyrenaika. Trotz der dort nur geringen Truppenstärke der Türken musste das italienische Expeditionskorps wegen der heftigen Gegenwehr sofort auf über 3500 Offiziere und mehr als 98.000 Mann aufgestockt werden.
Conrad von Hötzendorf wollte nun gleich wieder gegen Italien losschlagen, da für die Monarchie nie wieder ein so günstiger Zeitpunkt kommen würde. Der Kaiser hatte von seinem Generalstabschef endgültig genug und einigte sich mit dem Thronfolger auf dessen Entlassung. Dafür durfte Franz Ferdinand den Kopf des ihm überaus missliebigen Reichskriegsministers Feldzeugmeister von Pitreich fordern. Am 15. November provozierte der Kaiser bei einer Audienz den General und umgekehrt, so dass der General sofort entlassen wurde. Er wurde unter „hohen Gnadenbeweisen" als Generalstabschef enthoben und wurde zum Armee-Inspektor bestellt.
Da England den Durchzug türkischer Truppen durch Ägypten verbot (und dafür von Italien das Gebiet um Sollum an der ägyptischen Grenze erhielt) und die italienische Flotte den Seeweg für die Türken sperrte, beeilte sich die Pforte mit Ita-

lien Frieden zu schließen. Italien bezahlt an die Pforte für die Abtretung von Tripolis fünfzig Millionen Franken und verpflichtet sich, die in der Ägäis besetzten Inseln an die Hohe Pforte zurückzugeben. Wenn ich auch vieles glaube, an diese Rückgabe glaube ich nicht.

Ich bedaure aber, dass der Thronfolger dem Sturz Conrads so vorschnell zugestimmt hat, denn mit ihm haben das Kaiserhaus und die Armee einen sehr fähigen, energischen Offizier verloren. Die Habsburger sind bekannt dafür, dass sie ihre Minister wie die Kammerdiener wegschicken. Es würde mich in diesem Falle aber nicht wundern, käme Conrad von Hötzendorf in absehbarer Zeit wieder zurück.

+

Paride saß in seinem Wohnzimmer im Lehnstuhl am Fenster. Im Ofen prasselte das Feuer und der ganze Raum war einfach behaglich. Paride hatte ein Buch auf den Knien liegen und schaute aus dem Fenster und dem Niedersinken der Schneeflocken zu. Im Licht der Straßenlaternen tanzten zahllose Flocken dem Boden entgegen. Himmel und Erde schienen zu verschwimmen. Dann und wann hörte man das Scharren einer Schneeschaufel auf der Straße. Der Winter hielt seinen Einzug in der Stadt.

Marie trat ans Fenster und schaute eine zeitlang den Schneeflocken zu. „Wie ich noch ein Kind war, hat mich Schnee wirklich fasziniert. Die Pferde wurden wieder vor die Schlitten gespannt und Georg hat mich immer ganz fest eingepackt, wenn ich mit ihm ausfahren durfte. Alle Kinder hatten rote Nasen. Unsere Handschuhe waren wohl zuerst schön warm, dann beim Heimkommen aber ganz nass. Die Finger waren klamm und unsere Zehen trotz der festen Schuhe auch. Der heiße Tee tat dann sehr gut und in der Küche roch es meist nach gebratenen Äpfeln. Am Abend habe ich dann zu den Sternen hinaufgeschaut und habe geglaubt, dass jeder Stern ein Loch ist, das der liebe Gott in das Dunkle der Nacht gestochen hat. Damit zeigt er uns, dass er da oben ist und auf uns aufpasst."

Sie trat hinter Parides Stuhl und legte ihre Arme um den Hals ihres Mannes. Dann trat sie vor ihn, setzte sich auf seinen Schoß und küsste ihn. Zuerst ganz leicht, sie erkundete seinen Mund, dann immer leidenschaftlicher. Sie schien Paride atemberaubend schön.

„Liebling", sagte sie leise, „du spürst doch, dass ich dich liebe Und du weißt auch, dass ich immer auf dich warten werde, bis du nach Hause kommst. Ich werde überall hinkommen, wohin du nur willst, weil ich dich brauche. Ich bin immer und überall für dich da. Sag mir, dass du das weißt."

Lächelnd sah ihr Mann sie an. „Ja, ich weiß, dass du mich liebst und ich spüre es auch aus jedem Blick von dir, aus jeder Geste, in der Zärtlichkeit jeder noch so kleinen Berührung. Aber jetzt gib es schon zu, da steckt doch was dahinter. Heraus mit der Sprache – was willst du mir schonend beibringen?" „Versteh mich bitte nicht falsch, aber ich freue mich schon so auf Weihnachten. Auf das erste gemeinsame Weihnachten mit dir. Vor einem Jahr, da habe ich in meinen kühnsten Jungmädchenträumen nicht zu hoffen gewagt, dass wir schon heuer Weihnachten zusammen feiern. Jetzt sind wir verheiratet. Hätte mir das wer vor einem Jahr gesagt, ich hätte ihn für verrückt gehalten. Ich möchte Weihnachten mit dir in der Steiermark verbringen."

„Marie, nur wer dich nicht genau kennt und nicht weiß, welche Energie in dir steckt, hätte das getan", schwächte Paride ab.

„Salzburg ist wunderschön und ich bin so gern da, vor allem natürlich, weil ich mit dir zusammen da bin. Aber daheim, wenn in der Winternacht die Sterne über den Bergen leuchten und das Mondlicht auf dem Schnee liegt, wenn man die Laternen blinken sieht und weiß, dass jetzt dort Leute auf dem Heimweg sind, wenn du in den warmen Stall gehst und die Pferde so zufrieden schnauben hörst, wenn du weißt, dass du am nächsten Tag den Christbaum aussuchen wirst, dann fühlst du dich geborgen. Dazu kommt aber noch, und das ist das Allerschönste, dass ich in deinen Armen einschlafen darf."

„Na, dann schreib deinen Eltern, dass wir kommen werden, weil es für dich ganz einfach lebensnotwendig ist. Und damit schließlich ja auch für mich. Aber du hättest nicht so herumzudrücken gebraucht. Ich habe schon angenommen, dass wir zu den Feiertagen hinfahren werden."

„Dafür bauen ich dir den größten Schneemann, den du je gesehen hast", lachte Marie. „Es wird ja überhaupt viel zu tun sein. Allein im Dorf werde ich vielen Leuten klar machen müssen, dass ich jetzt zwar die Gräfin Pollini bin, aber immer auch noch die Mariedl, die sie alle so gut kennen. Mein Lieber, da kommt was auf mich zu!"

Es wollte nicht zu schneien aufhören. Teilweise waren Straßen schon unterbrochen und das eine oder andere Dorf vorübergehend von der Außenwelt abgeschnitten. Das war an sich nicht ungewöhnlich. Auch der kleine Bahnhof in der Steiermark war an diesem 22. Dezember tief verschneit. Schwere Arbeitspferde zogen geduldig Schneepflüge, um wenigstens die Verbindungsstraßen einigermaßen befahrbar zu halten. Die kleinen Fenster der zumeist ebenerdigen Häuser verschwanden fast hinter den Schneemassen und die Eisblumen an den Fenstern zeigten genau an, wo geheizt wurde und wo nicht.

Pustend und pfauchend wie immer arbeitete sich der Zug zwischen den Schneewänden durch, um dann pünktlich im Bahnhof einzufahren. Georg hatte den Schlitten unter dem Vordach abgestellt und die Pferde mit zwei großen, warmen Decken abgedeckt. Jetzt kam er strahlend aus dem Wartesaal, wo er sich ein bisschen angewärmt hatte.

„Unsere Frau Gräfin ist wieder da! Grüß dich Gott, Frau Gräfin!", rief der gutmütige

Riese, als er Marie sah, der Paride beim Aussteigen aus dem Eisenbahnwaggon behilflich war.

„Herzlich willkommen, Herr Leutnant!", strahlte Georg und drückte fest die Hand, die ihm Paride reichte.

„Dein Schnurrbart riecht noch immer nach Pfeifentabak", lachte Marie, die den Hünen zu umarmen versuchte. Inzwischen hatte der Schaffner ächzend das Gepäck der Pollinis auf den Bahnsteig gehoben. Scheinbar mühelos hob Georg zwei Koffer auf und klemmte sich den dritten unter den Arm: „Ich steh `mit dem Schlitten direkt vor dem Bahnhof."

Nachdem er das Gepäck verstaut hatte, breitete er ein großes, warmes Plaid über Marie und Paride. Auf einen leisen Zuruf hin zogen die Pferde an. Marie tastete unter der warmen Decke nach Parides Hand. Sie drückte sie fest und dabei voll Zärtlichkeit.

Es dämmerte schon, als Georg den Schlitten zum Herrenhaus lenkte und die hell erleuchteten Fenster verhießen freundliche Aufnahme und Wärme. Beim Anhalten des Gespanns öffnete sich das Tor und Haltan kam neugierig aus dem Haus. Dann standen aber schon Maries Eltern im Tor. Paride half seiner Frau vom Schlitten und wandte sich dann seiner Schwiegermutter zu, während Marie ihren Vater umarmte. Haltan sprang an Paride hoch.

Georg hob das Gepäck vom Schlitten und aus der Tiefe des Hauses eilte Rosa herbei.

„Roserl, lass das nur, da geh ich dem Georg schon an die Hand", ließ sich Ernst vernehmen, „falls ich vorher überhaupt noch den Salzburger Zweig der Familie zu sehen bekomme!"

Marie hatte inzwischen ihre Mutter herzlich begrüßt und rief nun überrascht: „Ernstl, schön, dass du auch schon da bist." Jetzt kam auch Martina herbei und begrüßte die Ankömmlinge. Fleissner hatte den Arm um seinen Schwiegersohn gelegt und meinte lächelnd: „Komm nur, mein Lieber, komm doch wenigstens einmal ins Warme herein, dann können die Begrüßungsrituale der Frauen ja weitergehen."

„Mama, wo werden wir denn überhaupt wohnen?", fragte Marie unvermittelt. Ihre Mutter sagte nur: „Wir haben dein Zimmer ein bisschen umgestellt. Groß genug ist es ja. Ich glaube, dass ihr euch da recht wohl fühlen werdet. Dazu kommt der unvergleichliche Blick zum Dorf und zu den Bergen."

„Mama, wie gut du mich doch kennst. Genau so habe ich es mir gewünscht."

Nachdem Marie und Paride das Zimmer bezogen und sich nach der Reise frisch gemacht hatten, saß die ganze Familie vor dem Abendessen noch in der „Stube" beisammen.

Ernst war über Wien gekommen, wo er beruflich zu tun gehabt hatte.

„Ich kenne Wien und die Wiener Gesellschaft aus meiner Studienzeit ja ziemlich gut, aber wenn man erst einmal im Beruf steht, dann lernt man die unwahrscheinlichsten Leute kennen", erzählte er. „Wir haben da wegen eines zugegeben wirklich großen Holzgeschäfts mit Ungarn zu tun. Die hatten einen Herrn mit, der war wirklich nicht ohne. Der Mann ist pensionierter Offizier, Finanzier, Aristokrat aus alter Familie und mit dem Ministerpräsidenten verschwägert. Den kann nichts aus der Ruhe bringen und imponieren wohl auch nicht. Zum Glück hat er noch andere Termine gehabt, die ihn vermutlich mehr interessiert haben. Wir haben ihn nur einmal gesehen und mit den anderen Herren verhandelt und auch abgeschlossen."

„Wie haben sehr liebe Weihnachtspost aus Parenzo bekommen," wechselte seine Mutter das Thema, „ und dazu noch einen ganz bezaubernden Brief von Onkel Massimo aus Triest."

„Mein Vater hat uns geschrieben, dass der Onkel zu irgendeiner Ehrung oder Auszeichnung vorgeschlagen war, sie dann aber doch nicht bekommen hat. Sein Kommentar dazu sei nur gewesen, dass er stolz auf ausgebliebene offizielle Ehren sei, wenn er sehe, wem sie oft zuteil werden", erzählte Paride.

„Onkel Massimo liebt das freie Wort", schmunzelte Vater Fleissner. „Damit macht man sich heutzutage leider wenig Freunde. Er braucht aber wirklich kein Ordensbändchen am Revers zu tragen. Er beeindruckt auch so."

Während des Abendessens ließ der Schneefall nach, dafür kam nun der Wind auf. Zuerst noch tastend, machte er die alten Bäume flüstern. Es klang nach Stimmen aus der Vergangenheit, in die sich da und dort ein Hauch von Enttäuschung zu mischen schien.

„Grüß dich Wildmoserin, streust du fleißig Asche, damit vor deinem Haus niemand ausrutscht?", sagte Marie fragend zu einer verhutzelten, dick vermummten Frau, die gerade Asche aus der Aschenlade ihres Herd sorgfältig auf dem Gehweg verteilte. Die Alte sah Marie und Paride einen Augenblick prüfend an, dann huschte ein Schimmer des Erkennens über ihr Gesicht. Sie rief: „Jessas na, die Mariedl ist wieder da. Nein, ist das eine Freud'!"

Im ganzen Dorf wurden die Wege fleißig ausgeschaufelt und mit Asche oder kleinen Steinen bestreut, doch machte der anhaltende Schneefall diese Anstrengungen bald wieder zunichte.

So wie die alte Wildmoserin reagierten alle, die im Dorf dem jungen Paar begegneten und die Freude über das Wiedersehen war da wie dort groß.

„Jetzt kommen wir gleich zum Weg nach Rothleiten", machte Marie ihren Mann aufmerksam, „da sind wir als Kinder immer gerodelt." Kaum hatte sie ausgesprochen, kamen auch schon Kinder, die vor Freude jauchzten, auf ihren Schlitten die schmale, steile Straße heruntergesaust.

„Wenn wir morgen deine Eltern anrufen", meinte Marie zu ihrem Mann, „dann werden wir das Gespräch ziemlich früh anmelden müssen, damit wir zu einer halbwegs christlichen Zeit durchkommen. Am Heiligen Abend wird doch jeder, der irgendwie die Gelegenheit dazu hat, telefonieren wollen. Da wird das Fernamt

überlastet sein." „Wir werden es noch erleben", antwortete Paride, „dass man kein Fernamt und kein Fräulein von der Vermittlung mehr bemühen und dann endlos warten muss. Da wird man einfach eine Nummer, weiß Gott wo, anwählen und gleich darauf mit dem Teilnehmer sprechen können."
„Liebling, jetzt phantasierst du aber", lachte Marie. „Dann rufen wir also in Parenzo oder Wien an, vielleicht auch die Botschaft in Paris oder sonst jemanden irgendwo auf der Welt."
„Es ist erst ein paar Jahre her, dass das erste Flugzeug mühselig vom Boden abgehoben hat und ein paar Meter durch die Luft geflogen ist. Und denk daran, wie weit die Technik heute schon ist. In fünfzehn oder zwanzig Jahren wird man wählen können, ob man mit der Eisenbahn fährt oder fliegt."
„Paride, tu du was du willst, ich nehm' die Bahn!", beendete Marie resolut das Gespräch.

Am Heiligen Abend trug Marie ein neues Kleid aus weißer Spitze. Ein wundervolles Kleid. Als nach dem Abendessen eine Glocke leise zur Bescherung rief, erleuchtete eine nach Wald und Bienenwachskerzen duftende und bis zum Plafond reichende Tanne den Raum. Davor stapelten sich liebevoll ausgesuchte Geschenke. Marie hatte von Paride unter anderem auch ein Paar Schlittschuhe bekommen.
„Wir haben doch noch nie vom Eislaufen gesprochen", sagte sie überrascht, „woher weißt du, dass ich es kann?"
„Das war nicht so schwer herauszubekommen. Im Familienalbum, das du mir gezeigt hast, klebt eine Fotografie von dir mit den ersten Schlittschuhen."
„Und kannst du überhaupt Eislaufen?", wurde Marie keck.
„Ich habe meine Runden in Wiener Neustadt am Akademieteich gezogen. Das war unser Vergnügen in der kalten Jahreszeit, sonst hat es nicht sehr viel gegeben", kam die Antwort. „Jetzt freue ich mich schon auf unseren ersten Walzer im Franz Josefs Park in Salzburg."
Nachdem die Geschenke ausgepackt waren, Marie hatte Paride eine warme Weste und dazu passende Handschuhe gestrickt, während er von seinen Schwiegereltern einen dicken gewalkten Überzieher bekommen hatte, saß die Familie gemütlich beim Punsch zusammen. Auch das Telefongespräch mit Parenzo war zustande gekommen und Marie und Paride hatten versprechen müssen, im Frühling ein paar Tage ans Meer zu kommen.
Knapp vor Mitternacht meldete Georg, dass angespannt sei. „Wir werden ein bisschen zusammenrücken müssen", meinte Vater Fleissner, „das ist aber bei den Temperaturen kein Nachteil." Warm eingepackt fuhr man im Schlitten zur Kirche.
Die war zwar mit Tannenreisig und Kerzen sehr liebevoll geschmückt worden, die herrschende Kälte veranlasste aber Pater Ignaz den Gottesdienst kurz zu halten und sich eine Predigt zu versagen. Beim Ausgang drückte er nach der Messe jedem seiner Pfarrkinder herzlich die Hand und wünschte ihm ein gesegnetes Fest.

1912

Nach den Weihnachtsfeiertagen und dem Jahreswechsel hatte der dienstliche Alltag Paride wieder. Unterrichte im Lehrsaal, Ausmärsche, Schießen, Gefechtsdienst und Nachtausbildung bestimmten die Tage. Sowohl Oberst von Höpfner als auch Hauptmann Reitsamer maßen dem Gefechtsdienst unter erschwerten winterlichen Bedingungen besondere Bedeutung bei. Die Soldaten fluchten zwar still in sich hinein, wenn sie in bitterer Kälte auf Wache standen, Patrouillendienst versahen oder behelfsmäßige Unterstände aus Ästen und Schneeziegeln errichteten. Ihre Laune besserte sich aber schlagartig, wenn heißer Tee und warmes Essen nachgeschoben wurden.

Vor allem die jüngeren Offiziere machten sich Gedanken, welche Verpflegung man nachschieben sollte, damit sie unter ganz einfachen Bedingungen gewärmt werden konnte. Auch die Bekleidung war für den Winter wenig geeignet. Die Nägel in den Schuhsohlen leiteten die Kälte weiter und konnten bei längerer Verwendung der Schuhe durchaus zu Erfrierungen führen. Mäntel und Handschuhe wärmten nicht sonderlich. Das Waffenöl war für tiefere Temperaturen nur bedingt geeignet. Es war die einhellige Meinung der Raineroffiziere, dass die Bekleidung für den Winter im Hochgebirge oder in den Karpaten kaum geeignet sei.

Marie machte im Jänner und Februar ihre erste echte Ballsaison mit. Die Pollinis waren auf allen Bällen, die vorwiegend im Kurhaus oder im Hotel „Europe" stattfanden, gern gesehene Gäste. Das elegante, höfliche junge Paar fand sogar vor den gestrengen Augen der Gattin des kaiserlich-königlichen Landespräsidenten, in allen gesellschaftlichen Belangen und Fragen die absolute Autorität, lobende Anerkennung, als sie äußerte, die beiden jungen Leute seien nicht nur außerordentlich gut erzogen, sondern auch liebenswürdig und liebenswert. Zu derartigen Aussagen hatte sich die gnädige Frau bis dahin, wenn überhaupt, nur ganz selten hinreißen lassen.

Neben den großen Bällen, zu denen auch der Ball des Rainerregiments zählte, fanden in den Hotels der Stadt, wie dem „Erzherzog Karl" am Waagplatz, wo schon die Kaiserin und auch der deutsche Kaiser abgestiegen waren, sehr beliebte Ballveranstaltungen statt. Auch die Maskenbälle, wie der der Liedertafel, waren ausgezeichnet besucht.

Bei einem Ball im „Erzherzog Karl" machte Dr. Kick die Pollinis auf einen jungen Mann aufmerksam, der, an eine Säule gelehnt, sein Punschglas gedankenverloren in der Hand hielt.

„Gräfin, sehen Sie dort den jungen Mann an der Säule?", fragte Kick.

„Meinen Sie den, Herr Doktor, mit dem Bürstenhaarschnitt, der ein bisschen verschreckt vor sich hinschaut?"

„Ja, genau den meine ich. Das ist der junge Trakl. Sein Vater hat eine Eisenhand-

lung schräg gegenüber. Trakl ist heute schon der größte expressionistische deutschsprachige Dichter des Landes. Ich behaupte sogar der Monarchie.
Das Genie an sich ist immer einfach. Gerade darin besteht ein großer Teil der Genialität. Es ist zumeist ein einziger großer Gedanke, der das Leben eines Genies erfüllt. Trakl dichtet und macht ein wirklich österreichisches Schicksal durch, denn durch die Dutzendgelehrten wird alles kompliziert. Die machen alles schwierig. Sie findet man bedauerlicherweise überall, in allen Berufen und in allen Schichten der Gesellschaft."
Pollini nickte: „Herr Doktor, dazu müssten Sie einmal meinen Kommandanten oder auch meinen Onkel, der ist Anwalt in Triest, hören."
Kick fuhr lächelnd fort: „Die Dutzendgelehrten verwirren alles, was sie anfassen. Sie ziehen Widersprüche, Unklarheiten und Schwierigkeiten geradezu magnetisch an. Da gibt es besondere Hintergründe, zusätzliche Bedeutungen werden erfunden und erklärt, denn die habe die Sache ja zweifellos. Damit wird das Einfache verwirrend und am Ende ist es überhaupt unverständlich. Und so ist es auch beabsichtigt."
Marie fragte ganz direkt: „Was hat das mit dem jungen Dichter dort drüben zu tun?"
Kick beeilte sich: „Ich ufere wieder einmal aus. Danke Gräfin, dass Sie mich zum Thema zurückbringen. Bei Georg Trakl, so heißt er, waren es die Lehrer am hiesigen Gymnasium und zum Teil auch die Salzburger Gesellschaft. Die Professoren genannten Schulmeister geben sich tiefsinnig, sie wollen für Denker und Grübler gehalten werden, für Schöngeister obendrein, die alles anders sehen, als es normale Menschen tun. Keiner von ihnen hat auch nur annähernd mitbekommen, warum der Trakl anders ist als ihre übrigen Schüler. Die Herren haben Literatur kommentiert, die Geschichte gedeutet, Schüler gequält, Habsburger bejubelt, die schon lange in der Kapuzinergruft ruhen und haben ihre eigene, ganz alltägliche Dummheit gegenseitig als Hintergründigkeit gedeutet.
Dem Trakl haben sie das Leben zur Hölle gemacht. Sie umgaben sich mit der Aura des Wissens sagten dem jungen Mann, dass er das nicht verstehen würde. Der Trakl hat aber mehr verstanden als die alle zusammen und hat ihnen das auch zu erklären versucht. Da hat man ihn hinausgeschmissen.
Er hat eine Apothekerlehre in der Linzergasse absolviert und ist Apotheker geworden. Von seinem künstlerischen Weg hat er sich nicht abbringen lassen und hat keine Minute mit dem Schreiben ausgesetzt."
„Ich sehe es an meinen Soldaten", sagte Pollini ernst, „wenn man ihnen richtig erklärt, worum es geht, verstehen diese oft sehr einfachen Burschen alles. Die Leute würden alles verstehen, wäre man nicht zu dumm und zu indolent, es ihnen richtig auseinanderzusetzen. In meinen Augen macht es keinen Unterschied, ob man Salzburger, Kroaten, Ruthenen oder Stockböhmen vor sich hat. Es liegt nur

an dem, der erklären soll. Wenn es in dieser Armee einen Fehler gibt, dann ist es wohl die Unfähigkeit oder eher noch die mangelnde Bereitschaft mancher Offiziere sich mit den ethnischen Besonderheiten ihrer Soldaten auseinanderzusetzen. In der Verwaltung wird es wohl nicht anders sein."
Dr. Kick nickte zustimmend und wandte sich an Marie, die den noch immer unbeweglich an der Säule lehnenden Dichter ansah: „ Ich habe ein paar Zeitungen zu Hause, in denen Trakl bereits veröffentlicht hat. Wenn Sie erlauben Gräfin, werde ich sie Ihnen vorbeibringen lassen."
„Das wäre wirklich lieb von Ihnen, Herr Doktor, denn bei mir haben die Lehrerinnen mit Nikolaus Lenau und Anastasius Grün Schluss gemacht. Da war Rilke schon ein junger Wilder", antwortete Marie lächelnd.

+

In den ersten Junitagen fuhren Paride und Marie für eine Woche nach Parenzo. Die Bahnfahrt von Salzburg über Wien war für Marie ein aufregendes Erlebnis. Es war die erste gemeinsame Reise zu ihren Schwiegereltern.
Der Himmel über Istrien war von einem pastellfarbenen Blau, über das zarte, helle Wolken zogen. Das Meer war tiefblau und die Boote, die in den Buchten verankert lagen, schimmerten weiß. Marie war fasziniert und hingerissen.
Am Bahnhof von Parenzo warteten Mariola, die es sich nicht hatte nehmen lassen mitzukommen, und Gaetano. Mariola umarmte Marie und meinte keck zu ihrem Bruder: „Ja, du musst dich daran gewöhnen deiner Frau den Vortritt zu lassen." Dann aber drückte sie ihm einen festen Kuss auf jede Wange.
Gaetano ließ die Pferde tüchtig ausgreifen und bald lag das Schloss der Pollinis vor ihnen. Um das Schloss herum blühten jetzt die Rosen und vor dem Hause standen bepflanzte Terrakottatöpfe verfärbt durch ausgewaschene Salze.
Als Gaetano die Kutsche anhielt, traten der Graf und seine Frau aus dem Hause und aus dem Garten lief bellend der Hund herbei. Der Graf half seiner Schwiegertochter galant aus dem Wagen und umarmte sie. Paride schloss seine Mutter in die Arme. Die umarmte dann Marie und sagte mit ihrem warmen Lächeln „Du weißt nicht, wie sehr wir uns freuen, dass ihr gekommen seid."
Sie schaute Marie ganz kurz mit dem prüfenden Blick, der Schwiegermüttern eigen ist, an und sagte dann befriedigt: „Du trägst die Brosche."
„Mama, ich trage sie bei jeder Gelegenheit und zu jedem Kleid. Du hast mir so viel Vertrauen geschenkt. Ich möchte es auch dadurch rechtfertigen."
Marie bewunderte ihre Schwiegermutter. Sie war nicht nur schön und stets elegant gekleidet, sondern sie war auch in jeder Lage von dieser ganz besonderen aristokratischen Eleganz, die durch Generationen gewachsen ist. Mit einer gewissen

Überraschung bemerkte Marie vereinzelte graue Fäden im Haar der Gräfin, was aber überaus apart wirkte.

„Habt ihr besondere Pläne für eure Tage hier?", fragte Parides Vater nach dem Abendessen.

„An sich nicht", antwortete sein Sohn. „Nachdem das Wetter so schön ist, werden wir morgen segeln und einen Tag möchten wir nach Triest fahren, um uns dort ein bisschen umzusehen. Papa, möchtest du, dass wir etwas Besonderes unternehmen oder für dich erledigen? Sollen wir jemand besuchen?"

„Wenn ihr morgen segeln geht, werde ich euch einen Picknickkorb herrichten lassen", schaltete sich die Mutter ein, „damit ihr mir nicht vor Hunger umkommt und den Tag wirklich nützen könnt."

„Wollt ihr, dass Gaetano einspannt und euch zum Hafen führt?", fragte der Graf nach dem Frühstück.

„Paride, der Weg durch die Weinberge ist bestimmt wunderschön", sagte Marie, „lass uns doch zu Fuß gehen."

„Papa, danke für das Angebot, wir gehen wirklich gern, das Einspannen zahlt sich nicht aus." Paride nahm den Korb, den ein Mädchen aus der Küche gebracht hatte und sagte beruhigend zu seiner Mutter, dass er mit Marie am späteren Nachmittag zurück sein würde.

Am Weg zum Hafen meinte Marie: „Das ist wie in einem Buch für höhere Töchter aus der Kränzchen – Bibliothek: Junges Paar spaziert durch die Gärten, leider habe ich keinen Sonnenschirm mit, um damit kokett zu tändeln. Also komm her und lass mich dich einfach so küssen!"

Im Hafen angekommen, half Paride seiner Frau ins Boot und ließ sie Platz nehmen. „Bleib bitte vorläufig so sitzen, während ich rasch auftakle und lass auch deinen Strohhut auf. Du weißt noch nicht, wie stark die Sonne hier am Meer sein kann."

Rasch hatte Paride das Boot aufgetakelt. Er löste die Leinen mit denen es an der Hafenmauer befestigt war und dann glitten sie auch schon aus dem Hafen, an der kleinen Insel vorbei und hinaus aufs Meer.

„Schau wie klar das Wasser ist! Ich kann bis auf den Grund sehen", rief Marie begeistert. „Schau, die vielen Fische!"

Paride lächelte über Maries Begeisterung und erinnerte sich daran, wie sehr sie auf der Hochzeitsreise die fliegenden Fische verblüfft hatten.

„Kannst du dich noch an die Delfine vor Korfu erinnern?", fragte sie ihn. „Herrlich ist das Wasser hier. Man darf wirklich nicht an das ölige Wasser in den Häfen von Triest oder von Alexandria denken. Hier ist das Meer so, wie man es sich in seinen Träumen vorstellt."

Paride segelte in Sichtweite der Küste nach Süden in Richtung Orsera und meinte dann, dass es wohl Zeit sei in eine Bucht einzulaufen, zu ankern und eine Kleinigkeit zu essen.

„Paride, schau dorthin, da ist eine kleine Bucht, lass uns dorthin fahren", bat Marie und bereitwillig steuerte ihr Mann die Bucht an. Sie war von kleinen Bäumen umstanden. Die standen schief und gezaust da, seit vielen Jahren an den Wind vom Meer her gewöhnt. Langsam ließ Paride das Boot in die Bucht gleiten. Dann warf er den Anker und reffte die Segel.

„Was darf ich dir anbieten?", fragte Marie, nachdem sie den Korb geöffnet hatte. „Ein Glas Wein oder lieber Mineralwasser? Es gibt Schinkenbrote, Käse, Wurst nach Art des Hauses und harte Eier. Auch Obst ist da. Also, was ist dem Herrn gefällig?"

Marie reichte Paride kurz entschlossen ein Schinkenbrot und goss ihm dazu ein Glas Wein ein: „Die Mannschaft muss bei Laune gehalten werden, damit es nicht zu einer Meuterei kommt!"

Sie goss auch sich ein Glas ein und trank ihrem Mann zu: „Auf unseren ersten Segeltag!"

„Dem werden noch viele, viele folgen", kam die vergnügte Antwort.

Nachdem Marie eine Kleinigkeit gegessen hatte, sagte sie unvermittelt: „Liebling, lass uns schwimmen!"

„Ja, aber wir haben doch gar keine Badeanzüge mit", antwortete Paride verwirrt.

„Rundherum ist keine Menschenseele, die Möwen da drüben verraten uns nicht, ich bin deine Frau, du weißt, wie ich ausschau' und ich schau' dir ganz bestimmt nichts weg!" Damit begann sich Marie zu entkleiden. Als sie nackt am Boot stand, steckte sie sich noch die Haare auf und glitt dann über die Bordwand ins Wasser.

„Jetzt komm schon Paride, das ist herrlich! Du musst kommen!", rief sie und schwamm auf das Ufer zu.

Rasch streifte Paride seine Kleidung ab. Er sprang ins Wasser und schwamm Marie nach. Als sie am Strand aus dem Wasser stieg, glänzte sie wie eine Meerjungfrau. Ihr goldenes Dreieck leuchtete und ihre festen Brüste waren die reine Versuchung.

Sie liebten sich mit der Heftigkeit von Wogen, die gegen Felsen schlagen. Marie schrie ihr Glück und ihre Lust hinaus.

Nachdem sie zum Boot zurück geschwommen und über eine kleine Strickleiter wieder hinein geklettert waren, lagen sie Hand in Hand an Deck und ließen sich von der Sonne trocknen.

„Jetzt Liebling wird aber wirklich gegessen", lächelte Marie noch ganz verklärt und reichte ihrem Mann Brot und Käse.

„Ich seh' dich so gern nackt, aber zieht dir jetzt bitte ein bisschen was an", bat Paride, „sonst bekommst du einen Sonnenbrand und du leidest Höllenqualen."

Marie zog sich nur ihr Kleid über und meinte leichthin: „Ich habe Ersparnisse vom Wirtschaftsgeld. Da kaufe ich mir in Triest einen ganz leichten Bademantel nur fürs Boot und der bleibt dann gleich da. Denn auf das nackte Schwimmen mit dir werde ich nie verzichten."

Parides Hände glitten unter ihr Kleid, er zog sie an sich und küsste sie leidenschaftlich.

„Ich auch nicht", stieß er atemlos heraus.

Beim Frühstück am nächsten Tag riet der Graf den Tag wieder zum Segeln zu nützen. „Bortolo, unser Gärtner, hat den sechsten Sinn für das Wetter. Ich glaube nicht, dass es sein Rheuma ist, aber er beobachtet die Natur seit Jahrzehnten und seine Wettervorhersagen treffen fast immer ein. Er meint, dass es übermorgen stark regnen wird."

„Geht heute noch ans Meer und fahrt dann morgen nach Triest. Marie wird bestimmt ein bisschen bummeln wollen und die Modehäuser hier haben viel Chic", assistierte ihm seine Frau. „Onkel Massimo ist leider zur Kur gefahren, aber ihr werdet eure Zeit schon zu nützen wissen."

Paride und Marie segelten auf dem kürzesten Weg zu ihrer Bucht. Sie schwammen und sie liebten sich mit einer zärtlichen und dabei doch leidenschaftlichen Hingabe, die sie die Welt ringsum vergessen ließ. Es gab nur noch sie und diese kleine Bucht.

Die zwei Sonnentage hatten Marie sehr gut getan. Als sie mit ihrem Mann nach Triest fuhr, sah sie ungemein reizvoll aus. Sie trug ein ganz einfaches Kleid, dessen Farbe die goldene Bräune ihres Teints besonders betonte. Sie hatte schon jetzt den Reiz einer Frau, die immer etwas von einem Mädchen behalten würde.

Die beiden genossen den Tag in der Hafenstadt, kauften ein paar Kleinigkeiten ein und Marie fand auch genau den Bademantel, den sie sich vorgestellt hatte, leicht, kurz, mit einem Gürtel locker zu binden.

„Er ist ein bisschen chichi", lächelte sie, „aber mir gefällt er." Als sie ihn am Abend Paride vorgeführt hatte und nackt vor ihm stand, gestand dieser, dass er sich genau diesen Mantel vorgestellt und erhofft hatte.

Beim Abendessen berichteten die beiden von ihrem Tag in Triest und von dem unvergleichlichen Flair, das diese Stadt doch habe.

„Die Stadt", sagte der Graf und lachte dabei, „wird ihr Gesicht erst dann verloren haben, wenn es nur mehr zufriedene Bewohner gibt. Das ist aber auf absehbare Zeit weder zu erwarten noch zu befürchten."

In dieser Nacht kam die von Bortolo vorhergesagte Schlechtwetterfront. Marie wachte auf, als alles noch ganz still war. Neben ihr schlief ihr Mann ruhig und fest. Vermutlich erwachte sie durch diese Stille. Nur der lautlose Widerschein greller Blitze zuckte über die Wände ihres Zimmers. Wenig später begann draußen ein Brausen in der Nacht, das gleichmäßig anwuchs. Nur das grollende, rollende Dröhnen des Donners hob sich davon ab. Es kam näher und wurde noch stärker. Die Bäume wurden vom Wind gepackt und dann begann schlagartig der Regen niederzuprasseln.

+

Am Tag nach seiner Rückkehr nach Salzburg fand Paride in der Dienstpost seine Einberufung zur fliegerischen Ausbildung nach Wiener Neustadt vor. Die Ausbildung zum Piloten und im Anschluss daran zum Feldpiloten war mit etwa vier Monaten veranschlagt. Da Paride nach bestandener Ausbildung mit einer Versetzung zur Marine und mit einer Stationierung im Küstenland zu rechnen hatte, entschloss sich Marie vorerst in Salzburg zu bleiben. Sie war der Ansicht, dass sie in ihrem Leben noch mehrere Übersiedlungen mitmachen und noch manche Garnisonsstadt kennen lernen würde. Daher wollte sie nicht auch noch für ein paar Wochen nach Wiener Neustadt ziehen.
Zum Abschied sagte Marie ernst: „Wenn einer mit dem Fliegen anfängt, dann hat er keine Erfahrung und ich stelle mir vor, dass er viel Glück braucht. Liebling, verbrauch dein Glück nicht auf einmal."
Paride fuhr mit seinem Burschen und vorerst relativ wenig Gepäck mit der Bahn in die alte Babenbergerstadt. Über Vermittlung eines anderen Flugschülers fand er eine behagliche Wohnung im „Haus vor der Burg am Eck", einem historischen Bürgerhaus in unmittelbarer Nähe der Militärakademie. Zu seiner Freude verfügte die Wohnung über einen Telefonanschluss und damit über die „Nabelschnur", wie Marie das Telefon gern nannte. Von seiner Wohnung aus erreichte Paride in wenigen Minuten zu Fuß den Bahnhof. Von dort fuhr er an Samstagen über Wien nach Salzburg, wo ihn Marie schon am Bahnhof sehnsüchtig erwartete.
Eisl, sein Bursche, dessen Dienstzeit sich dem Ende näherte, war glücklich, dass er noch eine andere Garnison erleben und entdecken konnte und schien sich gleich in eine Schöne aus der Umgebung verschaut zu haben.
Zum Dienst am Flugfeld wurde Pollini mit einem Auto abgeholt. Der Flugdienst begann wegen der Windverhältnisse im Steinfeld, das Paride aus seiner Akademiezeit zur Genüge kannte, oft schon in den frühen Morgenstunden.
Der Kommandant der Luftschiffabteilung war Oberstleutnant Emil Uzelac, ein Generalstabsoffizier. Der sowohl im Aussehen als auch im Wesen sehr robuste ehemalige Pionier war wagemutig und dem Neuen aufgeschlossen. So hatte er sich in relativ fortgeschrittenem Alter entschlossen Flieger zu werden. Das war ungewöhnlich, denn die meisten der Herren „Aviatiker" waren junge, abenteuerlustige Offiziere, unter ihnen nicht wenige Kavalleristen.

Der Lehrsaal machte, wie alles am Flugfeld, einen eher improvisierten Eindruck. In einer großen, rasch hochgezogenen Halle standen Sessel verschiedenen Fabrikats in Reihen vor einer Schultafel und einem Kartenständer, auf dem eine Karte der Adria hing.

Nach der Meldung des taghabenden Offiziers an den Vortragenden, einen Linienschiffsleutnant, nahmen die zukünftigen Piloten Platz. Der Linienschiffsleutnant sprach das etwas harte Deutsch der Kroaten. Der erste Eindruck war: lederfarbenes, tief gefurchtes Gesicht, schmale Nase und Schnurrbart.

„Meine Herren", fing er an, „nachdem alle zukünftigen Piloten hier vorerst die Grundbegriffe des Fliegens gemeinsam erlernen sollen und natürlich auch erlernen werden, habe ich Sie kurz in die Bedeutung der Adria und ihrer Küsten einzuweisen.

Für die Herren, die von der Marine kommen oder im Küstenland aufgewachsen sind, ist dies nur eine Wiederholung von Altbekanntem. Trotzdem bitte ich mir ihre Aufmerksamkeit aus. Für die anderen Herren mag die eine oder die andere Tatsache neu sein."

Er lächelte wohlwollend und runzelte die Stirn als ob er nachdenken müsste.

„Die österreichischen und ungarischen Grenzen sind insgesamt 11.667 Kilometer lang. Davon sind 2407 Kilometer Festland und 4630 Kilometer Inselküste. Die Inselküste liegt in ihrer Gesamtheit an der Adria, also jenem Teil des Mittelmeers, der in der Regel von mildem Wetter und ruhiger See begünstigt ist.

Plötzlich auftretende Sturmwinde können kurze, heftige Wellen erzeugen. Zeitweilige Nebel, die Strömungen zwischen den Inseln und die Gliederung der Küste machen die Navigation schwierig. Im Gegensatz zur italienischen Adriaküste im Westen ist die ostwärtige Seite mit größeren und kleineren Inseln übersät. Dazu kommen zahlreiche Buchten und Häfen. Die Berge reichen vielfach bis an die See, wodurch der Zugang ins Landesinnere erschwert wird. Der Verkehr vollzieht sich in Dalmatien vorwiegend auf dem Seeweg. Auch der geräumige Golf von Cattaro im südlichsten Winkel von Dalmatien ist am besten von See aus zu erreichen.

Wenn man die Küstenverteidigung in Betracht zieht, so bietet die Küste den Vorteil, dass sie leicht vermint werden kann. Dazu bieten sich die vielen Inseln zur Errichtung von Beobachtungsstationen an. Viele kleine Häfen kommen auch als Stützpunkte für Überraschungsangriffe auf einen Feind, der gegen die Küste vorstößt, in Betracht.

Die Adria ist an sich ein Binnenmeer. Sein einziger schmaler Zugang, die Straße von Otranto, ist relativ einfach zu sperren. Damit könnte unsere Kriegsmarine auch in der Falle sitzen."

Er lehnte sich zurück und verschränkte die Arme. Ein harter Ton lag in seiner Stimme: „Was ich jetzt sage, ist nicht die Auffassung der Marinesektion, sondern meine ganz persönliche Meinung. Italien, unser Nachbar, ist zwar im Dreibund, seine Differenzen mit der Monarchie lassen aber im Kriegsfalle kaum mit der Bündnistreue Roms rechnen.

Istrien und Dalmatien, zu denen der Großteil der Küste gehört, werden von Slowenen und Kroaten bewohnt. In den Hafenstädten, die jahrhundertelang unter venezianischer Herrschaft gestanden sind, herrscht sowohl von der Bevölkerung her als auch kulturell der italienische Einfluss vor.

Italien betrachtet gewisse zu Österreich-Ungarn gehörende Gebiete als seinen ihm rechtlich zustehenden Besitz, obwohl diese Länder schon seit sechs Jahrhunderten unter österreichischer Oberhoheit stehen. Es schreit nach Vergeltung für Lissa und Custozza.

Dazu fällt auch ins Gewicht, dass Italien sehr von der Einfuhr lebenswichtiger Güter abhängig ist. Diese müssen zum Großteil auf dem Seewege herangebracht werden und auf den Weltmeeren herrschen England und Frankreich. So könnte Italien diesen beiden Mächten auf Gnade und Ungnade ausgeliefert sein. Deren Flotten könnten nämlich die Apenninenhalbinsel von der Außenwelt abschneiden und Rom wäre zur vollständigen Ohnmacht verurteilt."

Der Linienschiffsleutnant machte eine Pause und sagte dann mit liebenswürdigem Lächeln in heiterem Plauderton: „Meine Herren, Sie alle wollen Piloten werden. Was ich jetzt sage, gilt für die künftigen Seeflieger.

Wer von Ihnen in der Marine bleiben und fliegen will, der soll es tun. Wer aber seine Befindlichkeiten pflegen will, der gehe bitte anderswo hin und tue das dort." Seine Stimme klang plötzlich metallisch: „Denn dann haben wir hier keinen Platz für ihn. Höher als das Leben steht die Pflicht."

Er verbeugte sich und meinte mit einem kleinen Lächeln „Dann also Servus meine Herren" und ging.

Die beiden Fluglehrer der Motorfluggesellschaft, Ingenieur Illner und Ingenieur Stanger, waren Zivilisten und gehörten wirklich zu den Pionieren der Luftfahrt in Österreich. Illner flog für den Konstrukteur Igo Etrich, auf dessen Maschinen die künftigen Militärpiloten ausgebildet wurden. Die Flugschüler durften nur bei absoluter Windstille fliegen. Bis etwa acht Uhr morgens wurde geflogen. Mit dem Abflauen des Windes gegen vier Uhr nachmittags wurde dann der Flugbetrieb wieder aufgenommen und damit die praktische Ausbildung fortgesetzt. In der Zwischenzeit wurde Theorie unterrichtet. Paride war kaum aus den Hangars zu locken, wo er sich mit Technikern und vor allem mit den Mechanikern unterhielt, um sich mit Konstruktion und Funktion der Motoren und Maschinen an sich vertraut zu machen.

Er absolvierte seine vorgeschriebenen Übungsflüge und zeigte dabei, wie seine Lehrer feststellten, außergewöhnliche fliegerische Begabung. Ohne ein Draufgänger zu sein, flog er vor allem ungewöhnlich enge Kurven. Die Prüfung selbst stellte für Paride kein Problem dar und so wurde ihm bald der internationale Pilotenschein ausgestellt. Damit war der erste Schritt in eine fliegerische Laufbahn getan.

Während Pollini noch überlegte, wie er nun den Flugschein für Feldpiloten erlangen sollte, wurde er in die Marinesektion befohlen. Dort wurde ihm mitgeteilt, dass er sich nun dieser weiterführenden Ausbildung zu unterziehen habe.

Die Bedingungen für diesen Flugschein gingen weit über die des zivilen Patents hinaus. So musste unter anderem fünfzigmal auf eine Höhe von tausend Metern gestiegen werden, dann war der Motor abzustellen und wieder anzuwerfen und zum Schluss musste eine Punktlandung auf engstem Raum durchgeführt werden. Um diese Flughöhe zu erreichen, bedurfte es immerhin einer halben Stunde.

Für das Ablegen der Prüfung war kein Zeitrahmen vorgegeben. Pollini steckte seinem Mechaniker immer wieder größere Trinkgelder zu, dafür hielt dieser die Maschine dauernd startklar. So flog er zumeist schon um sieben Uhr morgens seinen ersten Prüfungsflug und stieg auch nachmittags vor den Augen der gestrengen, aus Feldpiloten bestehenden Prüfungskommission wieder auf. Es gelang ihm, die geforderten fünfzig Übungsflüge in vierzehn Tagen zu absolvieren. Paride war bewusst bestrebt, seine Prüfungsflüge rasch hinter sich zu bringen. Denn wenn eine Maschine ausfiel, so war es durchaus möglich, dass man mehrere Wochen auf die Reparatur zu warten hatte. Und kleine Havarien waren an der Tagesordnung.

Auf dem Langstreckenflug über hundert Kilometer hatte der Prüfling einen siebzig Kilo schweren Sandsack als „Passagier" mitzuführen. Auch dieser Flug verlief für Paride klaglos. Im Oktober erhielt er den Feldpilotenschein und auch das Abzeichen für k.u.k. Feldpiloten. Es war in diesem Jahr eingeführt worden und zur Uniform zu tragen.

+

„Herr Oberst, ich melde die erfolgreiche Absolvierung der Ausbildung zum k.u.k. Feldpiloten!"

Wohlwollend schaute Oberst von Höpfner den stramm vor ihm stehenden Leutnant an: „Steh' bequem, Pollini, und lass dir herzlich dazu gratulieren."

Interessiert schaute der Oberst auf das Pilotenabzeichen: „Das Abzeichen sehe ich überhaupt zum ersten Mal. Ich kenn' es bisher nur von Abbildungen. Es kleidet dich gut. Da werden dich viele bewundernd und auch ein bisschen neidisch anschauen. Aber so sind die Leute eben. Komm, setz dich."

Pollini nahm auf dem Sessel vor dem Schreibtisch seines Kommandanten Platz.

„Weißt du schon, wie jetzt deine weitere Verwendung ausschauen wird?" fragte Höpfner.

„Konkretes hat man mir noch nicht mitgeteilt oder auch noch nicht mitteilen können, Herr Oberst. Meine Versetzung zur Marine mit dem Dienstort Pola wird aber relativ rasch verfügt werden. Zwei Offiziere, die mit mir zusammen die Ausbildung absolviert haben, werden in Kürze nach Frankreich fahren. Sie sollen dort Seeflugzeuge fliegen und erproben. Die sind angeblich günstig zu haben, weil sie die Russen bestellt, aber dann doch nicht genommen haben.
Das Flugzeug, das die beiden Herren für geeignet befinden, wird dann für die Ausbildung der Seeflieger angekauft. Die Franzosen sind auf dem entwicklungstechnischen Gebiet der Luftfahrt führend. Sie erarbeiten radikale Änderungen und ganz neue, wichtige Einzelheiten. Rund um Paris soll es viele kleine Werkstätten geben, in denen Flugzeugrümpfe, Tragflächen und Motoren hergestellt werden. Manchmal sind die Franzosen beim Bau ihrer Flugzeuge ein bisschen zu großzügig, wenn man das so nennen kann", lächelte Pollini. „So gerät ihnen dann und wann ein Flugzeug im Interesse anderer Leistungen zu leicht. Allgemein sagt man, dass ein perfektes Flugzeug zwar in Frankreich erfunden, aber in Deutschland gebaut wird."
Der Oberst schmunzelte.
„Entschuldige Herr Leutnant, wenn ich so laienhaft frage, aber welche Aufgaben sind für unsere zukünftigen Seeflieger denn eigentlich vorgesehen?"
„Vorerst werden Aufklärung und die Übermittlung von Meldungen die vordringlichen Aufgaben sein. Weil Flugzeuge nicht leicht auszumachen sind, kommen sie nahe an den Feind heran, was besonders bei den geringen Entfernungen in der Adria von Bedeutung ist. Dazu sollen auch das Auffinden von Seeminen aus der Luft und vermutlich auch die U-Bootsuche kommen.
Ich hoffe nur, dass man die Flugzeuge eher früher als später bewaffnen wird und sie damit befähigt, Ziele aus der Luft anzugreifen und sich gegebenenfalls auch zu verteidigen."
„Ich kann also annehmen", sagte der Oberst bedächtig, „dass wir dich nicht mehr sehr lange bei uns haben werden und deine Versetzung sehr bald amtlich sein wird."
Er bemühte sich um ein Lächeln: „Wir haben uns nicht nur an dich gewöhnt, sondern wir werden dein Pflichtgefühl, deine Einsatzbereitschaft und deine ganz besondere Art mit den Soldaten umzugehen, vermissen."
Pollini stand auf und nahm Haltung an: „Herr Oberst, ich danke Ihnen und bitte mich zu meiner Kompanie abmelden zu dürfen!"
„Wenn du gehst, schick mir bitte den Kanzleiunteroffizier herein. Du weißt ja, dass der Holzner auf Kurs ist. Der geht mir schon sehr ab. Abtreten."
„Herr Leutnant, Sie werden bald weggehen und meine Zeit bei den Kaiserlichen hat auch bald ein Ende", sprach sein Bursche Pollini an, als dieser nach Hause kam. „Wenn der Herr Leutnant und die Frau Gräfin einmal auf Urlaub kommen,

dann kommen Sie mich aber schon besuchen. Sie fahren einfach mit der Ischlerbahn bis zum Gasthaus ‚Gamsjaga', das ist die Station nach St. Gilgen und dort hol' ich Sie dann ab." Ein Hauch von Stolz glitt über sein gutmütiges Gesicht: „Wir haben den schönsten Hof in der Gegend, fast direkt am Wolfgangsee. Wir liegen auch am Weg nach Ischl und dort fahren der Herr Leutnant und die Frau Gräfin sicher einmal hin."
„Ich würd' gern mit Ihnen ans Meer gehen, Frau Gräfin", sagte Burgl zu Marie und hatte Tränen in den Augen. „Die Sprach' dort würd' ich schon lernen und außerdem verstehen dort eh alle deutsch. Aber die Mutter schafft es nicht mehr so recht. Sie hat das Wasser in den Füßen und tut sich in der Küche schon recht schwer. Da brauchen sie mich daheim. Das verstehen Sie schon, gell, Frau Gräfin?"
Marie schaute die hübsche junge Frau an und legte ihr begütigend die Hände auf die Schultern: „Burgl, dich würde ich wirklich sehr gern mitnehmen. Du bist zuverlässig, fleißig und, was für mich fast genau so wichtig ist, immer gut aufgelegt."
„Aber Frau Gräfin, das muss doch so sein. Wie sollen mich denn andere mögen, wenn ich mich selbst nicht ausstehen kann?"
„Burgl, ich hab eine Idee. Du kommst mich einfach im nächsten Frühjahr besuchen. Ich lade dich nach Pola ein. Dann siehst du das Meer und vor allem musst du mir dann erzählen, was es in Salzburg Neues gibt. Du schaust dir auch ein paar Sachen von der dortigen Küche ab. Wie man in Istrien würzt, wie man dort das Gemüse kocht und wie man welches Fleisch zubereitet, den Salat abmacht und viele andere Sachen, die du dann im Gasthaus deiner Eltern verwenden kannst. Du wirst sehen, das spricht sich ganz schnell herum und viele Leute werden dann mit der roten Elektrischen zu euch hinaus nach Bergheim fahren."

Am Abend begann es zu regnen. Es dauerte nicht lange und die ersten Schneeflocken mischten sich in den Regen. Paride und Marie saßen in ihrem Wohnzimmer. Der Kachelofen gab gemütliche Wärme ab.
„Paride, jetzt wo die Übersiedlung nach Pola immer näher kommt und es vermutlich nur mehr eine Frage von Tagen ist, bis deine Versetzung und der Marschbefehl kommen, solltest du mir schon was über die Stadt erzählen. Schließlich werden wir doch einige Zeit dort leben."
Begütigend meinte ihr Mann: „Liebling, es gibt keinen Grund aufgeregt zu sein. Meine Mutter ist in Pola geboren."
„Ja, und mehr weißt du nicht über die Stadt?"
„Also gut, dann pass jetzt aber auf. Pola ist fast dreitausend Jahre alt und war viele Jahre hindurch nichts anderes als ein verschlafenes istrianisches Fischerdorf. Über dem Hafen liegt allerdings ein riesiges römisches Amphitheater und auf dem

zentralen Hügel der Stadt gibt es eine venezianische Festung, die man das Kastell nennt.

In der Mitte des vergangenen Jahrhunderts hat Erzherzog Ferdinand Max, der Bruder des Kaisers, der dann unglücklicherweise nach Mexiko ging, um dort selbst Kaiser zu sein, das Kommando über die Marine übernommen. Da hat man begonnen, Pola zum Hauptkriegshafen auszubauen. Dieser Ausbau war, zum Glück für das Reich, dessen Kassen nie sonderlich gefüllt waren, nicht sehr kostspielig. So sagt man zumindest. Pola ist nämlich ein Naturhafen und wird durch Inseln in drei Hafenbuchten geteilt. Vor der Einfahrt liegen die Brionischen Inseln. Die bieten nicht nur Schutz, sondern sie bilden auch eine Reede. In der können die Schiffe zu verschiedenen taktischen Übungen versammelt werden. Aber das wird dich nicht sehr interessieren."

„Das siehst du ganz richtig, mein Lieber."

„Seit 1870 gibt es auch ein Schifffahrtsmuseum und das ist weltweit das erste seiner Art. Pola ist *der* Kriegshafen der Marine. Da gibt es natürlich Werften, Trocken- und Schwimmdocks, Magazine, ein großes Arsenal, Depots für Brennstoffe und Munition. Eben alles, was die Marine so braucht. Dazu kommen noch Befestigungsanlagen gegen das Meer hin. Wachschiffe sichern Pola zusätzlich.

Von Pola aus können unsere Kriegsschiffe die italienischen Hauptkriegshäfen Ancona und Venedig gut erreichen und gleichzeitig ist auch der Schutz der wichtigen Handelshäfen von Triest und Fiume gut möglich."

„Davon mag ich aber nichts hören. Ich habe zwar einen Offizier geheiratet, weil ich ihn von ganzem Herzen liebe, aber ich möchte auch mit ihm zusammen alt werden. Das Altwerden hat zum Glück ja noch Zeit, aber an Krieg und Pulverdampf will ich lieber nicht denken."

„Schatz, dann wird es dich sicherlich interessieren, dass ich schon weiß, wo wir wohnen werden."

„Du Schuft, du weißt die wichtigsten Sachen und mir erzählst du von Marinedepots und solchen Dingen. Jetzt sag schon endlich, was du weißt." Marie trommelte mit gespielter Empörung mit den Fäusten gegen Parides Brust.

„Mama hat ein Haus ganz in der Nähe des alten römischen Forums geerbt. Das ist im Stadtzentrum und steht uns zur Verfügung. Es liegt in einer stillen, kleinen Gasse und hat einen wunderschönen, nicht einsehbaren, geradezu verwunschenen Garten nach rückwärts hinaus. Es wird dir gefallen, da bin ich mir ganz sicher."

„Du lieber Gott, ich sehe schon, dass ich Deine Mutter anrufen muss, damit sie mir ein bisschen mehr erzählt."

Einige Tage später traf beim Kommando des Infanterieregiment Nr. 59 der Befehl ein, mit dem die Versetzung des Leutnant Graf Pollini zur k.u.k. Marine mit dem Dienstort Pola unter Ernennung zum Fregattenleutnant verfügt wurde.

Im Rahmen eines Kasinoabends mit Damen wurde Pollini im Regiment verabschiedet. Hauptmann Schneeberger hatte mit seinen Leuten für ein köstliches Buffet gesorgt. Dazu kam das Beste, das der Keller zu bieten hatte. Als sich Oberst von Höpfner zu einer kurzen Abschiedsrede erhob, war ihm anzumerken, dass es ihm nicht leicht fiel, diesen jungen, begabten Offizier gehen zu lassen.

Als Erinnerungsgeschenk der Offiziere an seine Dienstzeit in Salzburg wurde Paride ein Aquarell überreicht, das den Blick vom Kapuzinerberg über die Altstadt zur Festung wiedergab. Paride dankte in herzlichen Worten, wie es eben seiner Art entsprach, für die Aufnahme und die Zeit im Regiment. Er betonte, dass er sowohl für seine weitere militärische Laufbahn als auch für sein privates Leben viel gelernt habe, dass er Kameradschaft habe erleben dürfen und dass er über seine Bitte, nach Salzburg zum Rainerregiment ausgemustert zu werden, stets glücklich gewesen sei.

Im Verlauf des Abends nahm die Frau des Obersten Marie zur Seite und meinte, sie wäre ihrem Mann sehr dankbar, dass er als Gentleman viel von den Widrigkeiten des Lebens von seiner Familie ferngehalten habe. "Gräfin", sagte sie abschließend, „Sie sind noch sehr jung. Früher oder später werden Sie die Erfahrung machen müssen, dass es in unserer Welt leider Intrigen, Neid und viel Bosheit geben kann. Ihr Mann ist da dem meinen recht ähnlich und wird dies alles möglichst von ihnen fernhalten. Er wird Sie behüten und das ist gut zu wissen. So können auch wir Frauen Sie, liebe Gräfin, einigermaßen beruhigt nach Pola gehen lassen."

Nachdem sich Paride auch von seiner Kompanie verabschiedet und der damit beauftragte Spediteur das in Kisten verpackte Übersiedlungsgut abgeholt hatte, war der Tag des endgültigen Abschieds von Salzburg gekommen.

Viele Freunde waren mit zum Bahnhof gekommen und standen winkend am Perron, als sich der Zug in Bewegung setzte. Marie und Paride beugten sich aus dem geöffneten Fenster des Abteils, bis eine Biegung der Schienen den Blick zurück unmöglich machte.

„Jetzt fahren wir gemeinsam von dort ab, von wo du Mama und mich damals zusammen mit dem Franzl abgeholt hast", sagte Marie versonnen, als sie Platz genommen hatten. „Ich habe vom ersten Augenblick an jeden Tag in Salzburg genossen. Na ja, die vielleicht weniger", schränkte sie ein, „als ich allein war, weil du in Wiener Neustadt geflogen bist. Da haben die Tage bis zum Wiedersehen am Wochenende aber schon gar nicht vergehen wollen."

Die Fahrt mit dem Schlafwagen durch den Tauerntunnel, durch Kärnten, Teile der Untersteiermark, Laibach und Adelsberg nach Pola verlief ohne jede Komplikation. Ausgeschlafen und frisch kamen Marie und Paride in Pola an. Beim ersten Blick aus dem Fenster schien Marie ein bisschen enttäuscht zu sein, wollte es sich aber nicht anmerken lassen. Statt des weiten Meers sah man auf den Handelshafen, eine unscheinbare Wasserfläche.

„Unglaublich, wie mild hier das Klima Anfang Dezember ist", staunte Marie und schlug vor mit einer Kutsche und nicht mit dem Taxi zu ihrem neuen zu Hause zu fahren.

Bald darauf beeindruckte sie am Franz Josephs Kai, den der Volksmund nur die Riva nannte, die imponierende Silhouette der im Hafen vor Anker liegenden, von diesiger Wintersonne beleuchteten Schlachtschiffe. Der Wind strich vom Meer herauf und Marie glaubte in der Ferne die Brandung zu hören.

„Wir kommen aus dem frühen Winter in den Bergen an die Südspitze Istriens, da ist das Wetter ganz anders. In der Stadt ist im hiesigen Winter nicht sehr viel los. Wir werden genügend Zeit haben, um uns umzustellen und einzugewöhnen", meinte Paride während der Fahrt. „Vom Frühling bis in den späten Herbst hinein pulsiert hier und auf Brioni das Leben. Brioni ist die Insel, die du dort vorne siehst oder zumindest erahnen kannst. Dort hat ein gewisser Kupelwieser wirklich ein Wunder bewirkt."

„Den Namen kenne ich doch von wo", rätselte Marie. „War das nicht ein Biedermeiermaler und Freund vom Schubert?"

„Das war der Vater dieses Kupelwieser. Der hier hat ein Vermögen in der Führungsetage der Stahlindustrie in Witkowitz bei Mährisch Ostrau gemacht und mit fünfzig hat er sich dann seinen Traum erfüllt. Er wollte im Süden Österreichs ein Stück Land finden, dem er, wie er sagte, die Sorge und die Arbeit seines Alters zuwenden wollte.

Er hat die Insel Brioni gekauft und hat binnen sechs Jahren den Schutt vergangener Generationen auf der völlig heruntergekommenen und verlotterten Insel weggeräumt. Das verwilderte Buschwerk wurde entfernt, dafür hat er Obstkulturen und Weingärten angelegt. Dann hat Kupelwieser zehntausende Bäumchen aus eigenen Baumschulen setzen lassen. Rund fünfzig Kilometer Wege und Straßen wurden gebaut. Den völlig versumpften Hafen hat man so weit ausgebaggert, dass heute mittlere Dampfer dort anlegen können. Dazu war die Insel auch von Malaria verseucht.

Kupelwieser, der selbst auch an Malaria erkrankt war, hat sich an den berühmten Mediziner Robert Koch gewendet und mit dessen Hilfe die Malaria auf der Insel ausgerottet."

Staunend und gebannt hörte Marie zu.

„Der Kupelwieser war wirklich ein wagemutiger Mann. Er hat Probleme der Insel auch gegen die Stimmen aus den Reihen seiner Mitarbeiter aufgegriffen und gelöst. So hat er eine Wasserleitung vom Festland zur Insel legen lassen, die mehr als drei Kilometer auf dem Meeresboden verläuft. Täglich verkehrt ein Postschiff zwischen Pola und der Insel und dazu hat er ein Personenschiff bauen lassen, das einen Dieselantrieb hat. Es war überhaupt das erste Schiff auf der Welt mit einem Dieselmotor."

Immer wieder unterbrach Marie ihren Mann, zeigte begeistert auf dies und jenes und dann lenkte der Kutscher in eine stille Gasse. Er hielt vor einem Haus aus unverputztem Stein, das von einer Mauer umgeben und von Zypressen überragt war. Paride stieg aus der Kutsche, bot Marie seinen Arm zum Aussteigen und zog dann an einem Klingelstrang neben dem schweren, eisernen Haustor. Ein helles Klingeln war gerade verklungen, als eine adrette junge Frau das Tor öffnete und freundlich fragte: „Herr Fregattenleutnant Pollini?"

Noch ehe Paride, der sichtlich überrascht war, antworten konnte, erschien seine Mutter im Tor.

„Willkommen meine Lieben", strahlte sie und breitete die Arme aus. Sie umarmte Marie und dann ihren Sohn. „Willkommen daheim!"

„Mama, ich habe gar nicht gewusst, dass du uns erwartest", staunte Marie.

„Ja, hat dir denn Paride nichts davon gesagt?"

„Mama, ich habe Marie überraschen wollen und das ist mir auch gelungen!", schmunzelte Paride.

„Mit der Schwiegermutter sollte man niemanden zu überraschen versuchen. Merk dir das!" warnte die Gräfin mit gespielter Strenge. „Aber jetzt kommt doch herein, Gordana wird sich mit dem Kutscher um das Gepäck kümmern."

Nach einem Rundgang durch das Haus meinte die Gräfin: „Gordana kennt ihr jetzt schon", und an die junge Frau gewandt sagte sie: „Wenn Mirna vom Markt nach Hause kommt, dann schicken Sie sie bitte einen Sprung zu uns."

Bald darauf klopfte es an der Tür und auf ein freundliches „Herein!" der Gräfin betrat eine junge Frau den Raum und fragte: „Frau Gräfin wünschen?"

„Mirna", sagte diese, „das sind mein Sohn und meine Schwiegertochter, für die ich Sie und Gordana eingestellt habe."

Die junge Frau lächelte und deutete einen Knicks an.

„Mirna ist eine exzellente Köchin, die man mir sehr empfohlen hat. Gordana war bisher eher Mädchen für alles und möchte gern was dazulernen."

Marie schaute die junge Frau, die wohl einige Jahre älter war als sie und die leicht errötet war, mit ihrem gewinnenden Lächeln an: „Ich freue mich sehr, dass Sie und Gordana zu uns gekommen sind."

„Frau Gräfin, wir sind beide sehr froh, diese Stellung gefunden zu haben und wir werden uns sehr bemühen, dass Sie und der Herr Graf mit uns zufrieden sind", antwortete Mirna in klarem und fast akzentfreiem Deutsch.

„Gott sei Dank, dass Sie so gut deutsch sprechen", stieß Marie erleichtert aus, „ich habe mir schon Sorgen gemacht, wie wir da wohl zurecht kommen werden. Wo haben Sie so gut deutsch gelernt?"

„Zum Teil von deutschen Kindern in der Schule, Frau Gräfin, und dann haben

Gordana und ich mehrere Saisonen in einem Hotel auf Brioni gearbeitet." „Im Neptun", setzte sie stolz dazu. „Aber hier haben wir eine Stelle für das ganze Jahr gefunden."
Nach einer kurzen Pause sagte sie noch leise: „Hoffentlich."
„Ganz bestimmt, Mirna", beruhigte sie Marie, die an den beiden jungen Frauen sofort Gefallen gefunden hatte.

Nach dem Mittagessen, das sowohl köstlich zubereitet als auch sehr aufmerksam aufgetragen worden war, nahmen die Pollinis den Kaffee in der Bibliothek. Sie war ungemein behaglich eingerichtet und hatte ein übergroßes Fenster zum Garten.
„Den Großteil der Bücher hat mein Vater angeschafft", erzählte die Gräfin. „Er war als Jurist und dann als Richter in vielen wichtigen Positionen für das Land tätig. Im Grund seines Herzens wäre er aber wohl lieber als Kapitän eines Handelsschiffes auf den Meeren unterwegs gewesen. Er nannte diese Bücher die Schlüssel zu den Abenteuern des Geistes. Er hat sich oft hierher zurückgezogen und ist, wie er gern sagte, von hier zu seinen Abenteuern aufgebrochen. Ich bin immer gern bei ihm gesessen und habe Papa zugehört, wenn er mir von der Welt draußen erzählt hat. In dem Fauteuil in der Ecke dort habe ich in Büchern geblättert, in denen Blumen und Pflanzen abgebildet waren und mir meine eigene kleine, ganz besondere Welt erträumt."
„Was habt ihr beide denn in der nächsten Zeit vor?", fragte die Gräfin am späteren Nachmittag.
„Ich muss mich morgen im Stabsgebäude der Marine am Franz Josephs Kai melden und erfahre dort, wie mein weiteres dienstliches Leben ausschauen und verlaufen wird", antwortete ihr Sohn.
„Mama, wie lange bleibst du denn bei uns?", fragte Marie.
„Ich fahre morgen nach dem Frühstück mit dem Dampfer zurück nach Parenzo. Ich war ohnehin eine Woche von zu Hause weg, um das Haus für euch beide vorzubereiten und mir die beiden Mädchen anzuschauen, die mir von mehreren Seiten empfohlen worden sind. Ich habe sie wirklich guten Gewissens eingestellt. Aber ich habe auch Papa zu Hause. Natürlich stellt er nichts an, aber er hat es gerne, wenn ich um ihn bin."
Und dann setzte sie fast verschämt hinzu: „Ich vermisse ihn auch schon - ein biss-

chen zumindest."

+

Für den folgenden Tag war der Fregattenleutnant Paride Graf Pollini für zehn Uhr zur Meldung bei der zuständigen Dienststelle im Hafenadmiralat befohlen.
Paride hatte mit Marie und seiner Mutter gefrühstückt und sich dann, nicht ohne seiner Mutter eine gute Heimreise zu wünschen und ihr Grüße an seinen Vater und seine Schwester aufzutragen, verabschiedet. Wegen des Wiedersehens hatte er um etwas Geduld gebeten, da er dazu erst seinen Dienstplan kennen müsse und dann entsprechend planen könne.
Vom Meer her wehte ein frischer Wind, als Paride das Haus verließ. Am Weg zum Hafenadmiralat, dem Stabsgebäude der Marine, einem beeindruckenden klassizistischen Bau, kam ihm ein älterer Offizier des örtlichen Hausregiments Nr. 87 „Freiherr von Succovaty" entgegen. Der war sichtlich überrascht, als ihn ein Raineroffizier in Pola stramm grüßte.
 Pünktlich zur befohlenen Zeit meldete ein Stabsbootsmann das Eintreffen des Fregattenleutnant Graf Pollini.
„Der Herr Korvettenkapitän bittet Herrn Fregattenleutnant einzutreten", meldete der Stabsbootsmann.
Pollini betrat den Raum. Er sah sich einem jungen Marineoffizier gegenüber und nahm Haltung an: „Herr Korvettenkapitän, Fregattenleutnant Graf Pollini meldet seine Versetzung vom Infanterieregiment Nr. 59 Erzherzog Rainer!"
„Danke, Herr Kamerad, nimm bitte Platz." Der Marineoffizier wies auf einen Stuhl vor seinem Schreibtisch.
Nachdem sich Pollini gesetzt hatte, deutete sein Gegenüber auf einen schmalen Aktenordner, der auf seinem Schreibtisch lag und meinte: „Ein ungewöhnlicher Weg, der dich zur Marine geführt hat. Du brauchst mir nichts zu erklären, denn ich weiß es genau, wie wir es angestellt haben, um dich zu bekommen. Der Fregattenkapitän Filipovic, den du in Wien kennen gelernt hast, genießt übrigens schon seinen Ruhestand in Corinthia auf Veglia. Das aber nur nebenbei. Viel mehr wird es dich wohl interessieren, wie es nun dienstlich weitergehen wird."
Paride nickte zustimmend.
„Ab morgen machst du Dienst auf Santa Catarina. Linienschiffsleutnant Wosecek und Fregattenleutnant Banfield, die du ja beide von der fliegerischen Ausbildung kennst, haben in Frankreich zwei Flugboote vom Typ Donnet-Leveque erprobt und den Ankauf empfohlen. Die Marinesektion hat sie kurz entschlossen gekauft und sie werden in den nächsten Tagen hier ankommen. Zerlegt und mit der Bahn. Nach der Montage steht der Aufnahme des Flugbetriebs nichts mehr im Wege."
Er hielt einen Moment inne und meinte überlegend: „Was kann ich dir noch sagen? Ach ja, der Transport nach Santa Catarina erfolgt am Morgen mit einer

Barkasse vom Hafenkapitanat aus, die Rückfahrt dorthin bei Dienstschluss ebenso. Zur Einnahme des Mittagessens steht ein kleines Kasino zur Verfügung. Du schaust mich so fragend an, was gibt es?"
„Herr Korvettenkapitän, ich nehme an, dass alles, was papiermäßig noch zu erledigen sein sollte, über ihre Vorkanzlei erledigt wird."
„Das ist richtig."
„Ich habe noch meine Ausrüstung auszufassen und dann bitte ich mir einen Uniformschneider zu nennen, damit ich mir die notwendigen Uniformsorten umgehend anschaffen kann."
„Daran wurde selbstverständlich gedacht. Der zuständige Offizier weiß Bescheid und man wird dich anschließend gleich zu ihm bringen. Wir haben hier sehr gute Uniformschneider, von denen er dir einen empfehlen wird, und dann machen wir einen richtigen Marineoffizier aus dir. Wenn du dann alles hast, wird dich der Kommandant der Versuchsflugstation, das ist Linienschiffsleutnant von Klobucar, dem Herrn Admiral und den Herrn des Stabes hier im Hause vorstellen."
„Dann werde ich mich gleich um meine Uniformsorten kümmern."
„Natürlich hätte ich beinahe etwas vergessen. Hast du irgendwelche Präferenzen wegen deines Offiziersdieners?"
„Nein, wirklich nicht. Ich spreche die Sprachen des Küstenlandes und wenn nötig, sogar ausreichend deutsch," antwortete Paride mit dem Anflug eines Lächelns.
„Also dann- bis demnächst, Herr Fregattenleutnant."
Paride, der damit entlassen war, meldete sich ab.

Paride war von seinem Dienst auf Santa Catarina begeistert. Junge, engagierte Leute, die den Himmel und ganz besonders den Himmel über der Adria erobern wollten, hatten sich dort zusammengefunden. Piloten, Ingenieure und Mechaniker bildeten eine fest verschworene Einheit und schon am ersten Tag erinnerte sich Paride an ein Kasinogespräch von vor rund drei Jahren in Salzburg, als gesagt wurde, dass man beim Fliegen Fehler in Kauf nehmen müsse, dass dafür aber die ganze Leidenschaft der Jungen hineingehöre. Vor allem aber auch, dass man, wenn erst Geld geflossen sei, so ein Unternehmen ohnehin nicht mehr abbrechen könne. „Wenn wir es wirklich wollen", hatte der Kommandant gemeint, „gelingt es auch."
Nach dem Eintreffen der Flugboote und der Entladung halfen alle zusammen, damit die Maschinen rasch zusammengebaut und flugbereit waren. Es war ein buntes Häufchen, da es für Piloten noch keinen eigenen Anzug für den Flugdienst gab. Alle waren aber als Angehörige der Marine zu erkennen.
Unter dem Jubel aller auf der Seeflugstation stationierten Soldaten hob die erste Maschine ab. Die k.u.k. Seeflieger waren Wirklichkeit geworden.
Bald darauf unternahm Fregattenleutnant Banfield den ersten Langstreckenflug

nach Fiume. Am Tag darauf flog er allein bei Bora, dem berüchtigten adriatischen kalten Küstenwind nach Pola zurück und vollbrachte damit eine Aufsehen erregende Leistung.

Kurze Zeit später überflog Paride Parenzo und sein Elternhaus. Er hatte seinen Überflug daheim telefonisch angekündigt und als er in geringer Höhe über das kleine Schloss flog, standen seine Eltern winkend auf der Terrasse, während Mariola aufgeregt ein großes, blauweiß kariertes Küchentischtuch schwenkte. In der Stadt selbst eilten die Menschen überrascht und neugierig auf die Straßen und bestaunten den kühnen Flieger, der nach dem Überflug mit den Tragflächen wackelnd wieder nach Süden abdrehte.

Der Schneider hatte alle andere Arbeit liegen gelassen und zwei Ausgangsuniformen für Paride binnen weniger Tage geliefert.

„Gut, sehr gut schaust du aus", meinte Marie bewundernd. „Das Marineblau steht dir wirklich gut. Ich muss mich aber noch daran gewöhnen, dass ich jetzt keinen Piombo mehr, sondern einen Marineflieger zu Hause habe."

„Woher kennst du denn den Spitznamen der Marine für die Infanterie?", fragte Paride überrascht.

„Den hat mir Gordana verraten. Die hat ihn von ihrem Vater, der bei der Marine gewesen ist. Ich weiß, dass die Matrosen die Infanteristen Piombi, also Bleipatzen nennen und dass das daher kommt, dass die Infanterie früher Geschosse aus Blei verwendet hat."

Während Paride auf Santa Catarina Dienst machte, ging Marie an den Vormittagen mit Mirna auf den Markt. Sie hatte die Köchin gebeten, das nicht als Bevormundung oder gar Kontrolle aufzufassen. Marie wollte einfach so Teile der Stadt, die verschiedenen Märkte und das Angebot kennen lernen. So erfuhr sie auch sehr bald, wo man was bekam, wie viel wofür zu bezahlen war. Sie lernte neue Gemüsearten und vor allem das große Angebot an Fischen und Meeresfrüchten kennen. Marie war überrascht, dass Mirna bei vielen Gelegenheiten keineswegs den geforderten Preis zu bezahlen bereit war und ihn meist kräftig nach unten drückte.

„Frau Gräfin, deshalb ist es gut, wenn ich einkaufen gehe", meinte Mirna, „denn Frau Gräfin können nicht so mit den Leuten handeln und bezahlen dann viel zu viel. Am Markt gibt es aber viele Schlitzohren, wenn ich das so sagen darf."

Ihre Schwiegermutter hatte Marie die Witwe eines Offiziers empfohlen, die ihre Pension mit Italienischunterricht aufbesserte. Italienisch war in Pola Verwaltungs-, Geschäfts- und Umgangssprache. Auch die Straßenbezeichnungen waren italienisch. Mehrmals in der Woche besuchte Marie die Dame, die in San Policarpo südlich des Arsenals wohnte.

Dieser neue Stadtteil war das Marineviertel schlechthin. Hier gab es Villen, einige ärarische Gebäude, die Marinekirche „Madonna dell Mare", das weithin berühmte Marinemuseum und viele gepflegte Parkanlagen. Die italienische Bevölkerung nannte San Policarpo etwas geringschätzig das Dorf der Gnocchi, der Knödel und ironisierte damit die vermeintliche Unbeweglichkeit der deutschen Österreicher und ihren Mangel an Temperament, sowie deren angebliche Vorliebe für Knödel, Kartoffel und Kraut.

Marie besuchte bei einem ihrer Spaziergänge auch den Park von Monte Zaro mit dem Tegetthoffdenkmal. Als sie davor stand und die Inschrift auf dem Sockel las, sprach sie ein alter, einfach, aber sorgfältig gekleideter Mann an: „Das ist unser Tegetthoff, gnädige Frau. Der Admiral gehört uns allen." Der Mann sprach sehr gut deutsch, doch war zu hören, dass es nicht seine Muttersprache war. „Er stammt aus einer an sich westfälischen Familie und ist in Marburg in der Untersteiermark als Sohn eines Offiziers zur Welt gekommen. Dann hat er die Marine-Kadettenanstalt in Venedig besucht, das damals noch bei Österreich war. 1864 hat er die Dänen vor Helgoland besiegt, 1866 hat er mit seinen dalmatinischen, italienischen und deutschen Österreichern als Matrosen die italienische Flotte bei Lissa vernichtend geschlagen. Länger leben hätte er halt müssen.

Gehören tut er uns allen, der Admiral. Uns, seinen Matrosen, wo sie auch heute noch herkommen mögen. Der Admiral gehört uns, den Matrosen."

Der alte Mann zog seinen Hut, verneigte sich, wobei Marie nicht genau wusste, ob der Gruß ihr oder dem Denkmal galt, und ging.

Die eingesessene Bevölkerung der Stadt bestand, wie auch die später zugezogenen Kaufleute, Beamten und Handwerker vorwiegend aus Italienern. Die große Gruppe der ungelernten Arbeiter, die in den Arsenalen Arbeit gefunden hatten, kam aus dem Landesinneren. Sie sprach kroatisch oder slowenisch. Bürger und Arbeiter fühlten sich dem dritten Element der Bevölkerung gegenüber, den Soldaten und Marineuren, eher fremd. Hier überwog die deutsche Sprache, obwohl die Familiennamen auch auf italienische, kroatische, ja sogar englische Herkunft schließen ließen.

So war der Kontakt zwischen den verschiedenen Gruppen der Bevölkerung nicht sehr eng. Abneigung war aber eher selten und schroffe Gegensätze gab es kaum. Eine andere Art die Welt zu sehen, mehr oder weniger Bildung auf der einen oder der anderen Seite, eine andere Lebensführung und wohl auch eine andere Einstellung zur Monarchie brachten es mit sich, dass man meist unter sich blieb.

Die Garnison fühlte sich bewundert, auch beneidet und manchmal auch künstlich eingepflanzt. Daher schlossen sich die Offiziere eng zusammen und schotteten sich nach außen eher ab.

Eine ihrer Institutionen war das Offizierskasino. Für die jungen, unverheirateten Offiziere war es, wie alle Offizierskasinos der Monarchie, Heimat. Dazu war es ein gern besuchter Ort in einer Garnison, die gerade im Winter wenig Zerstreuung bot. Das Gebäude war nach und nach vergrößert worden. Es gab einen Wintergarten, ein Kaffeehaus mit Damensalon, ein Restaurant, einen Ballsaal, mehrere

Lesezimmer und einen Billardraum. Im Garten befanden sich eine Kegelbahn und eine Anlage für das landesübliche Bocciaspiel. Obwohl Paride nach dem Dienst meist rechtschaffen müde war, kam er mit seiner jungen Frau in den beiden ersten Wochen kaum dazu sein gemütliches neues Zuhause zu genießen. Die ortsansässigen Verwandten, die sie seit der Hochzeit nicht wieder gesehen hatten, wollten das junge Paar bei sich haben. Durch diese Verwandtschaft war der Anschluss an die örtliche italienische Gesellschaft rasch hergestellt, da die Pollinis bei diversen Einladungen in der Familie immer auch andere Gäste kennen lernten. Marie fiel auf, dass sich viele als Istrianer und nicht als Italiener bezeichneten. Sie bezauberte durch ihren Charme und ihre Liebenswürdigkeit und wurde liebevoll nur mehr „la bella bionda", die schöne Blondine, genannt.
Vorerst sprachen alle deutsch mit ihr und freuten sich darüber, dass sie Italienischunterricht nahm. Tante Clara war eine hinreißende weißhaarige alte Dame und als verwitwete Schwester von Parides Großvater mütterlicherseits die unbestrittene Autorität der Familie in Pola. Sie stellte fest, dass es zwar schön sei, wenn man französisch spreche, dass man aber, gerade als Frau eines Offiziers, im Küstenland die Landessprache beherrschen müsse. Marie sei erfreulicherweise auf dem besten Wege dazu.
Im Offizierskorps fanden die Pollinis sehr freundliche Aufnahme und waren überall, wohin sie kamen, gern gesehen.
Marie versuchte auch mit den beiden Mädchen Mirna und Gordana italienisch zu sprechen und machte dadurch gute Fortschritte. Paride ermahnte sie aber, ihrer Lehrerin genau zuzuhören und sich deren Aussprache und Wortwahl anzueignen und nicht den Dialekt der Mädchen aus Veruda anzunehmen. „Der ist zwar recht nett anzuhören, ist für eine Pollini doch eher unpassend", meinte er mit lustig blitzenden Augen.
Voll Stolz hatte Gordana Marie erzählt, dass auch Fregattenleutnant Banfield aus Veruda komme, wo seine Mutter ein sehr hübsches Landhaus bewohne.

+

Marie war mit einem ganz besonderen, glücklichen Gesichtsausdruck am späteren Vormittag nach Hause gekommen. Der Tag war kühl und ihr Gesicht leicht gerötet. Sie besprach mit Mirna das Abendessen und meinte, dass sie zu Mittag nur etwas Kaltes und davon nicht viel essen werde. Sie habe keinen besonderen Appetit. Dann hatte sie sich an den Schreibtisch gesetzt und sich einen Briefbogen zurecht gelegt.
Nach kurzem Überlegen tauchte sie die Feder in die Tinte und begann in ihrer schwungvollen, gut leserlichen Handschrift zu schreiben:

Liebe Mama, lieber Papa!
Ich war heute am Vormittag beim Arzt, weil ich den letzten Tagen am Morgen immer ein bisschen schwindlig gewesen bin. Dadurch habe ich auch immer etwas länger gebraucht, bis ich mich für den Tag bereit gefühlt habe. Wie Ihr wisst, bin ich ein Morgenmensch und darunter hat Papa manchmal schon gelitten, wenn er es uns auch nicht zeigen wollte. Ich habe schon gemerkt, dass ihm meine Munterkeit manchmal fast zu viel war. Er braucht eben ein gutes Frühstück und Kaffee, ehe er sein Tagewerk beginnt.
Ich habe mit Tante Clara, die Ihr ja von der Hochzeit her kennt, gesprochen und die hat mich an einen Arzt verwiesen, der hier einen ausgezeichneten Ruf hat und dem die Patienten fast die Türen einrennen. Doktor Benedetti kommt aus der Gegend von Trient und hat in Innsbruck studiert.
Ich komme gerade von ihm und er hat mir eine wunderbare Diagnose gestellt: Ich werde Mutter.

Und ihr werdet Großeltern. Nein, nicht gleich. Es wird im Juni so weit sein. Ich bin überglücklich und Ihr seid die Ersten, die es erfahren. Es ist mein Weihnachtsgeschenk an Euch.
Natürlich ist es nicht das Einzige, wie Ihr auch am Paket ersehen könnt. Aber es ist ganz bestimmt der Tupfen auf dem i. Auch mein Mann weiß noch nichts davon. Ihm werde ich es aber heute gleich sagen, denn ich kann ihm diese freudige Nachricht doch keinen Tag vorenthalten. Er ist der beste Mann auf der ganzen Welt und muss es gleich erfahren, damit wir uns gemeinsam wie die Schneekönige freuen können.
Ich weiß, dass dieser Brief nicht besonders klug klingt und wahrscheinlich auch einer angehenden Mutter unangemessen ist, aber ich bin einfach nur glücklich und könnte die ganze Welt umarmen. Wie Dr. Benedetti gemeint hat, er könne mir eine sehr schöne, beglückende Eröffnung machen, da war mir, als würde ich schweben. Ich habe mich gefühlt, als könnte ich fliegen.
In mir war auf einmal ein Gefühl der Wärme. Und der Liebe zu diesem kleinen, wunderbaren Wesen, das jetzt langsam in mir heranzuwachsen beginnt. Es war und es ist einfach unbeschreiblich. Ich werde noch einige Zeit brauchen, bis ich es wirklich fassen kann.

Seid umarmt und ans Herz gedrückt
von Eurer überglücklichen

Marie
Marie wartete bis die Tinte getrocknet war. Dann faltete sie den Brief und steckte ihn in einen Umschlag, den sie sorgfältig verklebte. Auf den Brief schrieb sie: „Bitte erst am Heiligen Abend öffnen."

Paride blieb in der Tür zum Speisezimmer stehen: „Heute bist du wieder einmal ganz besonders hübsch", sagte er sichtlich begeistert zu seiner Frau. Marie, die gerade ein paar Blumen in einer Vase arrangierte, trat auf ihn zu und küsste ihn: „Lieb, dass du das sagst."
„Wie war dein Tag? Bist du heute zum Fliegen gekommen?", fragte sie dann.
„Nein, heute gab es nur technischen Dienst. Schließlich müssen nicht nur die Motoren gut in Schuss sein. Auch sonst hat an den Maschinen alles in Ordnung zu sein, denn es will ja jeder wieder gut herunter kommen", antwortete Paride.
„Wenn es der Seegang zulässt, werden wir morgen starten und landen."
Nach dem Abendessen nahm Marie ihr Weinglas, an dem sie nur genippt hatte, mit ins Wohnzimmer und setzte sich dort in einen bequemen Lehnstuhl an den Kamin. In dem war das Feuer heruntergebrannt.
Sie schaute ihren Mann an, der sein Glas aus einer Karaffe nachfüllte, und dachte: „Wenn ich ihn so anschaue, wird mir bewusst, dass ich ihn mehr liebe, als ich je geglaubt habe, lieben zu können."
Paride setzte sich Marie gegenüber und stellte sein Glas auf einem kleinen Tisch neben sich.
Marie sah ihn an und sagte eher nebenbei: „Paride, unser Leben wird sich ändern. Es wird sich nicht grundlegend ändern, aber es wird anders werden."
Paride wirkte überrascht. Ehe er aber noch etwas sagen konnte, fuhr Marie fort: „Du wirst nämlich Vater, mein Lieber. Ich bin in anderen Umständen."
„Ach so", meinte Paride sichtlich erleichtert.
Dann kam es aber wie von einer Tarantel gestochen: „Was war das? Sag das bitte noch einmal!"
„Du wirst Vater."
Paride stand auf, trat zu Marie, zog sie zu sich empor und drückte sie ganz zärtlich und behutsam an sich. „Darf ich dich überhaupt noch so drücken?" fragte er befangen.
„Doktor Benedetti hat nichts Gegenteiliges gesagt", schmunzelte Marie. „In dem Falle darfst du eine werdende Mutter auch durchaus küssen."
„Wann wird es denn so weit sein?", fragte Paride aufgeregt.
„Aber mein Guter, das dauert noch immer seine Zeit. Neun Monate, wenn du es genau wissen willst. In diesem ganz besonderen Fall sind es noch ungefähr sieben."
„Die Nachricht ist wunderbar, aber das dauert noch endlos lang. Stell dir vor, wie

sich unsere Eltern freuen werden, wenn sie das erfahren!"

„Denen sagen wir es zu Weihnachten. Jetzt ist das unser gemeinsames Geheimnis. Ab Weihnachten teilen wir es dann mit der ganzen Familie. Und wenn es nicht mehr zu übersehen ist, dann wissen es auch die Garnison und die Stadt. Bist du damit einverstanden?"

Sie standen noch immer aneinandergeschmiegt und Paride murmelte: „Natürlich machen wir es so." Bei sich dachte er: „Du da oben, lass es bitte ein Mädchen werden, das so wie seine Mutter ist."

Ihm war klar, dass sich sein Leben von Grund auf ändern würde. Er hatte aber keine Vorstellung davon, was sein Vaterwerden an Gefühlen und Liebe bedeuten würde. Er wusste nur, dass seine Freude riesig war.

+

Am nächsten Tag trieb Schnee über das Flugfeld. Er war wie eisiger Staub, den der Wind über den Boden bläst. Der Himmel und die stark riechende See schienen zu verschwimmen. An einen Flugbetrieb war nicht zu denken.

Im kleinen Offizierskasino auf Santa Catarina war es leidlich warm und die Männer saßen vor dampfenden Kaffeetassen. Ein Offizier aus der Marinesektion in Wien war auf Dienstreise da. Trotz seiner breiten hohen Stirn wirkte er erstaunlich jung. Sein schütteres Haar fiel kaum auf und er hatte das gewandte Auftreten eines Mannes, der auf dem Weg nach oben ist.

„Wie sieht man in der Marinesektion die derzeitige Balkankrise?", fragte Linienschiffsleutnant von Klobucar. „An uns Piloten geht sie mehr oder weniger vorbei, da wir fast nur auf unserer Insel sitzen und daher auch wenig im Marinekasino fachsimpeln."

Der Offizier aus Wien lächelte, betrachtete seine tadellos manikürten Fingernägel und meinte, er wolle sich auf Fakten beschränken: „Im Oktober haben die zahlenmäßig weit überlegenen Truppen der Balkanstaaten die Türken vernichtend geschlagen. Der Vorstoß der Bulgaren ist erst sehr spät zum Stehen gebracht worden. Serben, Montenegriner und Griechen haben Albanien und Mazedonien besetzt. Vor wenigen Tagen, am 3. Dezember, ist der Waffenstillstand unterzeichnet worden.

Der vollständige Zusammenbruch der türkischen Truppen ist auf die katastrophale Führung, die schlechte Versorgungslage und die Zerrüttung der Armee an sich zurückzuführen. Die Heeresreform war noch lange nicht vollendet, die Armee daher völlig desorganisiert, da die alten und die neuen Dienststellen nicht zusammenarbeiten wollten. Zahlreiche ältere Offiziere waren entlassen worden, für sie war kein Ersatz da. Die Ausbildung der Rekruten war jahrelang vernachlässigt worden.

Dieser militärische Zusammenbruch der Türkei ruft jetzt natürlich die anderen Mächte auf den Plan. Österreich fordert Folgendes: erstens die Schaffung eines selbstständigen Staates Albanien. Dies erfolgt mit dem Hintergedanken, dass sich Serbien dadurch nicht an der Adria festsetzen kann. Zweitens die Befriedigung der rumänischen Gebietsansprüche. Die Rumänen verlangen die Dobrudscha. Und drittens geht es um die Sicherung der wirtschaftlichen Interessen der Donaumonarchie auf dem Balkan."

Der Gast tat Zucker in seinen Kaffee, rührte bedächtig um und sprach dann weiter: „Dem stimmen Deutschland und Italien zu. Denn auch Italien ist daran gelegen, die Serben von der Adria fernzuhalten. England tritt wegen Italien für ein unabhängiges Albanien ein. Frankreich erklärt sich in dieser Angelegenheit für neutral, während in Russland die Meinungen eher geteilt sind. Die Panslawisten stehen auf der Seite Serbiens. Die Regierung ist aber nicht gewillt, wegen Albanien einen Krieg mit Österreich zu riskieren.

Die Erfahrungen aus den letzten Kriegen, ich denke hier vor allem an den russisch-japanischen, haben gezeigt, dass militärische Stärke nicht länger nur mehr auf den Fähigkeiten der Offiziere und ihrer Soldaten beruht, sondern zunehmend auf der Kraft der Industrie, die immer bessere Waffen liefert.

Die schwankende Haltung der Russen wird die Serben vermutlich ermutigen, sich den österreichischen Wünschen für eine gewisse Zeit zu widersetzen.

Meine Herren", schloss er, „wir werden ja sehen, was das kommende Jahr und die vermutlich sehr langwierigen Verhandlungen bringen werden. Auch intern wird es Veränderungen geben. Admiral Montecuccoli wird, wie allgemein bekannt ist, in den Ruhestand treten. Der Thronfolger beabsichtigt, so hat er zumindest verlauten lassen, im Frühjahr Pola und die Flotte zu inspizieren."

Lächelnd, aber mit kühlen Augen, setzte er hinzu: „Ob Sie das nun als Aviso oder als Warnung verstehen wollen, das müssen Sie entscheiden, meine Herren."

Als Paride am Abend heimkam, erzählte er Marie, dass ein Offizier aus Wien zur Dienstaufsicht da gewesen sei. Er habe allerdings, wie er auch freimütig zugegeben habe, vom Fliegen keine Ahnung gehabt. Dies habe sein Kommandant mit erstaunlicher Gelassenheit getragen, da es, wie dieser meinte, keineswegs ungewöhnlich sei, dass Wien Leute zur Inspektion und Dienstaufsicht schicke, die sich vor allem durch Ahnungslosigkeit auszeichneten.

„Trinkst du noch eine Tasse Kaffee?", fragte Marie beim Frühstück ihren Mann. Sie selbst hatte eine Tasse mit heißer Schokolade vor sich stehen.

„Ja, bitte gern."

Während Marie ihm eine Tasse aus der großen Kaffeekanne eingoss, warf Paride einen fragenden Blick auf ihr Getränk.

„Ist dir das noch nicht aufgefallen? Ich trinke während meiner Schwangerschaft keinen Kaffee und keinen Alkohol. Der Doktor meint, dass das dem Kind nur gut tun kann und dem will ich ja wirklich nur Gutes tun. Liebling, horch mir jetzt bitte zu. Ich bin nicht aus Zucker und auch nicht die erste Frau, die schwanger ist. Unser Kind wird nicht das erste sein, das zur Welt kommt", sagte Marie mit einem kleinen Lächeln begütigend zu ihrem Mann. Sie legte ihre Hand auf die seine und streichelte sie.

„Es ist ja wirklich lieb von dir, dass du so aufmerksam zu mir bist, aber manchmal grenzt das geradezu ans Unerträgliche. Du bist immer aufmerksam zu mir gewesen. Das schätze ich auch an dir, aber seit ich dir vor einer Woche gesagt habe, dass du Vater wirst, würdest du mich am liebsten in Watte packen."

Sie sah ihn nachdenklich an: „Liebling, tu das nicht. Lass uns so leben, wie wir es bisher getan haben. Du machst deinen Dienst und ich kümmere mich um das Haus. Ich habe ja auch die zwei Mädeln, die sich als wirkliche Perlen entpuppen und dein neuer Bursche ist auch sehr anstellig. Mir geht es gut. Ich werde schon noch rundlicher werden und mich dann langsamer bewegen. Und auch vorsichtig, das verspreche ich dir. Kinderkriegen ist nun einmal Frauensache. Du freu' dich mit mir auf unser Kind, aber lass bitte alles einfach seinen Weg gehen."

Paride schien ein bisschen ratlos zu sein und nickte nur. „Aber einfach ist es nicht, wenn man zum ersten Mal Vater wird. Ein werdender Vater hat es auch nicht gerade leicht", sagte er dann eher für sich.

„Ich verspreche dir, dass ich mich um den werdenden Vater wie bisher annehmen werde". lächelte Marie aufmunternd.

„Unsere Schiffskarten für die Fahrt zu den Eltern habe ich auch schon da. Ich habe sie gestern beim Spazierengehen besorgt. Da bin ich wieder an der Zivilschwimmschule vorbeigekommen, diesem Ungetüm aus Holz, das im Handelshafen verankert ist. Da kommt man ja nur mit dem Boot oder schwimmend hin. Ich sag' es dir gleich, unser Kind lernt einmal in den Ferien bei den Eltern in unserer Bucht schwimmen und nicht da im Hafen."

Die Pollinis hatten am späteren Morgen den Dampfer, der sie die Küste entlang über Rovigno nach Parenzo bringen sollte, bestiegen. Gordana und Stanko, der neue Offiziersdiener, an sich ein junger Fischer von der Insel Cherso, hatten einige Mühe das umfangreiche Gepäck aus der Kutsche zu heben und an Bord zu bringen. Die Fahrt mit dem Dampfer entlang der jahreszeitlich bedingt einsamen Küste mit ihren kleinen Inseln war abwechslungsreich und kurzweilig. Der Aufenthalt im Hafen des malerischen Städtchens Rovigno war kurz und diente nur zum Ein- und Aussteigen von Passagieren.

Die Pollinis hielten sich vorwiegend in den gemütlich warmen Räumen, die unter Deck für die Fahrgäste vorgesehen waren, auf. In dem kleinen Restaurant nahmen sie um die Mittagszeit einen einfachen aber durchaus bekömmlichen Imbiss ein. Beim Luftschnappen an Deck sah Marie den Funken zu, die zusammen mit einer dunklen Rauchwolke aus dem Schornstein stiegen.

„Wir werden unserer Tochter kein weißes Kleidchen anziehen können, wenn der Russ hier so durch die Gegend fliegt", meinte Paride vergnügt.

„Woher willst du denn wissen, dass es ein Mädchen wird?", fragte Marie zurück.

„Wenn es ein Bub wird, so wird er auch an Bord nie einen Matrosenanzug tragen müssen. Ich habe das immer so affig gefunden und ich will nicht, dass man kleine Buben unbewusst schon auf etwas festlegt, was sie vielleicht insgeheim überhaupt nicht wollen."

Nach einer kleinen Weile setzte sie hinzu: „Außer er wünscht sich den Anzug sehnlich. Dann kann ich wohl auch nichts machen."

„Ich habe nie einen getragen", versuchte sie ihr Mann zu beruhigen.

„Und wo bist du gelandet? Bei der Marine, " feixte Marie.

Die vorweihnachtliche Zeit hatte Marie genützt, um all die Weihnachtsbäckereien zu machen, an die seit ihrer Kindheit gewohnt war. Sie meinte, dass dieser Duft nach Teig, Marmelade und Gewürzen um diese Zeit einfach durch das Haus ziehen müsse. In der vorweihnachtlichen Zeit hätten auch Schalen mit Bäckerei einfach da zu sein. In Kartons und Büchsen verpackt wurden die Köstlichkeiten zu den Verwandten in der Stadt gebracht. Tante Clara war besonders von den Vanillekipferl und den Florentinern angetan. Dr. Benedetti, der eine Schachtel mit Honiglebkuchen bekam, war hellauf begeistert.

„Gräfin, Sie sind eine Meisterköchin, nein, eine Künstlerin, " schwärmte er bei Maries nächstem Besuch in der Ordination. „Diese Lebkuchen sind ja so gut wie die zu Hause. So hat sie meine Großmutter gemacht. Aber wer außer ihnen, verehrte Gräfin, kennt hier in Pola solche Rezepte, solche Küchengeheimnisse?"

Gordana und Mirna bekamen, so wie Stanko, ein großes Päckchen mit Bäckereien. Mirna hatte bei einem Marktbesuch mit Marie in einer Auslage eine Bluse kurz bewundert. Dann war sie rasch weitergegangen. Sie wusste, dass die Bluse für sie kaum erschwinglich wäre. Marie aber war aufmerksam gewesen und hatte Mirnas sehnsüchtigen Blick bemerkt. Nun bekam die junge Köchin diese Bluse, liebevoll verpackt. Auch Gordana bekam so eine, nur war der Farbton auf ihren Typ abgestimmt. Stanko bekam ein neues Taschenmesser mit mehreren Klingen, das ihm als Fischer bestimmt gute Dienste leisten würde. Paride drückte allen Dreien noch ein kleines Kuvert in die Hand und meinte, dies sollte ihnen die freien Tage zwischen Weihnachten und dem Dreikönigstag verschönen.

Marie hatte es auch übernommen, die Liste für die Weihnachtspost laufend zu ergänzen. Nun hatte sie die Karten und Billets besorgt und alle mit sehr persönlichen Worten ergänzt.

„Erstaunlich, wie viele Freunde wir allein in Salzburg haben", stöhnte Paride, als er den Poststapel am Schreibtisch liegen sah. „Du brauchst nur mehr zu unterschreiben", hatte ihn seine Frau beruhigt.

Gaetano hatte sie an der Anlegestelle des Dampfers mit der Kutsche abgeholt und sie dann nach Hause gebracht. Voll Stolz erzählte er, dass der Graf nun einen kleinen Lastkraftwagen für die Gutsverwaltung angeschafft habe. Er, Gaetano, habe die Lenkerberechtigung dafür. Mit diesem Auto könne man die Erzeugnisse des Gutes rasch ausliefern und wann immer sie benötigt werden, dem Käufer zustellen. So sei man auch nicht mehr vom Fahrplan der Bahn abhängig.
Zu Hause erwarteten sie schon Parides Eltern und Mariola. Die hatte ihre Schule in Triest beendet und war selig, dass sie nun wieder zu Hause sein konnte. Künstlerisch sehr begabt und mit einer Vorliebe für Innenarchitektur, hatte sie vor, sich des Stadthauses anzunehmen und den kleinen Palazzo zunehmend wohnlicher zu machen.

„Liebling, kannst du mir das Kleid zuhaken", fragte Marie aus dem Badezimmer.
„Ich komme schon", antwortete Paride.
Marie trug ein samtenes Kleid mit kleinen Volants an der Vorderseite. Sie hatte das Haar hochgesteckt und ihre Wangen waren vor Aufregung gerötet.
„Aufgeregt?", fragte Paride mit einem Lächeln.
„Ein bisschen schon", gab seine Frau zu, „schließlich ist es mein erste Weihnachtsabend in Parenzo. – Also, gehen wir hinunter", setzte sie mutig dazu.
Dort erwartete sie eine liebevoll geschmückte Tafel.
Nach einem leichten, mehrgängigen Abendessen und der Bescherung saß die Familie vor dem langsam herunterbrennenden Kaminfeuer. Paride lehnte sich bequem zurück, sah seine Eltern an und sagte dann in eine Gesprächspause hinein lächelnd: „Ich hoffe, dass ihr alle das nächste Weihnachten bei uns in Pola verbringt. Denn wenn ich es mir so überlege, dann glaube ich nämlich, dass die Dampferfahrt für euer Enkelkind noch ein bisschen zu anstrengend sein wird. Marie ist da ganz meiner Meinung. Das stimmt doch, Liebling?"
Nach kurzer Stille sprang Mariola mit einem Jubelschrei auf und umtanzte ihre Eltern: „Der Nonno und die Nonna! Na, wie fühlt ihr euch?"
Die Gräfin stand auf und umarmte ihre Schwiegertochter. „Ist das aus wirklich wahr? Geht es euch beiden auch gut?", fragte sie lächelnd und voll mütterlicher Anteilnahme.
„Mama, uns geht es ganz ausgezeichnet, aber sehr weit sind wir ja noch nicht", lächelte Marie. „Nur dein Sohn ist als werdender Vater sehr aufgeregt."
Parides Vater umarmte seinen Sohn, griff dann nach seinem Glas und trank ihm zu: „Auf die nächste Generation der Pollinis!". Dann trat er zu Marie und umarmte sie. „Danke, vielen Dank", sagte er leise, „du weißt nicht, was uns das bedeutet, was du uns schenkst."
„Wissen es deine Eltern schon?", fragte die Gräfin ihre Schwiegertochter
„Die erfahren es auch vermutlich gerade jetzt durch meinen Brief und werden

sich bestimmt bald am Telefon melden."

„Ich sage es euch gleich – ich werde das Kind nach allen Regeln der Kunst verziehen", gluckste Mariola. „Na ja, zu sehr vielleicht auch wieder nicht", fuhr sie mit einem leichten Bedauern in der Stimme fort, „sonst lasst ihr mich mit ihm nicht einmal spazieren gehen:"

„Massimo wird Augen machen, wenn er das erfährt", meinte die Gräfin.

„Der macht die Nacht zum Tag, feiert sein eigenes großes Fest und lädt dazu die halbe Stadt ein", bestätigte ihr Mann lachend.

„Das Telefon klingelt!", rief Mariola aufgeregt und stürzte mit wehenden Röcken ins Nebenzimmer, in dem der Apparat an der Wand hing.

„Paride, Marie, ihr werdet dringend verlangt", meldete sie dann.

Marie hörte die Stimme ihres Vaters. Die Verbindung war schlechter als erwartet. Dennoch konnte sie seine Freude hören und spürte auch eine gewisse Ergriffenheit ihres Vaters. Dann übergab Fleissner den Hörer an seine Frau. „Marie, ich fange jetzt nicht an dir gute Ratschläge zu geben. Gib nur gut Acht auf dich, mein Kind", sagte sie und setzte dann hinzu: „Ihr beide macht uns alle so glücklich."

Dann musste Paride mit seinen Schwiegereltern sprechen, auch Maries Bruder gratulierte und schließlich versagte Tante Johanna vor Rührung fast die Stimme. Gegen elf Uhr abends zog man sich zurück.

Als die Gräfin aus dem Bad kam, erwartete sie ihr Mann schon im Bett. Er zog sie zu sich nieder und küsste sie zärtlich. „Weißt du noch, wie du Paride erwartet hast?", fragte er sie dann.

„Ich weiß es noch, als wäre es gestern gewesen", antwortete seine Frau. „Denkst du, eine Mutter könnte das je vergessen?"

„Jetzt macht er uns zu Großeltern. Wo ist nur die Zeit geblieben?"

Seine Frau küsste ihn und ihr Kuss wurde immer leidenschaftlicher. „Sie murmelte: „Ehe du jetzt melancholisch wirst, sei lieber ganz zärtlich und komm zu mir. Schließlich bist du erst ein angehender Großvater."

Als Paride und Marie nach Pola zurückkamen, erwartete sie dort ein Brief eines Grazer Notariats. Tante Johanna hatte dem erstgeborenen Kind der Gräfin Marie Pollini ein Haus in der Wickenburggasse am Fuße des Schlossbergs überschrie-

ben.
1913

Es war ein schöner, zum Nichtstun einladender Sonntagnachmittag im frühen April. Die Pollinis saßen im verschwiegenen Garten hinter ihrem Haus und tranken Tee. Marie schaute ihrem Mann zu, der sich ein Stück Sandkuchen nahm und fragte ihn unvermittelt: „Paride sag' mir, muss ich mir wegen der Auseinandersetzungen am Balkan Sorgen machen? Weißt du, ich lese jetzt die Zeitung viel aufmerksamer, weil ich wissen will, in welche Welt unser Kind hineingeboren wird."
Ihr Mann dachte einen Augenblick nach. „Die Verhandlungen haben ziemlich lang gedauert, bis die Grenzen von Albanien schließlich festgelegt waren. Die Serben haben keinen Zugang zur Adria bekommen. Man hat ihnen dafür den Osten von Albanien gegeben. Darüber haben sich die Montenegriner furchtbar aufgeregt, weil sie Skutari für sich beansprucht haben. Die Großmächte haben energisch eingreifen müssen, damit Montenegro nachgegeben hat.
Während der Verhandlungen ist der Krieg weitergegangen. Der Versuch der Bulgaren bis nach Konstantinopel vorzustoßen, ist am erbitterten Widerstand der Türken gescheitert. Jetzt wird man auch hier verhandeln und unter dem Schirm der Großmächte wird es auch da früher oder später zu einem Friedensschluss kommen."
„Paride, Liebling, halt' mich bitte nicht für dumm, aber ich habe keine Ahnung, was Skutari eigentlich ist."
„Die Provinz Skutari, deren Hauptstadt auch so heißt, war schon immer von strategischer Bedeutung. Die Stadt selbst liegt an einem großen See und ist das Zentrum der Katholiken in Albanien. Es gibt dort auch einen Erzbischof. Die Grenze zu Montenegro und die Nähe zum Meer hat natürlich die Begehrlichkeit der Montenegriner geweckt."
Nach einer kleinen Pause sprach er weiter: „Um auf deine Frage zurückzukommen; nein, Liebling, du brauchst dir keine Sorgen zu machen. Österreich gehört zu den Großmächten. Unser Kind wird liebevoll umsorgt und in Sicherheit aufwachsen."
Er lächelte seiner Frau beruhigend zu und dachte bei sich, dass ihn die nähere Zukunft hoffentlich nicht Lügen strafen werde. Wie um die Gedanken zu verscheuchen, fuhr er fort:„Es tut sich ohnehin auch bei uns genug. Im Februar ist Admiral Montecuccoli in den Ruhestand getreten. Das weißt du. Mit ihm ist einer der langjährigen Weggefährten seiner Majestät, der auf eine sehr lange aktive Dienstzeit zurückblicken kann, abgegangen. Montecuccoli ist mit seinem Kaiser alt geworden. Irgendwo entstammt der Admiral, der über siebzig ist, noch den Zeiten Radetzkys und der habsburgischen Nebenlinien mit ihren Verschwägerungen mit

den Fürstentümern Italiens. Der Admiral ist noch in Modena auf die Welt gekommen. Schon während der Kriege von 1859 und 1866 ist er an Bord gewesen und hat bei Lissa gekämpft. Je länger das zurück lag, desto mehr ist sein Nimbus gewachsen.

Dass er aber, trotz seines schneeweißen Hauptes und seines weißen Bartes, mehr war als nur ein Patriarch im Flottenrock und ein Relikt von gestern, beweist sein Eintreten für das Seeflugwesen. Er hat neue Entwicklungen erkannt und für sie den notwendigen Spielraum geschaffen. Außerdem ist er mit den Abgeordneten gut zurechtgekommen, was bei Fragen des Budgets immer von großem Vorteil gewesen ist." „Du scheinst den alten Herrn ins Herz geschlossen zu haben", warf Marie ein.
„ Ja, schon. An sich ist es immer so, dass alte Männer, ganz gleich ob im Heer, in der Marine oder sonst wo, junge Leute mit neuen Ideen zutiefst ablehnen. Die sind ihnen im Grunde ihres Herzens suspekt und zuwider. Daher müssen diese, so lange sie jung sind, für das kämpfen, was sie als richtig erkannt haben. Früher als sie denken, werden sie selbst zu den Alten gehören. Alles, was ihnen dann noch bleibt, sind Misstrauen, Ablehnung und Neid.

Der Admiral war anders, denn er hat sich sein junges Herz bewahrt. Das sagt man aber glücklicherweise auch von seinem Nachfolger. Der kommt übrigens wie Tegetthoff und wie du, mein Schatz, aus der Steiermark. Irgendwann ist die Familie aus dem oberen Ennstal in die Untersteiermark übersiedelt. Admiral Haus, das ist unser neuer Marinekommandant, ist in Tolmein zur Welt gekommen."

„Da siehst du wieder einmal, dass es eben Steirer braucht, wenn etwas gut werden soll." Dabei strich sich Marie sachte über den Bauch. „Der kleine Halbsteirer da drinnen gibt auch wieder kräftige Lebenszeichen von sich. Aber was ich dich noch fragen wollte – wie geht es denn deinem armen Kameraden Banfield? Und wie ist es denn eigentlich zu dem Unfall gekommen?"

„Du weißt, dass der Thronfolger immer wieder die Adriahäfen aufsucht. Vor zwei Jahren war er übrigens sehr verärgert, als er zum Stapellauf der „Viribus Unitis" in Triest war und ihn der italienische Teil der Bevölkerung demonstrativ ignoriert hat. Heuer ist er am 28. März an Bord der „Lacroma", der Jacht des Marinekommandanten, von Triest zu uns nach Pola gefahren, um die hiesigen Flotteneinheiten zu inspizieren."

„Schatz, das ist alles in der Zeitung gestanden und die Aufregung in der Stadt und die Hektik waren nicht zu übersehen", unterbrach ihn Marie. „Ich kenn' mich da nicht so aus, aber sonst sieht man doch den Thronfolger nie in Marineuniform."

„Er hat als junger Mann eine Weltreise gemacht und das hat ihn in seiner Überzeugung bestärkt, dass Österreich-Ungarn auch zur See stark sein muss, um als Handelsmacht anerkannt zu werden. Er hat in seiner militärischen Laufbahn nie in der Flotte Dienst gemacht, ist aber dennoch zum k.u.k. Admiral ernannt worden. Der deutsche Kaiser hat ihn ehrenhalber sogar zum Admiral der Reichsmarine gemacht.

Jetzt aber zu Gottfried Banfield. Der ist zusammen mit unserem Kameraden Wosecek der „Lacroma" von hier aus entgegen geflogen, um die beiden neuen Seeflugzeuge im Einsatz zu zeigen. Bei Rovigno trafen sie auf die Jacht, zeigten einige Flugmanöver und drehten dann in Richtung Pola ab.

Auf dem Rückflug, das alles spielte sich um die Mittagszeit ab, setzte bei Banfields Maschine der Motor aus und war nicht wieder in Gang zu bringen. Banfield musste mit Rückenwind wassern. Der Seegang war stark und die Maschine ist vom Wind von Woge zu Woge geworfen worden. Dabei sind zwei Längsträger im Vorderteil gebrochen und haben dem armen Gottfried den rechten Unterschenkel fast zerschmettert. Zum Glück ist er ein zäher Bursche und hat sich mit seinem komplizierten offenen Beinbruch mit der Schwimmweste rund zwanzig Minuten über Wasser gehalten. Dann ist er von einem Torpedoboot, das die „Lacroma" begleitet hat, aufgefischt worden. Der Thronfolger hat sich auf das Torpedoboot übersetzen lassen, um zu sehen, wie es dem Gottfried geht.

Gegen sechs am Abend ist er dann endlich ins Marinespital eingeliefert worden. Zuerst hat man überlegt, ob man ihm nicht den Unterschenkel amputieren sollte. Zum Glück hat aber der Doktor Waldeck Dienst gehabt, der ihn nach der ganz neuen Methode des Professor Eiselsberg operiert hat. Der Thronfolger und seine Gemahlin haben den Gottfried auch im Spital besucht.

Ich hoffe nur, dass der arme Teufel, der wahrscheinlich unser bester Marieflieger ist, nicht allzu lange braucht, bis er wieder ins Flugzeug steigen kann."

+

Am Sonntag darauf sahen sich die Pollinis von Tante Claras Balkon aus den Frühlingskorso an. Sie saßen mit der Tante unter einem Sonnenschirm, tranken erfrischende Limonaden und hatten einen wunderbaren Ausblick auf das, was auf der Straße geschah. Alle Häuser in der Innenstadt hatten Fahnenschmuck angelegt. Die Fenster waren mit Blumen geschmückt und über die Straßen waren in kurzen Abständen Schnüre mit bunten Fähnchen gespannt. Zu beiden Seiten der Straße standen dicht gedrängt die staunenden Zuschauer, die zum Teil von weither gekommen waren. Beifall rauschte auf, wenn ein besonders schön dekorierter Wagen vorbeifuhr oder wenn die kostümierten Insassinnen sehr attraktiv waren. Die Gespanne und Automobile waren über und über mit Blüten und Blumen geschmückt. Aber auch auf mit Girlanden umwundenen Bauernwagen saßen junge Frauen. Sie waren ebenfalls kostümiert und so sah man Meeresgöttinnen, Rosen streuende Landmädchen, verspielte Schäferinnen, rassige Zigeunerinnen, einfach alles das, was sich an Kostümen nähen oder entleihen ließ.

Vor dem Rathaus, das Claras Haus schräg gegenüber lag, fand als Abschluss und Höhepunkt die Preisverleihung an die schönsten Wagen und für die originellsten

Kostüme statt.

Im Krieg des Balkanbundes gegen die Türkei wurden erstmals Wasserflugzeuge zur Aufklärung und Übermittlung von Meldungen eingesetzt. Am 6. Februar klärte ein griechisches Seeflugzeug über den Dardanellen auf und warf dabei auch Bomben ab. Dieser erste Kriegseinsatz eines Marineflugzeugs wurde von den österreichischen Seefliegern sehr aufmerksam registriert und alle Nachrichten, die über diesen Einsatz zu bekommen waren, wurden sorgfältig studiert und ausgewertet.

Unter dem Eindruck des Krieges am Balkan wurden für die österreichisch-ungarischen Marineflieger in kürzester Zeit sieben einsatzfähige Flugboote angekauft. Von den vier Maschinen des Typs Donnet-Leveque wurden zwei nach österreichischen Vorschlägen umgerüstet. Das brachte eine deutliche Leistungssteigerung mit sich. Im April machte die Motor-Luftfahrtsgesellschaft das Angebot, ein österreichisches Flugboot zu bauen.

Für Übungsflüge wurde in dieser Zeit im Großen die Zone Grado–Pola–Lussin freigegeben. Küstenflüge wurden bis nach Sebenico gestattet. Für Privatflugzeuge wurden erste Flugverbotszonen festgelegt. Ab April mehrten sich die Einflüge italienischer Flugzeuge. Diese wurden aber geduldet, weil auch österreichisch-ungarische Flugzeuge bis über italienisches Gebiet flogen.

Schon im Februar war der erste österreichische Versuch über die Verwendungsfähigkeit von Seeflugzeugen im Kriegsfall erfolgt. Zwei Seeflugzeuge erprobten die Minensuche aus der Luft. Die Ergebnisse übertrafen alle Erwartungen. Damit wurde die Minensuche, in anderen Marinen auf diese Weise gänzlich unbekannt, in weiterer Folge eine der Hauptaufgaben der k.u.k. Seeflieger.

Im April entschlossen sich die Großmächte zur Blockade der albanischen Küste, um so die Räumung des Staatsgebietes des jungen Staates von serbischen Truppen zu erzwingen. Dazu wurde ein internationaler Flottenverband mit österreichischer Beteiligung vor die Küste Skutaris entsandt. Die junge Seefliegertruppe sollte dabei ihre erste Bewährungsprobe bestehen. Paride wurde als einer der Piloten eingeteilt.

Seine Frau nahm dies viel leichter hin, als er erwartet hatte. Insgeheim wurde er den Verdacht nicht los, dass sie ganz froh war, ihn aus dem Haus zu haben.

„Du wirst nichts anderes machen, als du jetzt tust", meinte sie zu ihm. „Dem Baby und mir geht es gut. Ich mach' von Tag zu Tag weniger und schone mich wirklich. Im kommenden Monat kommt meine Mutter und schaut zusätzlich auf mich. Ich habe es ihr nicht ausreden wollen, denn Papa soll auch für ein paar Tage mitkommen. Dem tut der Tapetenwechsel sicher gut. Frühlingstage am Meer sind einfach großartig."

„Wirst du denn ohne mich zurechtkommen?, fragte Paride zweifelnd.

„Liebling, jeden Tag, an dem du am Morgen aus dem Haus gehst, vermisse ich dich. Das weißt du. Natürlich lasse ich mich von dir nur zu gern verwöhnen. Dazu kommt, dass du mir jeden Wunsch von den Augen abliest. Frauen sind aber im Grund genommen viel zäher und widerstandsfähiger als Männer annehmen. Du kennst doch mich und mein Naturell. Fahr du nach Cattaro, ich komme hier schon zurecht."
Marie nickte ihrem Mann aufmunternd zu und dachte bei sich: „Paride, du bist lieb, aber manchmal ein bisschen anstrengend."

Am 24. April wurden drei Flugboote auf Schlachtschiffen in Pola eingeschifft. Zwei Tage später trafen sie in Cattaro ein. Ursprünglich hatte man vorgehabt, die Seeflugzeuge mit Kränen auf das Wasser zu setzen. Nun stellte sich heraus, dass das nur bei ganz ruhiger See möglich war. Daher ließ man diesen Plan sehr bald fallen.
Die k.u.k. Marineverwaltung errichtete in Teodo nächst der Bucht von Cattaro rasch eine Küstenflugstation für die drei Flugboote. Als Hangar diente ein alter Schiffsschuppen des Seearsenals. Die Piloten, Mechaniker und die Helfer wurden auf einem mit einem Zeltdach überspannten primitiven Schiff untergebracht, das eigentlich zum Kohlentransport vorgesehen war.
Trotz der ungewohnten, feldmäßigen und beengten Verhältnisse bewährten sich Paride und seine Kameraden sehr. Sie unternahmen über sechzig Erkundungsflüge und erreichten dabei Höhen von 1500 Metern. Die dabei gewonnenen Erfahrungen im Angesicht serbischer und montenegrinischer Truppen erschienen den jungen Fliegern unbezahlbar. Am 28. Mai schifften sie sich wieder ein und zwei Tage darauf waren die Flugboote „8", „10" und „12" wieder in ihrer Heimatbasis in Pola.
Maries Mutter war schon Ende Februar für einige Tage nach Pola gekommen, um nach ihrer Tochter zu sehen. Beruhigt und zufrieden hatte sie die Heimreise angetreten. In diesen späten Tagen des Mai kam sie mit ihrem Mann auf Besuch. Mit großer Mühe hatte Marie ihre Eltern davon abhalten können, in einem Hotel abzusteigen. Ihr Vater wollte partout nicht einsehen, dass das Haus groß genug für Besuche sei, dass es über Gästezimmer verfüge und dass die beiden Mädchen Marie ohnehin jede Arbeit abnehmen würden. Sie, Marie, würde, schwanger oder nicht, es auf keinen Fall zulassen, dass ihre Eltern im Hotel wohnen.
An einem der ersten Tage seines Besuchs war Vater Fleissner am Vormittag in ein Kaffeehaus an der Riva gegangen, um, wie er meinte, seiner Frau und seiner Tochter die Gelegenheit zu geben, „sich von Frau zu Frau auszusprechen". Fleissner nahm an einem Tisch in der Sonne auf der zum Meer hin gelegenen Terrasse Platz. Ringsum saßen Herren, die eifrig in die gerade angekommenen Tageszeitungen vertieft waren. Zur bestellten Melange brachte ihm der Ober, wie verlangt,

auch eine Tageszeitung an den Tisch.

„Was bringt mir denn der da daher?", fragte sich Fleissner, als er bemerkte, dass er die „Bohemia" in Händen hielt und dachte sich „Na, les' ich halt dieses Blattl." Wenig interessiert überflog er die Meldung, dass der Londoner Friede unterzeichungsreif sei und der Balkankrieg nun wohl endlich ein Ende gefunden habe. Die Türkei habe ihre europäischen Besitzungen bis auf Konstantinopel und die nächste Umgebung der Stadt verloren.

„Die Balkanstaaten werden sich nicht über die Teilung der Beute einigen können", dachte Fleissner, „und werden jetzt wie die hungrigen Wölfe über einander herfallen. Ich halte jede Wette, dass es keine zwei Monate dauert, bis wieder geschossen und gekämpft wird."

Eher gelangweilt griff er, der den Anblick der im Hafen liegenden Schiffe sichtlich genoss, nach dem Glas mit frischem Wasser, das mit seiner Melange serviert worden war. Er nahm einen Schluck und widmete sich wieder der Zeitung. Er wollte sie schon zur Seite legen, als er las:

„Von hervorragender Seite werden wir um Widerlegung der speziell in Offizierskreisen aufgetauchten Gerüchte ersucht, dass der Generalstabschef des Prager Korps, Oberst Redl, der bekanntlich vorgestern Selbstmord verübt hat, einen Verrat militärischer Geheimnisse begangen und für Russland Spionage betrieben habe. Die nach Prag entsandte Kommission , bestehend aus einem Obersten und einem Major, die am Samstag in Gegenwart des Korpskommandanten Baron Giesl die Dienstwohnung des Obersten Redl und die Schubfächer öffnen ließ, hatte nach Verfehlungen ganz anderer Art zu suchen….."

Ungläubig und betroffen legte Fleissner die Zeitung zur Seite. Er schlug sie sorgfältig zu, als ob niemand anderer das Ungeheuerliche lesen sollte. Er gab ein paar Münzen auf das Metalltablett vor sich auf den Tisch und ging.

Er hatte keinen Blick mehr für die Schönheiten der Stadt. Er freute sich nicht mehr über die Eleganz der kreisenden Möwen. Er wirkte verstört. „O Gott, in welche Zeit wird mein Enkelkind hineingeboren, wie sollen wir es da behüten und schützen?", fragte er sich. „Wie wird es heranwachsen? Wird die Armee, wird der Staat, ja wird die Monarchie diesen beispiellosen Skandal aushalten?"

„Die beiden lässt du nichts von deinen Sorgen spüren", sagte er zu sich, als er von der Straße in den stillen Garten trat. Moosbewachsene Brunnenschalen wurden von spielendem Wasser überronnen und in dieser friedlichen Umgebung fand er seine Frau und seine Tochter unter Blütenzweigen sitzend vor.

Marie saß Dr. Benedetti in dessen Ordination gegenüber. Seine ruhige, umsichtige Art zu sprechen und ihr Zusammenhänge zu erklären, hatten ihr vom ersten Tag an Vertrauen und Zuversicht eingeflößt.

„Wir können mit dem Verlauf Ihrer Schwangerschaft wirklich zufrieden sein, Gräfin", bemerkte Benedetti. „Alles nimmt seinen Gang so, wie es soll. Wie es aus-

sieht, werden Sie ziemlich genau zum errechneten Zeitpunkt niederkommen."
Marie strahlte ihren Arzt an. Dann sagte sie: „Herr Doktor, obwohl alles so gut ausschaut und ohne Komplikationen zu verlaufen verspricht, möchte ich doch zu Ihnen in Ihr Sanatorium kommen."
„Genau das habe ich Ihnen eben vorschlagen wollen. Schauen Sie, bei der Geburt handelt es sich um eine biologische Funktion des Menschen. Der Ablauf jeder Geburt ist aber verschieden. Sie kann nicht in jeder Einzelheit geplant und gesteuert werden. Die Geburt, das gilt für die erste ganz besonders, stellt für Sie und auch für weitere Beteiligte, wie für Ihren Herrn Gemahl, ein sehr emotionelles Erlebnis dar."
Marie warf lächelnd ein: „Auf meinen Mann trifft das ganz besonders zu, Herr Doktor. Er ist lieb, rührend um mich besorgt und damit auch ein bisschen anstrengend."
Der Arzt rückte schmunzelnd seine Brille zurecht uns sprach dann weiter: „ Meine Erfahrung zeigt mir, dass werdende Väter so sind. Ich war da auch keine Ausnahme.
Eine Geburt ist meist mit ziemlichen Schmerzen verbunden. Die werden aber sehr bald von großer Freude abgelöst und sind damit rasch vergessen. Man muss sich bewusst sein, dass eine Geburt ein medizinisches Ereignis ist. Und als ein solches ist sie auch mit einer Reihe von Risiken verbunden. Daher ist das Herangehen an eine Geburt je nach Ort, Zeit und Anspruch verschieden.
Wenn Sie zu mir ins Sanatorium kommen, sind Sie bestens versorgt und aufgehoben. Es wird alles für Sie vorbereitet sein, Gräfin, und es wird auch alles zur Verfügung stehen, was bei einer Hausgeburt eben nicht da sein kann. Fangen Sie jetzt aber nicht nachzudenken an, denn es besteht nicht der geringste Grund beunruhigt zu sein."
Dr. Benedetti lächelte. Sein Lächeln wirkte zuversichtlich. Über seine Brille hinweg sah er Marie an: „Bei Ihnen wird die Geburt ein ganz natürlicher körperlicher Vorgang sein, den wir sanft unterstützend begleiten werden."
Marie stand ein bisschen umständlich auf: „Herr Doktor, ich freue mich so auf unser Kind und ich weiß, dass ich bei Ihnen in den besten Händen sein werde. Bitte reservieren Sie das Zimmer für mich und sprechen Sie bitte auch den Termin mit der Hebamme ab."

Am Abend des 30. Mai kam Paride wieder nach Hause. Er hatte gleich nach dem Einlaufen seines Schiffes im Hafen telefonisch seine sichere und wohlbehaltene Rückkehr gemeldet. Er war froh, seine Frau in so guter Verfassung anzutreffen. Auch der Besuch seiner Schwiegereltern machte ihm Freude. Die zogen sich am Abend aber bald zurück, da sie den jungen Leuten, die zum ersten Mal so lange getrennt gewesen waren, Zeit füreinander geben wollten. Vater Fleissner gab auch vor packen zu müssen, da er am nächsten Tag mit dem Abendzug über Wien nach Hause fahren wollte. Seine Frau sollte, wie schon lange ausgemacht, in Pola bleiben, um Marie beizustehen und an die Hand zu gehen.

Als sich Paride am nächsten Morgen nach dem gemeinsamen Frühstück von seinem Schwiegervater verabschieden wollte, meinte der: „Wenn du nichts dagegen hast, begleite ich dich ein Stück auf deinem Weg zum Dienst. Mir tut es nur gut, wenn ich wieder einmal mit einem Soldaten flott dahinmarschiere. In den letzten Tagen habe ich nur mit Deiner Schwiegermutter von Auslage zu Auslage schlendern und einkaufen dürfen."

Seine Frau lächelte nur mild und meinte. „Mein Gott, fang nicht schon wieder so an! Hier findet man eben den Chic des Mittelmeers mit dem von Wien vereint. Meine Trachtenblusen und Steirerkostüme trage ich ohnehin des Rest des Jahres. So viel wie du jetzt tust, hast du nicht ausgeben müssen."

Seine Tochter schaute ihn strafend an. „Papa, manchmal bist du schon ein Modemuffel. Du solltest froh und dankbar sein, dass Mama so gut ausschaut und ihre Figur so hält."

„Paride komm, mir bleibt nur noch die Flucht!", klagte Fleissner lachend und zog seinen Schwiegersohn mit sich.

Auf der Straße schritten sie nebeneinander her. „Papa, du willst mir doch was sagen, was unsere Frauen nicht hören sollen. Ist irgendwas mit Marie? Mir hat sie erzählt, dass ihr Arzt sehr zufrieden ist und der Geburt optimistisch entgegensieht."

„Mach dir da keine zu großen Gedanken. Ich weiß schon, dass sich das recht leicht sagt. Aber bei Marie und dem Kind wird bestimmt alles einen guten Gang nehmen. Im Augenblick macht mir was ganz anderes wirkliche Sorgen.

Vor ein paar Tagen war ich im Kaffeehaus und krieg dort eine Zeitung aus Prag in die Hand, in dem abenteuerliche Sachen über den Stabschef des Prager Korps stehen. Der hat sich erschossen. So wie es aussieht, hat er mit den Russen gemeinsame Sache gemacht. Natürlich stehen auch in den Wiener Zeitungen keine Details. Aber so was geht nicht von heute auf morgen und dann erschießt sich eben einer so mir nichts dir nichts. Daher bin ich mir ganz sicher, dass der das schon seit Jahren so gemacht hat. Was die Russen erfahren haben, das haben sie sicher zum Teil an ihre serbischen Brüder durchsickern lassen. In Wien wird man sich gegenseitig beruhigen und sich in die Tasche lügen, dass sich die Bretter biegen. Dem Kaiser wird man es sich kaum zu sagen getraut haben. Dem wird man eine Version erzählt haben und dem Thronfolger eine andere."

Nach einer kurzen Pause sagte Fleissner mit ganz veränderter Stimme: „Ich hab' Angst, Paride. Ich fürchte mich nicht vor einem Krieg, obwohl jetzt fieberhaft alle Pläne und Dispositionen geändert werden müssen. Im Großen werden sie gleich bleiben, aber wesentliche Details wird man neu planen müssen. Dafür sind

die Leute im Kriegsministerium aber da.
Ich mach' mir Sorgen, wie der Kaiser und wie die Monarchie solche Schläge aushalten sollen. Die Armee ist doch bisher die starke Klammer gewesen. Du, wenn die jetzt auch nicht mehr hält, dann sehe ich die Katastrophe heraufziehen. Der wird man nicht mit einem Flottenaufmarsch wie dem, von dem du gerade kommst, begegnen können. Leider."
Fleissner blieb stehen. „Ich wollte dir das Herz nicht schwer machen, aber ich habe mit wem darüber reden müssen: Er reichte seinem Schwiegersohn die Hand: „Gib gut auf dich acht und halte mich wegen deiner kleinen Familie auf dem Laufenden."
Paride drückte die Hand seines Schwiegervaters fest: „Verlass dich auf mich, Papa!"
Dann legte er grüßend die Hand an die Kappe und ging. Fleissner spürte seine Augen feucht werden und sah ihm nach, bis er um eine Ecke verschwand.

+

Der 14. Juni versprach ein schöner Sommertag zu werden. Paride war nach dem gemeinsamen Frühstück wie immer aus dem Haus und zum Dienst gegangen. Nachdem er sich verabschiedet hatte, blieben Marie und ihre Mutter noch etwas bei Tisch sitzen. Als Marie aufstehen wollte, durchzuckte sie ein stechender Schmerz, der mehr als eine halbe Minute andauerte und dann wieder abklang.
Sie hatte sich beim Einsetzen des Schmerzes gleich wieder gesetzt. Mit gepresster Stimme meinte sie zu ihrer Mutter: „Mama, ich glaube, Mirna sollte den braunen Koffer aus meinem Zimmer holen. Den Stanko schicken wir gleich um ein Taxi."
Fragend sah ihre Mutter sie an: „Haben die Wehen eingesetzt?"
Marie nickte: „Ja! Die nächste Generation meldet sich an."
Die Mutter stand auf, strich ihr sanft über das Haar und sagte nur: „Bleib ganz ruhig. Es geht schon alles gut. Ich rufe jetzt im Sanatorium an."
Nachdem das Taxi vorgefahren war, stieg Marie von ihrer Mutter und von Stanko gestützt ein. Der Weg zum Sanatorium Benedetti war nicht sehr weit.
Die Hebamme, eine mütterlich aussehende Frau mittleren Alters, erwartete sie bereits und brachte sie auf ihr Zimmer. Das war hell, freundlich und zum Garten hin gelegen. Am Tisch stand eine Vase mit frischen Blumen. Mit einem kleinen, glücklichen Lächeln betrachtete Marie das Kinderbett, das neben dem Bett stand.
Kurz nachdem sie das Zimmer bezogen hatte und zu Bett gegangen war, kam ihr Arzt.
„Küss die Hand, Gräfin, wie fühlen Sie sich? Frau Walder, die Hebamme, kennen Sie ja schon."
Marie war ein bisschen blass, antwortete aber tapfer: „Eigentlich recht gut, Herr

Doktor."

Nachdem sich Benedetti ein Bild gemacht hatte, sah er Marie ernst an: „Gräfin, ich gebe Ihnen kein Mittel gegen die Schmerzen der Wehen. Das mache ich aber nicht, weil ich Sie nicht entlasten will. Dadurch könnten aber die Wehen an sich schwächer werden und das könnte wiederum die Geburt hinauszögern."

Marie lächelte schwach: „Sie wissen schon, was gut für mich ist, Herr Doktor."

„Die Hebamme ist immer in Ihrer Nähe und ich bin auch im Hause. Sie können wirklich ganz beruhigt sein. So wie es aussieht, wird alles am späteren Nachmittag schon vorüber sein. Dann haben wir den neuen Erdenbürger schon mitten unter uns - oder eine kleine Komtesse."

Nachdem sich der Arzt verabschiedet hatte, betrat Maries Mutter das Zimmer. „Kind, ich sehe, dass du wirklich gut untergebracht und betreut bist. Ich gehe jetzt nach Hause, weil ich hier nur im Weg herumstehen würde. Am Nachmittag komme ich wieder. Das ist alles mit deinem Arzt so abgesprochen."

Kurz nach vier Uhr nachmittags hörte Marie den ersten Schrei ihres Kindes.

„Und?" fragte sie atemlos.

„Ein Bub, ein gesunder, kräftiger Bub", antwortete Dr. Benedetti auf ihre Frage. Er lachte über das ganze Gesicht und aus seinen Augen sprach die Freude über die rasche, komplikationsfreie Geburt.

„Wann krieg ich ihn?", fragte Marie enthusiastisch. Trotz ihrer verschwitzten Haare und ihres von Anstrengung gezeichneten Gesichtes sah sie bezaubernd aus. Die Hebamme legte ihr ihren notdürftig gesäuberten und in warme Tücher eingepackten Sohn in den Arm. Marie drückte ihn behutsam an sich und wurde von Liebe zu diesem kleinen Wesen übermannt. Ihr Sohn hatte seine Augen geöffnet. Obwohl sie wusste, dass er sie noch gar nicht richtig sehen konnte, fühlte sie seinen Blick und hatte das Gefühl, in diesem Augenblick einen Pakt mit ihrem Sohn geschlossen zu haben.

Nach einer Weile meinte die Hebamme, dass sie den Säugling nun baden und versorgen wolle. In der Zwischenzeit solle sich Marie mit Hilfe ihrer gerade eingetroffenen Mutter und einer Pflegerin frisch machen. Dann würde sie den Säugling wieder bringen.

Als die Barkasse mit den Offizieren, die vom Dienst auf Santa Catarina kamen, am Kai anlegte, stand Stanko schon aufgeregt winkend dort.

„Herr Fregattenleutnant, Herr Fregattenleutnant, der Herr Sohn ist gut angekommen!" meldete er mit einem breiten Lachen und zeigte auf eine Kutsche, die er bereits angemietet hatte. Nachdem Pollini die Glückwünsche seiner Kameraden entgegengenommen hatte, stieg er in die Kutsche.

„Blumen müssen wir noch besorgen!", rief er dem Kutscher zu und nannte ihm

auch den Namen eines Blumenladens. Dort ließ der glückliche Vater alle verfügbaren Rosen zu einem riesigen Strauß binden. Kurze Zeit später hielt der Zweispänner vor dem Sanatorium. Während Stanko die Blumen hielt, bezahlte Pollini den Kutscher und drücke ihm ein ordentliches Trinkgeld in die schwielige Hand. Nachdem man ihm in der Aufnahme die Zimmernummer seiner Frau genannt hatte, klopfte er vorsichtig an die Tür und hörte seine Schwiegermutter ‚Herein' sagen. Paride trat ein und sah Marie an mehrere große Kissen gelehnt im Bett sitzen. In ihren Armen hielt sie seinen Sohn.
Seine Schwiegermutter nahm ihm den Blumenstrauß ab. Paride nickte ihr dankend zu und trat atemlos ans Bett.
„Johannes", sagte Marie zu ihrem Sohn, der mit geschlossenen Augen in ihrem Arm lag, „das ist dein Vater."
Vorsichtig schloss Paride beide in die Arme. Er küsste Marie behutsam und beugte sich dann über seinen Sohn. Als er ihn auf die Stirn küsste, öffnete der die Augen.
„Marie", stieß Paride atemlos hervor, „er hat deine blauen Augen."
„Liebling, Neugeborene haben sehr oft blaue Augen. Dein Sohn hat alle Anlagen zum glutäugigen Istrianer", schmunzelte Marie.
„Darf ich ihn einmal auf den Arm nehmen?", wollte Paride wissen.
„Nimm ihn nur, er gehört uns beiden", antwortete seine Frau und reichte ihm seinen Sohn im Steckkissen.
Paride nahm ihn vorsichtig entgegen, hielt ihn im Arm und betrachtete das kleine, noch ein bisschen rote Gesicht und die zu Berge stehenden Haare.
Seine Schwiegermutter trat zu ihm, legte ihm die Hand auf den Arm und sagte: „Ist er nicht wunderschön?"
Während Paride nur nickte, meinte Marie lächelnd, ihr Sohn sehe ein bisschen widerborstig aus, das aber könne er nur von seinem Vater haben. „Wichtig ist aber nur, dass er gesund ist, Appetit hat und ein Lausbub wird er auf jeden Fall werden", setzte sie glücklich hinzu.
Paride reichte seinen Sohn an seine Schwiegermutter weiter und setzte sich zu Marie auf den Bettrand. „Entschuldige, ich habe dich noch gar nicht gefragt, wie der Tag für dich eigentlich abgelaufen ist. Da gehe ich am Morgen aus dem Haus und wie ich vom Dienst zurückkomme, bin ich Vater. War es sehr anstrengend und schmerzhaft für dich?"
„Ob du es mir nun glaubst oder nicht, ich weiß es nicht mehr. Es ist alles recht schnell gegangen und wie unser Bub da war, da war alles andere so weit weg. Ich bin auf einer Welle des Glücks geschwebt – es ist einfach unbeschreiblich. Mein Liebster, es geht uns beiden gut. Auch Doktor Benedetti ist sehr zufrieden."
„Jetzt sind wir eine richtige Familie", sagte Paride glücklich und sehr stolz.
Etwa eine Viertelstunde später kam die Hebamme und meinte, nachdem sie dem Vater gratuliert hatte, dass es nun Zeit zum Stillen sei und dass sowohl Mutter als

auch Sohn Ruhe nötig hätten. Auf Pollinis Frage, ob er seinem draußen wartenden Offiziersdiener noch seinen Sohn zeigen dürfe, nickte sie und öffnete die Tür. So konnte der Herr Fregattenleutnant seinem Burschen voll Freude seinen Sohn zeigen. Bevor er ging, zeichnete er seinem Sohn mit dem Daumen noch das Kreuzzeichen auf die Stirn, dann nahm er seine Frau in den Arm und küsste sie. „Bis morgen, Liebling. Ich frage draußen noch, wann ich euch beide besuchen darf."
Galant reichte er seiner Schwiegermutter den Arm.
Beim Heimkommen sagte ihm Gordana, sie habe ein kleines kaltes Abendessen für die Herrschaften vorbereitet und sich erlaubt, eine Flasche Champagner einzukühlen. „Das ist großartig. Bevor ich mich aber zum Essen setze, möchte ich Sie, Mirna und Stanko noch kurz in meinem Arbeitszimmer sehen."
Dort angekommen, sagte er: „Ihr wisst alle drei, dass heute einer der schönsten und wichtigsten Tage in meinem Leben ist. Ihr sollt euch mit mir freuen und auch etwas davon haben, dass mir meine Frau heute einen gesunden Buben geschenkt hat."
Damit drückte er allen Dreien je drei goldene Zehnkronenstücke in die Hand. Gordana blieb vor Überraschung der Mund offen stehen.
„Wir sollen heut' doch alle eine Freud' haben, "meinte Paride lächelnd.

Die Telefonistin am Fernamt in Pola brachte die Verbindung nach Parenzo überraschend schnell zustande.
„Mama, nimm bitte Platz", sagte Paride, nachdem sich seine Mutter gemeldet hatte. „Sitzt du jetzt auch gut?", fragte er sie dann gewollt umständlich.
„Paride, nun sag doch schon endlich, ob das Baby schon da ist. Ist es gut angekommen? Sind deine Frau und das Kind gesund? So sag doch endlich was!", unterbrach ihn seine Mutter aufgeregt.
„Mama, dein Enkel ist da. Der Bub ist heute am Nachmittag auf die Welt gekommen und ist kerngesund. Er ist groß und kräftig. Ihm und Marie geht es, das hat mir auch der Arzt bestätigt, ganz ausgezeichnet."
„Wie groß ist er und wie schwer, wie sieht er denn aus?"
„Hübsch ist er, Mama. Er hat dunkle Haare und blaue Augen. Du hast bestimmt noch nie ein so schönes Kind gesehen. Unser Bub wiegt drei Kilo siebzig und ist 55 Zentimeter lang. Wann kommst du mit Papa?"
„Papa ist noch in der Stadt. Mein Gott wird der sich freuen. Er muss ohnehin jeden Moment nach Hause kommen. Ich nehme an, dass wir spätestens übermorgen da sind. Mariola wird ganz sicher auch gleich mitkommen."
„Du rufst uns aber vorher noch an?"
„Ja natürlich tue ich das. Onkel Massimo werden wir morgen in der Kanzlei anrufen, die Verwandten in Pola verständigst bitte du. Aber noch einmal, Hand aufs Herz, Marie geht es doch wirklich gut?"
„Mama, du kennst sie doch, die ist das blühende Leben in Person. Ihr geht es

wirklich gut, mach dir bitte keine Gedanken.

„Mein Bub, irgendwer hat einmal geschrieben oder gesagt, dass die schönen Tage das Privileg der Reichen sind, die schönen Nächte aber den Glücklichen gehören Was für eine wunderbare Nacht haben wir heute alle vor uns. Ich umarme dich!"

„Was gibt's denn, Hedwig?", fragte Vater Fleissner am Telefon, als ihn seine Frau am frühen Abend angerufen hatte. „Mit Marie ist doch alles in Ordnung?", wollte er besorgt wissen.

„Es ist nicht nur alles in bester Ordnung, sondern wir sind jetzt auch Großeltern! Ja, Ernst, du bist heute Großvater geworden. Unser Enkel ist ein Prachtkerl und kerngesund! Auch Marie geht es wirklich gut. Der Bub ist so schnell gekommen wie damals unser Sohn. Opa, du brauchst jetzt nichts anderes zu tun als dich zu freuen!"

„Natürlich, wenn es einmal einen wirklichen Grund zum Feiern gibt, dann ist niemand da. Unser Sohn ist irgendwo in Niederösterreich unterwegs, dem schick ich aber gleich morgen in aller Früh ein Telegramm. Die Johanna in Graz rufe ich gleich jetzt an. Was für eine Freude wird die doch haben. Na und die Martina wird Augen machen!"

„Du kannst dir ruhig eine Flasche aus dem Keller holen und biete der Martina auch ein Glas an", trug ihm seine Frau auf.

„Der Bub muss ja wirklich hinreißend sein, dass du so großzügig zu mir bist", stichelte Fleissner ganz bewusst.

„Wenn du morgen an unseren Sohn telegrafierst, dann schicke auch gleich ein Telegramm an meinen Bruder in Oberndorf", trug ihm seine Frau auf. „Wann kommst denn du nach Pola und schaust dir deinen Enkel und seine stolze Mutter an?"

„Mir ist als hätte ich unsere Marie gerade noch auf den Knien geschaukelt oder von irgendeinem Baum heruntergeholt und jetzt ist sie selbst Mutter." Seine Frau hörte Rührung in seiner Stimme mitschwingen. „ich fahre übermorgen los. Besorg mir bitte ein Zimmer im Hotel, denn jetzt wird die Familie aus allen Richtungen kommen und so groß ist das Haus auch wieder nicht. Außerdem kann ich mich dann zurückziehen, wenn mir danach ist.

„Gut, das mache ich. Dann alles Liebe, Opa, und schlaf heute ganz besonders gut."

„Du aber auch, liebe Omi", konterte Fleissner.

Als Paride seine Frau am Tag darauf besuchte, schlief sein Sohn fest in seinem kleinen Bett.

„Paride, du musst dich um die Geburtsanzeigen kümmern. Auf meinem Schreibtisch liegen die Kuverts. Sie sind alle schon adressiert. Daneben liegt der Entwurf für die Anzeige. Du brauchst jetzt nur mehr den Namen unseres Sohnes einzusetzen. Dann schickst du den Stanko damit in die Druckerei."

Auf Parides fragenden Blick hin meinte seine Frau: „Der Stanko war schon mit mir dort, der weiß Bescheid. Rechts oben auf dem Entwurf steht eine Zahl. So viele Exemplare sind zu bestellen. Da sind ein paar in Reserve für alle Fälle dabei und dann bleiben noch zwei oder drei für uns, die wir uns aufheben können."

„Wie wird denn der Bub jetzt tatsächlich heißen?", fragte Parides Mutter, die während des Gesprächs das Zimmer betreten hatte.

„Mama, schau, da ist dein Enkel", zeigte ihr Sohn stolz auf das schlafende Kind. Seine Mutter trat an das Bett, beugte sich über den Kleinen und betrachtete ihn liebevoll. Dann wandte sie sich zu Marie, umarmte und küsste sie. In ihren Augen schimmerten Tränen.

Danach nahm sie Platz, betupfte ihre Augen mit einem Taschentuch und fragte erneut: „Jetzt sagt mir doch, wie der Bub heißen wird?"

„Johannes Maria Paride Ettore Ernesto", antwortete der stolze Vater.

Die Gräfin lächelte Marie zu: „Gott sei Dank hast du den Vinciguerra verhindern können. Mir ist das seinerzeit nicht gelungen."

Johannes begann sich in seinem Bett zu bewegen und erwachte. Er hatte seinen kleinen Fäuste geballt, blinzelte und schaute mit großen Augen zur Decke.

„Darf ich?", fragte seine Großmutter.

„Aber natürlich Mama, nimm ihn nur heraus."

Vorsichtig hob die Gräfin ihren Enkel aus seinem Bett und drückte ihn zärtlich an sich. Sie betrachtete ihn liebevoll, küsste ihn und flüsterte ihm Koseworte zu. Dann legte sie ihn Marie in den Arm.

„Entschuldige die neugierige Frage von Mutter zu Mutter. Wie ist sein Appetit und wird er auch satt?", wandte sich die Gräfin an Marie:

„Er wird satt und sein Appetit ist ganz ausgezeichnet", lächelte diese. „Dr. Benedetti meint, dass ich ihn wohl mehrere Monate stillen werde."

Während dieses Gesprächs hatte Paride eher etwas verlegen zur Seite geschaut und war sichtlich erleichtert, als sein Vater mit einem großen Blumenstrauß und Mariola mit einer Riesenschachtel Pralinen in der Hand ins Zimmer kamen.

Onkel Massimo kam mit Tante Clara zu Besuch. Bewundernd stand die alte Dame vor dem kleinen Bett und lächelte dann voll Wärme. Massimo sah sie belustigt an: „Also Clara, bist du jetzt beruhigt?"

„Was sollte mich denn beunruhigen, du altes Ekel?"

„Weißt du Marie", wandte sich Massimo an die junge Mutter, die in einem bequemen Stuhl saß, „so wie es die Habsburgerlippe gibt, die Generationen von Habsburgern verunziert hat und die von zahlreichen Bildnis- und Historienmalern wohl wegen des Honorars taktvoll geschönt worden ist, so gibt es bei den Pollinis eine besondere Nase."

„Massimo, jetzt lass es aber bitte gut sein", sagte Clara erbost.
„Claras Großonkel Ubaldo und seine Schwester hatten einen riesigen Knollen im Gesicht, was alte Familienbilder beweisen. Ubaldos Schwester sei deshalb auch ins Kloster gegangen, wissen ganz Boshafte zu berichten. Darum hat Tante Clara auch das Näschen des Kleinen so genau betrachtet."
„Massimo, das stimmt nicht. Meinen Großonkel kenne ich auch nur von Bildern und diese Nase hat es in der Familie nie mehr gegeben. Aber", sagte sie mit ihrem feinen Lächeln, „der Kleine hat die feine, schmale Nase seiner Mutter."
„Mit der wird er einmal die Witterung aufnehmen wie ein junger Windhund", schmunzelte Massimo. „Kein Mädchen wird vor ihm sicher sein."
„Onkel Massimo", rief Marie beschwörend, „mal den Teufel nicht an die Wand!"
„Hör ihm doch gar nicht zu", beruhigte sie Tante Clara. „Unser Massimo ist höchst liebenswürdig und ganz unausstehlich. Man hat es wirklich nicht leicht mit ihm. Aber bei dem ganzen Ärger, den man mit ihm hat, kann man doch nicht genug von ihm kriegen. Und sieht man ihn – so wie ich - längere Zeit nicht, dann sehnt man sich geradezu nach ihm und den Unannehmlichkeiten, die man unweigerlich mit ihm hat."
Zehn Tage nach der Geburt ihres Sohnes verließ Marie das Sanatorium. Sie hatte ihren Sohn in den hochrädrigen Kinderwagen gepackt und schob ihn nun mit einem Lächeln, in dem sich Glück und mütterlicher Stolz mischten, nach Hause. Ihre Mutter hatte einen Wagen nehmen wollen, aber Marie ließ es sich um keinen Preis nehmen, mit ihrem Sohn zu Fuß nach Hause zu spazieren.
„Mama, ich glaub', dass der Papa schon sehr glücklich ist mit seinem Enkel", sagte Marie unvermittelt zu ihrer Mutter. „Es haben ja alle wirkliche Freude mit unserem Buben, aber ich hab' das Gefühl gehabt, als wäre ein Ruck durch Papa gegangen, wie er den Johannes zum ersten Mal gehalten hat."
„Marie, das ist auch für die Großeltern ein ganz besonderes Gefühl und ein ganz besonderer Augenblick. Man spürt zuerst einmal sehr viel Dankbarkeit dem lieben Gott gegenüber, wenn beim eigenen Kind alles so gut gegangen ist wie bei dir. Und man empfindet ein tiefes Glück, wenn man sein gesundes Enkelkind sieht, man freut sich, wie man es sich nie hätte vorstellen können und ist auch ein bisschen zufrieden und stolz, dass die Familie weiterlebt."

Als Paride die Bibliothek betrat, ließ das schwindende Licht den Garten größer erscheinen. Marie saß am Schreibtisch und schrieb eifrig.
„Was schreibst du denn da?", fragte er seine Frau.
„Ich habe ein Tagebuch für unseren Sohn begonnen. Es ist aber kein Tagebuch im eigentlichen Sinn, denn ich schreibe nicht für ihn auf, was sich tagtäglich ereignet oder wie das Wetter ist. Ich will für ihn das festhalten, was auch später einmal für ihn interessant und wissenswert sein könnte. Außerdem soll er auch

nachlesen können, was seine Eltern gedacht und gefühlt haben.
Ich will unserem Sohn Spuren der Liebe hinterlassen. Nur die sind wichtig und bestehen."
Sie lächelte ihren Mann an: „Außerdem darf unser Bub ruhig erfahren, wie lieb sich seine Eltern haben. Komm gib mir einen Kuss!"
Dabei stand sie auf und legte ihre Arme um Paride. Der küsste sie voll liebevollem Verlangen.

Etwa eine Woche später meinte Marie, dass Paride durchaus wieder ins eheliche Schlafzimmer, das sie vorerst nur mit ihrem Sohn bewohnt hatte, einziehen könne, weil der kleine Johannes von sich aus die Nächte schon durchschlafe. Sie würde ihn auch nicht wecken, um ihn zu stillen, sondern lasse ihn schlafen. Er melde sich dafür am Morgen zwar lautstark, aber da sei es für seinen Vater dann ohnehin Zeit aufzustehen.
Paride hatte sich ganz vorsichtig erkundigt, ob man für den Kleinen nicht ein eigenes Mädchen einstellen sollte, war aber bei Marie auf völlige Verständnislosigkeit gestoßen.
„Stillen und wickeln wird ihn seine Mutter schon noch können", kam die Antwort resolut. Die Windeln wasche ohnehin Mirna.
Als der Kleine wieder einmal in die Windeln gemacht hatte und Paride, der ihn beim Heimkommen freudig aus dem Bettchen gehoben hatte, anmerkte, dass sein Sohn stinke, antwortete ihm seine Frau: „Kleine Kinder rülpsen, riechen säuerlich nach Milch, die sie aufgestoßen haben und machen sich liebend gern von oben bis unten an. Sie schreien auch. Nach Rosen riechen sie nur, wenn sie frisch gebadet sind."
Paride verkniff sich künftig jegliche Bemerkung, wenn sich sein Sohn wieder einmal bis zum Kragen angemacht hatte. Immer wieder wurde er aufs Neue von Liebe zu diesem kleinen Wesen übermannt. Er fand auch für sich selbst keine Worte, um dieses Glück und diese Liebe zu beschreiben.

Einen Monat nach seiner Geburt wurde Johannes Graf Pollini in der Marinekirche „Madonna dell Mare" getauft. Die Familie war aus nah und fern zusammengekommen. Sein Onkel Ernst von Fleissner hob Johannes aus der Taufe. Der, von seiner Mutter vorher noch gestillt, verschlief die ganze Zeremonie. Nur als der junge Marinegeistliche, der die Taufe vornahm, vorsichtig ein paar Tropfen Wasser über seinen kleinen Kopf goss, verzog er höchst indigniert sein Gesicht.

+

Im Dienst war Paride ausgelastet. Noch im Juli unternahmen die Marineflieger den ersten Nachtflug und im Herbst des Jahres wurde das Seeflugwesen zum festen Bestandteil der k.u.k. Kriegsmarine. Gleich den anderen technischen Spezialeinheiten wurde der Aviatische Dienst offiziell eingeführt. Linienschiffsleutnant Wenzel Wosecek wurde zum Kommandanten des österreichisch-ungarischen Marineflugwesens bestellt.

Beim Mittagessen bemerkte er einmal: „Wir müssen versuchen etwas mehr Geld zu bekommen. Wir brauchen einfach auf Santa Catarina und Cosada neue Hangars und Werkstätten. Die Zeit der Provisorien muss einmal ein Ende haben, denn sonst werden wir sie bestimmt nie mehr los. Ein Schiff als Begleitfahrzeug ist einfach notwendig und vor allem wird es nicht ohne ein Flugzeugbergeschiff abgehen. Das soll nicht heißen, dass ich damit rechne, dass wir dauend in den Bach fallen, aber die Notwendigkeit ist unbestritten. Hier wäre ein umgebautes Torpedoboot wohl das Gegebene."

Nachdem er sich eine Weile auf den Teller vor sich konzentriert hatte, fügte er mit listigem Lächeln dazu: „Stendhal verehrte den alten Napoleon so sehr, dass er sogar eine zeitlang in dessen Verwaltung tätig gewesen ist. Dabei hat er viel Einblick nehmen können und daher später auch für sich notiert: ´Ohne die Millionen, die Napoleon in Italien gestohlen hat, wäre er nie so weit vorwärts gekommen´. Millionen werden wir von der Marine ganz bestimmt nicht bekommen, aber zu stehlen werden wir auch nicht brauchen."

Im Juli war am Balkan wieder Krieg ausgebrochen, weil sich die Staaten nicht über die Teilung der Beute hatten einigen können. Diesmal standen Serbien, Montenegro, Griechenland und Rumänien gegen die Bulgaren. Der Krieg endete mit dem Zusammenbruch Bulgariens. In den Friedensschlüssen von Bukarest und Konstantinopel wurden die neuen Grenzen festgelegt.

Die Türkei, früher der größte Balkanstaat, war zum zweitkleinsten geworden, die anderen Staaten hatten, Bulgarien ausgenommen, ihr Gebiet deutlich vergrößert. Serbien und Griechenland teilten sich Mazedonien. Als neuer Staat war Albanien entstanden.

Der Panslawismus hatte eine Niederlage erlitten. Die Serben waren mit Rumänen und Griechen über die bulgarischen Brüder hergefallen. Der Großteil der mazedonischen Slawen war unter die Herrschaft Griechenlands gekommen. Mit dem Zerfall des Balkanbundes musste auch Russland einen empfindlichen Schlag einstecken. Bulgarien war für die Russen verloren, die sich dafür aber an Rumänien annäherten.

Österreich war wieder einmal, wie Franz Holzner an seinen Freund Pollini schrieb, ein „geschlagener Sieger". Es hatte sich in der Albanienfrage durchgesetzt; das aber vor allem deshalb, weil auch Italien die Serben von der Adria fernhalten wollte. Die Großmacht Österreich-Ungarn hatte es hinnehmen müssen, dass sich Serben und Montenegriner ihr monatelang widersetzt und Skutari und Durazzo nicht geräumt hatten. Vor großer Bedeutung sei aber, schloss Holzner seinen Brief, vor allem die Verschärfung der Gegensätze zu Serbien.

Überall im Reiche rochen um diese Zeit Pferde und Ochsen nach Kraft und Schweiß. Vollbeladene Wagen stöhnten, ächzten und knarrten. Bohnen rankten sich um lange Stangen und auf den Märkten wurde frisches Gemüse angeboten. Das ganze Land reifte und die Vögel stiegen in das Blau des Himmels.
Dann war es September geworden und Marie hatte an Martina und Burgl nicht nur geschrieben, dass sie die beiden in Pola erwarte, sondern hatte auch gleich die Fahrkarten mitgeschickt. In einem Brief an Burgls Eltern hatte sie diesen versichert, dass sie ihre Tochter unbesorgt reisen lassen könnten. Sie werde auf ihren jungen Gast, dem ein paar freie Tage bestimmt nicht schaden könnten, Acht geben und ihn behüten.
Der Besuch war sehr harmonisch verlaufen. Die Stadt am Meer mit ihrer Altstadt, die in der Sonne vor Anker liegende Flotte und Ausflüge mit dem Dampfer nach Brioni und Rovigno schufen unvergängliche Erinnerungen. Mit dem Ausflug nach Rovigno entlastete Paride seine Frau, die den Sonntag für sich hatte und ihn mit ihrem Sohn im Garten verbrachte. Die Pollinis waren glücklich, als sie sahen, welche Freude die sonst so gefasste Martina zeigte und wie wissensdurstig Burgl alles in sich aufnahm.
Der kleine Johannes hatte es Burgl ganz besonders angetan. „Na, bekommst du nicht Lust auf ein eigenes Putzerl?", fragte Paride sie lächelnd.
„Herr Graf, schön wär´s schon, aber dazu braucht man auch den richtigen Vater und über den bin ich mir noch nicht ganz im Klaren."
Gordana und Mirna freundeten sich rasch mit den beiden Frauen an. Burgl ging besonders gern mit Gordana auf die Märkte einkaufen. Der Fischmarkt faszinierte sie mit der Vielfalt des Angebots. Es gab dort Fische, an deren Farben und Formen sie sich nicht satt sehen konnte. In der Küche schaute sie der jungen Köchin genau auf die Finger. Sie schrieb sich nicht nur Rezepte auf, sondern notierte sich auch verschiedene Kniffe.
„Man kann nie genug wissen und wenn man sich die Arbeit ein bisschen leichter machen kann, schadet das auch nicht", lachte sie dabei.
Stanko verschlang die blonde Salzburgerin mit den Augen und umschwärmte sie mit mediterraner Galanterie. Von Martina im Scherz darauf angesprochen, meinte Burgl nur: „ ´Net so rasch ins Bett mit der Braut! ´ sagt meine Oma immer. Der Stanko ist zwar ein fescher Bursch, aber dem klopf´ ich trotzdem auf die Finger,

wenn er mir zu nahe kommt."

„Es ist immer mein ganz großer Traum gewesen einmal in meinem Leben das Meer zu sehen. Frau Gräfin, Sie haben mir diesen sehnlichen Wunsch erfüllt", sagte Martina wirklich gerührt beim Abschied.

„Dann sind mein Mann und ich sehr, sehr froh, wenn wir diesen Traum verwirklichen konnten", antwortete Marie. „Wenn nur wir beide beisammen sind, dann spar dir aber bitte ´die Frau Gräfin´. Du hast meine ersten Schritte behütet und hast manchen meiner Streiche gedeckt, für die mir eigentlich ein Kopfstückl gebührt hätte. Ich bin doch immer noch deine Mariedl?"

Martina schloss die junge Frau wortlos in die Arme.

+

„Lovro, was schaust du denn so nachdenklich?", fragte Paride einen älteren Infanteriehauptmann im Offizierskasino.

„Ich denke submissest über seine kaiserliche Hoheit, den Thronfolger, und über meine Heimat nach", antwortete Hauptmann Matanovic nach einer Weile ernst. „Seine kaiserliche Hoheit gilt als eigenwillig, energisch und begabt. Er hat sich dadurch in Auseinandersetzungen mit seiner Majestät und deren Berater, die kaum jünger sind als der Kaiser, da und dort durchgesetzt. Er hat dabei auch einen gewissen Einfluss auf die Regierungsgeschäfte gewonnen. Der ist ihm vor allem bei der Armee und der Marine eingeräumt worden. Seine Militärkanzlei ist entscheidend an Neuerungen und Reformen beteiligt. Allerdings soll seine kaiserliche Hoheit kein sehr umgänglicher Mensch sein. Das hört man zumindest."

„Das ist aber, wenn alles stimmt, was geredet wird, sehr mild und wohlwollend ausgedrückt", warf ein anderer Offizier ein. „Natürlich soll man auf das Gerede in den diversen Kasinos und Kanzleien nichts geben, aber ein Körnchen Wahrheit wird schon drinnen stecken. Dann ist er aber wirklich sehr unangenehm."

Matanovic redete weiter: „Im Belvedere, seiner Wiener Residenz, soll ein Plan entstanden sein, der vielleicht die Streitereien der dreizehn Nationalitäten abstellt. Man will aus der Doppelmonarchie so was wie einen Bundesstaat machen. Seiner kaiserlichen Hoheit soll es zunächst um die Frage von uns Südslawen gegangen sein. Wir Kroaten, die Slowenen und die Serben sollen demnach ein eigenes Staatsgebilde erhalten."

„Also Trialismus statt des bisherigen Dualismus der Monarchie", bemerkte ein Marineoffizier, der dem Hauptmann aufmerksam zugehört hatte.

„Richtig", antwortete Matanovic, „und dann soll daraus Föderalismus entstehen. Das besagt nichts anderes, als dass alle Nationalitäten gleichberechtigt neben den Deutschen und den Ungarn stehen werden."

„Da wird es aber Bröseln mit den Ungarn geben", sagte Paride mehr zu sich selbst.

„Das ist ganz richtig", stimmte ihm Matanovic zu, „das Hauptproblem wird bei den Ungarn liegen. Als sich seine Majestät seinerzeit zum König von Ungarn krönen ließ, hat er geschworen, Ungarn unangetastet zu lassen. Das Ausscheiden von uns Kroaten aus dem ungarischen Staatsverband ist, so wie das der Slowenen und der Serben, nur dann möglich, wenn der künftige Kaiser und König so einen Eid nicht leistet."

„Es muss eine Verfassung her", ergänzte der Marineoffizier, „die Kroatien aus dem ungarischen Königreich herauslöst. Dazu muss auch gleich noch eine Reform des Wahlrechts kommen."

„Kameraden, wer von uns glaubt denn bitte wirklich, dass die Ungarn das mit sich machen lassen werden?", fragte Paridc zweifelnd.

„Seine kaiserliche Hoheit ist trotz seiner konservativen Erziehung in gewissen Dingen doch sehr modern", gab Matanovic zu bedenken. „Er hält nichts vom spanischen Hofzeremoniell, wie man immer wieder hört. Auf die Vorschriften des habsburgischen Hausgesetzes scheint er ebenfalls nichts zu geben. Das sieht man aus seiner Verheiratung und auch aus dem Thronverzicht für seine Kinder aus dieser Ehe. Die haben somit schon bei ihrer Geburt das Nachfolgerecht an den Neffen seiner kaiserlichen Hoheit verloren."

„Wobei ich schon die Frage stellen möchte, was mit der Thronfolge wirklich geschieht, wenn Franz Ferdinand einmal Kaiser geworden ist", ließ sich aus dem Schatten im Hintergrund eine Stimme vernehmen. Sie gehörte einem in eine Wolke von Zigarrenrauch gehüllten Kapitän, der nun ins Licht trat: „Jedenfalls ist der Thronfolger derjenige, auf dem die Hoffnungen der Leute ruhen, die glauben und hoffen, dass man dem Reich neues Leben einflößen kann."

Er zog an seiner Zigarre, räusperte sich und fügte hinzu: „Mehr Fingerspitzengefühl würde ihm nicht schaden - gerade im Umgang mit den Ungarn. Man kann dem Thronfolger viel nachsagen, aber das Führen und der Umgang mit Menschen scheinen nicht zu seinen Stärken zu zählen. Sehr schade ist das, meine Herrn, sehr schade. Dazu erscheint er mir sprunghaft und seinen Launen unterworfen. Das ist nie gut, ganz gleich ob man einen Zug Rekruten zur Menage führt, einen Kreuzer kommandiert oder ein so sensibles Staatsgebilde regiert.

Meine Herrn Sie werden mir noch einmal zustimmen. Hoffentlich ist es dann nicht schon zu spät." Er räusperte sich noch einmal. „ Für heute Servus meine Herrn."

Das Haus stand in einer schmalen Gasse in Sarajewo. Es machte einen windschiefen, müden Eindruck. Der Verputz war verblasst und in großen Feldern abgebröckelt. Kaum etwas ließ darauf schließen, dass es sich um ein Gasthaus handelte, in dem Gläser klangen und in dem oft gesungen wurde. Hier wurde aber auch gerauft und Messer waren schnell bei der Hand.

Im Hinterzimmer saßen drei junge Männer. Der Gymnasiast Trifko Grabez war 19 Jahre alt, der Schriftsetzer Nedeljko Cabrinovic und der Schüler Gavrilo Princip etwa gleichaltrig. Sie tranken Tee aus Gläsern und warteten. In der Stille der Gaststube explodierte Männerlachen.

Die drei jungen Männer verkehrten in Kreisen bosnischer Freischärler und Bandenmitglieder serbischer Herkunft. Das waren die Männer, die sich nach harter Ausbildung in Speziallagern in grausamen mazedonischen Bandenkämpfen oder anderswo bewährt hatten. Nach Beendigung der Balkankriege lechzten sie nach neuen Abenteuern und blutigen Einsätzen. Viele lungerten jetzt in den Kaffeehäusern Belgrads herum. Unter ihnen waren Fanatiker, Glücksritter und wirkliche Idealisten. Princip stand in Sarajewo in Verbindung mit heimgekehrten Kämpfern. Es sind dies der serbische Agent und Dichter Vladimir Gacinovic und der Organisator des Terrors, der Übersetzer Danilo Ilic. Jetzt warten die drei jungen Männer auf die beiden.

Gacinovic und Ilic waren die intellektuellen Köpfe der „Mlada Bosna", der von Belgrad gesteuerten Jugendgruppen, deren Ziel die Loslösung Bosniens und die Zerstörung der Monarchie war. Sie erhielten ihre Aufträge vom Geheimdienst der serbischen Armee und bestritten auch ihren Lebensunterhalt mit Zuweisungen aus Belgrad. Sie waren vier Jahre älter als Princip, der nach ihrer Anerkennung gierte. Er wollte es ihnen unbedingt gleichtun und sie, wenn sich dazu die Gelegenheit bieten sollte, unbedingt übertreffen.

Ihm ging es darum, im Volk das nationale Bewusstsein und das Gefühl der Rache zu wecken. „Osveta", Rache und immer wieder Rache! Rache wofür? Die Antwort darauf gab Princip gleich selbst: „Für die schlechte Verwaltung". Zu ihr zählten in den Augen der Jugendlichen jede Administration an sich und die österreichischen Schulen mit ihrer Pedanterie ganz besonders. Dazu kamen viele tschechische Lehrer, die nicht wenig verhasst waren. Rachegefühle erweckten auch sehr plausible und reale politische Gründe, über die Österreich aber nicht gerne sprach. Dazu zählten die Rache für die Annexion, Rache für die Verhängung des Ausnahmezustandes im laufenden Jahr und für die Hochverratsprozesse in Agram.

Für die Fehler in der österreichisch-ungarischen Politik waren in den Augen der jungen bosnischen Revolutionäre nicht der alte Kaiser, auch kaum die Regierungen in Wien und Budapest, sondern einzig und allein der Thronfolger und seine „Kriegstreiberclique" verantwortlich.

Cabrinovic und Princip nannten ihn den „Feind aller Slawen". Allseits war man von Franz Ferdinands Tüchtigkeit überzeugt, denn er wäre fleißig, ein guter Soldat und ein Mensch, der Serbien sehr geschadet hätte.

Princip führte aus, dass er den Thronfolger zwangsläufig ermorden müsse. Er wäre nämlich ein mächtiger militärischer Faktor und seine Tätigkeit sei gefährlich, weil er der Grundidee der Vereinigung aller Südslawen im Wege stehe.

„Ich will", stieß er erregt und wie von seiner Idee berauscht hervor, „alle Jugoslawen in *einer* staatlichen Form vereinigt und von Österreich-Ungarn befreit sehen. Wenn Franz Ferdinand nicht mehr im Weg steht, wird Serbien Bosnien viel leichter erobern können." Seine Augen leuchteten: „Alle, die ich kenne, haben nur das *eine* Ziel, Bosnien von Österreich loszureißen und sich Serbien anzuschließen. Die Serben müssen nach Bosnien kommen und hier Ordnung schaffen!"

Er machte eine Pause.

Trifko Grabez sagte ganz ruhig: „Princip, wir brauchen den Thronfolger nicht zu fürchten. Mir geht es nicht um ein Großserbien. Mir geht es ganz allein um unser Bosnien und nur darum. Nur deshalb will ich Bosnien und die Herzegowina Serbien einverleiben.

Diejenigen, die dem Gedanken dieser Vereinigung Hindernisse in den Weg legen wollen, müssen liquidiert werden. So einfach ist das."

+

„Sind unsere Häuser, sind unsere Möbel und unsere Kleidung wirklich so geschmacklos, so unecht und nur auf den Schein ausgerichtet? Ist unsere Gesellschaft so hohl und so eitel, wie uns das manche Schreiber unentwegt vorwerfen? Ist unsere Wissenschaft so verknöchert, ist unser Adel so vertrottelt und das Bürgertum so verfettet, wie man es uns einzureden versucht?"

Zweifelnd schaute Paride seine Frau an. Sie saßen auf einem ausgebleichten Baumstamm, den das Meer angeschwemmt hatte. Ihre Gesichter wurden von der Sonne noch einmal in kräftige Farben getaucht.

„So arg ist es auch wieder nicht, obwohl auch manches Haus hier in Pola und vor allem manche Wohnungseinrichtung schon ein Triumph des schlechten Geschmacks ist", lächelte Marie beruhigend ihrem Mann zu. Mit der rechten Hand schaukelte sie den Kinderwagen behutsam.

Paride sah ihr dabei zu und spürte plötzlich Angst. Er sagte sich, dass das alles viel zu schön sei, um wirklich von Dauer sein zu können.

„Lügen wir uns selbst in die Tasche, gaukeln wir uns nicht nur eine heile Welt vor?", fragte Paride zweifelnd. „Was wissen wir wirklich von den Menschen und ihren Sorgen? In Salzburg war das leicht. Da habe ich gewusst, was die Bauernburschen, die jungen Arbeiter und die Handwerker unter meinen Soldaten gedacht haben. Hier bin ich nur mit meinen Fliegerkameraden und den paar Mechanikern zusammen.

Was denken denn die Bauern im Hinterland, was die Fischer, was die Matrosen auf den Kohlentendern und Schleppern? Was denken die Italiener, die Ungarn,

die Dalmatiner und alle anderen? Stehen sie zur Krone, lügen sie?"
„Bitte quäl dich doch damit nicht so. Alle Menschen sagen dann und wann nicht die ganze Wahrheit. Sie lügen aber nicht so sehr aus Schwäche. Sie glauben einfach, dass der, der das Leben meistern will, auch lügen können muss. Und das Leben meistern, das will doch jeder auf seine Weise. Er muss es auch tun, wenn er nicht unter die Räder kommen will. Da wird auch hin und wieder gelogen. Die Leute vergessen dabei allerdings sehr oft, dass der, der lügt, auch ein ausgezeichnetes Gedächtnis braucht. Damit er nicht vergisst, was er einmal erzählt hat."
Lächelnd setzte sie hinzu: „Papa meint allerdings, dass das in der Politik nicht so ist und dass man dort mit der Vergesslichkeit der anderen rechnet. Komm! Es wird kühl und unser Sohn wird bestimmt langsam hungrig."
Marie stand auf und schaute in den Wagen: „Liebling, er hat sich zum ersten Mal selber umgedreht!"

+

Wie waren die Beziehungen zwischen Österreich-Ungarn und Serbien denn wirklich? Man tat sie als „feindnachbarlich" ab und so waren sie auch seit Jahren. Am 3. Oktober 1913 schien sich durch den Besuch des serbischen Ministerpräsidenten Pasic eine Änderung anzubahnen, doch war es nur ein diplomatisches Zwischenspiel, eine Änderung für Stunden. Schon am Abend war wieder alles vorbei.
Ministerpräsident Pasic sprach auf seiner Heimreise von Marienbad am Ballhausplatz vor und man hörte ihm mit vorsichtiger Skepsis zu. Der k.u.k. Minister des Äußeren Graf Berchtold rühmte zwar dem russischen Gesandten gegenüber den staatsmännischen Sinn und die gemäßigten Ansichten seines Besuchers, notierte aber in seinem Tagebuch, Pasic „sei bestrebt durch Liebenswürdigkeit die uns trennenden abgrundtiefen Differenzen, wie auch das Verschlagene in seinem Wesen vergessen zu machen. Pasic versicherte, es sei sein Wunsch, die beiderseitigen Beziehungen in Zukunft möglichst freundschaftlich zu gestalten". Serbien strebe wirtschaftliche Erleichterungen an, so den ungehinderten Transit seines Exports über österreichisches Gebiet. Das heikle Thema Albanien wurde überhaupt nur am Rande erwähnt. Pasic versicherte, dort seien keine Eroberungen geplant. Serbien werde sich in Zukunft völlig korrekt verhalten, was auch im Hinblick auf die Südslawen der Monarchie gelte.
Die Unterredung endete mit der zugegeben außergewöhnlichen Ankündigung: „Sie können den Kroaten und Serben mehr oder weniger Freiheiten geben, uns wird das nicht berühren und auch unsere Beziehungen zur Monarchie werden dadurch nicht tangiert werden."
Dieses völlige Desinteresse an den österreichischen und ungarischen Südslawen wäre sowohl Wien als auch Budapest sehr gelegen gekommen. Graf Berchtold

hatte dies das Hauptziel seiner politischen Bemühungen genannt. Möglicherweise hat sich Pasic wie Bismarck, der eiserne Kanzler, gefühlt, der ja auch so ganz nebenbei erklärt hatte, er sei an den Deutschen Österreichs nicht interessiert und ihnen empfohlen hatte, ihrem angestammten Kaiser brav zu dienen. Berchtold hat Pasic nicht beim Wort genommen. Vielleicht dachte er auch daran, dass ihm der Thronfolger im Februar anvertraut hatte, seiner Meinung nach müsse die südslawische Frage von einem innenpolitischen Standpunkt betrachtet werden. Franz Ferdinand hatte gemeint, „dass die Irredenta, die von den Kriegsstürmern immer ins Treffen geführt würde, sofort aufhören werde, wenn man den Südslawen eine gute und angenehme Existenz schafft und die braven kaisertreuen Leute nicht von amtswegen zur Verzweiflung treibt. Ich kenne diese zwei Länder, die jetzt in erster Linie in Betracht kommen, nämlich Kroatien und Dalmatien ganz genau und stehe gut, dass ich in 48 Stunden dort Ruhe, Ordnung und Anhänglichkeit zur Monarchie schaffen könnte!"

Es stellt sich nun die Frage, ob dies auch die Ansicht des Ministers des Äußeren gewesen ist. Hat er deshalb das Angebot von Pasic ignoriert? Vermutlich haben andere, näher liegende Gründe dafür den Ausschlag gegeben. So etwa die gespannte Lage in Albanien, die im Gemeinsamen Ministerrat vom 3. Oktober besprochen worden ist, wobei man, trotz gegenteiliger Versicherungen Belgrads, auch mit der Besetzung strategisch wichtiger Punkte jenseits der Grenzlinie durch die Serben rechnete.

Während des Ministerrates machte Generalstabschef Conrad von Hötzendorf den Vorschlag „klare Verhältnisse zu schaffen". Er meinte damit, „dass sich Serbien der Monarchie loyal und komplett angliedern müsse in einem Verhältnis wie etwa Bayern zum Deutschen Reich oder dass man zur offenen Feindschaft übergehen sollte, wozu jetzt der günstigste Moment sei". Die Minister gingen auf den Vorschlag des Generals nicht ein, man entschloss sich zu einer Demarche, also einem offiziellen Einspruch bei Serbien, zu dem Franz Ferdinand in einem Brief an Berchtold wie folgt Stellung nahm:

„Natürlich kann ich schwer ein Urteil abgeben, da ich nicht weiß, woher diese Schauermärchen betreffs Vormarsch der Serben auf Durazzo stammen, ob es wirklich ganz authentische offizielle Meldungen sind oder Hetznachrichten aus der Kriegshexerküche des wiedererstandenen Conrads oder des ebenfalls kriegslüsternen ´vielbewunderten´ Tiszas. Mich lassen diese Schauermärchen sehr kühl. Da die Provenienz gewöhnlich diesen eben genannten beiden Quellen entstammt, die die Monarchie um jeden Preis in einen Krieg hetzen wollen, oder der so genannten serbischen Kriegspartei, einer Rotte versoffener, zügelloser Kerle mit Mitgliedern der Mörderdynastie an der Spitze, …ich bin überzeugt, dass die lieben Serben auf diplomatischem Wege wieder hinauszubringen sind. Ich bin entschieden gegen ein bewaffnetes Einschreiten unsererseits, so lange es nur halbwegs möglich ist …Wenn ich daher in alter Freundschaft Ihnen einen Rat zu erteilen mir erlauben würde, so würde ich noch sehr zuwarten, bevor ich die äußersten Konsequenzen ziehen würde, würde die einlaufenden Meldungen noch sehr auf ihre Provenienz prüfen, würde diplomatische Hebel in Bewegung setzen, würde mich sehr an Deutschland anlehnen und dort lebhafte Unterstützung zu erlangen trachten und würde die Geister Conrads und Tiszas, wenn dieselben am Ballhausplatz wieder umgehen und spuken vollkommen bannen und ausschalten …möchte ich zum Schlusse resümieren, dass ich jetzt absolut nichts Kriegerisches unternehmen würde, da ich absolut nicht glaube, dass die Notwendigkeit vorliegt, und dieses Drängen nur von Elementen ausgeht, die bewusst oder unbewusst zum Schaden der Monarchie arbeiten."

Das offizielle Kommuniqué des Gemeinsamen Ministerrates vom 3. Oktober 1913 war sehr zurückhaltend abgefasst. Es war ausschließlich dem Gegenstand der Beratungen, dem „gemeinsamen Voranschlag" gewidmet und enthielt kein Wort über mögliche Schritte gegen Serbien. Trotzdem sickerten, wie immer, Einzelheiten durch. Auch über die kühne Sprache des Generalstabschefs war man informiert. Sonst hätte die satirische Münchner Zeitschrift „Simplicissimus" kaum einige Tage später die Karikatur "Der Diplomatenschreck" gebracht. Sie wirft ein Licht auf die öffentliche Meinung, die in Zurückhaltung nur Schwäche und Unfähigkeit, dagegen im draufgängerischen Conrad ein Genie sah, das sich in die „leitenden Wiener Kreise" eingeschlichen hatte.

Das offizielle Wiener Diner für Ministerpräsident Pasic fand in der Pause des Ministerrates statt, in dem das Ultimatum an Serbien erwogen wurde. Der Gast saß zwischen dem ungarischen Ministerpräsidenten Graf Tisza und dem gemeinsamen Finanzminister Bilinski, der bemerkte, dass Pasic, der alte Mann mit dem weißen Patriarchenbart, voller Elan gewesen sei und der Schwung seiner Rede Eindruck gemacht hätte.

Zu einer Klärung der Beziehungen war es am 3. Oktober 1913 nicht gekommen, zu irgendwelchen Abmachungen noch viel weniger. Noch am selben Tag traf der serbische Gast Wiener Journalisten. Ihnen gegenüber äußerte er seine volle Genugtuung über die geführten Gespräche und war der festen Überzeugung, dass alle politischen Fragen in welchen man verschiedener Meinung war, gelöst seien und es keine Schwierigkeiten gäbe, die die beiden Parteien entzweien könnten.

So rosig sah Graf Berchtold die Lage aber nicht und von einer Übereinstimmung in allen Belangen konnte keine Rede sein. Aus Angst, sich nicht deutlich genug ausgedrückt zu haben, beschloss er, um Unklarheiten vorzubeugen, seinen Besucher noch einmal zu kontaktieren. Zu diesem Zweck machte sich der Minister nach dem Ministerrat, der um 22 Uhr geendet hatte, auf, um Pasic noch einmal zu treffen. Er versuchte dies zuerst im Burgtheater, dann im Hotel Meissl und Schadn. Dort musste er freilich feststellen, dass der Gast bereits zu Bett gegangen war. Deshalb ließ er ihm am Morgen vor seiner Abreise einen Brief aushändigen, in dem er den serbischen Ministerpräsidenten darauf aufmerksam machte, dass Österreich-Ungarn die Grenzen des autonomen Albanien als unantastbar betrachte. Es könnte nicht dulden, dass diese aus angeblich defensiven Gründen überschritten werden. Pasic öffnete den Brief erst in Budapest, konnte ihn aber, da er in Kurrentschrift abgefasst war, nicht lesen. Den Inhalt nahm er erst zur Kenntnis, nachdem man den Brief in Belgrad „entziffert" hatte. Inzwischen rückten die serbischen Truppen schon in Albanien vor.

Die einzige Reaktion auf das gemütliche Gespräch am Ballhausplatz war ein enthusiastischer Bericht des österreichisch- ungarischen Geschäftsträgers in Belgrad. „Wenn wir ein Schutz- und Trutzbündnis mit Serbien vereinbart hätten, hätte mir kein lieberer Empfang bereitet werden können", meldete er am 5. Oktober. Doch schon am 6. häuften sich die Meldungen vom Vordringen serbischer Truppen über die albanische Grenze. Als erster verlor der ungarische Ministerpräsident Graf Tisza die Geduld. Empört wandte er sich an Berchtold: „Die Ereignisse stellen uns vor die Frage, ob wir eine lebensfähige Macht bleiben oder uns einer lächerlichen Dekadenz willenlos preisgeben wollen…Es ist die letzte Gelegenheit, wo wir die Partie zu unseren Gunsten entscheiden können, vermissen wir sie, so werden wir von klein und groß ausgelacht und zum Besten gehalten. Ich beschwöre Dich, nicht zu zaudern oder ich müsste zu meinem großen Bedauern erklären, dass ich mich mit so einer Politik nicht identifizieren könnte."

Das war eine unmissverständliche Aufforderung tätig zu werden. Das ist auch sogleich vorbereitet und mit den maßgeblichen Herrn besprochen worden. Die Reaktion fiel nicht einheitlich aus. Conrad von Hötzendorf war für Krieg, Berchtold für ein „Anrempeln", Tisza für eine energische Aktion. Der Kaiser war damit einverstanden. Nur Franz Ferdinand war misstrauisch und pessimistisch. Man entschloss sich zu einer Demarche und Geschäftsträger von Storck wurde beauftragt, Belgrad mündlich zu warnen. Dieser stand zwar noch ganz unter dem Eindruck des 3. Oktober, erfüllte den Auftrag aber, wobei er sich nach eigenen Worten „allergrößter Geduld und der delikatesten Sprache befleißigte, um die zarten Triebe unseres angeblich besseren Verhältnisses zu Serbien zu hegen und zu schonen." Nur zwei Tage später folgte der zarten Demarche eine zweite, die so genannte „pressante Demarche", die in Wirklichkeit ein handfestes Ultimatum war, das mit der Drohung schloss, „falls die serbischen Truppen nicht innerhalb von acht Tagen das gesamte albanische Gebiet geräumt hätten, sehe sich die k.u.k. Regierung in die Notwendigkeit versetzt, eigene Mittel anzuwenden, um die Durchführung ihrer Forderung zu verwirklichen."

Die serbische Regierung fügte sich zähneknirschend und versprach termingerecht zu räumen. Ministerpräsident Pasic beklagte sich bitter und bemerkte sarkastisch, er könne nun wieder von vorne anfangen.

+

Im November wurde erstmals versuchsweise eine Radiostation in das Seeflugzeug „14" eingebaut, da sich Piloten und Techniker einig waren, dass sowohl die Verbindung zwischen den Flugzeugen als auch mit der Seeflugstation unbedingt verbessert werden müsste. Am 21. November erfolgte der Abnahmeflug mit Seeflugzeug „16", dem ersten in Österreich gebauten Flugboot. Der Pilot flog von Pola nach Triest und zurück, wobei das Flugzeug durchaus den gestellten Anforderungen der Marineflieger und den Erwartungen seiner Konstrukteure entsprach. Mit Jahresende besaß die k.u.k. Marine dreizehn Seeflugzeuge. Die Marineflieger hatten im Laufe des Jahres 621 Flüge, davon 18 längere Flüge über die See, absolviert.
Hocherfreut wusste Paride auch davon zu erzählen, dass es im kommenden Jahr auch eine neue einheitliche und warme Fliegerbekleidung geben werde, was einen weiteren Fortschritt darstelle.

„Jetzt feiere ich schon das zweite Mal Weihnachten am Meer. An Weihnachten so ganz ohne Schnee werde ich mich aber erst langsam gewöhnen müssen", dachte Marie. Schon Wochen vorher war wieder der Duft von Weihnachtsbäckerei durch das Haus gezogen und Gordana und Mirna setzten ihren Ehrgeiz darein zu zeigen, was sie im vergangenen Jahr gelernt hatten.
Über Pola lag weiches Sonnenlicht und das Meer glänzte matt.
Martina hatte es sich nicht nehmen lassen und hatte ein großes Paket mit hausgemachtem Lebkuchen geschickt. Marie konnte dieser duftenden Versuchung nur schwer widerstehen. Um vor sich selbst bestehen zu können, ließ sie ihren Sohn an kleinen, abgebrochenen Lebkuchenstückchen nuckeln.
Zu den Festtagen drehte sich natürlich alles um den Kleinen. Die Großeltern waren aus Parenzo und aus der Steiermark angereist. Mariola, die von ihrer neuen Aufgabe Tante zu sein, noch immer ganz hingerissen war, begleitete Marie auf ihren Spaziergängen und schob dabei den Kinderwagen. Wirklich selig aber war sie, wenn sie ihren Neffen allein ausführen durfte.
Johannes hatte begonnen sich seiner Stimme ganz bewusst zu bedienen und nützte sie, um sich mitzuteilen und seine Stimmungen auszudrücken. Mit Paride baute er ein Vater-Sohnverhältnis auf. Marie meinte dazu, dass man nie genau sagen könne, ob der Vater dem Sohn Gesichter schneide oder der Kleine seinen Vater veräpple.
Die beiden Großmütter waren von Johannes restlos hingerissen, da er mit jeder auf seine Art kokettierte. Neben seiner Mutter hatte es ihm allerdings Mariola ganz besonders angetan. In seinem Bettchen liegend griff er nach ihrem Zeigefin-

gern und ließ sich dann von ihr behutsam ein bisschen aufziehen und dann wieder zurücklegen, was er mit lauten Lachen begleitete. „So lacht er sonst nur, wenn ich am Morgen zu ihm ins Zimmer komme, die Vorhänge aufmache und es im Zimmer hell wird", schmunzelte Marie.

Die Christbaumkerzen wurden für Johannes am frühen Abend angezündet. Frisch gebadet und in einem neuen Strampelanzug, den das Christkind aus der Steiermark gebracht hatte, wurde der Stammhalter präsentiert. Die vielen Lichter und die bunten Kugeln am Baum ließen den Kleinen zuerst staunen und, da sie ihm zu gefallen schienen, auch hellauf lachen. Kurz bevor er ins Bett gesteckt wurde, entdeckte er noch die Uhrkette seines Großvaters, die ihn ebenfalls sehr beeindruckte und die er nicht und nicht loslassen wollte. Nachdem Johannes zu Bett gebracht worden war, fand die eigentliche Bescherung statt. Nach der Christmette in Madonna dell Mare, wartete Marie zu Hause schon mit heißem Punsch und Mettenwürsteln. Beides fand großen Anklang und Maries Schwiegermutter musste ihrem Mann versprechen, sich gleich am Morgen von Marie das Punsch-

rezept geben zu lassen und diesen schönen Brauch auch in Parenzo einzuführen.
1914

Während einer Dienstreise zu den Lohnerwerken traf sich Pollini in Wien mit seinem Schwager Ernst. Sie saßen nach dem Abendessen in einem gemütlichen Weinlokal, als Ernst fragte:„Paride, wie steht es denn jetzt wirklich um die Seefliegerei? Ich habe, was an sich ja erfreulich ist, so viel zu tun, dass ich die Zeitungen nur recht unregelmäßig wirklich lese und sie nicht nur überfliege. Da steht zwar manchmal was von der Marine, aber nie was von ihren Fliegern drinnen. Ich kenne mich ja nicht einmal bei den Begriffen Schwimmerflugzeug und Flugboot aus."
Ehe Paride antworten konnte, setzte sein Schwager noch hinzu: „Erklär mir das aber ganz einfach, also soldatensicher, damit ich es auch wirklich verstehen kann." Pollini lächelte: „Gut, machen wir es ganz einfach. Zum Unterschied von uns haben die kaiserlich deutschen Seeflieger nur ganz wenige Flugboote in Dienst gestellt und bevorzugen Schwimmerflugzeuge. Das hat, abgesehen von den ganz anderen maritimen Bedingungen in der Nord- und Ostsee, seine Ursache in der Entwicklung der deutschen Seefliegerei. Dort setzt man in der Seeaufklärung auf Luftschiffe und erwartet sich von den Seefliegern nichts. Die gelten ohnehin eher als Sportunternehmen und werden dementsprechend schlecht mit Personal, Gerät und Geld dotiert. Fast jedes Landflugzeug lässt sich auf Schwimmer stellen. Für Flugboote ist eine eigene Entwicklung nötig."
„Wieso gehen wir diesmal einen eigenen Weg, wenn wir doch sonst den Preußen fast alles nachmachen?", fragte Ernst wirklich interessiert.
„Natürlich haben wir auch Gleitkufen und Schwimmer erprobt. Es hat dabei immer wieder Schwierigkeiten gegeben. Dann haben wir in Frankreich einzukaufen begonnen, weil das bei der Entwicklung von Seeflugzeugen am weitesten fortgeschritten ist. Die Franzosen setzen auf Flugboote und es hat sich auch herausgestellt, dass diese für die Verhältnisse in der Adria besser geeignet sind.
Bei der Übernahme und im Flugbetrieb sind uns aber die Motoren der Franzosen häufig ausgefallen. Daher hat man sich entschlossen, Flugzeuge im Inland zu kaufen. Auch das ist nicht ohne Blessuren abgegangen. Vor ungefähr einem Jahr hat mein Kommandant in Pola den Abnahmeflug für den Lohner „V" durchgeführt. Bei der Landung ist der Zentralschwimmer gebrochen und der arme Klobucar hat bei einem Kieferbruch alle Zähne verloren."
„Um Gottes willen, wie ist denn das weitergegangen?"
„Drei Wochen später ist er schon wieder geflogen. Jetzt haben wir seit Herbst vergangenen Jahres auch das neue, wirklich leistungsfähige und bei uns gebaute Flugboot „16" im Dienst."
„Welche Bedingungen muss so ein Flugboot überhaupt erfüllen, dass es für einen

Ankauf in Erwägung gezogen wird?"

„Vier Mann müssen es in einer Stunde zerlegen und in drei wieder zusammenbauen können. Es braucht ein Höhenbarometer, einen Tourenzähler, einen Kompass, eine Uhr, je einen Längs- und Querneigungsmesser, einen Anker mit dreißig Metern Leine und einen Werkzeugsatz."

„Puh, mein lieber Schwan, sehr stabil ist das aber keinesfalls, wenn du die ganze Kiste in drei Stunden zusammenbauen kannst. Da traust du dich einzusteigen? Also, da bin ich schon lieber bei der Infanterie und habe festen Boden unter den Füßen."

Paride zuckte mit den Achseln. „Im Februar sind zwei Flugboote von Pola nach Sebenico und zurück geflogen. Dabei haben sie den größten Teil der Strecke wegen Nebels nur nach dem Kompass zurückgelegt. Du siehst, es geht schon.

Es geht auch wirklich was weiter und das macht uns Flieger recht optimistisch. So haben wir die „Mars" als Begleitfahrzeug zur Verfügung gestellt bekommen und das Torpedoboot „14" ist zum Flugzeugbergefahrzeug umgebaut worden. Jetzt liegt es in Catarina vor Anker. Wir Piloten haben Isländerjacken, Schneehauben, Schwimmjacken und Wasserstiefel bekommen. Jetzt ist es da oben in der Luft direkt gemütlich."

Paride lächelte verschmitzt und wurde dann ernst: „Es brechen Tragflächen, Maschinen überschlagen sich bei der Landung, Motorwellen brechen, Seilzüge reißen, Maschinen kentern, aber wir Marineflieger haben, dem Herrgott sei Dank, keinen toten Kameraden zu verzeichnen. Das kommt vermutlich daher, dass wir alles überlegt, besonnen und nach reiflicher Überlegung angehen. Es gibt im In- und Ausland bisher kaum Erfahrungen und so müssen wir auf alles eben erst selbst draufkommen. Das macht uns vorsichtig. Wir bedenken aber auch, dass jedes bewusste oder auch unbewusste Ja, das der angeblich so guten alten Zeit gegeben würde, ein stillschweigendes Nein zum Heute wäre. Das wollen und können wir uns nicht leisten. Dabei bleiben wir aber vorsichtig."

Ernst schaute versonnen vor sich auf den Tisch, dann hob er sein Glas und trank seinem Schwager zu: „Versprich mir, dass du das auch weiterhin so hältst. Wir alle brauchen dich."

+

„Gib deinem wohlriechenden, frisch gebadeten und rechtschaffen müden Sohn noch einen Gutenachtkuss. Denn der muss heute ein bisschen früher ins Bett. Wir haben einen langen Tag an der frischen Luft hinter uns. Vielleicht zeigt dir dein Sohn aber vorher noch seinen neuen Zahn." Marie hielt ihrem Mann den Kleinen entgegen.

Paride drückte ihm einen Kuss auf die Stirn und meinte: „Heute wirst du aber be-

sonders gut schlafen, wenn dir jetzt schon die Augen fast zufallen."
Nachdem Marie ihren Sohn zu Bett gebracht hatte, setzte sie sich zu ihrem Mann: „Früher habe ich meinen Vater gefragt, wenn ich mit dem, was in der Zeitung gestanden ist, nicht ganz zurecht gekommen bin. Du musst mir da was mit den Serben erklären. Ich lese da immer wieder einmal von den Komitadzi, wer sind die denn eigentlich?"
Pollini legte den Arm um sie und schaute mit einem kleinen, amüsierten Lächeln auf sie hinunter.
„Steigen wir also in die Niederungen der Politik. Das Königreich Serbien ist, zumindest dem Namen nach, eine konstitutionelle Monarchie. Darauf tut man sich im Westen, vor allem in Frankreich und in Amerika, viel zu gute. Die, die die Serben besser kennen, sind davon nicht so überzeugt. Denn der Großteil der Serben schielt zu den Russen. Das ist für Österreich-Ungarn nicht unbedenklich. Von den Russen nehmen die Serben auch ihre Direktiven entgegen.
Dazu kommt die Armee mit ihren politisierenden Offizieren, die dem Land immer wieder Krisen bescheren und Garnisonen zum Aufstand treiben. Dann drängen sie dem König ihre Freunde als Minister auf."
Marie schaute ihren Mann fragend an: „Nennt man die die Komitadzi?"
„Nein, zu denen komme ich jetzt. Es gibt in Serbien starke Bewegungen, die von einem Großserbien träumen. Die tragen Krawattennadeln mit Totenköpfen und sind der Meinung, dass die Serben über alle Südslawen herrschen sollten, die unter türkischer und habsburgischer Führung leben. Ihrem Reich würden sie so am liebsten auch das halbe Österreich-Ungarn einverleiben. Diese Bewegungen halten sich paramilitärische Formationen, also Banden von Freischärlern. Wenn ich richtig informiert bin, haben sie sich aus irgendwelchen Komitees entwickelt, deshalb, glaube ich, nennt man sie Komitadzi. Diese Freiwilligen kämpfen dort, wo man sie einsetzt. Und morden auch auf Auftrag. Ein Aussteigen gibt es nicht. Das gilt als Verrat und wird mit dem Tode bestraft."
Entsetzt sah Marie ihren Mann an. Der fuhr ungerührt fort: „Bei den Serben herrscht nach den siegreichen Balkankriegen in den letzten beiden Jahren trotz der Siege eine gewisse Unzufriedenheit. Die wirtschaftliche Kraft ist von Haus aus nicht sehr groß gewesen und jetzt durch die Kriegsanstrengungen erschöpft. Viele ehemalige Freischärler sind ohne Arbeit und sitzen in den Kaffeehäusern herum. Sie berauschen sich an ihren Erinnerungen und träumen von neuen Heldentaten. Für sie sind die Kriege zu schnell zu Ende gegangen. Die, die Arbeit gefunden haben, sitzen sie zum Großteil bei Zoll und Polizei, Post und Bahn und langweilen sich dort zu Tode."
Marie lehnte sich noch enger an ihren Mann und sagte mehr für sich:" Das gefällt mir überhaupt nicht. Wie rasch kann so was explodieren."
Im Frühjahr 1914 wurden die *„Detailbestimmungen für die größeren Manöver*

in Bosnien und Herzegowina" und die Anordnungen der Manöverleitung erlassen. Dies war ein kleines Heft von etwa fünfzig Seiten, aus dem hervorging, dass der Thronfolger zwar dem Manöver beiwohnen, es aber nicht leiten werde. Das Heft enthielt ferner exakte Angaben über den Zweck des Manövers, weiters jede Menge an Details bis hin zum Munitionseinsatz. Aus diesen Angaben konnte sich jeder Generalstabsoffizier einen Überblick über Umfang und tatsächliche Bedeutung der Manöver verschaffen.

Diese nicht als „geheim" eingestufte Zusammenstellung wurde in der Landesdruckerei von Sarajewo in einer Auflage von 400 Stück gedruckt. Es wäre naiv anzunehmen, der serbische Geheimdienst wäre nicht über den Inhalt dieser Detailbestimmungen informiert gewesen.

Der 2. April 1914 zeichnete sich durch zwei Besonderheiten aus. Johannes lag auf dem Bauch auf einer dicken Wolldecke im sonnigen, warmen Garten. Plötzlich nahm er den Gartenstuhl, auf dem seine Mutter -die ihn nicht aus den Augen ließ – saß, ins Visier und kroch auf ihn zu. Er keuchte zwar vor Anstrengung, strahlte aber trotzdem über das ganze Gesicht. Er hatte wieder was Neues entdeckt. Als sein Vater am Nachmittag nach Hause kam, brabbelte er begeistert „Papapapa" und lachte Paride fröhlich an.

Am selben Tag unternahm Linienschiffsleutnant Wosecek den bis dahin längsten Nonstopflug. Er flog dabei die rund 495 Kilometer von Pola nach Cattaro in rund fünf Stunden.

Im April unternahmen die Marineflieger auch ihre ersten Schießversuche vom Flugzeug aus, wobei sie mit Repetierpistolen auf alte Tragflächen schossen, die man am Boden aufgestellt hatte. Bei der U-Bootsuche machten sie die Erfahrung, dass man die Boote am besten aus einer Höhe von 200 bis 300 Metern ausmachen konnte. U-Boote mit dunklem Anstrich waren im getauchten Zustand allerdings fast nicht aufzuspüren.

+

„Mir liegen verschiedene Informationen darüber vor, dass Österreich einen Angriff auf Serbien vorbereitet und dass ihm dafür jeder Grund willkommen ist." Vierschrötig und stiernackig saß Oberst Dimitrijevic, der Chef des Nachrichtendienstes des serbischen Generalstabs, hinter seinem Schreibtisch. Er musterte Oberst Popovic, einen seiner Mitarbeiter und fuhr dann fort: „Wir sind auf diesen Krieg nicht vorbereitet und mit jedem Hinweis auf diesen Angriff wächst meine Sorge um Serbien.

Nun haben wir Meldungen über die Manöver in Bosnien und in der Herzegowina hereinbekommen. Darüber erregen sich nicht nur unsere jugendlichen Nationa-

listen. Auch mir bereitet das schlaflose Nächte. Während die bosnische Jugend in diesem Besuch des österreichischen Thronfolgers eine bewusste Provokation sieht, sehe ich darin eine unmittelbar drohende Gefahr.
Popovic wiegte den Kopf und bemerkte: „Wir haben doch ein dichtes Netz von Agenten, Helfern und Helfershelfern. Das geht von den Jugendverbänden über die landwirtschaftlichen Genossenschaften bis zu den Abstinenzlervereinen. In den Grenzorten sitzen eigene Nachrichtenoffiziere. Wenn wir auch nicht jede Stecknadel jenseits der Drina zu Boden fallen hören, so sind wir doch über alle Truppenbewegungen vollkommen informiert. Siehst du da nicht zu schwarz?"
„Nein, denn ich bin fest davon überzeugt, dass die Manöver in Bosnien nur den Vorwand für einen österreichischen Einmarsch in Serbien liefern sollen. Den leitet der Höchstkommandierende, also der Thronfolger, höchstpersönlich. Davor fürchte ich mich."
„Wir haben doch den Bericht unseres Militärattachés in Wien vorliegen. Lesjanin schreibt, dass er ganz sicher wisse, dass man von zuständiger Seite nichts zu tun beabsichtigt, das Verwicklungen oder größere Geldausgaben hervorrufen würde. Auf keinen Fall Russland gegenüber, dessen Bewaffnung, Vermehrung des Heeres und besonders die Probemobilisierung tiefen Eindruck und große Beunruhigung hervorgerufen haben. Conrad, der Chef des österreichischen Generalstabs, hat unmissverständlich festgestellt, dass Österreich-Ungarn nicht auf die russische Herausforderung zu reagieren gedenkt. Lesjanin sagt auch ganz dezidiert, dass seiner Meinung nach Österreich- Ungarn weder in diesem Frühjahr noch in naher Zukunft bewaffnete Konflikte hervorrufen wird. Ein Krieg wird andere Ursachen haben und die Zeit dafür ist noch nicht gekommen."
Nach einer kurzen Pause setzte er hinzu: „Wenn du meine ganz persönliche Meinung hören willst, kann Krieg nie ein Mittel sein, um eine gerechte Ordnung herzustellen. Ein Krieg sät letztlich immer nur neuen Hass."
Dimitrijevic schüttelte nur stumm seinen massigen Schädel.
Geradezu flehend meinte Popovic: „Lesjanin zählt doch auch die Manöverziele auf. Man will die unruhigen Elemente im Lande in Schach halten und zur Vernunft bringen. Durch das Zusammenziehen einer großen Anzahl von Truppen will man das Ansehen des serbischen Heeres schmälern, das es durch den letzten Balkankrieg errungen hat. Man will uns gegenüber natürlich die Bereitschaft, den Rüstungsstand und die Fähigkeiten der österreichisch-ungarischen Armee demonstrieren. Man will zeigen, dass man für alle Eventualitäten vorbereitet und gewillt ist, das eigene Gebiet zu schützen und zu verteidigen. Und man will, wie auf allen derartigen Übungen, den Ausbildungsstand der Truppen überprüfen. Natürlich ist es nicht ausgesprochen freundlich uns gegenüber, aber Lesjanin meldet ausdrücklich, dass kein Grund zur Beunruhigung besteht. Nimm das doch bitte auch einmal zur Kenntnis."

„Cedomir", sagte Dimitrijevic ganz ruhig, „mein Lieber, ich überlege ernsthaft, ob es nicht die beste Lösung wäre, den Thronfolger beseitigen zu lassen. Er ist der größte Feind Serbiens und des serbischen Volkes und der Urheber aller Maßnahmen gegen uns. Seine Beseitigung würde alle Probleme mit einem Schlag lösen!"

Etwa zur gleichen Zeit trat Dr. Kick in Salzburg an seinen Schreibtisch und nahm sein Tagebuch aus einer Lade. Nachdem er sich gesetzt hatte, griff er nach einem Bleistift und begann zu schreiben:
Die Veränderungen am Balkan stellen die Verantwortlichen der Vielvölkermonarchie, des kompliziertesten europäischen Staatsgebildes, vor neue Probleme. Dem 84jährigen Kaiser und dem kleinen Kreis seiner Berater fällt es ganz einfach schwer, sich auf die neuen Gegebenheiten einzustellen. Die Krone, deren Autorität noch immer unbestritten ist, erfüllt nach wie vor ihre Funktion als Klammer zwischen den auseinanderstrebenden Teilen des Reiches. Nicht zu Unrecht fürchtet man die Stunde des Ablebens seiner Majestät.
Das ist die eine Seite. Die andere ist, dass sich der Kaiser in Fragen der Außenpolitik noch immer die letzte Entscheidung vorbehält. Das geschieht in einer national aufgewühlten Welt, die seine Majestät vermutlich mit bestem Willen nicht mehr verstehen kann.

Am 18. April stellte der Arzt bei seinem Patienten, dem Kaiser, „katarrhalische Symptome der Bronchien fest, welche nach Fiebererscheinungen eine ernste Wende anzunehmen drohen".
In den Zeitungen erschien das erste Bulletin am 20. April. In der Eisenbahnstation von Konopischt in Böhmen stand ein Sonderzug unter Dampf, der im Krisenfalle den Thronfolger von seinem Schloss schleunigst nach Wien bringen sollte.
Weit weg in Bosnien meinte Milan Ciganovic zu seinem Freund Cabrinovic, dass der Thronfolger wegen der Erkrankung des Kaisers im Juni wohl kaum zu den Manövern kommen werde.

+

Marie und Paride frühstückten an diesem Sonntag im Garten. Johannes saß vergnügt auf einem eigenen hohen Sessel bei Tisch und klatschte immer wieder in seine kleinen Hände.
„Liebling", begann Marie das Gespräch, „ich muss wegen unseres Buben etwas mir dir besprechen."
„Dann sag´ mir doch einfach, was du auf dem Herzen hast."
„Unser Bub brabbelt schon so munter vor sich hin und bald wird er außer Mama

und Papa und dada weitere Worte lernen. Ich möchte, dass er von allem Anfang an zweisprachig aufwächst. Er wird vermutlich ein bisschen später tatsächlich zu sprechen anfangen, wenn du mit ihm italienisch sprichst und ich mit ihm deutsch rede. Aber das macht doch nichts."

Paride schaute Marie nachdenklich an und antwortete dann: „Das hat viel für sich. Marie, ich halte das für eine wirklich gute Idee. Von unseren Mädeln schnappt er dann auch bald noch kroatisch auf und wird so der perfekte Mann für das Küstenland."

Marie sah ihren Sohn liebevoll an und reichte ihm ein kleines Stück eines Kipferls, an dem der Kleine eifrig zu nuckeln anfing.

„Ich habe mich immer auf so Tage wie den heutigen gefreut. Ich habe immer ein ganz normales Leben führen wollen", bemerkte Paride.

„Das Leben ist immer das Leben und nie normal", antwortete seine Frau. „Wie wärst du sonst statt nach Fiume nach Wiener Neustadt gekommen und dann nach Salzburg. Hättest du in Bozen oder Linz gedient, hätten wir uns vermutlich nie getroffen. Ich wäre nie nach Pola gezogen, sondern nach Graz oder sonst wohin. Ich will mir aber nicht einmal vorstellen, wie mein Leben verlaufen wäre, denn alles, was ich brauche, sitzt hier an diesem Tisch."

Paride schaute sie bewundernd an. Er wusste, dass Marie eine der Frauen war, die alles um sich herum verzaubern, ihren Mann, ihre Kinder, ihre Mitmenschen. Er wusste, dass die Familie der Mittelpunkt ihres Lebens war und sie die Verantwortung für diese auch uneingeschränkt mittrug. Er sagte sich, dass sie voll Phantasie war und dennoch mit Geld umgehen könnte, immer schlank bleiben würde und ihn überdies längst davon überzeugt hatte, dass er wirklich beneidenswert war.

Nach einer Besprechung seiner Landtagsfraktion trat Dr. von Fleissner aus dem Grazer Landhaus hinaus in die in der Sonne liegende Herrengasse. Auf der anderen Straßenseite schwenkte am Eingang zur Stempfergasse ein Herr grüßend seinen Hut. Erfreut eilte Fleissner über die Straße und begrüßte seinen Jugendfreund Paul.

Die beiden entschlossen sich, einen kleinen Imbiss zu nehmen und betraten ein gemütliches, für sein gepflegtes Bier bekanntes Gasthaus. Nachdem sie sich gestärkt hatten, sagte Fleissner: „Paul, du beschäftigst dich doch seit Jahren mit dem Balkan und bist ein anerkannter Fachmann. Wie beurteilst denn du eigentlich die Situation?"

„Der Balkan ist nicht mit unseren Maßstäben zu messen, wenn es auch Leute gibt, die behaupten, dass in Wien am Rennweg der Balkan beginnt", lächelte sein Gegenüber. „Wir haben jetzt Anfang Juni. Am 28. Juni feiern die Serben den Vidovdan, den Tag des heiligen Veit. Der war nicht einmal ein Serbe, aber am

28. Juni 1389 haben die Türken auf dem Amselfeld, dem Kosovo-polje, das serbische Heer vernichtend geschlagen. Damit hat die 500 Jahre dauernde Unterwerfung der Serben unter die türkische Herrschaft begonnen. Und der Vidovdan ist zum nationalen Trauertag geworden.
Zu den Erinnerungen an diese Schlacht gehört aber auch die Erinnerung an Milos Obilic. Der hat den siegreichen Sultan noch am Tag des Sieges in dessen Zelt ermordet, um damit die Niederlage zu rächen. So hätte man den Tag auch ruhig Obilic-dan nennen können. Oder auch Knez-Lazar-dan zum Andenken an den Fürsten Lazar, der in der Schlacht umgekommen ist."
Nachdem er sich beim Ober noch ein Glas Bier bestellt hatte, fuhr er fort: „An jenem 28. Juni 1389 hat für die Serben die jahrhundertelange ´Türkennacht´ begonnen, die Leidensgeschichte, das Martyrium, wie sie es gerne nennen. Die Niederlage hat ein kollektives Trauma und eine nationale Neurose ausgelöst. Ihr ist auch die Auffassung entsprungen, dass eine serbische Wiedergeburt nur durch Leiden möglich wäre. Es gibt Leute, die das Amselfeld mit der Klagemauer der Juden vergleichen und die mystisch-religiöse Bedeutung des Kosovo herausstreichen. Der serbische Traum kulminiert in einem siegreichen Kreuzzug gegen das osmanische Reich und hat mit der Intensität einer geradezu messianischen Verheißung die Hoffnung auf eine Auferstehung des großserbischen Reiches wach gehalten."
Nachdem er seinem Freund Fleissner zugetrunken hatte, redete er weiter: „Zum Unterschied vom Königreich Serbien, wo der Vidovdan rot im Kalender steht und ein gesetzlicher Feiertag ist, gilt er in Bosnien und Herzegowina als ganz normaler Werktag. Das ist interessanterweise auf eine Entscheidung der serbisch-orthodoxen Kirche zurückzuführen. Seitdem im Jahre 1905 die Kirchen- und Schulautonomie gewährt worden ist, fällt die Gestaltung des Kirchenkalenders allein in ihre Kompetenz. Den Vidovdan ohne Anstände zu feiern liegt allerdings keineswegs nur im Interesse der örtlichen Behörden, sondern auch im Interesse der bosnischen Serben."
„Wie denn das?", fragte Fleissner, der interessiert zuhörte.
„Beide wollen die Mohammedaner in Bosnien nicht vor den Kopf stoßen. Die machen im ganzen Land 32 % der Bevölkerung aus, in Sarajewo immerhin 45, in Mostar 48 und in Banja Luka sogar 55 %. Die Behörden wollen natürlich Ruhe im Lande haben, die Serben aber haben parteipolitische Gründe dafür. Für die national eher indifferenten Moslems hat dieser Gedenktag eine andere, ja man kann ruhig sagen eine gegensätzliche Bedeutung. In ihren Augen hat doch am Amselfeld der wahre Glaube gesiegt und der Islam triumphiert. Der Obilic ist für sie kein Nationalheld, sondern ein Meuchelmörder, der den erhabenen und gerechten Sultan umgebracht hat. So wären die bosnischen Moslems über örtliche Kosovofeiern wohl eher verärgert. Das entspricht aber nicht den Plänen der Serben, die

darauf abzielen, die Anhänger des Propheten unter wirklicher Schonung ihrer Empfindlichkeiten zu sich herüberzuziehen und gegen die landfremden Kuferaschen aufzubringen."

„Gegen wen bitte?"

„Gegen die Kuferaschen. Das ist der Spottname für Leute, die mit Koffern reisen und ankommen. Also für Österreicher, Ungarn und Deutsche. In der türkischen Zeit hat es im ganzen Land ja fast nur Saumpfade gegeben. Da waren Tragtiere das einzige Beförderungsmittel. Die Habseligkeiten der Reisenden waren in Packtaschen untergebracht. Der Koffer, den sie Kufer nannten, war für die Bosniaken ein ungewohnter und geradezu lächerlicher Anblick. In Sarajewo erscheint übrigens ein Witzblatt, das sich *Kufer* nennt.

Die Serben werden es als bewusste Demütigung auffassen, wenn der Thronfolger, wie man liest, ausgerechnet am Vidovdan in Sarajewo ankommen wird. Wenn du mich fragst, halte ich das für nicht sehr klug und für sehr unüberlegt."

„Ich halte es für saublöd", antwortete Fleissner, „aber uns fragt ja leider wieder einmal keiner."

Im Juni wurde der erste Geburtstag des kleinen Johannes gefeiert. Die Pollinis waren alle aus Parenzo gekommen und die Großeltern aus der Steiermark ließen es sich auch nicht nehmen, diesen Tag mit ihrem Enkel zu begehen. Der trug einen gestrickten hellgrauen Anzug, der grün eingefasst und mit kleinen Hirschhornknöpfen versehen war. Den hatte Frau Fleissner mitgebracht. Johannes war sich seiner Wichtigkeit sichtlich bewusst. Er strahlte über sein ganzes kleines Gesicht, als er die Geburtstagstorte sah. Von seinem Vater und Tante Mariola behutsam geführt, stapfte er auf wackeligen Beinen dahin. Alle waren sich einig, dass es nicht mehr lange dauern könnte und der kleine Mann würde allein seine ersten Schritte machen.

Am Morgen des 20. Juni ereignete sich das erste große Unglück der k.u.k. Fliegerei. Das Militärluftschiff M III war in Fischamend aufgestiegen. Während der Fahrt wurde es vom Wind abgetrieben. Von einem Flugzeug aus versuchte man die Ursache dieser Abdrift festzustellen. Dabei kollidierte das Flugzeug mit dem Luftschiff, beide stürzten ab. Diese Katastrophe, die neun Todesopfer gefordert hatte, war der unmittelbare Grund dafür, dass die militärische Führung das Luftschiff aus den weiteren Planungen nahm und sich künftig auf das Flugzeug konzentrierte.

Das Unglück beeindruckte die Bevölkerung sehr. Tagelang waren sein Hergang und die Begleitumstände Thema ausführlicher Berichterstattung in den Wiener Zeitungen. Am 24. Juni erfolgte die Beisetzung der Opfer auf dem Zentralfriedhof in einem gemeinsamen Ehrengrab der Stadt Wien. Als Vertreter des Kaisers nahm

dessen Generaladjutant teil und zum ersten Mal seit der Eröffnung des Friedhofs wurde ein militärischer Kondukt angeordnet. Infanterie begleitete die Särge, stand entlang des Weges zur Grabstätte Spalier und schoss bei der Beerdigung die Ehrensalve.
Elf der gerade am III. Flugmeeting in Aspern teilnehmenden in- und ausländischen Piloten überflogen während der Beisetzung mit ihren Maschinen, an denen Trauerfahnen montiert waren, im Formationsflug den Zentralfriedhof.
Die Asperner Flugwoche stand im Mittelpunkt der Berichterstattung der Tageszeitungen. Die „Neue Freie Presse" beschrieb in ihrer Ausgabe vom 22. Juni auch die gesellschaftliche Seite dieser Veranstaltung. Die hatte bei der eleganten Welt bereits Prestige erlangt: „Die Wiener Flugwochen sind nun endgültig in das Repertoire unseres gesellschaftlichen Lebens übergegangen. Die große Derbywoche bildet nicht mehr den Abschluss der Saison, ganz von selbst ist die ersehnte Saisonverlängerung durch das jeweilige Flugmeeting im Juni eingetreten und die oberen Zehntausend warten die Flüge ab, bevor sie dem sommerlichen Wien den Rücken kehren."
Das k.u.k. Heer gliederte sich in 16 Korpsbereiche. Bei den bosnischen Manövern standen sich zwei Korps gegenüber, die nicht einmal zur Gänze aufgeboten wurden. Die Reduktion erfolgte auf Einspruch des Generalstabschefs, der auf die Teilnahme der „exzentrisch dislozierten Gebirgsbrigaden in Ragusa, Tuzla, Cattaro und Banjaluka" verzichtete. Der Eisenbahntransport dieser zu den Korps gehörenden Verbände wäre zu teuer gewesen.
Die amtliche Tabelle aus dem Wiener Kriegsarchiv weist folgenden Stand der Manövertruppen des 15. und 16. Korps für den 26. Juni 1914, den ersten Manövertag, aus: Verpflegsstand: 19.678 Mann; Gefechtsstand: 13.266 Feuergewehre der Fußtruppen; Maschinengewehre: 70; Reiter: 171; Geschütze: 80; Fahrräder: 151; Motorräder: 61; Personenautos: 11; Lastautos: 16; Marodenstand: 63.
Conrad von Hötzendorf lehnte auch, obwohl ihn Feldzeugmeister Potiorek, der Landeschef und Armeeinspektor, geradezu flehentlich darum gebeten hatte, die Heranziehung der k.k. Landwehr und der k.u.k. Honved ab. Potiorek wollte dadurch „die Macht der Dynastie und des Reiches in sinnfälliger Weise dartun, den Reichsgedanken fördern und damit ein mächtiges, eindrucksvolles militärisches Machtaufgebot verbinden".

Marie erwachte und fand sich im ersten Moment überhaupt nicht zurecht. Sie hatte von einem Friedhof geträumt, einem Wald aus Farn und Lupinen, deren dunkelfarbene Schoten unter der Sonne aufbrechen. Im letzten Licht schimmerten die gefleckten Stämme der Birken und die roten Früchte des Vogelbeerbaums. Darunter lagen die Gräber. Sie waren meist von einfachen Einfassungen umgeben und mit verdorrenden Kränzen geschmückt. Ein Teil der Kreuze trug keinen

Namen.

Marie war froh, als sie Paride im Badezimmer rumoren und pfeifen hörte. Sie war zu Hause, sie war in ihrer kleinen heilen Welt. Sie stand auf, um nach ihrem Sohn zu sehen.

Dieser Sonntag, der 28. Juni 1914, verlief wie alle Sonntage. Als die Pollinis am Nachmittag spazieren gingen und Marie ihren Sohn voll Freude und auch ein bisschen stolz im Kinderwagen über die Promenade schob und präsentierte, drang die Nachricht vom Attentat auf das Thronfolgerpaar auch nach Pola durch. Es wurde totenstill. Marie griff nach der Hand ihres Mannes und hielt sie fest.

Jeder sagte, das Attentat bedeute Krieg. Jetzt war sich Marie auch mit einem Schlag der Bedeutung ihres Traums bewusst.

+

Die Empörung, die Abscheu und die Trauer, die die Menschen ergriffen hatten, fanden an einer einzigen Stelle kein Echo - in den Amtsräumen des Obersthofmeisters Fürst Montenuovo. Hier herrschte, auch wenn man offiziell Trauer zur Schau trug, im Grunde genommen vor allem Genugtuung. Franz Ferdinand war nicht mehr. So würde man ihn auch, gerade weil er sich so ostentativ als Gegner gewisser Vorschriften des Zeremoniells erwiesen hatte, recht einfach zu Grabe tragen.

Auf Betreiben Montenuovos erhielten Franz Ferdinand und seine Gemahlin ein Begräbnis dritter Klasse. Die europäischen Fürstenhöfe und auch die hohe Beamtenschaft der Monarchie wurden verständigt, dass eine Teilnahme an den Beisetzungsfeierlichkeiten nicht erwünscht sei.

Zunächst war es die Flotte, die am 29. Juni der Heimkehr der beiden Toten auf der „Viribus Unitis", dem Schlachtschiff dessen Stapellauf der Thronfolger beigewohnt hatte, nach Triest ein feierliches Geleit gab. Die Marineflieger flogen in Formation über dem Schiff und dann über die Stadt hinweg, als die „Viribus Unitis" mit den zwei Särgen in Triest einlief.

Doch schon dort erfolgte die Überführung zum Bahnhof in gespenstischer Eile und ohne jeden Pomp. In Wien vollzog sich die Einsegnung in einer Art und Weise, die lauten Protest hervorrief. So wurde der Sarg des Thronfolgers in der Burgkapelle auf einem hohen, pompös ausgestatteten Katafalk aufgestellt, jener der Herzogin von Hohenberg nebenan um einen Meter niedriger und auf einem einfachen Gerüst. Um den Abstand zwischen der Stellung des Thronfolgers und der ehemaligen Hofdame zu verdeutlichen, lagen in besonders geschmackvoller Weise die Abzeichen ihrer einstigen Stellung, ein Paar weiße Handschuhe und ein schwarzer Fächer auf ihrem Sarg. Beim nachfolgenden Kondukt durch die Stadt durften weder die Kirchenglocken geläutet werden, noch die Kinder dem

Leichenwagen folgen.
Nicht zu Unrecht bemerkte ein ausländischer Diplomat zu General von Auffenberg: „Hätte man den ausländischen Fürstlichkeiten und Regierungsvertretern nicht abgesagt, würde vielleicht eine Aussprache zwischen dem einen oder anderen Monarchen oder Minister den Ausbruch eines Krieges verhindern."
Was bedeutete das aber schon gegenüber dem Gefühl befriedigter Rache eines vertrockneten, vergreisten Hofbeamten?"

Der Kaiser hatte auf die überhastete Durchführung der Trauerfeierlichkeiten keinen Einfluss genommen. Franz Joseph war zutiefst erschüttert. Die einzige überlieferte Reaktion auf die Schreckensnachricht waren die fassungslosen Worte: „Furchtbar, furchtbar!". Der alte Mann von 84 Jahren war nun gezwungen, alle Lasten wieder auf sich zu nehmen, die ihm der 51jährige Thronfolger, allen Meinungsverschiedenheiten zum Trotz, bisher abgenommen hatte.
Als Erstes berief er seinen Großneffen Karl Franz Joseph, den nunmehrigen Thronfolger, zu sich. Der junge Erzherzog stand über Nacht vor Aufgaben und Verpflichtungen, auf die er nie vorbereitet worden war.
Der greise Kaiser aber war an seiner verwundbarsten Stelle getroffen worden. Nicht Österreich-Ungarn, sondern sein dynastisches Ehrgefühl war auf das Schwerste verletzt worden. Der Schimpf, der seinem Hause angetan worden war, verlangte Sühne. Der Kaiser wusste, dass weite Teile der Bevölkerung ohne Ansehen ihrer nationalen Zugehörigkeit über das Attentat von Sarajewo zutiefst empört waren.

„Mitleid mit dir selbst ist das, was du jetzt am allerwenigsten gebrauchen kannst", sagte sich Marie. „Wie du dich so unsterblich in Paride verliebt hast und wie es dir bewusst geworden ist, dass du ohne ihn nicht leben können wirst, da hast du in ihm den hinreißenden, liebenswerten jungen Mann gesehen. Ja, er hat Uniform getragen, aber die hat dein Vater auch manchmal angehabt, und du hast gefunden, dass sie ihm sehr gut steht und seine schlanke, große Gestalt noch betont. Du hast einen jungen Mann geheiratet; du wolltest mit ihm leben, Kinder haben, unsagbar glücklich sein, das Leben meistern und irgendwann, allerdings in noch sehr weiter Ferne, auch einmal mit ihm gemeinsam alt werden.
Da war der Kaiser im fernen Wien, das dich nie so sonderlich gereizt hat, denn da war auch die schöne, ruhige Zeit am Land. Du hast in der Provinz, dann auch zusammen mit deinem Mann, ein schönes und harmonisches Leben geführt, bist unsterblich in deinen Mann verliebt, lebst beschaulich und unaufgeregt. Paride geht am Morgen aus dem Haus, kommt am späteren Nachmittag wieder nach Hause, du hast einen lieben, kleinen Sohn, verlebst himmlische Nächte mit deinem Mann, aber nie ist dir so wirklich bewusst geworden, dass er eigentlich Soldat

ist.

Es hat dir geschmeichelt, wenn du mit ihm durch die Stadt gegangen bist, du hast bemerkt, dass viele euch beide aufmerksam und oft freundlich und bewundernd angesehen haben. Aber hast du denn wirklich nie daran gedacht, dass er als Soldat der Erste ist, der ausrückt, wenn es um den Bestand des Reiches geht? Hast du denn nie daran gedacht, dass die Armee für mehr stehen muss als für fesche Uniformen, Kaisermanöver und Kriegsschiffe, die in der Sonne vor Anker liegen? Jetzt wird es Krieg mit Serbien geben und Paride wird ins Feld ziehen. Denk nicht weiter, sonst wird es dir das Herz zerreißen", sagte sich Marie immer wieder. Dabei fühlte sie Tränen aufsteigen, die sie tapfer zu unterdrücken versuchte.

Sie besann sich ihrer praktischen Seite und machte sich Listen, was sie ihrem Mann im Falle der Mobilisierung der Armee wohl alles zusätzlich mitgeben würde. Das ging von reichlich Wäsche bis zu Verpflegspaketen. Sie ließ sich mit ihrem Sohn fotografieren und wollte dieses Foto ihrem Mann in einem besonders

stabilen Rahmen mit ins Feld geben.
KRIEG

Am 7. Juli beschloss der Ministerrat ein Ultimatum an Serbien, in dem unter anderem die Mitwirkung Österreichs an den Ermittlungen gegen die Hintermänner des Attentats von Sarajewo in Belgrad gefordert wurde.
Am Nachmittag des 23. Juli 1914 überreichte Freiherr von Giesl in Belgrad im Ministerium des Äußeren das Ultimatum. Die serbische Antwort wurde bis spätestens 25. Juli 18 Uhr eingefordert und erwartet.
Am 25. Juli begann Serbien mit der Mobilmachung seiner Armee.
Die Antwortnote der Serben vom 25. Juli wurde in Wien der Form nach zwar entgegenkommend, inhaltlich aber als wertlos beurteilt.
Am 27. Juli legte Außenminister Graf Berchtold dem Kaiser das Telegramm an das serbische Ministerium des Äußeren mit der Kriegserklärung zur Genehmigung vor.
Am 28. Juli genehmigte der Kaiser diese, das Telegramm wurde abgeschickt. Der Kaiser erlässt den Aufruf „An meine Völker!", in dem er diesen die Kriegserklärung an Serbien bekannt gibt.

Marie hatte sich vorgestellt, dass die Flotte mit beflaggten Schiffen unter den machtvollen Klängen des „Gott erhalte", gespielt von mehreren Musikkapellen, mit an Bord angetretener Mannschaft auslaufen würde. Sie hatte sich selbst gesehen, wie sie mit ihrem Sohn am Arm, unter vielen anderen Seemannsfrauen und einer begeisterten Menge, die Hochrufe ausbringt, winkend am Kai steht, bis die Schiffe am Horizont verschwunden waren.
Am 20. Juli wurde befohlen, Seeflugzeuge auf die Schiffe der II. Schlachtschiffdivision zu verladen. Paride war abmarschbereit. Seine Seekiste war gepackt und ein weiterer Reisekorb war mit Wäsche, Proviant und persönlichen Dingen gefüllt.
Am Nachmittag des 21. Juli verabschiedete sich Paride im Garten seines Hauses von seiner Frau und seinem Sohn. Marie drückte sich an ihn und hielt ihn fest, als wollte sie ihn nie mehr loslassen. Er strich ihr zärtlich über die Wange.
„Nicht weinen, Marie. Es ist doch nicht für lange. Ehe du dich versiehst, bin ich wieder da", tröstete sie Paride. „Pass gut auf unseren Buben auf und erzähl' ihm jeden Tag ein bisschen von mir."
Marie schaute ihn mit Tränen in den Augen an. „Bitte geh jetzt. Ich heule sonst nur los und der Kleine weiß nicht, was los ist."
Paride hob seinen Sohn auf, küsste ihn und stellte ihn dann vorsichtig in die Gehschule zurück: „Johannes, du bist jetzt der Mann im Haus." Liebevoll strich er seinem Sohn, der ihn anstrahlte, über den Kopf.

„Paride, Liebling, gib Acht auf dich und komm gut wieder", verzweifelt suchte Marie nach einem Taschentuch. Paride griff in die Tasche und reichte ihr seines. „Marie, ich komme wieder, verlass dich drauf", lächelte er dabei. „Mich wirst du nicht los." Ernst setzte er hinzu: „Ich vergesse die Gefahr keinen Augenblick. So kann ich ihr begegnen und so wird mir auch nichts geschehen."
„Bitte geh jetzt und schreib uns bald", seufzte Marie.

Am 22. Juli um vier Uhr morgens lief die Division aus Pola aus und ging am nächsten Tag in der Bucht von Cattaro vor Anker. Am 24. Juli wurden die Flugzeuge zu Wasser gelassen und im Arsenalgebiet von Teodo stationiert.
Der erste Auftrag an die Flieger lautete Aufklärung über dem Lovcen-Massiv an der Grenze zu Montenegro. Als Beobachter flogen Artillerieoffiziere mit. Die stiegen anfänglich mit recht gemischten Gefühlen ein und waren sichtlich erleichtert, als die Piloten alle riskanten Manöver vermieden und nicht zeigen wollten, dass sie ihre Flugzeuge auch in Ausnahmesituationen beherrschen. „Weißt du, mein Lieber, freiwillig würde ich ja nicht mitfliegen, aber weil man es mir befohlen hat, tu ich es halt in Gottes Namen", meinte ein junger Hauptmann zu Paride, ehe er mit ihm zum ersten Flug seines Lebens aufsteigen sollte. Einige Tage später hatte er sich aber schon an diese neue Erfahrung gewöhnt und brachte tagtäglich mit Paride seine sehr präzisen Aufklärungsergebnisse ein.
Schwierig war wegen des Motorenlärms die Verständigung zwischen dem Piloten und seinem Beobachter. Dieses Problem konnte bis Kriegsende nicht gelöst werden und so mussten sich die beiden schriftlich verständigen.
„Wird dir denn dort oben nicht schwindlig?", fragte ein älterer Artillerist einen Piloten besorgt. „Nein, überhaupt nicht, Herr Oberstleutnant. Aber vermutlich sind wir aus dem Küstenland ohnehin irgendwie mit den Möwen verwandt", antwortete der grinsend.
Der Krieg zeichnete sich ab und es bestand kein Zweifel, dass die montenegrinische Artillerie ihr Feuer auf den Hafen und das Gelände des Arsenals von Teodo konzentrieren würde. Deshalb wurden die Flugzeuge am 29. Juli nach Kumbor verlegt, wo die Maschinen gegen Sicht verdeckt in einem Olivenhain abgestellt wurden. Von hier aus starteten sie nun zu ihren Aufklärungsflügen, deren Auswertung die weitere Entwicklung und die Kriegsvorbereitungen der Gegenseite sehr klar erkennbar machte.
Am 28. Juli erfolgten mit der Kriegserklärung die ersten Mobilisierungsmaßnahmen der Armee. Auf den Bahnsteigen fast aller Bahnhöfe der Monarchie spielten sich in den nächsten Tagen die Szenen ab, die bald nur zu vertraut sein sollten. Junge und alte Frauen weinten und brachten ihre Männer, die zum Teil schon Uniform trugen, zu den Zügen. Kleine Mädchen schmiegten sich verschämt an ihre Väter, Buben schwenkten begeistert schwarzgelbe Fähnchen oder Säbel aus Holz.

Dazu kam die lärmende Fröhlichkeit der jungen Männer, die ins Feld zogen. Je näher sie ihrer Garnison und ihrem Truppenkörper kamen, desto größer wurden ihr Übermut und ihre vaterländische Begeisterung. Die Stimmung war überall im Reiche gleich, ob nun Jäger aus Kärnten, böhmische Dragoner oder ruthenische Infanteristen verladen wurden. Auf den Waggons stand „Serbien muss sterbien" und darunter kleiner: „6 Pferde, 40 Mann."

Die Transporte dauerten endlos. Man hielt an vielen kleinen Bahnhöfen an. Die Lokomotiven fassten Wasser, die Mannschaften Menage, andere Truppentransporte erhielten Vorfahrt.

„Ist Paride schon an der Front?", fragte Massimo besorgt seinen Vetter, der ihn in seiner Kanzlei in Triest aufsuchte.

„Ja, sie sind in Cattaro und schauen, was die Montenegriner so treiben", antwortete der.

„Jetzt steht König Nikita, dem der Kaiser mehrfach aus seinen finanziellen und sonstigen Bredouillen geholfen hat, auf der anderen Seite", meinte Massimo achselzuckend. „Ich glaube, das hat der Kaiser nicht so sehr aus staatspolitischen Überlegungen getan, obwohl es gut gewesen ist, unter den intriganten Balkanfürsten wenigstens einen zu haben, der eine zeitlang Ruhe gibt. Der Kaiser hat das als nobler Mann, der er ist, getan. Wie ein Offizier aus gutem und wohlhabenden Haus, der einem Kameraden beisteht, der aus einer weniger guten Familie ist, sehr viel weniger Geld hat und mit dem wenigen Geld leider allerlei gewagte Spielchen unternimmt."

Sein Vetter nickte zustimmend.

Massimo sagte seufzend: „Unlängst erst habe ich bei einem Engländer gelesen, dass die unserer Marine in allen Bereichen hohe Leistungsfähigkeit bescheinigen. Die Offiziere hätten eine ausgezeichnete Ausbildung, besäßen eine weitgespanntes Wissen und grenzenlose Leistungsbereitschaft. Die gesteht man österreichischen Soldaten aber seit eh und je zu.

Ettore, manchmal werde ich aber das Gefühl nicht los, dass die Generäle nichts anderes im Sinn haben, als ihre kostspieligen Überlegungen in die Praxis umzusetzen. Wenn ihnen das gelingt, wird von der ganzen Pracht nicht sehr viel übrig bleiben. Merk dir gut, was ich dir heute sage. Die, die jetzt so großartig und laut verkünden, dass sie Österreich-Ungarn davor bewahren wollen zu einer zweitklassigen Macht abzusinken, werden auf den Trümmern der Monarchie sitzen. Auf dem kleinen, verbleibenden Rest und völlig mittellos dazu."

Ettore Pollini nickte sorgenvoll, räusperte sich und sagte nach einer Pause: „ Der Krieg ist da. Er wird sich nicht auf eine kurze Auseinandersetzung mit Serbien beschränken. Dass ihn unser alter Kaiser erklären musste, ist tragisch."

Er lächelte fast wehmütig: „So ernst war das in Wien doch wieder einmal gar nicht gemeint. Ich glaube, man hätte noch aussteigen können, als man erkannt

hat, dass es kein Spaziergang nach Belgrad werden wird."
Massimo ergänzte: „Da haben wir seit 1882 den Dreibund und die Deutschen in ihrer Nibelungentreue stehen gleich zu uns. Leider! Die Italiener legen den Dreibundvertrag als defensives Bündnis aus und erklären, sie seien daher in dieser Angelegenheit neutral. Frage mich aber bitte nicht, wie lange sie das sein werden. Da brauche ich mir nur die glühenden Nationalisten hier in der Stadt anzusehen."
Montenegro erklärte Österreich am 5. August den Krieg. Am 6. August erfolgte die österreichische Kriegserklärung an Russland. Frankreich erklärte Österreich am 11. August den Krieg, ihm folgte England am Tag darauf.
Seit Menschengedenken waren sich nie vorher Österreicher und Engländer auf einem Schlachtfeld begegnet. Kaiser Franz Joseph vergaß auch nicht, während sich der Konflikt ins Unermessliche steigerte, auf einen Akt der Ritterlichkeit. Seit vielen Jahren war er Oberstinhaber des königlich großbritannischen Dragonerregiments. Dessen Soldaten trugen zur Parade am Uniformkragen den Doppeladler. Den Kaiser schmerzte der Bruch mit dem Land, dessen sogenannter Festlandsdegen die Monarchie seit dem Dreißigjährigen Krieg in vielen europäischen Konflikten gewesen war. Aber er dachte auch an diese Dragoner und an das, was sie im Falle der Kriegsgefangenschaft treffen würde. Und so verabschiedete sich ein Kavalier von seinem Regiment, das nunmehr im Heer der Feinde Österreich-Ungarns stand: „Ich bedauere den eingetretenen Bruch", schrieb der Kaiser. „Sollten Angehörige meines bisherigen Regiments in österreichische Kriegsgefangenschaft fallen, dann werde ich nicht verfehlen zu trachten, ihnen in ihrem Missgeschick zu helfen."
Seit Kriegsbeginn wurden an Bord der Flugzeuge je ein Mannlicher Stutzen oder ein Mannlicher Karabiner, ein Revolver und eine Signalpistole mitgeführt. Die Flottenflugabteilung in Kumbor baute die ersten eigenen Bomben, die im Grunde genommen nicht mehr als primitive Wurfbüchsen waren. Bald aber boten die Skodawerke 5 kg-Bomben an und im August 1914 wurden die ersten 5 kg- und 10 kg-Bomben beschafft. Sie wurden von Hand und noch ohne Zieleinrichtung über die Bordwand geworfen. Im August wurde auch eine recht wirksame Leuchtmine mit Fallschirm eingeführt, die zum Beleuchten des Zieles bei Nacht diente. Am 15. August erfolgte durch das Flugboot E 18 der erste Bombenabwurf von einem k.u.k. Seeflugzeug auf eine Geschützstellung am 955 m hohen Krstac.
Während eines Aufklärungsfluges entdeckte Paride eine feindliche Nachschubkolonne, deren Gespanne sich auf einer schmalen Straße bergauf quälten. Nachdem er seinen Beobachter darauf aufmerksam gemacht hatte, flog er aus der Sonne kommend knatternd und dröhnend in geringer Höhe über die Kolonne hinweg. Der Beobachter feuerte mit dem Revolver und Paride gelang es, mit der Signalpistole einen Wagen in Brand zu schießen. Pferde scheuten in panischer Angst, Wagen stürzten um und gingen zu Bruch.

Dadurch angespornt suchte Paride, kaum war er seinem Aufklärungsauftrag nachgekommen, für ihn lohnende Ziele wie marschierende Truppen oder kleinere Nachschubeinheiten. Sein unvermutetes, überraschendes Auftauchen, der Motorenlärm und der Beschuss riefen immer Verwirrung, Bestürzung und Furcht hervor und führten zu Verlusten an Material.

+

Paride, mein geliebter Mann!
Wir vermissen Dich. Ich weiß nicht, wem von uns beiden Du mehr fehlst. Ich erzähle Johannes jeden Tag von dir. Er besteht darauf, denn er fragt immer wieder nach dir. Er ist mir eine wirkliche Freude. Sein kleiner wacher Geist lässt ihn jeden Tag Neues entdecken. Ich sehe ihm geradezu an, wie er es verarbeitet und das, was er sich einverleibt und gelernt hat, gleich wieder anwendet. Er wächst und stapft wacker durch Haus und Garten. Anfangs ist er noch manchmal umgefallen, ist dann aber gleich wieder unverdrossen aufgestanden. Kinder fallen so geschickt und die Windeln in seiner Hose haben ihn auch weich hinplumpsen lassen. Unser Sohn hat viele neue Worte gelernt und auch sein Italienisch kommt nicht zu kurz, da wir gern bei den Verwandten Besuch machen. Die sprechen, auf meine Bitte hin, mit ihm nur italienisch.
Papa musste noch nicht einrücken. Mein Bruder ist schon bei seinem Regiment, aber noch nicht an die Front abgegangen. Wegen seines Studiums will man ihn in irgendein höheres Kommando stecken. Frag mich aber bitte nicht wohin. Dagegen wehrt er sich, da er bei der Truppe und nicht im Hinterland sein will. Mir wäre es lieber er wäre dort. Ein Mann an der Front, um den ich zittern und bangen muss, ist mir an sich genug. Ich hoffe, dass Du mir das nicht verübelst, aber ich bin eben eine Frau. Du schreibst mir zwar, dass es dir gut geht und dass ich mir keine Sorgen machen soll. Ob Du mir da aber auch die ganze Wahrheit schreibst? Ist es denn nicht so, dass Männer um der Liebe willen Frauen nicht immer die Wahrheit sagen? Paride, schwindle mich auch jetzt nicht an. Wir sind immer offen miteinander umgegangen und das wollen wir auch weiterhin tun. Der Krieg ist schrecklich genug und verträgt keine Beschönigung.
Aus Salzburg habe ich einen sehr lieben, tapferen Brief von Frau von Höpfner bekommen. Die Rainer stehen an der russischen Front und haben ihre Feuertaufe schon hinter sich. Was tun diese braven Leute so weit weg von daheim in Gegenden, deren Namen man nicht einmal lesen, geschweige denn aussprechen kann? Um uns zu Hause brauchst Du dir keine Sorgen zu machen. Wirklich nicht. Wir wissen zwar, dass Krieg ist und vermissen Dich schmerzlich, aber das Leben hier hat sich (noch) nicht geändert. In den Läden bekommt man alles wie eh und je, die Bauern und Fischer liefern ihre Waren auf den Markt und alles geht seinen

gewohnten Gang.
Mama war mit Papa in Graz. Die beiden haben auch Tante Johanna besucht, die dich natürlich von Herzen grüßen lässt. Irgendwie kam Tante Johanna darauf, dass man früher oder später wohl Kriegsanleihen auflegen würde und man als Patriot solche werde zeichnen müssen. Da hat der Papa kotzengrob, wie er auch sein kann, gemeint: „Wenn die in Wien kein Geld für einen Krieg haben, dann sollen sie auch keinen anfangen!"
Ich habe mir gerade durchgelesen, was ich Dir bisher geschrieben habe. Es ist ein Einblick in unsere kleine Welt hier. Ich liebe Dich und ich suche Dich. Bei Tag geht es ja noch, denn da bist Du sonst auch nicht da. Außerdem halten mich unser Sohn und der Haushalt auf Trab. Aber nachts suche ich Dich in unserem großen Bett. Ich wache in der Früh auf Deiner Seite auf und weiß im ersten Augenblick meist nicht, wo ich bin. In den ersten Tagen hat Dein Polster noch ein bisschen nach Dir gerochen, jetzt bin ich ganz allein. Abends suche ich Dich und träume mit offenen Augen von Dir. Ich kann einfach nicht anders und du weißt doch, wie romantisch ich bin. Ich träume von Dir, ich will das auch und dabei ist es vollkommen hoffnungslos.
Mein geliebter Mann, pass auf Dich auf. Johannes und ich wollen Dich gesund wiederhaben und wir lieben Dich!
Es küsst dich voll liebevollem Verlangen
Deine Marie

Nach dem Ausbruch des Kriegs kam zu den Aufgaben der Seeflieger auch die Artilleriebeobachtung für die im Golf von Cattaro zusammengezogenen Flottenverbände. Diese belegten die montenegrinischen Stellungen mit dem schweren Feuer ihrer Schiffsgeschütze.

Sehr rasch machten die Seeflieger die Erfahrung, dass man bei relativ guter Witterung und bei einiger Übung durchaus auch nachts starten und auf dem Wasser landen konnte. Schon das Licht des Vollmonds genügte für eine Wasserung. Bei weniger guten Lichtverhältnissen wurden Bojen und andere vorbereitete Orientierungshilfen beleuchtet. Die Piloten gaben bei ihrer Rückkehr kurz vor der Landung ein Lichtsignal. Daraufhin wurde die Wasseroberfläche mit Scheinwerfern erhellt. Das war sicherer als sich auf den Höhenmesser zu verlassen, weil der bei größeren Temperaturunterschieden nicht ganz präzise arbeitete.

Paride war eben gelandet. Während sich die Mechaniker an seiner Maschine zu schaffen machten, trank er hastig ein großes Glas kaltes Wasser und dann mit Genuss eine Tasse Kaffee. Man brachte ihm Maries Brief. Er steckte ihn behutsam in die Brusttasche seiner Uniform. Lesen wollte er den Brief erst in der Ruhe seiner Unterkunft. Das Gebäude war im vergangenen Jahr schnell hochgezogen worden. Die offene Veranda war ein Zugeständnis an die mediterrane Lage. Im Inneren roch das Gebäude noch immer ein bisschen nach Farbe und frisch verlegtem Bodenbelag.

Meine geliebte Marie,
heute habe ich wieder einen so lieben Brief von Dir bekommen. Du weißt, wie glücklich Du mich damit gemacht hast. Nicht einmal Du kannst dir vorstellen, wie sehr ich auf meinen ersten Urlaub warte, damit ich Dich und unseren Sohn wiedersehen und Euch beide in die Arme nehmen kann.
Ich habe mir den Brief in meine Unterkunft mitgenommen und ihn erst hier aufgemacht. Ich wollte ihn in Ruhe lesen und meine stille Freude daran haben.
Ich sag Dir auch gleich, dass ich mir als erstes Essen zu Hause ein Rindfleisch mit kalter Schnittlauchsoße wünsche, denn Deine Schnittlauchsoße braucht den Vergleich mit der berühmten von Meißl & Schadn in Wien nicht zu scheuen.
Mach Dir bitte keine Sorgen um mich. Wir fliegen zumeist Aufklärung und das ziemlich hoch. Die Montenegriner schießen zwar hie und da auf uns. Ich glaube, das tun sie mehr, um sich selbst Mut zu machen. Neulich hatte ich zwei Einschüsse am Tragflächenende. Wir beobachten auch, ob und wie die schwere Artillerie unserer Schiffe trifft. Auch dabei sind wir außerhalb der Reichweite der Bodentruppen. Du weißt, dass ich keine Kunststücke und keine Spompanadeln mache.
Ich glaube, dass es das Schicksal, das mich zur Seefliegerei gebracht hat, gut mit mir gemeint hat. Die Rainer stehen jetzt im Osten und wer weiß, was ihnen die nächsten Wochen und Monate an Mühseligkeiten und Entbehrungen bringen werden. An den Winter dort will ich gar nicht denken. Vor dem hat Hauptmann Eisner immer gewarnt. Die Leute werden furchtbaren Strapazen ausgesetzt sein und dazu kommen auf der anderen Seite die Russen, die diese unwirtlichen Verhältnisse gewöhnt sind.
Ich freue mich und ich bin stolz, dass unser Sohn solche Fortschritte macht. Das kommt davon, weil Du Dich so mit ihm beschäftigst. Jetzt stapft er also schon durch Haus und Garten. Ob ich ihn überhaupt noch erkennen werde? Wird er mich wieder erkennen? Ich stelle mir so oft vor, wie er heranwächst und wie viel Freude er uns noch machen wird.
Mir hat man in der Militäroberrealschule und auf der Akademie das Rückgrat nicht gebrochen, ich wurde nicht gefügig gemacht. Man hat über uns gewacht und man hat uns gefordert. Wir sollten unsere Leistungsgrenzen kennen und manchmal auch über sie hinausgehen. Denn wir waren ausersehen, wenn es nötig ist, das Äußerste für Kaiser und Reich geben zu können. Unsere Lehrer haben uns zu einem kritischen, fürsorglichen und mitdenkenden Gehorsam erzogen. Wir haben auch widersprechen dürfen, es aber begründen müssen.
Du, meine geliebte Marie, hast sicherlich manchmal die frommen Frauen im

Sacré Coeur die Hände über dem Kopf zusammenschlagen lassen, weil sie einfach nicht erkennen und wissen konnten, wie großartig, einmalig und wunderbar Du bist, dass Du den Menschen viel mehr gibst als sie erwarten. Und das machst Du dazu noch fröhlich. Und so soll auch unser Sohn aufwachsen. Er wird keinen Matrosenanzug tragen, wenn er das nicht will. Wir werden ihn auch nicht zu Feiertagen vom Spielen abhalten und ihn der Verwandtschaft vorführen, eine schöne Verbeugung machen und dann den Erlkönig oder die Bürgschaft aufsagen lassen. Weißt Du eigentlich, weshalb Eltern ihre Kinder so dressieren?
Liebling, gewöhn' es Dir ruhig an im Bett auf meiner Seite zu schlafen. Du musst es nur auch dann tun, wenn ich auf Urlaub nach Hause komme.
So bist Du mir dann noch näher als du es mir sonst schon bist. Die Tage hier im Einsatz vergehen sehr schnell, die Nächte sind endlos Die Nächte, in denen wir fliegen und damit fliegerisches Neuland betreten und dabei immer sicherer Fuß fassen, tun geradezu gut. Denn da ist die Einsamkeit, die uns alle, der guten Kameradschaft zum Trotz, immer wieder umfängt, nicht so spürbar.

Ich könnte ohne Dich nicht leben!
Dein Paride,

der Dich immer und immer wieder küsst und der mit unserem Buben auf den Schultern durch den Garten tobt.

Vom 9. auf den 10. November 1914 erfolgte der erste Nachtangriff der österreichischen Seeflieger. Fregattenleutnant Prebanda bombardierte mit seinem Beobachter Hauptmann Dworzak den montenegrinischen Kriegshafen Antivari. Die Angriffe auf Antivari wurden fortgesetzt, um das Ausladen französischer Materiallieferungen zu behindern und nach Möglichkeit überhaupt zu unterbinden. Im November wurden auch die ersten Maschinengewehre mit Trommelmagazinen zu 125 und 250 Schuss in die Seeflugzeuge eingebaut.
Paride trat ans Fenster. Es war ein typischer Novembertag. Alles draußen sah dumpf aus und wie verwischt, eher traurig. Große, graue Wolken zogen über den Himmel, der Wind schien sie vor sich herzutreiben. Die Bäume schliefen. Ganz in der Nähe heulten Hunde. Dennoch war Paride bester Laune. Er war nach Pola abkommandiert worden, wo er neue Flugzeuge einfliegen und außerdem seine Einsatzerfahrung an junge, gerade eingetroffene, Piloten weitergeben sollte. Seine Kisten waren gepackt und am nächsten Tag würde er auf einem Versorgungsschiff nach Pola zurückkehren.
Die dortige Seeflugstation war die Zentrale des Marineflugdienstes. Sie war mit allen Erprobungen und Versuchen beauftragt und hatte das Seeflugwesen weiterzuentwickeln. Sie hatte zusätzlich auch die Ausbildung des fliegenden Personals

und der anderen Angehörigen des Seeflugwesens durchzuführen.

Die Schulung auf Cosada zielte vor allem auf das praktische Beherrschen des Flugzeugs ab, die Theorie kam anfangs vielleicht etwas zu kurz. Eine spezialisierte Ausbildung gab es nicht. Die Flugzeugführer hatten alle in Verwendung stehenden Flugboottypen der Marine zu fliegen. Sie wurden ebenso als Aufklärer wie als Bomberpiloten und in späterer Folge als Jagdflieger eingesetzt. Das hohe Niveau und die Auslese durch strenge Prüfungsbestimmungen sollten während des ganzen Krieges beibehalten werden. Daher litt das k.u.k. Seefliegerkorps immer unter einem Mangel an Piloten.

Ab Mai 1914 war mit der Errichtung von Seeflugstationen und von Flugstützpunkten begonnen worden. Bei Kriegsbeginn waren allerdings erst die Seeflugstation in Kumbor und der Flugstützpunkt Sebenico einsatzbereit. Seeflugstationen sollten mit festen Hangars und einer größeren Werkstätte ausgerüstet sein.

Die Flugstützpunkte waren zum Auftanken, für kleinere Reparaturen und als Zufluchtsort bei Schlechtwetter vorgesehen. Sie hatten nicht immer besetzt zu sein. Im Verlauf des Krieges wurden aber auf fast allen Flugzeuge stationiert, die Minensuche, U-Bootsuche und die Sicherung von Geleitzügen durchzuführen hatten.

Nun würde Pollini wieder in Pola sein, vorerst einmal dort Dienst machen und sein Familienleben mehr oder minder geregelt wieder aufnehmen. Er stand am Fenster und konnte den Morgen und das Auslaufen seines Schiffes kaum erwarten.

Marie nahm ihren frisch gewickelten und hübsch angezogenen Sohn auf den Schoß. Sie strich ihm über den Kopf, sah ihn liebevoll an und sagte zu ihm: „Johannes, hör′ mir jetzt gut zu. Heute kommt der Papa zurück. Das wird eine ganz große Freude sein. Für dich, für mich und ganz besonders für den Papa, wenn er dich wieder sieht. Sei jetzt brav und patz dich nicht mehr an, sonst kommt der Papa sicher gerade dann, wenn wir beim Umziehen sind."

Der Kleine sah seine Mutter ernsthaft an, er schien ihre Worte nicht nur aufzunehmen, sondern tatsächlich auch zu verstehen. Marie drückte ihm einen Kuss auf die Stirn und stellte ihn dann wieder vorsichtig auf den Boden.

Nicht lange danach hörte man die Haustür ins Schloss fallen. Marie öffnete die Zimmertür und trat in den Flur. Ihr Sohn schaute neugierig und doch vorsichtig hinter ihrem Rock hervor. Dann sah er den Mann in Uniform, der gerade seine Kappe auf die Garderobe legte und die Handschuhe auszog. Plötzlich schien er ihn zu erkennen, denn er schritt mutig auf ihn zu. Sein Vater breitete die Arme aus, beugte sich zu ihm nieder und hob ihn auf.

„Johannes, wie groß du geworden bist", sagte er und küsste seinen Sohn. Der rief voll Freude: „Papa da, Papa da!". Marie trat neben ihren Mann und schmiegte

sich an ihn. „Dass du nur wieder bei uns bist", seufzte sie. „Das ist einer der wundervollsten Tage in unserem Leben."
Paride, mit seinem Sohn am Arm, legte seinen anderen Arm um sie und küsste sie.

Als Paride an einem Nachmittag etwas früher als sonst vom Dienst nach Hause kam, fand er seine Frau, die neben einem großen Korb voll grauer Wolle saß, eifrig strickend vor. Auf seine überraschte Frage, was sie denn da mache und was es mit diesen vielen Wollknäueln denn auf sich habe, antwortete sie ihm, dass sie für die Soldaten des Rainerregiments Schals und Fäustlinge stricke. Dabei würden sie Gordana und Mirna sehr unterstützen. Auf die Idee hätte sie Frau von Höpfner gebracht. Die hatte ihr geschrieben, die Ehefrauen der Raineroffiziere in Salzburg würden für die Soldaten des Regiments wärmende Kleidung bereitstellen. Sie beteilige sich gerne an diesem Unternehmen, da sie so froh sei, ihn in ihrer Nähe zu haben. Sie tue dies teils aus Dankbarkeit und teils auch aus Patriotismus, weil doch jeder im Lande seinen Teil zum Sieg beitragen müsse. Sie reichte Paride einen Fäustling hin.
„Ich stricke die Fäustlinge so, dass sie Daumen und Zeigefinger haben. So braucht man ihn weder auszuziehen, wenn man einen Knopf drücken, noch wenn man einen Schuss abfeuern will. Gewöhnliche Fäustlinge muss man ausziehen, wenn man den Gewehrhahn abziehen will und hat damit gleich wieder kalte Hände. Wir stricken Fäustlinge, weil sie wärmer als Fingerhandschuhe sind."
„Wir?"
„Ich habe einige Damen hier in der Stadt zum Mitmachen animieren können. Wir haben schon einen großen Karton mit Schals und Fäustlingen nach Salzburg geschickt. Von dort sind sie zu den Soldaten an die Front abgegangen."
Paride hörte ihr interessiert zu und fragte dann: „Wie wäre es mit Pullovern zum Unterziehen unter die Uniform?"
„Das lässt sich ohne weiteres machen", befand Marie ohne zu zögern.
„Dann kannst du jetzt gleich an mir Maß nehmen, denn ich hätte gern einen. Im Flugzeug ist es saukalt und da ist jede wärmende Schicht eine Wohltat."

+

Im Oktober gelang es den österreichischen Truppen im Osten die von den Russen eingeschlossene Festung Przemysl zu entsetzen. Die Offensive brachte aber nicht den erhofften Erfolg, da die russischen Soldaten erbitterten Widerstand leisteten. Die I. Armee erlitt bei ihrem Vorstoß über die Weichsel schwere Verluste. Zusätzlich brachen Cholera und Ruhr aus. Es waren nicht nur die Gefallenen und die Verwundeten, die das Bild des galizischen Kriegsschauplatzes prägten, nun kamen auch noch die Kranken dazu.

Aus Furcht vor Spionage und angesichts einer Bevölkerung, die zum Teil den Russen durchaus freundlich gesinnt war, kannte die Militärjustiz keine Gnade. Schuldige, aber auch nur Verdächtige, wurden gehängt.

Die k.u.k. Truppen waren beim direkten Angriff nach Osten gescheitert. Nun kamen deutsche Truppen gerade im richtigen Augenblick zu Hilfe. Die Russen setzten zum Vorstoß nach Schlesien an und planten, die österreichisch-ungarische Front im Norden zu überflügeln. Die Deutschen sollten den nach Westen vordringenden Russen in die Flanke stoßen.

Vom 16. bis 20. November gelang es den Kaiserlichen in der Schlacht von Krakau und Tschenstochau den russischen Vormarsch aufzuhalten. Nördlich davon setzten die Russen ihren Vorstoß fort. Przemysl wurde wieder eingeschlossen. Die Russen standen in den Karpaten und bedrohten die Zugänge nach Ungarn. Nun war Österreich gezwungen alles auf eine Karte zu setzen. Am 1. Dezember begann eine Operation bei Limanowa, die die Russen völlig überraschte und in der sie bis Lapanow zurückgeworfen wurden. In dieser Schlacht zeichnete sich das Rainerregiment durch besondere Tapferkeit aus.

In Serbien war die Front Ende September zum Stillstand gekommen. Die Erfolge der österreichisch-ungarischen Truppen waren bescheiden geblieben und die Verluste waren außergewöhnlich hoch. Seit Mitte Oktober regnete es und auf den Bergen lag Schnee. Am 31. Oktober traten die k.u.k. Truppen noch einmal an. In mehrtägigen Kämpfen wurde die serbische Front durchbrochen und die Serben mussten sich schließlich zurückziehen. Damit waren die österreichischen Soldaten an die Grenzen ihrer Leistungsfähigkeit gelangt. Sie waren ausgebrannt, hatten keine Munition mehr und konnten sich und ihre Waffen kaum noch schleppen. Belgrad wurde am 2. Dezember kampflos besetzt. Doch dann erfolgte ein serbischer Großangriff mit weit überlegenen Kräften. Die Front brach zusammen. Belgrad wurde am 15. Dezember wieder geräumt und schließlich befanden sich die Kaiserlichen dort, wo sie auch im August gestanden waren: auf österreichisch-ungarischem Boden.

Die Meldung von der Niederlage am Balkan war ein Schock. Statt des erwarteten Triumphs drohte jetzt eine Katastrophe. Die Bilanz zum Ende des Jahres 1914 war ernüchternd und erschütternd. Die ungeheuren Verluste des Jahres 1914 konnten nie wieder ausgeglichen werden. Von Kriegsbeginn bis Jahresende waren 189.000 Mann gefallen, über 490.000 waren verwundet worden, 278.000 waren kriegsgefangen oder vermisst. Von der alten Armee war nicht mehr viel vorhanden. Die Führung auf Kompanie- und Bataillonsebene ging von den Berufssoldaten immer mehr auf Reserveoffiziere über.

In der eingeschlossenen Festung Przemysl nahmen mehrere Offiziere ihr Abendessen ein. Die Vorräte waren bereits seit längerer Zeit rationiert, die ersten Pferde schon geschlachtet. Die russischen Artilleristen wussten, dass ihnen Stadt und Festung nicht entkommen würden. Sie hatten sie unter Beschuss genommen, ausdauernd, ohne Unterlass. Jetzt aber hatte die russische Artillerie ihr Feuer eingestellt. Auch die schweren Festungsgeschütze schwiegen. Die Nacht war gekommen.

Die Gesichter der Männer waren von Schlafmangel gezeichnet. Ein älterer Stabsoffizier erzählte, dass er kaum noch einschlafen könne und wenn er endlich doch Schlaf fände, würden ihn Albträume quälen.

Ein Kavallerieoberst zündete sich eine Zigarette über dem Zylinder der Petroleumlampe an. Die Gesichter der anderen versanken in der Dämmerung. Der Oberst setzte sich aufs Fensterbrett des nur angelehnten Fensters. Seine schlanke Gestalt hob sich kaum von der Dunkelheit der Nacht ab.

„Ich träume auch noch", sagte er. „Alle paar Monate träume ich. Immer sind es dieselben beiden Träume. Obwohl es nun schon an die vierzig Jahre her ist, träume ich noch immer von meiner Mathematikmatura. In jedem dieser Träume kann ich keine einzige Aufgabe lösen und bin völlig aufgeschmissen. Ich gerate in Panik und hab´ keine Ahnung was ich tun soll, wer mir helfen, wo ich wenigstens was abschreiben könnte. Ich bin immer wirklich erleichtert, wenn ich dann aufwache und mir sagen kann, dass ich Oberst bin und mir die ganze Mathematik gestohlen bleiben kann. Gut, ich war in Mathematik kein Kirchenlicht. Da müssen aber auch meine Lehrer Fehler gemacht haben, denn sonst würde mich die Schule nicht über Jahrzehnte in meinem Unterbewusstsein verfolgen. Manchmal träume ich auch, was mir viel lieber ist, von meiner ersten großen Liebe."

Er wandte sich an einen jungen Offizier, der süffisant lächelte. „Grins´ nicht so blöd, Herr Oberleutnant! Oberste sind auch einmal jung gewesen. Ich gebe ja zu, dass man das bei manchen nicht glauben kann. Ihr Stiefvater ist Arzt in einem recht bekannten Kurort gewesen und der Mutter war keiner gut genug für ihre Tochter. Na ja, ein Erzherzog, auch aus einer Nebenlinie, vermutlich schon. Ich aber schon gar nicht. Dass wir uns geliebt haben, war da ganz unerheblich.

Sie war atemberaubend schön und hinreißend in jeder Beziehung. Um uns zu trennen, kam sie in ein Internat in der Schweiz. Später hat sie dann einen anderen geheiratet. Heute lebt sie auf einem kleinen Schloss und ist vermutlich Großmutter."

Er machte eine kleine Pause und meinte dann leise: „Für mich ist sie noch immer diese umwerfende, unwiderstehliche junge Frau. Und manchmal glaube ich zu spüren, dass sie an mich denkt. Das ist so ein- oder zweimal im Jahr. Wenn ich aber von ihr träume, dann ist sie von ihrer Mutter abgeschirmt und vor mir weggesperrt. Eben so, wie es damals sehr oft gewesen ist. Ich bin für sie wahrscheinlich nur mehr eine vage Erinnerung, wenn sie sich überhaupt noch an mich erinnert. Sie aber ist für mich unvergesslich und wenn diese verdammte Festung fällt, und das wird sie früher oder später, weil man sie aushungert, dann wird diese Frau wahrscheinlich die einzige angenehme Erinnerung sein, die ich in die russische Kriegsgefangenschaft mitnehme."

Weihnachten war vom Krieg überschattet. Die Väter, Söhne und Brüder standen im Feld, waren in Gefangenschaft, von manchen fehlte jede Nachricht und von vielen wusste man, dass sie nie mehr zu den Ihren zurückkehren würden. Die Zahl der Kreuze auf den rasch angelegten Soldatenfriedhöfen nahm erschreckend zu.
Bei den Pollinis stand am Heiligen Abend in Pola natürlich Johannes im Mittelpunkt. Seine Großeltern und Tante Mariola waren aus Parenzo gekommen. Auch die Großeltern aus der Steiermark hatten sich von der Reise nicht abhalten lassen.
„Ich hoffe ja, dass der Krieg bald ein Ende hat", sagte Frau von Fleissner, „aber vorhersagen kann man da leider nichts. Niemand kann einem sagen, wie lange man noch so unbehindert reisen darf. Es wird ja jeder Waggon für die Front gebraucht."
Ihr Mann trug jetzt auch die Uniform seines Regiments, machte aber aufgrund seines Alters Dienst in dessen Grazer Heimatgarnison.
Als am Heiligen Abend die Glocke leise erklang, Silvana Pollini hatte dem Christkind diese Arbeit abgenommen, kam Johannes aufgeregt und neugierig zugleich an Mariolas Hand ins Zimmer. Er hatte schon den ganzen Nachmittag irgendwie gespürt, dass dies ein ganz besonderer Tag sein müsse. Fasziniert betrachtete er den großen Baum, von dem so viele Kerzen leuchteten, der glänzte und glitzerte. Dann begann sein kleines Gesicht zu strahlen und aufmerksam hörte er zu, wie seine Mutter auf dem Klavier das Lied von der stillen, der heiligen Nacht spielte.
„Fast genau dort, wo das Lied geschrieben worden ist, habe ich Marie zum ersten Mal gesehen", sagte Paride leise zu seiner Schwester.
Dann aber wendete Johannes seine ganze Aufmerksamkeit dem Schaukelpferd zu, das unter dem Christbaum stand. Es war ein Schimmel mit einer wirklichen Mähne und einem Schweif aus Rosshaar, ein wirkliches Prachtstück. Sein Vater hob ihn auf das Pferd und versetzte es langsam in schaukelnde Bewegung. Das ließ Johannes hellauf lachen. Vater Fleissner meinte zu Ettore Pollini, er werde sich in absehbarer Zeit wohl nach einem Pony für seinen Enkel umschauen müssen.
Etwas später kam auch noch Onkel Massimo, der in Pola zu tun gehabt hatte und die Feiertage bei seiner Cousine Clara zu verbringen gedachte. Die hatte dieses Vorhaben mit eher gemischten Gefühlen aufgenommen, dann aber gute Miene dazu gemacht.

Als im Laufe des Abends köstliche goldbraune Krapfen, mit Staubzucker bestreut, dem gelben Rand ringsum und mit hausgemachter Marillenmarmelade gefüllt, aufgetragen wurden, geriet Massimo Marie gegenüber ins Schwärmen: „Wenn man in deine Krapfen beißt, dann fühlt man alles das, was Österreichs Küche ausmacht!"

Später meinte er im Gespräch mit Vater Fleissner ernst: „Wie beurteilst du die entsetzlichen Verluste unserer Truppen? Ich frage mich, ob das nicht zu einem Teil auch an der Führung liegt. Zum Offizier sollte man von Natur aus berufen sein. Wenn ich mir Paride ansehe, so gab es für den nie einen anderen Berufswunsch. So ist es wohl auch bei vielen seiner Kameraden gewesen."

Fleissner nickte zustimmend.

„Wie aber erkennt man diese Berufung?", fuhr Massimo fort. „Erkundigt man sich nach hochrangigen Offizieren, so erfährt man sehr oft, dass sie schon frühzeitig so vielseitig begabt waren, dass sie sich nicht auf eine einzige Tätigkeit beschränken wollten." Er lächelte spöttisch. „Daher konnten sie sich auch zunächst für keinen bestimmten Beruf entscheiden. Schließlich seien sie Offiziere geworden, weil sie dieser Beruf einfach umfassend fordere."

Fleissner sah ihn lange an und ergänzte dann: „Man kann also ruhigen Gewissens die Schlussfolgerung ziehen, dass sie für keinen besonders begabt und begeistert gewesen wären. Ich erlebe das jetzt zu meinem Leidwesen fast jeden Tag."

Vor ihrer Abreise stellten die beiden verzückten Großmütter fest, dass ihr Enkel wohl die dunklen Haare seines Vaters und die strahlend blauen Augen seiner Mutter behalten würde. Die Großväter hingegen waren sich einig und amüsierten sich darüber königlich, dass ihr Enkel schon jetzt über sehr viel Charme verfüge. Das könne man ja allein schon daran erkennen, wie er seine beiden Großmütter beeindruckt hätte. In ein paar Jahren würde man sich wohl schon Sorgen um die Tugend des Hauspersonals machen müssen.

Frau von Fleissner vermerkte dazu mit gespielter Empörung, dass es unglaublich sei, was ein älterer, an sich unbescholtener, Mann an schmutziger Phantasie ent-

wickeln könnte.
1915
In den ersten Jännertagen erhielt Paride den Befehl, mit einer der neuen, von ihm eingeflogenen Maschinen wieder nach Cattaro zum Verband der „Bocche-Flieger", zu stoßen. So nannte man die Piloten in der Bucht von Cattaro. Sie bombardierten vorwiegend den Hafen von Antivari. Schlechtes Wetter schränkte diese Tätigkeit der Seeflieger ein. Dennoch behinderten diese Angriffe der Maschinen mit den rotweißroten Streifen und dem Marinewappen am Seitenruder und den rotweißroten Streifen an den Flügelenden, die Zerstörungen der Bahn- und Hafenanlagen, sowie die Versorgung Montenegros ganz erheblich.

Die Marineflieger wurden nun bei allen Einsätzen mit heftigem Gewehrfeuer und auch mit Geschützen bekämpft, trugen aber kaum Beschädigungen davon. Die filigranen Flugboote mussten allerdings, da sie ununterbrochen im Einsatz standen, bald gegen neue ausgetauscht werden. Neben dem schnellen Verschleiß der Flugzeuge klagten die Piloten nicht nur über die geringe Steigfähigkeit und die mangelhafte Seefestigkeit der Flugzeuge, sondern auch über die Unzuverlässigkeit der Motoren.

„Ministerialbeamte sind, so höre ich immer wieder, vornehme und zurückhaltende Herrn", stieß ein junger Fliegeroffizier erbost heraus. „Aber auch denen müsste doch klar sein, dass etwas, das man von einer bestimmten Qualität haben will, seinen Preis hat. Wenn unsere Flugzeuge hier in Cattaro kaum die notwendige Höhe von 2000 Metern erreichen, nur weil es heiß und die Luftfeuchtigkeit hoch ist, dann muss man eben Geld in die Entwicklung neuer Motoren stecken. Aber die Herrn in Wien fühlen sich ja vom Schicksal an den ihnen gebührenden Platz gestellt. Sie geben sich unnahbar, dann herablassend, ja manchmal sogar gutmütig. Meistens stehen sie aber herum – mit der Miene des Vielbeschäftigten."

„Sich am Markt umzusehen und unter Umständen auch andere Firmen zum Zug kommen zu lassen, könnte nützlich sein", sagte ein Techniker im Herankommen. Zustimmend nickte ein Artillerieoffizier: „Die tun alle immer so, als müssten sie das aus der eigenen Tasche bezahlen, ruinieren sich dabei und können daher nicht mehr zum Demel oder ins Sacher gehen."

Um die Belagerung Przemysls zu beenden, plante Conrad von Hötzendorf im Februar eine Offensive in den Karpaten. In den Karpaten waren aber nicht nur die Russen unbesiegbar, sondern vor allem die Kälte. Erfrierungen waren an der Tagesordnung. Nach dem Scheitern der Offensive wurde eine zweite und schließlich eine dritte begonnen. Die Karpatenschlachten endeten mit außergewöhnlich hohen Verlusten für die k.u.k. Armee. Gefallene, Verwundete, Vermisste und Kranke machten 640.000 Mann aus.

Am 4. und 5. März warfen die Bocche-Flieger tagsüber und auch nachts Bomben auf Antivari. Sie bombardierten mit Erfolg im Hafen liegende Schiffe, Depots, Hafenanlagen und Gleisanschlüsse. Nachdem die Aufklärung drei französische Kreuzer, zwölf Zerstörer und zwei Handelsschiffe etwa zwanzig Seemeilen vor dem Hafen gemeldet hatte, ließ man diese Flotte herankommen und nahm sie dann ebenfalls ins Visier.

Das Festungskommando von Przemysl bestimmte den 22. März als Tag der Kapitulation, nachdem ein letzter Ausbruchsversuch, den der Festungskommandant General Kusmanek noch versucht hatte, von den Russen blutig vereitelt worden war. Morgens um fünf begann die Sprengung der Geschütze. Eine halbe Stunde später wurden die Minen und geballten Ladungen in den Festungswerken gezündet. Gleichzeitig zerschlugen die Soldaten ihre Gewehre, zerbrachen Offiziere ihre Säbel, warf man die verbliebene Munition in den Fluss San. Die letzten Pferde wurden erschossen, Zaum- und Sattelzeug zerschnitten. Etwa 120.000 Mann gingen in russische Gefangenschaft.

Marie saß in ihrem sonnigen Garten. Eine getigerte Katze, die sie des Öfteren im Garten besuchte, sprang auf die Bank und rieb sich schnurrend an ihrem Oberschenkel. Marie hatte ihre Gedanken ganz wo anders und streichelte die Katze geistesabwesend. Dann schrieb sie:

Mein geliebter Mann!
Oft frage ich mich, worin eigentlich die besondere Grausamkeit des Krieges besteht. Wohl darin, glaube ich, dass er nicht nur Menschenleben zerstört, sondern dass er auch so vielen die Liebe nimmt. Ganz bestimmt lässt er auch in vielen die Gabe zu lieben sterben.
Aus Salzburg habe ich gehört, dass die Rainer große Verluste hinnehmen mussten und dass Oberleutnant Lantos und Hauptmann Eisner gefallen sind. Ich weiß, wie nahe Dir das gehen wird.
In Wien haben die Behörden, das weiß ich aus der Zeitung, zu größerer Sparsamkeit beim Verbrauch von Brot aufgerufen. Schon im Februar hat man eine Kundmachung erlassen, dass die gewerbsmäßige Erzeugung von Kuchen, ich zitiere wörtlich, so genannten Gugelhupf, Krapfen, Strudel-, Butter- und Germteig, Zwieback und dergleichen nur am Mittwoch und Samstag jeder Woche gestattet ist. Bei uns ist es Gott sei Dank noch nicht so weit und so packe ich diesem Brief einen Gugelhupf für Dich bei. Wenn Du irgendwas brauchst, dann lass es mich bitte gleich wissen. Hier gibt es noch alles zu kaufen. Wenn deine Menage nicht ausreicht, sag es mir. Die k.u.k. Post arbeitet, wie wir wissen, hervorragend.
Unserem Sohn geht es sehr gut. Er ist ein wirklicher Schatz und entwickelt sich prächtig. Auch der Kinderarzt ist sehr zufrieden mit seinen Fortschritten. Setz Dich jetzt bitte hin.

Gestern bin ich bei Doktor Benedetti gewesen. Er hat mir das bestätigt, was ich schon geahnt habe und was mich sehr, sehr glücklich macht – wir bekommen wieder ein Kind. Kannst du Dir überhaupt vorstellen, wie sehr ich mich freue?
Natürlich wird es Leute geben, die es für unvernünftig, wenn nicht gar für unverantwortlich halten, in diesen Zeiten Kinder in die Welt zu setzen, noch dazu, wenn der Vater im Feld ist. Aber da komme ich zum Anfang meines Briefes zurück. Man darf sich von der besonderen Grausamkeit des Krieges nicht unterkriegen lassen. Paride, uns kann er die Liebe nicht nehmen. Wir bewahren uns die kostbare Fähigkeit zu lieben und unsere Kinder sind Ausdruck dieser Liebe.
Ehe Du Dich jetzt zu fragen beginnst, wie es mir wohl gehen mag, sage ich dir, dass es mir ganz ausgezeichnet geht, dass mir nicht nach Salzgurken zumute ist und dass ich im zweiten Monat bin. Die drei Tage, die Du im Februar hier warst, um ein neues Flugzeug zu übernehmen, sind erfreulicherweise nicht ohne Folgen geblieben.
Dein Sohn schaut mir beim Schreiben zu. Wie ich ihm gesagt habe, dass ich an Dich schreibe, hat er gesagt, dass er Dir ein Bussi schickt.
Mirna kommt gerade mit der Jause. Auf sein Glas Milch und sein Kipferl oder ein paar Kekse am Nachmittag legt Johannes großen Wert. Also geb´ ich Dir jetzt viele liebevolle Küsse und füttere dann unseren Sohn.
Das Gekritzel am Blattrand ist seine „Unterschrift". Das nächste Mal will er Dir etwas zeichnen.
Schreib uns bald!
Deine Dich innig liebende
Marie

Am Nachmittag packte Marie ihren Sohn in den Wagen und spazierte mit ihm zu Tante Clara. Die freute sich immer über das Kommen der beiden. Während sie mit Marie Tee trank, saß Johannes artig daneben. Seine größte Freude aber war es, wenn er dann entlassen wurde und auf einem Bärenfell mit präpariertem Kopf, Augen, Ohren und Zähne des Bären in Augenschein nehmen durfte.

„Tante Clara, du musst meinem Wissen ein bisschen nachhelfen. Unlängst habe ich Leute auf der Straße vom „Risorgimento" sprechen gehört und dass das wohl noch nicht vollendet sei. Was versteht man darunter eigentlich?"

Clara setzte sich in ihrem Stuhl zurecht und sagte dann lächelnd: „Schauen wir einmal, ob ich das noch zusammenbringe. Risorgimento, also Wiedervereinigung, so nennt man nicht nur die Zeit zwischen 1815 und 1870, sondern auch eine politische Bewegung. Sie ist nach dem Wiener Kongress entstanden und hat in den verschiedenen Regionen und Fürstentümern Italiens deren Vereinigung in einem gesamtitalienischen Nationalstaat zu erreichen versucht.

Da haben sich ganz unterschiedliche Gruppen zusammengefunden. Ihre Ausrich-

tung ging wohl vom Ziel einer gesamtitalienischen Monarchie bis hin zu einer Republik, in der tatsächlich alle Macht vom Volke ausgehen sollte. In der Folge kam es zu örtlichen Erhebungen und Aufständen, die sich zu Kriegen und Revolutionen auswuchsen. Man wandte sich gegen die Vorherrschaft der spanischen Bourbonen im Königreich beider Sizilien. Und, ich möchte fast sagen natürlich, gegen die Österreicher in Oberitalien. Schließlich wurde die italienische Einheit in einem unabhängigen Nationalstaat Italien als Königreich Wirklichkeit. Nach sehr wechselvollen Jahren war das 1861 unter der Führung von Sardinien-Piemont. Den Schlusspunkt bildete die Eroberung des Kirchenstaates im Jahre 1870. Damit wurde Rom zur Hauptstadt Italiens."
Marie hatte ihr interessiert zugehört und fragte nach: „Aber dann ist die Wiedervereinigung ja abgeschlossen. Weshalb behauptete man dann das Gegenteil?"
Clara seufzte: „Weil es Leute gibt, die alle, die italienisch sprechen, in einem italienischen Staat vereinen wollen, ganz gleich, ob sie in Pola, Triest, Trient oder in Fiume leben. Dabei kommt es den Weltverbesserern keineswegs auf die Meinung der Betroffenen an. Wenn man mich fragen sollte, so werde ich antworten, dass ich mich im sogenannten habsburgischen Völkerkerker durchaus recht wohl fühle."

Wenige Tage nachdem Paride Maries Brief erhalten hatte, wurde er nach Pola eingeschifft. Am 23. April hatte das Ministerium des Äußeren die Einstellung der Angriffe auf Montenegro angeordnet. Damit wurden die nicht zum Personalstand der Seeflugstation Kumbor gehörenden Piloten wieder zu ihren Dienststellen in Marsch gesetzt.
Während dieses Einsatzes im Süden der Monarchie verloren die österreichisch-ungarischen Seeflieger kein einziges Flugzeug durch Feindeinwirkung.

Massimo Pollini hatte die Tür zum Balkon weit geöffnet und ließ die letzten Sonnenstrahlen in sein Wohnzimmer scheinen. Ruhe lag an diesem Sonntagabend im Mai über Triest. Das weiche Licht in den Fenstern auf der anderen Seite der Bucht ließ ihn daran denken, dass man sich dort schon zum Abendessen setzte. Massimo saß in einem Lehnstuhl. Er hatte die Augen geschlossen und dachte über die Ereignisse der letzten Tage und Wochen nach.
Das Königreich Italien hatte sich 1914 für neutral erklärt und dies damit begründet, dass es von Österreich-Ungarn, über dessen Absichten Serbien gegenüber, nicht rechtzeitig informiert worden sei. Wenig später lehnte es die Donaumonarchie ab, in Erwartung eines Sieges über Serbien, territoriale Zugeständnisse an Italien zu machen. Italien bewies sowohl in seinen Verhandlungen mit Österreich-Ungarn, als auch mit dessen Feinden sehr viel Geduld, wobei es den Verlauf des Krieges sehr aufmerksam beobachtete. Als die Staaten der Entente erkannten,

dass die Italiener vorwiegend taktierten, um ihre Position auszuloten, reagierten sie sehr reserviert. Italien wandte sich nun wieder den Mittelmächten zu und versuchte, im Umweg über Berlin, Wien zu territorialen Zugeständnissen zu bewegen, wobei es konkret vom Trentino sprach. Außenminister Berchtold trat wegen dieses Ansinnens zurück. Sein Nachfolger Graf Burian ging in die Offensive und stellte im Gespräch mit dem italienischen Botschafter, dem Herzog von Avarna, seinerseits Forderungen. Daraufhin brach Italien die Gespräche mit Wien ab und drohte ganz offen. Es war offenkundig, dass Italien für seine Teilnahme oder Nichtteilnahme am Krieg möglichst viel herausschlagen wollte.

Später nahm Italien in London seine Gespräche mit den gegen Österreich-Ungarn Verbündeten wieder auf. Ein Übereinkommen sollte gewährleisten, dass Österreich-Ungarn nicht seine gesamten Kräfte auf Italien konzentrieren konnte. Ferner wurde beschlossen, dass die britische und die französische Flotte zusammen mit Italien bis zur Vernichtung der österreichisch-ungarischen Flotte im Mittelmeer kämpfen würden. Dazu wurden die Abtretung des Trentino und Tirols bis zur Brennergrenze an Italien gefordert; ebenso Triest, die Grafschaften Görz und Gradiska sowie Istrien bis zum Quarnero, der Golf südöstlich von Istrien mit Abbazia, Lovrano und Lussin. Schließlich verlangte der italienische Außenminister Sonnino noch Dalmatien von seiner Nordgrenze bis zur Narenta. Großbritannien und Frankreich glaubten auf eine Teilnahme Italiens am Krieg nicht verzichten zu können. Am 26. April wurde der „Londoner Vertrag" unterzeichnet. Offen war nur mehr das Datum des Kriegseintritts. Während dies alles unter Dach und Fach gebracht wurde, verhandelte Rom auch mit Wien weiter, hielt es hin und ließ Österreich- Ungarn und Deutschland in dem Glauben, dass eine dem Dreibund entsprechende Lösung noch möglich wäre. Da forderte Italien von Österreich die Brennergrenze, Friaul und das Gebiet von Triest. Dem konnte und wollte Österreich nicht zustimmen.

Am 4. Mai 1915 wurde Graf Burian eine Note mit der Kündigung des Dreibunds übergeben. Eine gleichlautende Note wurde auch drei Tage später in Berlin überreicht. Nun war es wohl klar, dass der Kriegsfall „I"(talien) in Kürze eintreten würde.

Obwohl diese Verhandlungen unter größter Geheimhaltung geführt worden waren, spürten sie die Kenner der Verhältnisse in Triest dennoch. Und wer hätte seine Stadt besser gekannt als Massimo Pollini? Da war der eine oder andere Kollege besonders guter Laune, da sickerte durch, dass ein besonders exponierter Vertreter der Irredenta samt Familie die Stadt verlassen hätte, um eine Studienreise anzutreten und dazu jagte ein Gerücht das andere. Die Stimmung wurde von Tag zu Tag mehr aufgeheizt.

Erst am Vortag hatte ein Mann, den Massimo bislang für durchaus loyal und vernünftig gehalten hatte, ihm freudestrahlend gesagt, dass nun die österreichische

Sklaverei bald ein Ende haben würde und die italienische Stunde geschlagen habe. Massimo hatte ihm, ganz gegen seine Gewohnheit, sehr ernst geantwortet, dass zuvor aber wohl noch eine Zeit des Niederganges käme, wo das weite Meer ohne weiße Segel sein und der Geruch der Gewürze nicht mehr aus den Läden dringen würde, weil diese geschlossen wären. Taue würden ungenützt am Hafen liegen und verrotten. Aus den Schornsteinen der Fabriken von San Servola käme dann kein Rauch. Das lang gezogene Pfeifen der Güterzüge in der Nacht werde verstummen. Das sei zwar kein Schaden, aber leider ein Zeichen dafür, dass nichts mehr produziert würde. Kein Überseeschiff würde stolz Kurs in den Orient oder nach Amerika nehmen. Fische könne man wohl nur mehr mit der Angel von den Molen aus fangen. Ob das den Fischern und denen, die die Fische verarbeiteten, wohl gefallen würde? Italienische Mütter und Großmütter würden auf Italien schimpfen und den König einen krummen Hund heißen, weil die Männer keine Arbeit hätten und für die Kinder keine Milch da sei. Und wenn dann erst italienische Granaten von italienischen Schiffen abgefeuert in italienische Wohnviertel einschlagen würden, fügte Massimo sarkastisch hinzu, hätte die nationale Begeisterung wohl kein Ende.

+

Paride hatte die Nachricht von der Schwangerschaft seiner Frau wie auf Wolken schweben lassen. Jetzt saß er ihr gegenüber. Er wirkte an diesem Abend still und bedrückt auf sie.
„Paride, es ist sinnlos. Versuch nicht Geheimnisse vor mir zu haben. Wir verstehen einander so gut, sind so eins, dass ich doch sofort merke, wenn etwas mit dir nicht stimmt. Was bedrückt dich denn?"
„Marie, Italien wird auf der Seite unserer Feinde in den Krieg eintreten. Natürlich befürchte ich nicht, dass die italienische Flotte vor Pola kreuzen wird, aber dann und wann könnte sich da oder dort ein Kanonenboot zeigen. Man sagt, dort seien die Kommandanten kleinerer Einheiten meist schneidiger als die großer Schiffe. Triest wird dann knapp hinter der Front liegen. Die Stadt wird wie gelähmt sein. Was wir, während die Masse des Heeres im Osten kämpft, gegen Italien aufbieten werden, entzieht sich meiner Kenntnis. Gott sei Dank brauche ich mir darüber keine Gedanken zu machen. Auch die Versorgungslage für die Bevölkerung wird sich verschlechtern. In Wien gibt es übrigens seit April Lebensmittelmarken für Brot und Mehl."
„Liebling, überlass den Haushalt beruhigt mir. Mach dir da keine Sorgen, ich habe das vermutlich von meiner Mutter geerbt. Unser Keller ist gefüllt. Was wir von unseren Vorräten verbrauchen, ergänze ich laufend. Da stehen volle Säcke, Fässer, Tiegel, Gläser mit Eingemachtem, da hängen Schinken, Speckseiten und Würste,

da lagern Erdäpfel. Wenn du magst und es dich beruhigt, zeige ich dir das alles. Dazu haben wir beide auch noch einen nahrhaften familiären Hintergrund." Sie lächelte ihm aufmunternd zu: „Lass mich das also nur machen."
Sie sah ihren Mann an. Er wirkte so jung. Zum ersten Mal seit sie ihn kannte, schien er ihr überfordert und ratlos. „Der Krieg und der Einsatz an der Front haben ihm mehr zugesetzt, als er sich selbst eingesteht. Er hat müde Augen und die ersten kleinen Falten um sie herum bekommen", sagte sie sich. Sie setzte sich neben ihn und nahm seine Hand.
„Das war aber nicht alles. Sag mir, was du auf dem Herzen hast."
„Wem kann man denn noch trauen? Für meine aktiven Kameraden lege ich die Hand ins Feuer. Das gilt sowohl für die Flieger als auch für die Besatzungen auf den Schiffen. Es wird keine Massendesertionen von italienischen Matrosen geben, wie es sie in Galizien von tschechischen und ruthenischen Soldaten gegeben hat. Aber wem kann man in den Städten und draußen auf dem Lande noch trauen? Wer grüßt dich freundlich und wünscht dich insgeheim zum Teufel? Wer lässt über geheime Kanäle dem Feind Nachrichten zukommen, verrät uns und reicht uns in Gesellschaft freundlich die Hand? Welchen Reserveoffizier werden wir auf einmal nicht mehr treffen? Marie, unser Offizierskorps steht für Ehre, Mut und Rechtschaffenheit. Jeder, der ihm den Rücken kehrt, ist ein Deserteur. Ein Paria, von dem kein Hund mehr ein Stück Brot nimmt. Was wird aus denen werden, wenn sie uns in italienischer Uniform in die Hände fallen?"
Nach einer kurzen Pause setzte er hinzu: „Mancher wird vor die Frage gestellt sein, seine Freunde oder sein Land zu verraten. Für jeden kann man nur hoffen, dass ihm das erspart bleibt. Diese Entscheidung ist unabänderlich und nie wieder rückgängig zu machen."

Am 20. Mai wurde in Italien die Generalmobilmachung für den 23. angeordnet. An diesem Tag wurde in Rom um 15 Uhr 30 dem österreichischen Botschafter die italienische Kriegserklärung überreicht. Keinen Krieg sollte es mit dem deutschen Reich geben.
Schon nach der Neutralitätserklärung Italiens waren entlang der österreichischen Reichsgrenze im Südwesten Sicherungsmaßnahmen getroffen worden. Je mehr sich die Gerüchte verdichteten, dass Italien auf der Seite der Feinde in den Krieg eintreten werde, desto mehr wurden alle Anstrengungen unternommen, um Freiwilligenverbände aufzustellen. Reguläre Truppen waren nur in ganz geringer Stärke verfügbar.
Man rief in Kärnten und Tirol das letzte Aufgebot, die Standschützen, auf. Das waren ganz besondere Soldaten. Sie stellten tatsächlich das letzte Aufgebot an Wehrfähigen dar. Es waren blutjunge Buben und alte Männer, die nicht mehr mit den Marsch- und Landsturmeinheiten an die Fronten im Nordosten und Südosten

geschickt werden konnten. 54 Standschützenbataillone übernahmen zusammen mit anderen Freiwilligenformationen, wie den „Jungschützen"-Bataillonen aus Oberösterreich, den steirischen Schützen und südslawischen und ungarischen Landsturmeinheiten und Marschbataillonen, in der Gesamtstärke von zusammen 122 Bataillonen die Verteidigung der Front. Bei Kriegseintritt setzten die Italiener 35 Divisionen gegen diese klägliche Streitmacht ein.

Für die Bewohner des Grenzgebiets wurden Evakuierungsmaßnahmen eingeleitet. Aus dem Trentino wurden 114.000 Menschen umgesiedelt. Bis Juni war die Evakuierung in allen an Italien grenzenden Bereichen praktisch abgeschlossen.

Ende April hatten im oberen Bereich des Isonzo Arbeiten zur Geländeverstärkung begonnen und am 11. Mai begann die vollständige Armierung aller Befestigungen an der Grenze zu Italien. Ab Mitte Mai bezogen die ersten Stäbe ihre neuen Quartiere.

Wenige Tage vor dem Abschluss des Londoner Vertrages, mit dem sich Italien zum Kriegseintritt auf der Seite der Entente verpflichtete, machte es die ersten acht Armeekorps mobil, denen dann bis Mai die restlichen sechs Korps folgten. Die offizielle Kriegserklärung war nur mehr eine Formsache des Völkerrechts. Schon im Juni hatten die Italiener über 31.000 Offiziere, 1,058.000 Unteroffiziere und Mannschaften unter Waffen. Bei ihren Vorbereitungen konnten sie sich beruhigt auf die Bestimmungen des Londoner Vertrags und die Militär- und Marinekonvention verlassen.

Am 11. Mai unterbreitete Erzherzog Friedrich dem Kaiser einen ersten Entwurf des Armeeoberkommandos für einen Aufmarsch gegen Italien, wobei man sich auf die relativ genaue Kenntnis der italienischen Kräfteverteilung stützen konnte. Mit deutscher Unterstützung war freilich nicht zu rechnen, da sich das Deutsche Reich nicht im Kriegszustand mit Italien sah. In Österreich war man über den deutschen Bundesgenossen schwer enttäuscht. Auch der Kaiser war über die Haltung Deutschlands empört und gab der Militärkanzlei am 11. Juni die Anweisung, in Telegrammen an deutsche Dienststellen den Ausdruck „Waffenbrüderschaft" zu vermeiden. Der Ausfall deutscher Truppen machte nicht nur jeden Gedanken an eine Offensive illusorisch, sondern ließ auch befürchten, dass die Front im Südwesten rasch zusammenbrechen würde.

Der Krieg gegen Italien ließ auch die bis dahin wenig hervorgetretene k.u.k. Marine in den Mittelpunkt des Interesses rücken. Die Flotte in der Adria war als Streitmacht konzipiert worden, die mit den lange verbündet gewesenen Italienern französische und britische Flottenverbände in der Adria und im Mittelmeer in Schach halten sollte, ebenso aber Italien gegenüber Stärke demonstrieren konnte. Bei Kriegsbeginn hatte sich Admiral Haus geweigert, mehr als unbedingt nötig zu riskieren und durch eine aktive Kriegsführung im Mittelmeer den Kriegseintritt der Türkei an der Seite der Mittelmächte zu beschleunigen. Für Haus war die

Straße von Otranto an sich die südliche Begrenzung des eigenen Aktionsradius gewesen. Dieses defensive Konzept stieß nicht nur beim deutschen Verbündeten, sondern auch im Armeeoberkommando auf Kritik. In die Marine waren beträchtliche Mittel investiert worden. Daher wollte es vielen nicht einleuchten, weshalb sie im Kriegsfalle so geringen Nutzen bringen sollte.

Die folgende Zeit schien jedoch das defensive Konzept des Admirals zu bestätigen. Die Franzosen gelangten zwar dann und wann vor die dalmatinische Küste und konnten so Montenegro Nachschub zukommen lassen. Sie gerieten dabei aber immer wieder an die k.u.k. Seeflieger, an Torpedo- und U-Boote. Dabei erlitten sie empfindliche Verluste. Am 18. Dezember 1914 wurde das U-Boot „Curie" entdeckt und beim Versuch in den Kriegshafen von Pola einzudringen versenkt. Drei Tage darauf torpedierte und versenkte das österreichisch-ungarische U-Boot „U 12" das Linienschiff „Jean Bart". Im April 1915 versenkte Linienschiffsleutnant Georg Ritter von Trapp mit seinem U-Boot den Panzerkreuzer „Leon Gambetta" vor der Straße von Otranto.

Der Flottenkommandant blieb dennoch zurückhaltend und sah seine vordringliche Aufgabe im Schutz der kroatischen und der dalmatinischen Küste.

Von seiner Rückkehr im März bis zur Kriegserklärung Italiens hatte Pollini mit anderen Piloten in Pola die von den Herstellern zugeschobenen Flugzeuge eingeflogen. Dann wurden diese an die verschiedenen, im raschen Aufbau befindlichen Seeflugstationen ausgeliefert. Aufgrund seiner Erfahrung im Einsatz war Pollini auch zur Pilotenausbildung in der Fliegerschule auf Cosada eingeteilt. Die eigentliche Einsatzausbildung der jungen Piloten erfolgte dann im Anschluss auf den Seeflugstationen. Dabei wurde besonderer Wert auf Nacht- und Blindflug gelegt. Geschult wurde zwischen den Einsätzen. So standen die Kommandanten und die erfahrensten Piloten der Seeflugstationen ganz besonders unter Druck und waren praktisch ununterbrochen im Einsatz.

Österreich-Ungarn erwartete nach der Kriegserklärung einen italienischen Angriff gegen die adriatische Ostküste. Die k.u.k. Kriegsmarine war darauf vorbereitet. Bei Offizieren und Mannschaften war die Stimmung gut. Der Kampf gegen den abtrünnigen Verbündeten wurde von allen Angehörigen der Kriegsmarine als Erlösung nach langer Ungewissheit betrachtet.

Innerhalb von zwei Stunden nach der italienischen Kriegserklärung waren die österreichischen Einheiten schon unterwegs, um die längs der italienischen Ostküste verlaufende Bahnlinie zu zerstören. Dadurch sollte der Aufmarsch der feindlichen Truppen auf diesem Wege verzögert werden. Vom Feind war nichts zu sehen.

Vor Ancona teilte sich der österreichische Flottenverband und lief nach Norden und Süden. Zwei Zerstörer liefen in den inneren Hafen von Ancona ein, versenkten einen Dampfer und zerstörten die Eisenbahnlinie und verschiedene Hafeneinrichtungen. Das Gros der Flotte beschoss den Hafen und richtete dabei an den Küstenbatterien, Werften, Lagerhallen, Öltanks, den Funk- und Telegrafenstationen, an Kasernen und anderen militärischen Einrichtungen schwere Schäden an. Andere Einheiten griffen eine Torpedobootstation und die Häfen von Rimini und Senigallia an. Auch dort trafen sie auf keine italienischen Kriegsschiffe. Sie zerstörten mit ihren Geschützen Eisenbahnbrücken, Bahnstationen und Hafenanlagen.

Zur gleichen Zeit warfen die k.u.k. Seeflieger, die alles in die Luft gebracht hatten, was nur fliegen konnte, Bomben auf militärische Anlagen in und bei Venedig. In Venedig hatte die italienische Kriegsmarine ständig drei ältere Schlachtschiffe, zwei Panzerkreuzer, elf Zerstörer und dreizehn U-Boote stationiert.

Das Unternehmen war erfolgreich. Es dürfte den Aufmarsch der italienischen Armee um rund zwei Wochen verzögert haben und gab so den eigenen Kräften mehr Zeit, die Verteidigung an der Alpenfront vorzubereiten.

Die Beschießung der Küsten löste in der italienischen Öffentlichkeit Bestürzung aus. Nicht nur, weil dem Angriff kein Widerstand entgegengesetzt worden war, sondern weil die für den Schutz der Küsten verantwortlichen Dienststellen anscheinend völlig überrascht worden waren. So hatte der kaum begonnene Krieg schon die ersten negativen Auswirkungen nach innen. Die Bevölkerung wusste nicht, dass die Marineführung auf den Einsatz der Flotte verzichtet hatte und fragte, wo denn die Kriegsmarine geblieben wäre.

Italien erklärte die Blockade der österreichisch-ungarischen Küsten. Leichte Seestreitkräfte beschossen die Werft von Monfalcone und deckten den Vormarsch der eigenen Truppen.

Das Luftschiff „Citta di Ferrara" warf über der Danubius-Werft in Fiume vier Bomben ab. Dadurch fand ein Arbeiter den Tod. Die beiden Marineflieger Klasing und Fritsch machten in ihrem Flugzeug Jagd auf die Italiener und zwangen sie auf See niederzugehen. Der Kommandant, ein weiterer Offizier und fünf Mann wurden von einem k.u.k. Schiff aufgefischt und gefangen genommen. Zwei Mann waren durch den Beschuss gefallen.

+

Aus den Wasserhähnen rinnt entweder kein Wasser mehr oder ununterbrochen ein dünner Strahl. Die einst aus feinstem Parkett gemachten Böden sind nicht wieder zu erkennen. In den Patrizierhäusern am Ringplatz hängen Fensterläden schief in den Angeln. Dort, wo Kronleuchter hingen, hängen Glühbirnen an dünnen Drähten. In einem Albtraum aus alten Möbeln, mit Pappkarton geflickten Fenstern und herab gerissenen Tapeten sitzen alte Leute. Ordentlich gekleidet

trinken sie dünnen Tee aus Meissner Tassen. So leben die angesehenen Lemberger Familien. Seit dem September vergangenen Jahres ist Lemberg, die viertgrößte Stadt der Monarchie, die Hauptstadt des Königreiches Galizien und Lodomerien von den Russen besetzt.
Neben Krakau das geistig-kulturelle Zentrum der Polen mit einer großen prägenden jüdischen Gemeinde, ist Lemberg am Ende. Alles scheint am Ende seiner Lebensdauer angelangt. Alte Damen haben sich damit abgefunden, im Dunkeln durch das Treppenhaus zu tappen, weil es keinen Strom gibt.
Nun keimt neue Hoffnung auf. Österreichisch-ungarische und deutsche Truppen sind auf dem Vormarsch. Bald könnte alles wieder ins Lot kommen, könnte alles wieder gut werden.
Am 22. Juni wurde Lemberg wieder von österreichisch-ungarischen und deutschen Truppen besetzt.

+

Die Marineflieger aus Pola waren – wie ihre Kameraden – tagtäglich im Einsatz. Immer wieder gelang es ihnen auf ihren Feindflügen gegnerische Flugzeuge abzudrängen, sie zum Niedergehen oder zur Umkehr zu zwingen. Dazu kamen die Angriffe auf italienisches Gebiet.
Die Situation an der neuen Front zu Italien verlangte Maßnahmen zur Luftverteidigung des Hafens und der Stadt Triest. Linienschiffsleutnant Gottfried Banfield wurde zum Seebezirkskommando Triest abgestellt. Er hatte den Auftrag, in enger Zusammenarbeit mit diesem Kommando und dem Abschnittskommandanten Vizeadmiral von Koudelka im Bereich des Hafens eine eigene Seeflugstation zu errichten. Dazu wurden ihm einige leer stehende Hallen der Schiffswerft und ein Landeplatz in der Nähe des Lloydarsenals überlassen. Auf dem alten Turm ließ Banfield zwei Maschinengewehre postieren. Mit zwei Flugzeugen trat die Seeflugstation Triest in den Krieg ein.

Zu Beginn der Kampfhandlungen mit Italien hatte Marie beim Tee am Nachmittag ganz gegen ihre sonstige Gewohnheit resolut zu ihrem Mann gesagt: „Hinter unserer Gartenmauer liegt das Ende der Welt. Wir lassen da nichts herein. Da bist du, da ist unser Sohn, da bin ich und das Kind in mir. Und unsere beiden Mädeln. Alles andere bleibt draußen.
Ich weiß nicht, ob du in Pola bleiben kannst und auch hier bleiben wirst. Dass du das willst, setze ich doch voraus.
Es wird Abende geben, an denen du nicht nach Hause kommst, weil du in Bereitschaft sein musst, es wird Nächte geben, in denen du fliegst. Wohin und wozu will ich gar nicht wissen."

Sie schwieg und sagte dann leise: „Ich habe schon so genug Angst um dich."
Sie sah ihn an: „Du wirst in Uniform irgendwo auf einem Feldbett liegen oder in der Nacht mit deinen Kameraden zwischen den Maschinen hocken und warten. Auf den Befehl zum Aufsteigen, darauf, dass einfach die Nacht endlich ein Ende nimmt, auf die anderen.
Aber wenn du nach Hause kommst, dann sollst du hier deine Ruhe haben und auch Ruhe geben. Hier liest du deine Post und die Zeitung, hier liegst du im Garten im Liegestuhl. Hier spielst du, auch wenn du müde und abgespannt bist und das wirst du sein, wie bisher geduldig und liebevoll mit deinem Sohn. Der braucht das und der kann nichts für den Krieg.
Der nimmt Kindern die Väter und Frauen die Männer. Geführt wird er für das Vaterland. Aber was ist denn das eigentlich? Es ist für hüben und drüben das beste, stärkste, mächtigste Land der Welt. Durch Siege groß geworden, reich an Ehren und auf der Landkarte ist es zu einem ansehnlichen Farbklecks geworden. Niemand erinnert sich an Niederlagen, Krüppel, Witwen, die nicht wussten, wie sie ihre Kinder durchbringen sollten. Kinder, die zum Teil ihre Väter nie oder nie bewusst gesehen haben."
Paride hob beschwichtigend die Hand.
„Nein, sag jetzt nichts, ich bin ohnehin gleich fertig. Ich habe dir das einfach sagen müssen. Vor allem aber wollte ich, dass du weißt, dass ich den Krieg da nicht hereinlassen werde."
Sie lächelte jetzt ihr warmes Lächeln, das ihn so bezauberte. „Was du mir erzählen willst und was du mir ja auch erzählen sollst, weil du es loswerden musst, das erzählst du mir beim Spazierengehen. Ich bin doch ohnehin so neugierig und will alles wissen, was du zu tun hast und was dich betrifft."
„Zuerst wisch´ bitte unserem Sohn das Gesicht ab, denn der hat inzwischen allein zu essen versucht. Und dann muss ich dich auch darauf aufmerksam machen, dass ich dir nicht alles erzählen darf, da manches der Geheimhaltung unterliegt und ich auch zur Verschwiegenheit verpflichtet bin. Da nimmt die Armee nicht einmal auf neugierige Ehefrauen Rücksicht!"
Paride ging um den Tisch und nahm seine Frau in die Arme. „Wir haben hier unsere kleine Welt und die soll heil bleiben, so lange es nur geht. Ich seh´ das genau so wie du." Er küsste sie liebevoll. Johannes lachte vergnügt: „Papa Mama Bussi."
„Na, jetzt stehen wir unter Kontrolle, das haben wir notwendig gehabt", lächelte Paride seine Frau an.

Paride hatte den Auftrag zu einem Überwachungsflug entlang der Westküste Istriens erhalten. Sein Wart meldete das Flugzeug startklar. Der Waffenmaat meldete, dass er die Funktionsprobe beim Maschinengewehr durchgeführt habe und dieses klaglos funktioniere.

„Sind auch die Phosphorkarbidbüchsen an Bord?" vergewisserte sich Paride. „Jawohl Herr Fregattenleutnant, ich habe sie selbst aufgeladen", meldete der Maat.
Wenn die Seeflieger ein Minenfeld entdeckt hatten, wurden zur Verständigung der Minenräumboote diese Büchsen, die weißen Rauch abgaben, abgeworfen.
Paride kletterte in die Maschine und startete den Motor. Er ließ ihn kurz warmlaufen und dann glitt das Flugzeug schon über das Wasser. Paride ging in den Steigflug über. Er warf noch einen Blick auf Pola, das schon tief unter ihm lag und hatte bald seine Flughöhe von 2000 Metern erreicht. Er setzte zum Flug entlang der Küste nach Norden an. Über Rovigno, Parenzo und Salvore sollte er bis in den Raum von Pirano fliegen und dann auf derselben Route wieder zurückkehren.
Der Tag war, der Jahreszeit entsprechend, sonnig und warm. Paride flog etwa fünf Kilometer von der Küste entfernt über dem Meer dahin. Der Motor seines Flugzeugs arbeitete gleichmäßig. Zu seiner Rechten lag nun eine tropfenförmige Halbinsel. Verschachtelte Häuser mit ziegelroten und bräunlichen Dächern standen seit Jahrhunderten zusammengepfercht um die Pfarrkirche von Rovigno mit ihrem schlanken Campanile. Vor der großen, von dichten Kiefern- und Pinienwäldern gesäumten Bucht lag schützend eine grüne Insel. Größere und kleinere Inseln bildeten grüne Farbtupfen im tiefblauen Meer.
Immer wieder schaute Paride aufmerksam auf die See hinaus und suchte auch den Horizont ab. Nirgendwo zeigten sich Schiffe, der Himmel war weit und gläsern. Auch die kleinen Boote, die sonst geschäftig von Hafen zu Hafen und von Insel zu Insel unterwegs waren, waren verschwunden. Der Krieg hatte sich lähmend über das Land gelegt.
Nun tauchte der kleine Ort Orsera auf, die Sommerresidenz der Bischöfe von Parenzo. Hier waren durch viele Jahre die Steine für die Kirchen und Paläste von Venedig und Ravenna gebrochen worden.
Nach Orsera flog Paride in einer weiten Kurve weiter aufs Meer hinaus in den Golf von Venedig. Aber auch hier entdeckte er weder italienische Schiffe noch gegnerische Flugzeuge. Wie verlassen glänzte das Meer im Sonnenschein. Dann tauchte Pirano am Horizont auf. Das typisch venezianische Städtchen mit dem malerischen Hafen und den engen winkeligen Gassen mit den graziösen Balkonen lag nur etwa 18 Seemeilen vom italienischen Lignano entfernt. Von den Türmen und Zinnen der Wehrmauer konnte man an klaren Tagen bis Triest und auch weit darüber hinaus sehen.
Paride würdigte die Stadt keines Blicks. Im Blaugrün des Meeres hatte er nämlich mehrere dunkle Flecken entdeckt, die ihm verdächtig vorkamen. Er ging in einen raschen Sinkflug über und flog dann mit gedrosseltem Motor langsam in ganz geringer Höhe über das verdächtige Treibgut. „Das sind Minen", durchzuckte es

ihn. Er markierte den Fundort auf seiner Karte und nahm dann Kurs auf Pirano. Er wusste, dass dort ein Torpedoboot und einen Minenräumboot ankerten. Paride landete neben dem Minenräumboot und zeigte dessen Kommandanten auf der Karte, wo er die Treibminen gesichtet hatte.

„Wir sind ohnehin in Alarmbereitschaft und können sofort auslaufen", erklärte darauf der Korvettenleutnant und schon folgte sein Schiff mit schäumender Bugwelle dem Flugzeug, das dann über den Minen kreisend, die Minenräumer heranführte. Der weiße Rauch des Phosphorcarbids markierte das Ziel genau. Paride flog noch einmal in geringer Höhe über das Schiff, wackelte grüßend mit den Tragflächen und nahm dann Kurs auf Pola.

Nach seiner Landung erfuhr er von seinen jubelnden Kameraden, dass man Nachricht von den beiden vermissten Seefliegern Viktorin und Mindszenty habe. Die beiden mussten beim Rückflug nach einem Angriff auf Brindisi wegen eines Motorschadens auf See niedergehen. Sechzig Stunden segelten sie mit einem Notsegel, das sie aus der Leinwand der Tragfläche gemacht hatten, über das Meer. Sie tranken das Kühlwasser des Motors und wurden endlich von einem griechischen Schiff aufgefischt. Es würde nun vermutlich nicht mehr lange bis zu ihrer Rückkehr dauern. Im allgemeinen Jubel meinte Paride nachdenklich zu Klobucar: „Der militärische Alltag hat uns schon so im Griff, dass wir gar nicht mehr bemerken, welche Kraft und welches Feuer in unseren Leuten steckt. Das haben uns die zwei wieder deutlich gemacht."

In den folgenden Wochen flogen Paride und seine Kameraden vor allem Angriffe auf die Nachschubwege der Italiener. Immer wieder waren Verkehrsknotenpunkte, Bahnanlagen und Kanäle ihr Ziel. Über denen und den schilfigen Wiesen lag gärende, weiche Luft, die kein Hauch zu bewegen schien. Über den Kanälen, die von der Küste ins Landesinnere führten, lagen die abgestandenen Gerüche des brackigen, stehenden Wassers mit seinen Gelsenschwärmen. Tag und Nacht fuhren hier Schiffe mit einer Tragkraft bis zu 500 Tonnen beladen mit Munition, Mannschaften, Pferden, Verpflegung und anderen Nachschubgütern zur italienischen Südostfront. Von Venedig bis über die Piave und zum Isonzo machten die Seeflieger Jagd auf diese Ziele. Dabei ließ sich Paride immer mehr Leuchtspurmunition in die Gurte seines Maschinengewehrs einlegen als üblich. So konnte er nicht nur seine Treffer besser beobachten, sondern schoss auch immer wieder Ziele in Brand.

Aufgrund der ständigen Bedrohung aus der Luft und der laufenden Fliegeralarme bei Tag und Nacht, saßen die Fahrer der Versorgungsfahrzeuge schräg und missmutig in ihren Wagen. Sie waren abgestumpft und müde, ihre Lider verschwollen.

„Der alte Gianni ist ein bisschen sehr ungehobelt. Er spricht kaum noch und wenn

man sich seine Fische aussucht, knurrt er nur unverständlich vor sich hin. Dann bellt er den Preis und man ist entlassen. Ich glaube, er redet nur mehr mit den Fischen im Meer ehe er sie fängt. Ich nehme ihn aber so wie er ist, denn seine Fische sind die besten", lachte Gordana beim Heimkommen in die Küche hinein. „ Man merkt den Krieg jetzt auch am Fischmarkt. Die Fischer getrauen sich nicht so weit hinaus und das Angebot ist dadurch kleiner. Wird der Herr Graf heute zum Abendessen daheim sein?"
Marie nickte. „ In der vergangenen Nacht hatte er Flugdienst. Ich hoffe schon, dass er heute nach Hause kommt."
„Dann richte ich für den Abend ein Risotto mit kleinen Fischen. Ich verkoche sie mit Sellerie, Knoblauch und Pfeffer und vermische das dann mit Reis. Das kann ich, wenn der Herr Graf später kommen sollte, auch aufwärmen und es wird ihm trotzdem schmecken."
„Halt dich nur mit dem Knoblauch ein bisserl zurück, meine Liebe", seufzte Marie, „sonst ist es im Schlafzimmer nicht auszuhalten."

Paride landete sein Flugboot und ließ es dann in langsamer Fahrt zum Pier laufen. Er war mehr als drei Stunden die Küste nach Norden abgeflogen, hatte aber keine Feindberührung gehabt. Sein Mechaniker übernahm die Maschine, der Waffenmeister hob das Maschinengewehr aus der Halterung. Paride ging in die Halle und meldete sich ohne Vorkommnisse zurück.
„Kaffee und ein belegtes Brot?", fragte ihn ein Matrose freundlich.
„Bitte gern, es können auch zwei belegte Brote sein", antwortete Paride lächelnd. Ihm war eingefallen, dass er seit dem frühen Morgen nichts mehr gegessen hatte und nun war es doch schon Nachmittag geworden.
Er rückte sich einen Sessel in der Sonne zurecht und stellte den Kaffeebecher vor sich auf einen kleinen Tisch. Mit wirklichem Appetit biss er in ein mit Wurst und Käse belegtes Sandwich.
Nun landete auch Fregattenleutnant Drakulic herein. Er kletterte kreidebleich aus der Maschine und schien Paride leicht benommen zu sein. Daher ging er auf Drakulic zu und legte ihm den Arm um die Schulter. Besorgt fragte Pollini: „Was ist denn mit dir los? Was ist denn da draußen geschehen?"
Drakulic sah ihn an und rief dann: „Bringt mir bitte einen Sessel und einen doppelten Slibowitz!"
Nachdem man ihm beides gebracht hatte, stürzte er den Schnaps in einem Zug hinunter und setzte sich. Er starrte einen Augenblick vor sich hin und berichtete dann: „Auf der Höhe von Pirano habe ich am Horizont ein Flugzeug gesehen. Ich bin höher gestiegen und habe mich aus der Sonne heraus angepirscht. Es war ein Nieuport-Jagdeinsitzer mit italienischem Hoheitsabzeichen. Ich setze mich hinter ihn und eröffne aus kurzer Distanz das Feuer. Der Italiener scheint geschlafen zu

haben, denn er ist völlig überrascht und hat versucht in einer engen Steilkurve nach unten zu entkommen. Das Ganze spielt sich in ungefähr 1000 Metern ab.

„Und – was ist dann passiert? Wie ist es weiter gegangen?" fragte ein Seefähnrich aufgeregt.

Drakulic holte tief Luft: „In der Kurve löst sich plötzlich eine Gestalt aus der Maschine und stürzt wie ein Stein ins Meer. Es war grauenhaft, wie sich der Mann dabei immer und immer wieder überschlagen hat. Das herrenlose Flugzeug stürzt ihm nach und zerschellt. Ich bin sofort auf das Wasser niedergegangen. Die Trümmer der Maschine sind langsam gesunken, vom Piloten habe ich keine Spur mehr gefunden. Ich weiß nicht, ob ich den Mann getroffen habe oder ob er so aus der Maschine gekippt ist. Er war auf jeden Fall sicher gleich tot."

Während der Sitzbereitschaft am nächsten Vormittag sprachen Drakulic und Paride darüber, dass man unbedingt Anschnallgurte haben müsse. Die waren bis dahin kaum gebräuchlich. Dem Vernehmen nach waren auch schon eigene Feldpiloten während des Fluges aus dem Flugzeug gestürzt. Das hatte man bislang als Ammenmärchen oder haltlose Gerüchte abgetan, nun aber erkannte man in Pola aufgrund dessen, was Drakulic erlebt hatte, den Ernst der Lage.

Paride hatte einen Zeichenblock vor sich liegen und skizzierte das, was das Gespräch ergab. Es schien mehrere Möglichkeiten zu geben, Haltegurte im Flugzeug zu befestigen. Daraus ergab sich dann, wie sich der Pilot anzuschnallen hätte. Schließlich fertigte Paride zwei Zeichnungen an, die er sorgfältig beschriftete. Er reichte sie seinem Kameraden.

„Ich glaube, dass das die besten Lösungen wären. Wofür man sich entscheidet, ist eher Geschmackssache. Schau dir das in Ruhe an und überleg es dir. Vielleicht fällt dir auch noch was ganz anderes ein, das sich noch besser eignet. Auf jeden Fall sollten wir, wenn wir uns einig sind, damit zum Kommandanten gehen und dann Gurten anbringen lassen."

Drakulic sah Paride an und meinte: „Pollini, das mag ich so an dir. Andere würden Gott und der Welt die Schuld geben, dass bisher noch niemand an die Möglichkeit sich anzuschnallen gedacht hat. Du versuchst das Problem zu lösen. Ich denk´ auch noch nach und morgen gehen wir damit zum Chef."

Linienschiffsleutnant Klobucar stimmte seinen beiden Piloten zu. „Die Idee ist wirklich gut, das führen wir ein", sagte er nur. Nach einer Weile setzte er hinzu, dass er auch eine diesbezügliche Anregung nach oben vorlegen würde. Er denke dabei auch an die Maschinengewehrschützen in den Kampfflugbooten, die völlig frei in den Rumpföffnungen standen und sich nur an einem Griff notdürftig festhalten konnten. Die Bedienung des Maschinengewehrs war, besonders in Kurven, wirklich problematisch.

Mit Klobucars Einverständnis wurden in den nächsten Tagen Hanf- oder Ledergurte in den Maschinen montiert. Damit konnten sich die Piloten anschnallen und liefen nicht mehr Gefahr, während des Fluges aus dem Flugzeug zu fallen.

+

„Heute ist ein Brief von meiner Mutter gekommen. Wenn du willst, kannst du ihn gerne lesen. Er liegt auf meinem Schreibtisch", meinte Marie zu ihrem Mann.
„Sag du mir, was sie schreibt", meine Paride interessiert. „Wie geht es zu Hause, was macht Papa und vor allem wie geht es dem Ernst, wo steckt er?"
„Ich sag´ dir alles in großen Zügen. Zu Hause ist alles so weit in Ordnung. Die Versorgungslage ist noch ganz gut und das wird sie auf einem Gutsbetrieb wohl auch bleiben. Übrigens haben wir jetzt mehrere kriegsgefangene Russen bei uns am Gut. Die sollen brave Bauernburschen und froh sein, dass sie dem Gemetzel an der Front entkommen sind. Sie packen an und sind mit allem, was sie bekommen, sehr zufrieden. Mama sagt, dass es ihnen gut geht und dass sie auf sie schaut, dass sie aber natürlich ihre Familien und das Zuhause schon sehr vermissen. Ich glaube Mama tut das, weil sie ein gutes Herz hat, aber auch ein bisschen deshalb, weil sie wohl möchte, dass ihrem Sohn oder dir, wäret ihr in Gefangenschaft, auch jemand Gutes täte. Sie macht da sozusagen ihr Geschäft mit dem lieben Gott.
Papa und unser Verwalter halten sich strikt an die Ablieferungsquoten. Der Sohn des Verwalters, vielleicht erinnerst du dich daran, dass er in Leoben studiert hat, hat sich in den Karpaten die Silberne Tapferkeitsmedaille geholt. Papa macht Dienst in Graz und ist unglücklich dabei, Mama aber ist wirklich froh darüber, dass er nicht an die Front musste. Sie zittert ja schon um ihn, wenn er nur in die Bezirksstadt fährt.
Ernst ist bei einem Stab irgendwo im Osten, aber in der Etappe gelandet. Wo er im Augenblick genau ist, weiß die Mama nicht. Auch aus der Feldpostnummer ist nichts herauszulesen. Er ist jedenfalls mit Versorgungssachen befasst, es scheint sich um die Wiederherstellung unterbrochener Bahnverbindungen zu handeln.
Mama grüßt dich herzlich. Ich glaube, sie stirbt jedes Mal tausend Tode, wenn sie daran denkt, dass du Flieger bist."
„Das kann ich ihr schon nachfühlen, aber bei der Infanterie hätte ich mein Schicksal noch viel weniger in der Hand. Denk an Scharfschützen, an Artillerieüberfälle, an Kosakenpatrouillen. Dagegen ist es da oben direkt angenehm."
„Paride, ich muss Dir noch was sagen, was ich bemerkt habe. Ich habe gestern mit deiner Mutter telefoniert, wie ich das mehrmals in der Woche mache. In Parenzo ist wieder Ruhe und Ordnung eingekehrt und alles geht wieder seinen seit eh und je gewohnten Gang. Du weißt ja, wie groß zu Beginn des Kriegs mit Italien die Aufregung war. Die Behörden haben zusammengepackt, der Bahnbetrieb war auf einmal eingestellt, da wurde wer verhaftet, dort wurden Hausdurchsuchungen vorgenommen und jeden Tag hat es neue Aufregungen gegeben."

„Ja, es war wie in Triest, nur eben in kleinerem Rahmen", stimmte ihr Paride zu. „Und dazu jeden Tag neue Gerüchte und neue Sensationen. Da ist Görz schon gefallen, dann wird Parenzo evakuiert, dann steht eine Landung der Italiener bevor, sie stehen schon in den Verfügungsräumen dazu, dort werden feindliche Flieger gesichtet, hier wird der Bahnbetrieb zur Gänze eingestellt. Alles hat sich als falsch und erfunden herausgestellt, aber natürlich ist vorher den Leuten der Schrecken durch Mark und Bein gegangen.
Wenn du wieder mit Mama telefonierst, dann sag ihr bitte, dass nur wir in der Luft sind!"
„Ja, horch zu, das habe ich dir eigentlich sagen wollen. Wenn man ein Gespräch am Amt anmeldet und verbunden wird, dann knackst es auf einmal in der Leitung. Es ist, wie wenn sich jemand dazuschaltet. Glaubst du, dass da wer mithört?"
„Das halte ich nicht nur für möglich, sondern für sehr wahrscheinlich, dass hier im Küstenland ein Großteil der Gespräche, vor allem der Ferngespräche abgehört wird. Das ist eine Vorsichtsmaßnahme gegen Spionage und wer ein reines Gewissen hat, braucht auch nichts zu fürchten."
Marie lächelte: „Mama und ich reden meist über unsere Männer. Also über deinen Vater, dich und Johannes. Dafür wird man uns schon nicht hinter Gitter bringen."

Im Sperrfort Mitterberg im Südtiroler Sextental saß der Leutnant in der Reserve Dr. Kick an einem rohen Tisch. Das elektrische Licht leuchtete nur schwach und drohte immer wieder zu erlöschen. Kick hatte sein Tagebuch vor sich liegen und schrieb: „Im Kampf gegen die Russen flaute die erste Begeisterung schnell ab. Parolen wie „Jeder Schuss a Russ!" haben ihre Anziehungskraft rasch eingebüßt. Jetzt, nach dem Kriegseintritt Italiens, geht es darum, die engere Heimat zu verteidigen. Italien trägt nun das Brandmal des Verräters, der im Dreibund mit Österreich-Ungarn und dem deutschen Reich in einem Verteidigungsbündnis stand. Bei Kriegsausbruch hat sich Italien „neutral" verhalten (wer´s glaubt!) und schließlich ist es zur Entente übergelaufen. Zu der hatten sich Großbritannien, Frankreich und Russland 1907 zusammengeschlossen.
Jetzt sitzen wir, wie für den Fall der Mobilmachung vorgesehen, hier in den Festungswerken und draußen auf den Bergen stehen die Schützen. Blutjunge Buben von 16 Jahren und alte Männer mit weißen Bärten. Zusammen mit wenigen regulären Einheiten halten sie eine 500 Kilometer lange Grenze von den Karawanken bis zum Stilfser Joch an der Grenze zur Schweiz.
Am 4. Juni ist die Standschützenkompanie Stilfs als erste Einheit zum Einsatz gekommen und hat sofort den vom Feind besetzten Großen Scorluzzo genommen. Am 4. Juli ist hier beim Versuch den Paternkofel wieder zu erobern, Sepp Innerkofler, der berühmte Sextener Bergsteiger und Bergführer, gefallen. Neben vielen anderen Erstbesteigungen und Erstbegehungen hat er die Nordwand der Kleinen

Zinne erstmals durchstiegen. Er war der Kommandant der „Fliegenden Patrouille", einer Bergführerkompanie. Fünfzigjährig ruht er jetzt am Friedhof von Sexten."

Der Leutnant stand auf und dehnte sich. Er zog seine Uhr aus der Tasche und dachte, dass nun wohl bald wieder der Beschuss durch die italienische Artillerie einsetzen würde. „Es ist nicht zu glauben, was die an Munition und Geschützen herangebracht haben", sagte er sich.

Er trank einen Schluck Wasser, rückte seinen Stuhl zurecht und schrieb dann weiter: „Die Nächte sind eine zuckende Hölle. Nahezu pausenlos fegen Schrapnells über das Werk. Wir sitzen hier im Sperrfort, die Köpfe sind schwer, weil an Schlaf nicht zu denken ist. Wir haben die Wände verstärkt und die Decken gepölzt.

Als wir die ersten Treffer bekommen haben, habe ich geglaubt, dass mir die Luft weg bleibt. Und dann hat mir der Magen wehgetan und ich hatte Angst, Durchfall zu bekommen, so sehr hat es in meinen Gedärmen gewütet. Ich habe mich setzen müssen, weil ich nicht mehr stehen konnte.

Muskulatur und Zunge geben unter Beschuss nach, umso mehr arbeiten dafür Herz, Gefäße und Sekretion. Mein Herz hat mir bis in den Hals hinein geschlagen. Dann habe ich zu schwitzen begonnen und musste mir immer wieder die Stirn abwischen. Ich habe mir selbst ins Gesicht geblasen. Der Schweiß wurde rasch kalt und klebrig.

Unser Sperrwerk ist kühl, aber der Puls jagt und schickt warmen Schweiß, der sich mit Schüttelfrost abwechselt. Beim ersten Mal hatte ich ein Frösteln als ob ich Fieber bekäme.

Unter Beschuss wird man automatisch kleiner. Man steht gebeugt, mit eingezogenem Kopf."

+

Durch die Alpen und das Meer eingeengt, konzentrierten die Italiener ihre Angriffe auf das Karstgebiet um Görz, wo sie anfangs auch einige Erfolge erzielten. In den Julischen Alpen entspringt der Isonzo. Sein glasklarer, tiefgrüner Oberlauf ist als eines der wenigen Gewässer bekannt, in denen die Marmoratatorelle heimisch ist. 136 Kilometer lang fließt der Isonzo durch die Grafschaften Görz und Gradisca. Er wird, je näher er dem Meer kommt, zu einem der typischen Karstflüsse. Er führt in seinem breiter werdenden, steinigen Bett im Sommer nur sehr wenig Wasser, schwillt aber nach Regengüssen stark an. Am Isonzo, der für die Verteidigung wie geschaffen ist, kam die Front zum Stehen. Immer wieder rannten italienische Truppen gegen die österreichischen Stellungen an, konnten aber keine entscheidenden Erfolge erzielen. Hier wurde auf engstem Raum gekämpft. Immer wieder wurden Angriffe auf die gleiche Weise vorgetragen, ständig wurden neue

Truppen herangebracht und neues Material herangekarrt. Das alles geschah, um das zu ersetzen, was gerade vernichtet worden war. Denn am Isonzo wurde vor allem gestorben.

So wie auch im Hochgebirge. Noch nie war bis dahin im so menschenfeindlichen Hochgebirge gekämpft worden. Von der Schweizer Grenze bis zum Gardasee verlief die Front über 100 Kilometer fast ausschließlich in einer Höhe von 2000 Metern. Der Ortler, mit 3905 Metern der höchste Berg der Monarchie, war Kampfgebiet. In solche Höhen waren Soldaten noch nie vorgedrungen. Weshalb denn auch?

Nun waren auch sie Kampfgebiet. Viele Geschützstellungen lagen mehr als 3000 Meter hoch. Die Geschütze wurden in Traglasten zerlegt und mit der Munition mühselig hinauf geschleppt. Es entstanden Stützpunkte im Fels und im Eis, Kampfstände, Unterkünfte, Depots und Küchen, Materialbahnen.

Der größte Feind der Soldaten auf beiden Seiten war die Natur. Soldaten verirrten sich im Nebel, erfroren in Schneestürmen, stürzten über vereiste, ungesicherte Grate in den Tod. Auch die Bekleidung der Männer war nicht auf die bittere Kälte abgestimmt. Dazu wurde die Natur auch als Waffe genützt. Die Wirkung der Artillerie war fürchterlich. Sie schoss Steinlawinen aus den Wänden, deren Wirkung die der Geschoße noch weit übertraf.

Im Juli sollten die allzu jungen Standschützen, fünfzehn- bis siebzehnjährige Burschen, von der Front zurückgenommen werden. Immer wieder gelang es ihnen aber durch inständiges Bitten, den Verbleib an der Front durchzusetzen. So konnte auch der Sohn des Fuchsenbauern aus Sexten seinen 72jährigen Schützenoberst davon überzeugen, dass er im Schützengraben bleiben müsse. Sein Oberst war 1866 und 1878 als aktiver Offizier schon im Feld gestanden.

In den Bergen setzten die Italiener vorwiegend ihre Alpini-Truppe ein. 1872 mit fünfzehn Kompanien aufgestellt, umfasste sie 1910 schon 26 kampfstarke Bataillone. Diese Gebirgssoldaten kämpften sehr tapfer und wagemutig. Sie operierten in kleinen Einheiten, dem Gelände und den Schwierigkeiten des Hochgebirges angepasst.

Eine andere Elitetruppe auf italienischer Seite waren die Bersaglieri, die sich schon in den Unabhängigkeitskriegen ausgezeichnet hatten. Sie waren für ihre hohe Marschleistung durch eine Art Laufschritt berühmt.

Aus ganz Italien rekrutierten sich die Fanti, die Infanterieeinheiten. Im Einsatz im Gebirge und unter den dort herrschenden Witterungsverhältnissen wurden sie ihrer Aufgabe nicht immer gerecht. Der Mangel an gebirgstauglicher Ausrüstung und schlechte Verpflegung waren ihrer Kampfmoral und ihrer Motivation keineswegs zuträglich.

+

Marie konnte die Einfahrt des Zuges in die kleine, ihr so vertraute Bahnstation kaum erwarten. Johannes saß im Abteil neben ihr und sah trotz der langen Bahnfahrt erstaunlich adrett und ausgeschlafen aus. Da Paride mit anderen Piloten für vier Wochen der Seeflugstation in Triest zugeteilt worden war, um dort einen personellen Engpass zu überbrücken, hatte sich Marie entschlossen, mit ihrem Sohn zu ihrer Mutter in die Steiermark zu fahren.

Die Bahnfahrt war abwechslungsreich verlaufen und auch das Umsteigen in Wien war ganz problemlos gewesen. Johannes wusste, dass diese Reise etwas ganz Besonderes war und hielt sich immer ganz nah bei seiner Mutter auf. Immer wieder zeigte er auf Dinge, die seine Aufmerksamkeit ganz besonders fesselten. Trotz kriegsbedingter Fahrplanänderungen waren die Züge erstaunlich pünktlich gewesen. Marie hatte einen großen Picknickkorb mit und versorgte ihren Sohn so mit dem Essen, das er gewohnt war. Im Speisewagen hatte man ihm seine Mahlzeiten gewärmt und Johannes genoss die Reise und die Aufmerksamkeit, die man ihm widmete, sichtlich.

„Johannes, wir sind jetzt gleich da und der Georg wartet bestimmt schon mit der Kutsche auf uns", meinte Marie, als der Zug seine Fahrt verlangsamte und mit einer kreischenden Bremsung in die kleine Station einfuhr.

Hier schien die Zeit stehen geblieben zu sein. Das kleine Gebäude strahlte im schönsten Schönbrunnergelb, die Blumen in den Kästen vor den Fenstern gediehen prächtig. Der Bahnhofsvorstand eilte herbei wie eh und je, öffnete die Abteiltür und verneigte sich tief. Dann war aber auch schon Georg da und hob zuerst Johannes und dann das Gepäck aus dem Abteil auf den Bahnsteig.

Er setzte Johannes behutsam in die Kutsche, lud das Gepäck auf und meinte zu Marie: „So groß ist der Bub also schon und wie dir der gleich schaut!" Betreten hielt er inne und meinte entschuldigend: „Nix für ungut, Frau Gräfin, aber das ist mir aus Gewohnheit einfach so heraus g´rutscht."

„Georg, wie lang kennen wir uns jetzt schon? Ich war nicht viel älter als der Bub, wie du zu uns gekommen bist und seit ich mich erinnern kann, warst du da. Ich habe es nicht vergessen, wie oft du mich auf deinen Schultern getragen hast, wenn ich müde war und nicht mehr weitergehen wollte. Geh zu, da werden wir zwei doch jetzt nicht auf einmal förmlich werden. Komm, lass uns fahren", antwortete Marie beschwichtigend.

Marie hielt ihren Sohn, der auf dem Sitz stand, fest und dann zogen die Pferde an.

"Dass die Haflinger noch nicht für die Armee requiriert worden sind, wundert mich", rief Marie zu Georg auf den Kutschbock hinauf.

„Der Herr Baron hat immer nur so viele Pferde g'habt, wie für den Gutsbetrieb notwendig waren und das hat man eingesehen. Natürlich wären die Haflinger in den Bergen gut zum Lastentragen, aber sie sind auch schon in dem Alter, in dem sie die Kaiserlichen gerad' nicht mehr nehmen", lachte der Hüne.
Plötzlich ließ Georg die Kutsche langsam ausrollen und zeigte mit seiner Peitsche zum Waldrand: „Dort in der Wiese stehen Rehe!"
Marie legte ihren Zeigefinger an den Mund und drehte Johannes in diese Richtung. Fasziniert sah der die ersten Rehe seines Lebens.
Als der Wagen vor dem Herrenhaus hielt, standen Frau von Fleissner und Martina schon erwartungsvoll in der Tür. Roserl lugte neugierig aus dem Fenster hinter den blühenden Geranien heraus. Frau von Fleissner hob ihren Enkel, der ihr seine kleinen Arme entgegenstreckte, aus der Kutsche und drückte ihn fest an sich.
Später, als er mit seiner Mutter und der Großmutter im Garten unter dem großen Sonnenschirm saß, fielen ihm die Augen doch zu und er wurde schlafen gelegt.
„Willst du nicht überhaupt da bleiben und auch dein Kind hier auf die Welt bringen? Auch für den Kleinen wäre es hier doch bestimmt gut", fragte Maries Mutter unvermittelt.
Erstaunt schaute Marie sie an: „Mama, ich gehör' doch zu meinem Mann. Ich hab' das große Glück, dass der nicht hunderte Kilometer von mir entfernt im Einsatz ist und dass wir uns relativ oft sehen können. In Pola haben wir alles, wir sind so sicher wie in Abrahams Schoß.
Mama, ich weiß, wie gut du es mit uns allen meinst. Ich bin auch wirklich gern hier und ich kann es kaum erwarten, bis der Bub hier auf Entdeckungsreise geht und ich ihm alles zeigen kann. Wo ist denn eigentlich der Haltan?"
Ihre Mutter lächelte: „Die Hündin vom Bäckentoni ist läufig und da wird er wohl dort wieder ums Haus streunen. Wir haben jetzt übrigens einen Forellenteich, der wird dem Johannes bestimmt gefallen. Aber hingehen darf er nur in Begleitung."
„Mama, ich lass den kleinen Racker keine Minute aus den Augen. Glaub mir, dem würde immer was einfallen! Und mach dir bitte auch wegen meiner Schwangerschaft keine Gedanken. Ich bin bei meinem Arzt, den du ohnehin kennst, in den besten Händen und meine Mädeln nehmen mir schon viel Arbeit ab. Es gibt auch noch alles. Das Hinterland ist fruchtbar, die Leute sind fleißig und das Meer gibt auch noch was her. Rationierungen und Lebensmittelkarten kennen wir bei uns nicht."
Für Johannes vergingen die Tage am Gut seiner Großeltern viel zu schnell. Seine Mutter ging mit ihm durch die blühenden Wiesen ins Dorf und zeigte ihren Sohn mit viel Freude. Sie traf vor allem Frauen und Alte. Marie wurde schlagartig bewusst, dass alle Männer im wehrfähigen Alter eingezogen worden waren. Nur wenn ihre Gesprächspartner auf Männer oder Söhne zu sprechen kamen, wagte es Marie nach ihnen zu fragen. Denn auch in dieses Dorf würde mancher nie mehr

zurückkehren.

Am Gut selbst ging der Kleine, behütet von seiner Mutter, der Großmutter oder Roserl, die er sehr in sein kleines Herz geschlossen hatte, auf Entdeckungsreisen. Da waren die Stallungen, die eben zur Welt gekommenen Lämmer, ein Kalb auf noch wackeligen Beinen und Haltan, den es nicht mehr zur Hündin vom Bäckentoni zog, sondern der den kleinen Buben einfach alles mit sich anstellen ließ.

Sein Großvater kam über das verlängerte Wochenende nach Hause und staunte, wie groß sein Enkel geworden war und welche Fortschritte er gemacht hatte. Dessen Herz gewann er vollends, als er mit ihm zum Teich Forellen fangen ging und Johannes mit großväterlicher Unterstützung auch selbst eine herausziehen durfte. Johannes versuchte an den russischen Kriegsgefangenen seine kroatischen Redewendungen, die er von Mirna und Gordana aufgeschnappt hatte. Einer von ihnen meinte in gebrochenem Deutsch, dass sein Sohn, als er ihn zum letzten Mal gesehen hatte, etwa so groß wie der junge Herr gewesen sei. Die gutmütigen, arbeitsamen russischen Bauernburschen saßen am Abend oft vor ihrem Quartier beisammen. Wenn sie sangen, glaubten die anderen auf dem Gut die Weite der russischen Landschaft und die Sehnsucht der Männer nach dem heimatlichen Dorf herauszuhören.

+

Die österreichischen Marinetechniker hatten das französische U-Boot „Curie" gehoben und wieder in Dienst gestellt. Am 5. August versenkte Linienschiffsleutnant von Trapp damit nahe der Insel Pelagosa das italienische U-Boot „Nereide".

Paride hatte erfahren, dass man einen Oberleutnant mit dem er seinerzeit auf der Militärakademie im selben Schlafsaal gelegen war, in ein Lazarett nach Triest eingeliefert hatte. Nun stand Paride auf dem stark nach Desinfektionsmittel riechenden Gang. Er hielt nach einer Krankenschwester Ausschau um sie zu fragen, in welchem Zimmer sein Kamerad liege.

„Diese engelsgleichen Krankenschwestern gibt es wohl nur auf Feldpostkarten oder in den Reservespitälern in Wien", dachte er, als er einige Schwestern geschäftig über den Gang eilen sah. „Oder in den illustrierten Blättern. An sich gehört es zum guten Ton, dass junge Damen von Stand zumindest dann und wann in eine kleidsame Schwesterntracht schlüpfen und sich für das Familienalbum ablichten lassen. Dabei tupfen sie dann einem ebenfalls aus gutem Hause stammenden Verwundeten mit spitzen Fingern die Stirn ab.

Leibschüsseln entleeren aber die, die den Beruf von der Pike auf gelernt haben. Die sind es auch, die durchgeblutete oder vor Eiter starrende Verbände wechseln."

In diesem Lazarett wirkten die Schwestern tüchtig und als sich Paride nach seinem

Kameraden erkundigte und die gütigen Augen dieser jungen Frau sah, wusste er, dass die Verwundeten hier in den besten Händen waren. Dann betrat er nach der Schwester das Zimmer.

Sein Jahrgangskamerad lag in einem frisch gemachten Bett. Er hatte die Augen geschlossen und stöhnte ganz leise. Die Krankenschwester sah Paride flehend und warnend zugleich an. Er schaute lange auf das blasse, von Schmerzen gezeichnete Gesicht. Als er die Hand auf die des Verwundeten legte, öffnete der die Augen und schaute ihn eine Weile unverwandt an. Die Augen beherrschten das schmale, wächserne Gesicht und betrachteten Paride wie aus weiter Ferne. Sie schienen ihn nicht zu erkennen. Parides Hand strich noch einmal beinahe zärtlich über die des Kameraden, der im Sterben lag. Leise verließ Paride das Krankenzimmer.

Am späten Nachmittag rückte Oberleutnant Ehrenberger zur großen Armee ein.

Dr. Benedetti war mit dem Verlauf von Maries Schwangerschaft sehr zufrieden. Alles deutete darauf hin, dass die zweite Geburt ähnlich unkompliziert wie die erste verlaufen würde.

Als Paride bei der Rückkehr von einem Einsatz im Raum Venedig müde durch das Tor in der Gartenmauer trat, sah er sich wieder einmal darin bestätigt, dass Marie einfach eine besondere Hand für die vielen kleinen Dinge hatte, die das Leben schön und angenehm machen. Ein Glaskrug mit Feld- und Gartenblumen stand auf dem runden Tisch mit dem grünweiß karierten Tischtuch.

"Paride", meinte Marie, die gerade ihren frisch gebadeten Sohn zu Bett gebracht hatte, „dieses Jahr werden wir Weihnachten wieder in Pola feiern. Ich hoffe sehr, dass du bei uns sein kannst. Nächstes Jahr aber fahren wir zu den Feiertagen und über Neujahr ganz bestimmt zu meinen Eltern. Ich glaube ganz fest daran, dass dann wieder Frieden sein wird. Da war doch im Juli die große Offensive im Osten, die jetzt zur Einnahme von Warschau und anderen wichtigen Städten geführt hat. Für mich waren sie anscheinend wieder doch nicht so wichtig," sie schenkte ihm ein kleines Lächeln, „denn ich habe mir die Namen nicht gemerkt. Wenn jetzt aber noch die Bulgaren auf unserer Seite in den Krieg eintreten, dann werden die Serben wohl bald besiegt sein.

Stell dir vor, wenn dann wieder Frieden ist und wir mit unseren Kindern im Pferdeschlitten durch das verschneite Tal fahren. Mit dem Johannes werden wir eine große Schneeburg bauen und dabei werde ich dich ordentlich mit Schnee einreiben, damit du wirklich was davon hast." Sie lächelte: „Das gehört einfach zum Schneeburgbauen dazu. Unser zweites Kind ist dann auch schon über ein Jahr alt und beim Spazierengehen werden wir es dick eingepackt auf der Rodel ziehen. Ganz rote Backen wird es haben und gut gefallen wird ihm das.

Die russischen Arbeiter werden wieder sicher zu Hause bei ihren Familien sein

und unsere Männer haben den Krieg auch hinter sich. Frieden wird sein, endlich wieder Frieden, denn jetzt kann der Krieg doch nicht mehr lange dauern!"
Paride sah seine Frau lange an und war bemüht, sie seine Zweifel nicht anmerken zu lassen.

In diesem Herbst nahm der Plan, in Parenzo eine Seeflugstation zu errichten, immer konkretere Formen an. Sie sollte das Netz der Flugstützpunkte und Seeflugstationen verdichten und die Abwehr im eigenen Bereich, die Aufklärung und Sicherung des Seewegs von Kap Salvore bis Rovigno und die Unterstützung von Bombenangriffen der Seeflugstation Pola sicherstellen. An sich strebte Paride seine Einteilung dorthin an. Er wollte zum Schutz seiner unmittelbaren Heimat beitragen. Andererseits machte er sich Gedanken, was er in diesem Falle mit Marie und den Kindern tun solle. Es wäre schön, sie bei seiner Familie auf dem Gut zu wissen, doch wäre Parenzo viel näher an der Front gelegen. Wenn Marie und den Kindern nach menschlichem Ermessen auch kaum was zustoßen konnte, so war Paride dennoch zu keiner Lösung gekommen. Er kam mit sich selbst aber insofern klar, als er sich entschloss, vorerst nicht über die ganze Angelegenheit zu reden. Dazu wäre, so glaubte er, noch genug Zeit, wenn der Entschluss zum Bau der Seeflugstation tatsächlich gefasst worden sei.
Es war ein strahlender Herbsttag. Paride flog in einer Höhe von etwa 3000 Metern, tief unter ihm glänzte das Meer. Er trug eine der neuen Kapokschwimmwesten, die kürzlich in geringer Stückzahl ausgegeben worden waren. Paride beobachtete einen Zerstörer, der auf der Rückkehr von einer Feindfahrt seine weiße Schaumspur in Richtung Pola zog.
Mit seinen Kameraden sprach er immer wieder davon, wie gut es wäre, höher als 4000 Meter zu fliegen. Es kam schon vor, dass die Piloten auch noch höher stiegen, aber Sauerstoffapparate hätten dies zur Regel machen und so den österreichischen Piloten einen unschätzbaren Vorteil verschaffen können.
Paride drehte in einer weiten Kurve vom Meer in Richtung Land ab. Unter ihm lagen abgeerntete Felder, Weingärten, kleine Waldstücke, dazwischen Gehöfte und kleine Weiler.
Da entdeckte er ein italienisches Luftschiff, das sich, offensichtlich von der Fliegerabwehr getroffen, in niedriger Höhe und mit geringer Geschwindigkeit in Richtung Meer dahinschleppte. Der Italiener versuchte die kleinen Täler zwischen den Hügeln zu nützen und dadurch möglichst ungesehen zu bleiben.
Paride setzte sich hinter das Luftschiff und zog dann seine Maschine steil nach unten. Er eröffnete das Feuer. „Wie eine Perlenschnur" durchfuhr es ihn, als er seine Leuchtspurgeschoße beobachtete, die sich in die Hülle des Luftschiffs bohrten. In der Gondel sah er die Besatzung aufgeregt hantieren, um ein Maschinengewehr in Stellung zu bringen. Ehe es aber feuerbereit war, hatte er sein Flugzeug

schon wieder hochgezogen, um kurz darauf aus anderer Richtung wieder anzugreifen.

„Wie ein Soufflé, das zusammenfällt", dachte er beim Anblick der schnell schrumpfenden Haut des Luftschiffs. Dann verlor es sehr rasch an Höhe. Paride beobachtete es aus sicherer Entfernung. Knapp vor der Küste ging der Italiener aufs Wasser nieder. Paride überflog das Wrack, das die Wellen hin und her warfen, in geringer Höhe. Mehrere Personen sprangen ins Wasser und schwammen vom Wrack weg.

Mit voller Kraft voraus nahte ein Torpedoboot, dessen Besatzung die Notwasserung beobachtet hatte. Nun ging man daran, die schiffbrüchigen Flieger aus dem Wasser zu holen. Nachdem es das Wrack erreicht hatte, überflog Paride das Schiff ganz niedrig. Die Besatzung winkte ihm freudig zu. Paride grüßte lachend zurück und trat den Rückflug an.

Am 6. Oktober begann der Angriff österreichisch-ungarischer und deutscher Kräfte gegen Serbien. In der Schlacht bei Kragujevac erlitten die Serben eine vernichtende Niederlage. Am 6. November besetzten bulgarische Truppen Nis. Im November waren Serbien und Montenegro besiegt. Die serbische Armee wurde aufgelöst.

Mitte November brachte Marie im Sanatorium von Dr. Benedetti ihr zweites Kind zur Welt. Wieder war es ein kräftiger Bub, der auf den Namen Karl Albrecht Massimo getauft werden sollte. Maries Schwiegermutter war eine Woche vor dem errechneten Geburtstermin nach Pola gekommen. Sie ging ihrer Schwiegertochter an die Hand und kümmerte sich liebevoll um Johannes. Sie befürchtete, dass er eifersüchtig sein könnte, weil er nun nicht mehr so ganz im Mittelpunkt stehen würde. Der aber konnte die Ankunft seines Bruders kaum erwarten. Für ihn stand es fest, dass er einen Bruder bekommen würde. Als er ihn dann aber sah, schien er etwas enttäuscht zu sein, dass der nicht größer war.

Als Marie ihr frisch gebadetes Neugeborenes zum ersten Mal im Arm hielt, küsste sie es zärtlich und flüsterte ihm zu: „Glaube mir, sehr bald wird Frieden sein. Dann ist alles gut. Dein Papa wird zu uns nach Hause kommen. Du wirst in einer glücklichen Familie eine wunderschöne Kindheit haben, die schönste, die man sich nur vorstellen kann. Mein lieber, lieber Bub du."

Paride war zu dieser Zeit wieder zur Verstärkung der Seeflugstation Triest abkommandiert und versuchte über das Telefon mit Pola und Parenzo Kontakt zu halten. Die Piloten flogen bis zur Erschöpfung. Sie schliefen zumeist angekleidet und auch das nur wenige Stunden. So verloren sie im Alarmfall keine wertvolle Zeit. Ein Flugzeug stand immer mit vorgewärmtem Motor bereit und so konnte der eingeteilte Einsatzpilot zehn Minuten nach dem Alarm schon eine Höhe von 1000 Metern erreichen.

Paride saß mit einem Kameraden vor einer dampfenden Kanne mit Kaffee.

„Pollini, hast du eigentlich manchmal Angst?"

Paride überlegte einen Augenblick bevor er antwortete: „Ja, ich habe manchmal Angst und ich schäme mich nicht dafür. Angst gehört doch zur Natur des Menschen. Gerade im Luftkampf ist sie nur zu verständlich. Wer kann von sich schon sagen, wie er sich im Moment der Gefahr verhalten wird? Natürlich reagiert man umso gelassener, je mehr man sie kennt, je mehr man an sie gewöhnt ist. Aber man darf nie vergessen, dass sie immer da ist. Und die Angst ist da, weil sie dem Menschen eigen ist. Sie ist auch eine Warnung nicht zu viel zu riskieren.

Aber diese Angst, die uns hemmt, die uns lähmt und uns fast in die Hosen machen lässt, die müssen wir überwinden. Wir müssen uns dabei aber auch eingestehen, dass wir Angst haben. Wer nur aus Stolz oder aus Ehrgeiz fliegt, wird nicht sehr lange fliegen.

Durch die Zeitungen und die Bilder in der Presse sind wir Flieger den Leuten zu Hause bis hin zum letzten Schulbuben ein Begriff. Jeder träumt es uns einmal gleichzutun. Keiner denkt daran, dass schon der nächste Start der letzte gewesen sein kann, nur weil ein Maschinengewehr eine Ladehemmung hat."

Der andere lächelte Pollini entwaffnend an: „Ich lebe bei allem was ich tue und was ich bisher getan habe, mit einer brennenden Intensität. Ich bin bereit dafür den Preis zu bezahlen, so hoch er auch sein mag." Dann setzte er hinzu: „Außerdem stirbt man erst, wenn man seine Aufgabe erfüllt hat. Und da haben wir noch sehr viel vor uns!"

Ein Maat trat an die beiden heran: „Herr Fregattenleutnant Pollini bitte zum Kommandanten!"

Banfield stand in dem einfachen Raum, der ihm als Kanzlei und auch als Unterkunft diente. An der Wand einige gerahmte Fotos, über dem Aktenschrank ein Propeller.

Banfield strahlte über das ganze Gesicht. „Großartig, mein lieber Pollini. Ich gratuliere von Herzen! Soeben wurde uns fernmündlich ein Telegramm zugestellt. Du bist Vater eines gesunden, kräftigen Buben geworden. Deiner lieben Frau und deinem Sohn geht es prächtig. Ja, meinen herzlichen Glückwunsch."

Paride glaubte auf einer Wolke des Glücks zu schweben. Sein Herz schlug bis zum Hals. Er hörte Banfield sagen: „Du fliegst die Fokker, die ohnehin zur Wartung nach Pola muss, dorthin und bringst die Maschine, die schon überholt sein sollte, in drei Tagen hierher. Grüß bitte deine Frau von mir. Jetzt schau aber, dass du weiterkommst, damit du noch bei Tageslicht in Pola landest!"

+

Zu Weihnachten traf sich der Großteil der Familie in Pola. Vater Fleissner hatte allerdings darauf bestanden Dienst zu machen und so einem jüngeren Offizier die

Gelegenheit gegeben, die Feiertage mit seinen betagten Eltern zu verbringen. Ernst war ebenfalls unabkömmlich, wobei dies aber eher ein Justamentstandpunkt eines seiner Vorgesetzten zu sein schien. Deshalb reiste Hedwig von Fleissner mit ihrer Schwägerin Johanna und großem Gepäck per Bahn nach Pola.
Ettore Pollini kam mit Frau und Tochter aus Parenzo. Paride hatte für den Heiligen Abend und den Christtag Urlaub bekommen.
Marie hatte Parides Burschen und Mirna an die Bahn geschickt, um ihre Mutter und ihre Tante abzuholen. Stanko und der Kutscher hoben eine große, wirklich schwere Kiste vom Wagen. Darin waren Erzeugnisse des Gutes oder von Bauern aus der unmittelbaren Umgebung.
„Mehl und Zucker gibt's es noch. Speck, Schinken, Würste, Schmalz und Honig kann man immer brauchen. Der Brandner macht jetzt einen ganz besonderen Hartkäse, der ist auch dabei. Das Schwarzbrot von unserer Martina kennst du ja. Ohne die Dosen mit den Vanillekipferln und den Butterkeksen hätte mich die Gute auf keinen Fall wegfahren lassen", erklärte Frau von Fleissner ihrer Tochter.
„Trotz des Krieges fahren die Züge pünktlich", rühmte sie die Eisenbahn. „Natürlich fahren nicht mehr so viele wie früher, da verständlicherweise Lokomotiven und Waggons für die Armee gebraucht werden. Was aber fährt, fährt auch pünktlich."
„Auch die Post funktioniert tadellos", pflichtete ihr ihre Schwägerin bei, „Aber diesen Brief habe ich doch lieber selbst mitgebracht." Sie überreichte Johanna einen festen Briefumschlag mit dem Geschäftsaufdruck eines Grazer Notars. „Es ist dasselbe wie für Johannes", lächelte sie und fuhr dann fort: „Allzu viele Kinder solltest du aber nicht mehr bekommen, sonst gehen mir die Häuser aus."
Marie war sprachlos.
„Ich habe leider keine Kinder", sagte Tante Johanna, „und so bleibt doch alles in der Familie. Das wäre deinem Onkel auch sehr recht gewesen, da bin ich mir sicher."
Der Heilige Abend verlief gewohnt harmonisch. Karl verschlief ihn in seinem Steckkissen fast gänzlich. Sein Vater behauptete aber, dass er den Lichterbaum bewundernd angeblinzelt hätte. Für Johannes lag neben vielen anderen Geschenken ein Segelboot unter dem Christbaum, das sein Großvater von einem Modellbauer in Triest hatte anfertigen lassen. Nur mit sehr viel Mühe und gutem Zureden ließ sich der Kleine dazu bewegen, vorerst mit einem hölzernen Zug und einem kleinen Bauernhof zu spielen und das Schiff erst bei passender Witterung zu Wasser zu lassen.
Mariola sollte nach den Feiertagen in Pola bleiben und bei Tante Carla wohnen. Sie hatte es ihren Eltern abgerungen, in eine Ausbildung zur Krankenschwester einzuwilligen. Hernach wollte sie in einem Lazarett arbeiten. „Wenn wir uns um andere kümmern, dann kümmern wir uns doch auch um uns selbst", begründete

sie ihren Berufswunsch.
Hinter ihrem Rücken meinte ihre Mutter allerdings, dass sie die Ausbildung zur Krankenschwester durchaus befürworte, aber ob sie dann ihre Tochter in einem Lazarett knapp hinter der Front würde arbeiten lassen, das sei noch sehr dahingestellt.
Onkel Massimo meinte, dass diese jugendliche Begeisterung doch großartig sei. „Jugend ist überhaupt etwas Wunderbares, aber man sollte sie nicht ausschließlich den jungen Leuten überlassen", setzte er leise und ein bisschen wehmütig dazu.

Der Wind drehte ständig. Manchmal schien er von allen Seiten gleichzeitig zu blasen. Alles war so grau, dass man durch die Fenster außer den umherwirbelnden Schneeflocken nichts mehr erkennen konnte. Es war nicht daran zu denken, das Haus zu verlassen.
Das Dorf in den Dolomiten war evakuiert und das Schulhaus zum Lazarett geworden. In der warmen Stube eines nahe gelegenen Hauses warfen sich einige Krankenschwestern ihre Pelerinen um, um sich durch den Sturm zur Schule zu kämpfen.
Um acht Uhr abends traten die Nachtschwestern ihren Dienst an. Unter ihnen war auch eine sehr junge Nonne. Bei der Dienstübernahme sagte ihr ihre Vorgängerin, eine hagere, ältere Frau, dass der Zugsführer auf Zimmer 3 die Nacht nicht überleben werde. Er hatte beide Beine verloren. Man habe ihm Morphium gespritzt und nun dämmere er fast schmerzfrei vor sich hin. Zwischendurch hätte er aber immer wieder ganz klare Momente.
Als die Nachtschwester ihren ersten Rundgang in Zimmer 3 beendete, sah sie den jungen Mann regungslos im Bett liegen.
„Schwester, ich hab' solchen Durst", klagte er leise.
Die Schwester ging aus dem Zimmer und kam mit einem großen Krug Limonade zurück. Sie schenkte ein Glas randvoll und hielt es dem jungen Soldaten an die Lippen. Er trank mit hastigen Zügen und sagte dann: „So was Gutes hab' ich erst einmal vorher in meinem Leben getrunken".
Er schaute die junge Klosterfrau lange an und meinte dann: „Du bist doch die Christl vom Pruggerwirt! Wie kommst denn du da her? Kannst dich noch an mich erinnern? Ich bin der Gatterer Much. Weißt noch, wie ich dir im Obstgarten die Blus'n hab aufknöpfeln wollen und dei Muatta is daherkommen?"
Er schaut sie erwartungsvoll an.
Beruhigend streicht ihm die junge Frau über den Kopf: „Na freilich kann ich mich erinnern, Much. Ich hab' dich auch gleich erkannt. Ich erinner' mich daran, als ob es erst gestern g'wes'n wär'."
Sie setzt sich an den Bettenrand und nimmt den Fiebernden in die Arme.
„So is aber wirklich guat", stöhnt der.

Da sitzt sie nun, den Sterbenden in den Armen und will ihn seinen letzten Traum träumen lassen. Der junge Mann liegt mit geschlossenen Augen da. Er scheint fast ein bisschen zu lächeln.
Dann schlägt er unvermittelt die Augen auf und schaut die junge Frau lange unverwandt an.
„Danke", sagt er mit matter Stimme, „danke für diese letzte Stunde. Ich weiß nicht, wer Sie sind, Schwester, aber sie waren die Christl für mich. Bitte holen Sie jetzt den geistlichen Herrn. Es ist jetzt so weit, dass ich ihn brauche."
Lächelnd hob er seine Hand wie zu einem letzten Gruß.
Um vier Uhr morgens in der Christnacht 1915 hörte das Herz des Zugsführers Michael Gatterer auf zu schlagen.

1916

Am 20. Jänner 1916 starb in der k.u.k. Militärstrafanstalt Theresienstadt in Böhmen Nedelko Cabrinovic an Lungentuberkulose.
Er war am 28. 10. 1914 wie Gavrilo Princip und Trifko Grabez zu 20 Jahren schweren Kerker, verschärft durch einen Fasttag monatlich und durch hartes Lager in einer Einzeldunkelzelle am 28.6. jeden Jahres verurteilt worden. Da keiner dieser drei Angeklagten „bei der Ausführung der Tat das 20. Lebensjahr vollendet" hatte, durften sie nach dem Gesetz nicht zum Tod verurteilt werden. Am 2. Dezember 1914 hatte das Präsidium des Kreisgerichts Sarajewo dem k.u.k. Kriegsministerium in Wien gemeldet, die drei Hauptschuldigen seien „am heutigen Tag an die k.u.k. Militärstrafanstalt in Theresienstadt abstrahiert worden".

Am 23. Jänner kapitulierte Montenegro bedingungslos. Als man dem Kaiser meldete, König Nikolaus sei zur Flucht gezwungen worden, war die Freude des obersten Kriegsherrn nicht sonderlich groß. „Der König von Montenegro ist ein alter Mann. So wie ich", soll der Kaiser gesagt haben, als man ihm vom Ende Montenegros berichtete. Nach kurzem Nachdenken schloss der Monarch: „Das Brot der Verbannung wird ihm ein hartes werden."
Dem geflohenen König reichte man dieses Brot aber schließlich im mondänen französischen Seebad Antibes mit ausgesuchter Höflichkeit und in frischer vorzüglicher Qualität.

Seit Tagen nieselte es und der Major hätte nicht das deutliche Geflüster des feinen Regens am Blattwerk der Bäume zu hören gebraucht. Er spürte die Nässe und die Kälte in seinen Knochen. Er wartete auf das Bataillon, das seines ablösen sollte. Es waren Bosniaken.
Nun konnte er sie schon hören. Das Bataillon marschierte. Der Marschtritt, von

Trommeln begleitet, ließ die Erde zittern. Dann sah er sie. Die Soldaten waren vierschrötig, verschwitzt und rochen nach Militärsocken und feuchtem Kommissbrot. Sie trugen ihre Tornister. Die Feldflaschen und die Spaten hingen am Leibriemen. Die Bajonette schimmerten matt von den Gewehren. Die Soldaten wirkten gleichmütig, hart und gehorsam.
Am Tag darauf hörte der Regen auf und der Major marschierte mit dem, was einmal sein Bataillon gewesen war, an seinem Oberst vorbei. Der stand in seiner schlichten, feldgrauen Uniform auf den Stufen vor dem kleinen Rathaus. Er schaute in die müden, ausgemergelten Gesichter. Grüßend hob er die Hand an die Mütze.
„Können Kriege mit solchen Resten wirklich gewonnen werden?", fragte er sich.

Gordana hatte die Post wie üblich auf Maries Schreibtisch gelegt. Voll Freude sah diese, dass gleich obenauf ein Brief mit Ernsts unverkennbarer Handschrift lag. Sie öffnete ihn und begann zu lesen.

Liebes Schwesterherz, meine liebe Marie!
Lass mich Dir von ganzem Herzen für das Familienfoto danken, das mich mit einiger Verspätung und auch nach einigen, von der Feldpost verschuldeten Umwegen erreicht hat. Du schaust geradezu umwerfend aus und der kleine Karl, den Du im Arm hältst, ist Dir wie aus dem Gesicht geschnitten. Paride sieht so gut und liebenswürdig aus wie immer. Ich glaube, dass er noch schlanker geworden ist. Der kleine Johannes wirkt auf mich ungemein pfiffig. Mit dem werdet Ihr beide und werden wir alle noch viel Spaß und Freude haben.
Ich schreibe Dir diesen Brief aus Wien, wo ich dienstlich zu tun habe. Mama und Papa sind gekommen, um mich zu sehen und Mama, die Gute, hat mir einen Riesenkorb mit Verpflegung mitgebracht. Sie schickt mir auch immer Päckchen ins Feld nach. Wir teilen dort im Kameradenkreis alles auf und gehen mit diesen Köstlichkeiten sehr sorgfältig um. So bessern wir uns die miese Menage auf. Da wir aus allen Gegenden der Monarchie kommen, gibt es auch deren Vielfalt in den Verpflegszubußen von zu Hause. Die Weihnachtsbäckereien sind allerdings zum größten Teil nur mehr als Brösel angekommen.
Als Chef habe ich einen völlig verknöcherten Ministerialbeamten, der sich zum Oberst in der Reserve hochgedient hat. Er hält sich für ein militärisches Genie. In Wirklichkeit ist er fachlich nur durchschnittlich veranlagt und von dem, was heute vom Militär und vom Eisenbahntransportwesen verlangt wird, hat er keinen Tau. Er wartet täglich auf einen Orden. Zu dem ist er allerdings nie eingegeben worden, wie wir auf den „inoffiziellen" Dienstweg in Erfahrung gebracht haben. Wien hat sich sehr verändert. Kaffee wird in den Kaffeehäusern nur mehr zu bestimmten Zeiten serviert. Aus dem Kaffeehaus wurde das „Kaffee aus". Auch der

Bierausschank wurde auf einen halben Liter pro Person beschränkt, was starke Proteste hervorgerufen hat. Wie hätte ich denn unter diesen Verhältnissen meinem Studium nachgehen können?

Spaß beiseite, es gibt fleisch- und fettlose Tage. Diese Maßnahmen sind zum Teil noch zu wenig abgesprochen und daher eher chaotisch. Sie führen keineswegs dazu, dass sich alle einschränken, sondern verschärfen viel mehr die sozialen Unterschiede. Jeder ist auf sich allein gestellt und lebt so, wie er es sich – auf gut österreichisch – eben richten kann. Während man in manchen Gebieten, vor allem in den Städten, schon dann und wann den Hunger spürt, kann man am Land noch recht gut leben. Die Forderung nach einer „Normalspeisekarte" mit einer geringen Anzahl von Gerichten geht natürlich völlig ins Leere, weil die besseren Gasthäuser in der Zeitung mit einer Vielzahl von Speisen werben, die sie trotz fleisch- und fettloser Tage anbieten können. Das kommt bei der breiten Masse aus sehr verständlichen Gründen wirklich nicht gut an.

Mama und Papa geht es gut. Mama ist natürlich ständig in Sorge, dass Paride oder mir was zustößt. Sie bemüht sich aber, es nicht merken zu lassen. Zu Hause hat sie genug zu tun. Gott sei Dank ist unser Herr Seethaler nicht zu den Waffen „geeilt" worden.

Papa verliert, auf den Krieg angesprochen, seine angeborene Liebenswürdigkeit und reagiert zuweilen ziemlich bitter. Von den soldatischen Fähigkeiten einiger Mitglieder des Kaiserhauses hält er herzlich wenig. So hat er unüberhörbar verkündet, dass man, wenn jemand faul, unbegabt oder überhaupt ein Kretin ist, das auch ohne Ansehen der Person sagen dürfen muss.

Marie, ich kann Dir sehr gut nachfühlen, dass Du in ständiger Sorge um Deinen Mann lebst. Du lässt dir das nicht anmerken, weil Du ihm das Herz nicht noch schwerer machen willst. Ich glaube ihn aber so gut zu kennen, dass er weiß, wie es Dir geht und sich daher schon Deinetwegen und wegen der Kinder sorgt. Du musst wissen, dass er keine unnötigen Risiken eingehen wird. Er ist ein tapferer, aber auch umsichtiger junger Offizier. Er weiß, dass er seiner Familie und seinem Land nur dann nützt, wenn er lebt. Männer wie ihn werden wir nach dem Krieg ganz besonders nötig haben.

In erster Linie aber wird er immer dir gehören.

Gib Deinen beiden Söhnen einen Kuss von mir und grüße bitte alle Pollinis, die ich kenne, herzlich. Ganz besonders natürlich Paride.

Du aber sein umarmt und ans Herz gedrückt von
Deinem Bruder

Das Deutsche Reich war bei vielen Lebensmitteln weitgehend autark gewesen und Österreich-Ungarn exportierte sie sogar. Der Krieg hatte die Verhältnisse aber sehr schnell geändert. Der Landwirtschaft wurden Arbeitskräfte und Pferde ent-

zogen. Das konnte man mit Kriegsgefangenen nicht ausgleichen. Auf den Feldern arbeiteten jetzt die Frauen, die Kühe vor die Pflüge und Wagen spannen mussten. Die chemische Industrie erzeugte keinen Dünger mehr, sondern kriegswichtige Produkte wie Sprengstoffe oder Kampfgas. Die Lebensmittelproduktion ging dramatisch zurück. Gleichzeitig zogen die Alliierten den Blockadering immer enger. Die deutschen und österreichischen Häfen wurden von feindlichen Kriegsschiffen blockiert und auf die wenigen neutralen Länder wurde Druck ausgeübt, die Lieferung kriegswichtiger Güter nach Deutschland und Österreich-Ungarn einzuschränken. Dazu zählten auch Lebensmittel.
Der Hunger wurde zur Waffe.

+

Wie erbittert dieser Krieg geführt wurde, zeigte die Dolomitenfront. Seit Kriegsbeginn waren 12 italienische Infanteriekompanien und 14 Alpinikompanien immer wieder vergeblich gegen die österreichische Verteidigung am Col di Lana angerannt. Dieser Berg, 2462 Meter hoch, lag auf österreichischem Boden und sperrt nicht nur das Gadertal und damit den Zutritt zum Pustertal, sondern auch den Übergang über das Grödnerjoch und damit den Zutritt zum Grödner- und zum Eisacktal.
Trotz übermenschlicher Anstrengungen war über die Steilhänge hinweg kein Erfolg zu erringen. Die Verluste waren so hoch, dass die Italiener den Berg nun Col di Sangue, Blutberg, nannten. Nach dem Wintereinbruch verloren sie hier allein durch Lawinen 278 Mann und hatten 97 Verwundete. 63 Mann blieben vermisst. Leutnant Caetani, ein Pionieroffizier, wurde mit der Ausarbeitung eines Planes zur Unterminierung des Gipfels beauftragt.
Im Dezember 1915 begannen die Arbeiten. Um Bohrgeräusche zu vermeiden und das Vorhaben so nicht vorzeitig zu verraten, wurde auf Bohrmaschinen verzichtet. Jeweils nur zwei Mann schufteten in dem engen Stollen mit Handbohrmaschine, Meißel und Schlägel. Mitte März wurden die Geräusche auch für die Besatzung immer deutlicher. Tag und Nacht hörten sie nun das Bohren und die Sprengschüsse.
Die Österreicher begannen aus einer Gipfelkaverne heraus die Arbeiten an einem Gegenstollen. Am 12. April 1916 war der italienische Stollen fertig. Er war 52 Meter lang. Mit allen Abzweigungen erreichte er sogar eine Länge von 105 Me-

tern. In der Nacht vom 15. auf den 16. April wurden die beiden Minenkammern mit 5000 Kilogramm Nitrogelatine, je 100 Rollen Schießbaumwolle und je 100 Sprengkapseln geladen und die Kabel für die elektrische Zündung verlegt. Die Minenkammern wurden mit Sandsäcken und Eisenträgern verdämmt.
In der folgenden Nacht wurde die Besatzung am Gipfel des Col di Lana von der Kompanie des Oberleutnant Anton von Tschurtschenthaler des 2. Tiroler Kaiserjägerregiment abgelöst. Die Männer waren in der Gewissheit aufgestiegen, dass die Sprengung des Gipfels unmittelbar bevorstand. Seit dem Abend des 14. April waren keine Bohrgeräusche mehr zu hören. Das Laden, so schätzten die Kaiserjäger, würde gut 48 Stunden dauern. Jeden Augenblick, das wussten die Soldaten, konnte unter ihnen der Fels beben und sie alle verschlingen.
Von der Division kam der Befehl, den Col di Lana unter allen Umständen zu halten.
Von den italienisch besetzten Gipfeln schossen seit drei Tagen 140 Geschütze auf den kleinen Gipfel. Um 22 Uhr 30 meldete ein Unteroffizier aus der vordersten Stellung: „Die Italiener kriechen vor!" Die Fernmeldeverbindung zwischen dem Col di Lana und dem Bataillonsgefechtsstand war wieder hergestellt worden. Tschurtschenthaler meldete: „Jetzt wird es ernst!". Seine Soldaten hatten die Alarmstellung besetzt. Auf einmal blendeten zahlreiche Scheinwerfer auf. Der Oberleutnant ließ die halbe Kompanie in die Kaverne zurückgehen, zwei Züge blieben in ihren Stellungen.
Es war 23 Uhr 30 als Leutnant Caetani am 17. April die Sprengung auslöste. Der Berg öffnete sich und Feuer schoss in den schwarzen Nachthimmel. Tausende Tonnen Fels wirbelten durch die Luft, dazwischen zerfetzte Soldaten der Grabenbesatzung. In der großen Kaverne flogen die Kaiserjäger durcheinander. Felsbrocken versperrten den Ausgang. Das Trommelfeuer der Italiener setzte wieder ein. Sturmtruppen griffen an. Der linke Flügel der Kaiserjäger, von der Sprengung verschont geblieben, kämpfte verzweifelt bis er überrannt wurde.
Die Eingeschlossenen kapitulierten. Rund 200 Mann waren der Sprengung, dem Artilleriefeuer und dem nachfolgenden Kampf zum Opfer gefallen. Der Rest ging in Gefangenschaft. Nur ein Kaiserjäger entging Tod oder Gefangenschaft. Die Sprengung hatte ihn in die Luft geschleudert, dann war er in den metertiefen Schnee der Siefschlucht gestürzt. Schwer verwundet kroch er zwei Tage durch den Schnee. Endlich erreichte er eine österreichische Stellung. Er konnte nichts von dem, was sich am Col di Lana ereignet hatte, berichten. Das Unvorstellbare und der Schock hatten ihm die Sprache geraubt.

+

Aus der Tiefe des Kaffeehauses, durch das der Rauch von Zigaretten und Zigarren schwebte, winkte Massimo seinem Vetter Ettore zu. Er gab im Hingehen beim Ober seine Bestellung auf und setzte sich zu Massimo an den runden Marmortisch.

„Man hat mir in deiner Kanzlei gesagt, dass du ins Kaffeehaus gegangen bist", meinte Ettore lächelnd. „Hat der Krieg die Streitlust der Triestiner schon so eingedämmt, dass die Advokaten nichts mehr zu tun haben?"

„Ich habe es mir auch im tiefsten Frieden nicht nehmen lassen einen Teil meiner Zeit im Kaffeehaus zu verbringen. Jetzt lese ich hier eher noch mehr Zeitungen, denn der Kaffee ist nicht mehr so besonders. Was führt denn dich in die Stadt?"

„Ich bin in der glücklichen Lage meine alten Kunden noch beliefern zu können. Ich erfülle meine Ablieferungsquoten an die Behörden pünktlich und genau, aber wir haben eine gute Ernte eingebracht. Wenn du was brauchst, lass es mich bitte wissen."

Massimo lächelte: „Danke, das ist lieb von dir. Du hast mich aber mit der letzten Lieferung so gut eingedeckt, dass ich noch Reserven habe. Meine Haushälterin ist schon immer eine Sparmeisterin und sehr resolut gewesen, was mir jetzt sehr zugute kommt. Dazu bin ich ein relativ schwacher Esser und Wein gibt es ja noch. Gott sei Dank, denn das eine oder das andere Glas Rotwein ist Medizin für einen alten Knaben wie mich. Was gibt es in Parenzo Neues?"

„Meiner Frau, die dich herzlich grüßen lässt, geht es gut. Statt um ihre Blumen kümmert sie sich jetzt um ihr Gemüse. Das trifft sie hart; du weißt, wie sie an ihren Blumen gehangen ist. Mariola macht die Ausbildung Spaß und Carla sagt, dass sie sehr ernsthaft arbeitet. Die beiden kommen gut miteinander aus.

In der Stadt selbst mehren sich die Anzeichen dafür, dass wir eine Seeflugstation bekommen werden. Die Rede ist ja schon lang davon, aber nun befasst sich die Gemeinde ernsthaft damit. Man weiß zwar noch nicht, was kommen soll und wohin es kommen soll, aber manche Mandatare hören das Gras wachsen. Sie regen sich auf und sind auf jeden Fall dagegen. Wenn es ihnen tatsächlich um unseren Dom geht, der durch Beschuss Schaden nehmen könnte, dann verstehe ich die Bedenken und teile sie auch. Man wird das genau hinterfragen müssen. Ich kann mir allerdings eine militärische Einrichtung so nahe am Stadtzentrum nicht vorstellen."

Massimo nahm einen Schluck aus seinem Wasserglas.

„Mir hat ein schlimmes Schicksal die Gabe zugeteilt, vieles vorauszusehen. Was jetzt über uns hereinzubrechen droht, spüre ich seit Jahren. Die, die mit Illusionen und Träumen gesegnet sind, haben es da gut.

Man hat den Krieg begonnen, weil man den Serben eine Lektion erteilen wollte. Aber die haben viel besser gekämpft und sich mehr gewehrt, als man das in Wien erwartet hat. Vermutlich hat man Serbien einfach unterschätzt. Ohne deutsche Hilfe wäre man sehr dumm da gestanden. Die Serben haben sich mit 150.000

Mann und einigen Tausend Gefangenen zum Großteil nach Korfu abgesetzt und in Sicherheit gebracht. Dort werden sie das Ende des Krieges abwarten, von dem noch niemand weiß, wie er ausgehen wird.
Noch schwieriger war es im Osten. Kaum Eisenbahnlinien, dafür aber weite dünn besiedelte Räume, in denen sich die Armeen mit ihrer Kavallerie gegenseitig direkt suchen mussten. Wir sind in Galizien in einen nicht überschaubaren Konflikt hineingeraten. Lemberg ist verloren, nur mit deutscher Unterstützung konnte auch hier die Front stabilisiert werden. Die ständigen Kämpfe mit dem zahlenmäßig weit überlegenen Russen haben unsere Armee aufgerieben. Im vergangenen Jahr ist Przemysl gefallen."
Ettore nickte zustimmend und ergänzte: „Nur um im Westen endlich freie Hand zu bekommen, haben sich die Deutschen auf Russland konzentriert und sogar ihr Hauptquartier nach Osten verlegt. Die Russen haben Galizien aufgeben müssen und dazu auch den größten Teil Polens. Ein Gebiet so groß wie Frankreich. Erst im September haben sich die Russen wieder einigermaßen fangen können."
„Wir müssen den Deutschen an sich dankbar sein", meinte Massimo, „aber ich kann sie einfach nicht ausstehen. Ich geb´ das ganz offen zu, weil ich einfach nicht aus meiner Haut kann. Wir sind so ganz anders als sie. Triest oder Agram haben doch mit Wien oder Prag viel mehr gemeinsam als Salzburg mit Weimar oder Graz mit Görlitz."
Leise fügte Massimo hinzu: „Ich verstehe nicht viel vom Militär. Ich habe aber meine Zweifel, ob dieser Krieg überhaupt noch zu gewinnen ist. Aber wie sollen die Politiker heute vor ihre Völker hintreten und ihnen sagen, dass dieses Massensterben gänzlich umsonst gewesen ist, dass alles sinnlos war? Dass man möglichst schnell einen Kompromiss finden und Frieden schließen muss? Dem werden sich aber die Generalstäbe da wie dort widersetzen und sie werden mit den Politikern ein leichtes Spiel haben. Da wie dort lenken heute Leute mit dem Niveau drittklassiger Provinzadvokaten und Krämerseelen das Geschehen, der Schrift und der Sprache kaum mächtig und dem Wesentlichen abhold."
Trocken brachte es Ettore Pollini auf den Punkt: „Das Elend beherrscht das Feld."
Etwa zur gleichen Zeit traf Dr. Kick, der in einer dienstlichen Angelegenheit nach Bozen gefahren war, dort am Bahnhof zu seiner Überraschung seinen Studienfreund Dr. Adler.
„Ja, Adler, was machst denn du da in Bozen?", rief Kick erfreut.
„Ich habe eine Urlaubsvertretung im Reservespital gemacht", antwortete Adler, der die Uniform eines Stabsarztes trug. „Hast du noch Zeit auf ein Glas Wein bevor dein Zug fährt?", fragte der Arzt lächelnd.
„Aber ja! Setzen wir uns gleich dort an einen der Tische vor der Bahnhofsrestauration. Da kann ich meinen Bahnsteig im Auge behalten", meinte Kick. „Seit wann treibst du hier in Bozen dein Unwesen? Spaß beiseite, was tust du wirk-

lich?"
„Wenn du mich so fragst, dann muss ich gestehen, dass ich versuche die armen Teufel, die man zu uns bringt, nicht nur zusammen zu flicken. Ich schaue vor allem, dass man sie nicht gleich wieder an die Front schickt. Ich verschaffe ihnen Urlaub, damit sie nach Hause fahren und sich dort ein bisschen erholen können. Sie sollen wieder in einem Bett schlafen und an einem Tisch essen können und nicht aus einem Kochgeschirr, das sie zwischen den Knien halten, kalte Suppe oder lauwarmen Eintopf löffeln. Bei den Bauernburschen geht das ja ganz gut, bei denen, die aus der Stadt kommen schon weniger. Die kann man dort nicht mehr so gut aufpäppeln, aber das Zusammensein mit der Familie ist auch sehr viel wert."
„Ich freu mich wirklich, dass wir uns nach all den Jahren auf einmal hier getroffen haben. Wien und Salzburg liegen doch nicht so weit auseinander und dennoch verliert man die alten Freunde im Laufe der Jahre aus den Augen. So ist der Krieg doch auch zu was gut", schmunzelte Kick. „Wie wird es denn bei dir weitergehen?"
„Ich geh´ wieder an die Front. Ich habe hier nur ausgeholfen, damit ein Kamerad endlich einmal auf Urlaub gehen konnte. Ich gehöre aber einfach dorthin, wo sie dir die Verwundeten auf behelfsmäßigen Tragen oder alten Türen heranbringen, wo sie auf Bänken liegen und nach Wasser und ärztlicher Hilfe stöhnen, wo dich Augen voll Angst und Zweifel anschauen. Ich will dort sein, wo der jüdische Regimentsarzt einfach zu sein hat."
„Fritz, meine Frage mag gerade jetzt weit hergeholt erscheinen. Du bist ein so überzeugter Österreicher und bist dabei auch immer zu deiner jüdischen Herkunft gestanden. Was denkst du da über Theodor Herzls Anliegen, den eigenen Judenstaat?"
Adler griff in die Tasche seines Uniformrocks und holte eine kalte, halbgerauchte Zigarre heraus. Er zündete sie umständlich an und antwortete dann: „Gute Zigarren bekommt man heutzutage nur mehr selten. Mit denen muss man haushalten und sie für besondere Gelegenheiten aufheben. So eine ist das Wiedersehen mit dir. Dabei stellst du mir gleich wieder eine deiner schweren Fragen. Ich halte den Zionismus und den Judenstaat nicht für die beste Lösung, aber für eine besonders gute Entwicklung innerhalb des Judentums. Sie trägt nämlich sicherlich sehr viel zur Erneuerung des Selbstbewusstseins bei. Und das halte ich für außerordentlich wichtig. Ich persönlich möchte aber nicht, dass sich das Judentum aus seiner Universalität und Übernationalität löst und sich ganz in Palästina festkrallt."
Er machte eine Pause und zog genussvoll an seiner Zigarre.
„Innerhalb des Judentums gab es immer schon zwei Parteien. Die eine sieht das ganze Heil im Tempel. Die andere sagte bei der Belagerung Jerusalems, dass bei Zerstörung des Tempels eben die ganze Welt zum Tempel würde. So bin ich ein treuer Diener meines Kaisers, ein Wiener, ein Jude, im Krieg ein Militärarzt und

derzeit sind eben die Dolomiten mein Tempel."
Leutnant Kick stand auf, griff in die Hosentasche und legte einen Geldschein auf den Tisch. „Mein Zug ist gerade eingefahren."
Er trat auf Adler zu, umarmte ihn und sagte: „Fritz, pass gut auf dich auf. Männer wie dich hat es nie viele gegeben und jetzt werden sie schon wirklich rar. Aber nach dem Krieg, wie der auch ausgehen mag, wird man sie ganz besonders brauchen."
„Der Gott, der über uns alle wacht, schütze dich", sagte Dr. Adler ernst.

+

Ganz in der Nähe des strategisch wichtigen Parenzo hatte man schon einen Flugstützpunkt errichtet, der nun zur Seeflugstation ausgebaut werden sollte. Der Hangar wurde hinter einem kleinen Waldstück errichtet und konnte vom Meer her nicht eingesehen werden. Der Stützpunkt und die spätere Station sollten Istrien und den Seeweg von Triest nach Pola sichern. Aus diesem Grund sollte diese militärische Einrichtung immer wieder das Ziel italienischer Angriffe werden. Durch Bombenangriffe war die berühmte Basilika tatsächlich gefährdet, außerdem befand sich der Stützpunkt auf einem Gelände, das wertvolle archäologische Ausgrabungen erwarten ließ.
Zum Kommandanten wurde Linienschiffsleutnant Stephan Drakulic bestellt, dem als weitere Aufgaben die Abwehr im eigenen Bereich und die Unterstützung von Bombenangriffen der Seeflugstation Pola vorgegeben wurden.
Das Arsenal an Bomben war seit Kriegsbeginn beträchtlich angewachsen. Gegen U-Boote wurden 4.5 kg Carbonitbomben, 20 kg Bomben und 50 kg Bomben, beide mit Verzögerungszündern, eingesetzt. Der Zünder dieser Bomben konnte auf eine Wassertiefe bis 40 Meter eingestellt werden. Dazu kamen 20, 50 und 150kg Durchschlagsbomben sowie Brandbomben. Bei einem Angriff am 9. April wurde die 150 kg Durchschlagsbombe erstmals gegen die Werft und Flugzeughallen nördlich von Grado eingesetzt.

„Wo hast du denn das schon wieder her?", fragte Paride seine Frau überrascht, als sie ihn auf die Seeflugstation Parenzo ansprach.
„Mein lieber Schatz, im Grund genommen verbreiten sich Nachrichten hier in Pola genau so schnell wie in einem kleinen Dorf und geheim bleibt überhaupt nichts", lachte Marie verschmitzt. „Ich kenne dich vermutlich besser als du dich selbst und deshalb bin ich mir sicher, dass du unbedingt nach Parenzo willst und nur nicht weißt, wie du mir das beibringen sollst. Schau nicht so verzweifelt, es ist nun einmal so. Du bist nicht sehr schwer zu durchschauen. Auch das mag ich an dir!"

Paride zuckte resignierend mit den Achseln. Marie trat auf ihn zu und legte ihre Arme um ihn. „Wenn du nach Parenzo gehst und das wirst du ganz bestimmt tun, dann komme ich mit. Ich bleibe nicht mit den Kindern allein in Pola zurück. Würdest du anderswo hin müssen, könnte ich daran nichts ändern und müsste mich damit abfinden. Wie viele andere Soldatenfrauen es auch tun müssen. Aber in Parenzo sind wir viel mehr zu Hause als in Pola."
Paride drückte seine Frau an sich. „Gut, damit ist das also entschieden. Meine Eltern werden sich freuen, wenn sie ihre Enkel immer um sich haben."
„Es hat keine Verschwörung hinter deinem Rücken gegeben, aber mit deinen Eltern habe ich auch schon gesprochen. Denen war es auch klar, dass du nach Parenzo gehst. Mirna kommt übrigens mit, Gordana bleibt schweren Herzens hier. Sie wird zu Hause gebraucht und hätte uns auf jeden Fall verlassen."

Die Nacht war warm und ein riesiger orangefarbener Mond war aus dem Meer emporgestiegen. Marie lag eng an Paride geschmiegt. „Ich mag das so, wenn ich deine Haut von oben bis unten fühle und deine ganze Wärme noch in mir ist. Wenn du auch nicht sehr oft zu Hause schlafen kannst, so möchte ich doch keine Stunde mit dir versäumen. Nicht da in Pola und auch nicht, wenn wir in Parenzo sein werden."
Paride küsste sie zärtlich. „Du denkst jetzt an unsere Bucht", sagte er und lächelte in der Dunkelheit.

In der 6. Isonzoschlacht nahmen die Italiener am 4. Juni Görz ein. Am Monte Sabotino nahe der Stadt standen 14 italienische Bataillone gegen ein österreichisch-ungarisches. Am Isonzo kam der Angriff aber zum Stehen.
Vom Frühjahr 1915 an versuchten die besten Truppen der königlich-italienischen Armee die Front der Kaiserlichen am Isonzo zu durchbrechen – Triest zu erobern, womöglich ins Laibacher Feld vorzustoßen und sich dort mit einer erwarteten siegreichen serbischen Armee zu vereinigen. Am Isonzo widerstanden die Truppen des Vielvölkerstaates, des sogenannten Kranken Manns an der Donau, den Aggressionen eines aufstrebenden, ehrgeizigen und modernen Nationalstaates. Meist waren die Kaiserlichen in der Unterzahl. Die Front am Isonzo war jedenfalls nur eine der Fronten, an denen sich die Monarchie verteidigen musste.
Immer wieder rannten die Italiener hier gegen die österreichischen Stellungen an, ohne einen entscheidenden Erfolg zu erzielen. Die von der Artillerie geschaffene Kraterlandschaft des Niemandslandes zerstörte schnell jede Ordnung. Männer stolperten, rutschten aus, stürzten zu Boden. Die Linien rissen auseinander, der Anschluss ging verloren. Manche blieben einfach liegen. Die Gefahr im Krieg wird Geräuschen entnommen. Wenn etwas zu sehen ist, ist nichts mehr zu machen. Geschoße sind nicht sichtbar, aber man spürt sie auf sich zufliegen. Der

Mensch horcht ins Leere, was kommt. Die Männer ertragen den Gestank der Verwesenden, die vor ihnen angegriffen haben und liegen geblieben sind. Maschinengewehre bestreichen das Gelände vor den Angreifern. Die Getroffenen spüren anfangs kaum einen Schmerz. Offiziere versuchen die Männer vorwärts zu bringen. Keiner will allein sein, nur seine Gruppe, sein Zug bietet noch ein Gefühl der Sicherheit. Jetzt sind sie am Drahtverhau. Sie verfangen sich im Stolperdraht, taumeln, stürzen. Das Feuer der Österreicher ist vernichtend. Nur eine Handvoll Männer erreicht wirklich den Drahtverhau. Sie werfen Handgranaten und feuern aus ihren Gewehren. Einige springen in den feindlichen Graben. Sie stoßen mit dem Bajonett zu. Die meisten Offiziere sind gefallen. Die Verbindung ist nicht mehr zu halten. Die zweite Welle erleidet ein ähnliches Schicksal wie die erste. Ehe die dritte zum Einsatz kommt, wird der Angriff abgebrochen.

In der Seekriegsführung belauerte man sich und versuchte starke feindliche Kräfte zu binden. Dabei war man aber selbst nicht stark genug, um über das offene Meer hin anzugreifen. Daher tauchten dann und wann Kriegsschiffe vor der feindlichen Küste auf, feuerten ein paar Salven und drehten wieder ab. Diese Aktionen dienten vor allem dazu, Flagge zu zeigen und die Bevölkerung zu demoralisieren. Oft war die Wirkung aber gegenteilig. So waren die Italiener in Istrien auf die königlich italienische Marine keineswegs gut zu sprechen.
Um die, den Italienern nicht bekannte Lage, der neuen Seeflugstation auszumachen, erschienen in den frühen Morgenstunden des 12. Juni italienische Zerstörer vor Parenzo. Unmittelbar darauf stiegen zwei Marineflieger auf und griffen die Italiener mit Bomben und Maschinengewehren an. Beide Flugzeuge gerieten in heftiges Abwehrfeuer. Fregattenleutnant von Großschmidt startete nach einer kurzen Reparaturpause erneut, sichtete die abfahrenden Zerstörer bei Salvore und bombardierte sie. Auf dem Zerstörer „Zeffiro" waren fünf gefallene und elf verwundete Seeleute zu beklagen.
Im Juli beschossen drei italienische Zerstörer Parenzo aus großer Entfernung. Sie beschädigten zwei Privathäuser und den Turm des Landtagsgebäudes. Im Gegenzug bombardierten die Seeflieger am Nachmittag Ravenna.
„Mama hat geschrieben", antwortete Marie auf Parides Frage, ob sich in seiner Abwesenheit etwas Besonderes ereignet hätte.
„Und – gibt es Neuigkeiten?"
„Der Brief liegt auf dem Schreibtisch, wenn er dich interessiert. An sich geht alles seinen gewohnten Gang. Das Haus wird neu gedeckt. Es gibt im Ort ein paar alte Männer, die sich auf das Dachdecken und das Schneiden von Lärchenschindeln verstehen. Papa lässt das jetzt machen, weil genug trockenes Holz da ist und die Leute froh sind, wenn sie sich was dazu verdienen können. Das Dach ist dann für viele Jahre wieder in Ordnung. Du weißt ja, dass Papa ein kühler Rechner ist. So

meint er jetzt, dass alles in Zukunft nur teurer werden kann."
Die Übersiedlung nach Parenzo hatte Marie in die Hand genommen. Alles, was aus Pola mitgehen sollte, war auf dem Landweg transportiert worden. Parides Eltern hatten sich wirklich gefreut, dass wieder mehr Leben ins Haus kommen sollte. Nachdem der Wirbelwind Mariola zumindest vorübergehend ausgezogen war, war es recht still geworden. Jetzt ging Johannes auf Entdeckungsreisen durch Haus und Park, wobei ihn seine Großmutter keinen Augenblick unbeaufsichtigt ließ. Die Frage, ob die junge Familie im Stadthaus oder im Schloss wohnen sollte, hatte sich nicht gestellt, da die Stadt doch dann und wann als Ziel für die italienische Marine herhalten musste. Das Schloss aber lag außerhalb der Reichweite der Schiffsartillerie und konnte auch vom Meer her nicht eingesehen werden.

Es war einer dieser weiten, sonnenüberfluteten, gläsernen Tage, wie sie für die obere Adria so typisch sind. Die Seeflieger flogen von Parenzo aus einen Angriff in Richtung Portogruaro. Paride war am Stützpunkt geblieben, um diesen und die Stadt gegebenenfalls zu schützen. Sein Flugzeug wartete aufgetankt und aufmunitioniert.
Paride saß im Schatten eines Feigenbaums. Er las in einem Brief, den ihm ein Jahrgangskamerad geschickt hatte. Der schrieb, dass er seit April mit einer Autokolonne am türkischen Kriegsschauplatz eingesetzt sei. Im Jänner waren zwei Gebirgshaubitzenbatterien nach Palästina in Marsch gesetzt worden. Im April entsandte das Kriegsministerium auf Bitte der Türken vier Autokolonnen zur Verstärkung des Nachschubs dorthin. Für die Entsendung seines Kameraden hatten hauptsächlich dessen ausgezeichnete Französischkenntnisse den Ausschlag gegeben, weil die als Verständigungsbasis im türkischen Raum unumgänglich notwendig waren. Lächelnd las er weiter, dass man für diesen Einsatz auch eine besondere moralische Festigung fordere, um den dauernden Beurteilungen und Beobachtungen durch Fremde standhalten zu können. „Da muss sich der lebenslustige Lixl ja sehr geändert haben, denn sonst hat er wohl seine liebe Not damit", schmunzelte Paride.
Als ein aufgeregter Maat zwei Capronibomber im Anflug meldete, steckte Paride den Brief in die Tasche und hastete zu seinem Flugzeug. Er startete und stieg auf 2500 Meter. Aufmerksam suchte er den Luftraum nach dem Feind ab. Bald hatte er die beiden Maschinen, die geringerer Höhe flogen, entdeckt. Paride vermutete aufgrund ihrer Flugrichtung, dass ihr Ziel die Hafenanlagen von Fiume und die dortige Torpedofabrik waren. Er setzte sich mit seiner Maschine unbemerkt hinter die beiden Italiener und folgte ihnen. Ihm war klar, dass er den Luftkampf noch über dem Landesinneren aufnehmen musste. Daher stieß er auf den etwas weiter rückwärts fliegenden Bomber nieder und eröffnete aus kurzer Entfernung das Feuer. Der völlig überraschte Pilot warf sofort seine Bomben ab und versuchte

im Sturzflug zu entkommen. Paride ließ sich nicht abschütteln und schoss noch einmal auf kürzeste Distanz. Dann zog er sein Flugzeug hoch. Er sah seinen Gegner mit einer dicken schwarzen Rauchfahne dem Boden entgegenstürzen und dort brennend aufschlagen.
Der zweite Bomberpilot hatte die Gefahr erkannt. Er machte kehrt und versuchte im Tiefflug Richtung Heimat zu entkommen. Paride griff wieder an und verschoss in mehreren Anflügen seine restliche Munition. Eine Rauchfahne hinter sich herziehend warf der Bomber seine Fracht über dem Meer ab. Paride machte kehrt und überflog dann die Absturzstelle des ersten Caproni. Er sah nur mehr ein loderndes Wrack, das die Bewohner eines nahe gelegenen Dorfes, von der Gendarmerie zurückgedrängt, umringten.

Hatten die erfahrenen Piloten bis dahin auch immer wieder in Pola als Ausbilder für den fliegerischen Nachwuchs Dienst gemacht, so kam das nun wegen der unerhörten dienstlichen Beanspruchung infolge der Kriegslage kaum noch in Frage. So gaben die alten Hasen ihre Erfahrung an die jungen Flieger auf den jeweiligen Seeflugstationen und durch ihr Vorbild im Einsatz weiter. Fast noch schwieriger als genügend Piloten zu schulen, war es, genügend Beobachter auszubilden, da diese Offiziere zu sein hatten. Die Beobachter wurden seit 1915 im Schießen mit dem Maschinengewehr, im Bombenwerfen, in Fototechnik, Telegrafie und Motortechnik geschult. Diese Kurse wurden während des ganzen Krieges in dieser Form durchgeführt, trotzdem wurde nie die erforderliche Zahl an Beobachtern erreicht.
Vom Kriegseintritt an standen Italien alle materiellen Mittel zum Ausbau seiner Luftwaffe und der Luftabwehr zur Verfügung. Die Alliierten lieferten Rohstoffe und Flugzeuge. Italien unternahm von allem Anfang an wirklich sehr große Anstrengungen, um die österreichisch-ungarische Luftüberlegenheit zu brechen und hatte dazu auch eine Reihe von Seeflugstationen eingerichtet.
1915 hatten die k.u.k. Seeflieger den Luftraum über der gesamten Adria beherrscht. Diese unverhoffte Tatsache veranlasste die Verantwortlichen leider dazu, den weiteren Ausbau der Marineluftwaffe zu vernachlässigen. Noch immer war man manchenorts vom baldigen Ende des Krieges überzeugt und der Aufbau einer strategischen Luftwaffe schien daher nicht notwendig zu sein.
Paride war nach Triest geflogen und von dort im Verband in den Raum Görz, um Nachschubverbindungen der Italiener zu bombardieren. Schon in Triest konnte man das dumpfe Grollen der Artillerie an der Isonzofront hören. Die italienische Luftabwehr war an diesem Tag, ganz gegen ihre Gewohnheit, schwach gewesen und so kehrte der Verband vollzählig nach Triest und Parenzo zurück.
Dort wartete zu Parides Überraschung unangesagt Marie auf ihn. Sie hatte, wie sie das manchmal tat, einspannen lassen und war zum Stützpunkt gefahren, um

Paride abzuholen. Der Nachmittag war sonnig und zu seinem Erstaunen schlug Marie nicht den Weg nach Hause ein. Sie ließ das Pferd tüchtig ausgreifen und fuhr durch einen Eichenwald, in den sich die eine oder die andere Zypresse gemischt hatte, das Meer entlang zu einer kleinen Bucht. Die Hitze war trocken und dann und wann regte sich für ein paar Augenblicke eine sanfte Brise. Sie verstärkte das Rauschen der Blätter in den Bäumen. Am Rand der Bucht verwitterten die Reste einer möglicherweise noch römischen Mauer und in einem Busch, der mit zartrosa Blüten übersät war, summten die Bienen. Marie brachte den Wagen unter den Bäumen zum Stehen, stieg ab und bremste ihn ein. Dann hängte sie mit flinken Bewegungen dem Pferd den Futtersack um. Zu Paride, der ihr erstaunt zusah, meinte sie nur: „Komm doch schon herunter! Wenn wir schon nicht segeln gehen können, weil man nie genau weiß, wann und wo die Italiener auftauchen, so gehen wir eben schwimmen. Nimm die Decke mit. Decke, ein großes Badetuch und die Jause findest du hinter der Rückenlehne."
Dabei stieg sie mit flinken Bewegungen aus ihrem Kleid und stand einen Augenblick später nackt in der Sonne. „Komm schon, komm", rief sie, während sie ins Wasser lief, „es ist einfach herrlich!"

+

Am 21. Oktober starb mit Trifko Grabez in der Militärstrafanstalt Theresienstadt ein weiterer verurteilter Hauptschuldiger des Attentats von Sarajewo an Tuberkulose.

Der greise Kaiser hatte ausnehmend gut geschlafen. Er war an diesem 21. November, wie üblich, sehr früh aufgestanden. Um acht Uhr meldete sich Obersthofmeister Fürst Montenuovo und ersuchte den Monarchen, den Burgpfarrer zu empfangen. Der sollte ihm den Segen des Papstes übermitteln. Der Kaiser war gut gelaunt und legte fest, um welche Zeit der Burgpfarrer vorsprechen sollte. Dann bekam er Besuch von seiner Tochter Marie Valerie. Beim Abschied fragte sie den Vater, ob sie am Abend noch einmal kurz bei ihm vorbeikommen dürfe. Der lehnte freundlich ab, da er noch sehr viel zu tun hätte, erlaubte ihr dann aber doch, auf einen Gute- Nachtkuss vorbeizukommen.
In einer Unterredung schilderte der Ministerpräsident dem Monarchen ganz offen die Lage und berichtete ihm von der schlechten Versorgungslage in weiten Teilen des Reiches. Der Kaiser war über das herrschende Elend erschüttert und meinte, dass es so nicht weitergehen könne
„Wenn dem so ist", erklärte er, „so wird ohne Rücksicht auf meine Verbündeten der Friede geschlossen!"
Um dreiviertel zehn meldeten sich Generaladjutant Graf Paar und Baron Bolfras

zum Vortrag. Nach ihnen kam der Burgpfarrer und erteilte dem Kaiser den Päpstlichen Segen. Etwas später folgten Thronfolger Erzherzog Karl und seine Frau Zita. Der Kaiser zeigte sich über die Nachrichten von den Kriegsschauplätzen erfreut.

Gegen elf Uhr traten bei Franz Joseph plötzlich Anzeichen von Schwäche auf. Ein Vortrag von Kabinettsdirektor Baron Schießl musste daher entfallen. Man setzte den Kaiser in einen Lehnstuhl, damit er sich etwas ausruhen könne. Franz Joseph ging noch einmal zu seinem Schreibtisch und unterfertigte einige Akten. Als gegen fünf Uhr nachmittags Erzherzogin Marie Valerie noch einmal vorbeikam, fand sie ihren Vater schon sehr geschwächt vor. Auf ihre Ankündigung, dass sie gleich wieder gehe werde, antwortete der Kaiser müde: „Das wird gut sein, mir geht es schlecht!"

Der Kaiser ließ sich seinen Gebetsschemel bringen und verbrachte einige Zeit im stillen Gebet. Die leise Andeutung, dass es wohl besser wäre sich hinzulegen, beantwortete er ruhig damit, dass er noch viel zu beten hätte.

So wurde es dann doch spät, bis man ihn endlich zu Bett brachte. Seinem Kammerdiener Ketterl, der ihn nach seinen Anweisungen für den nächsten Morgen fragte, antwortete er mit fester Stimme: „Wie immer, um halb vier in der Früh wecken, ich bin mit meiner Arbeit nicht fertig geworden."

Gegen halb neun Uhr abends mehrten sich die Anzeichen dafür, dass das Leben des Kaisers zu Ende gehe. Inzwischen waren neben den Ärzten auch das Thronfolgerpaar, Erzherzogin Marie Valerie, ihr Mann, die Erzherzoginnen Maria Josefa und Marie Theresia, Graf Paar, Montenuovo und andere Persönlichkeiten aus der nächsten Umgebung des Kaisers im Sterbezimmer anwesend. Der Burgpfarrer betete leise, Marie Valerie kniete neben dem Bett nieder und drückte dem Sterbenden ein Kreuz in die Hand.

Um neun Uhr fünf setzte der Herzschlag aus. Dr. von Kerzl, der Leibarzt des Kaisers, und Professor Dr. Ortner traten ans Bett und stellten den Tod seiner Majestät fest.

Mit dem Tod des greisen Kaisers war eine Klammer, die den Vielvölkerstaat zusammengehalten hatte, zerbrochen. Trauer und Ratlosigkeit hatten sich über das Land gelegt. Der Kaiser, der so lange regiert hatte, dass man nur ihn kannte, der Kaiser, der für die einfachen Leute gleich nach dem Herrgott kam, der Kaiser ohne den man sich das Reich nicht vorstellen konnte, war nicht mehr.

Für die Reichshaupt- und Residenzstadt Wien war das feierliche Begräbnis mit dem beeindruckenden Leichenzug die letzte Demonstration des Glanzes des Hau-

ses Habsburg und der Monarchie.
+

Der erste Geburtstag von Karl Albrecht wurde im kleinen Kreis in Parenzo gefeiert. Die Großeltern aus der Steiermark waren wegen der Verkehrslage, die immer mehr den Bedürfnissen des Kriegs angepasst werden musste, schweren Herzens nicht gekommen. Sie hatten aber auch für Karl einen aus grauer Wolle gestrickten, grün eingefassten Anzug mit Miniaturhirschhornknöpfen geschickt. Der kleine Mann schien die Aufmerksamkeit, die ihm gewidmet wurde, sehr zu genießen. Die Torte mit der brennenden Kerze interessierte ihn ebenfalls sehr.
Sein Großvater Ettore hatte vom alten Bortolo im Garten eine Schaukel für seine beiden Enkel aufstellen lassen. Während Johannes das Schaukeln bald heraus hatte, ließ sich Karl von seiner Mutter vorsichtig antauchen. Beide Buben hatten am neuen Spielzeug sichtliche Freude und schaukelten mit großen, glänzenden Augen.
Als Karl später an diesem Tag zum Entzücken aller allein seine ersten, noch recht wackeligen Schritte machen konnte, fand auch er den Tag recht gelungen.
Ettore Pollini gestand seiner Frau, er habe sie am Abend beim Schaukeln beobachtet. Dabei wirke sie keineswegs wie eine Großmama, sondern sie mache viel mehr eine durchaus gute und wirklich ansehnliche Figur.

Im Felde, 1. Dezember 1916
Mein lieber, guter Vater,
mit dem Tod des Kaisers ist die eine Klammer, die den Vielvölkerstaat über so viele Jahre hinweg wie selbstverständlich zusammengehalten hat, zerbrochen. Tiefe Trauer wohin man auch schaut. Kaum jemand kann sich heute das Reich ohne Kaiser Franz Joseph vorstellen. Ich kann das sehr gut verstehen.
Was aber wird aus der anderen Klammer, die das Reich noch zusammenhält, was wird aus der Armee werden? Ich weiß, dass auch Du mir darauf keine Antwort geben kannst. Dabei hast Du immer, wenn ich seinerzeit mit meinen Fragen zu dir gekommen bin, die richtige Antwort parat gehabt. Aber irgendwem muss ich die Frage vorlegen. Zu wem könnte ich damit gehen, wenn nicht zu Dir?
Es sind die deutschen Truppen der Monarchie gewesen, die während aller bisherigen Schlachten am Isonzo zusammen mit Ungarn und Südslawen die Hauptlast der Verteidigung getragen haben. Da standen die Steirer vom 27er und 47er neben den Burgenländern vom Infanterieregiment 76. Dann haben sich wieder die 14er aus Linz hervorgetan, die 49er aus St. Pölten ebenso wie Deutschmeister und sudetendeutsche Regimenter im Verein mit Landsturm und Landwehrbataillonen. Kaiserjäger und Kaiserschützen aus Tirol, Gebirgsschützen aus Kärnten, die Deutschböhmen vom 42er und die Niederösterreicher vom 84er, sie waren immer

an den gefährlichsten Abschnitten eingesetzt und haben unerschütterlich gehalten. Im Herbst 15/16 standen in Serbien und Montenegro die Egerländer an der Spitze der angreifenden verbündeten Heere. Im Frühjahr 1915/16 waren es sudetendeutsche und alpenländische Bataillone, die den Hauptstoß des Durchbruchs auf die sieben Gemeinden an der italienischen Front durchführten.

Mit dem Verbluten der vor allem gegen Russland ins Feld geführten Truppen hat meiner Ansicht nach die Qualität entscheidend gelitten und nachgelassen. An die Stelle der bewährten Offiziere und erfahrenen Unteroffiziere, die treu und fest zum Staat gestanden sind, ist eine neue, andere Generation getreten, die sich aus Reserve- und Landsturmoffizieren rekrutiert. Da finden wir nicht immer zuverlässige tschechische, polnische, ruthenische und slowenische Lehrer, sonstige Intellektuelle und solche, die sich dafür halten und Nationalisten, die jetzt die goldenen Sterne am Kragen tragen. Bei tschechischen und ruthenischen Einheiten hat es Fahnenflucht und hier meine ich Fahnenflucht in Massen und fahrlässiges Versagen schon gegeben. Ich rechne damit, dass aufgrund der Haltung pflichtvergessener Offiziere die Unzuverlässigkeit mancher Truppenteile nicht nur zunehmen, sondern sich zur echten Gefahr auswachsen wird.

Mein lieber Vater, ich habe Dir meine Sorge um das Land anvertraut, weil ich nicht weiß, an wen ich mich sonst wenden könnte und ich habe Dir einfach mein Herz ausschütten müssen. Ich weiß, dass ich damit Dir das Deine sehr schwer mache.

Ich umarme Dich!
Dein
Sohn Ernst
P.S.
Mit gleicher Post geht auch ein Brief an Mama ab, der ich natürlich nichts von meinen Sorgen geschrieben habe, sondern dass es mir gut geht. Das entspricht auch der Wahrheit.
Meinem Neffen Karl habe ich zum Geburtstag eine Karte geschrieben, Marie hat sie ihm bestimmt vorgelesen.

Am 15. Dezember wurden Oberst Dimitrijevic und weitere führende Köpfe der Schwarzen Hand auf griechischem Gebiet durch serbische Militärbehörden verhaftet. Man beschuldigte sie, einen Anschlag auf den Regenten Alexander geplant zu haben.

Das Verfahren gegen die von der Schwarzen Hand rekrutierten Attentäter Princip und Genossen war 1914 von der Justizabteilung der bosnisch-herzegowinischen Landesregierung dem Kreisgericht Sarajewo zugewiesen worden. Den Vorsitz in diesem Prozess hatte Dr. Alois von Curinaldi, ein serbokroatisch sprechender Dalmatiner, geführt. Im Dezember 1916 ist Curinaldi in den Jesuitenorden eingetreten

und hat das Studium der Theologie begonnen.
Graz, 17. Dezember 1916
Mein lieber Sohn!
Vielen herzlichen Dank für Deinen Brief, der mich viel eher erreicht hat, als man das unter den gegenwärtigen Bedingungen annehmen dürfte, schließlich haben wir seit mehr als zwei Jahren Krieg. Ich habe in der vergangenen Woche dienstlich in Laibach zu tun gehabt und habe mich dort, zu meiner großen Freude, mit Marie und den beiden Buben getroffen. Paride scheint ein Machtwort gesprochen zu haben und so verbringen Marie und die Kinder Weihnachten bei uns. Marie ist wohl anfänglich ein bisschen mitten drinnen gestanden und scheint recht unentschlossen gewesen zu sein. Auf der einen Seite Weihnachten so, wie wir es immer gewohnt waren, auf der anderen eben Weihnachten mit Flugdienst und unter Umständen Luftkampf für Paride. Hier Weihnachten in den Bergen und Ruhe, dort unter Umständen Bomben und Schiffsartillerie.
Jedenfalls bin ich ab Laibach mit Marie und den beiden Buben im Zug gefahren. Deine Karte hatten sie im Reisegepäck. Wem sie nun eigentlich gehört, war nicht herauszubekommen, beansprucht haben sie beide. Dementsprechend schaut sie aus: verschmiert, mit Eselsohren, leicht eingerissen, aber heiß begehrt.
Natürlich macht der Kleine noch in die Hose, aber sonst waren beide sehr brav und manierlich. Wenn ich mich daran erinnere, welche Racker Du und dann Deine Schwester gewesen seid, dann kann ich mir kaum vorstellen, dass das wirklich meine Enkel sind. Marie hat die beiden gut im Griff, dabei geht das alles ganz leicht und auf spielerische Art. Manchmal wirken Kinder wie dressiert, aber die beiden folgen freiwillig. Mirna, die mitgekommen ist, geht mit den Buben auch sehr lieb um.
Unter diesen Voraussetzungen habe ich natürlich die mir für Weihnachten angebotenen dienstfreien Tage sehr gern angenommen. Schließlich möchte ich die beiden jungen Herrn auch ein bisschen verziehen, das steht einem Großvater doch zu.
Aus deinem Brief, lieber Ernst, hat die Sorge gesprochen. Nun hat der junge Kaiser, der wohl nie damit gerechnet hat, Kaiser zu werden, es werden zu müssen, die Regierung angetreten. Man hört, dass ein frischer Wind durch die Kanzleien der Hofämter weht. Die Alten, die zum Teil schon uralt waren, gehen und Neue kommen. Auch viele Minister sind ausgewechselt worden.
Die vordringlichen Probleme, die meiner Ansicht nach zu lösen sind, sind die Sicherung einer ausreichenden Versorgung der Bevölkerung und die ehest mögliche Beendigung des Krieges. Es kann nicht angehen, dass in Österreich die Leute auf ihre Lebensmittelkarten viel zu wenig zum Leben bekommen und in Ungarn noch nicht einmal Lebensmittelkarten eingeführt sind.
Der Kaiser bevorzugt, so habe ich zumindest von Leuten, die es wissen sollten,

erfahren, innenpolitisch eine ähnliche Lösung, wie sie auch Franz Ferdinand angedacht hatte: die Vereinigung der Völker zu einem großen Staatsgebiet. Er wollte auch, so hat man mir gesagt, die Krönung zum König von Ungarn so lange hinausschieben, bis der Umbau des Reiches vollendet ist. Der ungarische Ministerpräsident Tisza hat ihn aber dazu überredet, sich gleich krönen zu lassen und den Eid auf die ungarische Verfassung abzulegen. Tisza hat dem Kaiser erklärt, es gebe eben einige Gesetze, die nur ein gekrönter König verlängern könnte. Mit dem neuen Jahr drohten sonst die Nahrungsmittellieferungen an die österreichische Reichshälfte überhaupt zum Stillstand zu kommen. Der Kaiser willigte ein und hofft jetzt vermutlich, die Reformen dann irgendwann in Friedenszeiten in Angriff nehmen zu können. Die Krönung ist nun für den 30. Dezember festgelegt.

Für Ungarn mag das gut gewesen sein, aber mit dem Eid auf die Verfassung Ungarns wird sich der Kaiser selbst fesseln. Damit wird es nur sehr schwer zum Aufbau und Ausbau des geplanten Staatenbundes kommen.

Noch stehen slowenische Bauernburschen, deutsche Handwerker aus der Untersteiermark und aus Siebenbürgen, stehen Böhmen, Polen, Ungarn, Slowaken, Steirer, Tiroler, Salzburger, rauflustige Innviertler, Egerländer, verschmitzte Niederösterreicher und echte Wiener Strizzis Schulter an Schulter in der Armee. Da sagt kein Slowake ein abfälliges Wort über einen Ungarn, da redet kein Mühlviertler schlecht über einen Tschechen oder ein Inntaler über einen Welschtiroler. Die tragen alle des Kaisers Rock und die Armee steht. Ich bete zu unserem Herrgott, dass wir den Frieden kriegen. Dass wir ihn kriegen, ehe die politische Agitation aus der Heimat an der Front spürbare Gegensätzlichkeit unter den Soldaten auftreten lässt und die Kampfkraft schwächt.

Gib auf dich Acht. Gefahren lauern überall, dessen musst Du Dir immer bewusst sein. Wenn es sein soll, dann kann auch ein Besenstiel explodieren.

Hoffentlich klappt es zu Weihnachten mit einem Telefonat. Mamas großes Versorgungspaket, ein nahrhafter Gruß von daheim, sollte schon an Dich unterwegs sein.

Du weißt, dass ich Dich liebe.
Sei ans Herz gedrückt von Deinem getreuen
Vater

Kaiser Karl hatte am 2. Dezember persönlich den Oberbefehl über die Land- und Seestreitkräfte der Monarchie übernommen. Der Regierungsantritt des Kaisers war von einer gewissen Kriegsmüdigkeit überschattet.

An sich gilt für den echten Österreicher jeder Krieg schon im Voraus als verloren. Jede Niederlage wird als erwartet hingenommen. Siege werden auf andere Weise errungen, nicht in der harten Realität der Menschen, sondern auf dem Papier. Die Wirklichkeit wird durch die Pointe aufgehoben, der Gegenspieler durch einen Witz vernichtet, das Spiel wird ernst genommen. Das Irdische ist auf jeden Fall vergänglich. Das Wort aber lebt fort und triumphiert letztlich auf unblutige und bequeme Weise über den Gegner. Für den oberflächlichen Betrachter entsteht der nicht sehr tief gehende Eindruck des heiteren, stets liebenswürdigen Österreichers und des idyllischen Österreich. Diese Heiterkeit ist nur Fassade, die Lebensbejahung nur scheinbar.

So waren zum Ende des Jahres 1916 die patriotische Begeisterung und die Siegesgewissheit merklich abgeflaut. Sie waren einer gewissen Skepsis gewichen, in weiten Teilen der Bevölkerung machte sich unübersehbar, nicht zuletzt aufgrund der immer schlechter werdenden Versorgungslage, Pessimismus breit.

Für die Marineflieger wurden die Angriffe auf Venedig fliegerisch immer schwieriger. Der Hafen der Lagunenstadt war einer der günstigsten und damit wichtigsten Ausgangspunkte für den Nachschub für die norditalienische Front. Ein sehr wesentlicher Teil der Versorgung der Truppen am Isonzo und am Tagliamento lief über Venedig. Diese Verbindungen mussten zur Entlastung der kaiserlichen Truppen unterbrochen werden.

Die italienische Führung hatte Venedig nicht zur offenen Stadt erklärt und damit die Perle der Adria bewusst in ihre militärischen Operationen einbezogen.

Paride und seine Kameraden flogen bis zur Erschöpfung. An diesem kalten, trüben Nachmittag hatte er mit Drakulic und einem Seefähnrich vier Bomber abdrängen können. Ein Jagdflugzeug, das den Bombern zu Hilfe kommen wollte, hatte der Fähnrich über Grado abgeschossen. Vom Flug zurück saßen die durchgefrorenen Piloten im Hangar und wärmten sich mit heißem Tee auf. Vor den Fenstern wechselte das Licht. Die Landschaft verschob sich unmerklich. Plötzlich tanzten draußen Schneeflocken; scheinbar schwerelos schwebten sie zwischen den Bäumen herab.

Drakulic biss in ein Stück Butterbrot und spülte mit Tee nach. Noch kauend bemerkte er: „Wenn das Wetter so bleibt oder noch ein bisschen schlechter wird, sollte man die Stellungen um Venedig angreifen."

„Du meinst, dass dann die Abwehr nicht so auf der Hut ist?", fragte Paride.

„Wenn es ein richtiges Sauwetter gibt, geht doch keiner gern hinaus und die, die hinaus müssen, suchen sich ein trockenes Platzerl und passen kaum auf", meinte ein anderer. „Die Italiener haben, das muss man ihnen lassen, rund um Venedig eine sehr wirksame Verteidigung aufgezogen. Da sind einmal die Beobachtungsstationen so 10 bis 15 Seemeilen vor der Stadt am Meer als äußerste Vorposten. Bei einem Wetter wie es heute zu erwarten ist, möchte ich mit denen wirklich nicht tauschen. Ob die bei dem Wetter anfliegende Maschinen überhaupt ausmachen können? Damit fehlt die Meldung an die Fliegerabwehrgeschütze und an

die Jagdflieger. Damit wären wir ungestört und hätten freie Bahn."
„Da vergisst du aber die Sperren mein Lieber", sagte Drakulic, der sich eine Zigarette angezündet hatte. „Die Italiener verwenden ein in der Schweiz entwickeltes Abwehrsystem. Von kleinen schwimmenden Plattformen aus, die um die Stadt verankert sind, lassen sie Kugelballons mit etwa 10 Metern Durchmesser an Stahldrahtseilen in die Höhe. Angeblich sind sie jetzt auch zum Teil untereinander mit Stahldraht verbunden. Erst wie eines unserer Flugzeuge spurlos verschwunden ist, sind wir auf diese Sperren aufmerksam geworden. Diese Ballonkette kann man bei Nacht nur erahnen und dazu braucht man sehr viel Intuition."
„Und noch viel mehr Glück", setzte Paride trocken hinzu. „Bei jeder Berührung mit dem Stahldraht fällt man gnadenlos herunter. So sind damals auch der arme Wachtl und der Ziegler ums Leben gekommen."
„Dann schlage ich vor, dass wir heute fliegen und das Arsenal am ostwärtigen Ende der Stadt und den Hauptbahnhof Santa Lucia angreifen. Unter Umständen verbleibende Bomben werden nicht wieder mit nach Hause genommen, sondern auf die in diesem Bereich ankernden Kriegsschiffe geworfen", grinste ein Pilot.
"Einverstanden", knurrte Drakulic geradezu böse, „wenn das Wörtchen wenn nicht wäre und nicht der neue Befehl des Kaisers."
Der junge Kaiser hatte mehrere einschneidende Maßnahmen erlassen, mit denen er dem Krieg eine für Österreich-Ungarn günstige Wendung zu geben hoffte. So hatte der Kaiser am 8. Dezember dem Flottenkommando befohlen, Angriffe auf offene Städte und deren Bahnhöfe bis auf weiteres zu unterlassen. Sollten aber besondere Umstände einen solchen Angriff wünschenswert machen, so sei zuvor die „Allerhöchste Entscheidung" einzuholen. Am 21. Dezember antwortete das Flottenkommando dem Armeeoberkommando, dass Fliegerangriffe auf die hinter der Isonzofront liegenden, von Truppen belegten Räume und auf das Befestigungsgebiet von Venedig als sehr erwünscht erachtet würden und bat um die Genehmigung zur Durchführung solcher Unternehmungen. Begründet wurde dieses Ansuchen mit der Tatsache, dass sich feindliche Fliegerangriffe auf Triest und Pola wiederholten und dass schon zweimal das deutlich gekennzeichnete, einzelstehende Marinespital zum Ziel gewählt worden sei.
„Wir alle wissen vom Antrag des Flottenkommandos an das Armeeoberkommando", meinte Drakulic. „Aber erst seit heute kenne ich auch die Antwort. Die bringe ich euch jetzt ganz offiziell zur Kenntnis. Das Armeeoberkommando hat geantwortet, dass Venedig wohl Kriegshafen, auf Allerhöchsten Befehl jedoch vorläufig nicht anzugreifen sei. Die Städte hinter der feindlichen Front, die mit Truppen und Versorgungseinrichtungen oder mit Einrichtungen zur Fliegerabwehr ausgestattet seien, hätten als „offene Städte" zu gelten. Sollten besondere Umstände einen Fliegerangriff auf solche Orte empfehlen, wäre dies rechtzeitig dem Armeeoberkommando zu melden, das sodann die Allerhöchste Genehmigung ein-

holen würde."

Alle im Raum schwiegen betroffen. „Das versteh´ ich aber wirklich nicht, wie kann das nur sein?", brauste Seefähnrich Földy auf. „Unter dem alten Kaiser hätte es so einen Befehl nicht gegeben. Der hat genau gewusst, um was es geht und wie sehr wir hier mit dem Rücken zur Wand stehen."

„Jeder versteht eben nur das, was ihm zu verstehen gegeben ist und in diesem Fall eben nur das, was das Dienstreglement erlaubt", meinte Paride trocken.

„Die Folge dieses Befehls seiner Majestät wird sein", kam es knochentrocken von Drakulic, „dass die Italiener zumindest Teile ihrer Fliegerabwehrbatterien und der Fliegerkräfte von Venedig abziehen und an die Isonzofront verlegen. Dazu werden sie vermehrt die österreichischen Küstenstädte angreifen, weil sie keine Gegenangriffe mehr zu befürchten haben. Dann wird das Flottenkommando auf Betreiben der Seeflieger ein Memorandum erarbeiten, das man vielleicht sogar dem Kaiser überreichen wird. Darin wird stehen, dass in Venedig Kriegsmaterial hergestellt und instand gesetzt wird. Und irgendwann werden uns die Italiener wissen lassen, dass wir gar nicht den Mut haben Venedig anzugreifen. Wir werden uns grün und blau ärgern und furchtbar darüber aufregen. Helfen wird das alles aber überhaupt nichts. Wir werden brav das Maul halten und weiterdienen."

Die bevorstehende Ankunft Maries und ihrer beiden Söhne hatte im Hause Fleissner nur kurzfristig für die eine oder die andere Aufregung gesorgt. Dann aber war der große Tag endlich gekommen. Wie üblich wartete Georg mit dem Schlitten am Bahnhof. Der Stationsvorstand war eilfertig wie stets, als Marie aus dem Abteil stieg. Johannes kletterte schon recht geschickt alleine heraus, Mirna hatte Karl am Arm. Georg verstaute zuerst das umfangreiche Gepäck im Schlitten und schaute dann sehr genau darauf, dass alle seine Fahrgäste gut in die dicken Decken eingehüllt waren. Die Augen der Buben leuchteten, als die Pferde anzogen und die Glöckchen an ihrem Geschirr hell bimmelten. Mirna staunte über die verschneiten, steilen Berge. Schon während der Reise hatte sie voll Freude und Überraschung immer wieder Marie auf dies oder jenes aufmerksam gemacht. Die Schlittenfahrt durch die tief winterliche Landschaft schien sie vollends zu faszinieren.

Angekommen wollte Johannes, der seine Großmutter artig begrüßt hatte, sofort mit seinem Großvater fischen gehen. Er war enttäuscht über den zugefrorenen Forellenteich und wurde erst wieder zugänglicher, als ihm sein Großvater versprach, ihn zum Eisstockschießen mitzunehmen. Johannes konnte sich darunter zwar nichts vorstellen, aber es klang gut in seinen Ohren.

Kurze Zeit später erklärte er Roserl, dass sein Bruder Karl leider nicht sehr gescheit sei, weil man sich mit ihm weder auf deutsch noch auf italienisch unterhalten könne. Als die ihm erzählte, dass er auch noch nicht sehr viel geredet habe, als sie ihn zum ersten Mal gesehen hätte, wollte er das anfangs nicht glauben. Dann aber schien er recht froh zu sein, dass für seinen kleinen Bruder also doch noch eine gewisse Hoffnung bestand.

Die brennenden Kerzen am liebevoll geschmückten Weihnachtsbaum, der bis zur Decke reichte, die Geschenke, die unter dem Baum lagen und der festlich gedeckte Tisch strahlten wirklich weihnachtlichen Frieden aus. Marie glaubte zu träumen, als sie mit ihren Söhnen so da stand und das Lied von der stillen, der heiligen Nacht sang. Niemand sollte ihr die Sorge um Paride anmerken, von dem sie nicht wusste, was er in diesen Stunden machte. Dann schrillte das Telefon und das Fräulein vom Fernamt meinte geschäftig, es würde nun verbinden.

„Seeflugstation Parenzo", sagte eine fremde Stimme, „Sie werden jetzt verbunden". Dann hörte Marie, wie sich Paride nach einer Weile meldete.

„Gott sie Dank rufst du an. Frohe Weihnachten, recht frohe Weihnachten von uns allen hier!", rief sie überglücklich in die Sprechmuschel. „Wie geht´s dir denn, was machst du denn gerade, wo bist du?"

„Frohe Weihnachten euch allen auch von hier", hörte sie Paride sagen. „Ich sitze mit den Kameraden im Hangar. Das Wetter lässt keinen Flugbetrieb zu. Wir haben auch einen kleinen Baum hier und statt Tee gibt es heute Punsch. Nicht sehr stark, aber immerhin Punsch. Alle hier lassen dich herzlich grüßen und wünschen dir ein frohes Fest!"

„Weißt du noch, wie ich mir gewünscht habe, dass diesmal schon Frieden wäre und jetzt zittern wir weiter um dich. Ich bin so froh, dass du heute nicht fliegen musst, dass ich dich wenigstens hören kann. Was sagst du? Den Buben geht es gut. Johannes war mit dem Papa Eisschießen, den Kleinen ziehe ich auf der Rodel hinter mir her. Wir haben alle zusammen eine riesige Schneeburg gebaut und der Haltan hat den Karl adoptiert und lässt den Buben alles mit sich machen. Papa und Mama lassen dich herzlich grüßen, natürlich auch Tante Johanna. Sie alle haben sich über deinen lieben Brief sehr gefreut. Jetzt will dir der Johannes was sagen – hast du ihn verstanden? Johannes, der Papa schickt dir auch ein Bussi. Jetzt kommt Karl. Liebling, hast du ihn gehört? Herzliche Grüße auch von Martina, Mirna und dem Roserl. Der Georg und der Herr Seethaler fragen auch immer nach dir. Nein, trennen Sie noch nicht", rief Marie entsetzt ins Telefon. „Paride, bist du noch da? Ja? Ich muss dir noch sagen, wie lieb ich dich hab´ und wie sehr du mir fehlst. Pass gut auf dich auf, wir brauchen dich!" Sie hörte Paride noch sagen „Marie ich liebe dich, alles, alles Gute!" und dann eine Stimme: "Fernamt, ich trenne."

Nach dem Gottesdienst am ersten Weihnachtstag sprach Pater Ignaz Marie auf dem Kirchplatz an: „Endlich ist unsere Frau Gräfin wieder einmal da. Ich hab´ schon gehört, dass Sie kommen sollen. Ich freu´ mich so, dass wir uns sehen.

Frohe Weihnachten!"

„Frohe Weihnachten, Herr Pfarrer! Zumindest in der Kirche haben wir uns doch immer getroffen", antwortete Marie freundlich. „Komm Johannes, gib dem Herrn Pfarrer schön die Hand!"

Freundlich schaute Pater Ignaz auf den Buben nieder und drückte die kleine Hand, die ihm der entgegenstreckte.

„Wie geht es denn dem Herrn Gemahl? Der ist doch hoffentlich wohlauf und gesund?", erkundigte sich der Pfarrer besorgt.

„Gott sei Dank ja! Wir haben gestern mit ihm telefonieren können. Es geht ihm gut."

„Dort drüben wartet der Georg auf Sie, die treue Seele. Ich begleite Sie zum Schlitten."

Nach den ersten Schritten sagte er ernst: „ Ich bin kein großer Theologe, sondern nur ein Landpfarrer. Der bin ich wirklich gern. Für mich ist es aber in diesen Tagen nicht immer einfach, nicht an unserem Herrn zu zweifeln. Er ist die Liebe, die ganz uneigennützige Liebe. Dafür verlangt er im Gegenzug von uns, dass wir auf Gewalt und Hass verzichten. Man darf die Religion nicht zu machtpolitischen Zwecken missbrauchen. Es geht nicht, dass man in Kriegszeiten hüben und drüben versucht, mit dem Namen Gottes Rache zu rechtfertigen oder sogar die Pflicht zu Hass und Gewalt zu verbinden. Ich frage unseren Herrgott im Gebet oft, wie er denn dazu schweigen kann, warum er das alles zulässt.

Der Herrgott, der doch ein liebender und verzeihender Gott ist, prüft alle hart mit diesem Krieg. Die draußen im Feld und die daheim nicht weniger."

Sie waren beim Schlitten angekommen und der Pfarrer verabschiedete sich mit freundlichem Lächeln: „Auf Wiedersehen, Frau Gräfin. Der liebe Gott schütze und segne Sie und Ihre Lieben!"

Am 30. Dezember waren mehrere Marineflieger im Flottenrock mit Kappe, Feldbinde und Säbel im Hafenadmiralat in Pola angetreten.

Der Konteradmiral, ein hagerer Herr mit Backenbart, war kein Mann vieler Worte. Er schloss seine kurze Ansprache: „Wenn die Zahl der österreichisch- ungarischen Seeflieger auch nicht sehr groß ist, so haben Sie in den ersten beiden Kriegsjahren alle Aufgaben, die Ihnen, meine Herrn, gestellt worden sind, in vorbildlicher Weise und mit höchster Tapferkeit erfüllt. Sie haben den Luftraum über der Adria beherrscht. Dies wird an Allerhöchster Stelle auch anerkannt und gewürdigt."

Dann überreichte er den angetretenen Marinefliegern die ihnen verliehenen Orden. Fregattenleutnant Paride Graf Pollini wurde mit der Silbernen Militärverdienstmedaille am Bande des Militär-Verdienstkreuzes mit Schwertern ausgezeichnet, die man wegen der Aufschrift auf der Rückseite einfach „Signum laudis" nannte.

1917

Der Scharfschütze lag schon seit Stunden fast unbeweglich auf der Lauer. Er hatte sich unter tief verschneiten Latschen eine Art Tunnel in den Schnee gegraben, in dem er auf einer dicken Lage Stroh ruhte. Sein Gewehr hatte er mit weißen Stoffstreifen umwunden. Ein Schneehemd ließ ihn mit seiner Umgebung verschmelzen. Wenn er das Gelände vor sich mit dem Fernglas absuchte und beobachtete, verriet kein Aufblitzen seine Anwesenheit. Auch sein Glas war sorgfältig getarnt. An sich wusste er, auf wen er zu warten hatte. Er wollte aber auf jede Überraschung vorbereitet sein.

Dann und wann zog er einen Brotkanten aus der Tasche, steckte ihn in den Mund und zerkaute ihn geistesabwesend. Nichts konnte seine Aufmerksamkeit vom Geländeabschnitt vor ihm ablenken. Er legte sein Fernglas zur Seite und griff nach dem Gewehr. Er legte es an, atmete ganz ruhig und dann peitschten rasch hintereinander zwei Schüsse auf. Vom Felsband, das er die ganze Zeit nicht aus den Augen gelassen hatte, stürzten zwei Mann und ein Maschinengewehr, das sie an einer Felsnase in Stellung hatten bringen wollen, den Berghang hinunter. Noch ehe sie die Schüsse gehört hatten, waren die beiden tot gewesen.

So unsichtbar und leise wie er gekommen war, schob sich der Scharfschütze aus seiner Stellung und kroch dem schützenden Waldrand zu. Im Dunkel des Waldes stand er auf und machte sich auf den Rückweg. Hinter ihm stand im Blauschwarz der Dämmerung der Gebirgsstock des Monte Cimone.

Im Unterstand der Kompanie meldete er die Erfüllung seines Auftrags.

Major Reitsamer nickte ihm zu: „Als Erstes gehst jetzt was Warmes essen und dann legst dich hin, damit du dich wieder ganz aufwärmst. Ich frage mich immer, wie du es schaffst, stundenlang so ganz ruhig zu liegen und dann auch noch zu treffen."

Der Scharfschütze strich sich bedächtig über das bärtige Kinn und meinte: „Herr Major, ich bin doch ein Berufsjäger. Da sitz ich auch oft stundenlang, damit ich den Bock erst überhaupt einmal zu Gesicht bekomm. Und dann sitz ich wieder, damit ich weiß, ob der meinem Baron gehört oder ob der aus dem Nachbarrevier ist. Da ist man das Warten schon gewöhnt. Da heroben setzt mir nur die Kälte schon recht zu. So warm kann man sich gar nicht anziehen, dass sie einem nicht durch und durch geht. Und nachdenken darf ich auch nicht, was ich da tu.

Wenn einer bei der Artillerie ist und abzieht, dann trifft er halt oder er trifft nicht. Das Ziel ist weit weg und er sieht den Treffer nicht. Aber ich seh´ den, auf den ich geschossen hab´, fallen und weiß, dass der nie mehr aufsteht. Ich nehm´ einem Kind den Vater, einer Frau den Mann. Und jeder Soldat hat eine Mutter daheim, die vor Sorge um ihr Kind keine Nacht wirklich schlafen kann." Er machte eine kurze Pause.

„Herr Major, das nimmt mich schon mit. Nach dem Krieg werd´ ich ganz bestimmt nicht mehr der sein, der ich einmal gewesen bin."
Reitsamer legte ihm den Arm fast brüderlich um die Schulter. Sie waren jetzt nicht mehr Offizier und Oberjäger, sondern nur mehr zwei Männer, die der Krieg gezeichnet hatte.
„Gaiswinkler, keiner von uns wird jemals wieder der sein, der er vor dem Krieg gewesen ist. Das Elend der anderen bewirkt auch nicht, dass wir froh und erleichtert sind, weil uns das erst einmal erspart geblieben ist. Komm, geh jetzt und versuch einmal was zu essen, was Besonderes gibt es leider ohnehin wieder nicht."

+

Im österreichisch-ungarischen Hauptquartier in Teschen war man nach den ersten Veränderungen, die der junge Kaiser vorgenommen hatte, sehr beunruhigt. Wer würde das Vertrauen des Kaisers genießen, wer würde gehen müssen? Karls Vorgehen war nicht auszurechnen. Zunächst beließ er Leute im Amt und tauschte sie dann wenig später aus. Um diese Veränderungen für die Betroffenen erträglicher zu machen, warf er mit Ernennungen, Ehrungen und Orden nur so um sich. Am 23. November hatte er Erzherzog Eugen zum Feldmarschall ernannt. Zwei Tage später erhielt Erzherzog Friedrich das Großkreuz des Militär-Maria- Theresien-Ordens. An diesem Tage wurde auch Conrad von Hötzendorf zum Feldmarschall ernannt. Alle Offiziere, die eine mindestens sechswöchige Verwendung an der Front hinter sich hatten, sollten das Karl-Truppenkreuz bekommen. Auch im zivilen Bereich nahmen die Ehrungen kein Ende.
Am 5. Dezember hatte der erste Besuch des neuen Herrschers bei Kaiser Wilhelm in Pleß stattgefunden. Karl kam zu spät. Auch beim deutschen Gegenbesuch in Teschen verspätete er sich. Die Deutschen schienen darüber hinwegzusehen.
Nach der Ernte des Jahres 1916 war es klar geworden, dass sich die Ernährungslage dramatisch verschlechtern würde. Das Kriegsministerium hatte die Schaffung eines Ernährungsamtes vorgeschlagen, da nur eine strikte Bewirtschaftung eine Hungerkatastrophe verhindern konnte. Nachdem alle dahingehenden Versuche gescheitert waren, setzte man keine Höchstpreise mehr fest, sondern schritt zur Beschlagnahme. Nicht nur Lebensmittel und Ersatzstoffe wurden „bewirtschaftet". Ab Beginn 1917 galt das auch für Futtermittel wie Rüben, Heu und Stroh. In Wien stieg 1916 die Zahl derer, die auf Mildtätigkeit und öffentliche Ausspeisung angewiesen waren, von 54.000 auf 134.000 Menschen. Die Kriegsküchen, in denen vor allem die Angehörigen des Mittelstandes für wenig Geld einfache Speisen kaufen konnten, mussten bald die Abendmahlzeiten einstellen, weil sie keine Lebensmittel mehr bekamen. Wärmestuben, Tagesheimstätten und „Suppen- und

Teeanstalten" versorgten täglich mehr Menschen.

In Ungarn gab es noch einen gewissen Überschuss, dafür war aber die Verteilung unzulänglich. Preistreiberei und Wucher waren an der Tagesordnung. Die für die Verteilung vorgesehen Waggons wurden für die Front abgezogen, um Truppen nach Rumänien zu transportieren. Ministerpräsident Tisza zeigte keine Bereitschaft die ungarische an die niedrigere österreichische Pro-Kopf-Quote anzupassen.

Im Jänner erließ der Kaiser eine Verordnung zum Schutz der Mieter, um so die Frontsoldaten und deren Familien vor steigenden Wohnkosten zu bewahren.

Der Kaiser hoffte als Friedensfürst in die Geschichte einzugehen. Die Rückschläge und Krisen des Vorjahres schienen überwunden. Bei den Alliierten wurden Krisensymptome immer deutlicher. Die Kraft der Russen erlahmte und Rumänien war bald niedergeworfen. Das verhieß nichts Gutes für die Alliierten.

Karl sah im Sieg über Rumänien eine Voraussetzung dafür, dass die Gegenseite nun wohl über einen Frieden nachdenken würde. Am 12. Dezember war eine entsprechende Note an die neutralen Schutzmächte USA, Schweiz und Spanien zur Weiterleitung an die Entente und ihre Verbündeten gegangen. Die Antwort war mehr als ernüchternd. Die Alliierten verlangten Wiedergutmachung und entsprechende Bürgschaften. Erstmals legten sie auch ihre Kriegsziele gegenüber der Habsburgermonarchie konkret dar. Es war dies gleichsam die offizielle Ankündigung, dass die Zerschlagung Österreich-Ungarns das Ziel der Alliierten sei.

Der deutsche Bundesgenosse betrachtete den jungen Kaiser mit Unbehagen und Misstrauen. Die Armee galt wegen ihres multinationalen Charakters als unzuverlässig und auch der Siegeswillen des Kaisers wurde bezweifelt.

Am 8. Februar starb Großadmiral Haus überraschend an einer Lungenentzündung. Ihm folgte Vizeadmiral Maximilian Njegovan als Flottenkommandant.

Mitte Februar traf sich die Schwiegermutter des Kaisers, Maria Antonia von Bourbon-Parma, mit Prinz Sixtus, einem ihrer Söhne, in Neuchâtel in der Schweiz. Die Herzogin berichtete ihm dabei vom Friedenswillen ihres kaiserlichen Schwiegersohnes. Sixtus erklärte sich bereit, zu einem geheimen Treffen nach Laxenburg bei Wien zu kommen.

Am 23. März empfing der Kaiser dort unter größter Geheimhaltung seine Schwäger, die Prinzen Sixtus und Xavier. Als Offiziere der belgischen Armee musste ihre Anwesenheit auf österreichischem Hoheitsgebiet unbedingt geheim bleiben. Die beiden wollten nicht nur familiär plaudern, sondern sehr konkrete Angaben zu den Kriegszielen der Habsburgermonarchie haben. Karl nannte daraufhin in einem Schreiben, das er Sixtus mitgab, drei wesentliche Punkte. Über Serbien schrieb er, dass es seine Souveränität wieder erhalten solle und um den guten Willen zu zeigen, sei man bereit, den Serben einen Zugang zur Adria zu verschaffen, sowie ihnen wirtschaftliche Konzessionen zu machen. Belgien sollte wieder souverän werden und ferner versprach Karl, sich für die gerechten Rückforderungs-

ansprüche Frankreichs auf Elsass-Lothringen gegen Deutschland einzusetzen.
In diesen Tagen erhielt Ettore Pollini in Parenzo einen Brief seines Vetters Massimo aus Triest.

Mein lieber Ettore,
habe vielen Dank für Deinen Brief. Mich drückt mein schlechtes Gewissen, weil ich mir mit der Antwort so lange Zeit gelassen habe. Ich bin im Moment so ohne jeglichen Antrieb. Ist es der Krieg, der Frühling, das Alter? Ich kann es nicht sagen. Vermutlich spielt alles ein bisschen mit. Im Frühjahr bin ich bekanntlich noch vom Winterschlaf müde. Dazu kommt dann und wann das dumpfe, gerade noch hörbare Grollen der Artillerie und älter werde ich auch. Ich glaube ja nicht daran, dass die Italiener am Isonzo den Durchbruch schaffen und so den Weg nach Triest freikämpfen.
Über der Stadt liegt dennoch eine bleierne Schwere und der Kaffee, wie Du weißt mein Hauptnahrungsmittel, ist auch nicht mehr zu trinken. Ich nehme nur mehr kleine Braune und die schmecken ganz entsetzlich nach Zichorie.
Ich bin auf Paride wirklich stolz. Was unsere Flieger leisten, erleben wir hier täglich mit Banfield und seinen Kameraden. Übrigens haben die ganz einfachen Leute in den Vorstädten Geld gesammelt und mit diesen Spenden einen silbernen Lorbeerkranz für den „Hüter von Triest" gekauft. Dann haben sie das Auto, mit dem er zum Dienst unterwegs war, aufgehalten und ihm den Kranz überreicht.
Ich nehme an, dass wir an der russischen Front früher oder später, vermutlich leider später, zumindest zu einem Waffenstillstand kommen werden. Die Revolution vom vergangenen Februar und die Abdankung des Zaren werden die Probleme des Landes nämlich nicht lösen. Das größte Problem ist sicher der Krieg, der mit allen vorhergegangenen nicht zu vergleichen ist. Seine Anforderungen sind vom Industriezeitalter geprägt, übersteigen daher die Kräfte des weitgehend von der Landwirtschaft geprägten Riesenreiches beträchtlich und haben so zur Revolution geführt. Jetzt herrscht ein Nebeneinander von Parlament und Arbeiter- und Soldatenräten. Das Parlament wird den Krieg vermutlich fortsetzen wollen, die Arbeiter und Soldaten nicht, weil sie die Nase davon voll haben. Das wird zu erheblichen neuen Differenzen führen, wenn nicht zu mehr.
Deinem Brief habe ich auch entnommen, dass Mariola ihre Aufgaben sehr ernst nimmt und Du wirklich stolz auf sie bist. Ettore, Du kannst auf Deine beiden Kinder auch stolz sein und hast immer Freude mit ihnen gehabt. Trag es mit heiterer Gelassenheit, dass alle jüngeren Ärzte Mariola den Hof machen. Glaube mir, auch die älteren Herren werden sie gern sehen. Sie ist nun einmal eine hinreißende junge Frau und übertrifft, aber das ist nur meine unmaßgebliche Meinung, sogar noch ihre Mutter in dem Alter.
Deinen Vorschlag, mich um eine rasche, zuverlässige Verbindung nach Parenzo

zu bemühen, werde ich gern aufnehme und werde Deine liebe Frau und Dich gern über das Wochenende besuchen. Handküsse an Silvana bitte ich Dich zu bestellen! Ich freue mich auf unser Wiedersehen, nicht nur weil ich weiß, dass es um Deinen Weinkeller noch immer sehr gut bestellt ist. Ich freue mich einfach auf Euch und bin bis dahin
Dein alter Massimo

Paride hatte keinen Flugdienst und war deshalb am Nachmittag nach Hause gekommen. Er hatte seinen Uniformrock abgelegt und stand jetzt im kragenlosen Hemd mit Hosenträgern im Garten und schaukelte behutsam seinen jüngeren Sohn, der dabei vergnügt lachte. Marie saß auf einer Bank und beobachtete die beiden, während Johannes in der Sandkiste einen Tunnel grub. Sein Kopf war vor Eifer und Anstrengung ganz rot.
„In den letzten Tagen muss ich immer wieder an ein Erlebnis an meinem allerersten Tag in Salzburg denken", sagte Paride zu Marie hin. „Es will mir einfach nicht aus dem Kopf. Ich bin mit dem Franzl zum Abendessen in den Schanzlkeller gegangen, wo dann noch zwei Kameraden zu uns gestoßen sind. Da ist auf einmal an einem der Tische ein Mann aufgestanden. Er hatte schon einiges getrunken und fing an eine Rede zu halten. Er hat verkündet, dass dann, wenn unser alter Kaiser einmal nicht mehr am Leben wäre, alle auf uns losgehen würden. Er hat die Staaten, die heute wirklich mit uns im Krieg sind, der Reihe nach aufgezählt. Die Leute haben ihm natürlich zugezischt, dass er ruhig sein soll, aber er hat sich nicht bremsen lassen. Und dann hat er laut verkündet, dass ´die den Kaiser von die Russ´n a aussihau´n werden.' Er war ein einfacher, ziemlich angetrunkener Mann. Und hat damals schon die Entwicklung ganz klar vorausgesehen. Die Welt steht gegen uns und wer weiß, ob der Zar überhaupt noch am Leben ist. Ich frage mich, was noch alles auf uns zukommen wird und finde keine Antwort."
Marie sah ihn lange an: „Ich wünsche mir so sehr für uns und unsere Kinder, dass endlich Frieden wird. Jetzt müsste es doch möglich sein, dass man Frieden schließt?"
Der Zweifel in Parides Stimme war nicht zu überhören: „Die Russen kämpfen tapfer und verbissen wie eh und je. Es geht für sie um Mütterchen Russland. Ich hoffe aber, dass es zur Feuereinstellung im Osten kommt und dann rückt der Frieden vielleicht doch ein gutes Stück näher."

In diesem Frühjahr wurde Oberst Dimitrijevic in Saloniki zu Unrecht wegen Anstiftung zu einem Mordversuch an Regent Alexander angeklagt. Die Motive, die die serbische Regierung im griechischen Exil bewogen haben, gegen die „Schwarze Hand" und ihren Chef vorzugehen, sind unklar und werden es vermutlich auch bleiben. Ein Grund mit der Geheimorganisation aufzuräumen,

könnte nackte Angst gewesen sein. Serbien war vom Feind besetzt, Russland versank immer mehr in den blutigen Wirren der Revolution. In dieser Lage wollten wohl der Regent und sein Ministerpräsident bei den Mittelmächten die Voraussetzungen für einen erträglichen Frieden schaffen.
Dimitrijevic schrieb an das Kriegsgericht für Offiziere zum Attentat in Sarajewo sinngemäß: „Ich arbeitete im Einvernehmen mit dem russischen Militärattaché Artamanow. Ich habe im Glauben, dass Österreich gegen uns zum Krieg rüste, angenommen, durch das Verschwinden des Thronfolgers werde die Kriegspartei ihre Stärke verlieren, die Kriegsgefahr von Serbien abgewendet werden. Ich warb Rade Malobabic als Chef der Nachrichtenabteilung des Großen Generalstabs an, damit er ein Nachrichtennetz in Österreich-Ungarn organisiere. Er akzeptierte das. Ich beauftragte ihn mit der Durchführung des Attentats. Er führte meinen Auftrag aus. Der endgültige Entschluss stand erst fest, nachdem uns Artamanow versichert hatte, dass uns Russland nicht im Stich lassen werde, falls Österreich angreifen würde. Artamanow habe ich bei dieser Gelegenheit nichts von meinen Attentatsplänen gesagt."
Die jungen Bosnier, die das Attentat verübt haben, waren fanatisierte arme Schlucker, für die Russland zum Evangelium geworden war. Ihre Anstifter hingegen waren berechnende großserbische Chauvinisten, die die Einsatzbereitschaft und den Idealismus der noch Minderjährigen skrupellos missbraucht haben.
In einem Steinbruch bei Saloniki wurden die drei Hauptanstifter der Morde von Sarajewo erschossen: Oberst Dimitrijevic, Major Vulovic und Rade Malobabic.

+

In den verschiedenen Dienststellen und vor allem im Offizierskasino von Pola redete man davon, dass das Kriegsministerium eine größere Anzahl von Flugzeugen bestellt habe. Bomber und Begleitjäger seien in Auftrag gegeben worden, weil man verstärkt angreifen und über der Adria wieder initiativ werden wolle. „Die Zeit des bloßen Reagierens scheint vorbei zu sein", brachte Drakulic von einer Dienstbesprechung mit. Ein Techniker ergänzte, dass Ferdinand Porsche, der Chefkonstrukteur der Austro Daimler Werke einen Motor mit einer Leistung von 350 PS entwickelt habe. Das sei eine ganz unglaubliche Motorleistung.
Die Seeflieger konnten jedes zusätzliche Flugzeug gebrauchen. Denn neben ihren eigentlichen Aufgaben wurden sie auch immer wieder über dem Isonzogebiet eingesetzt. Dort trafen sie auf starke italienische Fliegerkräfte. Dennoch hatten sie wesentlichen Anteil am erfolgreichen Halten der eigenen Stellungen. Den Marinefliegern war dabei sehr wohl bewusst, dass eine Notlandung in dem verkarsteten, felsigen Gebiet fatal enden würde. Bei Angriffen im Tiefflug auf Bodentruppen setzte die konzentrierte Fliegerabwehr der Italiener den Fliegern

zu.

Paride flog mit hoher Geschwindigkeit über eine Automobilkolonne hinweg und feuerte aus beiden Maschinengewehren, ebenso ein anderer Flieger etwa 500 Meter vor ihm. Auch der feuerte in die Kolonne und zog an deren Ende seine Maschine hoch. Gerade als Paride das auch tun wollte, sah er wie sich unter ihm ein Munitionsfahrzeug in einen Feuerball verwandelte. Ein stechender Schmerz durchzuckte ihn. Während er das Flugzeug weiter hoch und nach rechts zog, arbeitete sein Gehirn fieberhaft: „Irgendwo hat es mich getroffen. Ich sehe noch, es rinnt kein Blut über die Brille, am Kopf wird es nicht sein. Meine Hände reagieren noch, die Arme auch, da ist nichts." Er neigte den Kopf nach vorne und sah an sich herab. Aus dem Oberkörper trat kein Blut aus, auch die Oberschenkel schienen unversehrt zu sein. Paride griff an seine Unterschenkel und spürte das Blut aus einem Schnürstiefel quellen.

Weit und breit war kein Gegner zu sehen. Mit viel Anstrengung gelang es Paride nach mehreren Versuchen, seinen Unterschenkel mit einem schmalen Riemen behelfsmäßig abzubinden. Er spürte kalten Schweiß auf seiner Stirn. Er sah nach vorn, die Küstenlinie begann vor seinen Augen zu flimmern und zu verschwimmen. Paride spürte, wie ihm schlecht wurde. Seine Maschine sackte durch. Er bemühte sich verzweifelt konzentriert und aufmerksam zu fliegen und nicht auf die aufsteigende Übelkeit zu achten.

„Du hast jetzt keine Zeit dich anzukotzen und schlapp machen wirst du auch nicht. Was denken sich die Mechaniker, wenn du wie ein Schwein ankommst, das kannst du nicht machen." Er fühlte sich elend. Triest schien ihm auf einmal unerreichbar fern.

Dann wasserte er in der Nähe des alten Hafens.

Vorsichtig hob man den Verwundeten aus dem Flugzeug und brachte ihn sofort ins Lazarett. „Gute Nacht, das auch noch", sagte sich Paride als er dort ankam. "Das ist das Militärspital, in dem damals der arme Ehrenberger gestorben ist."

„Nach dem Röntgen gleich in den OP mit ihm", hörte er eine befehlsgewohnte Stimme sagen, während er mit geschlossenen Augen auf einer fahrbaren Trage lag. Man schob ihn einen Gang entlang und brachte ihn zum Röntgen. Das ging ganz rasch. Dann wurde er im Operationssaal auf einen Tisch gehoben. Er öffnete die Augen und schaute in das starke Licht von Operationslampen. Er schloss die Augen wieder. „Den Stiefel behutsam aufmachen, Schwester, dann schneiden Sie ihm die Hose vom Leib", sagte die Stimme.

„Narkose, Herr Kollege", hörte Paride noch sagen. Dann wurde ihm eine Art Maske aufs Gesicht gelegt und er merkte noch, wie ihm die Sinne schwanden.

„Gut, da ist er ja wieder unser Flieger", sagte eine warme Frauenstimme und Paride schlug langsam die Augen auf. Er sah sich um. Er lag in einem hohen, hellen, schmucklosen Zimmer. Eine Krankenschwester saß auf einem Stuhl neben seinem

Bett, eine andere ordnete Blumen in einer Vase.

„Wie fühlen Sie sich, wie geht es Ihnen?", fragte die Schwester am Bettrand freundlich.

„Wie es mir geht, weiß ich noch nicht, aber im Augenblick bin ich ziemlich durstig. Was ist mit meinem Fuß?", fragte Paride besorgt.

„Ich hole den Oberarzt", sagte die Schwester vom Tisch her. Die andere reichte ihm ein Glas Wasser und schob die Bettdecke zur Seite: „Da ist er. Keine Angst, er ist noch dran."

Die Tür öffnete sich, ein Mann im weißen Kittel trat ans Bett. Er lächelte. „Ihr Schutzengel hat gut aufgepasst. Ein scharfzackiger Splitter, ungefähr so groß wie mein halber Handteller, hat ihre Wade durchschlagen. Das Wadenbein ist glatt gebrochen. Natürlich haben sie einiges Blut verloren. Was haben wir gemacht? Wir haben die Wunde versorgt, steril verbunden und dann den Gips angelegt. Der hat ein Fenster, damit wir die Wunde weiterhin versorgen können.

Was Ihr Schutzengel damit zu tun hat? Der hat wohl seinen Daumen dazwischen gehalten, denn dem Schienbein ist nichts passiert. Das hätte eine Menge Schwierigkeiten machen können, aber die können wir beruhigt vergessen. Der Schutzengel und wohl auch das Glück des Tüchtigen sind Ihnen beigestanden."

„Danke, Herr Doktor, das sind gute Neuigkeiten. Wann werde ich wieder fliegen können?", fragte Paride bang.

„Jetzt machen Sie aber einen Punkt", meinte der Arzt mit eher gespielter Strenge. „Zwei bis drei Monate wird die Heilung schon dauern. Zuerst gibt es etwas Genesungsurlaub, da gehen Sie am Stock und gewöhnen sich daran. Dann können Sie Berichte verfassen, die hoffentlich wer lesen wird, Anforderungen unterschreiben und ihren Kommandanten beim Verwaltungskram entlasten. Wir werden Sie nichts übertreiben lassen, Herr Fregattenleutnant." Er schaute Paride ernst an. „Sie sind bei uns gut versorgt worden und gut aufgehoben. Parenzo weiß, dass Sie hier bei uns sind. Die Seeflugstation Triest hat das sofort weitergemeldet. Ihre Frau Gemahlin weiß auch schon Bescheid. Ich habe ihr am Telefon genau das gesagt, was ich ihnen gesagt habe. Auch bezüglich der Heilungsdauer. Sie hat es sehr gefasst und tapfer aufgenommen. Ich kann Ihnen ausrichten, dass sie Sie übermorgen besuchen kommt. Wenn Sie etwas brauchen, läuten Sie nur."

Nachdem der Arzt wieder gegangen war, meinte die Schwester fast bewundernd: „Beim Herrn Oberarzt sind Sie in guten Händen. Er ist eine Kapazität vom Wiener Franz Josephs - Spital. Dort wollte man ihn eigentlich nicht weglassen. Er aber hat an die Front gedrängt. Wir sind froh, dass wir ihn haben."

Die Tür zum Krankenzimmer öffnete sich. Vorsichtig spähte Marie hinein. Paride schien zu schlafen. Marie trat ein und stellte eine große Reisetasche ab. Dann nahm sie sich einen Stuhl und setzte sich ans Krankenbett. Besorgt und liebevoll zugleich betrachtete sie ihren Mann. Sie legte ihre Hand zärtlich auf seine.

Nach einer Weile erwachte Paride. Er schaute sie überrascht an.

„Warum schaust du so? Haben die hier denn nicht ausgerichtet, dass ich heute komme?", fragte Marie. Sie beugte sich vor und küsste ihren Mann auf die Wange.

„Doch, doch", kam die Antwort. „Die sind hier sehr zuverlässig, nur habe ich dich nicht so früh erwartet. Ich freu mich doch so, dass du da bist. Wie geht es unseren Buben?"

„Denen geht es gut. Die wissen nichts von dem Schrecken, den du uns allen eingejagt hast. Da läutet auf einmal das Telefon und eine Stimme sagt mir, dass du verwundet bist und in Triest im Lazarett liegst. Ich habe geglaubt mich trifft der Schlag. Mir war natürlich immer bewusst, dass das passieren kann. Ich habe es aber recht gut verdrängt und habe gebetet, dass es nie geschieht. Ich habe gleich hier angerufen. Der Arzt, der Dienst hatte, war sehr liebenswürdig und hat mir ganz undramatisch gesagt, was geschehen ist und wie es dir geht. Das hat mich natürlich schon sehr beruhigt und deine Eltern, wie du dir vorstellen kannst, natürlich auch. Die lassen dich herzlich grüßen und kommen übermorgen zu dir auf Besuch.

Es will ja niemand zugeben, wie sehr wir uns jeden Tag aufs Neue um dich sorgen. Da geht es uns nicht anders als all denen, die einen Mann, einen Sohn oder den Vater an der Front haben. Wir versuchen alle tapfer zu sein und uns nichts anmerken zu lassen. Aber daran kann man sich nie und nimmer gewöhnen, auch wenn der Krieg nun schon drei Jahre dauert. Niemand will es zugeben, aber an der Fassade darf man nicht kratzen, sonst ist das heulende Elend da.

Reden wir doch von was anderem. Den Buben geht es wirklich gut. Johannes will natürlich Flieger werden und geht den ganzen Tag mit einer alten Kappe von dir herum. Er sieht darunter zwar nicht heraus, aber das nimmt er in Kauf. Er malt ein Bild mit Flugzeugen für dich. Es ist nur noch nicht so, wie er es sich vorstellt. Wenn er so da sitzt und sich abmüht, ist er einfach zum Abbusseln. Karl macht jeden Tag Fortschritte und plappert die ganze Zeit vor sich hin. Seine Nonna und mich beglückt er dazwischen immer wieder mit einem ganz nassen Busserl."

„Wenn meine Eltern übermorgen kommen, bin ich wahrscheinlich gar nicht mehr da", versuchte Paride zu scherzen.

„Hast du mir denn nicht zugehört, mein Lieber? Ich habe mit dem Arzt gesprochen. Ich weiß, dass du jetzt einmal da bleibst, bis die Wunde verheilt ist und du dann auf Genesungsurlaub kommst." Sie hielt inne.

„Paride, du weißt nicht, wie ich mich gefühlt habe, wie ich gehört habe dass du verwundet bist. Ich bin tausend Tode gestorben. Zum Glück war dann der Arzt am Apparat und hat mir ganz ruhig und für mich verständlich erklärt, was mit dir geschehen ist." Mit veränderter Stimme sagte sie leichthin: „Das Spitalshemd steht dir übrigens. Geradezu verführerisch schaust du aus. Ich habe dir Toilettesachen und Wäsche mitgebracht und eine andere Uniformhose. Mirna hat sie an

der Naht aufgetrennt, damit du sie dann über den Gips anziehen kannst. Sicherheitsnadeln zum Zuspendeln sind auch dabei."
„Wozu bitte?"
„Zum Zuspendeln. Kennst du das nicht? So sagen wir daheim. Ich meine natürlich, dass die Sicherheitsnadeln dazu da sind, um das Hosenbein wieder behelfsmäßig zusammenzuhalten." Sie lächelte. „Endlich habe ich eine sprachliche Feinheit entdeckt, die du noch nicht kennst! Außerdem habe ich Dir etwas mitgebracht, um die Krankenhauskost ein bisschen aufzubessern."
Sie hatte die Tasche geöffnet und zeigte ihm eine Stange Salami, ein Stück Käse und ein Glas mit Oliven. „Ich geb´ das da in den Kasten hinein. In den beiden Päckchen ist Kaffee. Eines gehört den Schwestern. Die werden das am Nachmittag oder im Nachtdienst ganz gut brauchen können. Das andere gehört Onkel Massimo, der dich morgen besuchen wird, damit du jeden Tag Besuch hast. Ich weiß nicht, wie und wo deine Mutter in diesen Tagen immer wieder Kaffee auftreibt – aber sie tut es.
Der Wein ist für deinen Operateur. Dein Vater ist ganz tief in den Keller gestiegen und hat mir vom Allerbesten, den er hat, mitgegeben."
„Könntest du vielleicht ein bisschen weniger tüchtig und hausfraulich sein und einen armen verwundeten Krieger mit Anspruch auf die Verwundetenmedaille nicht in den Arm nehmen? Ihn unter Umständen sogar küssen? Das wäre ihm nämlich viel lieber als der ganze Dank des Vaterlandes!"
Als sich Marie sehr viel später aus seinen Armen löste, flüsterte sie beruhigt: „Es ist wirklich nur dein Bein verletzt, sonst bist du glücklicherweise ganz der Alte!" Sie hatte gerade ihr Kleid wieder glatt gestrichen und sich etwas zu recht gesetzt, als die Tür aufging. Eine Krankenschwester trat ein und kündigte den Beginn der Visite durch den Chefarzt an.
Paride genoss den letzten Tag seines Genesungsurlaubs unter einem Sonnenschirm im Garten. Er trug weite, bequeme Leinenhosen und ein offenes Hemd. Seine Söhne saßen artig neben ihm und tranken zu ihrem Butterbrot ein Glas Milch. Den beiden hatten die Tage mit dem Vater, den sie ganz für sich gehabt hatten, sehr gut getan. Marie und Parides Eltern waren bemüht gewesen, über den Grund von Parides Urlaub gar nicht zu sprechen und ihm die Tage ganz unbeschwert zu gestalten. Das hatte auch Erfolg gehabt. Alle Anspannung schien von ihm abgefallen. Er war sonnengebräunt und hatte auch wieder ein bisschen zugenommen. Paride hatte es seinerseits vermieden, vom Fliegen und vom Krieg zu reden. So hatten sie ein paar Tage auf einer kleinen Insel des Friedens gelebt.
Am folgenden Morgen hörte Marie den Wagen, der Paride zur Seeflugstation bringen sollte, die Zufahrt heraufbrummen. Paride stand auf, griff nach seiner Kappe und meinte leichthin: „Fregattenleutnant Pollini meldet sich zum Kanzleidienst ab und ferner, dass er zum Abendessen einen Kaiserschmarrn haben

möchte."

Marie reichte ihm seinen Stock und deutete einen Knicks an: „Wünschen der Herr dazu Zwetschkenröster?"

„Ja, das wäre fein."

„Komm bitte so nach Hause, dass du mit den Buben noch was machen kannst. Falls sich das so einrichten lässt", lächelte Marie.

Paride konnte die Gebäude der Seeflugstation schon aus einiger Entfernung sehen. Dort angekommen, meldete er sich bei Drakulic zum Dienst.

„Gut schaust du aus", meinte der. „Ich freu mich wirklich, dass du wieder da bist. Aber ich warne dich gleich – ich habe dir viel Arbeit liegen gelassen. Wie ich erfahren habe, dass du vorerst noch eingeschränkt dienstfähig bist, habe ich den ganzen Papierkram nur ganz rasch durchgeschaut. Was nicht sofort erledigt werden musste, habe ich für dich aufgehoben." Dabei wies er auf einen dicken Aktenstapel. „Sei mir bitte nicht wirklich böse, du weißt ja, wie zuwider mir Tinte und Papier sind."

„Schon gut", lächelte Pollini, „da vergeht wenigstens die Zeit und ich stehe nicht vorm Hangar herum und schau meinen startenden Kameraden sehnsüchtig nach. Außerdem bin ich dann schnell wieder auf dem Laufenden."

Drakulic öffnete eine Lade des Aktenschranks und nahm zwei kleine Schachteln heraus.

„Fregattenleutnant Graf Pollini ich habe den Auftrag, Ihnen die Verwundetenmedaille und das Karl-Truppenkreuz zu überreichen. Dieses wurde Ihnen in Anerkennung ihrer Kriegsluftfahrten verliehen."

Er befestigte die Auszeichnungen an Pollinis Waffenrock und meinte lächelnd: „Die Feindflüge, die dafür notwendig sind, hast du schon seinerzeit in Montenegro absolviert. Die Dekrete liegen in der Postmappe. Da habe ich dir ganz oben einen Irrläufer hineingelegt, der dich vielleicht ein bisschen erheitern. Wie der zu uns gekommen ist und warum so spät, weiß ich nicht. Wenn du mich brauchst oder wenn wer nach mir verlangt, bin ich bei den Technikern."

„Geh nur, ich halte Unnotwendiges schon von dir fern. Ich hole dich nur im Falle einer Bezugserhöhung, einer Beförderung oder beim Friedensschluss", lachte Paride und hob grüßend die Hand.

Er setzte sich an den Schreibtisch und griff nach der ersten Mappe.

K.u.k.23. Korpskommando

R e s e r b a t b e f e h l N r. 1
vom 20. Jänner 1917.
In letzter Zeit sind auffallend viele Geschlechtskrankheiten bei jungen Offizieren (Aspiranten) konstatiert worden. Die meisten Offze geben an, die Krankheit durch

geschlechtlichen Verkehr mit Prostituierten, die sich im Hotel Exzelsior in Triest herumtreiben, erworben zu haben. Um weiteren Offiziersverlusten und Schädigungen an Gesundheit und Leben des Einzelnen entgegenzutreten, haben alle Kommandanten und Ärzte auf die jungen Offiziere belehrend einzuwirken, dahingehend, dass Geschlechtskrankheiten die Gesundheit für lange Zeit, oder auch für das ganze Leben schädigen und eine große Gefahr für Familie und Staat bedeuten. Die Anwendung von Schutzmitteln ist dringend anzuraten und vor geschlechtlichem Verkehr mit Straßendirnen und Prostituierten, die sich im obgenannten Hotel oder anderen Gasthäusern herumtreiben, eindringlich zu warnen. Durch Hebung des Verantwortlichkeitsgefühls jedes Einzelnen dürften diese bedauerlichen Erscheinungen behoben werden können.
Um eine Verschleppung von Geschlechtskrankheiten ins Hinterland zu vermeiden, haben Offiziere, welche in den letzten 8 Wochen geschlechtlich krank waren, sich bei Urlaubsbitten im Feldspital 4/10 in Opcina einer fachärztlichen Untersuchung zu unterziehen. Nur solchen Offz (Aspiranten) darf dann ein Urlaub bewilligt werden, welche vom Spital die ärztliche Bestätigung beibringen, dass sie an keiner infektiösen Geschlechtskrankheit leiden.
Korpskommandant beurlaubt:
L i s c h k a   m. p. Fmlt

+

Die Kontrolluntersuchungen ergaben, dass Parides Wadenbein komplikationslos heilte. Daher flog er etwa zwei Monate nach seiner Verwundung mit einem jungen, gerade der Seeflugstation zugeteilten Piloten von Parenzo nach Pola. Paride sollte vom Beobachtersitz aus gleich auch das fliegerische Können des Neulings beurteilen. In Pola angekommen, begab sich Paride ins Marinespital, wo man ihm seinen Gipsverband abnahm.
„Grauslich und völlig verschrumpelt schaut das Bein aus", meinte Paride zum Arzt. „ Und es riecht auch übel."
Der Arzt schaute ihn über seine Brille an: „Lieber Herr Kamerad, auch die Muskelmasse an der Wade ist etwas geschwunden. Das gibt sich bald wieder. Ich schicke ihnen eine Schwester, die wird Ihr Bein baden und einschmieren. Dann schaut das gleich wieder besser aus." Der Arzt ging aus dem Behandlungsraum und bald darauf trat Mariola ein, die einen Krug mit lauwarmem Wasser und einen Salbentiegel mitbrachte.
„Paride, du bist der Patient?", rief sie, „Da freue ich mich aber, dass ich dich so unverhofft sehe." Sie umarmte Paride und küsste ihn herzhaft auf beide Wangen.
„Gut siehst du aus", stellte ihr Bruder fest. „Deine segensreiche Tätigkeit besteht also darin, dass du anderen Leuten die Füße badest?", fragte er zweifelnd.

„Aber nein, ich mache sonst Dienst im Operationssaal, aber als mir die Oberschwester sagte, da sei ein Offizier da, der so heiße wie ich, war mir klar, dass nur du es sein kannst. Ich wollte dich sehen. Setz dich also auf den Sessel dort und stell den Fuß ins Lavoir."

Damit goss sie das Wasser in eine Emailschüssel und stellte sie hin.

„Wie findest du das, wenn deine Schwester vor dir kniet?", fragte sie lachend und begann sein Bein vorsichtig zu waschen. „Die Narbe ist wunderschön verheilt und bald wird dich nur noch ein blasser Strich an deine Verwundung erinnern." Mariola trocknete das Bein behutsam ab. „So, streck mir den Fuß entgegen. Jetzt kommt die Salbe drauf." Sorgfältig trug Mariola diese auf.

„Die nimmst du dir mit und schmierst dir den Fuß am Morgen und vor dem Schlafengehen ein. Dann hast du bald eine Haut wie ein Babypopo.

Hast du eine andere Uniformhose mit? Mit der aufgetrennten kannst du jetzt nicht mehr aus dem Haus gehen", befand Mariola.

„Natürlich habe ich eine Hose mit", antwortete ihr Bruder, „und die zieh ich auch gleich an, wenn du dich einen Moment umdrehst."

„Du bist zwar nicht der erste Patient, den ich in Unterhosen sehe, aber bitte. Wie lange bleibst du in Pola und kommst du zur Tante?", fragte sie über die Schulter.

„Du kannst dich wieder umdrehen. Ich fliege morgen am Vormittag zurück. Ich werde im Kasino Abendessen und in meinem alten Bett in Mamas Haus übernachten. Grüß die Tante bitte herzlich von mir. Wir treffen uns besser, wenn ich das nächste Mal nach Pola komme. Heute ist sie auf meinen Besuch nicht vorbereitet und unangesagt möchte ich ihr nicht ins Haus schneien."

„Das ist sicher gut so, denn ich habe am Abend Dienst und so kann sie zu Bett gehen wann sie will. Komm mit, ich gehe mit dir in die Schreibstube, damit alle Formalitäten erledigt werden können."

Als Paride dort den Stock, den er in Triest ausgefasst hatte, zurückgeben wollte, bedeutete man ihm, dass es einfacher sei, er würde ihn in Triest wieder abgeben. Die Umbuchung der Gehhilfe aus dem Bestand des Lazaretts in Triest in den des Marinespitals in Pola wäre verwaltungsmäßig ungemein kompliziert und aufwändig.

„Sind die so blöd oder halten die mich für einen Trottel?", fragte Paride seine Schwester fassungslos.

„So sind die Verwaltungsabläufe", antwortete Mariola trocken.

„Wenn ich ein Flugzeug in den Bach schmeiße, dann wird das möglicherweise leichter abgeschrieben, als so ein ganz simpler Stock. Mit dieser bewährten k.u.k. Verwaltung wird das Gewinnen des Krieges nicht einfach werden."

Beim Abschied umarmte Mariola ihren Bruder und sagte zu ihm: „Paride, versprich mir, dass du nie mit was Ärgerem als einem gebrochenen Wadenbein heimkommst!"

Paride drückte sie fest an sich und sagte nur: „Versprochen, meine Große."
Zum Abendessen ging Paride ins Offizierskasino. Da und dort sah er noch ein vertrautes Gesicht. Die Kameraden, mit denen er seinerzeit zusammen gewesen war, waren auf See, auf die verschiedenen Seeflugstationen aufgeteilt oder sonst wo an der Front. Von vielen wusste man auch, dass sie nie wiederkommen würden.
Major Matanovic saß auf seinem Stammplatz.
„Lovro, herzlichen Glückwunsch zur Beförderung!", sagte Paride zur Begrüßung. „Darf ich mich zu dir setzen?"
„Bitte mach mir das Vergnügen", antwortete der Major. „Die Beförderung ist eine nicht mehr erwartete Alterserscheinung und wohl eine Kriegsfolge. Ich habe mich aber gefreut."
Nachdem Paride Platz genommen und gefragt hatte, wie es dem alten Kameraden gehe, antwortete der: „Die Tage vergehen sehr gleichmäßig. Man ist immer mit denselben Leuten beisammen. Wenn man täglich an einer gemeinsamen Aufgabe arbeitet, hat man die gleichen Hoffnungen, Stimmungen und Depressionen. Also ist es Dienst wie immer." Grinsend setzte er hinzu: „Ich lege dem Oberst meine eigenen Ansichten in den Mund. Ganz nach dem Gebot der Stunde bekräftige ich sie durch eifriges Nicken oder verneine sie durch heftiges Kopfschütteln. Er entscheidet dann so, wie wir es brauchen. So kommen wir mit ihm ganz gut zurecht."
„Du hast die politische Lage immer so gut zu erklären gewusst. Wie beurteilst du sie heute?", fragte Pollini interessiert.
Matanovic nahm einen Schluck aus dem Glas, das er vor sich stehen hatte. „Der Rotwein hier ist noch immer ganz passabel. Die Tatsachen der Februarrevolution in Russland sind allgemein bekannt. Man muss auf jeden Fall einkalkulieren, dass den Russen die an sich überaus erfolgreiche Offensive des vergangenen Sommers sehr zugesetzt hat. Über eine Million russischer Soldaten wurde getötet, verwundet oder gefangen genommen. Das kann an den Leuten doch nicht so einfach vorüber gegangen sein. Das muss sich auf die Einsatzbereitschaft und auf die Moral der Soldaten nachhaltig ausgewirkt haben. Die waren kriegsmüde und haben sich mit den streikenden Arbeitern verbrüdert und nicht auf sie geschossen."
In Russland hat die provisorische Regierung die Macht übernommen. Eine ihrer ersten Amtshandlungen war es, die Zarenfamilie im Alexanderpalast in Zarskoje Selo zu inhaftieren. Man hat auch überlegt, den Zaren ins Exil zu schicken. Der König von England, ich glaube der ist sein Cousin mütterlicherseits, hat ihm auch Asyl in England angeboten. Das Angebot musste er dann unter dem Druck seiner Regierung zurückziehen. Ich kann mir auch vorstellen, dass nicht alle Mitglieder des Königshauses von der Idee begeistert waren. Wer weiß, ob der Zar und seine Familie überhaupt ins Exil gehen wollten? Jedenfalls verbannte Ministerpräsident Kerenskij die Romanows samt Gefolge nach Tobolsk in Sibirien. Er hat wohl ge-

hofft, damit die Lage in Petersburg zu entschärfen."

Ein Fregattenkapitän, der sich seine Pfeife mit der Umständlichkeit des passionierten Pfeifenrauchers gestopft hatte, fuhr fort: „Weil die Russen an der Front da und dort die Waffen einfach niedergelegt haben und ins Niemandsland marschiert sind, weiße Tücher geschwenkt haben und sich mit dem Gegner verbrüdern wollten, hat man bei uns schon auf einen Sonderfrieden gehofft. Kerenskij aber wollte die Armee in kürzester Zeit wieder einsatzbereit machen. Er soll wochenlang bei der Truppe an der Front gewesen sein. Fahnenflucht, Meuterei und Befehlsverweigerung wurden wieder hart bestraft. Man hat alles zur Festigung der Disziplin getan und den Offizieren Autorität und Ansehen zurückgegeben. Kerenskij konnte seine Leute wirklich begeistern und die Armee ist tatsächlich wieder einsatzbereit geworden. Dazu hat Brussilow, der geradezu legendäre Sieger des vorigen Sommers, den Oberbefehl übernommen.

Damit war allen klar, auch bei uns in Wien, dass sich Russland nicht so mir nichts, dir nichts aus der Front der Alliierten herausbrechen lassen würde. Der Alltag des Kriegs war wieder da."

Während sich der Marineoffizier seine Pfeife anzündete, ergänzte Matanovic: „Jetzt ist es für seine Majestät notwendig gewesen, durch innenpolitische Maßnahmen auf die Februarrevolution zu reagieren. So sollte der Reichsrat mit allen seinen 516 Abgeordneten erstmals seit 1914 wieder einberufen werden. Tatsächlich ist am 30. Mai der Reichsrat der österreichischen Reichshälfte zusammengetreten. Am Tag darauf wurde die Thronrede des Kaisers verlesen. In sehr allgemeinen und vagen Worten, die meiner bescheidenen Meinung nach wenig bis überhaupt nichts aussagten, hat er die Abgeordneten aufgefordert, im Rahmen der Einheit des Staates und unter verlässlicher Sicherung seiner Funktionen auch der freien nationalen und kulturellen Entwicklung gleichberechtigter Völker Raum zu geben."

Matanovic seufzte: „Für meine kroatische Heimat, an der ich mit meinem ganzen Herzen hänge, kann ich da nichts herauslesen. Die Ungarn, die das in diesem Zusammenhang vor allem angegangen wäre, waren ja nicht einmal dabei."

„Entschuldige, lieber Matanovic, mir ist da noch was eingefallen", unterbrach ihn der Pfeifenraucher. „Die Reaktion der Entente und der Vereinigten Staaten von Nordamerika im Zusammenhang mit der Revolution in Russland hat nicht lange auf sich warten lassen. Deren Argument, der Krieg sei nun ein Krieg der Demokratien gegen die Autokratien geworden, trifft sicherlich nicht zu. Vom Tisch ist es deshalb aber nicht. Natürlich trifft es jetzt auch nicht mehr zu, dass Russland in sehr hohem Maße autokratisch regiert wird und die bürgerlichen Freiheiten dort viel eingeschränkter sind als in Deutschland oder in Österreich-Ungarn. Jetzt gilt für unsere Feinde eben Österreich-Ungarn als Hort der Unterdrückung. Möglicherweise tragen dazu auch die mittelalterlichen Vorstellungen des Kaisers über

das Gottesgnadentum der Kaiser ihren Teil bei." Er zog an seiner Pfeife.
„In Österreich konnte sich der Ministerpräsident Graf Clam-Martincic trotz seiner unzweifelhaften Erfolge bei der Erstellung eines sozialpolitischen Programms nicht wirklich durchsetzen. Bis zum März hatte es auch immer wieder Pläne gegeben, der österreichischen Reichshälfte eine neue Verfassung aufzuzwingen. Angesichts der Ereignisse in Russland wurde eine derartige Gewaltmaßnahme für Österreich aber undenkbar. Diese wäre auf den erbitterten Widerstand aller nichtdeutschen Abgeordneten, aber auch deutsch-österreichischer Parlamentarier, ich denke da an die Sozialdemokraten, gestoßen. Dann versuchte man es eben mit der Einberufung des Reichsrates. Der Ministerpräsident fand auch gegen die ganz ungehemmte nationale Agitation vor allem der Polen und Tschechen kein Rezept. Aber wer hätte das schon gefunden? Schließlich hat er den Hut ebenso genommen wie Tisza in Ungarn."
Ein Korvettenkapitän, der bisher nur interessiert zugehört hatte, meldete sich zu Wort: „Meine Herren, ich bin Ungar. Das ist vermutlich nicht zu überhören. Ich möchte in diesem Stadium zu dem Gespräch auch etwas beitragen. Graf Tisza hatte sich mit der Krönung seiner Majestät eine gewisse Atempause verschafft. Die Opposition in Ungarn hat die Ereignisse in Russland als Zeichen dafür genommen, dass jetzt die Zeit für Reformen gekommen wäre. Tisza hat das nicht so gesehen. Er hat Ungarn und seine Person als Garanten für Kontinuität, Stabilität und Gewaltenteilung in einer Welt betrachtet, die immer chaotischer wird. Seine Majestät hat von ihm ein Wahlgesetz aufgrund eines allgemeinen, gleichen und direkten Wahlrechts gefordert. Tisza hat das abgelehnt. Sein Argument dagegen war, dass es in Ungarn erst vor vier Jahren eine Wahlrechtsreform gegeben hätte. Er erklärte sich nur bereit, das Wahlrecht auf die kleinen Grundbesitzer, die Industriearbeiter und die, die sich im Krieg den Ehrentitel „vitez" verdient hatten, auszudehnen. Das war dem Kaiser und der Opposition nicht genug.
Der Abgang des Ministerpräsidenten ist nicht ohne Resonanz geblieben. Vor allem im Deutschen Reich hat man seinen Rücktritt bedauert. Seine Majestät aber hat gemeint, dass ein Albtraum von ihm genommen sei. Wer aber geglaubt hatte, in Ungarn würde nun sofort das allgemeine und gleiche Wahlrecht eingeführt, wurde enttäuscht. Somit hatte Tiszas Rücktritt keine Folgen und er hätte auch unterbleiben können. In Ungarn, meine Herrn, ist zu meinem großen Bedauern die Zeit der Rücksichtnahme und des Ausgleichenwollens wohl vorbei. Die Radikalen drängen auch dort an die Macht. Deshalb glaube ich, mein lieber Matanovic, dass sich niemand um eine neue Struktur des Reiches annehmen wird, wie sie seinerzeit wohl dem ermordeten Thronfolger vorgeschwebt war. Darum wird man sich vermutlich erst nach dem Krieg kümmern wollen".
Bitter setzte er hinzu: „Wenn dann noch die Zeit und der Wille dazu vorhanden sein sollten."

✝

„Warum schaust du mich denn so prüfend an?", fragte Marie ihren Mann. Sie hatte gerade ihren jüngeren Sohn im Park eingefangen und war ein bisschen außer Atem.

„Ich sollte es dir ja lieber nicht sagen, weil du mir sonst noch eingebildet wirst. Der Stefan Drakulic hat mir heute erzählt, dass dir unser Kamerad Földy wohl das schönste Kompliment gemacht hat, das ich je gehört habe. Er hat gemeint, dass dann, wenn du in einem Kaffeehaus oder in einem Restaurant aufstehst und gehst, das Gespräch an den Tischen auf einmal verstummt. Und nachher würde es auch nur sehr zögernd wieder zustande kommen."

Marie lächelte. „Was sagst denn du dazu? Du gibst dem Földy doch hoffentlich Recht!"

„Ich kann ihm zu seiner ausgezeichneten Beobachtungsgabe nur gratulieren", antwortete Paride und nahm seine Frau in die Arme. Dazu kam er in diesen Wochen ohnehin viel zu selten, denn die Italiener hatten ihre Angriffe auf Parenzo intensiviert. Tagsüber kamen Flugzeuge, nachts hingegen Luftschiffe. Bei ihrer Abwehr zeichnete sich Linienschiffsleutnant Drakulic durch sein fliegerisches Können und seinen unerhörten Mut ganz besonders aus. So verhinderte er auch einen italienischen Luftangriff auf das U-Boot U 11.

Bei rauer See und schlechter Sicht hatten die Italiener ein Torpedoboot versenkt. Auch aus der Luft wurde nach Schiffbrüchigen gesucht. Paride kam gerade von einem Aufklärungsflug an den Tagliamento. Er entdeckte einen erschöpften jungen Seemann, der im Meer trieb, nahm ihn auf und brachte ihn zur Seeflugstation Parenzo zurück.

In diesen Tagen wurden auch vermehrt französische Piloten gesichtet, die in die Luftkämpfe eingriffen. Einer von ihnen wurde in über 3000 Metern Höhe über Parenzo gestellt, nahm aber Reißaus und konnte zu den eigenen Linien entkommen.

Am frühen Morgen des 24. Oktober entbrannte die 12. Isonzoschlacht. Die italienischen Truppen hatten kaum eine Gelegenheit dem vernichtenden Feuer der österreichischen Artillerie zu entkommen. Der Raum am Ausgang des Beckens von Flitsch war zu eng, um dem Feuer auszuweichen. Schneeregen und Nebel schufen geradezu ideale Bedingungen für den Einsatz von Gasgranaten, deren tödliches Gift sich lähmend und bleiern über das Tal legte.

Nachdem sich die giftigen Wolken verzogen hatten, griff die Infanterie an. Die Österreicher durchbrachen in der Enge von Saga das Stellungssystem der Italiener, die durch den Gasangriff entweder getötet oder kampfunfähig waren. Südlich davon stürmten deutsche Truppen durch die Talengen und über die begleitenden Höhen. Dabei war es für die, die über die Berge angriffen, sehr schwer, den Anschluss an die im Tal vorgehenden Regimenter zu halten.

Nach den ersten Durchbrüchen und durch das Zurückweichen der 2. italienischen Armee ging es nur noch nach vorne. Am zweiten Tag griffen zwei Armeen der Heeresgruppe des General Boroevic, des Löwen vom Isonzo, in die Offensive ein und drangen parallel zur Adriaküste vor. Das zwang die 3. Armee der Italiener zum Rückzug. Am dritten Tag der Schlacht brach die Front der Italiener zusammen. Ihre 2. Armee stand vor der Vernichtung.

Am Tagliamento kam der Angriff der Österreicher und ihrer deutschen Verbündeten kurzfristig zum Stehen.

Am 31. Oktober inspizierte Kaiser Karl die Seeflugstation Parenzo. Der Kaiser war als Thronfolger an der ostgalizischen und an der italienischen Front im Einsatz gewesen. Er war gern bei seinen Soldaten vorne im Feld. Ursprünglich Dragoneroffizier, war er als Major Kommandant des 1. Bataillons des Infanterieregiments 39 in Wien. 1916 erfolgte seine Ernennung zum Feldmarschallleutnant.

Die Ankündigung der Inspektion durch den Kaiser und Oberbefehlshaber war mit recht wenig Aufregung verbunden. „Was wäre das wohl in Friedenszeiten gewesen", bemerkte Drakulic lächelnd zu Paride. „Tagelang wäre geschrubbt und geputzt worden. Verzweifelt hätte man versucht das Lieblingsessen des Kaisers in Erfahrung zu bringen. Dabei hätte wohl niemand daran gedacht, dass man dem armen Kaiser, in der Hoffnung ihn damit günstig zu stimmen, das wohl überall vorgesetzt hätte und es ihm damit schon zum Hals heraushängen muss. Übereifrige hätten vermutlich sogar die Bäume gewaschen, die Blumen abgestaubt und die Wege mehrfach mit frischem Kies bestreut. Exerzieren hätten wir müssen bis die Schwarten krachen. Pollini, da wärst du mit deiner infanteristischen Vergangenheit aber schön drangekommen."

„Gibt es irgendwelche Vorgaben vom Kommando in Pola? Weißt du schon, was der Kaiser unbedingt sehen will?", fragte Paride interessiert.

„Nein, bis dato nichts. Die Unterlagen, die Personal, Fluggerät und Material betreffen, haben wir, dank deiner Bemühungen, ohnehin auf dem neuesten Stand. Zum Essen gibt es das, was an dem Tag auf dem Speiseplan steht und auch in der geschmacklichen Qualität, wie es tagtäglich zubereitet wird. Der Kaffee, der bei Bedarf serviert wird, ist der, der sonst auch auf den Tisch kommt. Seine Majestät ist Soldat und will bestimmt keine Extrawurst."

„Die hätten wir auch nicht zu bieten, obwohl ich schon glaube, dass im letzten Moment aus Pola noch Verpflegszubußen kommen werden. Ich kenn´ doch unsere Pappenheimer", feixte Paride.

Pünktlich zum festgesetzten Zeitpunkt traf die kleine Automobilkolonne auf der

Seeflugstation ein. Der Kaiser, sehr schlank und sehr jung aussehend, stieg behend aus dem Wagen. Er trug wie immer Uniform.

Drakulic meldete die Besatzung der Seeflugstation Parenzo und der Kaiser schritt mit ihm die Front der Angetretenen ab.

Auf einen Wink des Kaisers trat einer seiner Adjutanten mit einem weiteren Offizier heran. Der trug auf einem kleinen Tablett, das mit rotem Samt bezogen war, einige Etuis mit Orden vor sich her.

Der Kaiser zeichnete neben einigen Unteroffizieren auch Mannschaften aus. Die gänzlich überraschten Männer strahlten vor Glück und Stolz. Der Kaiser richtete an jeden der Ausgezeichneten ein paar persönliche, sichtlich aber auch interessierte Worte.

„Majestät, ich melde, dass Fregattenleutnant Graf Pollini und Seefähnrich Földy zusammen mit Piloten anderer Stationen derzeit Patrouille fliegen. Sie sichern so den Luftraum über uns. Mit ihrer Rückkehr ist aber in der nächsten halben Stunde zu rechnen", meldete Drakulic, als er den verblüfften Blick des Kaisers auf zwei übrig gebliebene Etuis sah.

„Lassen Sie die Leute abtreten, Herr Linienschiffsleutnant. Für nachher bitte ich um eine Tasse Kaffee und ein Glas Wasser", sagte der Kaiser freundlich. „Sie, Herr Linienschiffsleutnant, stellen mir dann als Kommandant dieser Seeflugstation die Lage in personeller und materieller Situation dar."

Nach einer kurzen Kaffeepause begann Drakulic seinen Vortrag. Der Kaiser gab einem Offizier seiner Begleitung immer wieder ein Zeichen, wenn er etwas notiert haben wollte. Während des Lagevortrags war das Motorengeräusch der beiden hereinlandenden Flugzeuge zu hören.

„Veranlassen Sie bitte, dass die beiden Herren bei ihren Maschinen verbleiben", bedeutete der Kaiser einem seiner Begleiter.

Drakulic ging in seinem Lagevortrag auch auf die besondere Bedeutung Venedigs als Marinestützpunkt ein und meldete seinem Kaiser auch soldatisch offen die Bedenken der Marineflieger wegen der angeblich offenen Städte im Hinterland der Front und deren tatsächlicher militärischer Bedeutung. Der Kaiser hörte sehr aufmerksam zu. Nachdem der Lagevortrag beendet war, dankte der Kaiser und erklärte, dass er diese Überlegungen und Anregungen sicherlich bei seinen Entscheidungen überlegen und berücksichtigen würde.

Dann begab sich der Monarch mit seiner Begleitung und dem Kommandanten auf das Flugfeld und verlieh Paride den Orden der Eisernen Krone 3. Klasse mit der Kriegsdekoration und den Schwertern und Földy das Karl-Truppenkreuz.

Am 2. November überschritt die 55. k.u.k. Infanteriedivision den Tagliamento. Damit war ein Übersetzen des Flusses in breiter Front möglich geworden und der Wettlauf zur Piave begann. Die Italiener gewannen ihn und sprengten am 9. November alle Brücken.

Trotzdem hatte sich die Lage an der Front innerhalb weniger Wochen grundlegend geändert. Die Österreicher hatten die Front weit gegen Venedig verschoben und auch die Frontlinie in den Bergen war erheblich verkürzt worden.

Mit dem Durchbruch von Flitsch und Tolmein begannen für die Bevölkerung der Donaumonarchie wieder Wochen, in denen man hoffen und glauben konnte, der Krieg würde eine entscheidende Wendung zugunsten des Reiches nehmen.

Marie sagte zu Paride: „Ich bemühe mich und werde damit auch nicht aufhören, dass ich alle Vorbereitungen für diesen Glückstag treffe. Für den Tag, an dem endlich wieder Frieden herrscht, für den Tag, an dem ich nicht mehr um dich zittern muss und an dem ich mir keine Sorgen mehr um die Zukunft unserer Buben zu machen brauche. Die mache ich mir jeden Tag", gestand sie mit Tränen in den Augen.

Die Bilanz der Kämpfe war wirklich beeindruckend. Es bestand aber aufgrund des Regens, der aufgeweichten Wege und der immer geringeren Mengen an Nachschub keine Aussicht mehr, die so erfolgreiche Offensive weiter vorantreiben zu können. 10.000 Italiener waren gefallen, 30.000 verwundet, 294.000 Mann in Gefangenschaft geraten und dem Vernehmen nach waren zumindest zwischendurch viele Soldaten davongelaufen, um nicht mehr kämpfen zu müssen.

Anfang Dezember kamen die Fronten zum Stehen. Im Hinterland und in der Heimat sah man fasziniert auf die gewaltigen Massen kriegsgefangener Italiener, die in die für sie vorgesehenen Lager gebracht wurden. Sie wurden als Beweis für den großen Sieg über den abtrünnigen Bundesgenossen angesehen.

Auch die Kriegsmarine hatte in die 12. Isonzoschlacht eingegriffen. Sie hatte den Auftrag erhalten, den Rückzug der Italiener mit Seestreitkräften und Fliegern nachhaltig zu stören und zu behindern. Auch in diesem Falle bewährten sich die Seeflieger außerordentlich und erhielten von der Obersten Heeresleitung die höchste Belobigung für ihre Einsätze während der Schlacht.

In diesen Tagen schrieb Dr. Kick, mittlerweile zum Oberleutnant ernannt, in sein Tagebuch: Nur sehr wenige in der Heimat sind sich wohl der Tatsache bewusst, dass dieses siegreiche Gemetzel am Isonzo, das als die 12. Isonzoschlacht in die Geschichtsbücher eingehen wird, über viele Wochen eine große Anzahl der Lokomotiven und Waggons der Donaumonarchie gebunden hatte, um den Aufmarsch und die Versorgung der Truppen zu gewährleisten. Je weiter die eigenen Truppen vordrangen und umso größer der Sieg wurde, umso länger waren diese Transportkapazitäten gebunden. Während der ganzen Zeit konnten Hinterland und Heimat nicht ausreichend versorgt werden, blieb die Kohle auf den Halden liegen und die Lebensmittel in Scheunen und Lagerhäusern.

Ab November mussten auch die Massen der neuen Kriegsgefangenen mitversorgt, gekleidet und ernährt werden. Es wird auch seine Zeit dauern, bis diese Leute als

Ersatz für fehlende Arbeitskräfte verwendbar sind.
Das Königreich Italien ist zwar an den Rand des Abgrunds gedrängt worden, Österreich-Ungarn hat meines Erachtens aber einen klassischen Pyrrhussieg errungen.
Der Kaiser, der so gern als Friedenskaiser in die Geschichte eingehen möchte, was ich ihm wirklich wünschen würde und was ihm niemand verdenken kann, wird die Verantwortung für den Einsatz von Giftgas am Isonzo zu tragen haben. An der Front in Frankreich mag das ja der Alltag sein, Österreicher haben bisher, zumindest so viel ich weiß, aber noch nie zu dieser heimtückischen Waffe gegriffen.

+

Ing. Ernst von Fleissner, seit kurzem Oberleutnant, war als Offizierskurier nach Wien in Marsch gesetzt worden. Jetzt stand er vor dem Haus, in dem die Dienststelle untergebracht war. Das Haus war vom langsamen Verfall gekennzeichnet, wie jedes Gebäude, in dem sich ein Universitätsinstitut oder eine Behörde eingerichtet hat. Fleissner meldete sich an und übergab bald darauf die Kuriertasche dem zuständigen Bearbeiter, einem Oberstleutnant. Er sah sich einem schlanken, drahtigen Offizier mittleren Alters gegenüber, dessen linker Ärmel des Uniformrocks leer herunterhing.
Der Oberstleutnant bemerkte Fleissners Blick. Eher beiläufig sagte er: „Den Arm habe ich in Galizien gelassen. Unser vorgeschobener Gefechtsstand hat sich in einem Keller befunden, der unter Artilleriebeschuss eingestürzt ist. Ein Kellereinsturz beginnt einmal mit dem Stützpfeiler, der auf einmal in der Mitte des Raumes wegknickt. Es hat eine ganze Zeit gedauert, bis ich bemerkt habe, dass wir vom Schutt eingeschlossen sind. Ein steinerner Träger ist auf meinem Arm gelegen und das Leitungswasser ist ausgetreten. Es hat zu steigen angefangen. Ich hatte solche Angst zu ertrinken, dass ich meinen zerquetschten Arm gar nicht so sehr gespürt habe. Die Bergung hat Stunden gedauert. Einer hat ìn der völligen Finsternis immer geschrieen: ´Du stehst auf meinem Gesicht!´ Als man den Träger endlich hochgewuchtet und mich ins Lazarett gebracht hatte, konnte man meinen Arm nur mehr in den Kübel werfen.
Jetzt habe ich deine ungestellte Frage beantwortet, Herr Oberleutnant. Dafür erzählst du mir jetzt, wie es draußen an der Front ausschaut. Was du da in der Tasche mitgebracht hast, muss ich lesen, ob ich es will oder nicht. Sag´ mir also nicht nur, was drinnen steht, sondern sag mir deine ganz persönliche Ansicht.
Ich will sie vor allem deshalb hören, weil ich immer bei der Truppe in zum Teil ziemlich vergessenen Garnisonen Dienst gemacht habe, ehe man mich als Krüppel nach Wien geholt hat. Ich war immer dort, wo auf Festlichkeiten zumeist Abend-

kleider, die von einer braven Hausschneiderin stammten, getragen worden sind. Hier in Wien musste ich in der vergangenen Woche für meinen Chef auf eine Soirée gehen. Da trugen die Damen natürlich Kreationen der führenden Modehäuser. Die Frau des Generals, Tochter eines konvertierten Bankiers, hat ein Kleid aus türkisfarbenem Satin und dazu ihre berühmten Smaragde getragen.

Wie üblich waren auch Subalternoffiziere geladen. Nette, höfliche junge Männer, die man an der Front wie einen Bissen Brot brauchen würde. Wie im tiefsten Frieden hatten sie die Offiziersgattinnen und die Backfische von Töchtern zu betreuen. Da muss ich einfach hören, was man draußen denkt, sonst werde ich hier noch wahnsinnig. An den Fronten verblutet die Armee und hier spielt man heile Welt."

Er schaute auf die Pendeluhr an der Wand. Die Uhr und ein vergrößertes Foto, das mehrere junge Soldaten zeigte, die mit ihren Pferden unter einer Baumgruppe Rast machten, waren der einzige Schmuck in der sonst kahlen, zum Hinterhof gehenden Kanzlei.

„Herr Oberleutnant, hast du heute noch was vor?"

„Nein, Herr Oberstleutnant, meine Reise nach Wien ist so überraschend angesetzt worden, dass ich niemanden von meinem Kommen verständigen konnte. Mein Quartier habe ich bereits bezogen."

„Gut, sehr gut. Dann gehen wir jetzt ins Kasino zum Abendessen. Da gibt es zwar einen Schlangenfraß, aber man gewöhnt sich auch an den. Schuld daran sind nicht die Köche, sondern die katastrophale Versorgungslage. Dafür lade ich dich anschließend zur Berta Kunz ein."

Zum Abendessen trank der Oberstleutnant nur Wasser. Er meinte, dass er das Bier, das so genannte Kriegsbräu, nicht einmal zum Waschen der Füße verwenden würde.

„Trotz der zunehmend subversiven Stimmung in der Heimat", sagte Ernst, „halten die Massen der 12 Nationen Österreich-Ungarns still. Ihr Interesse gilt noch nicht den Versprechen der tschechischen und jugoslawischen Exilpolitiker, die aus sicherer Entfernung goldene Zeiten versprechen, wenn nur die Monarchie erst einmal zerschlagen wäre. Viele Reserveoffiziere bei den Ersatzbataillonen sind Hinterlandstachinierer, die sich, mit Verlaub, einen Dreck um die kümmern, die schon an der Front gewesen oder aus der Gefangenschaft heimgekommen sind. Die Militärgeistlichen kommen den Soldaten immer wieder mit dem Fahneneid und sonst nichts. In der Heimat gibt es dafür die politisierenden geistlichen Herrn, die wir auch im Reichstag zur Genüge haben. Da meine ich nicht die 18 Mitglieder des Herrenhauses, die durch ihre hohe Kirchenwürde dort Mitglieder sind. Ich meine nicht die Erzbischöfe und Metropoliten von Salzburg bis Lemberg und Czernowitz, sondern ganz andere. Ich bin dafür, dass man dem Kaiser gibt, was des Kaisers ist und sich die Kirche aus der Politik heraushält. Das tut sie aber nicht. Da sitzen jede Menge geistliche Herren im Abgeordnetenhaus und machen

Politik. Da redigiert zum Beispiel ein slowenischer Geistlicher die Zeitung der slowenischen Volkspartei und die ist wieder das Organ des im Wiener Parlament recht einflussreichen Dr. Korosec aus Marburg an der Drau. Die Slowaken beziehen ihre politische Umschulung von daheim, wo die Masse auf den Pfarrer von Rosenberg, den Herrn Hlinka, hört. In Böhmen führt ein weiterer Geistlicher, der Herr Dr. Zahradnik, die mächtige Partei der Agrarier und macht aus seiner Abscheu gegen die Habsburger und ihre Regierung in Wien gar keinen Hehl. Die Wiener Christlichsozialen sind noch schwarzgelb bis in die Knochen. In den Kronländern soll es aber schon Abgeordnete dieser Partei geben, die sich auf eine ganz andere Zukunft vorzubereiten scheinen."
Der Oberstleutnant hörte aufmerksam zu. Von Zeit zu Zeit nippte er an seinem Wasserglas. Ernst fuhr fort: „Der wirkliche Feind der breiten Masse ist aber nicht die Monarchie und nicht der Kaiser oder gar die Kaiserin, sondern der Hunger. Das ist in der Heimat nicht anders als an der Front. Wie heißt es doch so schön – wie die Verpflegung so die Bewegung.
Der Hunger tut umso mehr weh, weil man weiß, dass man in Ungarn nicht zu hungern braucht. Dennoch wird nichts herüber geschickt. Schieber und Kriegsgewinnler haben ein gutes Leben. In den Städten aber wissen Frauen, deren Mann im Feld ist und die vielleicht selbst auch noch in einer Fabrik arbeiten müssen, nicht wovon sie ihre Kinder ernähren sollen, wo sie das Petroleum für die Lampe und das Heizmaterial für den Ofen herbekommen.
Dabei sind Lebensmittel offenbar da. Aber sie gehen durch zu viele Hände und überall bleibt etwas hängen. Es ist hinlänglich bekannt, dass man einigen bekannten Schiebern auf Verlangen des Kaisers den Prozess gemacht hat. Geholfen hat das gar nichts. Diese Gauner sind nicht eingesperrt worden und an die Front hat man sie auch nicht geschickt."
„Das war deutlich", meinte der Oberstleutnant. „Ich danke dir für deine Offenheit, Herr Oberleutnant." Er stand auf und legte seine Serviette beiseite. „So, jetzt kommt der angenehme Teil des heutigen Abends. Wir gehen zur Frau Kunz."
Das Lokal der Berta Kunz lag gleich hinter der Albrechtsrampe. Hier verkehrten vorwiegend Offiziere. Die Logen hatten keine Vorhänge und am Flügel, Frau Kunz akzeptierte nur Bösendorfer, saß ein wirklicher Könner. An den Wänden hingen die Fotografien der Helden. Aus der Zeit vor dem Kriege waren das die Herrn aus der Freudenau und der Kriau und die Sieger der Offiziers- und Distanzritte. Aber auch Bilder unvergessener Künstler und die der ersten Flugzeugführer waren darunter. Sein Bild mit Widmung bei der Berta Kunz zu haben, war so viel wie beim Hoffotografen mit seinem Bild in der Auslage zu sein. Der Krieg hatte das Stammpublikum um rund 70 Prozent vermindert. Das war Anteil der aktiven Offiziere an den Kriegsverlusten des Offizierskorps. Doch für den Ausfall kam Ersatz und der war auch nicht von schlechten Eltern.

Über den Flügel beugte sich lachend und singend ein hoch dekorierter Fliegeroffizier. Hermann Dostals Fliegermarsch begeisterte nicht nur den blutjungen Leutnant, sondern auch alle anderen. Sie sangen froh und lautstark mit.
Der kriegsversehrte Oberstleutnant schaute nachdenklich in die Runde, über der der Rauch zahlloser Zigaretten und Zigarren hing. Diese übermütigen, noch sehr jungen Männer, Artilleristen, Husaren, Dragoner und Ulanen, die von der Infanterie, deren Los ebenso gefährlich, aber nicht so strahlend war wie das der Flieger, die Pioniere, die Fernmelder und all die anderen, würden nach einem kurzen Heimaturlaub ohne nachzudenken ihr Leben für ihr Land und ihre Kameraden einsetzen.

Nachdem italienische Flugzeuge Parenzo mehrfach bombardiert und dabei nicht unerheblichen Sachschaden angerichtet hatten, griffen österreichische Seeflieger Bahnanlagen im Raum von Treviso an. Neue, schwere Bomben kamen bei Mola und Ceggia zum Einsatz.
Den Italienern standen seit einiger Zeit die besten Jagdflugzeuge der alliierten Produktion zur Verfügung. Sie änderten ihre Taktik und griffen einzelne österreichische Flugzeuge in Schwärmen bis zu 15 Flugzeugen an. Trotz dieser Überlegenheit blieben die Erfolge weit hinter den Hoffnungen zurück, da sich die Jäger gegenseitig behinderten.
Erfolgreicher waren die Bomber. Sie wurden in geschlossenen Verbänden eingesetzt, während die Österreicher zumeist in Abständen von ein bis fünf Minuten angriffen. Dabei konnten sie sich zwar gegenseitig nicht decken, splitterten dafür aber die Abwehr auf.
„Nun haben uns die Amerikaner auch noch den Krieg erklärt", meinte Parides Vater bei einem späten Abendessen zu seinem Sohn. Das Feuer im Kamin knisterte und spendete wohlige Wärme. „Wir haben Amerika zwar überhaupt nicht bedroht und ein sogenanntes feindseliges Verhalten haben wir den Vereinigten Staaten gegenüber auch nicht an den Tag gelegt. Ich befürchte sehr, dass es jetzt mit einem Frieden des Ausgleichs in Europa wohl nichts mehr werden kann."
„Papa, Amerika ist auf der Seite der Entente schon im April in den Krieg gegen Deutschland eingetreten. Obwohl man es bei uns nicht wahrhaben wollte, war es doch abzusehen, dass früher oder später auch die Kriegserklärung an die Verbündeten der Deutschen erfolgen wird. Jetzt ist es eben so weit."
„Der amerikanische Präsident hat eine Reihe von Punkten für eine, wie er meint, gerechte europäische Nachkriegsordnung festgelegt. Ich gebe offen zu, dass ich nicht sehr viel über Amerika weiß. Ich nehme aber an, nein, ich bin mir ganz sicher, dass der amerikanische Präsident von Europa noch viel weniger Ahnung hat und sich in einer gewissen Überheblichkeit als Heilsbringer sieht. Die Punkte, die er festgelegt hat, betreffen die Habsburgermonarchie massiv. Er verlangt nicht

nur eine Grenzberichtigung gegenüber Italien nach nationalem Besitzstand, was immer er darunter auch verstehen mag. Dazu kommt ferner die autonome Entwicklung der Völker Österreich-Ungarns, was auf nichts anderes als auf die Zerschlagung des Reiches abzielt. Da fällt die Forderung nach Räumung der besetzten Balkanstaaten kaum noch ins Gewicht."
Im Raum hörte man jetzt nur das Knistern des Kaminfeuers.
„Ettore, das heißt ja, dass wir Italiener werden sollen", sagte die Gräfin nach einer Weile fassungslos zu ihrem Mann.
„Vielleicht auch Kroaten, Südslawen oder wer weiß sonst noch was", kam die Antwort. „Auf jeden Fall scheinen die Amerikaner zu einem Kreuzzug nach Europa antreten zu wollen. Bei den bisher bekannten Kreuzzügen ist, Marie, du hörst bitte weg, außer der Syphilis allerdings kaum was nach Europa gekommen."
„Papa, greif bitte zu, du hast kaum was gegessen", sagte Marie in die Stille hinein und reichte ihrem Schwiegervater eine Platte mit Käse. „Auch wenn dir nicht danach zumute ist, so musst du trotzdem was essen.
Meine Mutter hat mir geschrieben, dass in den großen Städten und überhaupt dort, wo die Fabriken stehen, die Leute viel zu wenig zu essen haben. Alle sind unterernährt, das Wort habe ich überhaupt zum ersten Mal gehört, und werden dadurch auch viel anfälliger für Krankheiten. Das ist doch schrecklich und ist bisher nicht da gewesen. In Wien ist ein Ministerium für Soziale Fürsorge eingerichtet worden."
„Wir haben noch gar nicht darüber gesprochen, wie denn eure Weihnachtspläne für heuer aussehen", schnitt Parides Mutter ganz bewusst ein anderes Thema an.
„Wir bleiben in Parenzo", antwortete Marie. „Natürlich wären der Schnee und Weihnachten in den Bergen schön für die Buben. Wir wollen aber Paride nicht wieder allein lassen. Ich hoffe doch sehr, dass er am Heiligen Abend frei hat, wenn seine Familie hier ist. Und dich und Papa wollen wir auch nicht allein lassen. Hoffentlich kann Mariola auch kommen, sie hätte sich das verdient, und dann wäre die ganze Familie wieder einmal beisammen."
„Hast du das alles schon mit deinen Eltern abgesprochen?", fragte Paride interessiert.
„Ich habe es ihnen geschrieben und sie haben meinen Standpunkt verstanden. Wir können dem Krieg nicht ausweichen und wir gehören nun einmal zu dir und damit hierher."
Paride legte seine Hand zärtlich auf die ihre.
„Wir werden ein sehr schönes Weihnachtsfest haben. Daran kann auch die Tatsache, dass es nun schon die vierten Kriegsweihnachten sind, bestimmt nichts ändern. Vielleicht werden die Geschenke weniger reichlich sein, aber wir sind alle zusammen und nur das ist wichtig", sagte die Gräfin leise.

+

Die Luft am Monte Rombon war seit Wochen klar, kalt und spröde. In den Nächten lagen die Schneefelder blau und stumpf da, bei Tag waren sie weiß und schienen endlos zu sein. Irgendwo in dieser Einöde hockte der Feind. Die Soldaten saßen in ihren Unterkünften, kauten trockenes Brot, das ihnen in der Hand schon zerbröselte und schimpften auf Gott und die Welt.
Unten im Tal lagen die Dörfer eingehüllt in dichten Nebel. Die Temperatur war auf Minusgrade gesunken und sank weiter. Bäume und Büsche bewegten sich wie Skelette im Wind, der nicht ausreichte, um den Nebel zu vertreiben. Der kleine Fluss war noch eisfrei. Sein Wasser spiegelte den grauen, trüben Himmel wider. Da sind nur mehr die Alten und die Frauen mit den Kindern. Sie haben im Frühjahr ihre Furchen gezogen, die Zwiebeln in die Erde gelegt, das Gemüse gepflanzt, während in ihren alten Rücken der Schmerz hämmerte. Ehe der Herbst kam, hatten sie Körbe mit Beeren und Pilzen aus den Wäldern geschleppt. Die Frauen haben jetzt Männerarme. Sie wenden das Heu, graben die Kartoffeln aus, zwingen die Kühe ins Joch, Ochsen gibt es schon lange nicht mehr, treiben die Schafe in den Stall. Manchmal kommen Soldaten durch. Da wird nicht mehr gescherzt wie in den ersten Jahren, aber man gibt ihnen Milch und Brot und, wenn die Hühner gelegt haben, auch Eier.
Die Soldaten der Marschkompanie trotteten mit gesenkten Köpfen dahin. Die Riemen ihrer Tornister haben sich schon tief in ihre Schultern gegraben, seit sie auf einem kleinen Bahnhof aus dem Zug gestiegen sind. In den Viehwaggons hatte wenigstens der kleine, rot glühende Kanonenofen Wärme gespendet.
Ein junger Hauptmann hatte die Soldaten am Bahnhof erwartet. Mit seinen sanften blauen Augen sah er eigentlich gar nicht wie ein Soldat aus. Nach einem etwa zweistündigen Marsch gönnte er seinen Leuten eine Ruhepause im Kreuzgang eines kleinen Klosters. Dort schenkte die Oberin persönlich mit ihren Nonnen heißen Tee aus und eine Schar überraschend fröhlicher Novizinnen verteilte knuspriges Brot, frisch aus dem Backofen. Es war nur dünn mit Butter, dafür aber reichlich mit köstlicher Johannisbeermarmelade bestrichen.
Die Nacht begann niederzusinken und die Männer mussten weiter. Neben dem Weg, der allmählich in einen Steig überging, rauschte der Gebirgsbach. Aus den kleinen Fenstern einsam liegender Häuser fielen Lichtstreifen und manche davon würden lange nicht erlöschen. Das Licht griff in die Zweige der alten Obstbäume vor den Häusern und legte Streifen über den Schnee.
„Ich habe von Mama erfahren, dass Ernst an die italienische Front versetzt worden ist. Hast du das gewusst?", fragte Marie ihren Mann.
„Die haben für die Offensiven Leute mit Erfahrung im Transportwesen gebraucht.

Ich habe vor ein paar Tagen einen Brief von Ernst bekommen. Der hat Schreckliches mitgemacht und deshalb habe ich dir den Brief ganz bewusst nicht gezeigt", antwortete Paride ernst.

„Auch wenn der Brief an dich gerichtet war, musst du mir doch davon was sagen. Der Ernst ist doch kein Wildfremder, sondern immerhin mein Bruder", meinte Marie vorwurfsvoll.

Ihr Mann griff in die Brusttasche seiner Uniform und holte einen Brief heraus. „Bitte, lies selbst", sagte er leise.

Marie las: *„ Kurz nach meiner Transferierung an die italienische Front bin ich in einen Artillerieüberfall geraten. Ich habe es nicht mehr bis in die nächste Deckung geschafft. Aber wo wäre eine gewesen, die einigermaßen Sicherheit versprochen hätte? Mir haben die Beine versagt und ich bin mitten auf der Dorfstraße liegen geblieben. Ich war vorbereitet auf der Stelle zu sterben, mir war ganz gleichgültig, was noch alles passieren würde. Meine Nase war voll von dem Geruch nach Brand und Gasen. Dazu kommen die Hitze und der Luftstrom der Feuer und des Windes. An einer zerstörten Hauseinfahrt ist ein Soldat gestanden. Er lehnte an der Wand und war tot. Seine Lungen waren geplatzt. Ich sah einen Idioten durch die rauchenden Trümmer irren. Er taumelte mit unsicheren Schritten dahin und lachte immer wieder laut auf. Die Zerstörung und das Chaos schienen ihn ungeheuer zu erheitern.*

Unweit von mir ist ein Offizier gelegen, die Beine mit den Stiefeln nach oben gestreckt. Die Arme hielt er wie abwehrend von sich. Das Gesicht war noch zu erkennen, der Mund mit den schlechten Zähnen stand weit offen. Man wusste nicht, ob er zuletzt noch gelacht oder geschrien hatte.

Ich bin dort gelegen, bin bei jedem Einschlag zusammengezuckt und habe mich irgendwie in den Straßengraben gerollt. Zu beten habe ich begonnen. Was ich da gebetet habe, kann ich nicht mehr sagen. Ich habe mein Schicksal einfach einem Höheren überantwortet.

Plötzlich habe ich bemerkt, dass die Italiener das Feuer eingestellt hatten. Dann hat jemand gerufen: „Wir müssen hier retten!" Das ist bei mir auf echtes Unbehagen gestoßen. Auch andere haben gezögert Leichen anzufassen. Dann sind aber welche gekommen, die nicht so zart besaitet waren. Die packten zu und rissen auch an den Leichen an. Ich konnte diesem Zerren nicht zuschauen und habe versucht, die Gefallenen mit Ruhe und Überlegung zu bergen und zu sortieren. Dabei habe ich bemerkt, wie kräftig ich eigentlich bin. Seelisch war ich irgendwie gar nicht da, ich war ganz unbeteiligt."

Entsetzt ließ Marie den Brief sinken. Sie umarmte Paride als suche sie Halt an ihm. „Dass es so grauenhaft ist, habe ich nicht geahnt", sagte sie leise.

Nach einer Weile fuhr sie fort: „Dass Soldaten Entbehrungen auf sich nehmen müssen, dass sie in Todesgefahr sind, daran werde ich mich nie gewöhnen können. Unsere Burgl hat mir, das tut sie ja öfter, aus Salzburg geschrieben. Es ist wirklich unvorstellbar, was die Leute und vor allem die Kinder, die überhaupt nichts dafür können, in Kriegszeiten ertragen müssen. Wir sind hier in der Nähe der Front. Da ist alles anders und nicht mit dem Hinterland zu vergleichen, haben wir zumindest geglaubt.
Die Armee braucht für die Verpflegung und Unterbringung der Soldaten ungeheure Mengen an Mehl, Rindern, Schweinen, Heu und Stroh.
Das geht anderswo ab. Die Leute stellen sich tagelang um Petroleum und Kerzen an. In den Parks werden Bäume gefällt, denn die Kohle, die den Haushalten zugeteilt wird, reicht hinten und vorne nicht. Man verheizt ganze Bibliotheken. Die Züge, die überhaupt noch fahren, sind unbeheizt und die Fenster sind mit Pappe oder Holzbrettern notdürftig vernagelt.
Die Menschen stehen frierend, unterernährt und schlecht gekleidet in langen Warteschlangen an und bekommen dann pro Person in der Woche ein Ei und zehn Deka Fleisch. Butter und Fett sind kaum noch zu bekommen. Im Schleichhandel muss man dafür horrende Preise bezahlen. Aber wer hat schon so viel Geld? Es gibt nicht einmal genug Kartoffeln. Man hat Saatkartoffeln zum Verzehr freigegeben. Bei der Aussaat haben sie natürlich dann gefehlt. Als Ersatz gibt es bittere, holzige, oft noch gefrorene Futterrüben. Die kommen immer wieder auf den Tisch, entweder in Mehl eingebrannt oder mit Paprika gewürzt als fleischloses Gulasch.
Die Burgl schreibt auch, dass man nach der Ernte immer wieder Frauen über die Felder gehen sieht, die da und dort noch eine Ähre finden. Daraus rösten sie Ersatzkaffee oder füttern die Hühner, die sie im Haus oder am Balkon halten. Die Brauereien haben zum Teil den Betrieb eingestellt, weil die Gerste zum Brotbacken verwendet wird. Auch große Gastwirtschaften bekommen nur 120 Liter Kriegsbier im Monat. Burgls Vater presst seit dem vergangenen Jahr Most und schenkt den aus. Hungernde Kinder verschlingen das grüne, unreife Obst und bekommen davon gefährliche Durchfälle.
Angeblich setzt man dem Brotmehl auch Holzmehl zu. Die Leute aus der Stadt gehen auf tagelangen Märschen am Land von Hof zu Hof und versuchen Nahrungsmittel einzutauschen. Auf dem Rückmarsch kommt es dann immer wieder vor, dass die gefürchteten Feldgendarmen alles Essbare beschlagnahmen."
Marie schien es zu schütteln. „Was ist das überhaupt für ein Wort? Wer hat das früher gekannt oder gebraucht?
Die Stoffe, die noch aus Friedenszeiten stammten, waren rasch aufgebraucht. Was an Naturfasern zu bekommen ist, wird zu Uniformen verarbeitet. Nachgeliefert werden Stoffe aus festerem Papier. Natürlich trifft das wieder kinderreiche Fami-

lien besonders hart. In zu enger und zu kurzer Bekleidung frieren die Halbwüchsigen erbärmlich. Jetzt verarbeitet man die Vorhänge. Ein gewendetes Kleid aber, das fast wie neu aussieht, wird argwöhnisch betrachtet und die Trägerin wird zum Ziel sehr unerfreulicher Vermutungen.

Im Frühjahr wird wohl wieder jeder Gartengrund umgestochen werden. Um die schönen Villen am Kai werden dann wieder Salat und Gemüse wachsen. Man hat auch in den öffentlichen Parks wie im Mirabellgarten Gemüse angebaut, aber das ist in der Nacht immer wieder gestohlen worden. Ich würde das für meine Kinder auch tun ohne auch nur die geringsten Skrupel zu haben."

Liebevoll sah sie auf ihren beiden Söhne nieder, die an ihrem kleinen Tisch heiße Milch mit Honig tranken und dazu Kekse aßen, die vorwiegend aus Haferflocken und Honig zu bestehen schienen.

„Mama und Papa waren in Graz in einer Aufführung von Carl Michael Zierers „Traum eines österreichischen Reservisten". Sie waren ergriffen von diesem Tongemälde, wie es der Komponist selbst nennt und die Militärmusik soll ihre Sache ganz hervorragend gemacht haben. Wenn Papa das einmal sagt, dann muss es so gewesen sein. Beim Marsch „Hoch Habsburg" und bei der Kaiserhymne haben die Leute jubelnd applaudiert. Veranstaltet wurde das Konzert zugunsten von Kriegswitwen und Kriegswaisen und der Reinertrag soll ausnehmend hoch gewesen sein. Aber was nützt das schon, wenn es nichts zu kaufen gibt, mit dem man den Menschen wirklich unter die Arme greifen und helfen könnte!"

Die Verluste der Seeflieger nahmen zu. Zwischen Weihnachten und Neujahr kehrte Seefähnrich Mayburger vom Feindflug nicht zurück. Als Flieger hochbegabt und tollkühn, war er sonst eher in sich gekehrt und ein Grübler. Er glaubte nicht mehr an einen siegreichen Ausgang des Krieges. Das erzählte der junge Pilot aber nicht herum, sondern behielt es wohlweislich für sich.

Als ihn Paride vor dem Abflug ermahnte, nicht zu kühn zu sein und sich nur auf seinen Auftrag zu beschränken, hatte er mit einem kleinen, verzweifelten Lächeln geantwortet: „Wenn man die Hoffnung aufgegeben hat, hat man keine Angst mehr."

Nun war er überfällig und mit jeder Viertelstunde, die verstrich, wurde seine Rückkehr unwahrscheinlicher. Im Aufenthaltsraum der Flieger flackerten die Kerzenflammen bei jedem Luftzug. Es herrschte, wie immer wenn ein Kamerad überfällig war, bange Stille. Zigarettenrauch stand über den Tischen. Anrufe bei den anderen Seeflugstationen konnten den Verbleib des jungen Fliegers nicht klären. Wie es ihm schon so oft beim Tod von Kameraden und guten Freunden gegangen war, spürte Paride kein Gefühl der Trauer, sondern nur blinde Wut und ausweglose Ohnmacht.

Seefähnrich Mayburger blieb verschollen.

Sehr viele hatten über den möglichen Ausgang und eine rasche Beendigung des Krieges nachzudenken begonnen. Die schweren Verluste an der Front und die katastrophale Versorgungslage in der Heimat hatten viel dazu beigetragen. Natürlich druckte man nach wie vor Feldpostkarten, auf denen lachende Soldaten pausbäckige Mädchen herzten. Andere Karten wiederum zierten markige Verse und in Büchern wurde das Töten des Feindes geradezu verherrlicht und als ´heldisch´ verklärt.
Karl Kraus, der Kämpfer gegen die Verlotterung der Sprache, der in Wien 26 Jahre hindurch „Die Fackel" alleine schrieb, zitierte in seiner Zeitschrift ausführlich Textstellen aus dem Buch „Der rote Kampfflieger", der nominellen Autobiographie des berühmten Jagdfliegers Manfred von Richthofen. Kraus wollte anklagen, in dem er das Original übernahm und so den Beleg lieferte, der die Sache selbst richtete. In dem Buch war so viel Abstoßendes zu finden, es war tatsächlich eine Verherrlichung des Tötens, für das dann der Anspruch des Heldenhaften erhoben wurde.
Daran schloss Kraus, der Sprach-, Kultur- und Journalismusidealist, eine Glosse mit der Überschrift „Ein anderer Ton". Auch hier brachte er, wie es seine Art war, eine unveränderte Passage aus einem Zeitungsartikel, den er anderswo gefunden hatte: „Sehr ergriffen war der Korrespondent über die Worte Banfields: ´Wann wird endlich eine Ende sein? Es ist schon genug. Schade um die vielen Menschenleben. Was jetzt geschieht, ist nur reine Vernichtung, nur mehr ein Morden, kein Krieg mehr. ´"
Das kommentierte Kraus mit „Der sieht denn doch aus einer höheren Höhe".
Dazu hatte Banfield im Herbst 1917 natürlich ein Schreiben der Marinesektion erhalten, in dem er aufgefordert wurde, zu diesem Bericht in der „Fackel" unverzüglich eine Stellungnahme vorzulegen. Banfield, am 17. August vom Kaiser an dessen 30. Geburtstag in der Villa Wartholz in Reichenau an der Rax als einziger Marineflieger mit dem Ritterkreuz des Maria Theresienorden ausgezeichnet, erwiderte, dass dieser Text an sich wohl der Wahrheit entspreche, seine Äußerungen aber nicht vollständig wiedergegeben worden wären. Er habe gesagt, es sei seine Pflicht jetzt zu kämpfen, er glaube aber auch, dass es am besten wäre, möglichst bald Frieden zu schließen.
Er hatte den Krieg gründlich kennen gelernt und verabscheute ihn daher ganz besonders. Die Sinnlosigkeit wurde ihm in der Schlacht von Montesanto ganz besonders bewusst, wo er Luftunterstützung für die Bodentruppen flog. Für ein paar Meter steinigen Bodens wurden auf beiden Seiten bedenkenlos tausende Leben geopfert. Diese Situation wiederholte sich überall dort, wo die Operationen zum Grabenkrieg erstarrt waren, wo sich die Truppen auf kürzeste Distanz gegenüberlagen und anstarrten.

Draußen tobte der Schneesturm. Es war ein eigenartiger Tag, großartig, aber auch Furcht erregend. Dr. Fleissner stand am Fenster seines Arbeitszimmers. Dicke Flocken sammelten sich am Fensterbrett.

Seine Frau trat heran und lehnte sich an ihn. „Wie war denn Weihnachten für dich ohne unsere Kinder und ohne die Enkel? Sind wir jetzt schon die einsamen Alten?"

„Ich könnte dir jetzt tröstend sagen, dass wir nicht die Alten sind und dass es ohne ein gewisses Lebensalter nicht die vielen schönen Erfahrungen geben würde", antwortete er und legte seinen Arm beschützend um sie. „Es ist nicht das Alter, es ist dieser Krieg, der uns zu Weihnachten dieses kleine Opfer abverlangt hat. Wir haben Post von unserem Sohn bekommen und sogar mit Marie telefonieren können. Uns geht es doch gut. Denk doch nur an die vielen, die nichts von ihren Lieben gehört haben, die Weihnachten erstmals ohne den Vater, der nie wiederkommen wird, begehen mussten. Viele haben seit Wochen und Monaten keine Nachricht. Sie warten jeden Tag auf ein paar Zeilen und wissen tief in ihrem Herzen, dass die nie mehr kommen werden. Da weiß einer seinen Sohn in Gefangenschaft und weiß, dass der dem Morden entkommen ist und dass es ihm den Umständen entsprechend gut geht. Irgendwo hinter dem Ural soll er sein. Und dann kommt ein Brief vom Roten Kreuz und die Eltern erfahren in dürren Worten, dass ihr Sohn, den sie in Sicherheit geglaubt haben, im Lager am Fleckfieber gestorben ist.

Ohnmacht, Verstummen und Vergeblichkeit habe ich bisher immer als die Konstanten der österreichischen Literatur gesehen. Jetzt habe ich allerdings die Erfahrung machen müssen, dass sie die Konstanten des österreichischen Lebens sind. Das Unglück sucht die Menschen immer in dem Augenblick heim, in dem sie überhaupt nicht darauf vorbereitet sind. Das war beim Tod des Kronprinzen so und auch bei der Ermordung des Thronfolgers nicht anders. Dann ist der alte Kaiser von einem Tag auf den anderen gestorben.

Heute stehen wir in einem warmen Haus, was andere nicht haben. Wir geben unseren Leuten von unserem Holz und können damit doch nur wenigen die Stuben wärmen, wir liefern ab, was man von uns verlangt und noch darüber hinaus, wir geben von dem, was uns bleibt, den anderen. Das ist nicht mehr als der sprichwörtliche Tropfen auf dem heißen Stein. Wir stehen seit Jahren in einem Krieg, für den niemand vorgesorgt hat, weil niemand an die Weiterungen gedacht hat. Die ganze Welt steht gegen uns."

Seine Frau spürte, wie erregt er war und versuchte ihn zu beruhigen: „Schau, der Kaiser bemüht sich und ihre Majestät doch auch. Sie bemühen sich beide wirklich sehr und sie meinen es doch gut."

„Ja", sagte ihr Mann und sie erschrak über die Kälte in seiner Stimme, „genau das ist es. Bei uns wird immer alles gut gemeint. Gut gemeint ist aber das Gegenteil von gut. Gut gemeint bedeutet nichts anderes als schlecht. Und weil es *in* diesem Land immer alle so gut meinen und weil es *mit* diesem Land immer alle so gut meinen, gerade deshalb geht es uns so hundselendiglich."

„Das ist kein gutes Zeichen", dachte seine Frau bestürzt, „so habe ich ihn noch nie erlebt. Er ist doch immer so optimistisch und voll Idealismus gewesen. Gibt er jetzt die Hoffnung auf?"

Als hätte er die Gedanken seiner Frau gelesen, meinte Fleissner begütigend: „Es scheint alles ganz einfach zu sein, dabei ist es in Wirklichkeit kaum zu durchschauen. Seit September ist es an der russischen Front ziemlich ruhig gewesen. Ab Oktober wollten die Russen Verhandlungen aufnehmen und haben um die Einstellung der Kampfhandlungen gebeten.

In Wien war man recht froh darüber, in Berlin aber haben die Alarmglocken geschrillt. Man hatte nämlich Wind davon bekommen, dass sich in Schweden deutsche Sozialdemokraten mit Vertretern der Bolschewisten getroffen haben. Diese Kontakte hatten die Unterstützung der Oktoberrevolution durch Deutschland zum Ziel. Die deutschen Roten sollten die bolschewistische Bewegung in Deutschland durch Demonstrationen und große Streiks unterstützen. Die deutsche Führung hat einen parlamentarischen oder gar einen sozialistischen Frieden, was man darunter verstehen soll, weiß ich nicht, befürchtet. Daher war man sehr froh, wie die Russen offiziell nur um einen Waffenstillstand gebeten haben. Die Verhandlungen sollten in Brest-Litowsk geführt werden. Sie haben am 3. Dezember begonnen und waren zehn Tage später abgeschlossen.

Man hat aber nicht für die rumänische Front mitverhandelt. Die Lage der Rumänen ist aussichtslos gewesen. Das haben sie eingesehen und am 9. Dezember sind auch hier die Kämpfe eingestellt worden."

Fleissner trat vom Fenster zurück und meinte: „Komm, setzen wir uns doch." Nachdem sie Platz genommen hatten fuhr er fort: „Das sind ganz ohne Zweifel militärische und diplomatische Erfolge, wie sie für Österreich-Ungarn selten geworden sind. Mich beunruhigt aber das Umfeld, in dem diese Erfolge erzielt worden sind, viel mehr als ich sagen kann. Vielleicht ist es auch nur ein besonders schlechtes Gefühl, das mich da beschleicht. So viel ich weiß, wollte unser Außenminister Czernin, dass von den Verhandlungen, deren Ausgang ja ungewiss war, möglichst wenig bekannt wird. Noch vor seiner Abreise nach Brest-Litowsk hat er daher angeordnet, dass alle Meldungen aus russischen Quellen, die nicht mit den Bulletins des eigenen Ministeriums übereinstimmen, unbedingt zensuriert werden müssen und nicht in den heimischen Zeitungen erscheinen dürfen.

Diese Anordnung hatte wenig Erfolg. Wir wären ja nicht Österreich, wenn es anders gewesen wäre. So aber sind die Nachrichten der Bolschewisten durchgedrungen. Sie haben die Masse der Bevölkerung aufgewühlt und tun es jeden Tag mehr. Die Unruhe wächst, man spürt es. Sehr bald wird nicht mehr der Hunger unser Hauptproblem sein. Glaub´ mir, in absehbarer Zeit werden die Streikenden politische Parolen brüllen und das werden bisher bei uns unbekannte bolschewistische Parolen sein."

1918

Marie sah ihre Schwiegermutter bewundernd an. Die trug ein Kleid mit eckigem Ausschnitt, der den faltenlosen Ansatz ihres Busens frei ließ. Der Silberhauch in ihrem Haar betonte nur dessen Schwärze. Um die Augen hatten sich einige kleine Fältchen gebildet. Es waren aber keineswegs Runzeln der Verdrießlichkeit oder des Misstrauens.

„Mama", fragte Marie zögernd, „was wird uns dieses Jahr wohl noch alles bringen? In der Zeitung war zuerst von Streiks in Ungarn, Siebenbürgen und Polen zu lesen. Dann gab es Unruhen in Wiener Neustadt. Aber wie soll man denn mit 165 Gramm Mehl im Tag auskommen, wenn man arbeitet und rechtschaffen hungrig ist? Bald haben die Streiks in der Gegend von Wiener Neustadt und im Alpenvorland auf die Steiermark übergegriffen. Es ist zu Unruhen in Triest, also vor unserer Haustür gekommen. Ich verstehe die Leute schon, dass sie erst wieder zur Arbeit gehen wollen, wenn sie ausreichend gegessen haben. Dabei soll doch genug da sein, so hört man zumindest immer wieder. Es liegt angeblich nur an der Verteilung. Da verteilen vermutlich manche in die eigene Tasche.

Jetzt streikt man auch in Wien und die Forderungen werden immer radikaler. Wohin wird das noch führen? Mama, ich hab wirklich Angst. Ich habe gelernt, mit der ständigen Sorge um meinen Mann zu leben, aber jetzt habe ich eine Angst, die ich nicht beschreiben kann. Sie ist da, sie ist nicht zu erfassen und deshalb ist sie so unheimlich und bedrohlich."

Silvana Pollini sah ihre Schwiegertochter an und antwortete nach kurzem Nachdenken tröstend: „Marie, es ist zum Teil sicherlich nur die Jahreszeit, die dich bedrückt. Schau zum Fenster hinaus, das ist eben das Jännerlicht. Die Sonne scheint verbannt zu sein und die Dämmerung ist die eigentliche Beleuchtung für uns.

Aber es ist schon so, dass ich gerade jetzt oft zu unserem Herrgott bete. In erster Linie natürlich darum, dass Paride nichts geschieht und dann bitte ich ihn, dass er unsere Familie behütet. In diesen Tagen fällt es mir aber oft sehr schwer, mir den lieben Gott anders als ohnmächtig vorzustellen.

Ich glaube auch nicht daran, dass Gott dem, dem er ein Amt gibt, zwangsläufig auch den dazu nötigen Verstand gibt. Schau nur in die Politik. Dort ist kein Lächeln, kein Funken Humor und auch keine menschliche Gelöstheit zu bemerken. Männer in dunklen Anzügen sprechen in Klischees und verkünden sogenannte

ewige Wahrheiten. Immer in Pose, immer vor Zuhörern, nie mit Gesprächspartnern. Die Person an sich bleibt hoffnungslos leer; ohne menschlichen Kontakt. Sie sieht in ihrem Beruf in der Politik, den idealen Beruf für die Berufslosen.
Man sollte dabei auf keinen Fall den Fehler machen, ganz liebenswerte, regionale Erscheinungen lokalpatriotisch aufzuwerten.
Marie, ich glaube aber nicht, dass Hunger und Not im Vordergrund stehen. So will man es nur sehen, weil man einfach nicht wahrhaben will, dass die Völker des Reiches kriegsmüde sind. Dazu kommen aus dem Osten die Ideen von Revolution und Durchsetzung der Arbeitergewalt. Das geht ins Ohr, das fällt auf fruchtbaren Boden, das spricht die ausgehungerten Massen an. Es wird Streiks großen Umfangs und Krawalle geben. Agitatoren werden leichtes Spiel haben. Entsprungene Priesterseminaristen, verkommene Bürgersöhne, Alkoholiker, brotlose Künstler und verbummelte Studenten, verarmte Kleinadelige und selbsternannte Wundertäter werden die Menschen aufwiegeln. Die, denen unser deutscher Verbündeter schon immer suspekt war, werden das ganz offen sagen und die miese Stimmung dem Verbündeten gegenüber wird da wie dort zunehmen.
Da wird dann der Ruf nach dem starken Arm des Militärs laut werden. Als Frau, als Mutter und als glückliche Großmutter sage ich dir, dass das keine Lösung sein kann. Wir Frauen sind zwar nicht das stärkere Geschlecht, wie da und dort auf einmal geschrieben und behauptet wird, aber wir sind und dazu stehe ich, oft vernünftiger als die Männer. Das kommt vermutlich daher, weil Frauen fest im Leben stehen und alles das tun müssen, wofür Männer keine Zeit oder wozu sie keine Lust haben. Die Zukunft, die vor uns liegt, ist für die Furchtsamen das Unbekannte. Mutige sehen sie als Herausforderung. Marie, du weißt, wie nahe wir uns sind. Du bist aber auch eine starke, selbstbewusste Frau und das schätze ich sehr an dir. Wir Frauen werden jetzt unseren ganzen Mut und unsere Kraft zusammennehmen müssen, damit wir diese Herausforderung bestehen. Die Männer allein werden es nicht schaffen. Wie dieses Jahr auch ausgehen mag und was es uns bringen wird, wissen wir nicht. Aber wir müssen am Jahresende zumindest guten Gewissens sagen können, dass wir versucht haben es zu meistern."

Während seine Frau und seine Mutter sich eingehend über das neue Jahr unterhielten, flog Paride in Nähe der Küste über dem Meer und suchte es nach U-Booten ab. Das diesige Wetter und die graue, von den Jännerwinden aufgepeitschte See machten dieses Vorhaben aussichtslos.
Über Cittanuova entdeckte Paride mehrere Capronibomber, die etwas über ihm dahinzogen. Durch Wolkenfetzen, die der Wind über den Himmel jagte, verdeckt, kam er unbemerkt an sie heran und eröffnete aus kurzer Entfernung das Feuer auf das letzte Flugzeug des Pulks. Schon nach wenigen Feuerstößen hüllte ein Feuerball den Bomber ein, der kurz darauf wie ein Stein ins Meer stürzte.

Paride blieb ganz nah an den Feindmaschinen und griff noch einmal an. Als kurz darauf eine weitere Maschine eine dicke weißgraue Rauchfahne hinter sich herzog, suchte der Verband sein Heil in der Flucht über das Meer.
An den folgenden Tagen wehrten die Jagdflieger aus Parenzo Luftangriffe auf Pirano und Cittanuova ab, wobei die Angreifer nicht zum Bombenwurf kamen.
Neben der Abwehr der österreichisch-ungarischen Fliegerangriffe durch Jagdflugzeuge, Italien verfügte 1918 über 44 Marinefliegerstaffeln, setzten die Italiener auch auf den starken Ausbau der Fliegerabwehrartillerie. Das konzentrierte und zentral geleitete Abwehrfeuer stellte die k.u.k. Marineflieger zunehmend vor fast unlösbare Aufgaben. Wegen des Sperrfeuers mussten immer größere Anflughöhen gewählt werden, die die Steigfähigkeit der Maschinen aber fast nicht mehr zuließen. So ging man auf sehr erfolgreiche Nachtangriffe über, die aber zusammen mit den tagsüber zwangsläufig notwendigen Einsätzen die Piloten bis an ihre Leistungsgrenze und auch darüber hinaus beanspruchten.

Der Landesschützenfähnrich Rudolf Holzleitner saß in einer Baracke, die wie ein Schwalbennest an den Fels geklebt schien. Ein Schneesturm umtobte das kleine Hochlager. Holzleitner hatte sich in den hintersten Winkel der Unterkunft zurückgezogen und saß dort im Halbdunkel vor einem flackernden Kerzenstumpen. Durch die Fenster und die Ritzen in der Außenwand drang immer wieder feiner Schnee ins Innere des behelfsmäßigen Baus. Vor dem Fähnrich lag auf dem Holztisch ein dünner Briefblock. Der war noch gut gehütete Friedensware. Künftig würde er wohl mit einem Bleistift schreiben müssen, denn das Papier, das nun nachkam, war von so minderer Qualität, dass die Tinte zerfloss. Einige Briefumschläge hatte er bei einem dienstlichen Besuch im Bataillonskommando vorsorglich mit der Schreibmaschine adressieren lassen.
Der Fähnrich war mittelgroß. Er trug sein Haar seitlich gescheitelt und hatte eine runde Nickelbrille auf der Nase sitzen. Er wirkte übermüdet. Gleich zu Kriegsbeginn hatte man ihn aus dem Zeichensaal der Technischen Hochschule geholt. „Student, Maschinenbau" hatte er seinerzeit geantwortet, wenn man ihn nach seinem Beruf fragte. Heute fragte ihn niemand mehr danach. Er war ein Soldat mit rissigen Händen, schlecht gestopften Socken und schmutzigen Fingernägeln, der an seine Eltern schreiben wollte.
„Zu Hause sitzen sie jetzt beim Abendessen", dachte er. Sein Vater, ein Finanzbeamter, würde wohl schon daheim sein. Er ging stets ohne sich aufzuhalten aus dem Amt heim. Dort erwartete ihn die Mutter, eine schlanke, liebenswerte und ausgeglichene Frau. Auf dem Tisch würden die jetzt unvermeidlichen sauren Rüben stehen, dazu ein Stück Brot und eine große Tasse mit kaltem Malzkaffee. Es hatte mehrerer Briefe bedurft, bis ihm seine Mutter keine Päckchen, die sie von den kargen Zuteilungen gespart hatte, mehr schickte. Er war immer genügsam

gewesen und kam auch mit dem zurecht, was man ihm an der Front vorsetzte. Der Fähnrich sah das kleine Haus in dem niederösterreichischen Städtchen vor sich, das die Mutter geerbt hatte. Das Familienleben spielte sich mehr oder weniger in der Wohnküche ab. Dann waren da das Schlafzimmer der Eltern, ein überraschend geräumiges Wohnzimmer mit einer großen Bücherwand, das kleine Zimmer, in dem er, das Einzelkind, sein eigenes Reich gehabt hatte. Da hatte er oft von den Maschinen geträumt, die er einmal bauen würde. Das Haus verfügte, ungewöhnlich für diese Zeit, auch über ein Badezimmer. Auf dessen Einbau hatte die Mutter bestanden. Sie werde, so meinte sie resolut, wenn sie schon ein eigenes Haus habe, ihren Sohn nicht in der Waschküche im Zuber baden. Er erinnerte sich an das kleine Kabinett mit dem Waschtisch, das er als Student bewohnt hatte. Eigentlich hatte er es vorwiegend zum Schlafen genützt, denn die meiste Zeit des Tages war er im Zeichensaal der Hochschule anzutreffen.
In der Ferne war ein dumpfes Grollen zu hören. „Wieder eine Lawine", dachte der Fähnrich. In den vergangenen Wintern hatten Lawinen auf beiden Seiten unzählige Tote gefordert. Unlängst erst war in seinem Abschnitt eine Trägerkolonne aus russischen Kriegsgefangenen nur knapp einer Lawine entkommen.
Den Alpini auf der anderen Seite drüben würde es nicht anders ergehen als ihm und seinen Leuten. Diese erfahrenen Gebirgssoldaten waren kühn und mutig. „Aber warum denn auch nicht?", fragte er sich, „die leben doch nur auf der anderen Seite der Berge und sind ebenso schneidige Burschen wie unsere Tiroler und Kärntner. Irgendwie sind wir uns doch alle ähnlich. Gebirgler da wie dort."
Er räusperte sich, strich über das Papier, das keinerlei Falten aufwies, tauchte die Feder in die Tinte und begann zu schreiben.

+

Nach drei Kriegsjahren und den damit verbundenen, bis dahin nicht gekannten Entbehrungen machten sich nicht nur in der Bevölkerung unübersehbare Anzeichen der Kriegsmüdigkeit bemerkbar, sondern auch in der Kriegsmarine. Schon im Juli 1917 war es im Arsenal von Pola sowie auf einigen der großen Schiffe zu verschiedene Kundgebungen der Unzufriedenheit gekommen, die man aber sogleich mit harter Hand unterdrückt hatte.
Sehr ernst musste aber ein anderer Vorfall genommen werden. Am 5. Oktober 1917 überwältigte während der Ausfahrt des Torpedobootes „11" ein Teil der zwanzigköpfigen Besatzung ihre beiden Offiziere, schüchterte die übrigen Matrosen ein und fuhr mit dem Schiff nach Ancona.
Dieselben Männer, die sich eben der Meuterei und der Desertion schuldig gemacht hatten, halfen nun ihren Offizieren bei der Vernichtung aller Geheimsachen, um sie nicht in die Hand des Feindes fallen zu lassen.

Als das auf Umwegen durchgesickert war, meinte Paride zu Drakulic: „Das ist wieder zutiefst österreichisch und gibt einem Unternehmen, auf das die Todesstrafe steht, eine fast rührende, menschliche Note. Die Männer sind natürlich abgehauen und haben ihre Kameraden im Stich gelassen, ihren Eid gebrochen und das Vaterland verraten. Und doch waren sie im Grunde genommen arme Teufel und keine Hochverräter. Sie hatten einfach genug vom Krieg."

Am 1. Februar 1918 brach auf den alten Panzerkreuzern „Sankt Georg" und „Kaiser Karl VI.", dem Wachschiff „Kronprinz Erzherzog Rudolf", dem Depotschiff „Gäa" und einigen kleineren Einheiten, die im Golf von Cattaro stationiert waren, eine Meuterei aus. Diese Schiffe waren bezeichnenderweise im bisherigen Kriegsverlauf fast an keinem der Einsätze beteiligt gewesen.

Die Meuterer verlangten gleiches Essen für alle, mehr Schuhe, mehr Urlaub und sofortige Waffenstillstandsverhandlungen. Sie schlossen alle Offiziere in deren Kabinen ein, versprachen aber, im Falle eines feindlichen Angriffs unverzüglich zur alten Disziplin zurückzukehren.

Die kleineren Einheiten nahmen bald wieder den normalen Dienst auf. Weder die Besatzungen der hart in Anspruch genommenen Flottillen noch die Angehörigen der Landstreitkräfte beteiligten sich an der Meuterei. Tatsächlich hatten die Meuterer bis zu dem Augenblick, da ein slowenischer Seefähnrich der Reserve die Führung an sich riss und die Bewegung dadurch in ein ideologisches Fahrwasser geriet, nur gedroht.

Die Führung ließ sich durch die Ereignisse nicht einschüchtern. Generaloberst Sarkotic, der Landesbefehlshaber von Bosnien, Herzegowina und Dalmatien, ließ die Bucht vom Land her durch Truppen abriegeln. Konteradmiral Hansa, der Marinebefehlshaber im Golf von Cattaro, befahl der Küstenartillerie im Notfall auf auslaufende Schiffe das Feuer zu eröffnen. Tatsächlich wurde die „Kronprinz Erzherzog Rudolf", als sie ihren Ankerplatz verließ, von Land aus beschossen, getroffen und zum neuerlichen Ankern gezwungen.

Am Morgen des 3. Februar wurde den Meuterern ein Ultimatum gestellt. Alle Einheiten, die sich bis 10 Uhr dieses Morgens nicht ergeben würden, müssten mit ihrer Torpedierung rechnen. Die Meuterei brach innerhalb weniger Stunden zusammen. Kurz darauf traf auch eine Schlachtschiffdivision ein, die zur Wiederherstellung der Ordnung von Pola nach Cattaro entsendet worden war, und damit war das Zwischenspiel zu Ende.

Drei Rädelsführer, darunter der slowenische Reserve-Seefähnrich, flohen mit einem Seeflugzeug nach Italien. Vier Tage später wurden vier Meuterer, ein Tscheche und drei Südslawen, standrechtlich erschossen. Die sonstigen Hauptbeteiligten erhielten Gefängnisstrafen.

Um die unzuverlässigen Mannschaften von ihren Einheiten abziehen zu können, wurden einige alte Schiffe, deren Verwendungsmöglichkeit ohnehin schon fraglich geworden war, abgerüstet. Durch eine sofort verhängte Nachrichtensperre sickerte von der Revolte so gut wie nichts durch. Als eine Folge sollte die Verpflegung an Bord verbessert werden. Doch reichte dazu die Zufuhr nicht aus und die Aufbringung war mit den bisherigen Methoden nicht zu steigern.

Bei der 2. k.u.k. Armee im Osten zum Beispiel ging man zur Selbsthilfe über und begann im Hinterland rücksichtslos zu requirieren. Dadurch kam es zu einem immer deutlicher werdenden Auseinanderleben von Bevölkerung und Soldaten. Jegliche Rücksichtnahme fiel weg, es ging um das nackte Überleben.

Am 3. März wurde in Brest-Litowsk der Vertrag mit der russischen Delegation unterzeichnet, die vom Volkskommissar für auswärtige Angelegenheiten, Leo Trotzki, geführt wurde. Russland verlor die nichtrussischen Gebiete, von Finnland über das Baltikum und Polen bis Batum am Schwarzen Meer. Damit war ein deutliches Signal für die Aufteilung eines Vielvölkerstaates gesetzt.

Sehr bald zeigte sich, dass der Frieden im Osten die Probleme des Überlebens der Habsburgermonarchie auf die Dauer nicht lösen würde. Trotz der Friedensverträge war der wirkliche Frieden noch fern. Ein neues Problem war zu bewältigen. Durch den Friedensschluss waren mehrere Millionen deutscher und österreichisch-ungarischer Soldaten frei geworden. Nur etwa eine Million verblieb im Osten. Die Deutschen wurden ab Dezember 1917 an die Westfront gebracht. Von den k.u.k. Truppen, deren Gesamtstand sich im Jänner 1918 auf 4,14 Millionen belief, sollte der Großteil an die italienische Front kommen. Die anderen wurden dringend im Inneren gebraucht.

Den Führern der österreichischen Sozialdemokratie gelang es, die Radikalität noch einmal einzubremsen. Sie stellten einen Forderungskatalog an die Regierung auf, veröffentlichten aber gleichzeitig in der „Arbeiter - Zeitung" Aufrufe an die Arbeiter der Lebensmittelindustrie, der Gas- und Elektrizitätswerke, der Verkehrsbetriebe sowie an die Bergarbeiter, die Arbeit nicht niederzulegen.

Trotz dieser Bemühungen drohte eine Ausweitung der Streiks auf Böhmen, Österreichisch Schlesien und Polen. Man dachte noch immer, dass der Hunger das Grundübel sei.

+

Ernst von Fleissner hatte bei mehreren Dienststellen in Triest zu tun gehabt und das Wochenende in Parenzo verbracht. Die Freude über das unvermutete Wiedersehen war groß gewesen. Ernst hatte die Herzen seiner beiden Neffen durch einige Zauberkunststücke auf der Stelle gewonnen. Die beiden folgten ihm auf Schritt und Tritt und ließen den lustigen Onkel nicht mehr los. Dadurch ergab sich auch erst am Abend die Gelegenheit, sich wirklich mit Marie, Paride und dessen Eltern zu unterhalten. Ernst, der erst vor wenigen Tagen Post von zu Hause erhalten

hatte, wusste zu berichten, dass dort alles seinen gewohnten Gang gehe und die Eltern gesund seien. Der Papa mache sich Sorgen um die wirtschaftliche Entwicklung und sei, darauf angesprochen, absolut mürrisch. Tante Johanna erfreue sich auch bester Gesundheit und schmiede gerade Pläne für den Sommer in Altaussee.
Einige Tage nach Ernsts Abreise traten Johannes und Karl im Park unvermutet vor die Laube, in der ihre Mutter mit den Großeltern saß. Beide Buben hatten Maries blaue Augen. Karl war hellblond, während man Johannes schon ansehen konnte, dass er ganz seinem Vater nachgeraten würde.
Johannes sagte würdevoll; „Ein Gedicht!" und Karl verneigte sich. „Nein, nicht du, beide müssen sich verbeugen", raunte ihm sein Bruder zu. Die beiden sahen sich an, fassten sich an der Hand, verneigten sich und begannen:
Auf einem Berge hoch und trotzig,
ein kleines Beimchen gewachsen hot sich.
Es ist gonz grien von Angesicht,
das Beimchen heißt – Vergissmeinnicht.
Übergetitelt:
Das Veilchen.

Die beiden verbeugten sich erneut und sahen ihre Mutter und die Großeltern stolz und erwartungsvoll an.
„Bravo! Großartig", rief Marie, klatschte begeistert in die Hände und umarmte ihre Söhne. Die Großeltern sahen sich fragend und ungläubig an und spendeten dann zögernd Beifall.
„Das habt ihr wunderbar gemacht", strahlte Marie ihre Buben an und setzte fragend hinzu. „Das habt ihr doch bestimmt vom Onkel Ernst gelernt und er hat euch auch gesagt, dass ihr euch so schön verbeugen müsst?"
Wie die Buben beglückt und voll Freude nickten, wusste Marie Bescheid. Sie schickte ihre Söhne zur Sandkiste und versprach ihnen, dass sie gleich nachkommen und mit ihnen einen Tunnel bauen werde.
Dann sagte sie zu ihren Schwiegereltern: „Ich habe gleich gewusst, dass sie das nur von meinem infantilen Bruder haben können. Ich bin noch ziemlich klein gewesen, da hat er mich auch einmal mit so einem Blödsinn drangekriegt. Wie aufgeregt war ich damals, so wie jetzt die beiden mit ihren glühenden Wangen und habe meiner Mutter einen ähnlichen Blödsinn aufgesagt. Ich hab´ die Buben so gelobt, weil sie so lieb waren und es gut gemacht haben. Ich kann mir meinen Bruder sehr gut vorstellen, wie er sich die Szene lachend immer und immer wieder ausgemalt hat.
Ich mag ihn wahnsinnig gern – nur ganz erwachsen wird er wohl nie!"
Nun lachte auch ihr Schwiegervater aus vollem Hals und erklärte, dass ihm seine

Enkel dieses ungarisch klingende Gedicht unbedingt beibringen müssten.
Seine Frau sah ihn von der Seite prüfend an und lächelte Marie zu: „Da haben wir noch einen in der Familie, der nie ganz erwachsen geworden ist. Aber vielleicht liebe ich ihn gerade deswegen so!"

Die Streiks nahmen kein Ende. In Böhmen, Mähren, Ungarn, Schlesien und Polen wurden Industrie, Gruben und Fabriken immer wieder bestreikt. Die dramatische Verarmung weiter Kreise der Bevölkerung führte zu Plünderungen und Demolierungen. In dieser explosiven Situation begann der Rücktransport der Kriegsgefangenen aus Russland. Diese Rückkehr verlief für die meisten von ihnen ganz anders, als sie es erwartet hatten. Sie hatten Krieg und Gefangenschaft überlebt und kehrten in glücklicher und gelöster Stimmung zurück. Sie erwarteten sich ein freundliches Willkommen, denn sie hatten den Abschied ins Feld vom August und September 1914 noch in guter Erinnerung.
Nun wurden sie oft mit Misstrauen empfangen und wie potentielle Deserteure behandelt, was der eine oder der andere tatsächlich auch gewesen sein mag. Doch für die meisten war die bürokratische Erfassung, die neuerliche Vereidigung auf den Kaiser, die etwa dreiwöchige Quarantäne, die Zuführung zum Ersatztruppenkörper, die Untersuchung der Umstände der Gefangennahme und anderes mehr ein wirklicher Schock. Der erzeugte tiefen Groll.
Das Wiedereinsetzen der militärischen Disziplin, die Aussicht wieder an die Front zu kommen und vor allem die schlechte Versorgungslage ließ bei manchem Heimkehrer, vor allem aber bei denen, die mit der russischen Revolution in Berührung gekommen waren, große Konfliktbereitschaft aufkommen.
Die Explosion erfolgte in der Steiermark. In den späten Abendstunden des 12. Mai 1918 meuterten die Ersatzmannschaften des Infanterieregiments Nr. 17 in Judenburg. Die Herabsetzung der Verpflegssätze und das Ausfassen neuer Uniformen, woraus eine neuerliche Verlegung an die Front abzuleiten war, hatten genügt. In der Nacht zum 13. Mai rissen einige Heimkehrer die vorwiegend slowenischen Ersatzmannschaften aus dem Schlaf und erklärten, dass sie die Kaserne verlassen und nach Hause gehen würden. Der Krieg sei für sie vorbei. Sie stürmten eine weitere Kaserne, plünderten Vorratsmagazine und Munitionsdepots. Dann schlugen sie sich zum Bahnhof durch. Zivilisten schlossen sich den Plünderern an, die Fernmeldeeinrichtungen wurden zerstört.
Die Militärdienststellen in Graz waren aber bereits informiert worden und entsandten Truppen nach Judenburg. Daraufhin brach die Meuterei zusammen. Fast alle der 1200 Mann, die versucht hatten sich nach Slowenien durchzuschlagen, wurden aufgegriffen.
Es folgte eine Rebellion in Murau und am 23. Mai eine weitere in Radkersburg. Wieder handelte es sich vor allem um Soldaten slowenischer Volkszugehörigkeit.

Die Rebellionen brachen zusammen. Standgerichte und ordentliche Militärgerichte begannen ihre Tätigkeit. Wenige Tage darauf wurden die Rädelsführer oder die, die als solche galten, hingerichtet.

Etwa um diese Zeit musste der Kaiser eine persönliche Niederlage hinnehmen, die nicht nur ihn persönlich seine Autorität kostete, sondern weiten Kreisen der Bevölkerung auch den Glauben an das Kaiserhaus nahm. Karl hatte 1917 mit seinem Schwager Sixtus von Bourbon-Parma brieflich und persönlich Kontakt aufgenommen und ihm seine Vorstellungen für den Frieden übermittelt.
Diesbezügliche Beratungen in der Entente scheiterten an der ablehnenden Haltung Italiens. Daher riss dieser Kontakt ab. Der Kaiser hatte seine Fühler aber auch in andere Richtungen ausgestreckt, um für die Monarchie Frieden zu schließen. So hatte es mehrfach Unterredungen in der Schweiz gegeben. Dann hatte der Kaiser auch versucht, mit den Vereinigten Staaten ins Gespräch zukommen. Über den Wiener Völkerrechtler Heinrich Lammasch hatte er sich an Präsident Wilson gewendet. Dieser schien durchaus zu einer weniger strikten Auslegung seines Katalogs der Kriegsziele, der 14 Punkte umfasste, bereit zu sein. Für den Fall eines Sonderfriedens sagte er Österreich auch umfassende Finanzhilfe zu.
Außenminister Graf Czernin erfuhr davon. Da er nicht wusste, dass der Kaiser hier selbst seine Hand im Spiel gehabt hatte, reagierte er empört und stellte Lammasch bloß. Der Kaiser aber wollte die Rolle, die er gespielt hatte, nicht preisgeben und ließ Lammasch einfach fallen.
Nun wurde dem Kaiser aber sein Kontakt zu seinem Schwager zum Verhängnis. Aus der Episode, die ein Jahr zurücklag, wurde ein Skandal von bisher noch nie da gewesenem Ausmaß.
Am 2. April hielt Graf Czernin eine Rede im Wiener Gemeinderat. Er übte bei dieser Gelegenheit auch scharfe Kritik am französischen Ministerpräsidenten Georges Clemenceau.
„Herr Clemenceau", donnerte er sinngemäß in den Saal, „hat einige Zeit vor dem Beginn der Offensive im Westen bei mir angefragt, ob ich zu Verhandlungen bereit sei und auf welcher Basis diese erfolgen könnten. Ich habe sofort im Einvernehmen mit Berlin geantwortet, dass ich dazu bereit sei und gegenüber Frankreich kein Friedenshindernis sehen könnte als den Wunsch Frankreichs auf Elsass-Lothringen. Aus Paris kam die Antwort, dass auf dieser Basis nicht zu verhandeln sei."
Kaum war diese Rede bekannt geworden, antwortete Clemenceau, dass nicht Frankreich, sondern Österreich-Ungarn wegen Verhandlungen angefragt hätte. Czernin dachte jetzt, Clemenceau hätte Gespräche in der Schweiz gemeint, zu denen sich für Frankreich Graf Armand mit Graf Revertera getroffen hatte. Prompt antwortete der französische Ministerpräsident, dass es sich um eine wesentlich höher gestellte Persönlichkeit gehandelt habe. Schließlich veröffentlichte eine

französische Nachrichtenagentur unter Berufung auf Clemenceau die Meldung, Kaiser Karl hätte schriftlich das Anrecht Frankreichs auf Elsass-Lothringen anerkannt.

Das wies der Kaiser entrüstet zurück. Diese Behauptungen würden nicht der Wahrheit entsprechen und er würde sich mit einem „Kerl" wie Clemenceau nicht auf weitere Diskussionen einlassen. Daraufhin veröffentlichten die Franzosen die gesamte Korrespondenz. Der Kaiser sprach von Fälschung und beschwor zur gleichen Zeit seinen Minister des Äußeren die Verantwortung für die Briefe und die ganze Affäre zu übernehmen. Czernin lehnte das ganz entschieden ab. Derart hintergangen drohte er sogar mit Selbstmord, änderte dann aber seine Vorgehensweise.

Er versuchte den Kaiser aus der Außenpolitik zu verdrängen und ihn, wenn möglich, politisch überhaupt auszuschalten und kalt zu stellen. Karl sollte sich für einige Zeit von der Ausübung der Herrschaft zurückziehen und die Regentschaft entweder Erzherzog Friedrich oder Erzherzog Eugen überlassen.

Schon für den 14. April war eine Ministerkonferenz über die Regentschaft angesetzt. In der Zwischenzeit hatte aber Kaiserin Zita, sicherlich eine viel stärkere Persönlichkeit als ihr Mann, dem Monarchen wieder den Rücken gestärkt. Die Kaiserin war als Tochter von Herzog Robert von Bourbon-Parma und Maria Antonia von Braganza 1892 in Villa Pianore in Italien zur Welt gekommen. Sie war stärker und gefestigter als ihr Mann. Ihr Einfluss auf ihn und auf die eine oder die andere Entscheidung war nicht zu übersehen. Aufgrund ihrer italienischen Herkunft und der Kriegserklärung Italiens an Österreich-Ungarn war sie vielen im Lande sehr suspekt geworden. In Deutschland und wohl auch in manchen Kreisen in Österreich galt der Kaiser als Pantoffelheld und profranzösisch. Der Skandal um die Sixtusbriefe war nicht dazu angetan, die Beliebtheit und Wertschätzung der Kaiserin in der Bevölkerung zu steigern.

Das Ansehen der kaiserlichen Zentralgewalt war so gut wie dahin. Das war bisher unvorstellbar gewesen und stellte jede Regierungskrise in einer der beiden Reichshälften in den Schatten. Fürst Hohenlohe, der k.u.k. Botschafter in Berlin, erklärte sich mit Czernin solidarisch und wollte von seinem Posten zurücktreten. Graf Czernin aber sah sich nach seinem Rücktritt einer ungeheuren Welle der Anerkennung und der Sympathie gegenüber. Die Presse pries ihn, seine Ministerkollegen, aber auch seine Gegner zollten ihm Respekt.

Kaiser Wilhelm gegenüber versuchte sich Karl damit zu rechtfertigen, dass die ganze Angelegenheit eine schamlose Fälschung der Entente wäre. Sein Dementi gipfelte in dem immer wieder zitierten Satz: „Unsere weitere Antwort sind meine Kanonen im Westen."

Es gelang ihm aber nicht, den Makel von Verrat und Lüge loszuwerden. Der Chef des Generalstabs, General Arz von Straussenburg, soll General Cramon, dem deutschen Bevollmächtigten gegenüber gesagt haben: „Ich habe erfahren, dass mein Kaiser lügt."

Cramon wurde zum Kaiser gerufen. Der händigte ihm ein Schriftstück aus, das er als den Entwurf des Briefes an seinen Schwager Sixtus bezeichnete. In diesem Brief stand tatsächlich nicht alles so, wie es im veröffentlichten Brief zu lesen war. Es blieb aber die Frage offen, ob der Entwurf tatsächlich das Original oder nur für den Anlassfall angefertigt worden war. Cramon ließ durchblicken, dass die einzige Möglichkeit zur Beilegung des Konflikts mit dem Verbündeten eine offizielle Entschuldigung bei Kaiser Wilhelm sei.

+

Ettore Pollini besuchte seinen Vetter Massimo in dessen Triestiner Anwaltskanzlei. Massimo war auffallend schmäler geworden. Auf Ettores diesbezügliche Bemerkung hin lachte Massimo: „Alte Leute brauchen nicht mehr so viel. Ich bemühe mich mit dem auszukommen, was mir das Ernährungsamt zugesteht. Mach dir nur keine Sorgen, meine Haushälterin hat ihre Kontakte zum Schwarzmarkt. Ich habe aber schon abgenommen und fühle mich ganz wohl dabei. Mein Schneider freut sich auch, weil er mir die Sachen enger machen muss. Dafür laufe ich die Stufen bei Gericht wieder hinauf wie einst im Mai."

Er wurde ernst und deutete auf das Bild des alten Kaisers, das in einem schlichten vergoldeten Rahmen hinter ihm an der Wand hing. „In meinem Wohnzimmer und hier in meiner Kanzlei hängt seit eh und je ein Bild des Kaisers. Meine Einstellung ihm gegenüber war immer ganz besonders, denn ich habe den alten Herrn wirklich verehrt. Dass es einmal eine Zeit ohne ihn geben könnte, dass es möglich wäre, dass die Leute nicht in Treue und Anhänglichkeit zum Kaiser stehen könnten, ist mir unvorstellbar erschienen. Der Begriff Kaiser, verkörpert durch die ehrwürdige, ritterliche Kaisergestalt Franz Josephs, war für mich, den Triestiner, immer der Inbegriff des Vaterlands. Mich haben auch immer ehrfürchtige Schauer ergriffen, wenn man bei festlichen Anlässen die Kaiserhymne gespielt hat.

Der alte Kaiser würde sich im Grabe umdrehen, wenn er wüsste, was sein Nachfolger angerichtet hat. Der benimmt sich wie ein beim Mogeln ertappter Schulbub. Ich hätte nie geglaubt, dass sich in Österreich-Ungarn so etwas tatsächlich ereignen kann."

Er lächelte ein bisschen und meinte dann: „In Italien hätte mich das nicht so gewundert."

Er machte eine Pause und sah Ettore traurig und verzweifelt zugleich an. „Das Bekanntwerden dieser ganzen höchst unerfreulichen Geschichte mit dem Brief an diesen Sixtus, erschüttert nicht nur unser Verhältnis zum Deutschen Reich. Der Kaiser wird sich entschuldigen und, mit Verlaub gesagt, dem Kaiser Wilhelm in

den Arsch kriechen müssen. Aber", seufzte er, „das ist ja ein alter österreichischer Fehler, dass wir immer den Falschen dort hineinkriechen.
Die führenden Leute der Entente werden mit der Affäre auch ihre liebe Mühe haben, weil sie alles herunterspielen müssen. Es wird dort ganz bestimmt genug Stimmen geben, die meinen, dass man eine einmalige Gelegenheit vertan hätte, mit Österreich Frieden zu schließen. Über die Schweiz kam die Nachricht, dass der amerikanische Präsident enttäuscht sei, weil im Obersten Kriegsrat trotz der von Österreich-Ungarn gezeigten Friedensbereitschaft kein Schritt in die Richtung zur Beendigung des Kriegs getan worden ist. Dort haben sich somit die durchgesetzt, die die Monarchie zerschlagen und filetieren wollen.
Damit besteht aber auch die Gefahr, dass es in der Entente, wo die einfachen Leute bestimmt auch kriegsmüde sind, bekannt wird, dass diesmal die Friedensbemühungen keineswegs an der sturen Haltung der Mittelmächte und an deren Forderung nach einem Siegfrieden gescheitert sind."
„Massimo", sagte Ettore Pollini mit belegter Stimme, „ich habe das bis heute noch nicht einmal zu meinem Sohn gesagt. Unsere Soldaten stehen überall auf fremdem Boden und kein Fußbreit österreichisch-ungarischer Erde ist in der Hand des Feindes. Ich glaube nicht, dass der Kaiser den an ihn gestellten Anforderungen gewachsen ist. Angeblich nennt man ihn in Wien wegen seiner sprunghaften Entscheidungen auch Karl den Plötzlichen. Dort wo es einer harten Hand bedürfte, wird laviert, wo er durchgreifen müsste, ist er nicht da. Ich möchte nicht mit ihm tauschen, aber auch ich habe viel zu oft das Gefühl, dass mit dem Tod von Franz Joseph das Reich untergegangen ist. Das tut mir sehr weh.
Massimo, wir stehen vor einem Scherbenhaufen. Das Ansehen des Kaisers ist ruiniert. Das Bündnis mit Deutschland existiert, wenn man es ganz nüchtern betrachtet, in seiner bisherigen Form auch nicht mehr. Die Preußen werden auf uns keine Rücksicht nehmen. Wie hat es nur so weit kommen können?"
Massimo schaute seinen Vetter nachdenklich an und sagte dann mit der ihm eigenen Leichtigkeit: „Wie geht es denn deiner Familie? Die interessiert mich nämlich viel mehr als das Haus Habsburg!" Die Wehmut und der Schmerz in seinen Augen straften seine lächelnde Miene Lügen.
Ettore war dankbar für die Ablenkung. „Meiner Frau geht es gut. Sie sorgt sich natürlich jeden Tag um Paride. Die Flieger sind dauernd in der Luft und die Bedingungen scheinen immer schwieriger zu werden. Paride erzählt kaum etwas, aber hie und da höre ich das doch heraus. Marie ist eine großartige Frau für ihn und eine liebevolle, fürsorgliche Mutter. Die beiden Buben folgen ihr aufs Wort und sind dennoch richtige kleine Persönlichkeiten und keine dressierten Affen. Sie sorgt sich genau so wie meine Frau um Paride, aber sie trägt das Leben mit einer bewundernswerten Heiterkeit. Ich habe noch immer das Gefühl, als käme Paride aus dem Krieg nach Hause in die Geborgenheit, die er damals vor dem

Krieg in Pola hatte. Die beiden sind wirklich für einander geschaffen. Hätte mir einer erzählt, wie schön und beglückend es ist, mit Sohn und Schwiegertochter unter einem Dach zu wohnen, so hätte ich es bestimmt nicht geglaubt und es als kitschig abgetan.

Und kochen kann sie. Kochen ist bei ihr wirklich ein Ausdruck von Kultur und Lebensfreude. Ihr Risotto di Zucca ist einfach unübertrefflich. Das muss sie unbedingt machen, wenn du uns wieder einmal besuchen kommst.

Mariola geht es gut. Sie scheint ihre Berufung gefunden zu haben. Jetzt hat sie sogar eine Medaille bekommen. Was aber nicht heißen soll, dass ich haben möchte, dass sie ihr Leben zukünftig nur mehr in Spitälern verbringt. Sie wollte das Ihre während des Krieges leisten, aber wenn der einmal vorbei ist, dann hole ich sie dort wieder heraus."

Er schlug sich mit der flachen Hand auf die Stirn: „Mein Gott, das hätte ich beinahe vergessen. Paride wurde mit Wirkung vom 1. März zum Linienschiffsleutnant ernannt. Massimo, du siehst, wenn wir es erleben, werden wir doch alle blöd."

„Da gratuliere ich ihm und dir als stolzem Vater herzlich. Ich werde ihm ein paar Zeilen schreiben. Das ist heutzutage sicherer als sich aufs Telefon zu verlassen. Ich finde es ungewöhnlich, aber ermutigend und erfreulich, dass sich bei den Pollinis anscheinend in jeder Generation ein Paar findet, das füreinander geschaffen scheint. Falls du das nicht verstehen solltest, ich meine deine Frau und dich."

Umständlich erhob sich Massimo aus seinem Lehnstuhl.

„So, komm jetzt und steh auf. Ich lade dich zum Essen ein. Da gibt es ganz in der Nähe eine kleine Trattoria, in der haben sie noch immer frischen Fisch und hausgemachte Teigwaren. Wie die Wirtin das macht, weiß ich nicht und vielleicht ist es auch besser, wenn ich es nicht weiß. Es ist alles noch ein bisschen so wie früher und deshalb gehe ich gern hin."

Während des Essens kam Massimo wieder auf den Kaiser zurück. „Er hat eine freundliche, zurückhaltende Art, die ihn gerade bei den älteren Leuten beliebt macht. Er hat aber auch von allem Anfang an gezeigt, dass er nichts daraus lernt, wenn er verliert. Manche Politiker haben ein so dickes Fell, dass sie ohne Rückgrat stehen können. Warum sollte das bei einem Kaiser anders sein?"

„Massimo", sagte Ettore lächelnd, „ich versuche jetzt einfach einmal so sarkastisch wie du zu sein. Große Geister stecken selten in gesunden, schönen Körpern. Mozart war klein und dicklich, Napoleon war nicht groß und kurzbeinig dazu, Goethe war auch klein und untersetzt und keineswegs so imposant, wie ihn seine Denkmäler zeigen. Voltaire hatte eine viel zu lange Nase, der große Kopf von Kant saß, so habe ich gelesen, auf einem geradezu mickrigen Körper. Luther hatte immer irgendwelche Leiden, war also chronisch krank. Beethoven wurde von einem Pfeifen gequält ehe er taub wurde und seine 9. Symphonie komponierte.

Wenn ich mich richtig erinnere, litt Rousseau sein Leben lang unter einer kranken Blase. Unser Kaiser hat nicht einmal die aufzuweisen und sieht aus wie das blühende Leben."

„Gratuliere", rief Massimo. „Du kannst ebenso boshaft sein wie ich und das will was heißen. Dabei liegst du in deiner Einschätzung bestimmt nicht falsch. Aber lass uns wieder ernst werden. Ich bin ein Anwalt fernab der Hauptstadt in der Provinz. Ich weiß aber genau, was ich kann und was nicht. Was ich nicht kann, das weiß ich noch besser. Und das rühre ich nicht an."

Kaiser Wilhelm forderte Kaiser Karl auf, zu ihm zu kommen und sich zu entschuldigen. Am 12. Mai brach Karl zum Canossagang nach Spa auf und tat das, was der deutsche Bündnispartner schon lange gefordert hatte. Er unterwarf sich Kaiser Wilhelm.
Außerdem musste er schriftlich und im Beisein seines neuen Außenministers, Graf Burian, versprechen, dass er künftig ohne Wissen des deutschen Kaisers mit keiner Macht mehr Fühlung aufnehmen oder Angebote machen werde. Es wurde eine Militärkonvention unterzeichnet, die aus der Gemeinsamen Obersten Heeresleitung eine Oberste Heeresleitung machte. Der politische Einfluss Österreich-Ungarns wurde dramatisch eingeengt. Als im Sommer 1918 die Gespräche zwischen Kaiser Wilhelm und Kaiser Karl bekannt wurden, überprüften die Mächte der Entente noch einmal ihre Haltung gegenüber Österreich-Ungarn. Sie kamen zu dem Schluss, dass es keine Möglichkeiten zu weiteren Friedensgesprächen mehr gebe.

An der Front an der Piave war es ruhig. Die Pioniere arbeiteten an Brücken und Stegen, an Dämmen und Eisanbahngleisen. Im Raum Caorle mussten Abwehrmaßnahmen gegen mögliche Landungsversuche der Italiener vorbereitet werden. Der Mai des Jahres 1918 war heiß. Der Himmel war weit, klar und blau. Gegen Mittag zog der Dunst von den Lagunen her. Die Felder und Weingärten standen in saftigem Grün. Die Bäume an Straßen und Wegen spendeten Schatten mit ihren weit ausladenden Blätterkronen. Auf vielen Straßen waren Arbeiter und Soldaten Schulter an Schulter dabei, die vom Krieg ruinierten Fahrbahnen wiederherzustellen. Schotter und Sand wurde herangekarrt.
Auf dem Lande begegnete man den Soldaten mit einer gewissen Höflichkeit. Da und dort kam das Gespräch auf einen Vater oder anderen Verwandten, der während der Jahre als Venetien bei Österreich gewesen war, in der Armee, bei der Gendarmerie oder sonst wo dem Staat gedient hatte. In mancher guten Stube hing noch so ein Porträt. Man hatte die Österreicher geachtet, aber nach 1866 wollte man sie nicht mehr zurück. Nun waren die Österreicher 1917 wieder ins Land gekommen.

Diesmal trugen sie keine bunten, farbenprächtigen Waffenröcke. Unter den graubraunen Feldblusen hatten viele von ihnen kein ganzes Hemd mehr. Der schlechte Stoff der Uniformen soff sich im Regen voll und man konnte sich darin kaum noch rühren. Von der Sonne wieder getrocknet, ging der Brennnesselstoff ein. Wer sich an Dornen oder im Stacheldraht ein Loch gerissen hatte und es nähen wollte, dem zerbrach der Stoff unter den Fingern. Aber es gab ohnehin keine Flicken, die man hätte darüber nähen können und auch keinen Zwirn.
Wollte man wirklich mit dieser halbverhungerten Armee die Italiener, die sich von ihrer Niederlage im Vorjahr wieder erholt hatten, angreifen und sie vernichtend schlagen? Die Soldaten dachten an die Offensive von der allenthalben geredet wurde. Sie dachten vor allem an die reichen Verpflegs- und Versorgungslager der Italiener und ihrer Verbündeten. Ungeahnte Köstlichkeiten wurden in Geleitzügen aus Amerika herangebracht. An die wollten sie heran. Und den Krieg wollten sie auch endlich so oder so hinter sich bringen. Sie waren keine Helden, sondern Landsturmmänner, die auch schon Söhne an der Front hatten und in ständiger Sorge um sie waren. Sie dachten an ihre Frauen, die stundenlang vor den Geschäften standen, um ihre jüngeren Kinder halbwegs satt zu kriegen. Schon im März hatte man die wöchentliche Zuteilung an Fett auf 40 Gramm reduziert. Die Väter wussten, dass die Rüstungsindustrie ihre Produktion noch immer steigerte und ahnten wohl auch, dass in der österreichischen Reichshälfte die Landwirtschaft nur noch 50 Prozent der Menge von 1913 produzierte.
„Sein Tod reißt für jeden, der den Mann und den Menschen kannte, eine unersetzliche Lücke. Unersetzlich umso mehr, da er der Bewahrer nobler Tradition war. Er war seinem Kaiser und seinem Lande treu, nie laut, nie überheblich, schon gar nicht nachtragend oder gehässig. Diese Treue entsprang seiner Liebe und seiner vornehmen Gesinnung."
Paride hörte die Ansprache des Kommandanten der Seeflugstation wie aus weiter Ferne. Wie es ihm so viele Male beim Tod seiner Kameraden ergangen war, spürte er nicht nur das Gefühl der Trauer, sondern da war auch wieder diese ausweglose Ohnmacht.
„Er war weltoffen, ein Herr, der Ritterlichkeit und Selbstachtung als anerkannte Werte vorausgesetzt hat. Herr zu sein, bedeutete für ihn Charakter, Verantwortung, Treue." Paride sah den jungen Fregattenleutnant, den man jetzt am Marinefriedhof in Pola zu Grabe trug, so vor sich, wie er ihn zum letzten Mal getroffen hatte. Er war in der Sonne in der Nähe seiner Maschine gesessen und hatte mit einem Stock Figuren in den Sand gezeichnet. Dabei wartete er auf seinen Einsatz.
„Ich denke wieder einmal über das Leben nach", hatte er auf Parides Frage grinsend geantwortet, was er denn so angestrengt zu überlegen scheine. „Derzeit grüble ich über drei Fragen, die die Welt bewegen. So frage ich mich, warum wohl Frauen immer zu zweit aufs Klo gehen und was sie dort so lange machen.

Sehr wesentlich erscheint mir auch die Frage, was daran so aufregend ist, wenn man sich Schuhe kauft. Schließlich wird es Hausfrauen sicher interessieren, warum das polierte Besteck, das in den Schubladen liegt, immer Eireste zwischen den Zinken der Gabeln hat.
Pollini, glaub mir, wenn es mir gelingt, die Antworten auf diese Fragen zu finden, dann werde ich wirklich berühmt!"
„Mein Gott, was bist du ein liebenswerter Narr", hatte Paride darauf geantwortet.
Jetzt lag der junge Mann fast bis zur Unkenntlichkeit verbrannt, in diesem Sarg da vorne.
„Fregattenleutnant Kramer war ein Offizier im besten Sinne. Offen zu seinen Kameraden und Freunden, fürsorglich zu seinen Untergebenen, hat er auch den Gegner geachtet, weil er in ihm in erster Linie den Mann sah, der für sein Land kämpfte.
Fregattenleutnant Kramer lebt in den Herzen aller weiter, die an die unvergänglichen Werte und an die Würde des Menschen glauben."
Der Kommandant der Seeflugstation trat vor und legte die Hand zum letzten Gruß an seine Kappe. Während der Sarg langsam in die Tiefe des Grabes gesenkt wurde, blies ein Trompeter den Zapfenstreich.

Die Beanspruchung der Marineflieger nahm mit jedem Tag zu. Die überlegene Anzahl der Maschinen, die die Italiener tagtäglich in die Luft brachten, war kaum noch in den Griff zu bekommen. Im Mai war Banfield, das Ass der österreichischen Seeflieger, schwer verwundet worden. Er hatte zwei Torpedoboote, die in der Nacht in die Bucht von Muggia bei Triest einzudringen versuchten, angegriffen und war von einem Phosphorgeschoß getroffen worden. Einen Monat war Banfield durch die äußerst schmerzhafte und sehr schwierig zu behandelnde Wunde außer Gefecht gesetzt.
Am 19. Juni wurde bei Montello an der Piave mit Major Baracca der erfolgreichste italienische Jagdflieger abgeschossen. Nach 34 Luftsiegen wurde er bei einem Angriff auf Bodentruppen im Geschoßhagel des Abwehrfeuers am Kopf getroffen und stürzte ab.
Die Italiener flogen in regelmäßigen Abständen Angriffe auf Parenzo. Dabei wurden bis zu 19 Flugzeuge eingesetzt. Die angreifenden Bomber wurden von Jagdflugzeugen begleitet. Neben Bomben wurden auch vermehrt Flugblätter in kroatischer Sprache abgeworfen. Die österreichischen Soldaten wurden darin zum Aufgeben und Überlaufen aufgefordert.
Die Seeflieger stellten sich unbeirrt dem weit überlegenen Feind. Sie flogen Aufklärung nach Ancona, suchten und jagten U-Boote, griffen Schiffseinheiten an, flogen Aufklärung und Luftunterstützung für die eigenen Truppen an der Piave,

drängten Angreifer ab oder stellten sie im Luftkampf, bombardierten Umschlagplätze für den feindlichen Nachschub und Truppenansammlungen. Die Piloten und das technische Personal leisteten Übermenschliches und wurden immer mehr über ihre Leistungsgrenzen hinaus beansprucht. Die k.u.k. Seeflieger haben trotz ihrer geradezu erbarmungswürdigen materiellen und zahlenmäßigen Unterlegenheit in diesen Monaten des Krieges eine zumindest dreifache feindliche Übermacht gebunden, die den Italienern an der italienisch-österreichischen Front spürbar gefehlt hat.

Die tiefen Ringe unter Parides Augen waren trotz seiner Sonnenbräune nicht zu übersehen. Am Ende mancher Tage oder am Morgen, wenn er nachts geflogen war, fühlte er sich leer und ausgebrannt. Er war bemüht, sich das vor seiner Familie nicht anmerken zu lassen. Seine beiden Söhne schliefen meist schon seit Stunden, wenn ihr Vater nach Hause kam. „Ich sehe die beiden überhaupt nur mehr, wenn sie zusammengerollt tief und fest schlafen", beklagte er sich bei Marie. „Ich weiß, dass ich nicht so undankbar sein sollte. Ich sehe die Buben mehrmals in der Woche. Andere Väter haben ihre Kinder schon lang nicht mehr oder überhaupt noch nie gesehen. Niemand kann sagen, ob sie sie überhaupt jemals zu Gesicht bekommen werden. Ich habe das Glück unsere beiden heranwachsen zu sehen. Mit meinen Wünschen ist es eben wie mit kleinen Kindern. Je mehr man ihnen nachgibt, desto anspruchsvoller werden sie." Er umarmte seine Frau. "Dazu habe ich noch dich als ganz besondere Draufgabe. Mehr darf ich doch wirklich nicht verlangen."
„Komm, setz dich erst einmal", sagte Marie begütigend. „Ich habe den Tisch für dich im Garten gedeckt. Sag jetzt aber nicht, dass du keinen Hunger hast oder zu müde zum Essen bist. Sehr viel bekommst du ohnehin nicht. Ein paar Oliven, ein bisschen harten Käse, ein paar Scheiben Wurst und frisches Brot. Dazu ein Glas Wein. Das schaffst du schon. Mama und Papa bleiben heute in der Stadt. Ich selbst habe schon mit den Buben gegessen. Aber bei einem Glas Wein leiste ich dir gern Gesellschaft."
Der Tisch im Garten war liebevoll gedeckt. Ein Windlicht spendete seinen milden Schein. Nachdem Paride gegessen hatte, setzte er sich zu Marie auf die Bank. Er legte seinen Arm um sie. Der Geruch von altem Holz zog aus dem Inneren des Hauses und schwebte über den Garten hin. „Obwohl sich Mama und Bortolo schweren Herzens von vielen Blumen getrennt und Gemüse angebaut haben, liegt immer noch der Duft der Blumen über allem hier. Und irgendwie ist da auch Holz dabei. Findest du nicht auch, dass es hier wie seinerzeit im Frieden riecht?", fragte Marie leise und nachdenklich.
„Es riecht hier so, wie es im Frieden hoffentlich bald wieder überall riechen wird", sagte Paride überraschend bestimmt.

Er kämpfte mit dem Schlaf und konnte seinen Augen kaum noch offen halten. „Komm, lass uns schlafen gehen". Marie reichte ihm die Hand. „Geh noch unter die Dusche. Das wird dir gut tun. Ich habe das Schlafzimmer fast den ganzen Tag gelüftet, es ist herrlich kühl. Du wirst bestimmt gut schlafen und das brauchst du auch."
Die beiden schliefen nackt und nur mit einem Leintuch zugedeckt. Nachdem Paride aus dem Bad gekommen war, hatte er Marie noch zärtlich geküsst und war dann eingeschlafen.
„Es wird auch wieder Nächte geben, in denen du nicht schläfst, wenn deine Frau nackt neben dir liegt", dachte Marie vergnügt.
Meist schlief Paride sehr unruhig. Er warf sich schwer atmend im Bett hin und her. Er stöhnte unvermittelt, schreckte dann und wann auf, wurde dabei aber nicht wirklich wach. Seine Frau rückte dann ganz nah an ihn heran und nahm ihn in die Arme. Sie bettete ihn an ihre Schulter und wachte so über ihn, bis er wieder ruhiger schlief. Sie hatte bald herausgefunden, dass sich Paride am nächsten Morgen an nichts erinnern konnte und so drang sie auch nicht mit Fragen auf ihn ein. Sie fragte sich aber oft, was wohl die armen Teufel machten, die irgendwo in einem Erdbunker oder in einer Felskaverne auf etwas Streu oder alten Decken lagen. Wie würden wohl die mit dem Druck, der auf ihnen lastete und mit den entsetzlichen Bildern umgehen, die sie jede Nacht in ihre Träume hinein verfolgten? Wann haben die, fragte sich Marie, denn zum letzten Mal in einem ordentlichen, frisch bezogenen Bett geschlafen, wann haben sie sich zuletzt baden können und dann frische, gebügelte Wäsche bekommen?

+

Am 4. Juli 1918 übernahm die örtliche Tscheka, die Geheimpolizei von Jekaterinburg die Bewachung der Zarenfamilie. In den ersten Juliwochen fiel in Moskau die Entscheidung, diese hinzurichten. Lenin und seine Berater waren zur Überzeugung gelangt, dass ein Prozess gegen den ehemaligen Zaren nicht opportun wäre. Eine Gerichtsverhandlung schien dem Rat der Volkskommissare zu riskant zu sein, daher beschloss man den Zaren und seine Familie im fernen Jekaterinburg einfach erschießen zu lassen. Auf keinen Fall durften die Romanows den herannahenden Weißen Truppen in die Hände fallen und zu Leitfiguren einer Konterrevolution werden.
Jakow Jurowski, der Leiter der örtlichen Tscheka, wurde mit der Erschießung beauftragt. Eile war geboten, da die Weißen Jekaterinburg bereits eingekesselt hatten. In der Nacht vom 16. zum 17. Juli ging Jurowski zum Leibarzt Botin und wies ihn an, die Zarenfamilie zu wecken. Er habe ihr ferner mitzuteilen, dass sie sich aus Sicherheitsgründen in den Keller des Hauses zu begeben hätte. Tsche-

kisten brachten den Zaren mit der Zarin und den Kindern Olga, Tatjana, Maria, Anastasia und Alexej und der Dienerschaft in einen eigens hergerichteten Kellerraum. Die Zarin beschwerte sich bei Jurowski, dass der Raum völlig leer sei und verlangte für sich und ihren kranken Sohn zwei Stühle. Diese wurden tatsächlich gebracht und die Zarin und Alexej nahmen Platz. Jurowski befahl den anderen Anwesenden sich in zwei Reihen dahinter aufzustellen. Man werde jetzt ein Foto machen. Moskau verlange das, weil Gerüchte über eine Flucht der Zarenfamilie im Umlauf wären.

Nachdem die Aufstellung eingenommen war, führte Jurowski das Erschießungskommando in den Raum und eröffnete dem Zaren, dass die Regierung die Hinrichtung der Zarenfamilie beschlossen hätte und dass die Exekution jetzt stattfinden würde.

Der Zar sagte darauf nur noch: "Vergib ihnen, denn sie wissen nicht was sie tun", dann erschoss ihn Jurowski. Alle anderen Schützen schossen ebenfalls auf den Zaren, der sofort tot war. Dann setzte eine wilde Schießerei ein, um alle anderen zu liquidieren. Die Geschosse pfiffen durch den Keller und gellten an den Wänden ab. Der Zarewitsch und seine Schwestern lebten noch und lagen schwer verletzt am Boden. Nun stachen die Schützen mit den Bajonetten wie wild auf ihre Opfer ein. Die Bajonette blieben zum Teil in den Miedern der Prinzessinnen stecken, da diese zusammen mit der Hofdame Anna Demidowa Familienschmuck und Wertsachen in die Mieder und in Zierpolster eingenäht hatten. Es dauerte an die zwanzig Minuten bis auch das letzte Opfer umgebracht war.

Nach dem Mord versuchte Jurowski die Spuren des Verbrechens zu beseitigen. Die Leichen wurden auf einen Lastwagen verladen und zu einem Bergwerksschacht in der Nähe von Koptjaki gebracht. Die Ermordeten wurden entkleidet und ihrer Wertsachen beraubt. Die Kleider wurden an Ort und Stelle verbrannt, die Leichen in den Schacht geworfen. In der folgenden Nacht kamen die Mörder zurück und übergossen die Leiche des Zaren und der Demidowa, die sie für die Zarin hielten, mit Benzin und verbrannten sie. Über die anderen goss man Salzsäure. Mit einem Lastwagen wurde die Grabstelle platt gewalzt. Baumstämme sollten sie für immer verbergen.

Am 19. Juli erschien in den Zeitungen die offizielle Mitteilung von der Erschießung des Zaren. Die sowjetische Führung verschwieg die Ermordung der gesamten Familie und behauptete, die Zarin und ihre fünf Kinder seien in Sicherheit gebracht worden.

Jekaterinburg wurde am 25. Juli von den Bolschewiken aufgegeben und von den Weißen Truppen besetzt.

Das Wetter hatte umgeschlagen und an einen Flugbetrieb war nicht zu denken. Es regnete in Strömen und fern am Horizont säumten Blitze die grauschwarzen Wolkentürme feurig ein. Der Wind peitschte das Meer auf.

Drakulic und Paride saßen in Hemdsärmeln und Hosenträgern unter dem Vordach des kleinen Hangars und sahen dem Regen zu. „Das erinnert mich ein bisschen an meine Dienstzeit in Salzburg", meinte Paride versonnen. Dort hat es auch dann und wann tagelang so geschüttet. Stefan, du bist doch in Pola gewesen. Was hört man dort Neues?"

„Im Hafenadmiralat hat man davon geredet, dass die Vereinigten Staaten am 29. Juni den tschechischen Exilnationalrat in Paris als die Regierung eines befreundeten Staates anerkannt haben. Das muss man sich einmal vorstellen. Das heißt ja nichts anderes, als dass die Tschechen ganz offiziell mit den Amerikanern packeln und schauen, wie sie sich möglichst rasch und elegant von uns verabschieden können."

Paride nickt nur. „Das lässt natürlich auch Zweifel an der Loyalität der Tschechen im Staatsdienst aufkommen. Dass die Tschechen an der Front davonrennen wo es nur geht, wissen wir ja seit langem. Das stocktschechische Prager Schützenregiment Nr. 8 hat man in Salzburg stationiert, weil man sich gar nicht mehr getraut hat, es an die Front zu bringen. Was tun aber heute die hohen Ministerialbeamten tschechischer Nationalität, was tun die, die in einflussreichen Positionen bei den Landesregierungen sitzen? Ich würde da nicht für alle meine Hand ins Feuer legen."

Resignierend fuhr er fort." Es geht ja überall kaum noch was weiter. Da muss man gar nicht nach Paris schauen. Sogar die Marine versinkt in Agonie. Der Flottenkommandant wollte doch die Straße von Otranto aufbrechen und den Zugang zum Ionischen Meer erzwingen. Das haben die Alliierten mitgekriegt. Es waren einfach zu viele Flugzeuge in der Luft und alle haben geglaubt funken zu müssen, was das Zeug hält. Da hat sich doch jeder, der das mithört ausmalen können, da braucht er gar nicht zu verstehen, was gefunkt wird, dass da was im Gange ist. Die Italiener haben die „Szent Istvan" versenkt und der Admiral Horthy hat alles abgeblasen und umgedreht. Jetzt ergeht man sich angeblich in kleineren Unternehmungen.

Das kann auch die Ausrede dafür sein, dass die Loyalität der Matrosen abnimmt. Auch die U-Boote melden kaum noch Erfolge."

Drakulic, der mit kleinen Steinen auf ein Holzstück vor sich warf, antwortete resignierend: „Ich hab´ manchmal das Gefühl, dass es einfach keinen Ausweg mehr gibt. Es klappt doch überhaupt nichts mehr. Die Offensive im Juni war eine einzige Pleite. Die Piave hat Hochwasser geführt und war auf das Dreifache angeschwollen. So waren das Übersetzen und der Brückenschlag die reine Hölle. Die Artillerie hat wieder einmal zu wenig Munition gehabt und hat nicht über die ganze Zeit schießen können. Wir sind der doppelten Übermacht entgegen geflogen und haben für die am Boden zu wenig tun können."

Drakulic traf das Holzstück mit einem Steinwurf. „Das Steinewerfen haut wenigstens noch hin", grinste er. „Wenn wir hier durch die Beziehungen, die du für unseren Proviantoffizier aufgetan hast, besser verpflegt sind als andere, so darf man nicht vergessen, dass die armen Teufel am Piave durch Wochen 125 Gramm Maisbrot miesester Qualität und 70 Gramm Fleischnahrung, was immer das ist, am Tag bekommen. Wenn es etwas mehr Brot gibt, gibt es kein Fleisch. Die essen Maisgrieß und Dörrgemüse, das sie Stacheldraht nennen. Das ist die wirkliche Tragödie, dass die, die kämpfen, auch noch hungern müssen. Dabei werden nebenan die Ungarn in den Honvedregimentern und in den Regimentern mit vorwiegend magyarischer Mannschaft doch wesentlich besser verpflegt. Man fragt sich, wie es das geben kann. Da ist es gut, wenn man einmal die Gelegenheit hat, bei den Ungarn Verpflegung zu fassen."

Paride nickte bestätigend. „Darf man überhaupt fragen, wer heute an der Piave steht? In der 29. Infanteriedivision dienen neben Ungarn, die die schwarz-gelben Fahnen schon ziemlich satt haben, vorwiegend Rumänen und Slawen jeglicher Herkunft. Als Korpsreserve steht eine Landsturmbrigade mit einer der höchsten Hausnummern der Armee bereit. Was willst du denn von denen wirklich verlangen?"

Drakulic sah Paride lang an und sagte dann: „Ich habe noch nie Kritik an seiner Majestät und am Haus Habsburg geübt. Ich bin immer ein treuer Diener kroatischer Nationalität gewesen. Ich bin es auch heute. Aber ich muss es loswerden. Nach der Offensive hat der Kaiser Conrad von Hötzendorf seines Kommandos enthoben. Andere Generäle, die sicherlich auch am Misslingen der Offensive Anteil hatten, kamen ungeschoren davon. Die Parteien und vor allem die Ungarn haben sich das Maul zerrissen.

Generaloberst Fürst Schönburg-Hartenstein, ich kann dir nicht sagen woher ich das weiß, da hat einer in Pola zu viel aus der Schule geplaudert, hat eine umfangreiche Sachverhaltsdarstellung vorgelegt, in der er dem Kaiser in aller Offenheit die katastrophale Lage von Staat und Armee und die Notwendigkeit sofort Frieden zu schließen, aufzeigen wollte.

Der Kaiser hat das letztlich ebenso wenig zu Kenntnis genommen wie die Attacken gegen das Armeeoberkommando oder gegen seine Person. Die Zahl derjenigen, die ihn für die Lage des Reiches persönlich verantwortlich machen und ihm seine Wankelmütigkeit, seine Fehler und seine angeblichen Charakterschwächen vorwerfen, die zu beurteilen mir nicht zusteht, wächst von Tag zu Tag.

Ich sehe nirgendwo einen Lichtblick und so gilt wohl der alte Satz, dass man das Leben aushalten können muss."

Er zog seine Tabatiere aus der Tasche, klappte sie auf, schaute einen Augenblick auf die Zigaretten, schloss sie wieder und steckte die Zigarettendose wieder ein.

„Das bringt mich auch nicht auf andere Gedanken", meinte er.

Paride streckte die Beine aus und verschränkte die Arme hinter dem Kopf. Der Regen schien langsam nachzulassen.

„Vielleicht können wir am Abend noch aufsteigen", meinte er, nachdem er sich gründlich umgesehen hatte. „Der Regen lässt nach und die Gewitterfronten scheinen abzuziehen."

Dann sah er Drakulic an: „Bei uns an der Italienfront hält die Disziplin der Truppe noch. Ich frage mich aber immer öfter, wie lang das noch der Fall sein wird. Die Italiener intensivieren ihre Propaganda sehr geschickt und hoffen, damit den Zerfall der Armee zu beschleunigen. Eine Falschmeldung nach der anderen wird mit ein bisschen Wahrem auf Flugblättern unter die Leute gebracht. Meistens handelt es sich natürlich um erfundene große Verluste, die wir gehabt haben sollen.

Aber auch die Kaiserin hat ihren Teil abbekommen. Seit der Sixtusaffäre trauen ihr viele nicht mehr über den Weg. Durch ihre italienische Herkunft herrscht natürlich Hochkonjunktur an der Gerüchtebörse. Jeder weiß angeblich etwas oder hat es zumindest gehört. Angeblich hätte sie die Offensive an der Piave verraten und sei deshalb zusammen mit ihrer Mutter in der Nähe von Budapest interniert worden. Da musste sogar der Kriegsminister ausrücken und das Offizierskorps in doch recht harschem Ton auffordern, diesen unsinnigen Tratschereien ein Ende zu machen. Solchen Gerüchten muss man einfach entschieden entgegentreten. Wenn man in den eigenen Reihen so einen Gerüchtemacher treffen sollte, darf man ihn bei Gott nicht aus falsch verstandener Kameradschaft schonen. Der Mann gehört ordentlich bestraft.

Natürlich verstehen es unsere Feinde sehr gut, die Unzufriedenheit zu schüren und die verschiedenen Nationalitäten gegeneinander aufzuhetzen. Im Feld kommt es immer wieder zu Unstimmigkeiten und Eifersüchteleien, zu Aversionen und zu nationalistischer Erregung. Die deutsch-österreichischen Truppen argwöhnen, und das wahrscheinlich nicht zu Unrecht, dass sie immer an den Brennpunkten eingesetzt würden. Die Ungarn werfen der ihnen zugeteilten tschechischen und polnischen Artillerie vor, dass sie absichtlich zu kurz schießt. Polen und Tschechen reden ihrerseits von schwerwiegenden Mängeln bei den ungarischen Geschützbedienungen. Misstrauen und Abneigung nehmen von Tag zu Tag zu. Wir brauchen ja nur das zu nehmen, was wir beide heute über die Tschechen geredet haben."

„Bei den Militärärzten in Pola weiß man, dass die Truppe zum Teil so entkräftet ist, dass epidemische Krankheiten stark im Ansteigen sind. So soll die Heeresgruppe Boroevic bis zu 700 neue Malariafälle täglich melden. Das kommt zu allem noch dazu", antwortete Drakulic sichtlich resigniert.

Ein paar Tage darauf hatte Paride Nachtdienst gehabt und kam daher schon kurz nach dem Mittagessen nach Hause. Nachdem er seine Söhne hochgehoben und durch die Luft gewirbelt hatte, fragte er Marie: „Warum sind die zwei denn heute so adrett?"

„Zuerst möchte ich auch einmal begrüßt werden", gab ihm diese zur Antwort, „und dann würde ich gern wissen, ob du unsere Kinder sonst schmuddelig und verwahrlost findest?"

Paride umarmte Marie und sagte: „Bitte, dreh mir doch nicht das Wort im Mund um, Liebling. Aber heute sind sie ganz besonders fesch und herausgeputzt, was ist denn los?"

„Sie dürfen mit Mama und Papa mit der Kutsche in die Weinberge fahren und sind dementsprechend aufgeregt. Hast du schon gegessen?"

„Nein, ich wollte nur nach Hause."

„Dann verabschiede dich jetzt von den Buben, denn ich höre deine Eltern gerade vorfahren. Ich bringe die Herrn Söhne hinaus und dann bekommst du was zu essen. Für uns gab´s Palatschinken. Magst du auch welche? Mit Marillenmarmelade, wäre das ein Angebot?"

Nachdem Paride mit Appetit gegessen und dazu fast noch einen Krug kalter Milch getrunken hatte, meinte Marie: „Du hast noch gar nicht erzählt, wie die vergangene Nacht war. Ist viel zu tun gewesen?"

„Nein, zum Glück nicht. In der Nacht sieht anscheinend jeder Gespenster. Der italienische Bomberverband, der uns gemeldet worden ist, hat sich nirgends gezeigt und hat sich daher auch nicht aufspüren lassen. Am ganzen Himmel war weit und breit kein glühender Auspuff zu entdecken. In der Früh sind auch keine Meldungen über Bombenschäden hereingekommen. Da hat vermutlich irgendein Luftbeobachter Wolkenfetzen für Flugzeuge gehalten. Ab Mitternacht waren wir wieder daheim und konnten schlafen. Warum willst du das so genau wissen?"

Marie lächelte ihn nur an.

„Herrgott, wie kann man nur so auf der Leitung stehen", rief Paride. „Wir sind ganz allein im Haus. Komm, komm jetzt aber gleich mit hinauf!"

„Ich schau dir so gern zu, wenn du dich auszieht", sagte Paride zärtlich.

„Ich dir auch, aber jetzt musst du mir den Verschluss da aufmachen, der klemmt nämlich", kam es zurück.

Marie legte die Arme um Parides Nacken und schmiegte sich eng an ihn. Dann schlüpfte sie aus ihren Dessous. Sie setzte sich aufs Bett und meinte mit einem verführerischen Lächeln: „Und wieder einmal bin ich schneller ausgezogen."

Paride legte sich neben sie und sie verschmolzen in einer innigen Umarmung. Er küsste Maries Brustwarzen, die schon bei der ersten zarten Berührung ganz hart geworden waren. „Die verraten immer gleich, wie verrückt ich nach dir bin", flüsterte sie. Zärtlich streichelten ihrer beider Hände über ihre Körper und als Marie

Parides steifes Glied spürte, verzauberte ein glückliches Lächeln ihr Gesicht. Dann glitt sie auf Paride. Langsam und immer lustvoller begann sie auf ihm zu reiten. Parides Hände strichen über ihre Hüften, hielten sie fest, zogen sie an sich und umfingen dann liebevoll die hinreißenden Brüste seiner Reiterin. Sie glaubte in einem nicht mehr endenden Glücksgefühl zu vergehen, als sich auch Paride stöhnend und ihren Namen stammelnd unter ihr aufbäumte.
Erschöpft, aber sehr sehr glücklich blieb sie auf ihrem Mann liegen und flüsterte: „Ich spür dich noch immer ganz tief in mir – das ist der schönste Platz der Welt. Ich geh da nicht mehr weg."
Paride legte seinen Arm um sie. Sie schmiegte sich an seine Schulter. „Daran könnte ich mich gewöhnen", seufzte Marie. „Liebe so am Nachmittag, das wäre schön."
Nachdem sie sich wieder angekleidet hatten, schlug Paride vor, ein bisschen im Park spazieren zu gehen. Sie trafen den alten Bortolo, der gerade Tomaten abnahm und meinte, er würde sie zusammen mit den Gurken, die er noch holen müsse, in der Küche bei Mirna abgeben.
„Die sind ja prachtvoll", staunte Marie und der alte Mann lächelte erfreut. „Wunderbar, Bortolo, vielen Dank", sagte Marie warm. „Das gibt heute einen Salat aus Tomaten, Gurken, Zwiebeln und Oliven. Dazu geben wir Schafskäse, denn von dem ist noch immer genug da."
Während der alte Gärtner mit seinem Korb auf dem von der Sonne beschienenen Weg in Richtung Gurkenbeet davonschlurfte, gingen Marie und Paride tiefer in den Park hinein. Sie setzten sich auf eine von blühenden Büschen umstandene Bank.
„Paride", sagte Marie zaghaft, „man muss doch immer mit allem rechnen. Die ganze Welt steht gegen uns im Feld und da kann der Krieg vielleicht doch auch verloren gehen."
Sie schaute ihren Mann zweifelnd an. Der schwieg aber.
„Ich hoffe natürlich, dass wir gewinnen. Du verstehst mich nicht falsch, ich weiß das. Wir haben doch so viel geopfert. Ich komme jeden Tag aus Sorge um dich fast um. Das darf doch nicht alles vergeblich sein. Das muss doch belohnt werden, dass Frauen und Kinder um ihre Väter, Männer und Söhne zittern. Der liebe Gott muss unsere Gebete doch erhören. Er braucht sich nicht um die zu kümmern, die Waffen segnen, aber auf die Gebete von uns Frauen muss er doch hören. Der ganze Opfermut kann doch nicht umsonst gewesen sein, das Leiden, das Darben und das Sterben."
Sie nahm Parides Hand und hielt sich an ihm fest.
„Wenn die Italiener, denen hier die Franzosen und die Engländer helfen, den Krieg gewinnen, dann werden wir hier im Küstenland schon was mitzumachen haben. Vor allem aber werden die Südtiroler für die Fehler der österreichischen Verwaltung büßen müssen, wenn ihr Land tatsächlich den Italienern zugesprochen werden sollte."

„Wie meinst du das?", fragte Paride.
„Es ist doch so, dass jemand, der ein Bild von Verdi oder von Dante im Wohnzimmer hängen hat, schon als Verräter angesehen wird. Natürlich müsste es auch dem Allerdümmsten einleuchten, dass man in diesen Tagen nicht den Gefangenenchor aus Nabucco singen darf. Aber die k.u.k. Verwaltung hat im Nationalitätenkampf viele Fehler gemacht. Nimm nur Triest als Beispiel her. Den 10.000 Deutschen stehen vier deutschsprachige Elementarschulen, eine deutsche Technische Schule und ein deutsches Gymnasium offen. Für 170.000 Italiener gibt es keine einzige italienische Schule, die der Staat erhält. So ist es auch hier in Istrien, so ist es in Dalmatien. Die Italiener müssen italienische Privatschulen finanzieren, um italienischen Unterricht zu erhalten. So kann es einfach nicht gehen.
Ich bin mit großen Augen und neugierig auf meine neue Heimat hierher gekommen. Ich habe mich gut umgesehen und rasch eingelebt. Ich habe daher auch mitbekommen, dass man dann, wenn es um Posten bei der Gendarmerie, der Eisenbahn, der Post oder ganz allgemein im Staatsdienst gegangen ist, Deutsche, Kroaten, Slowenen, ja sogar Tschechen den Italienern vorgezogen hat. Auch in der Kirche scheint es mir nicht anders zu laufen. Das werden uns die Italiener nicht vergessen. Geb´s Gott, dass uns das nicht auf den Kopf fällt."
Paride stand auf.
„Warum sagst du nichts dazu?", fragte ihn seine Frau.
„Weil du genau das, was mir schon seit Jahren durch den Kopf geht, angesprochen hast. Ich hätte es nicht besser auf den Punkt bringen können. Jetzt, wo der Krieg so oder so wohl nicht mehr lange dauern kann, ist natürlich unter Umständen auch mit möglichen Maßnahmen seitens der Italiener zu rechnen. Die werden für uns dann aber alles andere als angenehm sein. Die österreichische Politik, der seit jeher jede Sensibilität und jedes Verständnis für ihre italienischen Bürger abgegangen ist, hat den Irredentismus erst stark gemacht. Nie hat man auf die unterschiedliche Mentalität, nie auf gegensätzliche Interessen und Bedürfnisse Rücksicht genommen.
Wenn, was hoffentlich nicht der Fall sein wird, Italien den Krieg gewinnen sollte, dann brauchen die Italiener die Politik der zwangsweisen Assimilierung und Unterdrückung nicht neu zu erfinden. Sie werden sie einfach seitenverkehrt von den k.u.k. Behörden übernehmen."
Er sah bedrückt aus, als er seinen Arm um Marie legte: „Komm, lass uns zurück gehen. Die Kinder werden mit den Eltern bald zurückkommen."

An diesem Tag erhielt Ernst von Fleissner einen Brief seines Vaters, der unter anderem auch schrieb:" *...Nachdem ich keine Ahnung habe, ob Du da draußen an der Front etwas von der politischen Lage in der Heimat mitbekommst, schreibe* *ich Dir auch davon. Ich nehme dabei in Kauf, dass Du es, solltest Du es schon wissen, einfach nicht liest.*

Ministerpräsident Baron Seidler hat bei der Eröffnung des Reichsrates im Juli an sein Regierungsprogramm erinnert und dabei den slawischen Parteien, und hier in erster Linie wiederum den Tschechen, vorgeworfen, dass sie zu keiner Zusammenarbeit bereit gewesen wären. Seine Aussage, dass das Rückgrat dieses vielgestaltigen Staates nun einmal das deutsche Volk sei und es immer bleiben werde, war in meinen Augen zwar berechtigt, hat aber natürlich das Haus zum Toben gebracht. Am 23. Juli war die Debatte zum Versagen der Armee und einzelner Generäle während der Piaveoffensive angesetzt. Man hat sich abgesprochen und wollte Tumulte provozieren, die den Vorwand für eine neuerliche Auflösung des Reichsrates liefern sollten. Der Kaiser muss wohl eingeweiht gewesen sein, da man mit kaiserlichen Patenten zu regieren plante.

Plötzlich erklärten aber die Polen dem Präsidenten des Abgeordnetenhauses, dass sie dem nächsten Budgetprovisorium zustimmen würden, wenn Seidler dafür nur endlich zurücktreten würde. Der hat das auch getan. Unterrichtsminister Hussarek-Heinlein wurde zum Nachfolger bestimmt. Der nannte als sein nächstes Ziel einen polnisch-ruthenischen Ausgleich und ein beiden Seiten genehmes Arrangement mit den Südslawen. Bereits Ende Juli hat er auch damit begonnen, die nationale Trennung der Deutschen von den Tschechen voranzutreiben und das deutsche Siedlungsgebiet aus dem Staatsverband des Königreiches Böhmen herauszulösen. Die Tschechen haben das die Zerreißung des Landes genannt.

Auch den Bestrebungen der Südslawen hat sich der neue Ministerpräsident nicht entgegenstemmen können. Er hat zur Kenntnis nehmen müssen, dass sich die Slowenen, die bisher als monarchietreu gegolten haben, immer mehr für eine südslawische Lösung auszusprechen beginnen. Natürlich hat daran Wien ein gerüttelten Maß an Schuld. Die Regierung hat den Wünschen der gemäßigten und loyalen Slowenen nicht nachgegeben und so haben eben die Nationalisten die Oberhand gewonnen.

Im Inneren sucht man überall verzweifelt nach Lösungen. Dazu hat auch noch die Oberste Deutsche Heeresleitung auf eine Verlegung von k.u.k. Truppen an die Westfront gedrängt. Das Armeeoberkommando hat zuerst einmal, wie könnte es denn anders sein, gezögert und die Sache abliegen lassen. Da haben aber die deutschen Bundesgenossen ganz unmissverständlich zu verstehen gegeben, dass sie erst dann, wenn diese Entscheidung in ihrem Sinne gefallen wäre, eine neuerliche Mehlaushilfe gewähren würden. Wenn man die prekäre Ernährungslage im Hinterland bedenkt, war das eine ganz massive Drohung.

Seit dem Juli verstärkt eine Viertelmillion Amerikaner die Alliierten. Die sind bestens verpflegt, frisch und sehr gut ausgerüstet. Auch um die Kampfmoral der Soldaten braucht man sich keine Sorgen zu machen. Die glauben sich auf einem

Kreuzzug für Demokratie und Freiheit.
Kurz nach der deutschen Drohung sind die beiden ersten k.u.k. Divisionen in Marsch gesetzt worden. Im September folgten ihnen zwei weitere. Ihre Bewaffnung und Ausrüstung wurde ergänzt und man hat sie auch in den Kampfverfahren der Westfront geschult. Die 35. Infanteriedivision wurde gleich in den exponierten Frontvorsprung bei St. Mihiel geworfen.
Das an sich schon unübersichtliche Waldgelände war im Verlauf des Krieges zu einem Labyrinth aus Gräben, Stellungen, primitiven Bunkern und Hindernissen geworden. Derjenige, der den Abschnitt gerade besetzt hatte, richtete sich nach seinen Bedürfnissen ein. Die 35. bestand vorwiegend aus Rumänen und Ruthenen. Sie hatten kaum Zeit sich mit dem Gelände vertraut zu machen. In den Morgenstunden des 12. September begann die amerikanische Artillerie auf engstem Raum und mit einer Unzahl von Geschützen den Gefechtstreifen für die Infanterie freizumachen. Was von der Artillerie nicht massakriert worden ist, sah sich der angreifenden Infanterie gegenüber. Ganz frische Truppen traten ins Gefecht. Denen haben die rumänischen und ruthenischen Bauern standgehalten und sind nicht zurückgegangen. Sie haben schließlich und endlich zwar 79 Maschinengewehre und 18 Geschütze verloren – aber im Nahkampf. In den Abendstunden sind sie zusammen mit den deutschen Verbänden zurückgenommen worden. Die Vorhaben der Amerikaner, den Bogen von St. Mihiel zu nehmen und die dort eingesetzten Truppen einzusacken aber sind gescheitert.
Aus familiärer Sicht kann ich Dir auf militärischem Gebiet auch noch etwas sehr Schönes mitteilen. Paride ist mit der Großen Goldenen Tapferkeitsmedaille für Offiziere ausgezeichnet worden. Schreib dem Malefizkerl ein paar Zeilen, er freut sich darüber ganz bestimmt..."

+

Es stand wirklich nicht gut um die Mittelmächte. Mitte August war Kaiser Karl mit dem Generalstabschef zum deutschen Kaiser gereist. Auch der bangte der Niederlage entgegen. Kaiser Wilhelm wollte allerdings von Verhandlungen mit dem Feind noch nichts wissen. Zuerst müsse der deutsche Rückzug zum Stehen gekommen sein. Dann wäre man wieder in der Lage den Streitkräften der Entente zu beweisen, dass man ihnen empfindliche Verluste beibringen könnte. Kaiser Karl hingegen schloss eine auch nur begrenzte Offensive gegen Italien kategorisch aus. Der Krieg war verloren.
Angesichts der tristen Lage an der Front und im Hinterland sah sich Kaiser Karl genötigt, einen Friedensschritt zu unternehmen. Falls Deutschland sich nicht zu einem ähnlichen Schritt entschließen könnte, so würde Österreich-Ungarn eben ein einseitiges Ersuchen an die Alliierten richten. Dies ließ der Kaiser General

Cramon, dem Deutschen Bevollmächtigten, mitteilen. Der wiederum erhielt von der Obersten Deutschen Heeresleitung den Auftrag, den Kaiser mit allen ihm zur Verfügung stehenden Mitteln davon abzuhalten. Der General bat den Kaiser doch noch etwas zuzuwarten.

Am 14. September 1918 beauftragte Kaiser Karl den Minister des Äußeren mit der Absendung eines Friedensangebotes an die Alliierten. Der deutsche Verbündete wurde nur mehr von der vollendeten Tatsache in Kenntnis gesetzt. Kaiser Wilhelm konnte somit nur nachträglich sein „Bedauern" und sein „Erstaunen" zum Ausdruck bringen.

Die Alliierten zeigten sich von dem österreichischen Angebot völlig unbeeindruckt. Sie antworteten nur mit der Feststellung, dass zuerst das Deutsche Reich kapitulieren müsse. Dann werde man sich mit Österreich-Ungarn befassen.

Am 14. September griffen die Alliierten, serbische Truppen voraus, in Mazedonien an. Bereits drei Tage später zeigten sich bei den verbündeten Bulgaren Auflösungserscheinungen. Am Morgen des 25. September überschritt britische Kavallerie die bulgarische Grenze. Bulgarien pochte auf die Militärkonvention von 1915 und ersuchte um die sofortige Entsendung deutscher und österreichisch-ungarischer Truppen. Das Armeeoberkommando sagte zwar die Entsendung von zwei Divisionen zu, doch war jedem klar, dass diese, aufgrund der erbärmlichen Eisenbahnverbindungen, erst in drei bis vier Wochen eintreffen würden. Sowohl in Wien als auch in Berlin und in Sofia wusste man, dass das zu spät sein würde. Mit der Kapitulation Bulgariens fiel der Großteil der Truppen aus, die bis dahin bis an die albanische Grenze gestanden waren. Die kaiserlichen Soldaten mussten sich unter großen Mühen und Anstrengungen zurückziehen. Auch die deutschen Verbände konnten den Alliierten in Serbien keinen nachhaltigen Widerstand leisten.

Die Front am Balkan begann zusammenzubrechen.

Am 8. Oktober stand das k.u.k. Infanterieregiment Freiherr von Klobucar Nr. 5 am rechten Ufer der Maas in vorderster Stellung. Es wehte beständiger Westwind, der das Gasschießen der amerikanischen Artillerie, das fast ständig auf den Stellungen der Kaiserlichen lag, sehr wirkungsvoll machte. Neun Offiziere und 260 Mann der Fünfer waren schon gaskrank, als zwei amerikanische Infanteriedivisionen und eine französische die eine k.u.k. Division mit der Nummer 1 angriffen.

Am ersten Kampftag gelang den Angreifern ein Einbruch. Die Ungarn und Rumänen, deren Völker daheim durch das segensreiche Tun der jeweiligen Politiker schon miteinander verfeindet waren, ließen die Feuerwalze der Artillerie über sich ergehen und brachten die angreifende Infanterie vor ihren Riegelstellungen zum Stehen. Am 10. Oktober verschanzten sich Teile des Infanterieregiments Nr. 5 mit seinem Obersten Rudolf Popelka auf einer Waldkuppe. Popelka ist ein tschechisches Wort und bedeutet auf Deutsch Aschenbrödel. Von drei Seiten umfasst, hielten die Fünfer den Angreifern stand. Als die Amerikaner schließlich mehr als hundert Kampfflugzeuge gegen das Regiment ansetzten, hatte der Oberst schon den Befehl zum Rückzug in der Tasche.

Der Oberst war ein erfahrener Truppenoffizier. Er hatte nur in der Provinz gedient und war in Losonz, Kaschau und Neusohl in Garnison gelegen. Im Krieg hatte er nur namenlose Landsturmmänner in Serbien, am Isonzo, in Galizien und Tirol geführt. Bei Luck war er 1916 in russische Gefangenschaft geraten. Aus dem Offiziersgefangenenlager an der mongolischen Grenze war er ausgebrochen. Er marschierte quer durch die Stellungen, der Roten, der Weißen, der berüchtigten tschechischen Deserteure und Legionäre und wer sonst noch an der Revolution teilhaben wollte, heim. Heim in die Armee, die diesem Oberst Popelka aus Iglau wie so vielen anderen Heimat war.

Aus seiner langjährigen Erfahrung wusste der Oberst, dass es einfach ist, den Befehl zum Rückzug zu geben. Er wusste aber auch nur zu gut, wie schwer es ist, die Truppe aus einem Stellungssystem heraus vom Feind zu lösen und sie geordnet zurückzubringen. So hielt der Oberst, den Rückzugsbefehl in der Tasche, mit seinen Männern aus und ging nicht zurück. Damit machte er den deutschen und österreichisch-ungarischen Truppen den Rückzug mit relativ geringen Verlusten überhaupt erst möglich.

Dem Oberst Rudolf Popelka, dem Mann mit der bis dahin keineswegs außergewöhnlichen Laufbahn, wurde dafür als einzigem Truppenoffizier der k.u.k. Armee der „Pour le merite", der höchste Orden der Preußen, verliehen.

Auch die 1. Infanteriedivision hat in diesen ersten Oktobertagen schmerzlich erfahren müssen, dass Deutschland den Amerikanern nichts mehr entgegenzusetzen hatte. Die Division hat in diesen schweren Kämpfen an der Westfront über die Hälfte ihres Standes eingebüßt. Der letzte Halt für Österreich-Ungarn geriet ins Wanken, denn Deutschland, bisher der Garant für den Sieg der Mittelmächte, war in Frankreich und in Flandern am Ende.

Die k.u.k. Truppen, die an der Piave standen, waren keine Verbände der ersten Wahl. In den Dammstellungen auf Höhe der ausgedehnten Flussinsel Papadopoli stand die 29. Infanteriedivision. Sie rekrutierte sich vorwiegend aus Ungarn, die die Nase von den schwarzgelben Fahnen schon ziemlich voll hatten, Rumänen und Slawen aller Nationalitäten.

Schon seit Mitte Oktober hatte man mit einer Offensive des Gegners gerechnet. Man war sich aber nicht klar darüber, wo deren Schwergewicht wohl liegen würde. Das XVI. Korps war noch gar nicht alarmiert, als am 23. Oktober britische Spezialkommandos die österreichischen Vorposten auf Papadopoli aushoben und in den Tagen darauf die Österreicher ohne großen Aufwand von der Insel ver-

drängten und sie auf die Hauptstellungen am linken Piaveufer zurückwarfen.
Im Stab der Isonzoarmee dachte man an ein Ablenkungsmanöver des Feindes. Nach einigen Regentagen besserte sich das Wetter und der Wasserstand des Flusses sank so schnell, wie es Fachleute befürchtet hatten. Am Morgen des 27. Oktober setzte dann das etwa einstündige Trommelfeuer der Briten ein und eine Stunde später trat die englische Infanterie an.
Man hatte mit einem Angriff der Italiener gerechnet. Jetzt tauchte aber ein ganz anderer Feind auf. Engländer in ihren Khakiuniformen und mit Wickelgamaschen, die fürs Erste wasserfest waren. Sie trugen die unverkennbaren flachen Stahlhelme mit dem Tarnüberzug, das Infanteriegewehr und ein handliches Sturmgepäck. In dem fanden die hungernden Kaiserlichen bei den wenigen Gefangenen, die sie machten, Konserven, Zigaretten, Pfeifentabak und andere kaum mehr gekannte Köstlichkeiten.
Nicht das Vorbereitungsfeuer der Artillerie rief bei den Soldaten der 7. k.u.k. Infanteriedivision Panik hervor. Dass auf einmal Engländer und keine Italiener angriffen, entschied den Tag. Die zerschlagenen Regimenter der Division liefen davon. Die Reserve, das k.u.k. Infanterieregiment Josef Freiherr von Reicher Nr.68, fast ausschließlich Ungarn aus dem Raum Szolnok, war nicht mehr dazu zu bewegen, die Einbruchstelle abzuriegeln. Das Infanterieregiment Nr. 132, neu aufgestellt und nicht in Kriegsjahren zusammengewachsen, lief bis an die weit rückwärts gelegene Auffangstellung am Monticanafluss davon.
Am nächsten Tag hatten die Engländer und die hinter ihnen nachfolgenden Italiener die Front an der Piave schon auf 12 Kilometer Breite aufgerissen. Hinter sich hatten sie drei leistungsfähige Kriegsbrücken, vor sich das von den österreichischen Soldaten gut instand gesetzte Straßennetz bis hin zum Monticanafluss. Der Gegenangriff der Österreicher wollte nicht in Schwung kommen. Einer Landsturmbrigade gelang es, sich unter schweren Verlusten bis an die nahe der alten Dammstellung eingeschlossenen Kameraden heranzukämpfen. Nach der zweiten Nacht aber kamen die Landsturmmänner nicht mehr weiter.
Die Einbrüche des Feindes an der Front der Isonzoarmee waren noch keineswegs beängstigend. Seit der schweren Niederlage von Luck gegen die Russen im Jahr 1916 hatte man gelernt, aus der Verteidigung heraus vernichtende Schläge gegen einen durchbrechenden Feind zu führen.
In der Nacht zum 28. Oktober, dem Tag, an dem in Prag die selbständige tschechoslowakische Republik ausgerufen wurde, gelang es den österreichischen Fliegern und der Artillerie die Brücken, die der Feind über die Piave geschlagen hatte, zu beschädigen und eine gänzlich zu zerstören. Bei den Angreifern, die über den Fluss vorgestoßen waren, ging die Munition zur Neige. Da traten ungarische Honveds, Truppen der ersten Wahl, zum Gegenangriff an.
Die Italiener hatten die Gelegenheit genützt und waren hinter den Engländern

nachgestoßen. So gelangten sie ohne besonderen Einsatz in den Rücken der noch an der Piave stehenden kaiserlichen Truppen und stießen mit erheblichen Geländegewinnen nach Norden vor. Den Italienern kamen die rapiden politischen Veränderungen zugute. Bei den k.u.k. Truppen war es so weit gekommen, dass zum Eingreifen bestimmte Truppen meuterten. Zuletzt wendeten sie die Waffen sogar gegen die, mit denen sie kurz vorher noch Seite an Seite im Schützengraben gestanden waren.

Für die Ungarn war es eine schwere Belastung in Italien gegen Italiener, Briten und Franzosen zu kämpfen, während die engere Heimat schon von den Invasionen durch Serben und Rumänen bedroht war. Die Slowaken standen Schulter an Schulter mit den Ungarn an der Front und sollten aus diesem Zusammenhalt austreten und sich mit den Tschechen zusammentun. Nacheinander hatten Frankreich, dann das Vereinigte Königreich und schließlich die Vereinigten Staaten den selbständigen Staat der Tschechen bereits anerkannt. Im Verband mit den Truppen der Entente in Frankreich, Italien und Russland kämpfende tschechische Legionäre, bei denen es sich in vielen Fällen um Deserteure handelte, wurden als Mitkämpfer und dann als Truppen einer mit Österreich-Ungarn im Kampf befindlichen Macht bestätigt.

Am 28. Oktober, an dem Tag, an dem die Monarchie in Böhmen unterging, meldete Feldmarschall Boroevic als Kommandant der zwischen Piave und der Livenza kämpfenden Truppen seinem Armeeoberkommando: *„Die Widerstandskraft unserer Truppen erlahmt auffallend, umso mehr als die Zahl der mit Berufung auf das kaiserliche Manifest vom 16. Oktober, auf die Unabhängigkeit Polens, Ungarns, des tschechischen, slowakischen und südslawischen Staates, den Gehorsam verweigernden Verbände in bedenklichem Maße zunimmt, und die Mittel fehlen, dieselben zum Gehorsam zu zwingen. Es ist von höchster Wichtigkeit, sich über das Weitere sofort klar zu werden und Entschließungen politischer Wendung herbeizuführen, wenn nicht Anarchie und damit Katastrophe für Monarchie und Armee mit unabsehbaren Folgen eintreten soll."*

Diese Meldung ging an diesem 28. Oktober um 9 Uhr morgens ab. Vier Stunden später wurde dem Feldmarschall, dem berühmten Verteidiger der Karpaten, den man den Löwen vom Isonzo nannte, eröffnet, dass die k.u.k. Regierung beim Präsidenten der Vereinigten Staaten um einen sofortigen Waffenstillstand und einen Separatfrieden angesucht habe.

Auch die Flotte wurde von Kriegsmüdigkeit und Auflösungserscheinungen mit zumeist nationalem Hintergrund erfasst. Schriftlich meldete der Verbindungsoffizier des Armeeoberkommandos beim Flottenkommando am 28. Oktober:

„Kroatische Stimmung wechselt. Wird man gesamtes südslawisches Reich garantieren, so würden sie bleiben, da ja dann nach ihrer Meinung die Marine ohnehin zum südslawischen Staate kommt."

Einen Tag später verabschiedete der in Agram konstituierte südslawische Nationalrat, der bis dahin noch keine Politik des Zusammenschlusses mit dem Königreich Serbien vertreten hatte, folgende Resolution: „ Das Volk der Slowenen, Kroaten und Serben wird auf allen Gebieten, die es bewohnt, eine einheitliche Politik machen. Der Dringlichkeitsantrag des Abgeordneten Pribicevic wurde angenommen, wonach alle staatsrechtlichen Beziehungen zwischen den Königreichen Kroatien, Slowenien und Dalmatien einerseits, dem Königreich Ungarn und dem Kaisertum Österreich andererseits abgebrochen wurden. Dalmatien, Kroatien und Slawonien mit Fiume wurden als vollkommen unabhängiger Staat gegenüber Ungarn und Österreich aufgrund des modernen nationalen Prinzips proklamiert und traten dem gemeinsamen nationalen und souveränen Staat der Slowenen, Kroaten und Serben bei."

Am 29. Oktober meldete derselbe Verbindungsoffizier: „Auf allen Schiffen haben sich bereits Mannschaftskomitees gebildet, die auf einigen, wie zum Beispiel der „Viribus Unitis" schon Kommandantenrechte ausüben. Gesamtcharakteristik stille Meuterei. Die Kroaten fordern dezidiert, dass ihre offizielle Zugehörigkeit zum südslawischen Staate in parlamentarischer Form, durch Presse und so weiter ausdrücklich verlautbart wird. Sie wollen dann die Flotte für den südslawischen Staat übernehmen und verpflichten sich dafür, in Pola Ordnung zu halten."

Am 30. Oktober wurde die Übergabe der Flotte und der Marineanstalten an den südslawischen Nationalrat verfügt. Den Mannschaften anderer Nationalitäten konnte „dauernde Beurlaubung und Heimkehr" gestattet werden. Die Entbindung des Offizierskorps von seinen Pflichten wurde so formuliert: „Dem gesamtem Stabe steht es frei, bei den Einheiten der Flotte und bei den Behörden nach ordnungsgemäßer Übergabe an den südslawischen Nationalstaat nicht weiter dienstleistend zu verbleiben."

Ohne jedes Zeremoniell wurde auf den Schiffen die alte Kriegsflagge eingeholt und rasch genähte dreifarbige Flaggen des neuen Staates aufgezogen. Die formale Übergabe durch den k.u.k. Marinekommandanten Vizeadmiral Nikolaus von Horthy an Vertreter des Agramer Nationalrates erfolgte am 31. Oktober an Bord des Flaggschiffs „Viribus Unitis". Dabei stellte sich zur Überraschung aller Anwesenden heraus, dass die neuen Herren noch gar keinen Flottenkommandanten bestellt hatten. Auf Vorschlag Horthys entschied man sich für den Linienschiffskapitän Janko Vukovic de Podkapelski, einen Kroaten.

Als der scheidende Flottenkommandant dann für immer von Bord ging, nahm er das Porträt von Kaiser Franz Joseph, die seidene Ehrenflagge und die Kommandoflagge mit.

Vukovic de Podkapelsksi war nur einen Tag Flottenkommandant. Am frühen Morgen des 1. November brachten zwei italienische Kampfschwimmer an der Bordwand des sogleich in „Jugoslavia" umbenannten Schiffs eine Haftmine an. Diese detonierte kurze Zeit später. Mit dem Schiff versank auch der neue Befehlshaber in den Tiefen des adriatischen Meeres.

In Trient befand sich schon seit Anfang Oktober eine Kommission mit dem Auftrag, Kontakt zu den Italienern aufzunehmen und einen Waffenstillstand abzuschließen. Sie stand unter der Leitung von General von Weber und bestand ausschließlich aus Offizieren. Man hatte es nicht für nötig befunden auch nur einen Diplomaten in diese Kommission zu entsenden. Der General wurde instruiert, dass er alle Bedingungen akzeptieren könne, außer solchen, die die Ehre der Armee nicht zuließ oder die auf eine völlige Entrechtung abzielen würden.

Die Zusammensetzung war auch sonst denkbar ungünstig, denn zum Beispiel sprach der General kein Wort italienisch. Initiativ zeigten sich nur der ehemalige k.u.k. Militärattaché in Rom Oberstleutnant Baron Seiller und Oberst Schneller, der Leiter der Italiengruppe im Armeeoberkommando.

Die Kommission wurde schließlich von den Italienern in die Villa Giusti bei Padua gebracht. Die dortigen Verhandlungen waren im Grunde genommen nur eine Übergabe von Bedingungen durch den stellvertretenden Generalstabschef Italiens Generalleutnant Badoglio. In der Nacht zum 2. November wurden die vom Obersten Alliierten Kriegsrat ausgearbeiteten Bedingungen übergeben. Sie lauteten:

1. Unverzügliche Einstellung der Feindseligkeiten.
2. Komplette Demobilisierung, Rückzug aller Truppen von der Front und Abrüstung der k.u.k. Armee nach dem Krieg auf 20 Divisionen.
3. Rückzug aller k.u.k. Truppen von den seit 1914 besetzten Territorien und Rückzug aus dem Gebiet südlich des Brenners innerhalb eines später noch festzulegenden Zeitraumes.
4. Besatzungsrechte für Alliierte und Bewegungsfreiheit innerhalb Österreich-Ungarns.

Als man im Armeeoberkommando von diesen Bedingungen erfuhr, war man zutiefst betroffen. Man hatte einen Waffenstillstand schließen wollen und nun forderten die Gegner die Kapitulation. Bis Mittag des 2. November erwarteten die Alliierten die Antwort.

Als von den Österreichern zum vereinbarten Zeitpunkt keine Antwort eingetroffen war, verlangte der italienische Generalstabschef in einem Telegramm die Annahme der Bedingungen bis 3. November um Mitternacht. Widrigenfalls würden die Alliierten ihre Offensive mit aller Kraft fortsetzen.

Eine halbe Stunde nach Mitternacht des 2. November gab Kaiser Karl die Ermächtigung an General Weber zu telegrafieren, dass die Bedingungen angenommen werden sollten; den Punkt 4 allerdings nur unter Protest.

Den k.u.k. Truppen wurde die Einstellung der Kämpfe bekannt gegeben und das Niederlegen der Waffen befohlen.

Der Kaiser hatte 1916 den Oberbefehl übernommen und versuchte nun diesen wieder loszuwerden. So wollte er einen Verantwortlichen für den Abschluss des Waffenstillstandes finden. Er beschwor den Generalstabschef den Oberbefehl zu übernehmen und händigte ihm am 3. November um drei Uhr morgens ein Blatt Papier mit den handgeschriebenen Worten aus: „Lieber Generaloberst Baron Arz. Ich ernenne Sie zum Armeeoberkommandanten. Karl."

Arz weigerte sich, worauf der Kaiser einen General zum Oberbefehlshaber ernannte, der davon überhaupt nichts wusste. Der als Kommandant der Heeresgruppe in Tirol vorgesehene Feldmarschall Baron Kövess war zu diesem Zeitpunkt noch auf dem Balkan und nicht zu erreichen.

Am 3. November wurde der Waffenstillstand um 15 Uhr unterzeichnet. Die österreichische Delegation war nicht darauf vorbereitet, dass sich nun unter den Bedingungen auch eine 24 Stundenfrist fand, die die Italiener als unverzichtbar hinstellten, um den eigenen Truppen das Ende der Kämpfe mitzuteilen. Die geradezu flehentlichen Hinweise und Einwände General Webers, dass den k.u.k. Truppen bereits befohlen worden sei die Waffen zu strecken, quittierten die Italiener mit einem Schulterzucken. So rückten die Italiener weiterhin vor und machten neben großem Landgewinn auch noch hunderttausende Gefangene.

Der Waffenstillstand sollte sich auch auf die anderen Kriegsschauplätze auf denen k.u.k. Truppen kämpften, also auf den Balkan und die deutsche Westfront erstrecken. Dort herrschte entsprechende Verwirrung. Das deutsche Reich hatte noch keinen Waffenstillstand geschlossen, ja es war noch nicht einmal in diesbezügliche Verhandlungen eingetreten. Daher wurden die k.u.k. Truppen an der Westfront einfach nach hinten abgeschoben.

Am Balkan sprengten die österreichisch-ungarischen Truppen am 1. November die Eisenbahnbrücke bei Belgrad. Tags darauf stand kein Soldat der Heeresgruppe Kövess mehr auf serbischem Boden. Kövess erfuhr erst am 4. oder am 5. November, dass er zum Armeeoberkommandanten ernannt und in seinem Namen der Krieg beendet worden war.

In Triest hatte Linienschiffsleutnant von Banfield die Offiziere und Mannschaften der nahe gelegenen Seeflugstationen zusammengezogen. Viele von ihnen waren, wie die Siebenbürger und Mährer, weit von ihrer engeren Heimat entfernt. Jetzt in den Tagen der Niederlage, des Zusammenbruchs und des Untergangs der Marine wollten die Männer nur mehr möglichst rasch nach Hause zu ihren Familien. Seit längerer Zeit war ihnen ihr Sold nicht mehr ausbezahlt worden. Bis dahin war das für k.u.k. Soldaten völlig undenkbar gewesen. Die Militärverwaltung sah sich nicht in der Lage diesen Männern zu helfen. So war es für Banfield seine selbstverständliche Pflicht, etwas zu unternehmen und den Soldaten zu ihrem Geld zu verhelfen. Dazu wollte er sich ungewöhnlicher, aber natürlich durchaus legaler Wege bedienen.

Als sich das Ende immer deutlicher abzeichnete, besorgte er sich eine schriftliche Vollmacht, mit der er über staatliche Geldmittel, die in einer örtlichen Sparkasse lagen, verfügen konnte. Banfield ließ jedem Mann drei Monatsbezüge auszahlen. Er entließ sie aus dem aktiven Dienst und stellte für sie auch die notwendigen Marschpapiere in die Heimat aus. Dabei waren mannigfache Hindernisse zu überwinden. Aber auch laut protestierende k.u.k. Verwaltungsbeamte konnten Banfield nicht bremsen.
„Stefan", fragte Paride mit belegter Stimme seinen Freund Drakulic, „Stefan, wohin wirst du denn jetzt gehen?"
Drakulic, schlank, mittelgroß, geschmeidig wirkend und wie immer gut rasiert, stand vor ihm und schaute ihn an. Er versuchte ein Lächeln, das ihm aber nicht so recht gelingen wollte.
„Ich bin ein guter Schwimmer. Vielleicht kann mich mein neues Vaterland als Bademeister in einer Militärschwimmschule unterbringen?". Er zuckte hilflos die Achseln und sagte dann nachdenklich: „Ich gehe nach Hause und nehme mir als Erstes einen Hund. Der bringt mir dann bei im Heute zu leben. Der zeigt mir eine Hasenspur oder er jagt einem Schmetterling nach. Wann habe ich zuletzt bewusst einen gesehen? Der Hund wird mir das Leben zeigen. Brauche ich denn mehr? Ich habe meines immer selbst in die Hand genommen. Von Kindesbeinen an wollte ich Offizier werden. Also bin ich es geworden. Dann wollte ich fliegen. Ich habe es geschafft. Mich hat kein dominierender Vater, dessen Karriere sich alles unterordnen musste, getrieben. Ich werde auch jetzt bald wieder wissen, wozu man mich gebrauchen kann und ob ich das dann auch tun will. Jetzt aber werde ich zuerst einmal meine Mutter besuchen, damit sie die Sicherheit hat, dass ich den Krieg überlebt habe."
„Stefan, willst du nicht zuerst einmal bei uns in Parenzo abwarten, bis die Lage wieder überschaubar geworden ist und dich dann erst auf die Reise machen?"
„Nein, Paride. Ich weiß dein großzügiges Angebot wirklich zu schätzen. Ich habe auch, weil ich dich doch kenne, insgeheim damit gerechnet, dass du es mir machen wirst. Ich bin nicht undankbar, aber das Chaos wird jeden Tag größer werden und die Chancen ungeschoren davonzukommen, nehmen daher ab. Die Leute hauen sich doch heute schon die Schädel blutig. Ich muss schauen, dass ich wegkomme."
Nach einer kurzen Pause setzte er hinzu: „Paride, mein guter Kamerad, du weißt schon, dass ich Dir sehr dankbar bin."
Pollini trat auf Drakulic zu und umarmte ihn. Dabei steckte er ihm die Geldscheine, die er kurz zuvor als Soldnachzahlung bekommen hatte, unbemerkt in die Tasche. Beide traten zurück und legten die Hand grüßend an die Mütze.
„Bleib mir mein guter Kamerad, Paride", sagte Drakulic mit Tränen in den Augen. Dann drehte er sich rasch um und ging aus dem Raum.

Paride, jetzt ganz allein, spürte Tränen über seine Wangen laufen. Er hatte das Gefühl, dass er Stefan Drakulic nicht wiedersehen würde.

Schon am 1. November kam es in Triest zu heftigen Zusammenstößen zwischen italienischen und südslawischen Nationalisten. Staatliche Einrichtungen und Verwaltungsgebäude wurden gestürmt. Was nicht niet- und nagelfest war, wurde davongeschleppt.
Die Italiener hissten auf dem Rathaus die grün-weiß-rote Fahne. Das hatte wütende Proteste linker Gruppen zur Folge. Sie rissen die italienische Trikolore herunter und zogen die rote Fahne auf. Aber auch die wurde bald wieder entfernt.
Das k.u.k. Küstenabschnittskommando, dem kaum noch Soldaten zur Verfügung standen, musste in Triest der Gewalt weichen. Die Einheiten der Flotte und des Seebezirkskommandos, das zur Marine gehörte, waren den Jugoslawen übergeben worden. Die Geschützbedienungen der Küstenartillerie waren einfach nach Hause gegangen. Das Etappenbataillon 20 verweigerte den Gehorsam und schloss sich den Revolutionären an. Panzerautos, die zu Hilfe geschickt worden waren, fielen den Jugoslawen in die Hände. Nachdem diese auch den Südbahnhof Triest besetzt hatten, konnten der k.u.k. Kommandant des Küstenabschnitts und das Stadtkommando mit dem Landsturmbataillon nur mit größter Mühe die etwa 4 Kilometer entfernte Ortschaft Opicina am Rande des Karstplateaus erreichen. Dort weigerten sich die Landstürmer in Stellung zu gehen und die Sicherung bis zum Eintreffen der 57. Infanteriedivision zu übernehmen.
Der Einmarsch der Italiener stand knapp bevor. Paride besuchte noch Onkel Massimo. Der sagte ihm zu, in den nächsten Tagen, die sehr unruhig zu werden versprachen, seine Wohnung aus Sicherheitsgründen nicht zu verlassen. Er werde die kommenden Tage in seinen eigenen vier Wänden abwarten. Paride ging auf gut Glück zum Bahnhof und fand dort zu seiner großen Freude einen Zug nach Parenzo vor, der schon unter Dampf stand.

Die Alliierten hatten für den Herbst eine gemeinsame Landung von Marine und Heerestruppen an der Ostküste Istriens und einen darauf folgenden Vorstoß nach Triest geplant. Nun hatten sich die Ereignisse als Folge des Waffenstillstands überstürzt. Sie erlaubten nun eine Landung direkt im Hafen von Triest. Aus Venedig wurde eine Bersaglieribrigade auf dem Seeweg herangebracht. Unter dem Jubel der Bevölkerung legte am 3. November um 16 Uhr der Zerstörer „Audace" als erstes italienisches Schiff an der Mole an.
Nach den Bedingungen des Waffenstillstandes waren alle Einheiten der ehemaligen k.u.k. Flotte der Entente zu übergeben. Die Absicht einen selbständigen, südslawischen Staat mit einer lang gestreckten Küstenzone an der Adria zu errichten, barg jede Menge Zündstoff mit Italien in sich. Schon gab es die ersten Reibereien.

Die italienische Kriegsmarine setzte ihre Macht unmissverständlich ein, um den künftigen Rivalen gleich von allem Anfang an in die Schranken zu weisen. Italienische Kriegsschiffe liefen in die ehemaligen österreichischen Adriahäfen ein und beschlagnahmten vorläufig die österreichisch-ungarischen Schiffe. Die waren aber bereits den Jugoslawen zugesprochen worden. Am 9. November stieg auf allen ehemaligen k.u.k. Schiffen die italienische Trikolore hoch. Bei der späteren Aufteilung der Beute blieben den Jugoslawen lediglich elf Torpedoboote und einige kleinere Kriegsschiffe auf der Donau.
Die k.u.k. Marine-Luftstreitkräfte sollten in einem von den Alliierten und den Vereinigten Staaten bestimmten Hafen konzentriert werden.

Marie schrieb in diesen Tagen an ihre Eltern „ ... *Ich weiß nicht, ob Euch dieser Brief überhaupt erreichen wird. Wir haben hier vorerst keine Ahnung, ob uns die Italiener oder die Südslawen demnächst regieren werden. Vermutlich wird sich aber Italien durchsetzen. Bis sich die Lage aber normalisiert haben wird und Post, Bahn, Verwaltung und was weiß ich noch alles wieder reibungslos funktionieren werden, vergeht ganz bestimmt noch einige Zeit. Ich gebe deshalb diesen Brief einem von Parides ehemaligen Technikern mit. Der will sich nach Graz durchschlagen, weil er dort vor dem Krieg in einer Maschinenfabrik beschäftigt gewesen ist. Er wird sich bemühen, den Brief überall heil durchzubringen und ihn dann in Graz aufzugeben. Ich habe ihm statt des Portos ein Verpflegspaket mitgegeben.*
Was ist mit meinem Bruder geschehen? Ist er auch so wie viele andere in Gefangenschaft geraten? Ich hoffe, dass er sich nach Hause durchgeschlagen hat oder es noch tun wird. Der geht doch einfach durch die Wälder und über die schwierigsten Steige in den Bergen. Den haltet doch nichts und niemand auf. Macht Euch keine zu großen Sorgen um ihn.
Mariola ist noch im Krankenhaus in Pola. Sie will dort erst dann weggehen, wenn der letzte „ihrer" Patienten entlassen ist. Sie betrachtet die Leute, die noch in den letzten Kriegstagen eingeliefert worden sind, ganz gleich woher sie auch stammen mögen, als „ihre" Patienten.
Hier in Parenzo wird sich vermutlich nicht viel ändern. Mein Schwiegervater hat auf der Riva den neuen Bürgermeister getroffen, den die Italiener schon vorsorglich eingesetzt haben. Die beiden kennen sich natürlich von Jugend auf und Papa hat eine gute Meinung von ihm. Zudem war er auch schon Mitglied des früheren Stadtsenats. Der Neue will darauf schauen, dass Parenzo von Unruhen und Ausschreitungen wie in Triest verschont bleibt. Ich glaube, dass ihm das schon gelingen wird, denn auch Papa meint, dass in Parenzo möglicherweise Hitzköpfe, aber keinesfalls Gewalttäter zu Hause sind.
Mirna bleibt vorläufig bei uns, bis man weiß, wohin sie überhaupt gehören wird.

Wir sind alle sehr froh darüber, denn sie hat sich zu einer wirklichen Perle entwickelt. So muss unsere Martina in ihrer Jugend gewesen sein.
Unsere Buben haben vom Kriegsende insofern was mitbekommen, als ihr Vater nun jeden Tag zu Hause ist und sich liebevoll mit ihnen befasst. Sie genießen das natürlich sehr. Sie haben ihn auch gefragt, warum er denn nicht mehr in Uniform aus dem Haus gehe. Paride hat ihnen zu erklären versucht, dass er kein Offizier mehr sei. Er sei jetzt Weinbauer und kümmere sich auch um die Olivenbäume, hat er ihnen gesagt. Eure Enkel finden das großartig. Ihr wisst, wie froh ich bin, dass ich nicht jeden Tag um meinen Mann zittern und tausend Ängste ausstehen muss. Ich glaube, dass ihn die Italiener früher oder später vorladen und verhören werden. Aber das kann mich nicht erschüttern.
Der Albtraum des Krieges ist jedenfalls ausgeträumt. Bald wird niemand mehr darüber reden, was dieser oder jener getan oder unglücklicherweise nicht getan hat. Es werden auf uns alle neue Aufgaben zukommen. Auf mich kleinere, eben die einer Hausfrau und Mutter, aber in einem neuen Land, das ich erst kennenlernen muss. Auf die, die das klein gewordene Österreich zu führen haben, riesige. Ich beneide sie nicht darum. Ich beneide aber auch die nicht, die sich nun in den Nachfolgestaaten ganz nach oben drängen. Viele werden noch einmal dem habsburgischen „Völkerkerker" nachweinen. Da bin ich mir als Frau ganz sicher. Wer aber soll diese Aufgaben bewältigen, wenn wir uns davor drücken?
Welche Ursachen kann man für Kriege überhaupt verantwortlich machen? Ich habe mit Paride so oft darüber geredet. Sicherlich muss man Politik und Geldgier in jeglicher Form als Ursachen für Kriege festmachen. Früher ist auch noch die Religion dazu gekommen und wer weiß, ob die Gegensätze zwischen den Religionen nicht auch wieder einmal ein Grund für Kriege sein werden. Mit den Brennstoffen Politik und Geldgier wurden in diesem Krieg jedenfalls die Öfen des Hasses und der Intoleranz befeuert. Und wenn bisher einer geglaubt hat und es vielleicht heute noch glaubt, dass die Not und das Elend der Verwüstungen dieses Krieges die Menschen zum Nachdenken bringen, dann hat er sich geirrt. Davon kann er sich heute schon in Triest und im Küstenland überzeugen…".

Mitte November erhielt Paride eine schriftliche Vorladung zum ITO, dem Geheimdienst für die neuen italienischen Gebiete. Am Tag vor dem Termin packte er in einen kleinen Koffer etwas Leibwäsche, einen Pyjama, Hemden und Toilettesachen sowie zwei besonders bequeme Hosen. Auf Maries Frage, was er denn da mache, antwortete er eher nebenbei, dass er nicht genau wisse, ob er nicht für einige Zeit in den Genuss der Gastfreundschaft des Königreiches Italien kommen werde.
„Du glaubst, dass die dich einsperren?", fragte seine Frau fassungslos.
„Möglich wäre das schon, wahrscheinlich aber eher nicht", meinte Paride begü-

tigend. „Ich bin schließlich Offizier gewesen, lebe im Küstenland, von dem keiner weiß, wer es bekommen soll und habe den Italienern im Krieg das Leben möglichst schwer zu machen versucht. Das werden sie mir nachtragen. Außerdem habe ich keine Ahnung, was jetzt alles über mich erzählt worden ist. Es gibt doch immer Leute, die sich wichtig und unentbehrlich machen wollen, weil sie glauben, sich damit den neuen Herrn andienen zu können. Pack mir bitte nichts zu essen ein, das würde man mir bestimmt gleich abnehmen."

Paride nahm den Nachmittagszug nach Triest. Seine Frau hatte es sich nicht nehmen lassen, ihn an die Bahn zu begleiten. Mit Mühe hatten Paride und vor allem ihre Schwiegermutter sie davon abhalten können mitzufahren.

„Du bist imstande und gehst mit Paride gleich zu den Behörden und dort geht dir dann das Temperament durch. Mit italienischen Beamten muss man ganz anders umgehen als mit den österreichischen. Bleib bei den Buben, die brauchen dich. Paride steht schon seinen Mann. Man weiß ja nicht, woher sein Gegenüber kommt. Das kann ein Kavalier sein oder er kann auch aus einer Gegend Italiens kommen, wo man die Ansicht vertritt, Frauen seien nur für die Küche und fürs Bett da. Der würde dich vermutlich zuerst demütigen und dann hinauswerfen."

Marie, die bis dahin noch nie mit Behörden zu tun gehabt hatte, sah das ein. Sie verabschiedete sich von Paride am Bahnhof, küsste ihn und meinte mit tränenerstickter Stimme: „Jetzt ist der verdammte Krieg endlich vorbei und ich kann noch immer nicht aufhören Angst um dich zu haben. Komm bald und gesund wieder!"

In Triest übernachtete Paride bei Massimo, der eine etwas gezwungene Heiterkeit zur Schau trug. Als ihm Paride im Wohnzimmer gegenüber saß, fragte er ihn unvermittelt: „Wie wird es denn nun bei dir weitergehen, Onkel Massimo?"

„Überhaupt nicht", antwortete der und lächelte auf einmal wieder sein altes, verschmitztes Lächeln. „Ich verliere meine Zulassung als Anwalt, da ich je keine italienische Ausbildung habe. Da kommen neue Advokaten aus allen Teilen Italiens hierher und erwarten, dass sie sich eine goldene Nase verdienen. Das haben meine Kollegen, die immer so proitalienisch waren, natürlich nicht bedacht. Die können jetzt ihre österreichischen Doktorate an den berühmten Haken hängen. Auch die Richter und Notare müssen von auswärts herkommen.

Ich werde meine Kanzlei mit meiner sehr guten Klientel verkaufen. Kriege ich den Preis, den ich mir vorstelle, aber nicht, dann werde ich nicht lange feilschen. Dann mache ich den Laden einfach zu. Ich habe den Großteil meines Vermögens ganz legal in die Schweiz transferiert und dort angelegt. Ich bin in der durchaus beneidenswerten Lage, das Leben eines wohlhabenden Pensionärs führen zu können. Das wird zwar manchen Leuten hier in Triest furchtbar aufstoßen, aber das lässt mich ziemlich kalt.

Paride lachte laut. „Onkel Massimo, ich habe immer gewusst, dass du den anderen um eine Nasenlänge voraus bist."

Als die beiden zu Bett gingen, empfahl Massimo seinem Neffen, am nächsten Morgen in der Trattoria gegenüber zu frühstücken. Er tue das, wenn er überhaupt frühstücke, seit einiger Zeit auch dort. Meist gehe er allerdings zu Mittag hin, da die Wirtin trotz der wirtschaftlichen Misere immer sehr gutes Essen auf den Tisch bringe.

Am Morgen rasierte sich Paride nach dem Duschen sehr sorgfältig. „Wer weiß", dachte er, „wann man mir wieder ein so scharfes Messer in die Hand gibt." Dann zog er den grauen Anzug, mit dem er nach Triest gekommen war, an. Er legte Massimo einen Zettel auf die Kommode im Vorzimmer: *„Ich gehe jetzt frühstücken und dann zum ITO. Wenn ich mich bis 18 Uhr nicht wieder gemeldet habe, dann weißt Du, wo ich bin. Benachrichtige in diesem Fall bitte meine Frau. Viele Grüße, es wird schon schief gehen – Paride".*
Nebel lag über der Stadt. Wenn der sich erst gehoben hätte, würde es ein wunderbarer Spätherbsttag werden. Ein blauer Himmel würde sich über dem warmen Gold der Stadt wölben.
Nachdem ihm ein junges Mädchen sein Frühstück serviert und Paride mit Appetit zu essen angefangen hatte, trat die Wirtin an seinen Tisch. Sie wirkte freundlich, adrett und gut gelaunt. Nachdem sie gefragt hatte, ob alles in Ordnung wäre, neigte sie sich vor und sagte unvermittelt: „Erlauben Sie, Graf, dass ich mich einen Augenblick zu Ihnen setze?"
Paride ließ sich sein Erstaunen nicht anmerken und wies freundlich lächelnd auf den Stuhl neben sich: „Bitte sehr, setzen Sie sich zu mir. Kann ich etwas für Sie tun?"
„Nein, nein, keine Angst. Ich habe mir erlaubt, etwas für Sie zu tun." Sie sah Parides überraschtes Gesicht und sprach weiter: „Sie werden sich vermutlich nur mehr dunkel an den Vorfall erinnern. Eines unserer, ich meine unserer österreichischen Torpedoboote war gesunken. Sie haben einen jungen Matrosen aus dem Meer geborgen und in Sicherheit gebracht. Für Sie war das eine selbstverständliche Kameradenpflicht, für mich aber hat das sehr große Bedeutung.
Es ist mein Sohn, mein einziges Kind, das Ihnen sein Leben verdankt. Mein Mann ist leider sehr jung verstorben und so habe ich nur diesen einen Sohn. Den hätte mir das Meer genommen, wenn Sie nicht eingegriffen hätten."
Paride nickte. „Ja, ich erinnere mich natürlich daran. Ich habe aber nicht sehr viel dazu getan. Ich bin eben gerade zur richtigen Zeit am richtigen Ort gewesen. Einen jungen Kameraden zu bergen war meine Pflicht und keine besondere Heldentat."
„Eine Heldentat vielleicht nicht. Aber eine große Tat für mich als Mutter. Deshalb habe ich auch etwas für Sie tun wollen, Graf, und ich habe auch was tun können." Sie lächelte verschmitzt.

„Neben dieser Trattoria führe ich auch in der Gegend von Duino ein kleines, verstecktes Albergo. Dort steigen immer wieder an den Wochenenden, aber vor allem unter der Woche sehr prominente Mitbürger ab. Meist mit sehr viel jüngeren Damen, die ganz offensichtlich nicht die angetrauten Ehefrauen sind. Das mag Ihnen verwerflich vorkommen, aber auch der eine oder der andere junge Herr aus der Garnison hat bei mir gewohnt."
Paride nickte verständnisvoll.
„Es waren auch Herrn darunter, die heute, unter dem Königreich Italien, in sehr hohe Stellungen aufgestiegen sind. Ich bin bei ihnen allen gewesen. Ich habe ihnen klar gemacht, dass ich ihre oft gegen die Habsburger gerichteten Reden einfach überhört und niemand davon erzählt habe. Das hat die großen Sieger nur wenig beeindruckt. Da bin ich mit schwerem Geschütz aufgefahren. Denn ich habe ihnen ganz offen gesagt, dass ich, sollte dem Herrn Linienschiffsleutnant Graf Pollini auch nur ein Haar gekrümmt werden, noch am selben Tag bei ihren Ehefrauen stehen und dementsprechende Skandale entfesseln würde."
„Sie haben sie erpresst?", fragte Paride.
„Ja, das habe ich. Und ich würde es jederzeit wieder tun. Das Leben meines Sohnes gegen einen gesellschaftlichen Skandal, den keiner der involvierten Herrn überlebt hätte – das ist doch nur fair. Finden Sie nicht auch?"
„Vermutlich ist es nicht immer gut, der Welt sein wahres Gesicht zuzeigen. In Ihrem Fall ist es das einer liebenden Mutter. Das hätte in diesem Fall wohl wenig Eindruck gemacht", sagte Paride bedrückt. Er hatte inzwischen sein Frühstück beendet und winkte der Kellnerin, da er bezahlen wollte.
„Sie waren mein Gast, Graf", lächelte die Wirtin und stand auf. Sie strich ihre Schürze glatt: „Nichts für ungut. Mütter müssen manchmal ein bisschen Schicksal spielen. Deshalb habe ich mich in Ihr Leben eingemischt. Wenn Sie mich jetzt bitte entschuldigen, ich werde in der Küche gebraucht."
Irgendwie benommen ging Paride zu dem Gebäude, in dem die Dienststelle des ITO untergebracht war. Große Flecken abblätternder Farbe gaben dem Haus das Aussehen arbeitsbedingter Vernachlässigung. Verschnörkelte Geländer, marmorne Treppenstufen, Säulen und hohe Stuckdecken wiesen es als ehemaliges, von der k.u.k. Verwaltung lange Zeit genutztes Palais aus.
An einem Treppenabsatz stand ein wackeliger Tisch. Dahinter saß ein Unteroffizier.
„Graf Pollini. Sergente, ich wurde für 9 Uhr zu einem Gespräch geladen", sagte Paride gelassen zu ihm und stellte seinen Koffer ab.
Der Mann sprang wie von der Tarantel gestochen auf und brüllte mit hochrotem Kopf: „Was erdreisten Sie sich? Sind Sie verrückt geworden? Sie sind nicht eingeladen, Sie sind vorgeladen. Vorgeladen sind Sie, Sie österreichischer Kriegsverbrecher!"

Paride musterte sein Gegenüber betont kühl und sagte dann eisig: „ Sie haben im Krieg vermutlich nur Socken sortiert. Denn ich glaube nicht, dass man in der königlich italienischen Armee Offizieren gegenüber einen solchen Ton pflegt."
Dem Sergente blieb der Mund offen stehen. Inzwischen war aus der Tür hinter ihm ein Offizier getreten und machte eine einladende Handbewegung zu Paride hin: „Linienschiffleutnant Pollini, nehme ich an. Bitte treten Sie ein."
Paride hob seinen Koffer auf und trat ein.
„Capitano Maioli", stellte sich der Offizier vor. „Entschuldigen Sie bitte diesen Auftritt, der mehr als unangenehm ist. Wir sind hier eine neu aufgestellt Militärbehörde und haben das Personal zugewiesen bekommen. Bitte nehmen Sie Platz. Ich werde Ihr Kommen dem Herrn General melden."
Paride setzte sich auf eine Bank und stellte seinen kleinen Koffer neben sich ab. Kurz darauf kam der Capitano aus dem Dienstzimmer und sagte: „Der Herr General lässt bitten."
Paride trat in einen großen Raum, dessen eine Seite fast zur Gänze von einer Fensterfront eingenommen wurde. Neben einer italienischen Fahne und durch das einfallende Licht, das Paride blendete, nicht klar zu erkennen, stand der General.
„Herr Linienschiffsleutnant, setzen Sie sich bitte." Der General nahm hinter seinem Schreibtisch Platz und wies auf den Sessel ihm gegenüber. Paride setzte sich. Der General musterte ihn lange. Er war ein gut aussehender, schlanker Mann. Sein leicht gewelltes graues Haar war sorgfältig gescheitelt. Der Mann schien für die Uniform, die er trug, geschaffen zu sein.
Er lächelte: „Zigarette?"
„Nein danke, Herr General, ich rauche nicht."
„Sehr vernünftig. Ich habe leider im Krieg wieder damit angefangen."
„Sag schon endlich, was du von mir willst", dachte Paride.
Als ob er dessen Gedanken gelesen hätte, sagte der General: „Graf, Sie fragen sich natürlich, warum wir Sie vorgeladen haben. Gründe, die Sie vermutlich gar nicht kennen, und die nur sehr am Rande mit dem Beruf des Soldaten und dem Krieg, der hinter uns liegt, zu tun haben, machen uns den Umgang mit Ihnen nicht leicht. Es wurde interveniert. Es wurde von heute sehr mächtigen Leuten für Sie interveniert, wobei ich glaube, dass Sie nicht einmal die Namen der Leute kennen.
Sie sind ordnungsgemäß aus der k.u.k. Marine entlassen worden und leben im Küstenland, das mit Sicherheit italienisch bleiben wird. Für eine Kriegsgefangenschaft erscheint es mir zu spät zu sein."
Der General machte eine Pause.
„Red nicht so um den heißen Brei herum", dachte Paride. „Bleib geduldig, lass ihn kommen", sagte er sich. Paride schaute den Italiener aufmerksam an. Die goldenen Sterne auf dessen Uniform glänzten. Dem Blitzen seiner Augen und dem

schon etwas müden Gesicht nach zu urteilen, erwartete sich der Mann immer noch ein bisschen Spaß vom Leben.

„Generale sind selten Witzbolde und so scherze ich auch nicht", sagte der goldbetresste Italiener. „Ich will es kurz machen. Graf, Sie sind ein hervorragender Kampfflieger und haben uns viel Kummer bereitet. In absehbarer Zeit werden Sie Untertan seiner Majestät des Königs von Italien sein. Ich habe Sie zu fragen, ob Sie bereit wären, unter Beibehaltung Ihres jetzigen Dienstgrades als Flieger in italienische Dienste zu treten."

Paride gelang es sein Erstaunen zu verbergen. Obwohl er eine Antwort auf der Stelle parat hatte, ließ er einige Zeit verstreichen. Der General sah ihn erwartungsvoll an.

„Herr General, der Krieg hat mich gelehrt, dass es keinen größeren Sieg geben kann als zu leben. Ich habe im Krieg auch gesehen, wie wetterwendisch die Macht und das Schicksal sind. Man hat mich gelehrt, wie nutzlos der Ruhm ist. Deshalb, Herr General, will ich jetzt leben. Ich will für meine Frau und für meine Kinder da sein, für meine Familie leben und unser Land bestellen. Das ist alles, was ich mir vom Leben wünsche.

Obwohl mich das Angebot von Herrn General außerordentlich ehrt, muss ich es ablehnen."

Der General schien überrascht. „Ich habe geglaubt", sagte er müde, „dass mich nichts mehr staunen lassen könnte. Ist das Ihr letztes Wort?"

„Jawohl, Herr General, das ist es."

„Dann, Herr Linienschiffsleutnant, wünsche ich Ihnen eine gute Heimreise nach Parenzo". Der General unterzeichnete ein Schriftstück, stand auf und reichte es Paride. Ich wünsche Ihnen und Ihrer Familie für die Zukunft viel Glück."

Sein Gesicht wirkte auf einmal überraschend frisch; er schien sich tatsächlich zu freuen.

Pollini war ebenfalls aufgestanden. Er faltete den Papierbogen sorgfältig zusammen und steckte ihn in die Brusttasche seines Sakkos. Er deutete eine knappe Verbeugung an und ging aus dem Raum. Im Vorzimmer wünschte ihm der Capitano eine gute Reise. Paride nickte ihm zu, griff nach seinem Koffer und ging.

Der Tisch im Flur war jetzt unbesetzt.

Paride schritt flott aus und traf Massimo noch in dessen Wohnung an. Er berichtete ihm haargenau, sowohl was er in der Trattoria erlebt hatte, als auch vom Gespräch mit dem General und dessen überraschendem Angebot. Er zeigte Massimo das Dokument, das ihm ausgestellt worden war. Es bestätigte, dass alle Untersuchungen gegen seine Person abgeschlossen wären. Er habe keine Strafverfolgung zu befürchten, da er sich ihm Kriege nichts habe zuschulden kommen lassen.

Massimo sagte triumphierend: „So was ist mir noch nicht untergekommen. Sei froh, dass da manche Herren ein so schlechtes Gewissen haben. Den armen Ban-

field haben die Carabinieri in das Gefängnis in der Via Tigor gebracht. Dort sitzt er zur Zeit noch ein. Ich glaube aber nicht, dass man ihn noch lange festhalten wird.
Weißt du übrigens, was die einfachen Leute hier in Triest schon sagen? Nein? Sie halten mit ihrer Meinung keineswegs hinter dem Berg und meinen, freilich hinter vorgehaltener Hand, denn Spitzel sind überall unterwegs, dass früher, also unter den Österreichern, die ordentlichen Leute in der Gemeindestube und die anderen im Kotter gesessen wären. Jetzt sind die anderen oben und die Anständigen im Kotter."
Paride lachte: „Da Volkesstimme bekanntlich Gottesstimme ist, steckt da bestimmt ein Körnchen Wahrheit drinnen."
„Bleibst du noch zum Essen hier?", fragte ihn Massimo.
„Nein danke, ich habe so reichlich gefrühstückt und schaue mich lieber nach einer Fahrgelegenheit nach Hause um. Vielleicht habe ich Glück mit der Bahn, sonst weiß ich von einem Frächter, der auch Passagiere mitnimmt. Es kann ein bisschen luftig sein auf seinem, Wagen, aber das bin ich vom Fliegen her gewöhnt."
„Versuch mich anzurufen, wenn du daheim bist. Manchmal klappt das mit dem Telefon schon wieder. Auf jeden Fall aber grüße alle von mir."
„Komm uns bald einmal besuchen, Onkel Massimo. Du weißt, wie sich alle freuen, wenn du bei uns bist. Du wirst staunen, wie groß meine Söhne schon sind."
Massimo schloss Paride in die Arme. „Ja, sowie die Verbindungen wieder ein bisschen eingespielt sind, komme ich ganz bestimmt. Sonst nehme ich mir einfach einen Mietwagen. Als vermögender Pensionär, na ja, du weißt schon."

Massimo schaute Paride noch lange nach, wie dieser die Straße hinunter ging. Die Sonne wärmte ihn nicht mehr und so schloss der alte Herr umständlich seinen Mantel, während er auf die andere Straßenseite ging. Dort stand ein gut angezogener Herr, der sichtlich auf ihn gewartet hatte. Höflich zog er den Hut.
„Ein schöner Tag heute, nur leider schon ein bisschen zu kalt", eröffnete er das Gespräch. „Massimo, alter Freund", fragte er dann, „wo gehen Sie hin?"
„Nirgendwohin", antwortete der.
„Ist mir auch recht, da begleite ich Sie, wenn Sie erlauben, ein Stück. Wohin man jetzt geht, ist ganz nebensächlich, denn man fühlt sich heutzutage ohnehin nirgendwo mehr gut!"

EPILOG

Am 31. Oktober 1918 wurde die Kriegsflagge der k.u.k. Marine in Pola letztmalig eingeholt. Die österreichisch-ungarische Kriegsmarine und mit ihr die Seeflieger hatten für immer zu bestehen aufgehört. 32 Prozent des fliegenden Personals der Seeflieger sind vor dem Feind geblieben.

Am 10. November 1918 traf das k.u.k. Infanterieregiment Erzherzog Rainer Nr. 59 unter der Führung seines letzten Regimentskommandanten Oberst Richard von Schilhawsky geschlossen in Salzburg ein.

Literatur- und Quellennachweis:

Allmayer-Beck, Joh. Christoph/ Erich Lessing:
Das Heer unter den Doppeladler, C. Bertelsmann, 1981
Banfield, Baron von, Gottfried: Der Adler von Triest, Styria, 1984
Basch-Ritter, Renate: Österreich auf allen Meeren, Styria, 2000
Bossi-Fedrigotti, Graf, Anton: Kaiser Franz Joseph I. und seine Zeit, Ringier, 1978
Buschbeck, Erhard: Die Dampftramway, Erwin Müller, 1946
Deak, Istvan: Der k. (u.) k. Offizier, Böhlau, 1991
Dienes, Gerhard: E la nave va, Stadtmuseum Graz, 1998
Drimmel, Heinrich: Gott erhalte, Amalthea, 1976
Endres, Robert: Geschichte Europas im 19. Jahrhundert, Haase, 1928
Fagyas, Maria: Der Leutnant und sein Richter, Wunderlich, 2000
Halpern, Paul G.; Anton Haus, Österreich-Ungarns Großadmiral, Styria, 1998
Holler, Gerd: …für Kaiser und Vaterland, Amalthea, 1990
Höbelt, Lothar: Julius Sylvester, Freiheitliches Bildungswerk, 1994
Jedlicka, Ludwig: Ende und Anfang 1918/19, SN-Verlag, 1969
Kitzmüller, Hans: Meeresstille bei Lussin, Styria, 1990
Krakauer Kalender 1918, M. Salzer
Kuh, Anton: Luftlinien, Kremayr & Scheriau, 1981
Kügler, Dietmar: Das Duell, Motorbuchverlag, 1986
Markus, Georg: Der Fall Redl, Amalthea, 1984
Martin, Franz: Salzburg, Ed. Hölzel & Co, 1923
Martin, Franz:
Kleine Landesgeschichte von Salzburg, Verlag der Salzburger Druckerei, 1979
Niel, Alfred: Die k.u.k. Riviera, Styria, 1981
Praschl-Bichler, Gabriele: Die Habsburger in Salzburg, Leopold Stocker, 1999
Rauchensteiner, Manfried:
Österreich-Ungarn und der Erste Weltkrieg, Steirische Verlagsgesellschaft, 1988
Schemfil, Viktor: Col di Lana, Schriftenreihe zur Zeitgeschichte Tirols, 1983
Scheuch, Manfred: Historischer Atlas Österreich, Brandstätter, 1994
Schneditz, Wolfgang: Georg Trakl in Zeugnissen der Freunde, Pallas Verlag, 1951
Schupita, Peter: Die k.u.k. Seeflieger, Bernhard & Graefe, 1983
Sokol, A. E.: Seemacht Österreich, Molden 1972
Wattek, Nora: Die Affäre Rambousek, Pfad Verlag, 1978
Würthle, Fritz: Die Spur führt nach Belgrad: Molden, 1975